U0026938

# 周禮正義

# 四部備要

經部

上海中華書局據清光緒乙巳本校刊

桐鄉　陸費逵總勘
杭縣　高時顯
吳汝霖輯校
杭縣　丁輔之監造

# 周禮正義卷十六

瑞安孫詒讓學

染人掌染絲帛凡染春暴練夏纁玄秋染夏冬獻功暴練練其素而暴之故書纁作𫄸鄭司農云𫄸讀當爲纁纁謂絳也夏大也秋乃大染玄謂纁玄者謂始可以染此色者玄纁者天地之色以爲祭服石染當及盛暑熱潤始湛研之三月而後可用考工記鍾氏則染纁術也染玄則史傳闕矣染夏者染五色謂之夏者其色以夏狄爲飾禹貢曰羽畎夏狄是其總名其類有六曰翬曰搖曰鶅曰甾曰希曰蹲其毛羽五色皆備成章染者擬以爲深淺之度是以放而取名焉【疏】掌染絲帛者未織者爲絲已織者爲帛凡王后及公卿大夫之衣服並染絲而織之元士以下則服染繒玉藻云士不衣織是也內命婦女御以下外命婦士妻以下並同此官掌染絲帛則亦染枲布經不言者亦文不具也云春暴練者說文日部云㬥晞也从日出収米與本部㬥字別隸變二文並作暴誤經例㬥字從古文作虣而晞㬥字此及㡛氏並作暴亦傳寫沿誤也以下四時染事並關絲帛二者言之賈疏云以春陽時陽氣燥達故暴曬其練案賈說非也此借練爲湅謂以絲帛暴之湅之以俟染也暴布帛宜於春故月令仲夏云無暴布矣云夏纁玄者賈疏云夏暑熱潤之時以朱湛丹秫易可和釋故夏染纁玄而爲祭服案賈據鍾氏染纁法也染玄者當以涅不唯用朱疏說亦未析云秋染夏者秋時石染草染無不宜可博染衆色也云冬獻功者染事既成入之典婦功及典絲賈謂獻之於王失之　注云暴練練其素而暴之者說文糸部云練湅繒也素部云素白緻繒也水部云湅𤀹也雜記注云素生帛也釋名釋采帛云練爛也煮使委爛

也素朴素也已織則供用不復加功飾也又物不加飾皆自爲素此
色然也段玉裁二云此練當作湅湅其素素者質也卽㡧氏二云湅絲湅
帛也已湅之帛曰練㡧氏如法湅之暴之而後絲帛之質精而後染
人可加染案段說是也此練卽湅之借字凡㶿治絲帛通謂之湅已
湅之絲帛亦通謂之練說文訓練爲湅繒已湅之帛也淮南子說林
訓二云墨子見練絲而泣之爲其可以黃可以墨高注二云練白也此已
湅之絲也注練其素統湅治素絲素帛二者而言故下二云玄纁以爲
祭服賈疏謂素卽絹先練乃暴之若然服則先染絲乃織之不得爲
練非也暴湅絲帛法並詳㡧氏職二云故書纁作㶼鄭司農二云㶼讀當
爲纁者段玉裁二云此以㶼不見於他經傳而易其字也宛聲熏聲略
相似說文黑部有黗字二云黑有文也從黑冤聲讀若飴盌之盌按黗
卽㶼字故書假借爲纁字也王引之二云㶼說文作黗玉篇黗或作䵤
廣韻䵤黃黑色也䵤與㶼同又通作菀淮南時則篇天子衣菀黃高
誘注曰菀讀盌飴之盌則古人衣色亦有用㶼黃者急就曰鬱金半
見緗白勦顏師古注曰鬱金染黃也鬱與㶼聲義正同夏㶼玄者豳
風七月所謂載玄載黃也似不必改爲纁字案王說亦通許君自敘
述所稱禮周官皆古文而說文有黗無㶼疑許所見故書又作黗矣
春秋繁露五行順逆篇二云心腹宛黃宛亦黗之借字二云纁謂絳也者
說文糸部二云纁淺絳也絳大赤也廣雅釋器二云纁謂之絳賈疏二云絳
卽爾雅及鍾氏所二云三入爲纁者是也詒讓案依說文義纁雖絳之
類而色淺於絳故士冠禮纁裳注亦二云淺絳裳此不言淺者散文纁
得通稱絳也亦詳鍾氏疏二云夏大也者爾雅釋詁文鍾師注亦同二云
秋乃大染者大染謂通染衆色此先鄭肊說故後鄭不從二云玄謂纁
玄者謂始可以染此色者者謂夏時染事始起惟可染此二一者不可
染餘色也二云玄纁者天地之色以爲祭服者周髀算經二云天青黑地
黃赤青黑卽玄色黃赤卽纁色也賈疏二云案易九事章二云黃帝堯舜

垂衣裳蓋取諸乾坤乾坤卽天地之色但天玄地黃而玄纁者土無
正位託位南方火火色赤與黃共爲纁也凡六冕之服皆玄上纁下
故云以爲祭服卽祭義云玄黃之者也王制孔疏引鄭易繫辭注云
土託位南方南方色赤黃而兼赤故爲纁也案賈卽本鄭易注義云
石染當及盛暑熱潤始湛研之三月而後可用者後舊本作后今據
注疏本正凡染用草木者謂之草染祭服所不用祭服纁玄染必以
石謂之石染纁者黃赤其染以朱說文丹部云丹巴越之赤石也丹
卽鍾氏所謂朱也玄者鄭謂赤黑周髀云青黑其染以涅淮南子俶
真訓云今以涅染緇則黑於涅高注云涅礬石也是也石質堅朒故
必湛研之而後可用知湛研必三月者亦約鍾氏文依鄭說蓋孟夏
取丹涅之石湛研之至季夏始可染纁玄也詩豳風七月云八月載
績載玄載黃我朱孔陽爲公子裳毛傳云朱深纁也大戴禮記夏小
正云八月玄校彼二經又以染玄纁爲在八月者染纁玄雖始於夏
至秋亦尚可染此經云秋染夏夏爲五色則亦兼有纁玄豳詩夏正
與此文雖異義不乖也又月令云季夏命婦官染采黼黻文章必以
法故無或差貸黑黃倉赤莫不質良毋敢詐僞以給郊廟祭祀之服
以爲旗章以別貴賤等級之度鄭注云婦官染人也采五色據彼文
季夏卽染五色此夏唯染纁玄至秋乃染夏者月令孔疏謂彼是秦
法竊謂染練有時不應周秦法異疑月令或因夏染纁玄而類及諸
色且染夏雖在秋而命婦官則不妨先時敕戒月令之文與此經似
亦無牾齊民要術引崔寔四民月令云六月命女工織縑練可燒灰
染青紺雜色八月涼風戒寒趣練縑帛染綵色明染事盛於夏秋之
交亦與經義合也云考工記鍾氏則染纁術也者明染絲帛與染羽
術同鍾氏云染羽以朱湛丹秫三月而熾之淳而漬之三入爲纁是
也云染玄則史傳闕矣者鍾氏又云五入爲緅七入爲緇注云凡玄
色者在緅緇之閒其六入者與是染玄亦以朱爲質而入黑汁但其

衞經記無文故云闕也云染夏者染五色謂之夏者其色以夏狄爲飾者此據禹貢夏狄之文破先鄭夏大之訓染五色或用草木不必用石染故以秋也引禹貢曰羽𤰈夏狄者𤰈釋文作甽阮元傳校宋本同案𤰈甽之俗說文𡿨部𡿨古文作甽篆文作畎匠人經亦從俗作𤰈則此注不必改甽今從嘉靖本宋婺州唐氏本同今書作羽畎夏翟漢書地理志述禹貢翟亦作狄敘官注引書作翟翟正字狄段借字以內司服注破狄爲翟推校之則此注作狄恐非鄭注舊文賈疏云𤰈谷也羽山之谷有夏之五色之翟雉貢焉案賈本似亦作夏翟所釋義與詩大雅節南山孔疏引禹貢鄭注同即約彼注義也云是其總名者書僞孔傳亦云夏翟翟雉名內司服注義同鄭意翟爲雉之總名夏翟又爲雉備五色者之總名也云其類有六曰翬曰搖曰鷂曰甾曰希曰鷷者搖爾雅釋鳥作鷂翬搖詳內司服疏釋鳥又云南方曰𠷎東方曰鶅北方曰鵗西方曰鷷並此注所本彼文甾希鷷作鶅鵗鷷說文隹部雉字注數十四種雉甾鷷與此注同𠷎作𪂴希作稀又與此小異未知孰是云其毛羽五色皆備成章者釋鳥說五采皆備成章者惟翬鷂二雉四方之雉不言何色鄭意四方雉文承翬鷂之下其毛羽當亦備五色也云染者擬以爲深淺之度是以放而取名焉者御覽服章部引董巴漢輿服志云上古衣毛而冒皮後世聖人易之以絲麻觀翬翟之文榮華之色乃染帛以效之始作五采成以爲服亦染五色故翬翟取名之義

掌凡染事

疏 掌凡染事者蔣載康云當統布罽韋革羽毛等染羽見鍾氏

追師掌王后之首服爲副編次追衡笄爲九嬪及外內命婦之首服以待祭祀賓客

鄭司農云追冠名士冠禮記曰委貌周道也章甫殷道也牟追夏后氏之道也追師掌冠冕之官故并主

王后之首服副者婦人之首服祭統曰君卷冕立于阼夫人副褘立于東房衡維持冠者春秋傳曰衡紞紘綖玄謂副之言覆所以覆首爲之飾其遺象若今步繇矣服之以從王祭祀編編列髮爲之其遺象若今假紒矣服之以桑也次次第髮長短爲之所謂髲髢服之以見王王后之燕居亦纚笄總而已追猶治也詩云追琢其章王后之衡笄皆以玉爲之唯祭服有衡垂于副之兩旁當耳其下以紞縣瑱詩云玼兮玼兮其之翟也鬒髮如雲不屑髢也玉之瑱也是之謂也笄卷髮者外內命婦衣鞠衣襢衣者服編衣褖衣者服次外內命婦非王祭祀賓客佐后之禮自於其家則亦降焉少牢饋食禮曰主婦髲鬄衣移袂特牲饋食禮曰主婦纚笄宵衣是也昏禮女次純衣攝盛服耳主人爵弁以迎移袂褖衣之袂凡諸侯夫人於其國衣服與王后同

疏 掌王后之首服爲副編次追衡笄者賈疏云對夏官弁師掌男子之首服首服則副編次也追治玉石之名謂治玉爲衡笄也詒讓案此婦人首服六亦與男子服相配依鄭義三翟首服副鞠衣展衣首服編則當男子冕服也褖衣首服次則當男子弁服也褖衣或不服次而服纚笄則當男子冠服也以禮經校之唯明堂位祭統以副褘配袞冕士昏禮以次純衣卽褖衣配爵弁二文與鄭義正同而餘服則未甚符合今依金榜孔廣森凌廷堪諸說更爲推定次褖衣之下當有二服一爲被錫衣當男子玄冠朝服一爲纚笄宵衣當男子玄端服此經無被者以非王后賓祭所用故文不具鄭賈以被卽次宵衣卽褖衣皆非也並詳後云爲九嬪及外內命婦之首服者賈疏云此云及則與上內司服同亦是言及殊貴賤九嬪下不言世婦文略則外命婦中有三公夫人卿大夫等之妻內命婦中唯有女御也云以待祭祀賓客者后則從王九嬪外內命婦等則從后也 注鄭司農云追冠名者釋官名之義兼取追衡笄之追亦爲首服也引士冠禮記曰委貌周道也章甫殷道也毋追夏后氏之道也

者證追卽牟追冠也牟釋文作毋與儀禮同鄭彼注云委猶安也言所以安正容貌章明也殷質言以表明丈夫也毋發聲也追猶堆也夏后氏質以其形名之三冠皆所服以行道也其制之異同未聞續漢書輿服志云委貌冠皮弁冠同制長七寸高四寸制如覆杯前高廣後卑銳所謂夏之毋追殷之章甫也聶氏三禮圖引舊圖云毋追制與周委貌同殷冠委大䠊前夏冠委前小損案牟追形制蓋與委貌略同委貌卽玄冠詳司服疏云追師掌冠冕之官故并主王后之首服者賈疏云此鄭意以追師掌作冠冕弁師掌其成法若縫人掌縫衣別有司服內司服之官相似故有兩官共掌男子首服也後鄭不從者此追師若兼掌男子首服亦當如下屨人職云掌王及后之服屨兼王爲文今不云王明非兩官共掌此直掌后已下首服也云副者婦人之首服又引祭統曰君卷冕立于阼夫人副褘立于東房者彼上公夫人服褘衣而副與后同故先鄭引以爲證林頤山云先鄭單證副不及編與次者其意以副編聯文爲句次自爲句宗詩毛傳舊讀卽用其義不與後鄭析副編次爲三同案詩鄘君子偕老副笄六珈傳副者后夫人之首飾編髮爲之笄衡笄先鄭宗毛傳義王后首服分爲四不分爲五副編爲一次一追一衡笄一此云副婦人首服亦宗毛傳編髮爲之合副編爲一物案林說是也云衡維持冠者者左傳桓二年杜注同案詩副笄毛傳國語楚語韋注並云衡笄是以笄與衡爲一物林頤山云先鄭以副編與次爲王后所獨追與衡笄爲王及王后所同故其自申己說曰追師掌冠冕之官故并主王后之首服其說衡引左氏傳亦單證衡而不及笄亦宗毛傳二字聯文爲句如說副單證副而不及編之例不如後鄭分衡與笄爲二也先鄭既合衡笄爲一故得與王之冕弁冠笄相例案續漢志漢世簪制左右各一橫簪之考工記玉人注衡古文橫儀禮士冠注笄今之簪衡笄卽續漢志所云橫簪案林謂先鄭依毛詁合衡笄爲一卽漢

志橫簪是也史游急就篇云冠幘簪簂結髮紐皇象碑本簂作蒷彼
簪簂亦即指衡笄橫簪衡橫簂黃字並通顏師古注云簂即步搖非
也但詩副笄為婦人持副之笄此注云衡維持冠者則當是偏舉男
子持冠之笄為釋即弁師之玉笄也若女子則唯有纚笄副笄無持
冠之笄漢制雖有持簂之笄然簂旁與冠不同後鄭不從手別以衡
為笄旁垂玉禮無明文自不若先鄭之義據明塙故何楷秦蕙田及
江永張惠言宋綿初林喬蔭莊有可並從毛及先鄭以衡即為笄陳
奐謂婦人有副笄有纚笄維持纚者謂之纚笄維持副者謂之副笄
副笄用衡笄纚笄不用衡衡笄金鶚亦謂笄有二云安髮之笄士喪禮
謂之鬠笄鬠之為言會也髮所聚會也固冠之笄謂之衡笄衡之為
言橫也橫之於首也連言曰衡笄單言曰衡一也案陳金說足申毛
及先鄭義士昏特牲禮婦人服有纚笄宵衣纚笄即持髮之笄蓋婦
人之常服至卑者即以纚笄為首服喪服小記所謂男子冠而婦人
笄也自此以上更加他首服則亦別著笄故服副者有副笄以此推
之則服編次者亦當有編笄次笄是為衡笄女子副編次而著笄猶
男子冕弁而著笄故女子雖不冠而不害其有衡笄也國語楚語司
馬子期欲以其妾為內子訪之左史倚相曰吾有妾而原欲笄之其
可乎韋注云笄內子首服衡笄也是衡笄唯內子乃得著妾則否也
列國之卿服玄冕內子當服編展衣則楚語之衡笄當即編笄明不
第副有笄也若纚笄則女子十五以上之常服通於貴賤不必內子
矣竊謂王后首服亦當有纚笄衡笄此經衡笄自是二笄衡即副編
次之笄笄則纚笄也副編次笄尊故特稱為衡纚笄卑故不別制名
耳引春秋傳曰衡紞紘綖者桓二年左傳臧哀伯語賈疏云彼云衡
紞紘綖則據男子之衡引證此者司農意男子婦人皆有衡後鄭意
亦爾但後鄭於此經無男子耳案賈說是也男子之衡蓋即弁師之
玉笄散文得通也紞詳後紘綖詳弁師疏云玄謂副之言覆所以覆

首爲之飾者玉藻孔疏引鄭志說同釋名釋首飾云王后首飾曰副
副覆也以覆首亦言副貳也兼用衆物成其飾也劉說與鄭同云
其遺象若今步繇矣者玉藻疏引鄭志亦同釋文云繇本或作搖案
繇搖字通詩君子偕老箋說六珈云副既笄而加飾如今步搖上飾
古之制所有未聞彼疏引此注亦作搖明堂位注亦云副首飾也今
之步搖是也案依後鄭說副列衆物爲飾與編次唯以髮爲之者異
蓋首飾之最華者釋名釋首飾云步搖上有垂珠步則搖動也續漢
輿服志云皇后謁廟假結步搖以黃金爲山題貫白珠爲桂枝相繆
八爵九華熊虎赤羆天鹿辟邪南山豐大特六獸詩所謂副笄六珈
者此並漢時步搖之飾藝文類聚人部引宋玉諷賦有步搖垂珠之
語疑亦漢人依託爲之周制質樸未必盡如漢法但副爲首飾加於
紒上則與步搖約略相似故鄭舉以況義耳又後漢書東平憲王蒼
傳李注太平御覽服用部並引鄭注云副婦人首服三輔謂之假紒
案鄭所謂假紒遺象者乃編字詁釋與副不同且不引三輔方言其
非後鄭說無疑先鄭解詁隋唐志已不著錄亦非李賢等所得見此
或賈馬干諸家佚說誤屬之鄭與毛詩傳以副爲編編髮爲之義亦略
同惠士奇云漢之假髻亦名爲副故廣雅釋器云假結謂之䯼副以
髮爲之故從髟然則副與編一物也飾之盛者爲副其次爲編與案
漢皇后謁廟首服假紒上有步搖乃后之盛飾故康成以副當之其
實步搖非副而在副上則副爲假紒又何疑王念孫亦云副之異於
編次者副有衡笄六珈以爲之飾而編次則無之其實副與編次皆
取他人之髮合己髮以爲結則皆是假結也案廣雅文足證李引舊
說惠王兩說亦足以釋毛鄭之紛但說文無䯼字玉篇髟部云䯼本
又作副則當是副之俗體非古字也云服之以從王祭祀者謂副配
三翟內司服注以三翟皆爲祭服是也玉藻疏引鄭志亦云三狄首
服副賈疏云祭祀之中含先王先公羣小祀故以祭祀總言之也鄭

必知三翟之首服副者王之祭服有六首服皆冕則后之祭服有三首服皆副可知案賈謂鄭以三翟當王六冕以其皆祭服也但以內司服及喪大記注所定男女服次數之三翟所配者實止毳冕以上四服其絺冕玄冕於婦人服當別配鞠衣展衣三翟不得通配六冕也若然王祭羣小祀服玄冕則后從王當服編展衣方與等差相合內司服注謂后從祭羣小祀服闕狄似未協詳彼疏秦蕙田云副配三翟其制亦宜有三等之別如用玉加於副以爲飾謂之珈侯伯夫人揄狄之副用六珈則王后褘衣之副其珈必不止六而闕狄之副其珈又當降殺如王五冕之旒有等級之辨也案秦說近是但君子偕老傳謂珈爲笄飾之最盛者則珈兼於飾笄不專主於飾副疑編次之笄亦有之也珈數降殺金鶚謂侯伯爵七命夫人以偶數故六由此推之子男夫人當有四上公夫人當有八王后當有十但於經無文未知是否云編編列髮爲之者玉藻疏引鄭志同釋名亦云編編髮爲之說文糸部云編次簡也引申爲編髮之稱一切經音義引字林云以繩次物曰編此編蓋亦以細繩聯次髮爲之云其遺象若今假紒矣者玉藻疏引鄭志亦同惠士奇云假紒者假髮爲髻後漢書東平憲王蒼傳肅宗賜東平琅邪兩王書送光烈皇后假紒帛巾各一則知假紒皇后服之與副同矣林頤山云續漢輿服志皇后謁廟假結髻紒結通用字宋禮志漢制皇后謁廟首飾假髻宋五行志晉海西太和以來大家婦女緩鬢傾髻爲盛飾用髲既多乃先作假髻後漢馬廖傳長安語曰城中好高髻四方高一尺亦指假髻而言因其真髻上又覆以假髻髻高近於一尺然則編列髮爲假紒其形制大而且高也云服之以桑也者謂編配鞠衣桑謂蠶桑之事兼內宰仲春親蠶月令季春告桑言之詩君子偕老及雞鳴孔疏引以桑並作以告桑疑據內司服注增賈疏云上注鞠衣以告桑此下注及鄭荅志皆云展首服編此直據鞠衣服之以桑不云展衣者文略其

編亦兼於展衣也鄭必知鞠衣展衣服編者三翟首服副昏禮女次
純衣純衣則褖衣褖而云次則褖衣首服次可知其中唯有編明配
鞠衣展衣也云次次第髮長短為之者玉藻疏引鄭志同士昏禮女
次純衣注云次首飾也今時髲也釋名云次次第髮也字又作𩬅說
文髟部云𩬅用梳比也玉篇髟部云首飾為𩬅蓋次第髮長短必用
梳比故首飾以為名矣君子偕老疏云編列他髮為之假作紒形加
於首上次者亦鬄他髮與己髮相合為紒是編次所以異也云所謂
髲髢者玉藻疏引鄭志同釋文云髢本又作鬄少牢饋食禮主婦被
錫衣移袂注云被錫讀為髲鬄古者或剔賤者刑者之髮以被婦人
之紒為飾因名髲鬄焉此周禮所謂次也詩召南采蘩被之僮僮傳
云被首飾也箋亦引禮主婦髲鬄以證之此注與詩箋所謂髲鬄即
據少牢禮改字為說說文髟部云鬄髲也重文髢鬄或从也聲髲鬄
也又鬄鬀髮也張參五經文字引鄭詩箋作鬄段玉裁謂少牢追師
注髲鬄字亦並當作鬄鄭云鬄髮以髲婦人之紒作鬄者誤其說是
也戴震云鄭注禮合次與髲鬄為一其箋詩又合被與髲鬄為一被
之為次恐未然也三翟之首服副鞠衣展衣之首服編褖衣之首服
次君子偕老之次章上言其之翟也下言鬒髮如雲不屑髢也箋曰
髢髲也不用髲為善髲被古字通用然則詩之被乃所謂髢不在副
編次之數金榜云少牢主人朝服主婦被錫衣案男子服爵弁者婦
人首服次少牢主人服朝服而主婦或首服次蓋非其差矣經傳或
言髲或言鬄一物二名未有連屬為文稱髲鬄者鄭改經被錫為髲
鬄非古也被即詩所謂被錫今文作緆說文云細布子虛賦被阿緆
是也案戴金並謂被別為首服在副編次之下纚之上規鄭少牢注
破字及以被與次為一之誤義致精塙張惠言說同然則鄭釋次義
與許劉同自是古制而所謂髲鬄者則止可以釋詩之被不可以釋
此及禮經之次矣云服之以見王者謂次配褖衣內司服注云褖衣

御於王之服亦以燕居並謂褻燕服御見時也賈疏云士昏禮女次純衣純衣卽褖衣則褖衣首服次可知上注展衣云以禮見王則展衣首服編以禮見王此又云次以見王者則見王有二一者以禮朝見於王與見賓客同則服展衣與編也一者褖衣首服次接御見王則褖衣與次則此注見王是也故二者皆云見王耳案內司服注謂后以禮見王服展衣故燕見降一等當服褖衣然王燕服玄端以次推之則后燕見王當纚笄宵衣與燕居同若服次褖衣則正與王皮弁朝服相當非燕見之服也內司服注謂后朝服展衣故後賈疏謂后朝王首服編並非其差互詳內司服疏云王后之燕居亦纚笄總而已者謂亦褖衣而不服次故玉藻疏引鄭志云若燕居之時則亦褖衣纚笄總而已賈疏云案士冠禮纚長六尺以韜髮笄者所以安髮總者既繫其本又總其末燕居謂不至王所自在燕寢而居時也案雞鳴詩云東方明矣朝既昌矣毛云東方明則夫人纚笄而朝但諸侯夫人於國衣服與王后同而得服纚笄而朝者此經云副編次以待祭祀賓客明燕居不得著次自然著纚笄而毛云著纚笄朝者毛更有所見非鄭義若然彼鄭不破之者以其纚笄燕居無正文故且從毛也其實朝王時首服編也案鄭賈說非也后御見與燕居之服蓋同纚笄宵衣鄭以宵衣與褖衣為一故有茲誤又纚笄有與被同服者則當服錫衣與宵衣唯服纚笄異毛詩雞鳴傳謂夫人笄纚朝此指諸侯夫人朝服蓋卽被錫衣與諸侯朝服冠弁正相當服被者亦纚笄纚笄則不必盡著被也其夫人燕見燕居之服疑亦當纚笄宵衣不降於王后者禮窮則同也又案內則云婦事舅姑如事父母雞初鳴咸盥漱櫛縰笄總衣紳縰與纚同則纚笄總蓋婦人之常服但禮經言婦人纚笄者士昏禮特牲饋食禮並服宵衣其等差蓋在褖衣之下若如注說謂王后燕居服褖衣則不得去次而徒纚笄鄭說不可通也又白虎通義嫁娶篇云婦事夫雞初鳴咸盥漱櫛縰

笄總而朝公羊莊二十四年何注詩雞鳴孔疏引列女傳魯師氏母語文略同蓋妻事夫之常禮通上下言之故止著纚笄之文而不詳其服之異也云追猶治也者序官注云追治玉石之名衡笄皆玉爲之故別言追不言爲也林頤山云後鄭改先鄭舊義以追連下衡笄讀說追爲治玉猶言追玉衡玉笄即追師所以名官而分衡與笄爲二物引詩云追琢其璋者大雅棫樸文毛詩璋作章阮元云此當據魯韓詩玉篇辵部引詩亦作璋詒讓案毛傳云追彫也金曰彫玉曰琢鄭箋云周禮追師掌追衡笄則追亦治玉也是彼詩追訓與此經同故引以爲證云王后之衡笄皆以玉爲之者賈疏云以弁師王之笄以玉故知后與王同用玉也弁師云諸公用玉爲瑱詩云玉之瑱也據諸侯夫人夫人與君同用玉瑱明衡笄亦用玉矣其三夫人與三公夫人同服翟衣明衡笄亦同玉矣其九嬪命婦等當用象也案諸侯夫人玉笄瑱晳玉爲之乃石之似玉者與王后玉笄瑱蓋小異詳弁師疏聶氏三禮圖引梁正阮氏圖云笄士以骨大夫以象賈謂九嬪命婦等用象並依大夫制也鄘風君子偕老說衛夫人象服縠梁傳九年楊疏謂卽象笄則誤云唯祭服有衡者詩君子偕老疏引衡下有笄字案衡笄不得垂於副旁此與注下文不合大雅棫樸疏引亦無笄字則鄘風疏蓋傳寫誤衍賈疏云見桓二年臧哀伯云袞冕黻珽帶裳幅舄衡紞紘綖並據男子之冕祭服而言明婦人之衡亦施於三翟矣鞠衣以下雖無衡亦應有紞以懸瑱是以著詩云充耳以素以青以黃是臣之紞以懸瑱則知婦人亦有紞以懸瑱也云垂于副之兩旁當耳其下以紞懸瑱者于亦當作於釋文以下無紞字賈疏云傳云衡紞紘綖與衡連明言紞爲衡設矣笄既橫施則衡垂可知若然衡訓爲橫既垂之而又得爲橫者其笄言橫據在頭上橫貫爲橫此衡在副旁當耳據人身豎爲從此衡則爲橫其衡下乃以紞懸瑱也案賈所據本有紞字國語魯語韋注云紞所以懸瑱當

耳者說文糸部云紞冕冠塞耳者詩齊風箸箋說紞織之人君五色
臣三色孔疏引王肅說則謂天子玄紞唯一色金鶚亦據國語魯語
王后織玄紞謂王與后皆當用玄紞其說近是凡瑱皆有紞而祭服
別有垂縣之衡則詩禮諸經並無見文鄭說不知何據賈亦無所申
證今以此注所說形制反復攷之疑後鄭即緣男子之冕纊推之以
說后之首飾大戴禮記子張問入官篇云黈紘塞耳所以弇聰也晏
子春秋外篇云纊紘珫耳惡多所聞也紞即纊之或體文選東京賦
薛綜注云黈纊言以黃綿大如丸縣冠兩邊當耳續漢輿服志注引
呂忱字林論語皇疏左傳孔疏漢書東方朔傳顏注並用其義而求
之詩禮絕無徵驗如淳漢書注又謂以玉爲瑱用黈纊縣之大戴禮
盧注所說略同則謂纊與紞異名同物然紞爲織成條繩不用縣纊
爲之其說亦難通竊疑古書說冕飾之纊正字當作衡其物則以玉
爲之太平御覽皇王部引蘇子云天子坐九重之內旒以翳明衡以
隱聽旒衡即旒纊也蘇子雖晉蘇盧所撰然以纊爲衡必有所本蓋
纊衡聲近字通衡之與瑱同用玉繫以紞而垂之衡橫而瑱從與佩
玉之衡相類故亦謂之衡以紞貫衡與瑱垂於耳旁皆有充塞之象
故衡瑱紞三者並可以充耳塞耳言之後鄭此注即據彼爲釋但天
子諸侯冕服之衡以玉爲之若后首服則不必有此後鄭說不若先
鄭釋衡爲笄之塙而可以證古冕纊之爲玉而非縣丸自漢以後失
其形制因其字借作纊而士喪禮又有瑱用白纊之文遂推之生人
之冕飾望文生訓搦爲黃縣爲丸之說魏晉以後冕服並沿其制郢
書燕說千載勿悟誠足怖也云詩云玼兮玼兮其之翟也鬒髮如雲
不屑髢也玉之瑱也是之謂也者鄘風君子偕老文玼當作瑳詳內
司服疏毛傳云玼鮮盛貌翟褕翟闕翟羽飾衣也鬒黑髮也如雲言
美長也屑絜也瑱塞耳也鄭箋云髢髲也不絜者不用髲爲善賈疏
云引之者證服翟衣首有玉瑱之義故云是之謂也其紞之采色瑱

之玉石之別者婦得服翟衣者紞用五采瑱用玉自餘鞠衣以下紞
則三采瑱用石知義然者案著詩〻云充耳以素鄭彼注〻云謂從君子
而出至於著君子揖之時也我視君子則以素爲充耳謂所以懸瑱
者或名爲紞織之人君五色臣則三色而已此言素者目所先見而
據臣三色故云人君五色矣詩〻云玉之瑱據君夫人〻云用玉則臣之
〻云下〻云尚之以瓊華注〻云美石彼下經文又〻云充耳以青充耳以黃
妻與夫同美石彼毛注以素爲象瑱鄭不從者若素是象瑱文何以
更〻云瓊華瓊英之事乎故鄭以爲紞也〻云笄卷髮者者喪服小記注
義同說文竹部〻云笄簪也又先部〻云先首笄也俗作簪釋名釋首飾
〻云笄係也所以係冠使不墜也公羊僖九年何注〻云笄者簪也所以
繫持髮士冠禮賈疏〻云凡諸設笄有二種一是紒內安髮之笄一是
皮弁爵弁及六冕固冠之笄案賈說分別甚析士喪禮〻云鬠笄纓中
注〻云纓笄之中央以安髮此卽安髮之笄亦卽纚笄也喪服傳〻云吉
笄尺二寸又吉笄有首注〻云有首者若今時刻鏤摘頭矣王及后吉
笄制亦當同賈士喪禮疏又〻云安髮之笄男子婦人俱有冠笄唯男
子有而婦人無也金鶚〻云婦人有瑱者亦有笄安髮之笄非所以縣
瑱也賈謂婦人止有安髮之笄非也案金說是也鄭意疑亦謂后夫
人無縣瑱之笄故唯〻云卷髮不知尚當有持首服之衡笄詩鄘風副
笄是也二者形制蓋同但纚笄短而副笄長耳詳前疏魏書劉芳傳
載後魏王肅說謂古男子無笄則尤謬〻云外內命婦衣鞠衣襢衣者
服編衣褖衣者服次者褖釋文作緣誤屨人疏引鄭志說同玉藻疏
引鄭志作展衣褖衣首服次疑誤記也賈疏〻云案昏禮〻云女次純衣
純衣則褖衣據士服爵弁親迎攝盛則士之妻服褖衣首服次亦攝
盛褖衣既首服次三翟首服副則鞠衣襢衣首服編可知〻云外內命
婦非王祭祀賓客佐后之禮自於其家則亦降焉者賈疏〻云知者大
夫妻服襢衣首服編士妻服褖衣首服次少牢特牲是大夫士妻特

牲云主婦纚笄宵衣少牢云主婦髲鬄衣移袂但大夫妻移袂爲異又不服編故知自於其家則降詒讓案內司服注云外命婦唯王祭祀賓客以禮佐王后得服此上服自於其家則降焉此首服亦與彼同但彼注止云外命婦此注外內並舉者內命婦雖無於其家祭祀賓客之事或以禮事至其家則亦宜降於佐后之服也內外命婦服升降其差次禮文不備張惠言參合鄭禮注及金榜之說又以意推之爲婦人服表謂內命婦三夫人從王祭先王先公揄狄從后祭羣小祀闕狄告桑鞠衣從后見賓客展衣以禮見王褖衣御於王宵衣九嬪從王后祭闕狄告桑鞠衣從后見賓客以禮見王御於王與三夫人同世婦從后祭告桑並鞠衣從后見賓客以禮見王御於王亦與三夫人同女御從后祭桑見賓客並展衣以禮見王御於王並與三夫人同外命婦三公夫人從后祭闕狄從后桑鞠衣從后賓客展衣祭其廟褖衣禮見君子宵衣王之孤公之孤之妻助君祭鞠衣從后夫人賓客展衣祭其廟褖衣禮見君子宵衣次國小國之卿之妻助君祭鞠衣從夫人賓客展衣從夫人小禮事褖衣祭其廟宵衣王之卿大夫公之卿大夫侯伯子男之大夫之妻助君祭從后夫人賓客並展衣從后夫人小禮事褖衣祭其廟宵衣王及侯國士之妻助君祭從夫人賓客褖衣祭其廟宵衣張表所差如此雖無明證大較近之惟天子三公鷩冕夫人從后祭當揄狄自祭其廟當展衣又次國小國卿妻與大夫妻似不宜分爲二等天子士妻服亦不宜與侯國之士妻同張氏沿內司服注之誤偶未釐正耳互詳彼疏云少牢饋食禮曰主婦髲鬄衣移袂特牲饋食禮曰主婦纚笄宵衣是也者少牢經髲鬄衣本作被錫衣鄭讀爲髲鬄此依破字引之鬄疑當爲鬄詳前移袂舊本移作後非今據注疏本正少牢釋文作後袂此與唐石經同鄭彼注云纚笄首服宵綺屬也此衣染之以黑其繒本名曰宵鄭意少牢諸侯卿大夫之祭禮主婦服次特牲諸侯士之祭禮

主婦服纚笄故引以證大夫士妻自祭降服之事今攷髲鬄衣當爲
被錫衣與男子玄冠朝服相當纚笄宵衣又見士昏禮云姆纚笄宵
衣注云宵讀爲詩素衣朱綃之綃姆亦玄衣以綃爲領因以爲名與
特牲注說小異而其以宵衣爲卽褖衣則一金榜云凡此祭於公大
夫冕服其妻展衣士爵弁服其妻褖衣皆絲衣也特牲少牢自祭於
廟主人朝服布衣也故主婦亦服錫衣特牲主婦宵衣昏禮注云以
綃爲領則宵衣亦以布爲之可知案金說是也孔廣森林喬蔭張惠
言說並略同蓋錫衣與司服錫衰同物宵衣亦卽錫衣而以綃爲領
者與男子玄端服相當鄭說並失之云昏禮女次純衣攝盛服耳主
人爵弁以迎者士昏禮親迎云主人爵弁纁裳緇袘女次純衣纁袡
純衣卽褖衣士上服爵弁服士妻上服女次褖衣惟服以助祭於君今
親迎得服之故云攝盛服此引證非助祭而不降者爲非常禮也孔
廣森云昏禮主人爵弁女次純衣纁袡雜記子羔之襲也繭衣裳與
稅衣纁袡爲一曾子以爲婦服則稅衣纁袡者卽純衣纁袡也案孔
說是也稅褖通詳內司服疏云移袂褖衣之袂者鄭於少牢經旣破
被錫爲髲鬄則所云衣者不知何衣意大夫妻助祭服展衣自祭降
一等當服褖衣故謂移袂者卽褖衣也鄭彼注釋衣移袂云亦衣綃
衣而侈其袂耳侈者蓋半士妻之袂以益之衣三尺三寸袪尺八寸
彼注不云褖衣者鄭意綃衣卽褖衣依鄭司服注義蓋謂大夫以上
朝祭服並侈袂士朝服玄端服則不侈袂以相比例則婦人服大夫
妻褖衣以上並侈袂士妻褖衣則不侈袂與男服差次相應但婦服
侈袂唯少牢一見而鄭謂大夫以上服並侈袂說亦不甚塙未可據
以推定婦服也詳司服疏賈疏云此鄭覆解少牢主婦衣移袂者是
移褖衣之袂上旣云移袂今又云移褖衣之袂不同者但士之妻服
綃服褖衣助祭及嫁時不移其袂今大夫妻綃衣移而以褖衣袂者
以大夫妻與士妻綃衣名同不得言移於綃衣之袂故取褖衣也黃

以周云鄭注少牢云亦衣宵衣而侈其袂又注追師云侈袂褖衣之袂是鄭亦以宵衣爲褖衣也婦人褖衣配男子朝服案鄭賈意當如黃說故鄭士昏禮注以宵衣亦爲玄衣賈內司服疏謂少牢大夫妻侈綃衣袂少牢疏義同大意蓋謂少牢主婦所服亦即綃衣但士妻綃衣袂無侈法今云移袂則是褖衣明褖衣宵衣本同惟以領袂爲異今攷宵衣實卽錫衣與褖衣自是二服此注說非是少牢主人朝服主婦被錫衣侈袂特牲主人冠端玄爲玄端服主婦纚笄綃衣不侈袂蓋衣同而首服及領袂則降男女服差次正合若如此注以爲褖衣則與主人朝服不相當足知其非又案婦人服次褖衣以降爲被錫衣唯少牢禮一見更降爲纚笄宵衣士昏禮兩見特牲一見則皆不加被蓋笄卽爲首服也又士昏禮壻從者畢玄端女從者畢袗玄纚笄被纈黼蓋亦卽錫衣之衣加被者與玄端服正相當以其不綃領故不云宵衣耳鄭注及賈彼疏亦謂卽褖衣則非也云凡諸侯夫人於其國衣服與王后同者賈疏云以其諸臣之妻有助后與夫人祭之事諸侯夫人無助后之事故自於其本國衣服得與王后同也所同者上公夫人得褘衣已下至褖衣褘衣從君見大祖褕翟從君祭羣廟闕翟從君祭羣小祀鞠衣以告桑展衣以禮見君及賓客褖衣以接御侯伯夫人得褕翟已下褕翟從君見大祖及羣廟闕翟已下與上公夫人同子男夫人得闕翟已下闕翟從君見大祖及羣廟與羣小祀鞠衣以下與侯伯同並纚笄綃衣以燕居也二王之後與魯夫人亦同上公之禮故明堂位云季夏六月以禘禮祀周公於大廟夫人褘衣是也

喪紀共笄絰亦如之

【疏】喪紀共笄絰亦如之者喪紀通大小喪言之此所共者亦自王后以下通內外命婦皆共之也喪服經云妻爲夫妾爲君女子子在室爲父布總箭笄髽衰三年注云箭笄篠竹也又記云女子子適人者爲其父母婦爲其舅姑惡笄有首以髽卒哭子折笄首以笄布總傳云

笄有首者惡笄之有首也惡笄者櫛笄也折笄首者折吉笄之首也吉笄者象笄也注云櫛笄者以櫛之木爲笄或曰榛笄案檀弓說榛笄長尺蓋短於吉笄后之喪笄亦當有箭笄櫛笄但后吉笄用玉則折笄或不用象笄耳其內命婦九嬪以下外命婦卿大夫妻以下喪笄與喪服經記同凡經有首經要經男女制同詳司服疏

屨人掌王及后之服屨爲赤舄黑舄赤繶黃繶青句素屨葛屨屨自明矣

必連言服者著服各有屨也複下曰舄禪下曰屨古人言屨以通於複今世言屨以通於禪俗易語反與舄屨有絇有繶有純者飾也鄭司農云赤繶黃繶以赤黃之絲爲下緣士喪禮曰夏葛屨冬皮屨皆繶緇純禮家說繶亦謂以采絲礫其下玄謂凡屨舄各象其裳之色士冠禮曰玄端黑屨青絇繶純素積白屨緇絇繶純爵弁纁屨黑絇繶純是也王吉服有九舄有三等赤舄爲上冕服之舄詩云王賜韓侯玄衮赤舄則諸侯與王同下有白舄黑舄王后吉服六唯祭服有舄玄舄爲上禕衣之舄也下有青舄赤舄鞠衣以下皆屨耳句當爲絇聲之誤也絇繶純者同色今云赤繶黃繶青絇雜互言之明舄屨衆多反覆以見之凡舄之飾如繢之次赤繶者王黑舄之飾黃繶者王后玄舄之飾青絇者王白舄之飾言繶必有絇純言絇亦有繶純三者相將王及后之赤舄皆黑飾后之青舄白飾凡屨之飾如繡次也黃屨白飾白屨黑飾黑屨青飾絇謂之拘著舄屨之頭以爲行戒繶縫中紃純緣也天子諸侯吉事皆舄其餘唯服冕衣翟著舄耳士爵弁纁屨黑絇繶純尊祭服之屨飾從繢也素屨者非純吉有凶去飾者言葛屨明有用皮時

疏 掌王及后之服屨者賈疏云但首服在上尊又是陽多變是以追師與弁師男子婦人首服各別官掌之屨舄在下卑又是陰少變故男子婦人同官掌之也云爲赤舄黑舄

赤繶黃繶青句素屨者此辨二舄一屨色及采飾之別卽此官之官法也賈疏云謂掌而營造之故云爲也赤舄者男子冕服婦人闕翟之舄也黑舄者天子諸侯玄端服之舄赤繶已下云繶云句者欲言繶絇以表見其舄赤繶者是天子諸侯黑舄之飾黃繶者與婦人爲玄舄之飾也青句者與王及諸侯爲白舄之飾凡屨舄皆有絇繶純三者相將各言其一者欲互見其屨舄故多舉一邊而言也素屨者大祥時所服去飾也案舄屨之差見於經者唯此職及士冠士喪二禮文皆不具此經雖有互文錯見之例然如鄭賈所說前後參差絕無義例殆不足據林喬蔭云王與后蓋皆二舄一赤舄一黑舄赤繶以飾赤舄黃繶以飾黑舄燕居則王及后皆不服舄而服屨是爲素屨案林說較長王昭禹亦謂赤舄赤繶黑舄黃繶卽林氏所本莊有可說同史浩釋赤繶黃繶亦從黃說又謂青句卽以飾素屨亦近是今依據禮經參以諸家之義竊謂此經赤舄黑舄王與后通得服之赤舄則赤絇繶純黑舄則黃絇繶純素屨則青絇繶純蓋赤舄最尊故卽以赤爲飾不以他采閒之亦謂之金舄以赤兼黃朱近於金色也小爾雅廣服云履尊者曰達履謂之金舄而金絇也是卽金舄舄絇同色之塙證士冠三屨並繶絇同色而此赤繶黃繶之下別出青絇明青絇自與素屨爲一屨素屨卽士冠禮之白屨林本孔廣森說謂非凶屨是也王之白屨青絇繶純與士白屨緇絇繶純小異其必曰青絇素屨者別於凶屨無絇其不曰青繶素屨者嫌與上赤繶黃繶連文無別也要之此經二舄一屨與士冠禮三屨之色正同唯王及后仍當有纁屨黑屨與士三屨同經不著者以舄尊屨卑舉赤舄黑舄足以晐纁屨黑屨鄉大夫及王之命士得服冕服者亦得服赤舄侯國之士服自爵弁以下則惟服纁黑白三屨蓋服屨之內本無青黃二色經文敘次自明析也云葛屨者說文艸部云葛絺綌材也賈疏云自赤舄以下夏則用葛爲之若冬則用皮爲之在素屨下者

欲見素屨亦用葛與皮故也案詩禮諸經止有葛屨無葛爲舃竊意舃
尊雖夏亦當用皮葛褻止可用以爲屨不以爲舃也賈説恐未塙賈
疏又云鄭志趙商問司服王后之六服之制目不解請圖之荅曰大
裘衮衣鷩衣毳衣絺衣玄衣此六服皆纁裳赤舃韋弁衣以韎皮弁
衣以布此二弁皆素裳白舃冠弁服黑衣裳而黑舃冠弁玄端禕衣
玄舃首服副從王見先王褕翟青舃首服副從王見先公闕翟赤舃
首服副從王見羣小祀鞠衣黃屨首服編以告桑之服禮衣白屨首
服編以禮見王之服褖衣黑屨首服次以御於王之服后服六翟三
等三舃玄青赤鞠衣以下三屨黃白黑婦人質不殊裳屨舃皆同裳
色也案賈引鄭志所定王及后服舃屨之差亦未塙詳後初學記屨
部引賈子云天子黑方屨諸侯素方屨大夫素圓屨此説屨制與禮
經不合尤不足據也 注云屨自明矣必連言服者著服各有屨也
者耿服別則屨別也賈疏云屨舃從裳色裳既多種故連言服也云
複下曰舃禪下曰屨者隋書禮儀志引禮圖同説文屨部云屨足所
依也屨履也釋名釋衣服云履禮也飾足所以爲禮也亦曰屨屨拘
也所以拘足也複其下曰舃舃腊也行禮久立地或泥溼故複其下
使乾腊也賈疏云下謂底複重底重底者名曰舃禪底者名曰屨也
惠士奇云方言中有木者謂之複舃自關而東複履其庳者謂之鞮
下禪者謂之鞮郭注云今韋鞮也然則禪以皮而複加木矣隋志云
近代或以重皮而不加木隋制復古以木重底爲舃服著之屨則通
用任大椿云釋名複其下曰舃複其末下使乾腊也古今注舃以木
置屨下乾腊不畏泥溼也蓋舃以革爲底而以木爲重底置在屨下
故釋名謂複其末下古今注亦云木置屨下也革柔故以革親足木
堅可以禦泥溼故以木著地也云古人言屨以通於複今世言屨以
通於禪俗易語反與者賈疏云首直云屨人不言舃及經舃屨兩有
是言屨通及舃漢時名複下者爲屨弁通得下禪之屨故云俗易語

珍倣宋版印

反與詒讓案鄭謂周時本以複下曰舄襌下曰屨然此經服屨內兼
有三舄是複下亦通名屨也毛詩豳風狼跋傳云赤舄人君之盛屨
也又小雅車攻傳云金舄達屨也此並古義之以屨通舄者也至漢
時俗語則無復舄名而以屨爲複下之正稱其襌下者蓋別稱鞮方
言所云卽漢時語也襌下者雖亦或稱屨則以爲叚借之通語不爲
正名是與周時語正相反也云舄屨有絇有繶有純者飾也者舄屨
鼻飾謂之絇牙底相接縫中之飾謂之繶繞口之飾謂之純純見士
冠禮及士喪禮此經有絇繶而無純者文不具鄭司農云赤繶黃繶
以赤黃之絲爲下緣者謂織赤黃之絲爲條紃以緣牙底相接之縫
中云下緣者對繞口之緣爲上緣也先鄭說與後鄭同引士喪禮曰
夏葛屨冬皮屨皆繶緇純者今儀禮冬皮屨作冬白屨又緇純作緇
絇純陸氏儀禮釋文亦無絇字蓋先鄭所見本異鄭彼注云冬皮屨
變言白者明夏時用葛亦白也士冠禮亦云屨夏用葛冬皮屨可也
賈疏云引士喪禮者證繶爲下緣云皆繶緇純者葛屨皮屨皆有繶
也緇純純用緇則繶絇亦用緇色也云禮家說繶亦謂以采絲礫其
下者漢時禮家說士冠義也礫蓋與轢同釋名釋首飾云導所以導
櫟髮使入巾幘之裏也屨繶亦以采絲櫟入屨牙底接縫中爲飾故
云礫其下繶於屨牙底之間爲飾猶士虞禮爵口足之閒爲篆飾謂
之繶爵也說文糸部云繶以絲介履也疑卽此繶又履部別有屨字
訓履下蓋卽履下底之名徐鍇說文繫傳謂此注之礫卽屨字之假
借誤云玄謂凡屨舄各象其裳之色者士冠禮注亦云屨者順裳色
蓋凡禮之通例衣與冠同色帶與衣同色裳與韠同色屨與裳同色
賈疏云屨舄與裳俱在下體其色同淩廷堪云亦有屨與裳不同色
者玄端用黑屨而裳則有玄裳黃裳雜裳之異是也注蓋舉其多者
言之耳引士冠禮曰玄端黑屨青絇繶純素積白屨緇絇繶純爵弁
纁屨黑絇繶純是也者此士冠三加玄端皮弁爵弁服之屨也鄭彼

注云玄端黑屨以玄裳爲正也約繶純三者皆青爵弁纁屨以黑爲飾
引此者證屨象裳色之義玄端皮弁爵弁服並詳司服疏云王吉服
有九舄有三等者賈疏云則司服六冕與韋弁皮弁冠弁是也舄有
三等謂經赤舄黑舄白舄也云赤舄爲上冠服之舄者天子吉服以
六冕爲上此經二舄先赤後黑亦以赤舄爲上凡冕服皆玄衣纁裳
故同赤舄也赤舄亦謂之金舄鄭詩小雅車攻箋云金舄黃朱色也
孔疏謂金舄者卽禮之赤舄是也云詩云王賜韓侯玄衮赤舄則諸
侯與王同者詩大雅韓奕文毛詩賜作錫俗本多依詩改作錫非又
車攻云赤芾金舄會同有繹毛傳亦云諸侯赤芾金舄賈疏云玄衮
者冕服皆玄上纁下而畫以衮龍赤舄者象纁裳故也引之者證諸
侯得與王同有三等之舄赤舄爲上也案詩豳風狼跋亦說周公服
赤舄但依鄭賈說則諸侯吉事無不服舄者今攷左傳及諸子述諸
侯事涉屨者甚多疑諸侯弁服冠服亦止服屨也詳後云下有白舄
黑舄者賈疏云白舄配韋弁皮弁黑舄配冠弁服案司服注韋弁以
韎韋爲弁又以爲衣裳則韋弁其裳以韎之赤色韋爲之今以白舄
配之其色不與裳同者鄭志及聘禮注韋弁服皆云以素爲裳以無
正文鄭自兩解不定故得以白舄配之冠弁服則諸侯視朝之服是
以燕禮記云燕朝服鄭云諸侯與其羣臣日視朝之服也謂冠玄端
緇帶素韠白屨也白屨卽與皮弁素積白屨同今以黑舄配之不與
裳同色者朝服與玄端大同小異皆玄端緇布衣而裳有異耳若朝
服則素裳白屨若玄端之裳則玉藻云韠君朱大夫素士爵韋是韠
從裳色則天子諸侯朱裳大夫素裳皆不與裳同色者但天子諸侯
舄有三等玄端旣不得與祭服同赤舄若與韋弁皮弁同白則黑舄
無所施故從上士玄裳爲正而黑舄也大夫玄端素裳亦從玄裳黑
屨矣案鄭賈說非也王及諸侯弁服冠服禮無服舄之正文又此經
本無白舄而鄭以青絇爲白舄謂經舉飾以明舄其說本屬牽強韋

弁服韎裳當以司服注爲正鄭志云素裳乃鄭未定之論不足據依
賈又謂冠弁玄端服黑舄亦本鄭志說任大椿云冠弁卽朝服也天
子諸侯朝服皆素裳舄從裳色燕禮記疏謂諸侯朝服當白舄則天
子冠弁亦當白舄案任說是也宋緜初說同今依此經及士冠禮攷
之王舄實止有赤黑二種屨則當有纁黑素三種赤舄以配五冕服
之纁裳纁屨以配韋弁服之韎裳素屨以配皮弁冠弁服之素裳黑
屨以配玄端服之玄裳惟黑舄無所施今攷司服齊服玄端上通於
天子書顧命載康王卽位之禮云王麻冕黼裳卿士邦君麻冕蟻裳
蟻裳卽玄裳黼裳黑白相閒爲變服黑舄者殆卽玄冕玄裳黼裳之
舄也如是則於經文既合而二舄配冕服素屨配弁服於尊卑敘次
尤絕無捉躐較之以青句爲白舄橫增經外之服名以黑舄配冠弁
復苙朝服之裳色不遠勝乎王齊服玄冕玄端亦詳司服疏云王后
吉服六唯祭服有舄者內司服注云禕衣揄狄闕狄此三者皆祭服
是也賈疏云以王舄有三后舄不得過王故知后舄亦三等但冕服
有六其裳同故以一舄配之后翟三等連衣裳而色各異故三翟三
等之舄配之云玄舄爲上禕衣之舄也下有青舄赤舄鞠衣以下皆
屨耳者御覽引三禮六服圖云王后翬衣玄舄揄狄青舄闕狄赤舄
鞠衣黃屨並依鄭義賈疏云玄舄配禕衣則青舄配搖翟赤舄配闕
翟可知六服三翟既以三舄配之且下文命夫命婦唯言屨不言舄
故知鞠衣以下皆屨也又云上公夫人得服禕衣者亦得玄舄也案
鄭賈說亦未安玄舄青舄經文所無鄭以意增之以配禕衣揄狄誤
亦與王服增白舄同但后之舄屨所配經無明文今以屨順裳色推
之竊謂唯闕狄赤服赤舄當如鄭說餘服則禕衣玄揄狄青玄青與
黑色並相近當同服黑舄鞠衣黃當服纁屨展衣白當服素屨褖衣
宵衣黑則當同服黑屨但禮經闕略無文可證耳云句當爲絇聲之
誤也者段玉裁云此依士冠禮作絇定爲聲之誤實則古假借字也

案段說是也漢書王莽傳亦作句云約繶純者同色者賈疏云案士冠禮三冠約繶純各自同色故也云今云赤繶黃繶青約雜互言之明舄屨衆多反覆以見之者賈疏云以其男子有二等屨舄婦人六等屨舄若具言其屨舄於文煩故雜互見之明其衆多也案鄭賈意經以赤繶爲黑舄之飾又以黃繶見后有玄舄以青約見王有白舄而赤舄當黑繶則又無文故云雜互言之其說亦非也今據小爾雅推定赤繶卽赤舄之飾則黃繶亦卽黑舄之飾而青約又當別爲素屨之飾無白舄玄舄經文敘次並不雜互鄭自誤釋耳云凡舄之飾如繢之次者畫繢之事雜五色東方謂之青南方謂之赤西方謂之白北方謂之黑天謂之玄地謂之黃青與白相次也赤與黑相次也玄與黃相次也注云此言畫繢六色所象及布采之第次繢以爲衣此所謂繢次也賈疏云無正文此約皮弁白屨黑約繶純白黑北方爲繡次爵弁纁屨黑約繶純黑與纁南北相對尊祭服故對方爲繢次也以此而言則知凡舄皆不與屨同而爲繢次可知詒讓案此亦鄭以意說之蓋不足據以金舄約同舄色證之則無繢次之說可知云赤繶者王黑舄之飾者賈疏云以其舄飾從繢之次赤是南方火色與北方黑對方更無青屨取赤爲繶知是王黑舄之飾也案鄭賈說亦非也今定赤繶卽赤舄之飾赤繶則赤約小爾雅所謂金約是也云黃繶者王后玄舄之飾者賈疏云以其天玄與地黃相對爲繢次故知是王后玄舄之飾也案鄭賈說亦非也今定黃繶爲黑舄之繶非繢次也云青約者王白舄之飾也賈疏云亦以對方飾之亦得與椽衣黑屨爲飾但據舄尊者而言王亦與諸侯白舄爲飾也案鄭賈說亦非也今定青約卽素屨之約亦非對方色也云言繶必有約純言約亦有繶純三者相將者賈疏云以士冠禮三冠各有約繶純故知三者相將但經互見故各偏舉其一耳案鄭賈說是也約繶純同色故經不一一備詳但鄭謂舉繶約以見舄屨則非耳云王及后

之赤爲皆黑飾后之青爲白飾者賈疏云以爲皆對方以繢次爲飾
故知義然也案鄭賈說亦非也今定王赤舃赤飾后無青舃云凡屨
之飾如繡次也者畫繢之事云青與赤謂之文赤與白謂之章白與
黑謂之黼黑與青謂之黻五采備謂之繡注云此言刺繡采所用繡
以爲裳所謂繡次也鄭以士冠禮黑屨青絇繶純白屨緇絇繶純與
畫繢黼黻繡次正合故云如繡次此說亦非詳前云黃屨白飾白屨
黑飾黑屨青飾者賈疏云此據婦人之屨鞠衣已下之屨故有黃屨
黑屨也以屨從繡次爲飾故知義然也詒讓案黃屨當云繶屨白屨
即素屨也云絇謂之拘者釋文拘作救云戚如字劉音拘段玉裁從
釋文作救云作拘者誤絇謂之救者爾雅釋器文司救注云救猶禁
也禮防禁人之過者也儀禮注絇之言拘也鄭自爲說故云之言此
引爾雅云謂之案段說是也云著舃屨之頭以爲行戒者賈疏云絇
謂屨頭以條爲鼻鄭注士冠亦云絇之言拘也以爲行戒狀如刀衣
鼻在屨頭言拘取自拘持爲行戒者謂使抵目不妄顧視也詒讓案
絇形制鄭士冠士喪禮注並云如刀衣鼻漢書王莽傳句屨句即絇
之叚字宋祁校本引韋昭云句屨頭飾形如刀鼻與鄭說同顏注引
孟康云今齊祀履舃頭飾也出履二寸師古云其形岐頭顏說岐頭
之形未知其審據孟康說出履二寸蓋屈絲條著履頭爲小紐如刀
衣鼻可以穿繫故士喪禮襲時乃屨綦結于跗連絇賈彼疏謂以刀
衣鼻況絇在屨頭上以其皆有孔得穿繫於中而過曲禮孔疏引禮
記隱義亦言古者屨頭鼻綦繩相連結之是也又穀梁襄二十四年
傳衛侯之弟專出奔晉織絇邯鄲楊士勛疏引麋信云絇著履爲之
頭即周禮絇繶及純是也然則絇蓋染絲織成著之至內則屨著綦
注云綦屨繫也屨繫著於踵謂之綦與屨飾著於頭謂之絇異內則
孔疏引皇氏云屨頭施繫以爲行戒又引士冠禮青絇注說爲證則
誤以綦絇爲一非也晏子春秋諫下篇云景公爲履黃金之綦飾以

組連以珠良玉之約其長尺綦約並舉足證其非一物彼約有玉又甚長蓋非常制依法出屨二寸如刀衣鼻卽至長亦不得盈尺也又
約廣度經注無文曲禮疏引士冠禮約博寸解者云用繒一寸屈之爲約然士冠禮博寸專屬純則與約廣無涉孔說亦誤云繶縫中紃
者士冠禮注同賈疏云繶是牙底相接之縫綴條於其中詒讓案廣雅釋器云編緒繶紃條也說文糸部云紃圜采也條扁緒也淮南子
說林訓云條可以爲繶不必以紃高注云紃亦繶也雜記轉紃以五采注云紃施諸縫中若今時條也故賈以條釋紃內則疏云薄闊爲
組以繩爲紃然則繶者織采絲爲紃繩以飾屨縫中與轉以采紃綴縫略同鹽鐵論散不足篇說屨云紈裏紃下凡繶以紃綴牙底之
縫故謂之紃下矣又荀子富國篇云布衣紃屨之士楊注云紃條也謂編麻爲麤繩之屨也彼紃屨卽繩屨乃賤者所服與此屨繶異云
純緣也者士冠禮三屨並云純博寸彼注及司几筵注並同說文糸部云緣衣純也賈疏云謂以條爲口緣詒讓案禮服凡緣邊口並謂
之純若衣之領袂筵席之邊並有純是也此純亦謂爲屨繞口之緣與綴縫之緣異漢書賈誼傳云爲之繡衣絲屨偏諸緣顏注引服虔
云加牙條以作屨緣也偏諸卽說文之扁緒廣雅之編緒又廣雅釋器說屨云其緣謂之無緑無緑緑也則屨緣亦以采絲條爲之與繶
同云天子諸侯吉事皆舄者卽上云王吉服有九諸侯吉服各依爵命爲差鄭意天子諸侯冕弁冠諸服凡吉事並服舄也任大椿云天
子諸侯自冕服外雖朝服玄端皆用舄惟天子爵弁當用屨屨人注天子諸侯吉事皆舄爵弁爲天子哭諸侯及承天變之服非吉事也
似不當舄諸侯未遇爵命服士服而來則服爵弁雖非凶事但旣服士服似亦當從士屨案任推鄭義深得其恉若然諸侯爵弁用之吉
事依鄭義仍得服舄矣燕禮記燕朝服於寢注謂諸侯與羣臣朝服白屨是諸侯吉事亦有著屨者賈彼疏則謂鄭據士冠禮成文其實

諸侯當自爲其臣則自屨也依賈說則諸侯朝服玄冠亦服爲也今攷天子諸侯弁服冠服無論吉凶似皆當服屨鄭賈謂皆服爲恐非云其餘唯服冕衣翟著爲耳者此兼釋后夫人內外命婦服屨之差也依鄭典命司服內司服注義服冕謂王之三公服毳冕孤服絺冕卿大夫服玄冕者並得服赤爲士服爵弁則服纁屨不得服爲也衣翟謂后以下至三公夫人服三翟者並得服爲其九嬪世婦御妻及卿大夫之妻不得服翟者皆服屨也今攷天子士得服冕而不得服爲九嬪孤卿之妻並宜得服爲皆不如鄭所說詳後疏云士爵弁纁屨黑絇繶純尊祭服之屨飾從繢也者補釋士冠禮義依鄭前說爲飾從繢之屨飾從繡次士爵弁纁屨若從繡次則宜白飾今士冠禮黑絇繶純與繡次不合故鄭以爲臣祭服特尊之得與爲同從繢次士冠禮注亦云爵弁尊其屨飾以繢次是也云素屨者非純吉有凶去飾者者賈疏云下經注散屨與此素屨同是大祥時則大祥除衰杖後身服素縞麻衣而著此素屨故云非純吉經素屨不云絇繶純故知去飾無絇繶純也孔廣森云素屨如素積之素非凶屨也陳奐云素者白也素屨白屨卽皮屨案孔陳說是也此卽禮經之白屨詳前云言葛屨明有用皮時者以先鄭引士喪禮云夏葛屨冬皮屨而此經止云葛屨不云皮屨明此職所掌自葛屨外諸爲屨皆以皮爲之故士喪禮直言冬白屨是凡屨爲之以色別者並皮爲可知詩魏風葛屨孔疏云凡屨冬皮夏葛則無用絲之時而少儀云國家靡敝君子不履絲屨者謂皮屨以絲爲飾也夏日之有葛屨猶絺綌所以當暑特爲便於時耳非行禮之服若行禮之服雖夏猶當用皮鄭於周禮注及志言朝祭屨爲各從其裳之色卽其不用葛也案孔謂禮屨皆用皮是也但依士喪禮注謂夏用葛屨亦白則無論皮葛並同裳色是葛屨亦爲禮屨若如孔說則冠喪大禮乃用不禮之屨其可通乎但葛屨止夏時服之餘三時則皆當皮屨賈士冠禮疏謂春宜

從夏秋宜從冬非也凡皮屨以韋革爲之不存毛左昭十二年傳說楚靈王服豹舄杜注云以豹皮爲履非禮服也辨外內命

夫命婦之命屨功屨散屨命夫之命屨纁屨命婦之命屨黃屨以下功屨次命屨於孤卿大夫則白屨黑屨九嬪內子亦然世婦命婦以黑屨爲功屨女御士妻命屨而已士及士妻謂再命受服者散屨亦謂去飾

疏辨外內命夫命婦之命屨功屨散屨者賈疏云上明王及后等尊者舄屨訖此明臣妻及嬪已下之屨也言外內命夫案肆師職云禁外內命男女之衰不中法者鄭彼注外命男六鄉以出也內命男朝廷卿大夫士也其妻爲外命女彼外命男則此外命夫若然此外命夫其妻爲外命婦鄭雖不注亦與彼同也內命婦自是九嬪以下也案賈說是也互詳內宰肆師疏 注云命夫之命屨纁屨者賈疏云以其經不云舄唯云屨大夫以上衣冠則有命舄無命屨故知命屨中唯有屨而已士之命服爵弁則纁屨故云命屨纁屨而已詒讓案鄭以命夫命屨爲纁屨專指士爵弁服言也然此命夫當通公孤卿大夫士言之經舉屨以見舄互文以見義猶上文王后之服屨亦不舉舄也依鄭賈說王之三公服毳冕孤服絺冕卿大夫服玄冕並得服舄今攷定王三公服鷩冕孤卿服毳冕大夫服絺冕又依禮器說王之命士亦得服冕與鄭注小異竊謂毛詩傳赤舄爲人君之盛屨則赤舄唯人君乃得服之天子三公孤卿或以外諸侯爲之或食大小都亦有人君之道自得服赤舄其大夫士爵秩較卑疑雖得服冕而仍服纁屨與其妻服纁屨白屨亦適相稱也王三公以下之服詳大宗伯司服疏云命婦之命屨黃屨以下者內自九嬪至女御外自孤卿內子下及士之妻通稱命婦也賈疏云以其外命婦孤妻已下內命婦九嬪已下不得服舄皆自鞠衣以下故云黃屨以下言以下者兼有卿大夫妻及二十七世婦皆展衣白屨士妻與女御皆褖衣黑屨故云以下以廣之案鄭

賈說亦非也以差次攷之外內命婦王三公夫人當服揄狄九嬪及孤卿之妻並當服闕狄則皆得服赤舄世婦及大夫之妻當服鞠衣並當服纁屨御妻及士之妻服展衣並當服白屨無黃屨也詳前及內司服疏云功屨次命屨於孤卿大夫則白屨黑屨者功屨猶司裘之功裘亦人功微麤者也命屨人功最精功屨次於命屨故微麤次命屨謂降一等也賈疏云案司服孤希冕卿大夫玄冕皆以赤舄爲命舄以下仍有韋弁白屨冠弁黑屨故云次命屨命屨據婦人而言其實孤卿大夫身則功屨次命舄也云九嬪內子亦然者雜記云內子以鞠衣注云內子卿之適妻也此注則專據孤之妻言之不含卿妻也賈疏云九嬪與孤妻內子旣以黃屨爲命屨功屨之中有襢衣白屨褖衣黑屨故云亦然案九嬪及孤妻當以赤舄爲命舄鄭賈說亦非云世婦命婦以黑屨爲功屨者此命婦專據卿大夫妻言之賈疏云以其皆以襢衣白屨爲命屨其功屨唯有褖衣黑屨也案卿妻當與孤妻同世婦及大夫之妻當以纁屨爲命屨白屨爲功屨鄭賈說亦非云女御士妻命屨而已者賈疏云以二者唯有褖衣黑屨爲命屨故云命屨而已案女御及士妻當以白屨爲命屨鄭賈說亦非云士及士妻謂再命受服者者此據大宗伯云再命受服明王之下士及妻皆不得受命屨也詳大宗伯及內司服疏云散屨亦謂去飾者賈疏云據臣言散卽上之素皆是無飾互換而言故云謂去飾者也案鄭賈意此散屨猶上素屨皆凶服又士冠禮云不屨繐屨注云繐屨喪屨也繐不灰治曰繐亦其類也但此說亦非是今攷此功屨散屨猶巾車言良車散車蓋尋常燕居之屨降於功屨者其人功尤麤凶屨去飾或亦在其內然必非專指凶屨也鄭巾車注以功沽詁良散其義最允凡此經言散者並取麤沽猥雜亞次於上之義詳鹽人巾車疏

凡四時之祭祀以宜服之祭祀而有素屨散屨者唯大祥時

疏凡四時之祭祀以宜服之者此

專據祭服舄屨而言不關王后素屨外內命夫命婦散屨也　注云祭祀而有素屨散屨者唯大祥時者檀弓云有子蓋既祥而絲屨組纓注云譏其早也禮既祥白屨無絇孔疏謂據戴德喪服變除禮文賈疏云鄭知此經四時祭祀含有素屨散屨者以此經四時祭祀總結上文諸屨故知有此二屨也云唯大祥時者此據外內命夫命婦爲王斬衰而言初死著菅屨卒哭與齊衰初死同疏屨既練與大功初死同繩屨大祥與小功初死同吉屨無絇繶純是以上經注云非純吉故云唯大祥時也但上經據卑云散散與素一也案鄭賈說並非經義又素屨散屨亦非凶屨詳前疏

夏采掌大喪以冕服復于大祖以乘車建綏復于四郊求之王平生常所有事之處乘車玉路於大廟以冕服不出宮也四郊以綏出國門此行道也鄭司農云復謂始死招魂復魄士喪禮曰士死于適室復者一人以爵弁服升自東榮中屋北面招以衣曰皐某復三降衣于前受用篋升自阼階以衣尸喪大記曰復男子稱名婦人稱字唯哭先復言死而哭哭而復冀其復反故檀弓曰復盡愛之道也望反諸幽求諸鬼神之道也北面求諸幽之義也檀弓又曰君復於小寢大寢小祖大祖庫門四郊喪大記又曰復者朝服君以卷夫人以屈狄大夫以玄赬世婦以襢衣士以爵弁士妻以稅衣雜記曰諸侯行而死於館則其復如於其國如於道則升其乘車之左轂以其綏復大夫死於館則其復如於家死於道則升其乘車之左轂以其綏復喪大記又曰爲賓則公館復私館不復夏采天子之官故以冕服復于大祖以乘車建綏復于四郊天子之禮也大祖始祖廟也故書綏爲䍦杜子春云當爲綏䍦非是也玄謂明堂位曰凡四代之服器魯兼用之有虞氏之旂夏后氏之綏則旌旂有是綏者當作緌字之誤也緌以旄牛

尾爲之綴於幢上所謂注旄於干首者王祀四郊乘玉路建大常今以之復去其旒異之於生亦因先王有徒緌者士冠禮及玉藻冠緌之字故書亦多作綏者今禮家定作蕤【疏】掌大喪以冕服復于大祖者此與祭僕隸僕爲官聯也賈疏云大喪謂王喪也謂初死屬纊絶氣之後卽以冕服自袞冕以下六冕及爵弁皮弁之等復謂招魂復者各依命數天子則十二人各服朝服而復於大祖之廟當升自東霤北面履危西上云皐天子復如是者三乃卷衣投於前有司以篋受之升自阼階入衣於尸復而不蘇乃行死事也案六冕當作五冕依賈說則王喪當十二人復敘官止下士四人於數不足者蓋當使它官若祭僕隸僕小臣之屬同復也云以乘車建綏復于四郊者綏當從故書作襚卽旞之叚字謂以象路建大常而載全羽之旞至四郊祭祀北域之處升車之左轂而復也 注云求之王平生常所有事之處者此夏采復於大祖及四郊祭僕復於小廟隸僕復於小寢大寢此五者並王平生常所有事之處故博求之也云乘車玉路者賈疏云案巾車云玉路以祀祭天地於郊用玉路明於四郊復乘玉路可知案小宗伯云兆五帝於四郊平生在四郊郊事神之處故復之也案此乘車實當爲象路卽司常之道車鄭賈以爲玉路則不得建綏非也詳後玉路詳巾車疏云於大廟以冕服不出宮也者冕服卽五冕之服也凡復用衣裳不用冠故士喪禮說士復云以爵弁服簪裳于衣左何之扱領于帶此王復用冕服亦用衣不用冕也玉府亦云大喪共復衣裳雜記云復諸侯以褒衣冕服爵弁服後鄭注云上公五侯伯四子男三案此天子冕服蓋亦自袞冕而下爲五其裘冕以祭昊天上帝非廟享所服則復於大祖蓋亦不用大裘十二章之衮也大廟在應門內之左後鄭閽人及小宗伯注雖謂在中門外要不出皐門庫門故云不出宮也云四郊以綏出國門此行道也者四郊蓋謂近郊五十里在國門之外王生時非行不出國門故

用行道之法建綏以復不用冕服也鄭司農云復謂始死招魂復魄
者後鄭士喪禮注義同詳玉府疏引士喪禮曰士死于適室者鄭彼
注云適室正寢之室也疾者齊故於正寢焉賈疏云適室則適寢也
大夫士謂之寢天子諸侯謂之路寢也云復者一人者賈疏云命士
不命之士皆一人若大夫以上皆依命數也云以爵弁服者士以爵
弁爲上服猶王用冕服也云升自東榮者賈疏云升屋從東榮而上
天子諸侯言東霤云中屋北面招以衣曰皋某復三者鄭彼注云皋
長聲也某死者之名也復反也云降衣于前受用篋升自阼階以衣
尸者鄭彼注云降衣下之也受者受之於庭也復者其一人招則受
衣亦一人也人君則司服受之衣尸者覆之若得魂反之引喪大記
曰復男子稱名婦人稱字者賈疏云男子稱名據大夫士禮記曲禮
云天子崩復曰天子復矣諸侯復曰某甫復矣鄭注云不呼名臣不
名君也諸侯呼字詒讓案喪服小記云復與書銘自天子達於士其
辭一也男子稱名婦人稱姓與伯仲鄭注謂彼據殷禮質復臣得名
君先鄭意或以小記爲周法則大記文容得含天子禮與後鄭據曲
禮義不同也云唯哭先復言死而哭哭而復冀其復反者唯哭先復
亦喪大記文以下先鄭釋大記義明始死即有復是冀其復反而生
也云故檀弓曰復盡愛之道也望反諸幽求諸鬼神之道也北面求
諸幽之義也者鄭彼注云鬼神處幽闇望其從鬼神所來北面鄉其
所從來也引之者廣證喪禮必有復之義云檀弓又曰君復於小寢
大寢小祖大祖庫門四郊者鄭彼注云尊者求之備也亦他日所嘗
有事引之者證天子有復大祖四郊之事其小祖即祭僕復于小廟
是也又案檀弓庫門據諸侯法賈士喪禮疏謂天子五門皆復則不
徒庫門以內矣云喪大記又曰復者朝服君以卷夫人以屈狄大夫
以玄赬世婦以襢衣士以爵弁士妻以稅衣者鄭彼注云朝服而復
所以事君之衣也用朝服而復之者敬也復用死者之祭服以其求

於神也君以卷謂上公也夫人以屈狄互言耳上公以袞則夫人用
褘衣而侯伯以鷩其夫人用揄狄子男以毳其夫人乃用屈狄矣頳
赤也玄衣赤裳所謂卿大夫自玄冕而下之服也其世婦亦以襢衣
案先鄭引此者證王復當用五冕服也其王后之喪復當用褘衣以
下賈士喪禮疏謂婦人無外事王后以下復自門以內廟寢而已則
后夫人喪無四郊復也襢衣卽展衣稅衣卽褖衣詳內司服疏又案
大記說復者朝服士喪記同賈前疏亦從之士喪禮疏謂天子復者
當皮弁服則是服王視朝之服此與大記注不合未知塙否引雜記
曰諸侯行而死於館則其復如於其國如於道則升其乘車之左轂
以其綏復者鄭彼注云館主國所致舍如於其國主國館賓予使有
之得升屋招用襃衣也如於道道上廬宿也升車左轂象升屋東榮
云大夫死於館則其復如於家死於道則升其乘車之左轂以其綏
復者亦隱括雜記文彼文兼大夫士此不云士者文不具鄭彼注云
大夫復於家以玄冕引此二文者證乘車建綏之事先鄭蓋亦從杜
子春說破故書襚為綏後鄭則又破綏為緌與先鄭異並詳後云喪
大記又曰為賓則公館復私館不復者鄭彼注云不於之復為主人
之惡雜記云公館者公宮與公所為也私館者自卿大夫以下之家
也引此者亦廣證復事云夏采天子之官故以冕服復于大祖以乘
車建綏復于四郊天子之禮也者以天子備官故大祖四郊之復別
以此官掌之其諸侯則無此官故喪大記云小臣復注云小臣君之
近臣也又士喪禮注云復天子則夏采祭僕之屬諸侯則小臣為之
明此夏采復專為天子之禮也又案玉府大喪共復衣服先鄭注云
衣裳生時服招魂復魄於大廟至四郊是先鄭意四郊復乘車建綏
仍兼用冕服後鄭不從故此注不備引也後鄭彼注亦糾正先鄭義
詳彼疏云大祖始祖廟也者大祖對祭僕小廟為文以七廟之中始
祖為最尊故謂之大祖王制云天子七廟三昭三穆與大祖之廟而

七注云大祖后稷是也周七廟以后稷爲始祖詳春官敘官及守祧疏賈疏云餘六廟此不云復案祭僕云大喪復于小廟注云小廟高祖以下是親廟四也其五寢則隸僕復故隸僕職云大喪復于小寢大寢注小寢高祖以下廟之寢也始祖曰大寢唯二祧無復文者案祭法親廟四與大祖皆月祭二祧享嘗乃止無月祭則不復也禮記檀弓云復于小祖大祖庫門四郊周禮不言庫門者文不具云故書綏爲禮杜子春云當爲綏禮非是也者段玉裁云杜易禮爲綏先鄭從之故書作禮說文無此字釋文曰禮音維徐音遂據徐音疑本作旞或作旝說文㫃部旝卽旞字金榜云司常王建大常諸侯建旂孤卿建旜大夫士建物師都建旗州里建旟縣鄙建旐此七旗蓋無羽賓祭之所用也其曰旞曰旌則以有羽爲異道車載旞斿車載旌是也旞旌皆張縿幅屬旒焉畫於縿如日月爲常已下夏采以乘車建禮復於四郊禮當爲旞說文旞亦作旝因譌而爲禮杜子春改綏鄭又讀從緌皆非司常道車謂象路復者求之平生常所有事之處故以道車朝夕燕出入者建旞以復鄭謂乘車玉路非也雜記諸侯死於道以其綏復又曰大夫士死於道以其綏復綏皆旞之譌言其旞者明異物天子以大常諸侯以旂孤卿以旜大夫士以物鄭君謂去其旒異之於生失之矣王引之云經本謂建旝非爲建綏旝與旞同乘車建旞亦如生時之道車載旞也從衣作禮者假借字耳鄭當依故書作禮而讀爲旝不當沿子春之誤徑改爲綏也旝得借用禮字者旝禮俱音遂故也禮爲旞之或體者古音遺與遂同地官遺人劉昌宗音遂小雅角弓篇莫肯下遺荀子非相篇遺作隧南山經旄山之尾其南有谷曰育遺遺或作隧白虎通義曰禭之爲言遺也是也故禭從遂聲作禭或從遺聲作禮亦猶九旗之旞或作旝也禮爲旝之假借非譌字案段金王說是也云玄謂明堂位曰凡四代之服器魯兼用之者後鄭欲見綏爲有虞氏之旗故先引此文見魯有四代

旗章之事二云有虞氏之旂夏后氏之綏者綏舊本作緌今據宋婺州
本正阮元二云此仍當爲綏下始二云當作緌案阮校是也段玉裁黃丕
烈校亦改作綏彼文二云有虞氏之旂夏后氏之綏殷之大白周之大
赤鄭彼注二云四者旌旗之屬也綏當爲緌有虞氏當言緌夏后氏當
言旂此蓋錯誤也緌謂注旄牛尾於杠首所謂大麾王制注說亦同
鄭意綏爲有虞氏旗但注旄不張緣屬旒今案有虞氏之旂卽司常
之交龍爲旂巾車之大旂夏后氏之綏卽司常之龜蛇爲旐巾車之
大麾鄭互易其字又讀綏爲緌非也詳司常疏至釋名釋兵二云緌有
虞氏之旌也注旄竿首其形燊燊然也綏夏后氏之旌也其形衰衰
也案劉亦從明堂位注義而仍以綏爲夏旗則又小異亦不足據也
二云則旌旂有是綏者當作緌字之誤也者此後鄭據明堂位有綏明
旌旂自有是名但其字實當爲緌也段玉裁二云司農稱雜記證杜說
但綏緌二字古音同在支佳部歌戈麻部閒而義各有當緌者下垂
之意故系於冠纓爲飾者謂之緌旌旗之旄亦謂之緌鄭君雜記注
二云綏當爲緌讀如蕤賓之蕤字之誤也緌謂旌旗之旄也去其旒而
用之異於生也明堂位注二云綏當爲緌讀如冠蕤之蕤緌謂注旄牛
尾於杠首皆與夏采注正合汪文臺二云緌本登車之索鄭引明堂位
證是綏爲旌旗之綏當爲緌非車綏也案段汪說是也說文糸部二云
綏車中把也緌系冠纓垂者旌旗之緌與冠緌同有垂義故鄭破綏
從緌也二云緌以旄牛尾爲之綴於橦上者後漢書馬融傳李注二云橦
旌旗之竿也謂以旄牛尾爲緌繫綴於竿上也旄牛尾詳春官敘官
及樂師疏二云所謂注旄於干首者者毛詩鄘風干旄傳二云注旄於干
首大夫之旃也爾雅釋天二云注旄首曰旌郭注二云載旄於竿頭如今
之幢亦有旒干旄孔疏引李巡二云旄牛尾著干首案後鄭此注及司
常注竝引注旄於干首蓋卽據毛詩傳文釋天文異賈疏謂出爾雅
誤干卽竿之借字亦卽橦也注綴義亦同司常注引此以釋析羽爲

旌敘官注亦謂染鳥羽象夏翟以爲緌則鄭謂緌注旄牛尾又兼注鳥羽故賈疏云案鍾氏染鳥羽以爲王后之車飾亦爲旌旗之緌則旌旗亦有鳥羽獨云旄牛尾舉一邊而言其實兼有也云王祀四郊乘玉路建大常者據巾車文言此者欲見大喪所建之綏卽大常而去其旒者也云今以之復去其旒異之於生亦因先王有徒緌者者賈疏云生時有旗有緌有旒今死去旒是異先王有虞氏也徒空也有虞氏空緌未有在下旂旐故云徒緌也案賈所謂旂旐謂縿也巾車注說旗制云正幅爲縿斿則屬焉旒卽斿之俗凡九旗恆制皆有縿斿鄭意此緌則縿斿並無注止云去旒者文不具也鄭又以明堂位云有虞氏之綏卽是徒緌無旒此大喪復四郊所建以大常去旒存緌與生時所建大常不同而實因有虞氏有徒緌之制襲而用之也今依金氏說則此王喪四郊之復當用象路建大常而注全羽之旞與生時祀四郊所乘車異而旗同云士冠禮及玉藻冠緌之字故書亦多作綏者者此故書謂儀禮禮記舊本與注中凡言故書者異今士冠禮記字作緌彼注無作綏之文玉藻注亦然皆文不具綏嘉靖本作緌段玉裁黃丕烈校並據注疏本作綏今從之段云明冠緌字誤則旗緌之字誤可知案段說是也然賈疏謂故書多作緌者謂作糸旁委也則賈所見本已誤綏矣云今禮家定作蕤者謂禮士冠玉藻二記冠綏之字漢時禮家說又定作蕤亦見玉藻注而士冠注則無文此雖與鄭從緌異然其不從綏則同故亦附存其說段玉裁云漢時說禮家定從蕤字蕤者艸木花垂皃其音亦在支佳部如玉藻緇布冠繢緌注云緌或作蕤是其證也玉藻音義曰緌本又作蕤是唐時禮記尚有作蕤者也

# 周禮正義卷十七

瑞安孫詒讓學

地官司徒第二 鄭目錄云象地所立之官司徒主衆徒地者載養萬物天子立司徒掌邦教亦所以安擾萬民 疏 地官司徒第二者阮元云第二唐石經作第三非 鄭目錄云象地所立之官者司徒於六官爲第二次於冢宰又掌地事故謂之地官大戴禮記千乘篇云司徒典春春秋繁露五行相勝篇又以司徒爲西方金官並非此經義云司徒主衆徒者小爾雅廣言云司主也白虎通義封公侯篇云司徒主人不言人言徒者徒衆也重民衆書周官僞孔傳云主徒衆教以禮義國語周語云司徒協旅韋注云司徒掌合師旅之衆云地者載養萬物者郊特牲云地載萬物藝文類聚地部引春秋元命苞云地者易也言養物懷任交易變化含吐應節是地載養萬物之義云天子立司徒掌邦教亦所以安擾萬民者據敘官文

周禮 鄭氏注

惟王建國辨方正位體國經野設官分職以爲民極乃立地官司徒

使帥其屬而掌邦教以佐王安擾邦國 教所以親百姓訓五品有虞氏五而周十有二焉擾亦安也言饒行之 疏 使帥其屬而掌邦教以佐王安擾邦國大宰六典云二曰教典以安邦國以教官府以擾萬民是也 注云教所以親百姓訓五品者書舜典云帝曰契百姓不親五品不遜汝作司徒敬敷五教在寬不遜史記殷本紀後漢書周舉傳並作不訓御覽職官部引尚書大傳亦云百姓不親五品不訓則責之司徒是作訓者爲今文尚書也史記五帝本紀又作五品不訓索隱云史記馴字徐

廣皆讀曰訓訓順也裴氏集解引鄭書注云五品父母兄弟子也云有虞氏五而周十有二焉者賈疏云有虞氏五卽舜典所云敬敷五教又文十八年云舜臣堯舉八元使敷五教於四方父義母慈兄友弟恭子孝是也而周十有二者據司徒之職云一曰以祀禮教敬以下是也案成王周官云司徒敷五典擾兆民則周亦有五教而云至周十有二者鄭據此周禮之文言十二以對於虞其實五中雖不含十二十二中亦含有五案書周官乃僞古文非鄭所見賈說非云擾亦安也者大宰注云擾猶馴也案擾者𢥞之借字𢥞訓馴與安義近此經又以安擾連文故云亦安也詳大宰疏云言饒衍之者賈疏云以言饒益衍長亦是安義

教官之屬大司徒卿一人小司徒中大夫二人鄉師下大夫四人上士八人中士十有六人旅下士三十有二人府六人史十有二人胥十有二人徒百有二十人

鄉師長也司徒掌六鄉鄉師分而治之二人者共三鄉之事相左右也

疏 大司徒卿一人者教官之正也左定四年傳成王封康叔陶叔授民杜注云陶叔司徒書顧命成王召六卿僞孔傳謂芮伯爲司徒詩衞風淇奧孔疏引鄭書注則謂彤伯爲司徒又書敘云穆王命君牙爲周大司徒詩小雅十月之交云番惟司徒又鄭風緇衣敘謂鄭桓公武公父子並爲周司徒皆卿大司徒鄉也云小司徒中大夫二人者教官之貳也云鄉師下大夫四人者教官之攷也云旅下士三十有二人者亦謂衆下士也檀弓云孟獻子之喪司徒旅歸四布卽此下士也 注云鄉師長也者天官敘官注義同鄉師下大夫與上士以下至府史胥徒及諸鄉吏爲長六官之攷自天官夏官外皆以師爲名義並同云司徒掌六鄉者以六鄉附比王城地近事重故使大司徒總領鄉吏又以小司徒鄉師專掌其事猶遂人遂師

專主六遂之事也云鄉師分而治之二人者共三鄉之事相左右也者賈疏云以其鄉師佐司徒主六鄉故言分而治之以鄉有六其人有四故二人共三鄉云相左右者左右助也以其二人共主三鄉不得各專其鄉事故相助而已詒讓案鄉師二人共三鄉蓋以六鄉分爲左右左三鄉右三鄉各設鄉師二人以主之王制云命國之右鄉簡不帥教者移之左命國之左鄉簡不帥教者移之右是鄉有左右左襄九年傳說宋左右二師令四鄉正是宋制四鄉亦分左右可以互證但鄭云相左右則自取職掌相助之義不謂鄉分左右既夕禮注云遂人主引徒役匠人主載柩窆職相左右也與此注義正同賈說得之管子立政篇云分國以爲五鄉鄉爲之師此齊制鄉立一師與周制異

鄉老二鄉則公一人鄉大夫每鄉卿一人州長每州中大夫一人黨正每黨下大夫一人族師每族上士一人閭胥每閭中士一人比長五家下士一人

老尊稱也王置六鄉則公有三人也三公者內與王論道中參六官之事外與六鄉之教其要爲民是以屬之鄉焉州黨族閭比鄉之屬別正師胥皆長也正之言政也師之言帥也胥有才知之稱載師職曰以官田牛田賞田牧田任遠郊之地司勳職曰掌六鄉之賞地六鄉地在遠郊之內則居四同鄭司農云百里內爲六鄉外爲六遂

【疏】鄉老二鄉則公一人者賈疏云鄉老者謂三公在朝三公八命卽典命云三公八命是也分陝而治則九命則大宗伯云九命作伯是也云鄉大夫每鄉卿一人者賈疏云六鄉則卿六人各主一鄉之事然總屬司徒并六官典兼鄉大夫知者以鄭注大司馬云軍吏選於六官六鄉之吏爲之既六官六鄉

並言故知別置沈彤云鄉老二鄉一人注以爲三公兼之而鄉大夫每鄉卿一人則不以六卿兼鄉老無專職惟及鄉大夫帥其吏而禮賓賢能以獻其書于王退而以鄉射之禮五物詢衆庶而已故三公可兼若鄉大夫則職專而所掌多故別置而不以六卿兼也如或兼之亦與公之兼鄉老常暫殊矣案沈說是也賈氏敘廢興引馬融傳云賈逵以爲六鄉大夫則冢宰以下是賈景伯以此六鄉大夫卽六官之長說文𨛜部云鄉國離邑民所封鄉也封圻之內六鄉六卿治之蓋亦用賈說今攷鄉大夫云正月之吉受教法于司徒退而頒之于其鄉吏明鄉大夫與六官之長異黨如賈說則司徒卽鄉大夫之一豈得自掌教法而自受之乎況鄉遂內外相副遂官之爵唯較鄉官差一等黨鄉大夫卽以六官之長爲之則遂大夫爲中大夫又當以六官之貳小宰小司徒等爲之乎其亦不可通矣又案春官世婦每宮卿二人是后六宮有十二宮卿與王六官及六鄉大夫爲十二卿數同若如賈景伯說則后得置十二卿王反止有六卿豈其然乎胡匡衷云左襄九年傳宋有鄉正國語周語有鄉長韋杜皆以鄉大夫釋之則諸侯有鄉大夫矣周禮鄉大夫每鄉卿一人諸侯以大夫爲之亦當鄉置一人周禮六鄉之大夫皆屬於司徒諸侯則使卿分掌之左傳宋二師令四鄉正晉趙孟問其縣大夫則其屬國語齊高子帥五鄉焉國子帥五鄉焉是諸侯之鄉大夫統於鄉也云州長每州中大夫一人者藝文類聚引風俗通云周禮五黨爲州州疇也州有長使之相周足也案州長爲一州之長故內則謂之州伯沈彤云三十州則三十人賈疏云每鄉有五州州長以中大夫爲之亦四命云黨正每黨下大夫一人者釋名釋州國云五百家爲黨黨長也一聚之所尊長也沈彤云百五十黨則百五十人賈疏云五黨爲州黨正使下大夫爲之亦四命云族師每族上士一人者沈彤云七百五十族則七百五十人賈疏云五族爲黨族師使下士一人爲之亦三

命云閭胥每閭中士一人者說文門部云閭里門也周禮五家爲比五比爲閭閭侶也二十五家相羣侶也沈彤云三千閭則三千人賈疏云四閭爲族族巷門爲閭胥有才知之稱閭胥使中士一人爲之亦再命詒讓案周書嘗麥篇云邑乃命百姓遂享于家閭率里君以爲之資率帥古今字閭率當即此閭胥也云比長五家下士一人者釋名釋州國云五家爲伍又曰比相親比也沈彤云萬五千比則萬五千人賈疏云五比爲閭比長使下士一人爲之亦一命特言五家者明閭胥已上至鄉皆有家數故其職云五家爲比五比爲閭四閭爲族五族爲黨五黨爲州五州爲鄉從少至多故於比言五家爲本也胡匡衷云內則宰告閭史閭史書爲二其一藏諸閭府其一獻諸州史州史獻諸州伯州伯命藏諸州府注閭胥州長皆有屬吏內則所記多諸侯之禮周禮序官鄉大夫以下皆無府史胥徒此有閭史州史又有閭府州府或周禮闕也案胡說近是鄉吏惟比長領五家事少或可無屬吏其閭胥以上據內則似皆應有府史此經並無六遂官亦然未詳厥故豈因鄉遂官多踰萬不能盡爲置屬或就所治役民給事無定員故經不著邪

注云老尊稱也者漢書東方朔傳云老者人所敬也士昏禮授老鴈注云老羣吏之尊者鄉老亦是鄉吏之最尊者故稱老也賈疏云案下曲禮三公於諸侯曰天子之老此鄭注云老尊稱未必是年老也云王置六鄉則公有三人也者以一鄉老領二鄉六鄉則三鄉老與三公之數正合明鄉老即以三公爲之也云三公者內與王論道者賈疏云成王周官云茲惟三公論道經邦考工記云坐而論道謂之王公鄭雖言天子諸侯公中亦含三公是其內與王論道也案賈引書周官乃僞古文非鄭所據云中參六官之事者賈疏云案書傳云天子三公一曰司徒公二曰司馬公三曰司空公彼注云周禮天子六卿與大宰司徒同職者則謂之司徒公與宗伯司馬同職者則謂之司馬公與司寇司空同職者則謂

之司空公一公兼二卿舉下以爲稱是其中參六官之事案鄭謂此
卿老卽三公而又中參六官之事者謂上兼太師太傅太保下又兼
六卿之職蓋依周禮舊師及古文尚書說也北堂書鈔設官部引五
經異義云今尚書夏侯歐陽說天子三公一曰司徒二曰司馬三曰
司空九卿二十七大夫八十一元士凡百二十在天爲星辰在地爲
山川古周禮說天子立三公曰太師太傅太保無官屬與王同職故
曰坐而論道謂之王公又立三少以爲之副曰少師少傅少保是爲
三孤冢宰司徒宗伯司馬司寇司空是爲六卿之屬大夫士庶人在
官者凡萬二千臣謹案周公爲傅召公爲保太公爲師周公太公無
爲司徒司空文知師保傅三公官名也五帝三王不同物此周之制
也又云古周禮說三公無官參職於天子何官之有案三公之官經
無明文異義引古周禮說以爲太師太傅太保大戴禮記保傅篇云
昔者周成王幼在襁褓之中召公爲太保周公爲太傅太公爲太師
保保其身體傅傅其德義師導之教順此三公之職也於是爲置三
少皆上大夫也曰少保少傅少師是與太子宴者也與古周禮說同
賈氏後疏引鄭志趙商問尚書周官云大師大傅大保茲惟三公此
漢時所傳真周官佚文爲東晉僞古文所本其所說三公亦同古周
禮說當可依據故毛詩小雅節南山傳漢書百官公卿表及許君異
義並從其說據後疏申鄭志荅趙商義則鄭亦以爲成王以後三公
之制如是也若今文尚書說以三公爲司徒司馬司空韓詩外傳及
白虎通義封公侯篇公羊文八年何注說竝同則六卿之中冢宰最
尊反不爲公義已難通況韓詩傳及漢表引或說竝謂三公司馬主
天司徒主人司空主土論衡順致篇引尚書大傳有天公人公地公
之說蓋伏生亦謂天公卽司馬公人公卽司徒公地公卽司空公是
今文家說三公之敘司馬最尊在司徒之上與此經六卿尊卑敘次
旣乖剌不合而司馬屬天尤違經義攷書傳之文本在夏傳月令孔

疏以爲是夏制理或然也鄭大傳注據周禮以說夏制以爲一公兼二卿兼下以爲稱則佚傳本義固不如是書顧命云乃同召太保奭芮伯彤伯畢公衛侯毛公詩衛風淇奧孔疏引鄭彼注云公兼官以六卿爲正次爲孔傳亦謂太保畢毛稱公則三公召公領冢宰畢公領司馬毛公領司空芮伯爲司徒不爲公足證三公各領一卿並不以一公兼二卿又仍以冢宰爲大保而不以司徒爲公皆不如書傳說蓋周時三公爵在卿上或本爲三公而因六卿偶闕則以三公下兼或本爲孤卿而功德隆重則上兼三公如左宣十六年傳晉侯請於王以黻冕命士會將中軍且爲大傳杜注謂大傳爲孤卿文六年晉有大傳陽處父大師賈佗又成十八年士渥濁襄十六年羊舌肸亦並爲大傳孔疏謂諸侯孤卿猶天子三公是天子以師傅爲三公諸侯以師傅爲孤卿亦其比例而士會以將中軍兼大傳尤可證卿兼保傅之事然則上下相兼事所因有必不如書傳注說一公兼二卿職掌參分垂爲定制也至鄭注書傳所以爲此說者殆因周侯國官制惟立司徒司馬司空三卿而以一卿領二大夫今文諸儒或不見佚周官之文求古三公之官而不得則推諸侯之制於天子以爲立司徒公司馬公司空公一公兼二卿鄭君不悟亦偶襲其說實則此義與鄭志不合述鄭學者以鄭志爲定論可矣云外與六鄉之教者卽爲鄉老也鄉老無正職掌惟三年大比賓賢能與鄉大夫同與其事故云與六鄉之教康王時畢公爲大師卽三公之一而書畢命敘云康王命作冊畢分居里成周郊是卽畢公兼掌鄉郊爲鄉老之證又君陳敘云周公既沒命君陳分正東郊成周敘意與畢命略同君陳周公次子疑亦以公孤而兼爲六鄉之正長者也云其要爲民是以屬之鄉焉者鄭意三公通參六官無所繫屬惟分掌六鄉則亦教民之官故附列諸鄉官之前明鄉老爵尊實非司徒之屬官也此鄉老以事類附屬地官乃大宰八法官屬之變例詳天官敘官九嬪

疏賈疏云三公無正職是以三百六十官之中不見三公之任唯此
六鄉之內而言三公故云屬之鄉焉不言三孤者以其佐公論道三
公有事之所亦有三孤故不言之案異義周禮說三孤之義亦此經
所無詳掌次疏云州黨族閭比鄉之屬別者謂以鄉遞分爲五者而
總屬於鄉五者之中又各以大小自相爲屬別也大戴禮記王言篇
昔者明王之治民有法必別地以州之分屬而治之卽此義釋名釋
州國云萬二千五百家爲鄉鄉向也衆人所向也又案此經之制以
比閭族黨州鄉與遂屬鄰里酇鄙縣遂相當而爵則加彼一等漢書
食貨志云五家爲鄰五鄰爲里四里爲族五族爲黨五黨爲州五州
爲鄉鄉萬二千五百戶也鄰長位下士自此以上稍登一級至鄉而
爲卿也又云春秋出民里胥平旦坐於右塾鄰長坐於左塾案此以
遂之鄰里易鄉之比閭而以鄰長當比長里宰當閭胥非此經之制
疑別有所本遂之鄰長爲不命之士漢志云下士則仍依比長之爵
文又國語齊語管子定民之制五家有軌長五十家有里有司二百
家有連長二千家有良人宰則萬家制鄙三十家爲邑三百家爲卒
十卒爲鄉三鄉爲縣十縣爲率管子立政篇則分國爲五鄉鄉有師
分鄉爲五州州有長分州爲十里里有尉分里爲十游游有宗十家
爲什伍家爲伍什伍皆有長鶡冠子王鈇篇則五家有伍長五十家
有里有司二百家有扁長二千家有鄉師萬家有縣嗇夫十萬家有
郡大夫漢書晁錯傳云古之制邊縣五家爲伍伍有長十長一里有
假士四里一連有假五百十連一邑有假候此並春秋以後侯國之
制雖亦略放鄉州屬別之法而積數迥殊與此經不相應也云正師
胥皆長也者謂此三者雖別爲官名不稱長而義亦略同天官敘官
注云正長也又云師猶長也賈疏云自州已下至比長五官州比自
稱長矣唯有黨正族師閭胥不言長故鄭云正師胥皆長也胡匡衷
云內則州史獻諸州伯伯亦長稱州伯亦州長也云正之言政也者

文王世子鄭注云正者政也夏官敘官注云政正也政從正得聲故義取於正正義亦通於政得互相訓也鄭言此者明異長言正兼取主五百家政教之義云師之言帥也者賈疏云以其帥領百家故言帥也云胥有才知之稱者春官敘官注同言以才知見擇長二十五家也此亦讀胥為諝注不言者文不具詳天官敘官疏引載師職云以官田牛田賞田牧田任遠郊之地又引司勳職曰掌六鄉之賞地者賈疏云欲見賞地在六鄉之中同在遠郊之內云六鄉地在遠郊之內則居四同者載師注云遠郊之內地居四同三十六萬夫之地是也賈疏云案司馬法王城百里為遠郊於王城四面則方二百里開方之二二如四故云居四同言此者破賈馬六鄉之地在遠郊五十里內五十里外置六遂詒讓案鄉必在城郭外四郊以內書費誓云魯人三郊三遂三郊即諸侯三鄉言郊以包鄉王制孔疏謂左右鄉在國城內非也賈馬亦謂鄉在遠郊內遂在遠郊外與杜鄭義同而說郊制則異當以杜鄭為正詳載師疏鄭司農云百里內為六鄉外為六遂者遂人敘注義同百里內外即遠郊之內外也國語周語韋注云周禮天子遠郊之內有六鄉則六軍之事也外有六隧掌供王之貢賦隧與遂同賈疏云以其遂人掌六遂案遂人職云掌郊之野郊外曰野故知百里外為六遂

封人中士四人下士八人府二人史四人胥六人徒六十人聚土曰封為壝堳埒及小封疆也

疏封人者掌封壝之等是土地之事故屬地官此官總主畿封其官府當在國中左傳隱元年鄭潁考叔為潁谷封人桓十一年鄭有祭封人仲足文十四年宋高哀為蕭封人昭十九年蔡有鄎陽封人二十一年宋有呂封人華豹論語八佾篇衛有儀封人杜注皇疏並謂典守封疆者彼為有地治之小吏與此封人不同或春秋以後侯國之制也云胥六人徒六十人者賈疏云胥徒

多者以其畿封事廣故也 注云聚土曰封者王制不封不樹注云封謂聚土爲墳是聚土而高者皆謂之封也云謂壝埒及小封疆也者本職云掌設王之社壝爲畿封而樹之注云壝謂壇及埒埒也畿上有封若今時界矣小封疆卽畿封之屬壝埒詳掌舍疏

鼓人中士六人府二人史二人徒二十人 疏 鼓人者說文鼓部云鼓郭也春分之音萬物郭皮甲而出故謂之鼓鼓人是樂官而屬司徒者以其兼掌鼓役事故也

舞師下士二人胥四人舞徒四十人 舞徒給繇役能舞者以爲之 疏 舞師者說文舛部云舞樂也用足相背呂氏春秋古樂篇云昔陰康氏之始陰多滯伏而湛積水道壅塞不行其原民氣鬱閼而滯著筋骨瑟縮不達故作爲舞以宣導之左襄十年傳宋以桑林享晉侯舞師題以旌夏當卽此官杜注以爲樂師非也舞師亦樂官而屬司徒者以鼓人掌鼓兵舞帗舞舞師與彼爲聯事故同屬地官而次其後賈疏謂鼓人教六鼓四金舞師教舞亦是教官之類故在此非也 注云舞徒給繇役能舞者以爲之者繇卽傜之叚字詳天官敘官疏賈疏云餘官直言徒此官徒言舞者徒是給繇役之人今兼云舞卽徒中使能舞者以充徒數也俞樾云徒給繇役不得卽以舞者爲之疑舞下有闕文當云舞者若干人徒四十人春官敘官韎師曰舞者十有六人徒四十人旄人曰舞者衆寡無數又曰徒二十人皆其例也傳寫奪誤遂以舞徒連文注家卽從而爲之說殆失之矣案俞說亦通

牧人下士六人府一人史二人徒六十人 牧人養牲於野田者詩云爾牧來思何蓑何笠或負其餱三十維物爾牲則具 疏 牧人者掌牧田亦有地守故屬地官云下士六人者莊存與云牧六牲分職也 注云牧人養牲於野田

者者說文攴部云牧養牛人也左昭十七年傳云馬有圉牛有牧引申之凡養六牲者通謂之牧載師以牧田任遠郊之地先鄭注云牧田牧六畜之田即此牧人所牧也賈疏云對充人養牲於國中引詩云爾牧來思何蓑何笠或負其餱三十維物爾牲則具者小雅無羊文餱釋文作糇案餱正字糇別體毛詩作餱傳云何揭也蓑所以備雨笠所以禦暑三十維物異毛色者三十也鄭箋云言此者美牧人寒暑飲食有備牛羊之色異者三十則女之祭祀索則有之引之者證牧人養牲野田之事

牛人中士二人下士四人府二人史四人胥二十人徒二百人主牧公家之牛者詩云誰謂爾無牛九十其犉犉者九十其餘多矣 疏 牛人者掌牧公牛以大司徒掌奉牛牲又庖人注云牛屬司徒士也故屬地官而次牧人之後　注云主牧公家之牛者者本職云掌養國之公牛以待國之政令注云公猶官也明彼公牛即謂公家之牛也載師以牛田任遠郊之地先鄭注亦云牛田者以養公家之牛引詩云誰謂爾無牛九十其犉者犉釋文作犉案說文牛部作犉犉正字犉隸變字此亦小雅無羊篇文毛傳云黃牛黑脣曰犉鄭箋云誰謂女無牛今乃犉者九十頭言其多矣引以證牛人牧牛之事云犉者九十其餘多矣者與詩箋說同賈疏云證經牛多故徒有二百人牧之也

充人下士二人史二人胥四人徒四十人充猶肥也養繫牲而肥之 疏 充人者賈疏云祭祀之牲本以諸官堪入祭祀者送付牧人至祭前三月選入充人芻之使之肥充故其職云祀五帝則繫于牢芻之三月故與牧人連類在此也案凡祭牲當由牧人共入牛人羊人諸官乃選入充人芻之賈謂諸官選入牧人非也詳牧人職疏　注云充猶肥也養繫牲而肥

之者說文儿部云充長也高也引申爲牲畜肥腯之稱特牲饋食禮宗人視牲告充鄭彼注亦同此充人官主祭祀之牲故即取告充之義爲名

載師上士二人中士四人府二人史四人胥六人徒六十人載之言事也事民而稅之禹貢曰冀州既載載師者閭師縣師遺人均人官之長 疏 載師者以下至均人五官並掌土地賦役之事故亦屬地官

注云載之言事也者小爾雅廣詁云載事也云事民而稅之者賈疏云案其職上云任士之法下云近郊十一之等是其任民而稅之者也引禹貢曰冀州既載者書孔疏引鄭書注云載之言事事謂作徒役也禹知所當治水又知用徒之數則書於策以告帝徵役而治之彼載爲作徒役與此事民而稅之事雖不同而訓則一故引以爲證云載師者閭師縣師遺人均人官之長者賈疏云以其閭師縣師徵斂之官所斂之賦有入遺人者均人主掌地守地職皆與載師事通故載師與之爲長案閭師縣師皆有專掌之地治不僅主徵斂似非載師之屬唯遺人掌委積均人掌鄉遂公邑土地征役或與載師職掌相通耳鄭賈說恐未塙

閭師中士二人史二人徒二十人主徵六鄉賦貢之稅者鄉官有州黨族閭比正言閭者徵民之稅宜督其親民者凡其賦貢入大府穀入倉人 疏 閭師中士二人者掌國中四郊官之長猶鄉遂之有鄉師遂師公邑之有縣師也凡國中廛里四郊郊里蓋並爲閭里之制而於六鄉之外別爲地治其屬別當亦有比閭或鄰里之等惟不立鄉遂而通謂之閭故其長謂之閭師猶脩閭氏掌國中亦以閭爲名也但經文不具無由攷其詳耳互詳本職疏云史二人徒二十人者此官掌徵斂則不宜無府又無胥

竊疑此經閭師縣師屬官文疏略特甚當與鄉遂官無府史同屬闕文也詳前疏　注云主徵斂六鄉賦貢之稅者者案其職云掌國中及四郊人民六畜之數以時徵其賦六鄉之地雖內連國中外通四郊而此官正掌國中四郊之地治則不得兼徵六鄉之賦貢況六遂賦貢卽徵於遂師公邑賦貢卽徵於縣師則六鄉賦貢卽徵於鄉師亦不必以閭師兼掌之矣鄭說未允詳本職疏云鄉官有州黨族閭比正言閭者徵民之稅官督其親民者者此釋官名閭師之義賈疏云鄉官有五者之名正取二十五家爲閭以爲徵斂之官號者徵民之稅恐不能細委其民故以近民之官爲號案鄭賈說非也國中四郊官之長以閭爲名者以其亦爲比閭之制也鄭惟以掌六鄉賦貢爲說未塙云凡其賦貢入大府者賈疏云此貢非是大宰九貢正是九職之貢卽其職云任農以耕事貢九穀之類是也此云賦謂大宰九賦之內則國中四郊二者是也故其職云掌國中及四郊之人民六畜之數又云凡無職者出夫布是其九職之內故云凡其賦貢入大府故大府職云掌九賦九貢九功之貳以受其貨賄之入焉案賈以九賦爲口泉故謂全入大府實則九賦爲地稅正供大半爲穀入倉人也詳大宰疏云穀入倉人者賈疏云案倉人云掌粟入之藏故知穀入倉人也

縣師上士二人中士四人府二人史四人胥八人徒八十人主天下土地人民已下之數徵野賦貢也名曰縣師者自六鄉以至邦國縣居中焉鄭司農云四百里曰縣

【疏】縣師者掌公邑官之長與閭師同有地治而所領疆域自甸達畿距國既遠其轄境尤廣故次閭師之後而爵尊一等員數亦較多也載師注云公邑謂六遂餘地天子使大夫治之自此以外皆然二百里三百里其大夫如州長四百里五百里其大夫如縣正是鄭謂公邑有縣也鄭鍔云王國百里外爲六遂

又其外爲家邑小都大都尚有餘地則謂之公邑天子使吏治焉其官名曰縣師金榜云周制鄉遂之外有都鄙有公邑縣士注云都縣野之地其邑非王子弟公卿大夫之采地則皆公邑也謂之縣縣師稍人縣士治公邑之官也案鄭金說是也江永姜兆錫林喬蔭說同全經凡言縣者有四此縣師及縣士所掌之縣爲四等公邑之通名一也小司徒四甸爲縣爲都之屬別二也縣正所掌二千五百家之縣爲六遂之屬別三也大宰邦縣之賦卽載師所云以小都之田任縣地爲距王城四百里地之專名四也但依載師注義謂公邑之縣與五鄙之縣同則是溝洫貢子之法其說非也今考公邑實當與采邑同制井田亦爲丘甸之法則縣之名蓋卽起於四甸之縣猶采邑稱都名亦起於四縣之都其義正同與六遂之縣固不相涉也但公邑自甸至畺有四等惟甸有公邑無采邑其在稍者與家邑同處在縣者與小都同處在畺者與大都同處王官所治爲公邑公邑所居謂之縣鄙采主所治爲采邑采邑所居謂之都鄙二者互相出入制宜略同采邑大都極於百里不止四縣則公邑總部之大縣亦宜極於百里不止四甸可相比例也周書作雒篇說王畿云方千里分以百縣縣有四郡郡有四鄙又云大縣城方王城三之一小縣城方王城九之一說文邑部亦云周制天子地方千里分爲百縣縣有四郡故春秋傳曰上大夫受縣下大夫受郡案月令亦有百縣之文千里開方得方百里者百司馬法以百里爲一同載師注云王畿內方千里積百同百同卽百縣也惠士奇云周書千里分爲百縣昭五年左傳十家九縣長轂九百其餘四十縣遺守四千則每縣百乘百縣萬乘此國畿千里出車之大數也地官有縣師秋官有縣士風俗通曰百里爲同總名曰縣案惠據作雒及左傳蘧啓疆語釋此縣是也金榜說同蓋百縣之制雖通王畿大較言之然公邑總部之爲縣則縣士有明文自當卽一同之縣以小司徒丘甸之法言之作雒之鄙卽

四甸之縣郡即四縣之都皆與此經異而彼所謂縣即小司徒注所謂四都方八十里旁加十里爲一同者則與載師大都正相應蓋即所謂大縣而四甸之縣則所謂小縣也此經縣師縣士所治當即一同之大縣可無疑矣互詳載師匠人疏云上士二人者公邑卑於六遂故縣師爵降於遂師一等縣數無定二人同治之如鄉師下大夫四人掌六鄉遂師下大夫四人掌六遂職相左右也至公邑有地治之官當亦自井邑丘甸縣都至四都之長以次遞增其爵左襄三十年傳說晉絳縣人趙孟問其縣大夫則其屬也以爲絳縣師杜注云縣師掌地域辨其夫家人民即據此官爲釋孔疏謂守公邑之長稱大夫案絳時爲晉都而得爲公邑之縣者晉自唐叔始封以後都已屢徙或沿舊制不改故絳仍如公邑孔以縣大夫爲公邑之長理或然也又昭四年傳有縣人蓋亦即縣吏之屬杜注以爲六遂之屬非也但王朝公邑官名數於此經究無文可證載師注謂如州長縣正之說蓋誤以鄉遂之法推之公邑則不足據左文十六年傳宋有帥甸杜注云帥甸郊甸之帥孔疏以爲即公邑大夫又月令有命四監之文呂氏春秋季夏季冬紀高注謂周制畿內分爲百縣縣有四郡郡有一大夫監之高說亦本周書彼郡即四縣之都都有監大夫則亦即公邑之吏也二說古籍咸無可質證附識之以備考覈又周書嘗麥篇云野宰乃命家邑縣都祠于大祠及風雨彼野宰得兼命家邑縣都蓋即此縣師之屬以家邑卑於大小都又與公邑地相連比故命令得及之也公邑官吏亦互詳載師疏　注云主天下土地人民已下之數者賈疏云案其職云掌邦國都鄙稍甸郊里之地域辨其夫家六畜車輦是其主天下土地人民已下之數人民之外仍有六畜車輦故言已下江永云注非也天下土地人民自有職方氏掌之亦但知其數要耳其詳數自在列國諸侯若縣師者上士中士止六人豈能一一稽之又四郊以內之人民田萊等自有鄉遂之官稽

之亦非縣師之職案江說是也本職注謂縣師所主數周天下故此注亦以天下爲言然其說非是今考縣師之掌公邑猶鄉師之掌鄉邑遂師之掌遂邑而亦與遂師同屬遂人以遂人之職得通及甸稍縣都而此官則唯專主公邑之土地人民其典法命令雖閒及於都家而究不得侵其地治至於外而邦國內而郊里則尤迥不相涉矣云徵野賦貢也者賈疏云案其職云以歲時徵野之賦貢郊外曰野以其二百里外至邦國以其地廣縣師徵之旅師斂之徵斂別官百里之內六鄉之中閭師徵之閭師斂之以其地狹徵斂同官案旅師不斂野之賦貢賈說非詳後疏云名曰縣師者自六鄉以至邦國縣居中焉者賈疏云自百里以至邦國分爲五等二百里曰甸三百里曰稍四百里曰縣五百里曰都畿外邦國是其縣居中焉以其徵外內之賦舉中爲名鄭雖言自六鄉六鄉仍舊郊內據六鄉已外而言案縣師掌公邑此縣爲公邑之通名義起於四甸之縣鄭賈謂取甸稍縣都縣居中爲名未塙鄭司農云四百里曰縣者義亦與後鄭同賈疏云據載師職小都任縣地在四百里中

遺人中士二人下士四人府二人史四人胥四人徒四十人鄭司農云遺讀如詩曰棄予如遺之遺玄謂以物有所饋遺

疏 注鄭司農云遺讀如詩曰棄予如遺之遺者此擬其音也賈疏云此小雅谷風詩彼謂朋友道絕相棄如遺忘物云玄謂以物有所饋遺者廣雅釋詁云饋遺也段玉裁云司農言讀如非讀爲也鄭君恐其義不明因足成之其實饋遺與遺棄古音不別案段說是也此官所掌皆施予之事故取饋遺爲名

均人中士二人下士四人府二人史四人胥四人徒四十人均猶平也主平

土地之力政者　疏均人者此官掌均鄉遂公邑土地征役三年大比則大均爵雖卑而職甚重與司會總司財賦會計異官而職互相備故大戴禮記盛德篇云六官以爲轡司會均人以爲軜謂六官官當一轡司會均人又當驂內二轡也　注云均猶平也者後土均注同說文土部云均平偏也是均兼平偏二義通言之凡平並得爲均故言猶平也云主平土地之力政者者據本職文政當讀爲征此官掌大司徒土均之灋與土均職異而義同

師氏中大夫一人上士二人府二人史二人胥十有二人徒百有二十人

師教人以道者之稱也保氏司諫司救官之長鄭司農云詩云楀維師氏　疏師氏者此官與保氏並掌小學之官也文王世子云樂正司業父師司成又云大司成論說在東序注云大司成司徒之屬師氏也學記云古之王者建國君民教學爲先注云謂內則設師保以使國子學焉外則有大學庠序之官據彼注則師保教於小學與大司樂成均大學之教內外相備但彼以師氏爲父師者父師猶云大師對保氏言之也經傳凡云大師少師者文各不同如三公之大師則位在六鄉上書洛誥孔疏引尚書大傳云致仕之臣教於州里大夫爲父師士爲少師則爲州里之師而太平御覽皇親部引尚書大傳云小師取小學之賢者登之大學大師取大學之賢者登之天子彼大師蓋即大司樂而小師蓋即師氏故分掌大學小學並與文王世子父師異也互詳本職疏國語魯語有師尹韋注引賈逵唐固虞翻說亦謂即師氏恐非賈疏云以其主教與地官掌十二教同故亦在此以其教國子有道藝故使中大夫尊官爲之也云徒百有二十人者賈疏云以其國子人多使役處衆故其徒多矣　注云師教人以道者之稱也者文王世子云師也者教之以事而喻諸

德者也大戴禮記保傅篇云師導之教順賈疏云案其職云以三德教國子一曰至德以爲道本是其教人以道者之稱也云保氏司諫司救官之長者賈疏云以其保氏佐師氏教國子以其司諫諫萬民司救救萬民皆是教之義故師氏與爲長鄭司農云詩云楀維師氏者小雅十月之交篇文鄭彼箋云楀氏師氏中大夫掌司朝得失之事與先鄭義同維賈疏云述注作惟是也今本作維誤詳夏官敘官趣馬疏

保氏下大夫一人中士二人府二人史二人胥六人徒六十人保安也以道安人者也書敘曰周公爲師召公爲保相成王爲左右聖賢兼此官也 疏 保氏者賈疏云保氏與師氏同教國子官與府史別者以其教國子雖同館舍別所故置官有異 注云保安也以道安人者也者廣雅釋詁云保定也爾雅釋詁云安定也是保安義同說文人部云保養也養與安義亦相成本職云掌養國子以道文王世子云保也者愼其身以輔翼之而歸諸道者也大戴禮記保傅篇云保保其身體盧注云保謂安守之引書敘曰周公爲師召公爲保相成王爲左右者君奭敘文尚書釋文引馬融書注云師氏保氏皆大夫官分陝爲二伯東爲左西爲右則馬季長亦以彼師保爲此師氏保氏鄭用師說也云聖賢兼此官也者此釋書敘義也君奭孔疏引鄭書注亦云此師保爲周禮師氏保氏大夫之職賢聖兼此官賈疏云召公爲賢周公爲聖此二人爲三公分陝以其周公爲聖下兼此師氏官召公爲賢下兼此保氏官故云聖賢兼此官此鄭君之意謂三公之號無師保之名兼此二官得師保之稱鄭志趙商問案成王周官立大師大傅大保茲惟三公卽三公之號自有師保之名成王周官是周公攝政三年事此周禮是周公攝政六年時則三公自名師保

起之在前何也鄭荅曰周公左召公右兼師保初時然矣若如此解周公兼師在成王周官前故成王周官稱三公爲大師大傅大保若然大傅者畢公爲之兼世子之官故稱大傅是以文王世子云大傅在前小傅在後若孔君之義三公之號自名師保不由兼師氏保氏案書周官漢時今古文兩家並亡趙商所引蓋其殘語之見於它書者卽僞古文所本也鄭荅趙商問語意簡晦賈氏所述亦未得鄭恉諦繹其意似謂初時二公爲師保是兼此師氏保氏之官其後成王制三公官名大師大傅大保則二公卽爲三公之師保不復兼此官也故書顧命乃同召大保奭芮伯彤伯畢公衞侯毛公師氏虎臣詩淇奧孔疏引鄭書注云公兼官以六卿爲正次則鄭亦以大保爲三公非兼保氏之官矣實則君奭敘所云師保亦卽指大師大保非兼師氏保氏馬鄭說並未安故孔疏亦斥鄭之謬大戴禮記保傅篇及前賈疏引五經異義古周禮說並謂召公爲大保周公爲大傅太公爲太師是爲三公其文雖與君奭敘異然可證其非兼師氏保氏之官矣至文王世子云大傅在前小傅在後鄭注謂太子在學時又云入則有保出則有師鄭注謂太子燕居出入時此與保傅謂三公爲太子師三少與太子宴之文小異大同似亦非此師氏保氏之官故師氏保氏本職但言教養國子及司王朝守王宮門闈之事太子入學雖與國子齒而師氏保氏職掌甚多必無朝夕在太子前後及出入燕從之事二記所言與此經不甚相應不可強爲傅合也三公三少互詳前疏

司諫中士二人史二人徒二十人　諫猶正也以道正人行　疏　司諫者此官與司救掌教萬民之官卑於教國子者故次其後云徒二十人者賈疏云無胥者以得徒則了不假長帥上下文有徒無胥者皆此類　注云諫猶正也者保氏

掌諫王惡注二云諫者以禮義正之案說文言部二云諫証也諫本爲諫諍引申之凡糾正萬民之事通謂之諫正與証字亦通楚辭七諫王序二云諫者正也二云以道正人行者賈疏云案其職二云正其行故鄭就而解之

司救中士二人史二人徒二十人救猶禁也以禮防禁人之過者也【疏】注二云救猶禁也者亦引申之義說文攴部二云救止也廣雅釋詁二云禁止也是救禁義同二云以禮防禁人之過者也者賈疏二云案其職二云掌萬民之衺惡過失而誅讓之以禮防禁而救之是其以禮防禁人之過者

調人下士二人史二人徒十人調猶和合也【疏】調人者掌和難與教萬民事相因故類列於教民官之後　注二云調猶和合也者說文言部二云調和也賈子道術篇二云合得密周謂之調

媒氏下士二人史二人徒十人媒之言謀也謀合異類使和成者今齊人名麴麩曰媒【疏】媒氏者掌男女之判是夫家人民之事故屬地官會合男女與和合事亦相近故冢調人而次之賈疏引集略二云配儷男女取地道生息義亦通　注二云媒之言謀也謀合異類使和成者者說文女部二云媒謀也謀合二姓廣雅釋詁亦二云媒謀也媒謀聲類同故義亦通二云今齊人名麴麩曰媒者說文米部二云䉵酒母也麴卽䉵之俗說文玉篇並無麩字釋文音魚列反又五結反徐音去穢反案魚列五結二音與糵同段玉裁二云此舉方俗語證成其義也司馬遷傳曰全軀保妻子之臣隨而媒孽其短孽當爲糵媒糵猶醞釀正與此鄭注合小顏亦曰齊人謂鞠餅爲媒此必漢書音義中舊說徐仙民麩音去穢反則麴麩讀麴塊非糵字也詒讓案漢書李陵傳作媒糵注引孟康二云媒酒教此

麴𪌭即鞠櫱之別體徐音似非鄭義賈疏云麴𪌭和合得成酒醴名之曰媒言此者欲見謀合異姓得名爲媒之意

司市下大夫二人上士四人中士八人下士十有六人府四人史八人胥十有二人徒百有二十人司市市官之長

疏司市者以下至泉府十官並掌國市政令刑禁貨賄之事亦有地治故屬地官司市亦省稱市王制云司會以歲之成質於天子大樂正大司寇市三官以其成從質於天子注云市司市也

注云司市市官之長者說文冂部云市買賣所之也賈疏云市官謂質人已下至泉府司市與之爲長也以其市官之長經紀事大故使下大夫尊官爲之屬官及胥徒又衆也

質人中士二人下士四人府二人史四人胥二人徒二十人質平也主平定物賈者

疏質人者以下至泉府九官並司市之屬官故次其後注云質平也者夏官敘官馬質注同爾雅釋詁云質平成也其職云掌成市之貨賄人民馬牛兵器珍異成質義亦同云主平定物賈者者平謂抑其騰躍定謂禁其誑豫皆質人主之也

廛人中士二人下士四人府二人史四人胥二人徒二十人故書廛爲壇杜子春讀壇爲廛說云市中空地玄謂廛民居區域之稱

疏注云故書廛爲壇杜子春讀壇爲廛者戴師注同惠棟云管子五輔篇曰辟田疇利壇宅荀子王制篇曰定廛宅是古廛字皆作壇也丁晏云古壇廛聲相近說文鳥部鸇从鳥亶聲籀文从廛作鸇云說云市中空地者載師先鄭注云廛市中空地未有肆城中空地未有宅者義與杜同文選西京賦薛注亦云都邑之空地曰廛後鄭所不從云玄

謂廛民居區域之稱者載師注義同段玉裁二云此從杜易字而不從其說賈疏二云見遂人二云夫一廛田百畝及載師廛里任國中之地皆是民之所居區域又其職有廛布謂貨賄停儲邸舍之稅即市屋舍名之爲廛不得爲市中空地詒讓案民謂四民凡無爵者之稱區域者猶言界限鄭意民居地各有界限是謂之廛不定爲市中空地也蓋古書凡言廛者猶今人所謂基地載師之廛里園廛遂人之夫一廛皆指農圃牧工商賈受田者之居廛人之廛布及司關之征廛則指市中之邸舍無論在里在市已有宅肆未有宅肆其基地通謂之廛此廛人唯掌市宅不掌民宅鄭欲綜釋全經廛字之義故二云民居區域杜及二鄭各舉一端爲釋義實相成也互詳載師遂人疏

胥師二十肆則一人皆二史賈師二十肆則一人皆二史司虣十肆則一人司稽五肆則一人胥二肆則一人肆長每肆則一人自胥師以及司稽皆司市所自辟除也胥及肆長市中給繇役者胥師領羣胥賈師定物賈司暴禁暴亂司稽察留連不時去者

疏胥師二十肆則一人皆二史者賈疏云自胥師至司稽皆是府史之類非是命士已上胥者有才智之稱師長也肆謂行列胥師二十肆則一人皆有二史副之助作文書二云司虣十肆則一人者文選蕪城賦李注引字書云虣古文暴字案暴說文本部作𣋡重文無虣字然薛尚功鐘鼎款識周寅簋綷帖秦詛楚文並有此字又易繫辭重門擊柝以待暴客易釋文引鄭本亦作虣則虣蓋古暴字之或體許偶失收耳凡此經暴字多如此作惟大司馬大司寇訝士禁暴氏小行人經仍作暴疑皆傳寫之誤二云肆長每肆則一人者賈疏二云肆長謂行頭每肆則一人亦是市中給繇役者　注二云自胥師以及司稽皆司市所自辟除也者以此六官經不言爵則皆無人在官者胥師賈師司虣司稽所

主肆多當視它官之府史天官敘官注云凡府史皆其官長所自辟除故知此四官皆司市所自辟除也云胥及肆長市中給繇役者者此其所主肆尤少復卑於胥師等四官也天官敘官胥徒注云此民給徭役者繇徭字也莊子知北遊篇有監市彼釋文引李頤云市魁也以司門門徒亦稱監門例之則監市當即此肆長之屬賈疏云以其司稽已上是府史之類明此二者與胥徒同是給繇役者也云胥師領羣胥者師與長義同二十肆十胥而一師則師即什長也文選張衡西京賦云周制大胥謂此官也云賈師定物賈者本職云展其成而奠其賈司市注云奠讀為定故云定物賈天官敘官注云賈主市買知物賈故主定之亦謂之賈正左昭二十五年傳臧會奔郈郈魴假使為賈正杜注云賈正掌貨物使有常賈若市吏即此官也云司暴禁暴亂者此注例用今字作暴也本職云禁其鬭囂者與其虣亂者市人有為暴亂擾害民者司暴主禁止之云司稽察留連不時去者者說文稽部云稽留止也案其職云掌察犯禁與不物者及執盜賊等此皆非商賈而留連市中不以時去者此官掌察而禁之故以司稽為名也

泉府上士四人中士八人下士十有六人府四人史八人賈八人徒八十人鄭司農云故書泉或作錢〔疏〕注云故書泉或作錢者國語周語景王二十一年將鑄大錢韋注云古曰泉後轉曰錢段玉裁云外府注云其藏曰泉其行曰布取名於水泉其流行無不徧說文貝部曰古者貨貝而寶龜周而有泉至秦而廢貝行錢據許語錢即泉秦時易名錢也故金部錢字下曰銚也古田器一曰貨也然則錢之名不始於漢檀弓注曰古者謂錢曰泉知漢時謂泉曰錢也故書泉或作錢蓋假借錢字之肇端矣徐養原云泉錢同聲古蓋通用秦為廢貝之始非名錢之始也案徐說是也漢書食貨志云劉歆

言周有泉府之官則劉所見故書亦作泉故二鄭不從或本作錢

司門下大夫二人上士四人中士八人下士十有六人府二人史四人胥四人徒四十人每門下士二人府一人史二人徒四人司門若今城門校尉主王城十二門

疏司門者賈疏云案其職云正其貨賄凡物犯禁者舉之以其掌貨賄與司市相連故亦在此詒讓案司門侯國謂之門尹國語周語云門尹除門韋注云門尹司門也左傳僖二十八年宋有門尹般哀二十六年又有門尹得皆是也云下士十有六人者王引之云下云每門下士二人上又云下士十有六人若謂下士十有六人即每門下士之總數則鄭注云司門若今城門校尉主王城十二門以每門下士二人計之十二門當有下士二十有四人不得但言十有六人也若謂下士十有六人在每門下士之外則疏云每門下士二人據在門開閉者此司門是都司總監十二門官案下大夫及上士中士皆位尊於下士故下士但分掌每門之開閉而下大夫上士中士則總監十二門如云下大夫上士中士之下又有下士十六人總監十二門則其位與每門之下士相埒何得居其上而總監之乎下司關云上士二人中士四人府二人史四人胥八人徒八十人每關下士二人府一人史二人徒四人彼文與此略同而中士四人之下不言下士人數至每關始云下士二人然則司門亦但云每門下士二人而中士八人之下無下士十有六人之文明矣遍考五官敘官凡上士中士下士之屬一官之中無再見者不得於每門下士二人之外又言下士十有六人蓋涉上文泉府上士四人中士八人下士十有六人而衍也賈疏但云每門下士二人據在門開閉者而不及下士十有六人與每門下士之同異則所據本無下

士十有六人之文可知唐石經誤衍案王說是也云每門下士二人府一人史二人徒四人者沈彤云王城十二門下士則二十四人府則十二人史則二十四人徒則四十八人詒讓案門徒從本職又謂之監門掌戮云墨者使守門卽此守門之徒詳天官敘官疏　注云司門若今城門校尉者賈疏云案經有每門下士二人據在門晨閉者此司門鄭云若今城門校尉則是都司總監十二門官故舉漢法況之詒讓案續漢書百官志云城門校尉一人比二千石本注云掌雒陽城門十二所劉注引此司門于注云如今校尉志又云每門候一人六百石注引此每門下士二人于注云如今門候于說足補鄭義云王城十二門者賈疏云案匠人云營國九里旁三門四面各三門是有十二門鄭注云十二門以通十二子十二子則十二辰也

司關上士二人中士四人府二人史四人胥八人徒八十人每關下士二人府一人史二人徒四人關界上之門　疏司關者關爲國境之門故冡司門而次之賈疏云案其職云掌國貨之節以連門市故同與市連類在此此司關亦是總檢校十二關所司在國內云每關下士二人者賈疏云自在關門開閉沈彤云王畿十二關則二十四人案沈說是也司關國語周語謂之關尹蓋侯國之制亦作關令尹史記老子列傳說老子見周衰迺遂去至關關令尹喜蓋卽每關下士二人索隱引李尤函谷關銘謂喜爲函谷關尹而崔浩及葛洪抱朴子則云散關令今攷老子時函谷關散關皆非王畿地則關令尹亦非周官也互詳本職疏　云府一人史二人徒四人者沈彤云府每關一人則十二人史每關二人則二十四人徒每關四人則四十八人詒讓案掌戮云劓者使守關卽此守關之徒四人上中下士並有爵命必不使刑人爲之也　注

二云關界上之門者王制關執禁以譏注二云關竟上門聘禮賓及竟乃謁關人注二云古者竟上爲關以譏異服識異言界與竟義同彼關人卽此每關下士二人也賈疏二云王畿千里王城在中面有五百里界首面置三關則亦十二關故二云關界上門也詒讓案管子大匡篇云桓公伐魯魯不敢戰去國五十里而爲之關魯請比於關內以從於齊尹注二云更立國界而爲之關亦關在界上之證孟子梁惠王篇云郊關者蓋指遠郊門言之散文門關通也與界上之關異左昭二十年傳說齊毀偪介之關杜注以爲迫近國都之關彼非常制則正關必不在四郊明矣又賈聘禮疏二云魯廢六關半天子則餘諸侯亦或然也

掌節上士二人中士四人府二人史四人胥二人徒二十人節猶信也行者所執之信 疏 掌節者賈疏二云案其職二云掌守邦節辨其用在此者以其節連於門市故亦連類在此二云府二人者呂祖謙二云左傳文八年宋司城蕩意諸來奔效節於府人卽此所謂府二人者也古者必有府人藏此節所以效於府人胡匡衷二云書康誥二云越小臣諸節傳以爲諸有符節之吏疑卽掌節也　注二云節猶信也行者所執之信者玉藻凡君召以三節注二云節所以明信釋名釋兵二云節者號令賞罰之節也節卩之段借字詳本職疏

遂人中大夫二人遂師下大夫四人上士八人中士十有六人旅下士三十有二人府四人史十有二人胥十有二人徒百有二十人遂人主六遂若司徒之於六鄉也六遂之地自遠郊以達于畿中有公邑家邑大都小都焉鄭司農二云遂謂王國百里外 疏 遂人者以下至

珍倣宋版印

鄰長並治六遂之官吏故亦屬地官此官總掌六遂及四等公邑舉近晐遠故以遂人名官而列諸遂吏之前本職云五縣爲遂案遂即夫閒有遂之遂溝洫之法始於田首之遂因以爲五縣之名左傳襄七年有隧正杜注云五縣爲隧國語周語云晉文公既定襄王於郟王勞之以地辭請隧焉韋注云隧六隧也又漢書王莽傳說莽依周官作六鄉六隊隊並遂之借字云中大夫二人者通掌六遂與遂師分治三遂異也云遂師下大夫四人者以下唐石經跳行別爲一條誤六遂蓋亦如六鄉分爲左右此官亦二人共三遂之事與鄉師掌鄉同也　注云遂人主六遂若司徒之於六鄉也者司徒謂大小司徒也司徒通掌邦畿土地政教之事而兼領六鄉國中郊里之地治此官亦通掌遂甸以外土地政教之事而兼領六遂公邑之地治職秩約略相儗也賈疏云遂人主六遂如司徒主六鄉但官卑校一節司徒六命卿一人小司徒中大夫二人鄉師下大夫四人此遂人中大夫二人當小司徒處遂師下大夫四人當鄉師處但無六命卿一人以其六鄉爲正六遂爲副故尊卑不同以主事相似故上士已下其數與司徒同云六遂之地自遠郊以達于畿者于注例當作於各本竝誤賈疏云案其職云遂人掌邦之野下文以達于畿是其義也詒讓案此謂六遂在遠郊之外遂吏所治家數有定雖不出甸地而遂人所掌則通於甸稍縣都是內與遠郊接界而外達於五百里之畿非謂六遂七萬五千家分居甸稍縣都也賈前疏引賈馬說六鄉之地在遠郊五十里內五十里外置六遂此與杜鄭說郊制不合不足據賈敘周禮廢興又引馬融傳敘述賈逵義以爲六鄉及六遂爲十五萬家絙千里之地然則賈景伯蓋謂六鄉七萬五千家自居五十里郊內六遂七萬五千家則分居五十里郊外至五百里畺布滿王畿此說與經尤不合則馬氏已庳其謬矣云中有公邑家邑大都小都焉者謂甸公邑與遂同處稍縣都之公邑及家邑大小都則遂

人所兼掌也賈疏云但六遂之地只在二百里內亦有公邑故載師
職云公邑之田任甸地其公邑自二百里以出至五百里皆有焉家
邑大夫采地在稍地三百里小都卿之采地在縣地四百里大都三
公王子弟在畺地五百里故載師職云家邑任稍地小都任縣地大
都任畺地遂人雖專六遂以其言掌野郊外曰野大摠之言以言遂
于畿故知兼掌此等焉鄭司農云遂謂王國百里外者即遠郊百里
外也

遂大夫每遂中大夫一人縣正每縣下大夫一人鄙師每鄙上士一
人酇長每酇中士一人里宰每里下士一人鄰長五家則一人縣鄙酇里

鄰遂之屬別也【疏】遂大夫每遂中大夫一人者沈彤云六遂則六人詒讓案
左傳襄七年云叔仲昭伯爲隧正孔疏謂當此遂人又襄
九年云宋災令隧正納郊保疏謂當此遂大夫案此與鄉大夫亦稱
鄉正同孔後說是也前疏以爲遂人誤云縣正每縣下大夫一人者
縣正鄙師酇長里宰鄰長唐石經皆跳行誤沈彤云三十縣則三十
人云鄙師每鄙上士一人者沈彤云百五十鄙則百五十人云酇長
每酇中士一人者說文邑部云百家爲酇酇聚也呂氏春秋季秋紀
高注云四里爲攢攢酇聲類同沈彤云七百五十酇則七百五十人
云里宰每里下士一人者唐石經作二人誤釋名釋州國云四鄰爲
里里居方一里之中也續漢書百官志劉注引風俗通云周禮四鄰爲
里里者止也里有司司五十家共居止同事春秋通其所也案此里
爲二十五家非五十家亦不必方一里劉應說並誤周書嘗麥篇有
里君蓋即雜記之里尹鄭注云里尹閭胥里宰之屬王度記曰百戶
爲里里一尹其祿如庶人在官者案王度之里百戶管子度地篇亦

云百家爲里則當鄉之族遂之酇也此經閭胥酇長以上士中士爲
之卽里宰亦下士非庶人在官者爲之逸禮之言非周制也又襍記
孔疏引撰考讖云古者七十二家爲里又引尚書大傳洛誥傳云古
者八家爲鄰三鄰爲朋三朋爲里鄭注云蓋虞夏時制公羊宣十五
年何注云一里八十戶其有辨護伉健者爲里正比庶人在官彼似
侯國井田之制國語齊語云管子制國十軌爲里鶡冠子王鈇篇云
十伍爲里此並後世邑里之制與此經皆不相應也左襄九年傳國
語周語並有司里乃司宅里之官杜韋注並謂卽此里宰誤沈彤云
三千里則三千人云鄰長五家則一人者釋名釋州國云五家爲伍
又謂之鄰鄰連也相接連也沈彤云萬五千鄰則萬五千人鄰長無
爵無祿受田如農民而去其役賦如庶人在官者也詒讓案漢食貨
志有里胥鄰長又云鄰長位下士者彼以鄰里上承族黨州鄉則鄰
長卽比長故云位下士與此異也玉燭寶典引韋昭謂彼里胥卽此
經里宰未塙互詳前疏賈疏云此遂大夫於六遂各主一遂似鄉大
夫各主一鄉但遂大夫以下其官皆卑於鄉官命數皆減一等是以
遂大夫每遂中大夫一人不使卿爲之差次至鄰長五家則一人者
是不命之士爲之其鄉內比長亦五家一人彼使下士爲之詒讓案
六遂官當亦有府史胥徒經無者疑有闕文詳前疏　注云縣鄙酇
里鄰遂之屬別也者賈疏云以其鄰長已上至縣正皆屬於
遂大夫故言遂之屬別與上文州黨族閭比鄉之屬別相似

旅師中士四人下士八人府二人史四人胥八人徒八十人主斂縣師所徵
野之賦穀者也旅猶處也六遂之官里宰之
師也正用里宰者亦斂民之稅宜督其親民　疏　旅師者此官與稍人
以外征聚賦役委積土地之官故亦屬司徒而次遂官之後賈疏云
六鄉之內所有賦稅閭師徵之閭師斂之此二百里以外至五百里

其地廣故縣師徵之旅師斂之徵斂別官故官屬與胥徒多也案旅師唯主聚三粟非征賦之官賈說非也凡國中六鄉四郊之賦貢閭師鄉師令之鄉郊吏斂之六遂之賦貢遂師令之遂吏斂之公邑之賦貢縣師令之公邑之吏斂之皆非旅師所掌詳本職疏　注云主斂縣師所徵野之賦穀者也者鄭意本職云掌聚野之耡粟屋粟閒粟耡粟卽野之正賦也不知耡粟乃農民合耦者同出之粟與官賦不同鄭幷以爲一誤云旅猶處也六遂之官里宰之師也者賈疏云里訓爲居旅者衆也衆之所處卽與里義同故鄭云里宰之師也案以爲里宰之師非旅里同訓居處也賈說失之然旅師雖主六遂以左襄二十八年傳杜注云旅客處也引申之凡居處亦謂之旅故鄭外之三粟而不爲里宰之師鄭說亦不塙江永謂旅衆也謂主衆毗合輸之粟其說近是詳本職疏云正用里宰者亦斂民之稅宜督其親民者此亦誤說也賈疏云遂官之內縣鄙已下正用里宰爲徵斂之官名者亦是斂民之稅宜督其親民若似六鄉之中取閭名爲徵斂之官故鄭云亦謂亦閭師也

稍人下士四人史二人徒十有二人主爲縣師令都鄙丘甸之政也距王城三百里曰稍家邑小都大都自稍以出焉

疏稍人者主公邑軍賦之官賈疏謂其職云掌令丘乘之政令丘乘卽三等采地沿注說之誤也　注云主爲縣師令都鄙丘甸之政也者賈疏云案其職云若有會同師田行役之事則以縣師之法故云主爲縣師令都鄙丘甸之政也案鄭賈說非也稍人掌公邑丘乘之政令以公邑亦制井田也注謂掌令都鄙誤詳本職疏云距王城三百里曰稍者賈疏云案載師家邑任稍地在三百里內故知三百里稍云家邑小都大都自稍以出焉者鄭意此官兼掌縣都而以稍名官者舉近以晐遠也賈疏云以其家邑在三

百里小都在四百里大都在五百里從三百里向外故言自稍以出

委人中士二人下士四人府二人史四人徒四十人主斂甸稍芻薪之賦以共委積者也疏委人中士二人下士四人府二人史四人徒四十人者此官掌委積與遺人相備故爵秩員數竝同唯無胥爲異孟子萬章篇云孔子嘗爲委吏矣曰會計當而已矣趙注云委吏主委積倉庾之吏也案委吏疑即此委人之屬史記孔子世家作季氏史誤 注云主斂甸稍芻薪之賦以共委積者也者賈疏云案其職云掌斂野之賦斂薪芻凡疏材木材凡畜聚之物故鄭云主斂甸稍薪芻之賦共與遺人在道以供賓客故云以供委積者也詁讓案本職云凡其余聚以待頒賜注云謂縣都畜聚之物則此官兼掌縣都鄭唯云甸稍者文不具也大司徒注云少曰委多曰積此官掌芻薪之委積與遺人委積兼有粟米芻薪者不同故以委名官然此官雖以薪芻共與遺人而當官亦自有委積但不及遺人之備耳委積詳大司徒疏

土均上士二人中士四人下士八人府二人史四人胥四人徒四十人人均猶平也主平土地之政令者也疏土均者掌邦國都鄙土地政令之事與均人掌鄉遂公邑職掌互相備也曲禮說天子六府一曰司土鄭彼注以爲殷制司土於周爲土均惠士奇云土均均人皆掌均土地之政令而異其官者一兼均力役故曰均人一專均土地故曰土均其在春秋則謂之地均管子乘馬篇所謂地均以實數者也案土均掌邦國都鄙詳均人及本職疏 注云均猶平也者前注同云主平土地之政令者也者大司徒云以土均之灋辨五物九等制天下之地征此官專掌其法故即以爲名賈疏云案其職云

掌平土地以均地守是
主平土地之政令也

草人下士四人史二人徒十有二人草除草 疏 草人者此官與稻人並掌治田之事土田為征
賦之所出故屬司徒而次諸徵斂官之後　注云草除草者說文艸
部云艸百卉也草草斗櫟實也經典通借草為艸肆師注云古之始
耕田者除田種穀除草即除田也賈疏云案其職唯有糞種之文無
殺草之事鄭云草除草者殺草然後種之職雖不言殺草名為草人
明知除草故鄭云除草也惠士奇云芟草所
以成穀故管子地員曰草土之道各有穀造

稻人上士二人中士四人下士八人府二人史四人胥十人徒百人
疏 稻人者初學記寶器部引物理論云稻者溉種之總名案稻即食
醫之稌詳彼疏曲禮說天子六府四曰司草鄭彼注以為殷制司
草於周為稻人云胥十人徒百人者賈
疏云胥徒多者以其弁遺營種稻田

土訓中士二人下士四人史二人徒八人鄭司農云訓讀為馴謂以遠方土地所生異物告道
王也爾雅云訓道也玄謂能訓說土地善惡之勢 疏 土訓者此官與誦訓並掌訓說土地圖
志之事故亦屬司徒　注鄭司農云訓
讀為馴者為疑當作如此擬其音也說文言部云訓說教也從言川
聲漢時讀馴音與川蓋尤近故先鄭讀從之若如今本作讀為則是
易其字與下引爾雅文義不相屬矣知非經文作馴先鄭讀為訓者
以本職及下誦訓夏官訓方氏證之二鄭本必不作馴無疑也惠棟
云訓與馴古今字史記五帝紀云帝堯能明馴德徐廣曰馴古訓字
殷本紀帝舜命契曰百姓不親五品不馴後漢書又作訓萬石君傳

馴行孝謹亦作訓易坤初六象曰馴致其道鄭注云訓從也徐爰音訓依鄭義云謂以遠方土地所生異物告道王也者本職云道地慝以辨地物而原其生以詔地求卽其事也引爾雅云訓道也者釋詁文此引證訓有告道義云玄謂能訓說土地善惡之勢者本職云掌道地圖注云道說也說地圖九州形勢山川所宜後鄭釋訓為說與先鄭訓道略同以先鄭唯據辨地物為說義未晐故增成之毛詩鄘風定之方中傳說大夫九能云山川能說孔疏引鄭志荅張逸云或云說者說其形勢或云述者述其古事惠士奇謂訓說兼彼二義是也此官所職者說其形勢下誦訓所職者述其古事也

誦訓中士二人下士四人史二人徒八人 能訓說四方所誦習及人所作為久時事 疏 注云能訓說四方所誦習者亦釋訓為說也賈疏云其職云掌道方志謂所識四方久遠之事是其能訓說四方所誦習者也惠士奇云誦者為王誦之韓非子難言云時稱詩書道法往古則見以為誦楚辭有惜誦案惠說是也此官名誦訓者謂誦述古言古事而說之也云及人所作為久時事者賈疏云案其職云以知地俗鄭注云博事也謂博知古事是其人所作為久時事者也

山虞每大山中士四人下士八人府二人史四人胥八人徒八十人中山下士六人史二人胥六人徒六十人小山下士二人史一人徒二十人 虞度也度知山之大小及所生者 疏 山虞者以下至澤虞四職皆掌山林川澤之官以有地守之事故亦屬地官山虞澤虞經典通謂之虞人書堯典舜命益作朕虞史記五帝本紀集解引馬融書注云虞掌山澤之官名是周亦沿唐虞制也穀梁莊二

十八年築微傳云山林藪澤之利所以與民共也虞之非正也案此經山林藪澤皆設官但不禁民之取耳國語晉語說文王詢于八虞韋注引賈逵唐固云周八士皆在虞官是周文王時有虞官不得謂非正法穀梁說與經不合山虞之屬亦謂之山人左昭四年傳說獻冰云山人取之杜注云山人虞官又曲禮說天子六府二曰司木鄭彼注以為殷制司木於周為山虞　注云虞度也者爾雅釋言文云度知山之大小及所生者者大小據高卑遠近言之所生卽下迹人丱人諸官所掌者是也漢書百官公卿表顏注云虞度也主商度山川之事亦通賈疏云經文有中山鄭唯言大小者略言之耳

林衡每大林麓下士十有二人史四人胥十有二人徒百有二十人中林麓如中山之虞小林麓如小山之虞

衡平也平林麓之大小及所生者竹木生平地曰林山足曰麓

疏林衡者國語齊語云山立三衡韋注云周禮有山虞林衡之官案彼蓋兼山林官言之三衡者山與林林麓各有大中小三等亦通謂之虞故喪大記云復有林麓則虞人設階易屯六三爻辭云卽鹿無虞惟入于林中鹿麓字通彼虞卽謂林衡也山林地相比故虞衡通稱亦通謂之麓說文林部云麓守山林吏也國語晉語云主將適螻而麓不聞左昭二十年傳云山林之木衡鹿守之是也云每大林麓下士十有二人者釋文云麓本亦作𣠺案說文林部麓重文𣠺云古文从彔賈疏云案上山虞中士四人下士八人相併亦十二人但山虞尊使中士為官首下士為之佐此林衡卑故下士自為官首云胥十有二人徒百有二十人者賈疏云胥徒多於山虞者以其林麓在平地盜竊林木者多故須巡行者衆以是胥徒特多也云中林麓如中山之虞小林麓如小山之虞者賈疏云胥徒不多者以

其大林麓據特大者故胥徒特多中小已下自如尋常法故如山虞注云衡平也者漢書律曆志文梓人注同荀子禮論篇云衡者平之至也云平林麓之大小及所生者者亦如前山虞度山之大小及所生也國語齊語韋注云掌平其政亦通云竹木生平地曰林者大大雅生民並云平林林毛傳云平林林木之在平地者也此明林衡所司徒及職方氏注義同說文林部云平土有叢木曰林詩小雅車舝掌兼有平林也風俗通義祀典篇云禮記將至泰山必先有事於配林林樹木之所聚生也又毛詩邶風擊鼓傳云山木曰林釋名釋山云山中叢木曰林林森也森森然也與此義別賈疏云對山中之林自是山虞掌此別言林衡故知竹木生平地者云山足曰麓者柞氏注同此亦謂山足生竹木者也說文林部云一曰林屬於山爲麓釋名釋山云山足曰麓麓陸也言水流順陸燥也風俗通義山澤篇云謹按尚書堯禪舜納于大麓麓林屬於山者也春秋沙麓崩傳曰麓者山足也案穀梁僖十四年沙鹿崩傳云林屬於山爲鹿沙山名也應義本於彼沙鹿蓋卽麓之大者

川衡每大川下士十有二人史四人胥十有二人徒百有二十人中川下士六人史二人胥六人徒六十人小川下士二人史一人徒二十人川流水也禹貢曰九川滌源

疏 川衡者曲禮說天子六府三曰司水鄭彼注以爲殷制司水於周爲川衡川衡亦曰水虞詳本職疏賈疏云川衡者平知川之遠近寬狹及物之所出云胥十有二人徒百有二十人者賈疏云官及胥多者以其川路長遠巡行勞役故也中川小川之等自若常法故差少云中川下士六人者唐石經跳行誤 注云川流水也者說文川部云川貫穿通流水也管

子度地篇云水之出於他水溝流於大水及海者命曰川水釋名釋水云川穿也穿地而流也賈疏云對澤爲停水引禹貢曰九川滌源者爲孔傳云九州之川已滌除泉源無壅塞引以證川爲流水也

澤虞每大澤大藪中士四人下士八人府二人史四人胥八人徒八十人中澤中藪如中川之衡小澤小藪如小川之衡 澤水所鍾也水希曰藪禹貢曰九澤既陂爾雅有八藪

疏 澤虞每大澤大藪中士四人者國語齊語云澤立三虞韋注云周禮有澤虞之官虞度也掌度知川澤之大小及所生育者案彼蓋兼川澤言之三虞者川與澤藪皆有大中小三等也韋注亦與鄭前注義同文選魏都賦張載注引魯詩傳云古有梁騶梁騶者天子獵之田也賈子新書禮篇云騶者天子之囿也虞者囿之司獸者也鍾師賈疏引五經異義今詩韓魯說騶虞天子掌鳥獸官案賈子及韓魯詩說蓋以騶爲棷之叚字棷與藪通騶虞卽藪澤之虞也職方氏豫州澤藪曰圃田穆天子傳云天子里圃田之路十虞東虞曰兔臺西虞曰櫟丘南虞曰富丘北虞曰相其此西周畿內大澤藪之虞也左昭二十年傳晏子曰澤之萑蒲舟鮫守之藪之薪蒸虞候守之莊述祖云左傳舟鮫鮫當爲鮫之譌呂氏春秋上農篇澤非舟虞不敢緣名舟虞卽舟鮫也案莊說是也彼舟虞有地守疑卽此澤虞但彼澤藪官名不同蓋齊制與此經異賈疏云中士尊於川衡者以其澤之所出物衆多云胥八人徒八十人者賈疏云胥徒少者以其巡行處近故也中澤小澤已下皆如川衡者自是常法 注云澤水所鍾也者大司徒注義同賈疏云鍾聚也謂聚水於其中更無所注入案周語大子晉云山土之聚澤水之鍾纂要亦云水所鍾曰澤詒讓案此對川爲流水也釋名釋地云下而有

水曰澤言潤澤也風俗通義山澤篇云水草交厝名之爲澤澤者言其潤澤萬物以阜民用也云水希曰藪者說文日部云晞乾也希卽晞之叚字晞則無水故大宰注云澤無水曰藪也風俗通義山澤篇云謹案爾雅藪者澤也藪之爲言厚也草木魚鼈所以厚養人君與百姓也賈疏云案鄭詩云叔在藪火烈具舉舉藪中田獵明知無水又案爾雅藪在釋地之篇不入釋水故知水希曰藪以其藪與澤以有水無水爲異故於經別立官掌之案職方澤藪曰具區之類及毛傳云藪澤皆同爲一者以其有水則爲澤無水則爲藪元是一物故同解之引禹貢曰九澤既陂者僞孔傳云九州之澤已陂障無決溢矣引之者證九州各有澤也又引爾雅有八藪者釋地十藪云魯有大野晉有大陸秦有楊陓宋有孟諸楚有雲夢吳越之閒有具區齊有海隅燕有昭余祁鄭有圃田周有焦護此引作八藪未知其說大司徒疏引鄭禹貢大陸注亦有爾雅有八藪之文疑鄭所見釋地本如是郭本作十藪乃據別本增定非其舊也賈疏謂九澤通畿內一州則有九八藪除畿內一州而言爾雅有十者以其周秦同在雍州秦有楊紆周有焦護一州有二故十其說殊迂曲恐不足據

迹人中士四人下士八人史二人徒四十人迹之言跡知禽獸處【疏】迹人者自此至掌蜃九職並掌山澤所生物之官大宰九職云三曰虞衡作山澤之材四曰藪牧養蕃鳥獸故各設官以取之而次虞衡之後　注云迹之言跡知禽獸處者說文辵部云迹步處也漢書季布傳顏注云迹謂尋其蹤迹也此迹人亦掌蹤迹禽獸知其所藏之處跡與迹同左襄十四年傳迹人來告曰逢澤有介麇焉杜注云主迹禽獸者亦同鄭義

丱人中士二人下士四人府二人史二人胥四人徒四十人丱之言礦也金

玉未成器曰礦疏卝人者曲禮說天子六府六曰司貨鄭彼注以爲殷制司貨於周爲卝人　注云卝之言礦也者賈疏云經所云卝是摠角之卝字此官取金玉於卝字無所用故轉從石邊廣以其金玉出於石左形右聲從礦字也王聘珍云說文石部磺字注云銅鐵樸石也从石黃聲讀若礦重文作卝注云古文礦周禮有卝人是卝爲礦之古文本爲卝人之卝復爲總角之卝賈疏說非是案王說是也礦卽礦之俗依鄭說則卝與礦聲近字異依說文則卝卽礦之古文鄭許說字不必盡同賈氏於小學尤疏未足馮也張參五經文字云卝說文以爲古卵字與今本說文不合恐不足據云金玉未成器曰礦者與說文礦訓銅鐵樸石同廣雅釋器云鐵朴謂之礦未成器卽所謂樸也

角人下士二人府一人徒八人疏角人者說文角部云角獸角也此官與羽人皆無史者以無文書之事不用史也曲禮說天子六府五曰司器鄭彼注以爲殷制司器於周爲角人

羽人下士二人府一人徒八人

掌葛下士二人府一人史一人胥二人徒二十人疏掌葛者說文艸部云葛絺綌艸也

掌染草下士二人府一人史二人徒八人染草藍蒨象斗之屬疏掌染草者凡染有石染有草染此官掌斂染色之草木以共草染論語鄉黨皇疏引鄭論語注有木染乃誤文不足據詳鍾氏疏　注云染草藍蒨象斗之屬者說

文艸部云藍染青草也爾雅釋草云葴馬藍郭注云今大葉冬藍也月令仲夏毋艾藍以染爾雅又云茹藘茅蒐郭注云今之蒨也可以染絳說文云茜茅蒐也茅蒐茹藘人血所生可以染絳詩鄭風東門之墠孔疏引陸璣疏云茹藘茅蒐蒨艸也一名地血齊人謂之茜徐州人謂之牛蔓案說文無蒨字蓋卽茜之俗說文又云草草斗櫟實也一曰象斗子又木部云栩柔也其皁一曰樣樣栩實也案象斗卽草斗俗作皁斗象正字當作樣與象音同故亦謂之象斗釋文云象本又作橡橡卽樣之俗詩唐風鴇羽孔疏引陸疏云徐州人謂櫟爲杼或謂之栩其子爲皁或言皁斗其殼爲汁可以染皁今京洛及河內多言杼斗或言橡斗是也此象斗爲木通言之亦爲染草互詳大司徒疏賈疏云藍以染青蒨以染赤象斗染黑案其職注云染草茅蒐橐蘆豕首紫茢之屬二注不同者染草旣多言不可盡故互見略言耳

掌炭下士二人史二人徒二十人 疏 掌炭者說文火部云炭燒木未灰也炭出於木故掌炭與諸徵斂草木之官同列於此

掌荼下士二人府一人史一人徒二十人 荼茅莠 疏 注云荼茅莠者本職注同旣夕禮注詩鄭風出其東門箋並云荼茅秀此莠卽秀之借字爾雅釋草云不榮而實者謂之秀案茅無實而曰秀者謂其華采鄭風孔疏以荼爲茅草秀出之穗是也說文禾部釋采爲禾成秀卽其義論語子罕篇云秀而不實者有矣夫國語周語韋注云榮而不實曰秀明秀不必皆有實也大觀本草引蘇頌圖經云茅夏生白花茸茸然卽鄭所謂茅秀也釋草別有荼苦菜與此異又大戴禮記夏小正亦有二荼四

月云取荼荼也者以爲君薦蔣也此即茅秀之荼又七月云灌荼荼萑葦之莠也爲蔣褚之也此爲萑葦之荼據彼文則君尊宜用茅秀之荼故鄭詩禮注並云茅秀不及萑葦之荼也

掌蜃下士二人府一人史一人徒八人蜃大蛤月令孟冬雉入大水爲蜃　疏　掌蜃者左昭二十年傳說齊制云澤之鹽蜃祈望守之疑即此官　注云蜃大蛤者鼈人注同引月令孟冬雉入大水爲蜃者證蜃爲大蛤鄭彼注云大水淮也

囿人中士四人下士八人府二人胥八人徒八十人囿今之苑　疏　囿人者掌囿游之官亦有地守之事故亦屬地官囿游之門別有閽人掌之已見天官故此略之　注云囿今之苑者天官敘官囿游注云囿御苑也此明古之囿即漢之苑漢舊儀云上林苑中廣長三百里養百獸三輔黃圖載漢長安有上林苑甘泉苑御宿苑思賢苑博望苑西郊苑樂遊苑宜春下苑又引漢儀注云養鳥獸者通名爲苑與古囿養鳥獸同囿制詳天官敘官疏

場人每場下士二人府一人史一人徒二十人場築地爲墠季秋除圃中爲之詩云九月築場圃　疏　場人者掌園地之官也載師云以場圃任園地非燕囿則謂之園故冡囿人而次之云每場下士二人者場圃亦各有區畔其步畝之數經注無文賈疏云以其九穀別場故言每以殊之案此場即園地專種疏果與農田治穀之場別本職亦無治穀之事賈謂九穀別場不足據孟子告子篇云今有場師舍其梧檟養其樲棘則爲賤場師焉趙注云場師治場圃者場以治穀圃園也

案場師亦卽場人之長場地兼樹材木故有梧檟也趙說亦與賈同注云場築地爲墠者說文土部云場一曰田不耕一曰治穀田也墠野土也華嚴經音義引漢書音義云除地平坦曰場祭法注云除地曰墠毛詩鄭風東門之墠傳云墠除田町町者獨斷云墠謂築土而無屋者也是場墠並築地之名賈疏謂除地曰墠築堅始得爲場非也云季秋除圃中爲之者賈疏云以其春夏爲圃以種菜蔬至季秋始爲場引詩云九月築場圃十月納禾稼者豳風七月篇文毛傳云春夏爲圃秋冬爲場鄭彼箋云場圃同地自物生之時耕治之以種菜茹至物盡成熟築堅以爲場納內也治於場而內之囷倉也方苞云本職曰國之場圃則爲載師所任而非農家之場圃可知注疏並誤案方說是也鄭以此場卽農民納禾稼之場圃故引詩以證其義實則此場圃爲種疏菜麻枲果木之專地種時則爲圃收刈之後則爲場與七月詩所說農家場圃於所受廛地爲之者異此場不必共納禾稼之用也場亦通作唐呂氏春秋尊師篇云治唐圃疾灌浸務種樹織葩屨結罝網捆蒲葦唐圃卽場圃也晏子春秋問下篇亦云治唐園考菲屨據二書之文則場圃不種禾稼審矣互詳載師疏

廩人下大夫二人上士四人中士八人下士十有六人府八人史十有六人胥三十人徒三百人藏米曰廩廩人舍人倉人司祿官之長【疏】廩人者自此至稾人八官並掌出斂米穀禾稼之事故亦屬地官云徒三百人者賈疏云此官使下大夫爲官首徒三百人又多者以其米廩事重出納又多故也 注云藏米曰廩者釋文出盛米云音成則陸本藏米作盛米義亦通說文㐭部云㐭穀所振入也宗廟粢盛倉黃㐭而取之故謂之㐭重文廩㐭或从广从禾漢書五行志云劉向以爲御廩夫人八妾所舂米之臧以奉宗廟者也釋名釋宮室云廩矜也寶物可矜惜者投之於

其中也文選藉田賦李注引月令章句云穀藏曰倉米藏曰廩與鄭義同賈疏云對倉人藏穀曰倉又本職疏云廩法有數名春秋桓十四年八月御廩災天子亦有御廩單云廩則平常藏米之廩此不言御廩則廩中可以兼之矣明堂位魯有米廩有虞氏之學以有虞氏尚孝合藏粢盛之委故名學爲米廩非廩稱也詩云亦有高廩又云萬億及秭注云廩所以藏粢盛之穗以其萬億及秭數多非藏米之數故以藏穗言之與常廩御廩又異詒讓案廩與倉對文則異散文亦通廣雅釋宮云廩倉也國語周語韋注云廩御廩一名神倉是廩倉通名云廩人舍人倉人司祿官之長者賈疏云以其舍人已下同掌米穀之事皆以士爲之故廩人下大夫與之爲長

舍人上士二人中士四人府二人史四人胥四人徒四十人舍猶宮也主平宮中用穀者也【疏】注云舍猶宮也者說文亼部云市居曰舍引申之凡人所居之宮通謂之舍云主平宮中用穀者也者賈疏云案其職云掌平宮中之政故就職內主平宮中用穀解之

倉人中士四人下士八人府二人史四人胥四人徒四十人【疏】倉人者說文倉部云倉穀藏也倉黃取而藏之故謂之倉釋名釋宮室云倉藏也藏穀物也呂氏春秋仲秋紀高注云圓曰囷方曰倉案本職云掌粟入之藏與許云穀藏義合

司祿中士四人下士八人府二人史四人徒四十人主班祿【疏】司祿者此職亡孟子萬章篇北宮錡問曰周室班爵祿也如之何孟子曰其詳不可得聞也諸侯惡其害己也而皆去其籍趙注云諸侯欲恣行憎惡其

法度妨害己之所為故滅去典籍今周禮司祿之官無其職是則諸侯皆去之故使不復存也案據趙說則司祿職亡在秦火以前理或然也江永云司祿職雖闕觀其序於廩人倉人舍人之後司稼之前皆為穀米之類其為頒穀祿於羣臣可知矣諸官之授田食邑者三公六卿王子母弟及諸卿之大夫元士也其餘散官不得有田宜以廩人倉人之粟給之所謂匪頒之式也校人等馭夫之祿是其一隅又案司士以德詔爵以功詔祿以能詔事以久奠食內史王制祿則贊為之以方出之此授田祿者也若食則司祿給之當不關內史分言之祿與食異通言之食亦祿也故官名司祿食亦謂之秩宮伯月終則均秩月令收祿秩之不當是也莊公十九年惠王奪子禽祝跪與詹父田而收膳夫石速之秩此散官無田有秩之證也案江說是也凡周制有世祿采地有祿田有祿粟有稍食對文祿與食異散文則食亦通稱祿此官蓋通掌之矣互詳宮正內史司士疏 注云主班祿者賈疏云其職既闕未知所掌云何但班祿者用粟與之司祿職文倉人明是班多少之官故鄭云主班祿故與倉人連類在此易祓云天府曰若祭天之司民司祿而獻民數穀數則受而藏之鄭謂司祿為文昌第六星祿之言穀也則以掌天下之穀數謂之司祿亦猶掌天下之民數而秋官有司民之職及三年大比則以萬民之數詔司寇及孟冬祀司民之日獻民數於王王拜受之且有天府之登知司祿之於穀數亦然俞樾亦云祿與穀古通稱祿謂之穀穀亦謂之祿此司祿乃主穀數者祀司祿之日而獻穀數亦卽此官獻之案易俞謂司祿掌穀數是也然掌穀數亦得兼掌班祿以祿卽出於穀也

司稼下士八人史四人徒四十人種穀曰稼如嫁女以有所生 疏 司稼者賈疏云在此者其職云

巡野觀稼出斂法亦是徵斂地事故連類在此　注云種穀曰稼者
毛詩魏風伐檀傳云種之曰稼斂之曰穡案此對文別也散文則斂
亦爲稼詳本職疏云如嫁女以有所生者稼嫁聲類同稻人掌稼下
地注云謂之稼者有似嫁女相生論語皇疏云稼猶嫁也言種穀欲
其滋長田苗如人
嫁娶生於子孫也

春人奄二人女春抌二人奚五人女春抌女奴能春與抌者抌抒臼也詩云或春或抌

疏 春人奄二人者說文臼部云春擣粟也古者雝父初作春賈疏云有奄者以其
與女奴同處故也在此者與倉人廩人饎人連事故亦連類在此
注云女春抌女奴能春與抌者者司厲其奴男子入于罪隸女子入
于春稾鄭司農云謂坐爲盜賊而爲奴者輸於罪隸春人稾人之官
也此女春抌卽謂女子當爲奴其能春抌者卽入此職上者爲女奴
下者爲奚其不能春抌者別入稾人奚墨子天志下篇云婦人以爲
春酋春酋卽此春抌也云抌抒臼也者說文臼部云舀抒臼也詩曰
或簸或舀重文抌舀或从手从冘此用或體石經从宂作抗誤段玉
裁云抒挹也既春之乃於臼中挹出之引詩云或春或抌者詩大雅
生民篇文抌毛詩作揄說文作舀有司徹注引詩亦作抌與此注同
毛傳云揄抒臼也揄卽抌之借字段玉裁
云鄭君注禮多用韓詩然則韓詩作抌也

饎人奄二人女饎八人奚四十人鄭司農云饎人主炊官也特牲饋食禮曰主婦視饎爨故書饎作𩟄

疏 饎人者賈疏云在此者其職云凡祭祀共盛共王及后之六食凡
賓客共其簠簋不在天官而在此者以其因春人又因地道之成
故在此　注鄭司農云饎人主炊官也者特牲饋食記鄭注云饎炊
也方言云糦熟也自河以北趙魏之間氣熟曰糦故主炊之官名饎

人也胡匡衷云左成十年傳晉侯欲麥使甸人獻麥饋人爲之疑卽饎人之官諸侯與天子異名也引特牲饋食禮曰主婦視饎爨者證饎有炊義彼注云炊黍稷曰饎爨竈也義與先鄭同云故書饎作𩟼者說文食部云饎酒食也詩曰可以饙饎重文𩞁饎或从巸糦饎或从米段玉裁云說文饎或从巸作𩞁疑今周禮巸下譌多火也特牲饋食禮注曰古文饎作糦周禮作𩟼徐養原云饎𩟼乃一字也鄭疊故書祇疊異字不疊重文此其變例鄭注特牲云饎周禮作𩟼明他經無𩟼字此注云故書饎作𩟼而無所說於後經則竟作𩟼人是今故書皆同也𩟼之爲饎已無可疑故不曰𩟼當作饎

稾人奄八人女稾每奄二人奚五人鄭司農云稾讀爲犒師之犒主冗食者故謂之犒

疏稾人者稾從禾高聲卽稾之借字女稾同宋本岳本及宋注疏本閩本盧本釋文並作槀葉鈔釋文及宋本載音義又作犒皆非鄭本之舊今從唐石經宋婺州本嘉靖本孫經世云經稾字卽小行人故書稾字本皆从禾不从木釋文凡从木之槀例苦老反从禾之稾例古老反小行人故書稾字釋文反古老不反苦老則从木者非地官序官唐石經嘉靖本字亦从禾與小行人釋文形聲適相應从禾之稾反古老訓禾莖亦訓矢榦从木之槀反苦老訓枯槁轉而反苦報則訓犒勞音義俱別从禾音義於地官小行人皆不合故注依先鄭以古老反之稾改讀苦報反之犒而其一且因以改故書之經地官序官與小行人經或改或否正如授之爲受於司書大司徒則改於典婦功司儀則皆未之改耳案孫說是也說文禾部云稾禾稈也其變體爲稿木部云槀木枯也其變體爲槁經典凡言槁勞者卽木枯引申之義字當從木其有作從禾之稾者則爲叚字誤字此二字形義之別也釋文發音之例從木之槀有苦老苦報二音從禾之稾則止有古

老一音此二字音讀之別也此經槀人女槀及牛人槁牛司厲舂槀小行人槁禬訓義並同其字皆當從木音苦報反而經本槀槀錯出者則以鄭本有改故書不改故書之二例也此經兩槀字石經並從禾自是故書正本先鄭因作槀義遠且與夏官槀人無別本職又正作槁故讀爲槁師之槁槁卽槀也後鄭讀從先鄭而正文則仍從故書作從禾之槀以已著其說於注則正文從故書無害也此官故書作槀而注讀爲槀夏官敘官槀人故書作槀而注讀爲槀二注正相反而其不改故書則同至小行人槁禬字義與此同故書亦作從禾之槀則經依先鄭讀改經爲槁鄭審定經字或改或不例本不一至其爲注則自有較然不焜之大例其破字而不改正文者則於注正其讀而不云故書作某以正文仍是故書若此經是也其破字而經改正文者則於注必云故書作某而後讀爲某以正文已改則不得不先出故書而後著其改讀之說若小行人注先出故書槁爲槀而後引先鄭說破爲槁是也此注既不云故書作槀則正文未改爲槁明矣其槁人本職及牛人槁牛司厲舂槀字則故書本不誤故二鄭並無說彼此互校此經兩槀字鄭本不作槁殆無疑義通志堂釋文出槀人云注音槁同苦報反與唐石經正同葢槀本當音古老反而注既改讀爲槁則經字雖作槀亦當從注讀苦報反也釋文葉鈔作槁盧校作槀則字本不誤先鄭改讀轉成宂贅若云後鄭所改則注又不宜無故書作某之文葉鈔原流雖古此條殆不足據全經中槀槀二字譌互甚多故詳辯之云奄八人女槀每奄二人奚五人者女槀亦卽司厲之女奴其能役槀人者則入此職也賈疏云案其職云掌共外內朝宂食者之食所共處多故有奄八人又女槀每奄二人奚五人也沈彤云女槀每奄二人八奄則女槀十六人每奄奚五人則四十人詒讓案右地官之屬鄉一人中大夫五人下大夫十五人上士四十八人中士百四十八人下士三百二十人府一百三十人史

二百十九人胥二百二人徒二千六百二十八人賈八人鄉官公三人鄉六人中大夫三十人下大夫百五十人上士七百五十人中士三千人下士萬五千人遂官中大夫六人下大夫三十人上士百五十人中士七百五十人下士三千人無爵者萬五千人凡正官自鄉至庶人總四萬一千五百七十二人又奄十二人又奚八十五人女奴二十六人凡女庶人總百十一人此外山虞大山中士四人下士八人府二人史四人胥八人徒八十人中山下士六人史二人胥六人徒六十人小山下士二人史一人徒二十人林衡大林下士十二人史四人胥十二人徒百二十人中林下士六人史二人胥六人徒六十人小林下士二人史一人徒二十人川衡大川下士十二人史四人胥十二人徒百二十人中川下士六人史二人胥六人徒六十人小川下士二人史一人徒二十人澤虞大澤大藪中士四人下士八人府二人史四人胥八人徒八十人中澤中藪下士六人史二人胥六人徒六十人小澤小藪下士二人史一人徒二十人場人下士每場二人府一人史一人徒二十人無爵者胥師二十肆一人史二人賈師二十肆一人史二人司虣十肆一人司稽五肆一人胥二肆一人肆長每肆一人皆有員數無總數不可計大凡可計者總四萬一千六百九十五人　注鄭司農云槀讀爲犒師之犒者俗本槀作橐非犒並當作犒小行人若國師役則令犒襘之注云故書犒爲槀鄭司農云槀當爲犒謂犒師也犒師見左僖二十六年三十三年傳阮元云蓋經文作禾槀字爲假借故司農讀作枯槁也小行人注與此正合惠士奇云槀人主冗食者司農讀槀爲犒蓋本書序槀餼篇孔傳云槀勞也餼賜也左傳正義引服虔云以師枯槁故饋之飲食小行人槀襘大戴禮朝事儀亦作槁古文也兩傳皆作犒似後人所改而古無之故說文不載公羊莊四年何注曰牛酒曰犒加飯羹曰饗其文蓋起於漢數嚴可均云說文無犒字漢碑亦未有五經文字

犒勞師也見春秋傳周禮借槁字爲之檢石經槁人職正作犒字槁與稾同然張以爲犒見春秋傳亦但據所見本言之文選謝靈運述祖德詩李注引漢書音誼服虔曰以師枯槁故餽之猶食勞苦謂之勞也是漢時犒師之犒正作槁服解左傳本亦正作槁今皆作犒者轉寫譌耳孫經世云小行人故書之稾先鄭曰當爲槁此注先鄭曰讀爲槁師之槁讀爲與當爲注例不分爲二立之爲泣先鄭於鄉師則云讀爲於司市則云當爲奠之爲定杜氏於司市則云當爲於小史則云讀爲其歸一耳案阮惠巖孫說是也此經作從禾之稾先鄭讀爲從木之槁即以正字讀叚字之例古犒師字亦本作槁淮南子氾論訓高注云酒肉曰餉牛羊曰犒共枯槁也與服義正同今本此注及左傳並譌犒非也云主冗食者故謂之槁者槁亦當作槁據本職云掌共內外朝冗食者之食因其無事而給食同於槁勞故以名官賈疏云以在朝之人不得歸家亦枯槁以須槁勞之故名其官爲槁人亦同稾人連類在此

周禮正義卷十七

周禮正義卷十八

瑞安孫詒讓學

大司徒之職掌建邦之土地之圖與其人民之數以佐王安擾邦國

土地之圖若今司空郡國輿地圖 疏 掌建邦之土地之圖與其人民之數者總掌天下版圖之法與司會司書職方氏司民爲官聯也土地之圖圖也人民之數版也建者謂修而立之續漢書郡國志劉注引帝王世紀二云周公相成王致治刑錯民口千三百七十一萬四千九百二十三人此周初人民之大數也二云以佐王安擾邦國者安擾義與敘官同 注二云土地之圖若今司空郡國輿地圖者王應麟二云史記武帝元狩六年御史大夫奏輿地圖請所立國名立齊燕廣陵三王後漢書建武十五年封皇子大司空上輿地圖馬援曰前披輿地圖見天下郡國百有六所史記正義天爲蓋地爲輿故云輿地圖孔廣森云漢書匡衡傳有初元元年郡圖補三王世家曰御史奏輿地圖漢初地圖藏御史大夫府元壽二年定三公官以御史大夫爲司空故更名司空郡國輿地圖矣

以天下土地之圖周知九州之地域廣輪之數辨其山林川澤丘陵墳衍原隰之名物

周猶徧也九州揚荊豫青兖雍幽冀并也輪從也積石曰山竹木曰林注瀆曰川水鍾曰澤土高曰丘大阜曰陵水崖曰墳下平曰衍高平曰原下濕曰隰名物者十等之名與所生之物 疏 辨其山林川澤丘陵墳衍原隰之名物者釋文二云原本又作邍阮元二云周禮原隰字多作邍此當本作古字因注作原而改案阮說是也邍原古今字經例用古字當作邍注例用今字當作原邍師邍隰字

正作邊今本此職誤以注改經作原夏官敘官則又以經改注作邊
二者交失之矣此十等名物即山師川師邊師所掌此官則執其總
而辨之以著於圖籍也周書程典篇云慎地必為之圖以舉其物物
其善惡度其高下利其陂溝愛其農時脩其等列務其土實差其施
賦即此知九州地域辨十等名物之事 注云周猶徧也者司會注
同云九州揚荆豫青兗雍幽冀并也者據職方氏文云輪從也者既
夕記掘坎南順廣尺輪二尺鄭彼注同賈疏引馬融云東西為廣南
北為輪一切經音義引韓詩云南北曰從東西曰橫孔廣森云越語
廣運百里韋注東西為廣南北為運案地以南北為從則輪之義猶
運也運聲又近隕毛詩幅隕既長傳曰幅廣也隕均也彼均字當讀
作運案孔說是也山海經西山經廣員百里輪運隕員均聲並相近
云積石曰山者對下丘為純土也說文山部云山宣也宣氣散生萬
物有石而高云竹木曰林者序官林衡注云竹木生平地曰林云注
瀆曰川者賈疏云案釋水云注川曰谿注谿曰谷注谷曰溝注溝曰
澮注澮曰瀆彼注云皆以小注大大小異名言注澮曰瀆者謂以澮
中水注入瀆中使有所去此云注瀆曰川者爾雅無此言鄭以義增
之耳謂以瀆中水注入川案職方九州皆直川故知從瀆入川此瀆
與四瀆義異四瀆則亦川故職方云其川三江其川江漢也案賈說
非也說文川部云川貫穿通流水也漢書濬く巜距川言深く巜之
水會為川也廣韻二仙引月令章句云受衆流注海曰川案此云注
瀆曰川者鄭意此川謂大川與匠人所云兩山之閒必有川者同注
瀆即謂注四瀆蓋川水流注入瀆瀆又獨行注海也與釋水注澮之
瀆異賈引彼為釋誤云水鍾曰澤者序官注義同云土高曰丘者爾
雅釋丘云絕高謂之京非人為之丘說文丠部云丠土之高也非人
所為也一曰四方高中央下為丠廣雅釋丘云小陵曰丘故此經以
對大阜之陵也云大阜曰陵者爾雅釋地云高平曰陸大陸曰阜大

阜曰陵說文𨸏部云陵大阜也釋名釋山云土山曰阜大阜曰陵陵
隆也體隆高也云水崖曰墳者說文土部云墳墓也水部云濆水厓
也引詩曰敦彼淮濆屵部云崖高邊也此墳卽濆之借字謂水邊崖
岸高起者也廣雅釋丘云墳厓也崖宋本作涯詩召南汝墳孔疏引
作厓崖厓涯音義並略同云下平曰衍者釋名釋地云下平曰衍言
漫衍也小爾雅廣詁云澤之廣謂之衍左襄二十五年傳井衍沃杜
注云衍沃平美之地孔疏引賈逵云下平曰衍有溉曰沃義並與鄭
同左僖二十九年傳有昌衍哀七年傳有鄒衍史記封禪書秦有鄜
衍並卽此左傳疏云衍地高於原又云衍是高平而美者沃是下平
而美者則與鄭賈劉諸說並不合不可從云高平曰原者毛詩小雅
皇皇者華傳文說文辵部云邍高平之野人所登從辵备彔闕又灥
部云厵水泉本也重文原篆文从泉案原卽邍之借字小爾雅廣詁
云高平謂之太原水經汾水注引書大傳云大而高平者謂之太原
又引春秋說題辭云高平曰太原原端也平而有度賈疏云案爾雅
云廣平曰原高平曰陸不云高平曰原此言高平曰原者對下濕曰
隰而言其實高平卽廣平者也爾雅高平曰陸者據山傍平者故下
云可食者曰原也詒讓案此注云高平曰原者別於下平曰衍也公
羊昭元年傳云上平曰原義亦同蓋高地之廣平者謂之原下地之
廣平者謂之衍通釋曰廣平則無以見其爲高地故殊異之曰高平
明與衍別也夏官敘官邍師注云原地之廣平者彼不以墳衍原隰
對文故首用釋地爲訓矣云下濕曰隰者濕明監本及毛晉本並作
溼案說文𨸏部云隰阪下溼也水部云溼幽溼也濕水出東郡東武
陽入海則溼爲正字然漢以後經典通借濕爲溼今不據改爾雅釋
地云下溼曰隰又云陂者曰阪下者曰隰詩秦風車鄰孔疏引李巡
云下溼謂土地窊下常沮洳名爲隰也釋名釋地云下溼曰隰隰蟄
也蟄隰意也公羊昭元年傳云下平曰隰則與衍義同鄭所不從云

名物者十等之名與所生之物者名若爾雅釋地釋丘釋山釋水所說地名及所在物即下文五土之物生是也山林以下合之爲五地分之爲十等說苑辨物篇云山川汚澤陵陸丘阜五土之宜聖王而就其勢因其便不失其性高者黍中者稷下者秔與此義略同

辨其邦國都鄙之數制其畿疆而溝封之設其社稷之壝而樹之田主各以其野之所宜木遂以名其社與其野

千里曰畿疆猶界也春秋傳曰吾子疆理天下溝穿地爲阻固也封起土界也社稷后土及田正之神壝壇與堳埒也田主田神后土田正之所依也詩人謂之田祖所宜木謂若松柏栗也若以松爲社者則名松社之野以別方面

疏而辨其邦國都鄙之數者此冢上以天下土地之圖爲文亦案圖分別之與職方氏爲官聯也邦國數詳職方氏疏都鄙謂畿內大小都家邑三等采地數詳後疏云制其畿疆而溝封之者定其封疆溝洫以正其經界也其溝蓋掌固司險與冬官匠人爲之皆司徒授其法而命之也賈疏封人云凡封國封其四疆造都邑之封域者亦如之是封人掌治封云王畿內千里中置王城面有五百里其邦國都鄙亦皆有畿界也溝封謂於疆界之上設溝溝上爲封封樹以爲阻固也云設其社稷之壝者賈疏云謂於中門之外右邊設大社大稷王社王稷又於廟門之屏設勝國之社稷其社稷外皆有壝埒於四面也案賈說未核社之祭通於公私祭法云王爲羣姓立社曰大社王自爲立社曰王社諸侯爲百姓立社曰國社諸侯自爲立社曰侯社大夫以下成羣立社曰置社社注云大夫不得特立社社與民族居百家以上則共立一社荀子禮論篇云社至於諸侯道及士大夫蓋通此諸社而言此外則鄉州遂縣及公邑采地之縣都等凡大城邑所在亦各有公社若州長云歲時祭祀州社論語先進篇子路使子羔爲費宰云有社稷焉

是也王侯鄉遂都鄙之社並爲公社置社則爲私社至校人又有馬社內宰注謂市亦有社則尤公社之細者此經設其社稷之壝冢上邦國都鄙爲文則大司徒所親設者當爲大社王社其邦國以下國社侯社置社等葢亦掌其法而頒之晉書禮志引摯虞議謂大司徒所立者專指大社說亦未塙大社所在小宗伯右社稷注謂在庫門內雉門外之右故賈謂在中門之外其實當在路門外應門內鄭賈說非也詳小宗伯匠人疏王社所在經無見文祭法孔疏云或云與大社同處王社在大社之西崔氏云王社在藉田王自所祭以供粢盛今從其說故詩頌云春藉田而祈社稷是也其諸侯國社亦在公宮之右侯社在藉田案御覽禮儀部引五經通義云王社在藉田中爲千畝報功也卽崔氏所本宋書禮志引王肅說唐書韋叔夏議引皇侃說亦略同孔及通典吉禮並從其義然鄭載芟敘箋不云祈王社故賈疏謂王社與大社同處與孔引或說正同金鶚云夫自爲立社與爲羣姓立社異其事宜異其地而並設於一處何也藉田爲王之田王社亦王之社則王社宜在藉田之中案金申崔孔義甚塙諸社惟大社在王宮中故周書作雒篇云乃建大社於國中禮運亦云祀社於國所以列地利也彼對祭帝於郊言之明國謂國中也而宋志引王肅論太社云王者布下圻內爲百姓立之不自立之於京師其說紕繆不足辯王國四郊惟南郊有王社續漢書祭祀志劉注引馬融說謂大社之外又有五社東社八里西社九里南社七里北社六里是謂近郊四方有四社白虎通義社稷篇引尚書逸篇說略同其制尤與禮經不合不可從也詳大宗伯疏其置社社隨民居設之在邑在野本無定法故郊特牲孔疏云周之政法百家以上得立社其秦漢以來雖非大夫民二十五家以上則得立社又鄭志云月令命民社謂秦社也案說文示部云社地主也周禮二十五家爲社各樹其土所宜之木風俗通義祀典篇引周禮說同據鄭則百家以上乃

得有置社若閭里二十五家則不得立社與許應說不同詳州長疏
注云千里曰畿者說文田部云畿天子千里地以逮近言之則言
畿案大司馬云方千里曰國畿又職方氏云方千里曰王畿所謂天
子千里地也其九畿侯畿以外面各五百里兩面合之亦千里故小
司徒凡建邦國正其畿疆之封注通九畿言之云疆猶界也者夏官
敘官掌疆注義同爾雅釋詁云疆界垂也說文畕部云畺界也重文
疆畺或从彊土田部云界境也穀梁昭元年傳云疆之為言猶竟也
案畺界正字當作畺此經並從或體作疆惟載師肆師二職作畺鄭
云猶界與穀梁云猶竟同凡言猶者並引申叚借之義依許說則界
即疆之本義二說蓋小異夏官注不云猶則與許同又案封人云掌
設王之社壝為畿封而樹之凡封國封其四疆彼經王國曰畿侯國
曰疆此經制其畿疆總冡邦國都鄙為文亦以畿大界小與封人義
略同也引春秋傳曰吾子疆理天下者證疆界之義左成二年傳齊
國佐曰先王疆理天下又曰今吾子疆理諸侯此注與彼不同者鄭
蓋偶誤記也云溝穿地為阻固也者廣雅釋水云溝坑也謂穿地為
坑塹掌固云凡國都之竟有溝樹之固郊亦如之又司險云設國之
五溝五涂而樹之林以為阻固彼五溝即遂人之遂溝洫澮川則溝
封之溝亦略依溝洫之制為之禮運云城郭溝池以為固是溝所以
為阻固也云封起土界也者敘官封人注云聚土曰封小爾雅廣詁
云封界也賈疏云穿溝出土於岸即皆為封封即起土界也云社稷
后土及田正之神者賈疏云鄭義依孝經緯社者五土之總神以句
龍生時為后土官有功於土死配社而食稷是原隰之神宜五穀五
穀不可遍舉稷者五穀之長立稷以表神名故號稷棄為堯時稷官
立稼穡之事有功於民死乃配稷而食名為田正也案賈說非也鄭
意社祭土神稷祭田神土神亦名后土田神亦名田正故以社稷為
后土田正之神若句龍為后土稷為田正並謂生為土官田官歿而

配食焉此注后土及田正自謂土田之神不關配食之句龍弃故大
宗伯注云社稷土穀之神有德者配食焉是也詳彼疏云壝壇與堳
埒也者封人注義同賈疏云經直云壝壝卽堳埒不云壇以壝在壇
之四面爲之明中有壇可知故鄭兼云壇也案禮記郊特牲云君南
鄉於北墉下鄭注云北墉社內北牆彼社雖無室壇外四面有壁壁
外乃有壝耳若然封人云設王之社壝者彼官卑主設之此大司徒
尊官直主其制度而已焦循云祭法注云封土曰壇說文云埒卑垣
也蓋壝爲擁土之名故壇埒均謂之壝案焦說是也說文土部云壇
祭場也壇卽土堂周書作雒篇說大社云其壝東青土南赤土西白
土北驪土中央疊以黃土將建諸侯鑿取其方一面之土燾以黃土
苴以白茅以爲土封白虎通義社稷篇云其壇大如何春秋文義曰
天子之社稷廣五丈諸侯半之其色如何春秋傳曰天子有大社焉
東方青色南方赤色西方白色北方黑色上冒以黃土故將封東方
諸侯取青土苴以白茅各取其面以爲封社明土謹敬潔清也案周
書之壝卽白虎通之壇也二書所說大社壇土備五色及班說天子
諸侯壇廣之度獨斷及書禹貢孔疏引韓詩外傳說并同壝埒者其
壇外周帀之卑垣卽左哀七年傳所謂社宮也蓋壝者委土之名凡
委土而平築之謂之墠於墠之上積土而高若堂謂之壇壇外爲庳垣
謂之堳埒通言之墠壇皆得稱壝故鬯人社壝用大罍注云壝謂委
土爲墠壇是也焦循云郊特牲云北墉北堂書鈔引太公金匱云植
槐於王路之右起兩社築垣壇垣與墉同類是壇外有垣周之也黃
以周云社稷皆有壇而外環以垣其垣東木爲之而塗以土穀梁傳
云亡國之社爲廟屏屏內東交木而外塗之以土亡國社可爲廟屏
者以社制本東木而塗土也晏子問上曰夫社東木而塗之鼠因往
託焉熏之則恐燒其木灌之則恐敗其塗是其證也案焦黃說社垣
之制近是但此垣卽郊特牲之墉與封土之堳埒不同凡社宮外內

蓋有高卑兩重垣外卑垣為堳埒內高垣為墉堳埒以為宮之界域墉以藏社之石主猶宗廟主祏藏西壁中也又案獨斷云社稷二神同功故同堂別壇俱在未位玉海郊祀引五經通義謂稷在大社西并壇郊特牲疏條牒論云稷壇在社壇西俱北嚮營並壇共門或曰在社壇北依此三說則社稷之壝蓋為總壇一總壇之上別為分壇二所謂同堂別壇也唐郊祀錄引魏孔晁議云召誥始立社社牛一羊一豕一無社及稷也又周禮考工記左祖右社不言稷士師亡國之社稷但一尸同壇並坐通祭稷劉熹難云社大稷小無同壇並坐之義依孔說則社稷同壇社壇之外不立稷壇召誥僞孔傳謂社稷共牢蓋與孔晁說同今案社稷土穀別神所配人神亦異必無同牢之理召誥所記告立社稷之禮詳大略細故不見稷牲匠人右社猶小宗伯云右社稷亦文有詳略士師中大夫四人足備二尸皆不足為同坐通祭之證論語費有社稷是大夫采邑之社有稷也莊子庚桑楚篇說庚桑楚北居畏壘之山畏壘之民欲社而稷之是民閒私社亦有稷也通典吉禮載漢魏官社無稷尤與古制不合不為典要討覈經典社稷同堂別壇蔡氏及五經通義條牒論之說殆不可易惟條牒論謂稷壇在社壇西或云在社壇北以位次之皆居社上則似未安焦循駁之云小宗伯疏云地道尊右故社稷在右是尚尊尊之義社為五土之總神其尊於稷無疑今稷壇轉居社壇之右是尊卑之位紊矣其說甚是金鶚亦謂社宜在稷西殆近之矣云田主田神后土田正之所依也者賈疏云此田主當在藉田之中依樹木而為之故云各以其野之所宜木云田主田神者謂郊特牲云先嗇與神農一也若然鄭意以田主為神農則無后土及田正之神直以神農為主祭尊可以及卑故使后土田正二神憑依之同壇共位耳田正則郊特牲所云司嗇一也惠士奇云墨子明鬼篇云聖王建國營都必擇國之正壇置以為宗廟必擇木之脩茂者立以為叢位叢位者

社稷也戰國策恆思有神叢蓋木之茂者神所憑故古之社稷恆依樹木又云立主以依神故樹田神之主而后土田正憑焉非后土田正之外别有田神也賈未達其義乃云田主以神農爲主后土田正憑依之同壇共位其說支離疑誤後學呂飛鵬云論語哀公問社於宰我釋文曰問社鄭本作主云田主謂社則此經田主亦當爲社稷之主故鄭釋之云后土田正之所依蓋田神卽后土田正之神案惠呂說是也上注釋社稷爲后土田正之神則此云后土田正者卽指社稷之神明樹在社稷壝內以其爲神所憑依故謂之主亦卽墨子所謂菆位也鄭言田神者欲見土穀之神通爲田神其所依之樹卽謂之田主耳凡宮中大社及藉田王社以至國社侯社置社等並有樹賈氏不從藉田王社之說而釋此田主又謂在藉田中則似樹田主與社稷絕不相涉者違失經意甚矣其社稷有樹之義白虎通義社稷篇云社稷所以有樹何尊而識之使民望見卽敬之又所以表功也故周官曰司徒班社而樹之各以土地所生獨斷云凡樹社者欲令萬民加肅敬也各以其野之所宜之木以名其社及其野並約此經爲說魏書劉芳傳亦引此經及封人文證社必有樹又引五經通義云天子大社王社諸侯國社侯社制度奈何曰社皆有垣無屋樹其中以木有木者土主生萬物萬物莫善於木故樹木也劉氏又云白虎通云社稷所以有樹何然則稷亦有樹明矣又見諸家禮圖社稷圖皆畫爲樹惟誠社誠稷無樹案劉說凡社無不樹最爲明析鄭意亦當如此但天子大社諸侯國社並在宮中不可云田主故此經田主郊特牲疏謂指置社祭法疏亦云大夫所立社稷則田主是也故鄭駁異義引大司徒職樹之田主各以其所宜遂以名其社與其野依孔說是鄭意謂凡社通有樹而惟置社之樹爲田主也說文以此經各樹其土所宜之木屬二十五家之社二十五家有社雖鄭所不取而以田祖爲置社則義不異曾釗云王社侯社在藉田此云

以其野之所宜木則王社侯社及置社也案賈說是也王社侯社既在藉田中則其樹亦得爲田主不徒置社以下矣云詩人謂之田祖者據詩小雅甫田文風俗通義祀典篇云周禮說二十五家置一社但爲田祖報求詩曰以御田祖以祈甘雨案應說本許氏而以詩田祖釋田主則與鄭同賈疏云詩云以御田祖毛云田祖先嗇篇章亦云凡國祈年于田祖鄭云田祖始耕田者謂神農也引之者證田主是神農也詩孔疏亦引此注而釋之云以句龍爲后土后稷爲田正而言詩人謂之田祖則田祖之文雖主於神農而祭尊可以兼卑其祭田祖之時后土田正皆在焉故鄭總言詩人謂之田祖也言此田祖其文得兼有后土后稷而司徒言田主則其文不得兼神農何則彼云設其社稷之壝而樹之田主則田主唯社稷不得有神農故鄭唯云后土田正其言不及神農是其意也案賈孔二說不同似皆未達鄭恉此經田主本專爲社稷之神所馮依而鄭引詩田祖以證之者蓋謂田神非一兼有地示人鬼土穀之神地示也田祖及配食社稷之句龍后稷人鬼也仲春祈年於社亦兼祭田祖凡衆田神皆以田主爲馮依故鄭亦兼以田祖釋田主也至鄭以田祖爲神農則不甚塙詳籥章疏云所宜木謂若松柏栗也者論語八佾篇哀公問社於宰我對曰夏后氏以松殷人以柏周人以栗曰使民戰栗釋文引鄭本論語社作主注云主田主謂社也何氏集解引孔安國云凡建邦立社各以其土所宜之木御覽禮儀部引五經異義云夏人都河東宜松也殷人都亳宜柏也周人都灃鎬宜栗也是論語所云雖三代異制亦因其土所宜之木故據以爲說依許此說則周西都大社王社宜樹栗也然古書說社樹者文多乖異白虎通義社稷篇引尚書逸篇云大社惟松東社惟柏南社惟梓西社惟栗北社惟槐魏書劉芳傳引五經通義續漢書祭祀志注引馬融說並同依其說則大社樹松書鈔引太公金匱又謂大社樹槐並與周人以栗之文不合

而逸書五社之文尤爲不經不足據也又案鄭論語注釋主爲田主卽本此經皆謂植木依神之主其祭社陳設之主則自以石爲之小宗伯注可證而淮南子齊俗訓云有虞氏社用土夏后社用松殷人社用石周人社用栗此則以松栗並爲刻主之木與論語不同非鄭義也云若以松爲社者則名松社之野者謂地宜松者以松爲社卽名松社若宜它木亦同莊子人閒世篇說齊有櫟社卽以木名社之事云以別方面者賈疏云但四方宜木面各不同或一方宜松則以松爲社以別餘之方面耳

以上會之灋辨五地之物生一曰山林其動物宜毛物其植物宜皁物其民毛而方二曰川澤其動物宜鱗物其植物宜膏物其民黑而津三曰丘陵其動物宜羽物其植物宜覈物其民專而長四曰墳衍其動物宜介物其植物宜莢物其民晳而瘠五曰原隰其動物宜贏物其植物宜叢物其民豐肉而庳會計也以土計貢稅之法因別此五者也毛物貂狐貒貉之屬縟毛者也鱗物魚龍之屬津潤也羽物翟雉之屬核物李梅之屬專圜也介物龜鼈之屬水居陸生者莢物薺莢王棘之屬晳白也瘠臞也贏物虎豹貔貐之屬淺毛者叢物萑葦之屬豐猶厚也庳猶短也杜子春讀生爲性鄭司農云植物根生之屬皁物柞栗之屬今世閒謂柞實爲皁斗膏物謂楊柳之屬理致且白如膏玄謂膏當爲櫜字之誤也蓮芡之實有櫜韜

疏 以土會之灋辨五地之物生者以下土會至本俗六皆教官之官法也物生卽動植人民之屬五地各有所宜云一曰山林者賈疏云案大司樂一變而致川澤之示先言川澤後云山林者彼取神之易致爲先故先言川

澤此取尊卑高下相對故先言山林也又彼云五變而致土示注云
土祇原隰及平地此中不見平地者亦原隰中可以兼之也云其植
物宜皁物者皁釋文作早云本或作皁宋岳珂本亦作早唐石經作
皁阮元云皁者草之俗字說文草者草斗櫟實也自人用草爲艸木
字乃別製皁爲草斗字岳本作早與釋文合周禮用假借字也案阮
說是也但夏官敘官及校人經並有皁字今姑從石經云其動物宜
鱗物者釋文云鱗劉本作𩶁音鱗案字書無𩶁字蓋即鱗之譌體盧
文弨校改爲鱀案集韻十七真云鱗通作鱀盧蓋據彼校然說文魚
部云鱀魚也與鱗音同義別云其民黑而津者釋文云津一本作濜
丁晏云廣韻十七真濜氣之液也本一作盡詒讓案津濜之省說文
水部云𣶒水渡也非此義津潤字當作濜經典通借津爲之濜即盡
之譌詳後云其民專而長者專摶之借字考工記矢人梓人廬人摶
圜字並作摶大戴禮記易本命篇盧注引此經亦作摶亦詳後云五
曰原隰者原亦當作邍詳前疏云其植物宜叢物者叢唐石經作藂
藂亦卽叢之譌今從宋本　注云會計也者鄉大夫泉府注並同天
官敘官注云會大計也云以土計貢稅之法因別此五者也者天官
敘官注云辨別也以貢稅之法須會計而定故因辨別五土所生人
物之異也云毛物貂狐貒貉之屬縟毛者也者釋文云貉依字作貈
賈疏云縟毛謂毛之細縟者也詒讓案說文豸部云貂鼠屬大而黃
黑出胡丁零國貒獸也貈似狐善睡獸也論語曰狐貈之厚以居又
犬部云狐祅獸也四獸毛尤細縟故舉以槪諸獸賈疏據爾雅釋獸
云貍狐貒貈醜謂鄭依彼經而所讀文異非也又釋文縟一音如勇
反則疑讀如書堯典鳥獸氄毛之氄集韻二腫云毴或作氄縟是也
盧文弨謂當本亦作㲝亦通云鱗物魚龍之屬者說文魚部云鱗魚
甲也大戴禮記易本命云有鱗之蟲三百六十而蛟龍爲之長梓人
注云鱗龍蛇之屬彼主筍虡飾言之故不云魚也云津潤也者說文

血部二云𧖴氣液也津卽𧖴之叚字一切經音義引三蒼二云津液汁也
物有津液則潤澤故人之潤澤者亦謂之津二云羽物翟雉之屬者梓
人注二云羽鳥屬翟雉詳內司服及染人疏二云核物李梅之屬者丁晏
云經文作覈注作核說文襾部覈實也木部核蠻夷以木皮爲匧狀
如籢尊之形也是果實之字當用覈鄭君作核從今文假借字也曲
禮玉藻皆作核故鄭改從今字毛詩肴核維旅班固典引蔡邕注引
詩肴覈維旅是毛詩古文亦作覈案丁說是也覈本訓實引申爲果
覈之名注又從今字作核爾雅釋木二云桃李醜核郭注二云子中有核
人玉藻二云食棗桃李弗致於核梅亦果之有人者故二云李梅之屬二云
專圜也者對山林之民形方也春秋繁露三代改制質文篇二云湯體
長專丁晏二云專卽團之省文說文□部團圜也从□專聲漢書五行
志蜺再重赤而專孟康曰專員也字又作摶梓人摶身而鴻注摶圜
也楚辭九辨王逸章句楚人名員曰摶也二云介物龜鼈之屬水居陸
生者者呂氏春秋季冬紀其蟲介高注二云介甲也大戴禮記易本命
云有甲之蟲三百六十而神龜爲之長龜鼈水居陸生故宜生墳衍
別於鱗物水居水生則宜生川澤也賈疏二云此陸生謂陸地生子及
生訖卽入水而居故二云水居陸生也五行傳二云貌之不恭則有龜孽
注二云龜蟲之生於水者亦謂生居在水中非謂初生在水彼生與此
鄭二云陸生之生義異也二云莢物薺莢王棘之屬者說文艸部二云莢艸
實廣雅釋艸二云豆角謂之莢賈疏二云薺莢卽今人謂之皁莢蓋誤二云
皁當言薺也王棘卽士喪禮二云王棘若檡棘者是也棘雖無莢蓋樹
之枝葉與薺莢相類故幷言之也案賈謂皁莢一名薺莢未見所出
又謂王棘無莢而鄭以釋莢物於義殆不可通鄭珍二云康成以王棘
當莢物則有夾可知目驗今棘刺之類唯俗名闍王刺者有莢葉如
槐葉二三月間開黄花結實如皁角略薄多至十餘莢一族榦刺直
如椒葉刺皆反句康成所謂王棘卽此無疑俗謂王棘瓩鼠正言其

刺之惡此棘又名牛棘又名終見爾雅又名馬棘見郭注案子尹謂閣王刺有葜即王棘說較賈爲近但葜物甚多王棘是否有葜究無墧證今以注義攷之竊疑經注葜字並當爲茦說文艸部云茦莿也爾雅釋艸云茦刺郭注云艸刺針也方言云凡草木刺人北燕朝鮮之閒謂之茦自關而西謂之刺江湘之閒謂之棘茦物謂草木之有芒刺者也說文艸部又云薺蒺棃也引詩曰牆有薺今毛詩鄘風薺作茨又小雅楚茨篇云楚楚者茨言抽其棘鄭玉藻注亦引作楚薺然則此注云薺茦即謂茨之棘也爾雅釋艸云茨蒺棃郭注云布地蔓生細葉子有三角刺說文朿部云棘小棗叢生者士喪禮鄭注云世俗謂王棘矺鼠是薺與馬棘並刺多而長故鄭據爲說茦與葜形近傳寫譌誤遂不可通陸賈所見皆誤本也云皙白也者說文白部云皙人色白也云瘠臞也者說文肉部云膌瘦也重文𤵸古文膌从疒朿又臞少肉也案瘠即膌之俗賈疏云案爾雅釋言云臞脙瘠也注云齊人謂瘠瘦爲脙則臞爲瘦小之貌故鄭云瘠也釋文云臞其俱反又作臞音稍與考工記燿後音同案臞臞形近互譌詳梓人疏云羸物虎豹貔貙之屬淺毛者者梓人注義同說文衣部云𧞪袒也重文裸𧞪或从果羸即𧞪之別體月令及管子版法篇字又作倮尹注亦同鄭義賈疏云考工記梓人職說大獸而云厚脣弇口出目短耳大胷燿後若是者謂之羸屬又爾雅有虎有豹故知羸物有虎豹也但爾雅及諸經不見有貙曲禮云載貔貅此鄭云貔貙貙即貅也云淺毛者若以淺毛言之則入羸蟲中故月令中央土其蟲羸鄭云虎豹之屬恆淺毛若據有毛言之即爲毛蟲故白虎入西方毛蟲之長也洪頤煊云史記周本紀如豺如離集解徐廣曰此訓與螭同說文作离注云歐陽喬說离猛獸也文選西都賦李善注引歐陽尚書說螭猛獸也即貙字疏以貅當之非是案洪說是也离俗作貙貙即貙之譌體釋文音勑宜反不誤梓人注作貔螭字同貔者說文豸部

云貔豹屬出貉國淺毛者謂毛疏少者對前毛物爲縟毛者也詩大雅韓奕鞹鞃淺幭毛傳云淺虎皮淺毛也又云貓似虎淺毛者也說文虎部云虦虎竊毛謂之虦苗竊淺也爾雅釋獸及郭注義同此贏物鄭依梓人義卽毛物之別古書多說贏蟲釋者舛牾甚衆呂氏春秋觀表篇高注云裸蟲麒麟麋鹿牛羊之屬也蹄角裸見皆爲裸蟲淮南子時則訓云孟夏其蟲贏高注云贏蟲麟爲之長贏亦卽贏之借字此亦以贏爲獸類而以蹄角倮見爲釋則與鄭義小別大戴禮記易本命篇云倮之蟲三百六十而聖人爲之長曾子天圓篇云唯人爲倮匈而後生也太玄經玄數篇范望注云裸爲無鱗甲毛羽人爲之長也素問五常政大論云倮蟲靜王注云倮蟲謂人及蝦蟇之類也漢書五行志引劉歆洪範五行傳云時則有贏蟲之孽謂螟螣之屬也續漢書五行志劉注引鄭注義同此說尤爲詭異今參互校覈大戴倮匈專屬人而言此經民物文異與彼本不相蒙此外諸家異說無可質證惟范望王冰以無鱗甲毛羽爲贏足備一義要鄭據考工以記釋經自足馮也云豐猶厚也者說文豐部云豐豆之豐滿也豐滿則厚故引申爲凡厚之稱楚辭大招云豐肉微骨王注云豐厚也方言云自關而西秦晉之閒凡大貌謂之朦或謂之厖豐其通語也云庳猶短也者明與弓人豐肉而短義同也說文广部云庳中伏舍一曰屋庳庳者必短故引申爲凡短之稱司弓矢庳矢先鄭注讀爲人罷能短之罷與此義亦同云叢物萑葦之屬者說文丵部云叢聚也又艸部云萑亂也葦大葭也文子上德篇云萑葦有叢淮南子俶真訓高注云聚木曰叢案萑葦聚生枝葉繁密故謂之叢物云杜子春讀生爲性者丁晏云性从心生聲大戴禮禮三本天地者性之本也史記禮書性作生鄭司農云植物根生之屬者廣雅釋地云植種也文選西京賦薛綜注云植物草木云皁物柞栗之屬今世閒謂柞實爲皁斗者皁亦早之譌呂飛鵬云大雅緜柞棫拔矣箋云柞櫟

也唐風集于苞栩陸璣疏云今柞櫟也徐州人謂櫟爲杼或謂之爲栩其子爲皁斗其殼爲汁可以染皁小爾雅云柞之實謂之橡說文栩柔也其實皁一曰樣又云樣栩實又云草草斗櫟實一曰橡斗案說文無皁字草卽皁字橡本作象皁斗一名象斗掌染草注云藍蒨象斗之屬是也胡承珙謂橡似栗而圓近蒂處有梂彙自裹謂之象斗可用以染其實如小栗而微長者爲杼與橡相似而微異要之皆柞實也據此則柞似栗故先鄭以皁物爲柞栗之屬案呂說是也爾雅釋木云櫟其實梂郭注云有梂彙自裹皁卽所謂梂也櫟一名柞柞實與栗皆有梂彙自裹故鄭以二者竝爲皁物至後世以皁斗可以染黑因謂黑爲皁此皁乃後起之名非其本義賈疏乃援柞實之皮得染皁以釋皁物非也云膏物謂楊柳之屬理致且白如膏者樂記注云致密致也案致卽今之緻字謂木理細致而滑白如脂膏也山海經海內經都廣之野爰有膏菽膏稻膏黍膏稷郭注云言好米皆滑如膏淮南子俶真訓膏夏紫芝高注云膏夏大木也其理密白如膏與先鄭此注略同然義殊迂曲故後鄭不從云玄謂膏當爲櫜字之誤也者段玉裁云此鄭君謂爲聲之誤也膏高聲在古音蕭宵肴豪部櫜咎聲在古音尤幽部二字雙聲云蓮芡之實有櫜韜者毛詩小雅彤弓傳云櫜韜也說文櫜部云櫜車上大橐艸部云蓮芙蕖之實也芡雞頭也爾雅釋艸郭注云蓮謂房也房與櫜韜竝取包裹之義因此五物者民之常而施十有二教焉一曰以祀禮教敬則民不苟二曰以陽禮教讓則民不爭三曰以陰禮教親則民不怨四曰以樂禮教和則民不乖五曰以儀辨等則民不越六曰以俗教安則民不愉七曰以刑教中則民不虣八

曰以誓教恤則民不怠九曰以度教節則民知足十曰以世事教能則民不失職十有一曰以賢制爵則民愼德十有二曰以庸制祿則民興功陽禮謂鄉射飲酒之禮也陰禮謂男女之禮昏姻以時則男不曠女不怨儀謂君南面臣北面父坐子伏之屬俗謂土地所生習也恤謂災危相憂民有凶患憂之則民不解怠度謂宮室車服之制世事謂士農工商之事少而習焉其心安焉因教以能不易其業愼德謂矜其善德勸爲善也庸功也爵以顯賢祿以賞功故書儀或爲義杜子春讀爲儀謂九儀

疏注此五物者民之常而施十有二教焉者五物冢上五地物生爲文五物隨地不同而民相與習貫安其常居乃可因藉而施以教法也此十二教爲教官官法之總要兼有禮樂儀等及制爵制祿則事通於貴賤不專施於庶民也王制云司徒明七教以興民德七教父子兄弟夫婦君臣長幼朋友賓客彼七教繫人言之與十二教亦互通也云一曰以祀禮教敬則民不苟者此於大宗伯五禮屬吉禮自此至五曰儀並與大宗伯爲官聯也下文云以五禮防萬民之僞而教之中又鄉三物六藝以禮爲首王制亦云司徒脩六禮以節民性明此官敷教禮爲尤重也賈疏云凡祭祀者所以追養繼孝事死如事生但人於死者不見其形多有致慢故禮云祭極敬也是以一曰以祀禮教敬死者尚敬則生事其親不苟且也云二曰以陽禮教讓則民不爭者此於五禮屬嘉禮下文鄉三物教萬民而賓興之亦用此禮孝經云先之以敬讓而民不爭賈疏云謂鄉飲酒之禮卽黨正飲酒之類是也黨正飲酒之時五十者堂下六十者堂上皆以齒讓爲禮則無爭云三曰以陰禮教親則民不怨者陰禮鄭賈並謂昏姻之禮此於五禮亦屬嘉禮大宗伯云以昏冠之禮親成男女注云親其恩是也民

樂其昏則無失時之怨二云四曰以樂禮教和則民不乖者王念孫云
樂下不當有禮字蓋涉上祀禮陰禮陽禮而衍疏二云樂亦二云禮若謂
饗燕作樂之時舞人周旋皆合禮節故樂亦二云禮也案經言教和則
民不乖如賈疏則與教和之義無涉矣且樂禮二字義不相屬若經
文果有禮字則鄭必當有注今鄭陽釋注禮陰禮而不釋樂禮則樂
下本無禮字可知以祀禮教敬以樂教和其義皆人所共知不煩訓
釋故鄭皆無注也下文二云以六樂防萬民之情而教之和卽此所二云
以樂教和也不當有禮字明矣自賈本衍禮字而開成石經以下皆
沿其誤鄭風緇衣正義引此作以樂教和則民不乖而釋之二云樂謂
五聲八音之樂教之和睦則民不乖戾據此則孔所見本無禮字足
正賈本之誤鈔本北堂書鈔帝王部十設官部四白帖六十一引此
皆無禮字案王說是也上自一至三並爲禮教此則專爲樂教不當
兼言禮也呂氏春秋仲春紀高注引此經亦無禮字是漢時經本無
此字之碻證六樂爲鄉三物六藝之一故此官通掌其教亦與大司
樂爲官聯也乖𠁥之隸變說文𠂔部二云𠁥戾也二云五曰以儀辨等則
民不越者儀謂大宗伯九儀以辨上下尊卑之等師氏六儀亦通晐
焉以此爲教則民不敢踰越其等列大戴禮記少閒篇二云同名同食
曰同等唯不同等民以知極又朝事篇二云古者聖王明義以別貴賤
以序尊卑以體上下然後民知尊君親上而忠順之行備矣案義與
儀通朝事所二云卽此經之義二云六曰以俗教安則民不愉者卽下文
以本俗六安萬民之事王制二云司徒一道德以同俗亦是也賈疏二云
俗謂人之生處習學不同若變其舊俗則民不安而爲苟且若依其
舊俗化之則民安其業不爲苟且故二云以俗教安則民不愉愉苟且
也二云七曰以刑教中則民不虣者刑卽下文鄉八刑及大司寇司刑
五刑之法此官與彼爲官聯也虣卽暴字詳敘官疏賈疏二云刑者禁
民虣亂今民刑得所民得中正不爲虣亂二云八曰以誓教恤則民不

怠者士師五戒一曰誓用之於軍旅此官與彼爲官聯也但此誓通民閒大小諸事而言皆以刑罰豫警敕之使民知戒慎則勤於從事九曰以度教節則民知足者度謂制度也賈疏云度謂衣服宮室之鄭訓恤爲憂賈疏謂民有厄喪教之使相憂恤則民不懈怠非也云等尊卑不同以此法度教之使知節數民知禮節自知以少爲足云十曰以世事教能則民不失職者職謂四民之常職下文十二職事通該之但彼世事爲巫醫卜筮之屬與此異詳後疏賈疏云父祖所爲之業子孫述而行之不失本職云十有一曰以賢制爵則民慎德者與司士爲官聯也王制云司徒上賢以崇德賈疏云人有賢行制與之爵民皆謹慎矜矜於善德以求榮寵云十有二曰以庸制祿則民興功者與司勳爲官聯也賈疏云庸功也人有功則制祿與之民皆興其功業　注云陽禮謂鄉射飲酒之禮也者白虎通義鄉射篇云二人爭勝樂以德養也勝負俱降以宗禮讓故可以選士論語八佾皇疏引欒肇云君子於射講藝明訓考德觀賢繁揖讓以成禮崇五善以興教故曰君子無所爭必也射乎周官所謂陽禮教讓則民不爭者也鄉飲酒義云主人拜迎賓於庠門之外入三揖而后至階三讓而后升所以致尊讓也君子尊讓則不爭又云先禮而後射則民作敬讓而不爭矣大戴禮記盛德篇云凡鬭辨生於相侵陵也相侵陵生於長幼無序而教以敬讓也故有鬭辨之獄則飾鄉飲酒之禮也經解云鄉飲酒之禮廢則長幼之序失而爭鬭之獄繁矣俞樾云陽禮與陰禮對文陰禮爲婦人之禮則陽禮爲男子之禮明矣古人行禮凡祭祀賓客喪紀之禮婦人皆得與焉惟鄉射飲酒純乎男子之事而婦人不與故曰陽禮案俞說是也鄉射鄉飲酒禮詳鄉大夫疏云陰禮謂男女之禮者媒氏注云納幣用緇婦人陰也郊特牲云昏禮不用樂幽陰之義也說文女部云禮娶婦以昏時婦人陰也故男女昏姻之禮謂之陰禮內宰云以陰禮教六宮九嬪先鄭

注二云陰禮婦人之禮又二云凡建國佐后立市祭之以陰禮注二云陰禮婦人之祭禮彼陰禮雖非昏姻之禮然亦以婦人爲陰與此事異而義略同二云昏姻以時則男不曠女不怨者時謂媒氏男三十而娶女二十而嫁之時孟子梁惠王篇二云內無怨女外無曠夫此不怨通男女言之言無失時之怨也二云儀謂君南面臣北面父坐子伏之屬者賈疏二云案易乾鑿度二云不易也者其位天在上地在下君南面臣北面父坐子伏此其不易也鄭依此言其不易也二云俗謂土地所生習也者說文人部二云俗習也釋名釋言語二云俗欲也俗人所欲也王制二云凡居民材必因天地寒煖燥溼廣谷大川異制民生其閒者異俗又二云修其教不易其俗此與大宰土均禮俗義同皆謂民生長其土地所習之事順其俗以教之則安也二云愉謂朝不謀夕者朝不謀夕左昭元年傳文丁晏二云說文心部愉薄也公羊桓七年何注則民不愉釋文本又作偷詩他人是愉鄭箋愉讀曰偷偷取也詒讓案偷卽愉之俗體說文所無表記安肆日偷注二云偷苟且也苟且卽愉薄引申之義論語泰伯篇二云故舊不遺則民不偷國語齊語二云政不旅舊則民不偷字並作偷說文女部別有婾字訓巧黠也與愉薄之義亦相近二云恤謂災危相憂者羣書治要注危作厄案賈疏釋經亦有厄喪之文疑作厄者近是鄭以此恤與後文六行之恤義同爾雅釋詁二云恤憂也一切經音義引孫炎二云恤救之憂也謂若後文五族爲黨使之相救五黨爲州使之相賙之類二云民有凶患憂之則民不解怠者說文心部二云怠慢也懈怠也解懈之借字凶患卽災危民相憂則緩急有所恃賴故不懈怠也俞樾二云教之相恤不必以誓注不及誓字之義蓋亦有所疑而闕之也今案恤者慎也詩維天之命篇假以溢我毛傳曰溢慎也襄二十七年左傳引作何以恤我是恤亦有慎義矣書堯典曰欽哉欽哉惟刑之恤哉多士曰自成湯至於帝乙罔不明德恤祀其義並爲慎此經以誓教恤卽以誓教慎也士師之職

曰以五戒先後刑罰毋使罪麗于民一曰誓用之于軍旅其實誓之用亦不專在軍旅條狼氏注曰誓者謂出軍及將祭祀時也疏又引月令田獵司徒北面以誓之是祭祀田獵無不用誓誓之用廣矣國有大事先誓戒之使知敬慎以役上命故曰以誓教恤則民不怠若謂災危相憂則與不怠之義不相屬矣案俞說是也云度謂宮室車服之制者說文又部云度法制也賈疏云謂若典命云上公九命國家宮室車旗衣服禮儀及侯伯子男已下各依命數是其制度也云世事謂士農工商之事少而習焉其心安焉因教以能不易其業者賈疏云案齊語云桓公曰成民之事若何管子曰四民者勿使雜處雜處則亂昔聖王處士就閒燕處工就官府處商就市井處農就田野又云士之子恆爲士工之子恆爲工商之子恆爲商農之子恆爲農少而習焉其心安焉是世事也詒讓案事謂道藝曲藝之等四民皆有之鄉大夫注云能者有道藝者故云以世事教能後十二職事亦有世事則惟據學士言之與此兼四民者異詳彼疏云愼德謂矜其善德勸爲善也者大戴禮記小辨篇云大夫學德別義矜行以事君盧注云矜猶愼也廣雅釋詁云矜大也鄭意愼德謂矜大其善德以相勸勉賈疏謂民能矜矜然求其善德又相勸爲善也似非鄭指德卽德行鄉大夫注云賢者有德行者故云以賢制爵則民愼德云庸功也者春官敘官及眡瞭注並同爾雅釋詁云庸勞也說文力部云功以勞定國也司勳云國功曰功民功曰庸庸功對文則異散文則通賈疏云此經云以庸制祿司士云以功詔祿庸卽功其理同也云爵以顯賢祿以賞功者司士云以德詔爵以功詔祿彼云德卽謂賢者也人有德則賜爵以章顯之有功則頒祿以賞賜之路史有虞紀引尚書大傳云以賢制爵以庸制祿故人愼德與功輕利而興義蓋卽本此經云故書儀或爲義杜子春讀爲儀者義儀古今字小宗伯注引故書及杜讀同黃以周云小宗伯肄儀肆師禮儀注並云故

書儀爲義杜注小宗伯亦讀義爲儀司農注肆師云義讀爲儀儀古者書儀但爲義今時所謂義爲誼則義本正字而杜鄭讀爲儀儀者小宰注所謂以多言宜從征之例也詒讓案此儀或爲義者故書自有作儀作義兩本全經威儀字甚多故書不皆作義也凡威儀字古正作義漢以後叚儀度之儀爲之杜鄭皆以今叚字讀古正字取通俗也互詳肆師疏云謂九儀者賈疏云不從古書讀從大宗伯九儀一命至九命作伯也

以土宜之灋辨十有二土之名物以相民宅而知其利害以阜人民以蕃鳥獸以毓草木以任土事十二土分野十二邦上繫十二次各有所宜也相占視也阜猶盛也蕃蕃息也育生也任謂就地所生因民所能

疏以土宜之灋辨十有二土之名物者卽辨各土人民鳥獸草木所宜之法也此經土宜兼辨地形高下營建都邑之事言之草人云掌土化之法以物地相其宜而爲之種土方氏云以辨土宜土化之灋而授任地者注云土宜謂九穀稙穉所宜也彼二職土宜與土化並舉故鄭專以穀土所宜爲釋與此經義小異云以任土事者猶小司徒云以任地事彼注云地事謂農牧衡虞是也賈疏謂任人性居之失之注云十二土分野十二邦上繫十二次各有所宜也者謂此十二土卽依保章氏之星土所屬分爲十二也十二邦上繫十二次若吳越屬星紀齊屬玄枵之屬並詳保章氏注李淳風之已占分野篇引春秋內事云天有十二次日月之所躔也地有十二分王侯之所國也賈疏云周語伶州鳩云昔武王伐商歲在鶉火又云歲之所在則我有周之分野故知分野十二邦上繫十二次各有所宜也若然唐虞及夏萬國殷周千七百七十三國皆依附十二邦以繫十二次若吳越同次之類也凡繫星之法皆因王者所命屬焉故昭元年左傳云晉侯有疾鄭公孫僑如晉聘且問疾叔向問焉曰寡君之疾病卜人

曰實沈臺駘爲祟史莫之知敢問此何神也子產曰昔高辛氏有二子伯曰閼伯季曰實沈居於曠林不相能也日尋干戈以相征討后帝不臧遷閼伯於商丘主辰商人是因故辰爲商星遷實沈於大夏主參唐人是因以服事夏商又云及成王滅唐而封大叔焉故參爲晉星又襄九年晉士弱云陶唐氏之火正閼伯居商丘祀大火相土因之故商主大火是皆先王命祀之法也案元命包云國君王者封上應列星之位注云若角亢爲鄭房心爲宋比其餘小國不中星者以爲附庸若然附庸不繫星其餘皆繫星也玉海天文引三禮義宗云星分所主各有由序晉屬實沈者高辛之子主祀參星宋屬大火者閼伯之墟主祀大辰齊祀玄枵者逢公託食其餘國非所悉九州之中國數非一是以吳越同次燕陳共分案古者侯國祀其分星崔氏以分野本於命祀之星理可互通賈氏此疏亦從其說保章氏疏又謂皆其國受封之日歲星所在之辰與此疏義違夫一次之中其國非一豈得封日皆同況萬國並建興廢不常則易姓更封分星宜隨歲而改何以十二次之星野古今不易其不可通明矣云相占視也者爾雅釋詁云相視也方言云占視視也自江而北凡相候謂之占相民宅亦謂候視之故云占視也尚書召誥說營雒之事云惟太保先周公相宅史記周本紀集解引鄭書注亦云相視也此相民宅與彼義同云阜猶盛也者大宰注義同云蕃蕃息也者掌畜注義同說文艸部云蕃艸茂也引申之凡鳥獸孳乳蕃息亦謂之蕃國語魯語云蕃庶物也韋注云蕃息也云育生也者舊本育作毓非今據宋岳珂余仁仲本正說文去部育重文毓云育或从每漢時蓋習用育此經作毓注作育亦經用古字注用今字之例也廣雅釋詁云育生也國語魯語韋注云毓卽育字生也云任謂就地所生因民所能者大宰注云任猶傳也案任傳並有立義謂就地之力勢所生民之材力所能傳立之以成其功事也

辨十有二壤之物

而知其種以教稼穡樹蓺壤亦土也變言耳以萬物自生焉則言土土猶吐也以人所耕而樹蓺焉則言壤壤

和緩之貌詩云樹之榛栗又曰我蓺黍稷蓺猶蒔也疏辨十有二壤之物而知其種者此卽辨土宜而任土事也　注云壤亦土也變

言耳者說文土部云壤柔土也是壤與土義同賈疏云此十二壤卽上十二土上經論居人物之事此經辨其種殖所宜故變其文云以

萬物自生焉則言土土猶吐也者明土爲地之大名土吐聲類同書禹貢九州有厥土厥田之異孔疏引鄭書注云地當陰陽之中能吐

生萬物者曰土據人功作力競得而田之則謂之田與此注義同此經之壤卽可田之土也丁晏云說文土部土地之吐生萬物者也白

虎通義五行篇土主吐含萬物土之爲言吐也釋名釋地土吐也吐生萬物也太平御覽地部引春秋元命包土之爲言吐也言子成父

道吐也云以人所耕而樹蓺焉則言壤壤和緩之貌者和緩卽柔土之義釋名釋地云壤瀼也肥瀼意也書禹貢冀州厥土惟白壤釋文

引馬融云壤天性和美也九章算術商功篇云穿地四爲壤五爲堅三劉徽注云壤謂息土堅謂築土蓋地率爲堅土既經人所耕種則

解散和緩故謂之壤管子臣乘馬篇云一農之量壤百畝也壤卽熟田也引詩云樹之榛栗者鄘風定之方中篇文引以證經樹爲種果

木也云又曰我蓺黍稷者小雅楚茨篇文引以證經蓺爲種穀也然此經樹蓺實當爲一事鄭分爲二非也後文十二職事一曰稼穡卽

大宰九職之三農生九穀二曰樹蓺卽九職之園圃毓草木彼先鄭注分別甚明後鄭亦無異說此文與彼同不宜兩訓然則稼穡爲種

穀樹蓺爲種果木明矣後鄭忘檢彼文乃以稼穡爲耕而分樹屬圃蓺屬農故上云耕而樹蓺又引詩以證蓺穀不知種穀雖得稱蓺而

此經樹蓺則不涉種穀之事本職自有墒證也云蓺猶蒔也者國語周語韋注同亦釋蓺爲種穀也說文丮部云蓺種也蓺卽埶之俗又

艸部云蒔更別種也廣雅釋地云蓺蒔種也書堯典播時百穀詩周頌思文孔疏引鄭書注云時讀曰蒔種蒔五穀也是蓺蒔同訓種然此經之蓺則當爲種菜茹瓜蓏之事左昭六年傳云不樵樹不采蓺彼云樹卽果木也蓺卽菜茹也

以土均之灋辨五物九等制天下之地征以作民職以令地貢以斂財賦以均齊天下之政均平也五物五地之物也九等騂剛赤緹之屬征稅也民職民九職也地貢貢地所生謂九穀財謂泉穀賦謂九賦及軍賦

疏以土均之灋辨五物九等者謂均平土地貢賦之法卽均人土均所掌是也云制天下之地征者賈疏云言天下則并畿外邦國所稅入天子而言也此地征與下爲目也云以作民職者謂依法使民起而任其職事大宰以九職任萬民是也凡經云作者並使令與起之謂詳射人疏云以令地貢者地貢卽出於九職大府云以九功之灋令民職之財用是也云以斂財賦者大司徒以法命鄉師閭師縣師遂師均人稍人等官徵斂九賦及力征也云以均齊天下之政者以上三事卽天下稅斂之政以法治之使皆均平齊一也　注云均平也者敘官注云均猶平也此不言猶者以均平義近不煩展轉引申故文省也小司徒注亦同云五物五地之物也者卽上文辨五地之物生是也云九等騂剛赤緹之屬者以草人騂剛赤緹等土有九種與此數合故據以爲釋書禹貢有九州土田之異又左襄二十五年傳以山林藪澤京陵淳鹵疆潦偃豬原防隰皐衍沃爲九等鄭不從書及左傳者以其不見本經故不據也又小司徒均三等土地注云正以七人六人五人爲率者有夫有婦然後爲家自二人以至於十爲九等七六五者爲其中疑舊說有以二人至十人爲九等者鄭亦不從之也云征稅也者載師司門注並同廣雅釋詁亦云征稅也凡經賦稅通謂之征大司徒注云地征謂地職地守之稅也云民職

民九職也者卽大宰以九職任萬民是也此據任職之人言之謂之民職後分地職據九職所宜之也言之其義同也云地貢貢地所生謂九穀者賈疏云案大宰以九職任萬民卽云一曰三農生九穀此經云以作民職爲九職卽云令地貢明貢是九穀可知詒讓案九職所貢亦謂之貢閭師八貢及夫布是也後制地貢注云地貢謂九職所稅也是地貢通含九貢此經士均之法據穀土言之九職之貢不盡出於地故此注又專舉三農貢九穀爲釋又士均云以均地貢彼注云諸侯之九貢與此注異者彼職下文云以和邦國都鄙之政令刑禁故以邦國九貢爲釋義各有當也云財謂泉穀者大宰注義同云賦謂九賦及軍賦者均人注云財賦九賦也案九賦卽大宰以九賦斂財賄是也軍賦者小司徒注云賦謂出車徒給繇役也鄭意九賦有財賄爲財賦之正其賦中又當兼有軍賦以軍賦雖無財入而亦稱賦也均人以力政與財賦並舉軍賦卽力征彼注專舉九賦爲釋與此注義小異

以土圭之灋測土深正日景以求地中日南則景短多暑日北則景長多寒日東則景夕多風日西則景朝多陰

土圭所以致四時日月之景也測猶度也不知廣深故曰測故書求爲救杜子春云當爲求鄭司農云測土深謂南北東西之深也日南謂立表處大南近日也日北謂立表處大北遠日也景夕謂日跌景乃中立表處大東近日也景朝謂日未中而景中立表處大西遠日也玄謂晝漏半而置土圭表陰陽審其南北景短於土圭謂之日南是地於日爲近南也景長於土圭謂之日北是地於日爲近北也東於土圭謂之日東是地於日爲近東也西於土圭謂之日西是地於日爲近西也如是則寒暑陰風偏而不和是未得其所求凡日景於地千里而差一寸

疏 以土圭之灋測土深者以下掌土圭測景之法與土方氏爲官聯也

賈疏云案玉人職云土圭尺有五寸周公攝政四年欲求土中而營王城故以土圭度日景之法測度也度土之深深謂日景長短之深也戴震云測土深以南北言聖人南面而聽天下古者宮室皆南鄉故南北爲深東西爲廣猶之車輿以前後爲深左右爲廣也表景短長卽南北遠近必測之而得故曰測土深案戴說是也云正日景者釋文云景本或作影非下及注同顏之推家訓書證篇云周禮土圭測景景朝景夕等字皆當爲光景之景至晉世葛洪字苑傍始加彡而世閒輒改治周禮從葛洪字甚爲失矣案顏說是也說文日部云景光也大戴禮記曾子天圓篇云火日外景蓋日光外照爲景因之物之成陰於日者亦謂之景後世妄生分別增爲影字陸所載或本正六朝人所妄改也地之方位遠近不同日景有長短朝夕之異故必測度而後乃得其正云以求地中者卽求下文日至景尺五寸之地爲東西南北之中也云日南則景短多暑日北則景長多寒者此正南北之里差也地體渾圓以距日之遠近爲景之長短及氣之寒暑蓋日行出入常近赤道中國居赤道北若其地偏南則於日爲近南距日較近日光線所射微正故其景短得日之光熱亦最盛而多暑若其地偏北則於日爲近北距日較遠日光線所射尤斜故其景長得日之光熱亦大減而多寒也賈疏云周公度日景之時置五表五表者於潁川陽城置一表爲中表中表南千里又置一表中表北千里又置一表中表東千里又置一表中表西千里又置一表今言日南景短多暑者據中表之南表而言亦晝漏半立八尺之表表北得尺四寸景不滿尺五寸不與土表等是其日南是地於日爲近南景短多暑者不堪置都之事北云日北者據中表之北表而言亦晝漏半表北得尺六寸景是地於日爲近北是其景長多寒之事也案賈五表之說未塙詳後云日東則景夕多風日西則景朝多陰者此正東西之里差也凡地之東西緯度同則距日遠近亦不異故景無長

短而有朝夕氣亦無寒暑而有燥溼若其地偏東則得日較早故地中日方中而此已夕其氣亦燥而多風若其地偏西則得日較遲故地中日已中而此尚朝其氣亦溼而多陰但風雨爲地氣蒸鬱而成雖由日光所照氣有漲縮聚散而與景夕景朝則絕不相關然則近東多風近西多陰蓋由測驗而知與寒暑之繫於日行固不同也賈疏云據中表之東表而言亦於晝漏半中表景得正時東表日已昳矣是地於日爲近東亦晝漏半已得夕景故云景夕多風云日西則景朝多陰者據中表之西表而言是地於日爲近西亦於晝漏半中表景得正時西表日未中乃得朝時之景故云日西則景朝多陰此經皆未得所求耳東方多風西方多陰陰即雨也戴震云日南日北猶堯典之度南交度朔方也日東日西猶堯典之度嵎夷度西也分四方測驗然後折取其中日南景短日北景長取中而得尺有五寸以是求南北之中日東景夕日西景朝時刻差移取中加時以是求東西之中所謂測土深正日景以求地中者如是古人用土圭測黃赤二道猶今之測北極高下也寒暑進退晝夜永短悉因之而隨地不同江永云測景惟能知南北之差若東西則隨人所居而移經謂日東則景夕日西則景朝者言其理當如是非眞能同時立表知其東表日已昳西表日未中也西法則東西里差以月食時刻先後定之疏立五表之說亦妄案戴江說是也蓋土圭測景止以求南北之差東朝西夕則備論理差之理固非土圭所能測矣瞿曇悉達開元占經云日南則景短多暑者謂夏至日躔南方井宿也日北則景長多寒者謂冬至日躔北方斗宿也日東則景夕多風者謂春分日躔東方角宿也故秋分祭夕月也日西則景朝多陰者謂秋分日躔西方婁宿也故春分祭朝日也古來天圖春秋二分並交婁角也可知夕者秋分之異名朝者春分之別號景長稱南至景短稱北至今日南則景短日北則景長者先論日躔宿也後論日躔景也案占經說

與鄭賈絕異疑六朝天官家之別解依其說南北東西者乃據日躔而言不涉里差之法則於測土求中之文無會非經義也　注云土圭所以致四時日月之景也者據典瑞云土圭以致四時日月謂立表以得景而以土圭度其景之長短也開元占經云土圭者非創土爲其圭象訓爲度也置圭度景謂之土圭案占經說與後注云土其地猶言度其地義同梅瑴成云土圭所以致日景而辨分至定四方也以長短之極察之則知二至以長短之中裁之則知二分以二分出入之景揆之則知東西以午中之景正之則知南北故辨分至定四方皆由此也云測猶度也不知廣深故曰測者說文水部云測深所至也周髀算經云覆矩以測深引申之凡量度之事並謂之測地廣深不可知必量度而後得故通云測也然此測土深之義當從戴說以南北言爲正二鄭說並未審云故書求爲救杜子春云當爲求者段玉裁云救從攴求聲古讀亦巨鳩切尚書器惟求舊漢石經作救舊尚書方鳩僝功說文人部作方救僝功救即救古攴與殳偏旁多通用然則周禮以救爲求古文假借字也鄭司農云測土深謂南北東西之深也者先鄭亦以測土深兼廣深言與後鄭說同梅瑴成云土圭之法乃求地中自四邊鄉內規方千里以爲王畿又自王畿鄉內以至將建王城之地而置表測景以漸而進故曰土深猶士冠禮設洗直東榮南北以堂深也云日南謂立表處大南近日也日北謂立表處大北遠日也者表即後注所云八尺之表也中國既在赤道北則九州皆在日北矣而經云日南日北者自據九州地之南北而言不謂在日之南北亦不謂日行之南北故夏至日北行而云日南多暑冬至日南行而云日北多寒也云景夕謂日跌景乃中立表處大東近日也景朝謂日未中而景中立表處大西遠日也者賈疏云景夕於晝漏半東表日跌中表景乃中景朝亦於晝漏半西表日未中而中表景乃中也戴震云自東至西環地面各有子午卯酉東

方日中景正西方尚在午前而為景朝西方日中景正東方已過午後而為景夕周髀稱晝夜異處加時相及據其方戴天相距四分天周之一為言以率率之周天十二次一日十二時去一次則差一時地與天恆相應也東西相差若干時半之則為地中與東西所差之時日正則地中景正而東方景夕西方景朝也凡差一時於地面繩直計之大致得六千里道路迴曲之數則過乎此矣案戴說甚覈日跌謂景過中而側西也詳司市疏又東西距日行無遠近此近日遠日據日出地早晏言之耳與上注文同意實微異也云玄謂晝漏半而置土圭表陰陽審其南北者晝漏半謂日加午時古漏刻制詳挈壺氏疏置土圭亦謂以土圭置測景之表下以度之賈疏云度景之法冬至夏至皆可為之皆據晝漏半者以取日正午乃得其端直也云表陰陽者東方西方是陰陽故別云審其南北也又云知以晝漏半者以其通卦驗云冬日至樹八尺之表日中視其晷是以知用八尺表而以晝漏半度景也云景短於土圭謂之日南是地於日為近南也景長於土圭謂之日北是地於日為近北也東於土圭謂之日東是地於日為近東也西於土圭謂之日西是地於日為近西也者義亦與先鄭同日東日西晷景無長短之殊而有遲早之異故云東於土圭西於土圭明對地中為東西也云如是則寒暑陰風偏而不和是未得其所求者賈疏云此言對下經地中是陰陽風雨和會為得所求也戴震云寒暑陰風之偏及四時天地交合陰陽風雨和會蓋實驗而知先驗其偏後求之而得其中也云凡日景於地千里而差一寸者賈疏云案三光考靈耀云四游升降於三萬里中下云日至之景尺有五寸謂之地中則是半三萬里而萬五千里與土圭等是千里差一寸算法亦然言此者欲見經日南日北之等皆去中表千里為術景長景短皆差一寸耳詒讓案周髀算經云周髀長八尺句之損益寸千里又云夏至之日晷一尺六寸髀者股也正晷者句

也正南千里句一尺五寸正北千里句一尺七寸李淳風注引尚書
攷靈曜云日永影尺五寸日短一十三尺日正南千里而減一寸又
引張衡靈憲云懸天之晷薄地之儀皆移千里而差一寸又玉燭寶
典引孝經說云立八尺竿於中庭日中度其日晷冬至之日日在牽
牛之初晷長丈三尺五寸晷進退一寸則日行進退千里故冬至之
日日中北至周雒十三萬五千里淮南子天文訓云欲知天之高樹
表高一丈正南北相去千里同日度其陰北表二尺南表尺九寸是
南千里陰短寸南二萬里則無景是直日下也陰二尺而得高一丈
者南一而高五也則置從此南至日下里數因而五之為十萬里則
天高也若使景與表等則高與遠等也以上諸文雖步算不同而皆
謂日景千里差一寸並鄭君所本周髀李注及隋書天文志謂陸續
王蕃姜岌並同此說斯乃古率疏闊非由實測得之故隋志駁之云
案宋元嘉十九年壬午使使往交州測影夏至之日影出表南三寸
二分何承天遙取陽城云夏至一尺五寸計陽城去交州路當萬里
而影實差一尺八寸二分是六百里而差一寸也又梁大同中二至
所測以八尺表率取之夏至當一尺一寸七分彊後魏信都芳注周
髀四術稱永平元年戊子當梁天監之七年見洛陽測景夏至日中
影長一尺五寸八分以此推之金陵去洛南北略當千里而影差四
寸則二百五十里而影差一寸也況人路迂迴山川登降方於鳥道
所校彌多則千里之言未足依也又隋志載劉焯上疏及周髀李注
開元占經並序日景千里差一寸之言為非實舊唐書天文志又載
開元十二年太史監南宮說始自滑州白馬縣至豫州上蔡武津分
地測景謂大率二百二十六里二百七十步影差二寸有餘以上並
糾鄭說之誤江永云漢時天學未明所謂考靈曜者漢人妄作見日
行有南北寒暑進退求其故不得遂為四游之說又謂升降於三萬
里中鄭意地中半於三萬里遂謂景常以千里差一寸其說甚謬景

之差日近天頂則少遠天頂則多本非平差何得限以千里差一寸林頤山云千里差一寸其說昉自周髀淮南至宋元嘉以後已知其說之不實再以今時憲術依次推之自其地景○寸至一寸景一寸至二寸景二寸至三寸景三寸至四寸景四寸至五寸景五寸至六寸景六寸至七寸景七寸至八寸景八寸至九寸太陽兩高弧較四十三分約一度二百里化作一百四十三里強而景差一寸景九寸至一尺景一尺至一尺一寸景一尺一寸至一尺二寸景一尺二寸至一尺三寸景一尺三寸至一尺四寸太陽兩高弧較四十二分化作一百四十里而景差一寸景一尺四寸至一尺五寸景一尺五寸至一尺六寸太陽兩高弧較四十一分化作一百三十七里弱而景差一寸然則千里差一寸與一百四十三里強差一寸一百四十里差一寸一百三十七里弱差一寸相去甚遠卽古里小而今里大亦不應相去至八九倍之遠鄭君當後漢時曆學尚疏此亦時使之然案江林二說並塙足以證古率之疏矣

日至之景尺有五寸謂之地中天地之所合也四時之所交也風雨之所會也陰陽之所和也然則百物阜安乃建王國焉制其畿方千里而封樹之

景尺有五寸者南戴日下萬五千里地與星辰四游升降於三萬里之中是以半之得地之中也畿方千里取象於日一寸爲正樹樹木溝上所以表助阻固也鄭司農云土圭之長尺有五寸以夏至之日立八尺之表其景適與土圭等謂之地中今潁川陽城地爲然 疏日至之景尺有五寸謂之地中者此明建王國必於土中之義日至之景夏至所測雒邑之晷景也月令仲夏日長至仲冬日短至續漢書律曆志劉注引月令章句云夏至晝漏極長去極極遠晷景極短冬至晝漏極短去極極近晷景極長極者去而還之意也戴震云測

非獨夏至夏至日中景最短以最短爲度及其漸長皆用是度之案戴說是也地中者爲四方九服之中也荀子大略篇云欲近四旁莫如中央故王者必居天下之中禮也白虎通義京師篇云王者必即土中何所以均教道平往來使善易以聞爲惡易以聞明當懼慎損於善惡尚書曰王來紹上帝自服於土中史記周本紀云成王在豐使視洛邑周公復卜申視卒營築居九鼎焉曰此天下之中四方入貢道里均御覽帝王部引帝王世紀云周公相成王以酆鎬偏處西方職貢不均乃使邵公卜居洛水之陽以即土中故援神契曰八方之廣周洛爲中賈疏云上經置五表於四方四表未得所求今於中表夏日至亦晝漏半立八尺之表表北得景尺有五寸景與土圭等謂之地中梅瑴成云圭於形言天之包地皆圓體也天地既圓則所謂地中者乃天中也此惟赤道之下二分午中日表無景之處爲然以氣而言必陰陽五行沖和會合乃可謂中嘗以曆法推之窮南極北晝夜偏贏赤道之下冬夏適均惟中國之地晷景盈縮與時進退二至相除毫無餘欠而洛邑又其中之中者以其得天地之中氣謂之地中艮不誣也云天地之所合也四時之所交也風雨之所會也陰陽之所和也者梅瑴成云天地所合者地之中氣與天之中氣合也合故四時交而無多暑多寒之患風雨會而無多風之患陰陽和而無多陰之患蓋四時風雨寒暑皆天地爲之其交其會其和皆天地之合爲之也云然則百物阜安者賈疏云阜盛也如是四時得所則百物盛安也沈夢蘭云五種六擾皆宜也云乃建王國焉者與天官敘官惟王建國義同謂於此地中之處定建王都書召誥孔疏引馬融注云王國東都王城今河南縣是也云制其畿方千里者即大司馬之國畿職方氏之王畿也千里通東西都計之周書作雒篇云周公將致政乃作大邑成周於土中南繫于雒水北因于郟山以爲天下之大湊制郊甸方六百里因西土爲方千里分爲百縣鄭詩王

譜云王城者周都王城畿內方六百里之地孔疏云周以鎬京爲西
都故謂王城爲東都王城卽洛邑漢書地理志云初洛邑與宗周通
封畿東西長南北短短長相覆千里韋昭云通在二封之地共千里
也臣瓚按西周方八百里八八六十四爲方百里者六十四東周方
六百里六六三十六爲方百里者三十六二都方百里者百方千里
也秦譜云橫有西周畿內八百里之地是鄭以西都爲八百東都爲
六百其言與瓚同也鄭志趙商問定四年左傳曰曹爲伯甸言爵爲
伯服在甸案曹國實今定陶去王城六七百里甸服在二服去王城
一千五百里亦復不合敢問其故荅曰東都之畿方六百里半之三
百里定陶去王城八百里有餘豈六七百也除畿內三百里又侯五
百里定陶在外何謂之不合以子魚言爲伯甸本其始封而在甸服
明東都六百初則然矣西都初則亦八百相通可知周禮每言王畿
千里者制禮設法據方圓而言其實地形不可如圖也蓋以西都先
王所居東都貢賦所均不可並爲二畿故通數之共爲千里案據孔
說則鄭說與周書漢志同云而封樹之者與上文邦國都鄙制其畿
疆而溝封之同不言溝而言樹者亦文互相備也賈疏云於畿疆之
上而作深溝土在溝上謂之爲封封上樹木以爲阻固　注云景尺
有五寸者南戴日下萬五千里者此亦依率計之非實測也劉徽九
章算術注序引周官說同南戴日下謂大地之南當赤道下墨子經
上篇云日中正南也賈疏云景一寸差千里故於地中尺五寸景去
南戴日下萬五千里云地與星辰四游升降於三萬里之中者賈疏
云考靈耀文言四游升降者春分之時地與星辰復本位至夏至之
日地與星辰東南游萬五千里下降亦然至秋分還復正至冬至地
與星辰西北游亦萬五千里上升亦然至春分還復正進退不過三
萬里故云地與星辰四游升降於三萬里之中案月令孔疏引鄭考
靈耀注云地蓋厚三萬里春分之時地正當中自此地漸漸而下至

夏至之時地下遊萬五千里地之上畔與天中平夏至之後地漸漸向上至秋分地正當天之中央自此地漸漸而上至冬至上遊萬五千里地之下畔與天中平自冬至後地漸漸而下又二云天旁行四表之中冬南夏北春西秋東皆薄四表而止地亦升降於天之中冬至而下夏至而上二至上下蓋極地厚也地與星辰俱有四遊升降四遊者自立春地與星辰西遊春分西遊之極地雖西極升降正中從此漸漸而東至春末復正自立夏之後北遊夏至北遊之極地則升降極下至夏季復正立秋之後東遊秋分東遊之極地則升降正中至秋季復正立冬之後南遊冬至南遊之極地則升降極上冬季復正案此釋地與星辰升降四游之義尤詳析今故備錄之云是以半之得地之中也者鄭意於四表三萬里之中折取其半爲萬五千里故地中景長尺有五寸也云畿方千里取象於日一寸爲正者王制天子之田方千里鄭彼注云象日月之大亦取晷同也案鄭言此者亦證成日景於地千里差一寸之義賈疏云一寸爲正者卽是景一寸地千里與王制注晷同一也案元命包云日圓望之廣尺以應千里故鄭注王制云象日月之大也云樹樹木溝上所以表助阻固也者據掌固云凡國都之竟有溝樹之固郊亦如之又司險云設國之五溝五涂而樹之林以爲阻固是畿疆皆有溝封卽於其上樹木以表助阻固也鄭司農云土圭之長尺有五寸者據玉人文云以夏至之日立八尺之表其景適與土圭等謂之地中者表卽匠人所謂置埶以縣眡以景之埶表以取景圭以度景其用不同也依鄭考靈耀注四游之說夏至地平適當天中於時測地中之景正與土圭等因卽以是爲測景之根數也必立八尺表者據古天官家說以天下至地八萬里賈疏引考靈耀云從上臨下八萬里天以圓覆地以方載是也周髀算經云周髀長八尺髀者表也易緯通卦驗淮南子天文訓漢書天文志說測景皆用八尺之表九章算術劉序說此經亦同

詳匠人疏云今潁川陽城地爲然者陽城縣續漢書郡國志屬豫川潁川郡今在河南河南府登封縣東南三十五里漢時陽城夏至以八尺表測景適一尺五寸無贏朒先鄭蓋據目驗得之開元占經日占引晉太康地記云河南陽城縣是爲土中夏至景尺有五寸所以爲候也卽依鄭說李吉甫元和郡縣志云河南府告成縣測景臺在縣城內西北隅高一丈開元十一年詔太史監南宮說立石表焉唐之告城卽漢陽城地也周髀算經李注云大司徒職夏至之影尺有五寸馬融以爲洛陽鄭玄以爲陽城尚書攷靈曜日永影一尺五寸日短十三尺鄭玄以爲陽城易緯通卦驗夏至影尺有四寸八分冬至一丈三尺劉向洪範傳夏至影一尺五寸八分冬至一丈三尺一寸四分是時漢都長安而向不言測影處所若在長安則非晷影之正也向又云春秋分長七尺三寸六分此卽總是虛妄後漢曆志洛陽夏至影一尺五寸冬至一丈三尺自梁天監已前並同此數案此經求地中據建國言則當指王城李引馬氏云洛陽則成周也成周在王城東二十里經度相等日景自同若先鄭云陽城則在王城東南百八十里以鄭千里差一寸之率求之陽城尺五寸則王城當贏一分強矣據李氏說則漢曆洛陽晷景與此經正同又與先鄭說異未知孰是竊謂古時測算之法本不甚密王畿千里通爲土中不能決定其爲何地是以古書言晷景者亦各不同周髀夏至晷一尺六寸趙爽注云周官測景尺有五寸蓋出周城南千里也斯又以長尺六寸者爲王城之景而以千里差一寸之率減之故謂此經尺五寸之景爲出王城南千里蓋皆據率肊推非得之實測也二鄭以陽城爲釋者據其時目驗晷景與此經偶合耳亦非謂地中必在陽城賈疏不悟強爲之說云案春秋左氏武王克商遷九鼎於洛邑欲以爲都不在潁川地中者武王欲取河洛之閒形勝之所洛都雖不在地之正中潁川地中仍在畿內若然武王已遷鼎於洛欲以爲都周公又

度景求地中者武王雖定鼎詒周公更度之者所以審慎江永駁之云周都洛邑欲其無遠天室而四方入貢道理均人謀則成王已遷鼎鬼謀則周公召公先卜河朔黎水再卜瀍東瀍西以審定之所謂土中者合九州道里形勢而知之非先制尺有五寸之土圭度夏至景與圭齊而後謂之土中也既定洛邑樹八尺之表景長尺有五寸是爲土中之景乃制土圭以爲法他方度景亦以此土圭隨其長短量之是景以土中而定非土中因景而得也經文本謂測景以建王國則當時推於東都王城測之至漢儒乃謂潁川陽城爲然陽城今登封縣在洛之東南此別有其故蓋黃赤道闊之緯度古闊而今漸狹漢時王城夏至日稍偏南而景微長必進至陽城然後合土圭也然唐志言陽城景尺四寸七分八釐則漢時宜更短於此漢唐人言未知孰得其真今案江說甚通足以釋諸書之紛矣又開元占經天體渾宗篇載吳王蕃渾天象說引此經注而說之云誠以八尺之表而有尺五寸景是立八十而旁十五也南萬五千里而當日下則日當去其下地八萬里矣從日斜射陽城則天徑之半也天體圓如彈丸地上處天之半而陽城爲中則日春秋冬夏昏明晝夜去陽城皆等無盈縮矣故知從日斜射陽城爲天徑之半也以句股之法言之旁萬五千里則句也立八萬里則股也從日斜射陽城則弦也以句股求弦法入之得八萬一千三百九十四里三十步五尺三寸六分天徑之半而地上去天之數也倍之得十六萬二千七百八十八里六十一步四尺七寸二分天徑之數也以周率乘之徑率約之得五十一萬三千六百八十七里六十八步一尺八寸二分周天之數也宋書晉書天文志並采其說此又欲據表景之長短推天地距數及天之周徑尤不足據

周禮正義卷十八

# 周禮正義卷十九

瑞安孫詒讓學

凡建邦國以土圭土其地而制其域諸公之地封疆方五百里其食者半諸侯之地封疆方四百里其食者參之一諸伯之地封疆方三百里其食者參之一諸子之地封疆方二百里其食者四之一諸男之地封疆方百里其食者四之一土其地猶言度其地鄭司農云土其地但爲正四方耳其食者半公所食租稅得其半耳其半皆附庸小國也屬天子參之一者亦然故魯頌曰錫之山川土田附庸奄有龜蒙遂荒大東至于海邦論語曰季氏將伐顓臾孔子曰先王以爲東蒙主且在邦域之中是社稷之臣此非七十里所能容然則方五百里四百里合於魯頌論語之言諸男食者四之一適方五十里獨此與今五經家說合耳玄謂其食者半參之一四之一者土均邦國地貢輕重之等其率之也公之地以一易侯伯之地以再易子男之地以三易必足其國禮俗喪紀祭祀之用乃貢其餘若今度支經用餘爲司農穀矣大國貢重正之也小國貢輕字之也凡諸侯爲牧正帥長及有德者乃有附庸爲其有祿者當取焉公無附庸侯附庸九同伯附庸七同子附庸五同男附庸三同進則取焉退則歸焉魯於周法不得有附庸故言錫之也地方七百里者包附庸以大言之也附庸二十四言得兼此四等矣

疏凡建邦國者此建畿外五等邦國之法也職方氏說五等侯國之里數同云以土圭土其地而制其域者以土圭測景之法定邦國

之方位而正其疆域也戴震云土圭之灋不惟建王國用之封國必以度地以此知某國偏東偏西偏南偏北然後可定各地之分至啓閉其疆域廣輪之實亦於是分曉不惑焉案戴說是也賈疏依千里而差一寸之率測其封域之里數云假令封上公五百里國北畔立八尺之表夏至晝漏半得尺五寸景與土圭等南畔得尺四寸五分其中減五分一分百里五分則五百里既非密率又事涉繁碎殆非經義云諸公之地封疆方五百里其食者半者此經所食者半及參之一四之一皆當依先鄭說據諸侯自食言之公五百里開方爲方百里者二十五卽二十五同食者半則十二同又五終之地也云諸侯之地封疆方四百里其食者參之一者四百里開方爲方百里者十六卽十六同食者參之一則五同三成又三分成之一也云諸伯之地封疆方三百里其食者參之一者三百里開方爲方百里者九卽九同食者亦三之一則三同也云諸子之地封疆方二百里其食者四之一者二百里開方爲方百里者四卽四同食者四之一則一同也云諸男之地封疆方百里其食者四之一者百里開方爲方五十里者四食者亦四之一則二十五成也

注云土其地猶言度其地者玉人土圭以致日以土地注云土猶度也兪樾云土度聲近通用書粊誓杜乃擭雍氏注引作敜乃擭說文攴部敜讀若杜土之通作度猶杜之通作敜矣土方氏職曰以土地相宅卽度地相宅也案兪說是也鄭司農云土其地但爲正四方耳者謂土地卽辨方之事也若土圭景短卽知其國於四方爲近南景長卽知其國於四方爲近北之屬賈疏謂五百里四百里之等說未該云其食者半公所食租稅得其半耳其半皆附庸小國也屬天子參之一者亦然者賈疏云司農意以經云其食者半與參之一四之一皆自食其餘並入天子雖不云四之一司農意亦四分分之三分入天子一分自食江永云先鄭謂其食者爲諸侯後鄭謂其食者爲天子以文勢言之土其

地制其域凡二云其者皆指侯國則其食亦當指諸侯先鄭之義爲長大司馬令賦上地食者參之二中地食者半下地食者參之一亦謂其可食者也司勳凡頒賞地參之一食亦謂受賞者食其參之一其餘以食民以供上也先鄭以其半爲附庸小國屬天子參之一者亦然蓋謂小國無附庸然亦當并山川及不可食之地言之乃近密小國可食地少而虛寬之數多其猶下地萊二百畝亦所以優之與王昭禹云諸公之地方五百里其食者半若其半則山林川麓不可食者也以至侯伯子男之地亦各以是爲差州方千里其地不能無肥磽之辨凡以可食多者爲上諸公之地可食者半所謂上地也侯伯之地可食者三之一所謂中地也子男之地可食者四之一所謂下地也猶不易一易再易之地任民而已鄭鍔方苞說略同案王說即江氏所本皆足補二鄭之義國語鄭語史伯對鄭桓公曰主芣騩而食溱洧與此食字義正同五等侯國所食之地大多小少非徒地有廣狹蓋亦兼以肥墝制其袤等遂師云經牧其田野辨其可食者管子八觀篇云凡田野萬家之衆可食之地方五十里可以爲足矣萬家以下則就山澤可矣萬家以上則去山澤可也彼野悉辟而民無積者國地小而食地淺也田半墾而民有餘食而粟米多者國地大而食地博也國策秦策黃歇說秦昭王曰隨陽右壤此皆廣川大水山林谿谷不食之地皆此經食字之塙詁也云故魯頌曰錫之山川土田附庸奄有龜蒙遂荒大東至于海邦者並閟宮篇文毛傳云龜蒙山也荒有也鄭箋云策命伯禽使爲君於魯加賜之以山川土田及附庸令專統之奄覆荒奄也大東極東海邦近海之國也引之者證魯有附庸也又引論語曰季氏將伐顓臾孔子曰先王以爲東蒙主且在邦域之中是社稷之臣者季氏篇文集解引孔安國云顓臾伏羲之後風姓之國本魯之附庸使主祭蒙山魯七百里之封顓臾爲附庸在其域中故此引以證附庸在邦域中也云此非七十里所

能容者隱駁今文五經家說也先鄭意附庸包於侯國封域假令魯封域止七十里則不能容附庸明其不可信也魯爲侯國即依今文說亦當百里此云七十里者蓋別依今文春秋義白虎通義爵篇云殷家令公居百里侯居七十里是今文家又有侯七十里之說故先鄭據而破之云然則方五百里四百里合於魯頌論語之言者司農謂必如此經有方四百里五百里等國乃能容附庸是合於魯頌論語之言也云諸男食者四之一適方五十里者即二十五成之地也云獨此與今五經家說合耳者賈疏云五經家謂若張苞何休孟子等皆以爲周法公侯方百里伯七十里子男五十里子男五十里故男食五十里是與五經家說合若自子已上以百里七十里國於此經二百里已上四之一三之一不合故直舉男地而言詁讓案王制云公侯田方百里伯七十里子男五十里不能五十里者不合於天子附於諸侯曰附庸孟子萬章篇春秋繁露爵國篇文並同白虎通義封公侯篇云諸侯封不過百里象雷震百里所潤雲雨同也七十五十里差德功也此先鄭所謂今五經家說即漢時今文經師之說也賈疏謂若張苞何休孟子等大宗伯疏亦云張苞周孟子何休等不信周禮張苞周蓋指張禹苞咸周氏張禹治今文論語苞周章句並出張侯論見何晏論語集解敘學而篇集解又引苞咸說千乘之國從王制義是三家皆傳今文論語公羊莊元年何注說三等國並依王制義春秋公羊亦今文學也周禮爲古文之學故今文經師皆所不從今文之說蓋以王制孟子所說爲周制無二百里以上至五百里之國後鄭以王制爲虞夏殷之制周初因之周公制禮則改制如此經之說故王制注云此地殷所因夏爵三等之制也殷有鬼侯梅伯春秋變周之文從殷之質合伯子男以爲一則殷爵三等者公侯伯也異畿內謂之子周武王初定天下更立五等之爵增以子男而猶因殷之地以九州之界尚狹也周公攝政致太平斥大九州之

界制禮成武王之意封王者之後爲公及有功之諸侯大者方五百里其次侯四百里其次伯三百里其次子二百里其次男百里所因殷之諸侯亦以功黜陟之其不合者皆益之地爲百里焉又云春秋傳曰禹會諸侯於塗山執玉帛者萬國言執玉帛則是惟謂中國耳中國而言萬國則是諸侯之地有方百里有方七十里有方五十里者禹承堯舜而然矣要服之內地方七千里乃能容之夏末既衰夷狄內侵諸侯相并土地減國數少殷湯承之更制中國方三千里之界亦分爲九州而建此千七百七十三國焉周公復唐虞之舊域分其五服爲九其要服之內亦方七千里而因殷諸侯之數廣其土增其爵耳孝經說曰周千八百諸侯布列五千里內此文改周之法關盛衰之中三七之閒以爲說也是鄭謂虞夏地大而國多故爵士爲三等以百里七十里五十里爲限殷地狹於虞夏而國少故仍夏制周初亦然至周公致太平斥大九州之界同於虞夏而封國之數猶因殷舊地增國少故得廣土增爵有五百里四百里之封此後鄭通周官王制孟子以調停其說之意王制孔疏引五經異義云古春秋左氏傳說禹會諸侯於塗山執玉帛者萬國唐虞之地萬里容百里地萬國其侯伯七十里子男五十里餘爲天子閒田此亦以百里七十里五十里等爲虞夏之制卽後鄭所本先鄭之意或與與彼同也今攷明堂位說周公封曲阜地方七百里晏子春秋內篇雜下晏子曰昔吾先君太公受之營丘爲地五百里史記漢興以來諸侯年表云封伯禽康叔於魯衞地各四百里並與此經合管子輕重乙篇云天下之旁天子中立地方千里兼霸之壤三百有餘里佌諸侯度百里負海子男者度七十里雖與此經小異然亦不以百里爲大國足徵周制必不如孟子所說況孟子又言齊魯之封儉於百里則所說三等之國自謂一代恆法非周初沿殷權宜之制可知鄭四代損益之說不能通於孟子王制孔疏引鄭荅臨碩云孟子當赧王之際王

制之作復在其後蓋亦知二書後出與周初典法不無岐異也江永云諸侯之地土田爲實封若附庸在其封內雖爲社稷臣而不得有其地名山大澤有不以封者其餘山川藪澤斥鹵磽埆之地與夫城郭宮室溝塗皆不可食者統而計之大國宜有數百里小國亦不下百里此周禮與孟子王制所以不能同周禮就其虛寬者言之孟子王制惟舉土田實封耳又云左傳襄二十五年子產對晉之辭曰昔天子之地一圻列國一同自是以衰此言與孟子王制合與周禮違當觀其所以立言之意此因晉人責其侵小而晉人自有兼數圻之失故子產不欲舉大國虛寬大數而惟舉一同之制以顯兼數圻之多其言有所爲也王制則述孟子者也不然孟子生近齊魯豈真不知齊魯始封尚有餘地而云儉於百里哉案江說略本王安石陳祥道於義得通金鶚黃以周亦並謂孟子王制所言三等之封百里七十里五十里者除山川附庸言之此經五等之封五百里四百里三百里二百里百里爲兼山川附庸言之與江說略同鶚謂孟子謂齊魯初封儉於百里者自是故言其小以鑴切七國大抵春秋以後人說列國封域大小多非其實如昭二十五年左傳楚沈尹戍曰若敖蚡冒至於武文土不過同國語楚語白公子張說齊桓晉文曰其入也四封不備一同而至於有畿田以屬諸侯以楚武文及桓文初得國時疆域攷之斷不止此數楚語韋注亦云方欲善美之故尤小焉此與子產孟子之言足相比例矣又後鄭依王制說附庸在方四百里三百里二百里百里之外故職方氏注亦謂州封五等國二百一十其餘以爲附庸亦不若先鄭說以附庸在封域內之允也云玄謂其食者半參之一四之一者土均均邦國地貢輕重之等者後鄭以其食者半參之一四之一等爲天子所食之貢故引土均均地貢以破先鄭義其說實非也云其率之也公之地以一易侯伯之地以再易子男之地以三易者此鄭爲比況以申其食者爲貢入天子之說

謂公以下貢有輕重猶之齊民授地有一易再易等之率耳非謂真以此三等地封諸侯也賈疏云其民受地有一易再易故此諸侯之地據貢入天子以耕之者入諸侯以易而不耕者故以公之地貢半似二百畝佃半也侯伯之地三之一貢入天子似家三百畝佃百畝留二分似荒廢者也子男之地以三易四之一貢與天子似家得四百畝佃百畝留三分似三百畝不耕者也民但家無三易之地直以況義耳云必足其國禮俗喪紀祭祀之用乃貢其餘者此申大國貢重小國貢輕之義士均云禮俗喪紀祭祀皆以地媺惡爲輕重之法而行之故鄭依而言也賈疏云後鄭意釋公國貢半已下漸少之意言公受地廣稅物多但留半自用卽足其國禮俗喪紀及畜積之用故以半爲餘貢入天子其侯伯受地差少則其稅亦少故三分之二留自用乃足其國以一分爲餘貢入天子其子男受地又少其稅轉少故四分之乃足其國亦以一分爲餘貢入天子云若今度支經用餘爲司農穀矣者漢書食貨志云大司農陳臧錢經用賦稅既竭不足以奉戰士顏注云經常也此注疑指漢時諸侯王國亦以常用所餘儲爲司農穀故舉以爲況司勳先鄭注云若今時侯國有司農少府錢穀是也賈疏以度支經用爲國家喪紀所用餘入天子殊誤司農官詳天官敘官疏云大國貢重正之也小國貢輕字之也者此亦申地貢大重小輕之義左昭十三年傳云同盟於平丘子產爭承曰昔天子班貢輕重以列列尊貢重周之制也卑而貢重者甸服也鄭伯男也而使從公侯之貢杜注云列位也公侯地廣故所貢者多甸服謂天子畿內共職貢者鄭蓋兼據彼文爲說正讀與征同字之者左昭十六年傳子產曰非不能事大字小之難又三十年傳云字小在恤其所無孔疏引服虔云字養也江永云諸侯固各有貢然九貢皆貨賄服物不貢粟米則天子不食諸侯之地不可謂之食制其貢亦惟以其所有耳豈舉其地之半參之一四之一而責其貢哉後鄭

正之字之其言雖美非實事也案江說是也地貢雖大重小輕而此
經其食者實當爲諸侯自食大國食多小國食少所以示尊卑隆殺
之差非所謂正之字之也云凡諸侯爲牧正帥長及有德者乃有附
庸者後鄭以附庸爲加賜在封地之外亦破先鄭說也賈疏云案王
制云五國以爲屬屬有長十國以爲連連有帥三十國以爲卒卒有
正二百一十國以爲州州有伯伯卽牧也此牧正帥長皆是有功諸
侯乃得爲之有功卽有附庸又諸侯有德雖不爲牧正帥長亦得有
附庸故鄭總云諸侯牧正帥長及有德者乃有附庸焉詒讓案鄭王
制注云伯帥正亦長也凡長皆因賢侯爲之殷之州長曰伯虞夏及
周皆曰牧牧卽大宰建牧立監之牧彼注云以侯伯有功德者加命
作州長謂之牧是有功德者並得爲牧周牧亦通稱伯不專屬殷制
也詳大宰及大宗伯疏云爲其有祿者當取焉者謂諸侯有國無祿
其爲牧正帥長者則宜別優以祿故加賜附庸使取其貢賦以當祿
也云公無附庸者賈疏云以其天子畿方千里上公五五百里地極故
無附庸也云侯附庸九同伯附庸七同子附庸五同男附庸三同者
賈疏云以其侯有功進受公地但公五五百里開方之方百里者五五
二十五侯四百里開方之四四十六加九同則爲二十五同與公等
故知侯附庸九同伯地三百里三三而九加七同則爲十六同與侯
等故知伯附庸七同也其子有功進受伯地加五同與伯等男有功
受子地男本一同加三同與子等開方之皆可知云進則取焉退則
歸焉者謂有功而進則取此附庸入邦國有罪而退則歸之於王別
給有功者賈疏謂退則歸焉者謂爲閑田者非云魯於周法不得有
附庸故言錫之也者釋魯頌之義賈疏云魯雖爲侯爵以其王子母
弟雖爲侯伯畫服如上公受五百里之地與上公等成王以周公制
典法之勳賜魯以侯伯子男四等附庸云地方七百里者包附庸以
大言之也附庸二十四言得兼此四等矣者明堂位云成王以周公

爲有勳勞於天下是以封周公於曲阜地方七百里鄭彼注云上公之封地方五百里加魯以四等之附庸方百里者二十四幷五五二十五積四十九開方之得七百里賈疏云魯本五百里四面各加百里四五二十卽二十同四角又各百里爲四同故云附庸二十四言周公有德兼侯九同伯七同子五同男三同故云兼此四等矣凡言同者皆百里地百里則爲國周法不滿百里乃爲附庸今皆名附庸爲同者但附庸實不滿百里積集附庸成同幷數之矣假令男附庸三同附庸國則多矣據成同而言三耳自餘五同七同已上其義可知也案鄭意當如賈說據春秋繁露爵國篇說附庸字者方三十里名者方二十里人氏者方五十里是附庸不得有百里之國鄭約言以便計算耳但魯地方七百里乃作記者之後說非其實也依此經及史記言之魯爲侯爵則地當方四百里附庸在封域之中論語有明文先鄭說自不可易後鄭欲傅合明堂位七百里之文遂謂魯本受五百里地同於上公又於封地之外別增附庸二百里以充其數殆未足馮矣

凡造都鄙制其地域而封溝之以其室數制之不易之地家百晦一易之地家二百晦再易之地家三百晦

都鄙王子弟公卿大夫采地其界曰都鄙所居也王制曰天子之縣內方百里之國九七十里之國二十有一五十里之國六十有三此蓋夏時采地之數周未聞矣春秋傳曰遷鄭焉而鄙留城郭之宅曰室詩云嗟我婦子曰爲改歲入此室處以其室數制之謂制丘甸之屬王制曰凡居民量地以制邑度地以居民地邑民居必參相得鄭司農云不易之地歲種之地美故家百晦一易之地休一歲乃復種地薄故家二百晦再易之地休二歲乃復種故家三百晦

【疏】凡造都鄙制其地域而封溝之者此畿內稍縣畺三等采邑井田授地之法也縣師云凡造都邑量其地辨其物而

制其域是制域爲縣鄙所職司徒則以法命之其封溝則封人匠人
等爲之詳前疏賈疏云案載師職家邑任稍地小都任縣地大都任
畺地又下文小司徒職云四丘爲甸四甸爲縣四縣爲都家邑二十
五里小都五十里大都百里是造都鄙制其地域也云以其室數制
之者賈疏云其室在都邑之內而云制之者依其域內室數於四野
之中制地與之謂若九夫爲井四井爲邑四邑爲丘四丘爲甸四甸
爲縣四縣爲都之等是也沈彤云凡造都鄙制其地域而封溝之謂
先量地定域也則都邑之大小正繫其地以其室數制之乃卽域內
之室數以爲縣鄙之屬使多寡與地邑相得民寡則徙之入民多則
徙之出非計其室數以制都邑也案沈說是也云不易之地家百畮
者畮釋文作畒云本亦作古畮字案說文田部作畮云六尺爲步步
百爲畮从田每聲重文畝畮或从田十久畝卽畒之俗體經例皆作
畮不作畝陸本誤此辨都鄙授地之法載師縣師注以此不易一易
再易之制爲六鄉之法與此經注並不合誤也都鄙亦當有餘夫其
授田以遂人三等田萊之率推約之蓋亦當上地田二十五畮中地
田五十畮下地田七十五畮各視其正夫所受之田以四分之一爲
餘夫之田經不言者文不具也　注云都鄙王子弟公卿大夫采地
者大宰注云都鄙公卿大夫之采邑王子弟所食邑周召毛聃畢原
之屬在畿內者詳彼疏云其界曰都鄙所居也者大宰注義同謂所
居治之邑曰鄙其大都百里小都五十里家邑二十五里竟界所包
通曰都也賈疏云三等采地皆有城郭是其鄙所居也據其四境卽
是其界曰都云王制曰天子之縣內方百里之國九七十里之國二
十有一五十里之國六十有三此蓋夏時采地之數者鄭王制注云
縣內夏時天子所居州界名也殷曰畿詩殷頌曰邦畿千里維民所
止周亦曰畿畿內大國九者三公之田三爲有致仕者副之爲六也
其餘三待封王之子弟次國二十一者卿之田六亦爲有致仕者副

之爲十二又三爲三孤之田其餘六亦待封王之子弟小國六十三大夫之田二十七亦爲有致仕者副之爲五十四其餘九亦以待封王之子弟三孤之田不副者以其無職佐公論道耳雖其致仕猶可卽而謀焉是鄭據彼稱縣內定爲夏時采地之數也知周曰畿者據職方氏云方千里曰王畿是也云周未聞矣者賈疏云案洛誥傳云天下諸侯之來進受命於周退見文武之尸者千七百七十三諸侯注云八州州立二百一十國畿內九十三國云畿內九十三國卽此都鄙之數有文矣而云未聞者以無正文故疑焉案書傳云千七百七十三諸侯與王制數同故鄭從之畿內九十三國卽依王制說也此注以彼爲夏制周所不用故云未聞蓋兩注義本異賈合爲一失之又王制孔疏引鄭書注及鄭志答趙商說夏初諸侯萬國畿內四百國此謂夏王畿千里無鄉遂而盡以爲五十里之國此本非塙論又不謂是周法詩小雅甫田孔疏乃據彼說謂周制郊內亦封諸侯尤謬舛不足論也引春秋傳曰還鄭焉而鄙留者賈疏云案桓十一年夏五月鄭伯寤生卒秋七月葬鄭莊公九月宋人執鄭祭仲公羊云祭仲者何鄭相也古者鄭國處于留先鄭伯有善於鄶公者通乎夫人以取其國而遷鄭焉而野留莊公死已葬祭仲將往省于留塗出于宋宋人執之野鄙不同者何鄭所見傳異也案玄發墨守云鄭始封君曰桓公者周宣王之母弟國在宗周畿內今京兆鄭縣是也桓公生武公武公生莊公遷居東周畿內國在虢鄶之閒今河南新鄭是也武公生莊公因其國焉留乃在陳宋之東鄭受封至此適三世安得古者鄭國處於留祭仲將往省留之事乎是鄭君不從公羊引之者直取鄙所居爲義其鄭居留之事猶自不取也所謂文取而義不取也詒讓案鄭引公羊傳鄙留何本作野留蓋嚴顏之異何注云野鄙也則鄙野文異而義同云城郭之宅曰室者爾雅釋言云宮謂之室釋名釋宮室云室實也人物實滿其中也引詩云嗟我婦子

曰爲改歲入此室處者豳風七月篇文引之者證室在城郭內也鄭彼箋云曰爲改歲者歲終當避寒氣而入所穹窒墐戶之室而居之云以其室數制之謂制丘甸之屬者明采地制井田異於鄉遂比閭鄰里之制云丘甸之屬舉中言之明上關縣都下關井邑也室數者謂若采地無公田則一井九家卽爲九室邑四井則三十六室丘四邑則百四十四室甸四丘則五百七十六室縣四甸則二千三百四室都四縣則九千二百十六室其邦國制公田則一井八家卽爲八室邑則三十二室丘則百二十八室甸則五百十二室縣則二千四十八室都則八千一百九十二室此以田室分配通率計之如是若城郭聚居則當視地之險夷大小而制之或一井一邑特爲一城或數井數邑合爲一城皆不能豫定都鄙城制經無明文攷周書作雒篇云大縣立城方王城三之一小縣立城方王城九之一都鄙不過百室以便野事彼大縣當卽大都小縣當爲家邑不及小都者舉大小以晐中文不具也以差計之小都立城當方王城六分之一然則王城方九里大都城蓋方三里小都城蓋方一里有半家邑城蓋方一里古者民宅不過五畝大都三里之城以營百室餘地尚多無不容之患也引王制曰凡居民量地以制邑度地以居民地邑民居必參相得者證以室數制之之法鄭彼注云得猶足也案王制此文謂若量地方一里則爲制井而居民八家地方二里則爲制邑而居民三十二家之類其有盈朒方斜及不爲井者皆以率消息之使參相得此邑通大小言之不定爲四井之邑也制邑之法詳里宰疏賈疏謂欲見邑在城外居在城內說誤鄭司農云不易之地歲種之地美故家百畮者漢書食貨志云民受田上田夫百畮歲耕種者爲不易上田國語齊語韋注云易變易也凡田或種穀或休生艸更迭變易故謂之易案易卽遂人之萊不易地美既不須更休故有田無萊家正得百畮無副益云一易之地休一歲乃復種地薄故家二百畮者

謂一田一萊也漢食貨志云中田夫二百晦休一歲者爲壹易中田賈疏云謂年別佃百晦廢百晦詒讓案呂氏春秋樂成篇云魏氏之行田也以百畞鄴獨二百畞是田惡也近此一易之田也云再易之地休二歲乃復種故家三百晦者謂一田二萊也漢食貨志云下田夫三百晦休二歲者爲再易下田賈疏云以其地薄年年佃百晦廢二百晦三年再易乃偏故云再易也惠士奇云呂氏春秋任地云凡耕之大方力者欲柔柔者欲力息者欲勞勞者欲息棘者欲肥肥者欲棘急者欲緩緩者欲急濕者欲燥燥者欲濕易之之謂也土勞多瘠故必休之而土乃肥其所謂休者非弃之也春萌而斫其新夏夷而芟其陳秋繩而敗其實冬耜而剗其根則有薙氏殺草之法以治其地土各異物物各異宜則有草人土化之法以物其地水歸其澤澤草所生則有稻人揚芟之法以作其地如是而休一歲二歲然後復種則土加肥美其收數倍於歲墾之田故曰易江永云田休一歲二歲不耕所以養地力也南方無休不耕之田非盡由地美亦由糞田之力勤而糞田實勞且費北方糞田尤艱故有休田之法詒讓案此上中下三等田制與遂人六遂田制略同此所謂易卽彼所謂萊但彼上地猶有萊五十晦非全不易者與此小異耳又此三等授田之法古說以爲卽爰田故漢食貨志說民受田三等云歲更耕之自爰其處左僖十五年傳晉作爰田孔疏引服虔孔晁皆云爰易也賞衆以田易其疆畔國語晉語作轅田韋注引賈逵亦訓轅爲易義與服孔同說文走部云趄趄田易居也爰轅趄字並通公羊宣十五年何注云司空謹別田之高下善惡分爲三品上田一歲一墾中田二歲一墾下田三歲一墾肥饒不得獨樂墝埆不得獨苦故三年一換土易居孟子滕文公篇死徙無出鄉趙注云徙謂爰土易居平肥磽也漢書地理志云秦孝公用商君制轅田顏注引張晏云周制三年一易以同美惡商鞅始割列田地開立阡陌令民各有常制孟康云

三年爰土易居古制也末世浸廢商鞅相秦復立爰田上田不易中田一易下田再易爰自在其田不復易居也食貨志曰自爰其處而已是也案張孟說爰田之制周秦不同其以三等授田及晦數多少之差古今是一但周制三等受田之人彼此相易當年耕上田百晦二年耕中田二百晦之百晦三年耕下田三百晦之百晦至四年而仍耕上田百晦是以易居爲爰田有不易而無不爰秦制則受上田者常耕此不易之百晦受中田者常自換耕二百晦二年而周受下田者常自換耕三百晦三年而周彼此更不相易是以休田爲爰則爰卽此所謂易上田不易卽無爰中下田乃有爰也許何服趙諸家釋周制並同其說但依孟說則漢志所云自爰其處者卽秦法之爰田不易居然漢志實以爲周井田之法則班自謂周制不易居與許何諸說不同孟康不辨以爰土易居爲古制則仍是許何義非班指也今攷小司徒說六鄉田制云上地家七人中地家六人下地家五人注謂上地所養者衆下地所養者寡是周之授田本以人數爲等衺蓋家口之衆寡與受田之肥磽兩相劑而平則非所謂肥饒獨樂磽埆獨苦也授田旣視人數則不得分年易居儻如許何諸說則是家七人受上地者次年換受中地更次年又換受下地將不足以給其養田廬改易紛擾無已更無論矣然則自爰不易居當以漢志爲正張所謂周制殆不足信孟所說秦制乃近周制耳

乃分地職奠地守制地貢而頒職事焉以爲地灋而待政令

分地職分其九職所宜也定地守謂衡麓虞候之屬制地貢謂九職所稅也頒職事者分命使各爲其所職之事

疏 乃分地職者以下並通冢邦國都鄙爲文侯國采邑皆有此諸事也云以爲地法而待政令者地法卽任地之官法大司徒脩建爲書以授載師使職之政令謂王之政令凡頒授徵斂之事皆是也 注云分地職分其九職所宜也者賈疏云上經旣授

上中下地此經云分地職故知分地職者是分九職所宜九職則大宰云一曰三農生九穀是也所宜謂若孝經注高田宜黍稷下田宜稻麥之類是也案賈說卽上土宜之法非鄭意也九職所宜當是農圃在平地藪牧在山澤各隨所宜授之云定地守謂衡麓虞候之屬者均人土均注義同司市瞽矇小史弓人注並讀奠爲定職幣注云奠定也故經云奠注直云定不讀爲定者以互見於彼諸職文不具也釋文引劉昌宗奠亦音定賈疏云案昭二十年左氏傳晏子云山林之木衡麓守之澤之萑蒲舟鮫守之藪之薪蒸虞候守之海之鹽蜃祈望守之注云衡麓舟鮫虞候祈望皆官名也守之令民不得取之不共利時景公設此守以致疾故晏子所非非其不與民同鄭引之者以證地守之官若然此地官唯有衡虞無舟鮫祈望者此周禮舉其大綱左氏言其細別故詳略不同云制地貢謂九職所稅也者若閭師任農以耕事貢九穀等卽大宰九職之人所貢也又土均亦云以均地貢注云地貢諸侯之九貢彼下文有邦國都鄙故別以大宰九貢爲釋與此異云頒職事者分命使各爲其所職之事者說文攴部云攽分也頒卽攽之叚字分命者謂命民各脩當職之事職亦卽九職及下經云頒職事十有二是也

以荒政十有二聚萬民一曰散利二曰薄征三曰緩刑四曰弛力五曰舍禁六曰去幾七曰眚禮八曰殺哀九曰蕃樂十曰多昏十有一曰索鬼神十有二曰除盜賊荒凶年也鄭司農云救饑之政十有二品散利貸種食也薄征輕租稅也弛力息繇役也去幾關市不幾也眚禮掌客職所謂凶荒殺禮者也多昏不備禮而娶昏者多也索鬼神求廢祀而修之雲漢之詩所謂靡神不舉靡愛斯牲者也除盜賊急其刑以除之饑饉則盜賊多不可不除也杜子春讀蕃樂爲藩

樂謂閉藏樂器而不作玄謂去幾去其稅耳舍禁若公無禁利眚禮謂殺吉禮也殺哀謂省凶禮
【疏】以荒政十有二聚萬民者謂救荒之政也云三曰緩刑者易被云緩刑若朝士於邦凶荒則慮刑貶是也詒讓案周書糴匡篇云大荒刑罰不脩管子入國篇云歲凶康弛刑罰赦有罪蓋重罪頌繫之輕罪則赦之云五曰舍禁者謂弛關市山澤之禁玉藻云年不順成山澤列而不賦鄭彼注云列之言遮列也雖不賦猶為之禁不得非時入也若然此云舍禁者謂其以時入者若非時入之禁仍不舍也　注云荒凶年也者大宰注同賈疏云案襄公二十四年冬大饑穀梁傳云五穀不升為大饑一穀不升謂之嗛二穀不升謂之饑三穀不升謂之饉四穀不升謂之康五穀不升謂之大侵大侵卽大饑一也又案虞人云人食四鬴上也三鬴中也二鬴下也若食不能人二鬴則令移民就穀不能人二鬴之歲卽是大饑年也此云荒政者亦據大凶年為義案均人云凶札無力政財賦此既據大饑猶云薄征者此經雖主大饑兼記一穀二穀不熟之歲故有輕稅也此鄭云荒凶年則荒與凶一也案大司樂大札大荒大凶荒凶別者其實凶荒是一故宗伯云以荒禮哀凶札是凶荒不異司樂凶荒別文者以凶為凶年以荒為荒亂兼見斯義故凶荒別文也案大司樂無大荒之文賈說未詳鄭司農云救饑之政十有二品者廣雅釋詁云品式也謂救饑所行之政有此十二事豫設為品式也云散利貸種食也者廣雅釋詁云貸借也左襄二十九年傳云宋饑司城子罕請於平公出公粟以貸周書糴匡篇云大荒舍用振窮開廩同食管子入國篇云歲凶康人訾厲多死喪散倉粟以食之又揆度篇云無食者予之陳無種者貸之新卽貸種食之事旅師掌三粟亦云散其利後鄭注云以作事業曰利貸種食卽所以作事業與先鄭此注義亦相成賈疏云謂豐時斂之凶時散之其民無者從公貸之或為種子或為食用至秋熟還公據公家為散據民往

取爲貸故云散利貸種食云薄征輕租稅也者前注云征稅也賈疏云案司稼云巡野觀稼出斂法注云豐年從正儉有所殺若今十傷二三實除減半是輕租稅也云弛力息繇役也者說文弓部云弛弓解也引申之解釋繇役亦謂之弛此經凡施舍字鄭並讀爲弛與此弛力義同賈疏云案均人云豐年則公均用三日中年則公均用二日無年則公均用一日此云弛力謂人食不能二鬴之歲則移民就穀無力役之事故均人又云凶札則無力政財賦是也云去幾關市不幾也者幾謂苛察之詳宮正及司關疏賈疏云此後鄭不從以其雖凶年猶幾呵但去稅而已云眚禮掌客職所謂凶荒殺禮者也者葉鈔釋文引注眚作省阮元云注訓殺禮明眚爲省殺之意故經作眚注作省陸所見注是省禮今本注皆改作眚禮非案阮說是也此經作眚注作省蓋亦經用古字注用今字之例眚卽省之借字釋名釋天云眚省也公羊僖二十二年何注云殺省也是眚殺同爲省減之義故引掌客文爲證但彼專據省賓禮故後鄭補其義賈疏謂後鄭不從先鄭非眚互詳大司馬疏云多昏不備禮而娶昏者多也者賈疏云昏禮有六并有玄纁束帛凶荒爲昏不可備行此禮使有女之家得減口數有男之家易得其妻故娶昏者多也詒讓案周書糴匡篇云大荒嫁娶不以時孔注云不以時秋冬也媒氏會男女之又毛詩衞風有狐序云古者國有凶荒則殺禮而多昏會男女之無夫家者所以蕃育人民也又召南云野有死麕白茅包之有女懷春吉士誘之傳云凶荒則殺禮猶有以將之義並與此經合云索鬼神求廢祀而修之者修經注例並用借字作脩唯此作修疑誤淮南子俶真訓高注云求索也是索求義同以凶荒恐舊在祀典今或廢缺鬼神怨恫而爲此災故搜索修舉而祭之覬以弭其災若呂氏春秋懷寵篇云問其叢社大祠民之所不欲廢者而復興之是也此廢祀無不搜索其內外常祀自有祈禱之祭可知又案此索鬼神謂在常

祀之外者與黨正國索鬼神而祭祀爲蜡祭異又六藝流別引尚書大傳說十二月各有索祀於四正四隅之禮於經無文與此索廢祀亦不同也云雲漢之詩所謂靡神不舉靡愛斯牲者也者詩大雅文鄭箋云靡無也言王爲旱之故求於羣神無不祭也無所愛於三牲毛傳亦云國有凶荒則索鬼神而祭之正本此經至左莊二十五年傳云凡天災有幣無牲杜注云天災日月食大水也是彼謂暫時遇災祈請之禮其大荒禱祀自牲幣兼有賈疏謂天災之時祈禱無牲災成之後卽有牲體失之云除盜賊急其刑以除之饑饉則盜賊多不可不除也者賈疏云上文既言緩刑其餘盜賊用急刑乃上下文爲妨故鄭云饑饉則盜賊多不可不除故須急其刑以除之云杜子春讀蕃樂爲藩樂謂閉藏樂器而不作者段玉裁云蕃藩義異說文蕃艸茂也藩屏也此易其字以易其義鄭從之也賈疏云經云蕃者是蕃育之字故讀從藩是藩閉之字案大司樂云大凶大裁令弛縣注云弛釋下之若今休兵鼓之爲彼又云日月食四鎭五嶽崩諸侯薨令去樂注云去樂藏之引春秋傳曰壬午猶繹萬入去籥萬言入則去者不入藏之可知彼之二文云令弛縣據路寢常縣之樂釋下之去樂據廟中祭時暫縣之樂去而藏之此云藩樂謂閉藏樂器據廟中祭祀藏去樂器而不作若然祭祀不作明路寢常縣亦釋下之互見其義詒讓案曲禮云歲凶年穀不登君祭事不縣此息廟中之樂也又玉藻云年不順成天子食無樂此息路寢常縣之樂也周書糴匡篇云大荒國不稱樂此通廟寢之樂言之也但此荒政蕃樂宜與大司樂大凶弛縣相當彼上文天地大災乃云去樂去樂與弛縣有輕重之異則此蕃樂非卽彼去樂矣竊謂弛縣者謂弛金石之樂不必藏去此藩樂者亦謂弛縣之後藩蔽不令人見不必盡藏去也若去樂則盡斂所有樂器藏之府庫不徒藩之而已杜讀蕃爲藩甚塙而釋爲閉藏則與去樂義掍賈不能辨遂以蕃樂與去樂爲一疏

矣云玄謂去幾去其稅耳者賈疏云破先鄭之義全不幾後鄭必直去其稅猶幾之者案司關云國凶札則無門關之征猶幾明知司農之義非王氏詳說云門關與市異司市曰國凶荒札喪則市無征而作布去幾者市之去幾也門關所以防姦人之出入不幾得乎案先鄭說與司關文迕後鄭破之是也但幾是幾察去稅不可以言去幾後鄭說仍不可通王說得之蓋經云去幾自指國中市廛言之大凶門關當詰姦盜不宜無幾若國市爲貨賄所聚固宜去幾以來商賈司市之作布與此去幾皆通商恤民之事也云舍禁若公無禁利者毛詩大雅雨無正傳云舍除也賈疏云案左傳襄公九年冬公會晉侯伐鄭同盟于戲晉侯歸謀所以息民魏絳請施舍輸積聚以貸自公以下苟有積者盡出之國無滯積亦無困人公無禁利杜注云與民共是也云眚禮謂殺吉禮也者眚亦當作省賈疏云此破先鄭之義司農引掌客職凶荒殺禮證眚禮後鄭之意凶荒殺禮是總目之言不專於吉禮鄭知眚禮專是吉禮者以其下有殺哀與眚禮相對故知眚禮專是吉禮也案賈說非也後鄭亦同先鄭訓眚爲殺但先鄭引掌客文未備故更足成之吉禮對凶禮而言凡五禮內吉賓嘉諸禮通殺之不徒如掌客殺賓禮雜記云凶年祀以下牲穀梁襄二十四年傳云大侵之禮鬼神禱而不祀周書糴匡篇云年饑舉祭以薄大荒有禱無祭禮無樂是殺吉禮也穀梁傳云大侵弛侯范注云弛廢也侯射侯也廢侯不燕射周書大匡篇云大荒國不鄉射是殺嘉禮也云殺哀謂省凶禮者稾人注云殺猶減也公羊何注訓殺爲省謂減省喪禮趨簡易也周書糴匡篇云大荒喪禮無度祭以薄資又大匡篇云哭不留日庶人不獨葬是殺哀之事也

以保息六養萬民一曰慈幼二曰養老三曰振窮四曰恤貧五曰寬疾六曰安富保息謂安之使蕃息也慈幼謂愛幼少也產子三人與之

毋二人與之餼十四以下不從征養老七十養於鄉五十異粻之屬振窮拚捄天民之窮者也窮者有四曰矜曰寡曰孤曰獨䘏貧貧無財業稟貸之寬疾若今癃不可事不筭卒可事者半之也安富平其繇役不專取

〔疏〕以保息六養萬民者以下並平時安養民之政不關凶荒之事大戴禮記千乘篇云司徒成長幼老疾孤寡以時通于四疆管子入國篇說九惠之教亦與此六事略同云三曰養老者謂養庶人之老王制云司徒養耆老以致孝是也羅氏養國老及外饔酒正槁人云饗耆老並通養四等之老遺人養老孤則又即司門死政之老並與此異　注云保息謂安之使蕃息也者敘官注云保安也又前注云蕃蕃息也息蕃義同民必安而後能蕃息故以保息連言云慈幼謂愛幼少也者說文心部云慈愛也幺部云幼少也釋名釋言語云慈字也字愛物也月令仲春養幼少存諸孤云產子三人與之母二人與之餼者國語越語云越王句踐命人生丈夫二壺酒一犬生女子二壺酒一豚生三人公與之母生二人公與之餼韋注云母乳母也餼食也鄭以周法無文故引彼爲況管子入國篇云凡國都皆有掌幼士民有子子有幼弱不勝養爲累者有三幼者無婦征四幼者盡家無征五幼又予之葆受二人之食能事而後止此之謂慈幼亦其事也云十四以下不從征者賈疏云案鄉大夫職國中七尺野自六尺皆從征案論語云可以託六尺之孤注云六尺謂年十五則十五從征十四以下不從征可知亦是愛幼之事也云養老七十養於鄉五十異粻之屬者賈疏云案王制云五十養於鄉六十養於國七十養於學彼謂大夫士也王制又云凡三王養老皆引年注云已而引戶校年當行復除也老人衆多非賢者不可皆養故食貨志云七十已上上所養也此云七十養於鄉亦謂有賢行者也五十異粻者是王制文禮記常法庶人食稷士兼食黍大夫又加以粱今雖庶人至五十或與士大夫同食黍粱故云異粻案王制云五

十異粻六十宿肉七十貳膳八十常珍九十飲食不離寢膳飲從於遊鄭彼注云粻糧也此不備引故云之屬以晐之依賈義則庶人之老當七十養於鄉八十養於國九十養於學校大夫士之老養遲二十年故鄭引王制而易其文王制孔疏引盧植王肅說謂五十養於鄉即養庶人之老非鄭義也羣書治要引此注作七十養於學則疑據王制改與賈本不同又管子入國篇云凡國都皆有掌老年七十已上一子無征三月有饋肉八十已上二子無征月有饋肉九十已上盡家無征日有酒肉死上共棺槨勸子弟精膳食問所欲求所嗜此之謂老老亦即養庶人之老之事云振窮拼捄天民之窮者也窮者有四曰矜曰寡曰孤曰獨者釋文云拼捄本亦作拯救職幣注云振猶拼也說文手部云振舉救也拼上舉也引易曰拼馬壯吉今易明夷爻辭拼作拯漢書董仲舒傳顏注云捄古救字是拼拯捄救字同左昭十四年傳分貧振窮杜注云振救也賈氏述注捄亦作救疏云案王制云老而無妻者謂之矜老而無夫者謂之寡幼而無父者謂之孤老而無子者謂之獨此四者天民之窮而無告者也皆有常餼鄭依此而言詒讓案王制云司徒恤孤獨以逮不足管子五輔篇云衣凍寒食飢渴匡貧窶振罷露資乏絕此謂振其窮義亦通於此云恤貧貧無財業稟貸之者後注云恤振憂貧者說文禾部云稟賜穀也賈疏云案旅師云凡用粟春頒而秋斂之注云困時施之饒時收之是其恤貧之法云寬疾若今癃不可事不筭卒可事者半之也者葉鈔釋文癃作㾜宋婺州本同案說文疒部云癃罷病也㾜即癃之省小司徒注云癈疾謂癃病也案荀子王制篇云五疾上收而養之材而事之官施而衣食之兼覆無遺楊注云五疾瘖聾跛躄斷者侏儒管子入國篇云凡國都皆有掌養疾聾盲喑啞跛躄偏枯握遞不耐自生者上收而養之疾官而衣食之殊身而後止此之謂養疾莊子人閒世篇說支離疏云上有大役則支離以有常疾不受功上

與病者粟則受三鍾與十束薪是周時寬疾不徒舍役又給養矣鄭引漢法者孔廣森云漢書高帝紀如淳注云律高不滿六尺二寸已下爲罷癃是但以人矲矮者通謂之癃若有癃疾者別謂之癃不可事其可事者雖不服戎猶任城道之役食貨志曰常有更賦罷癃咸出謂癃可事者也案孔說是也筭卒卽漢書昭帝紀之更賦顏注引如淳云更有三品有卒更有踐更有過更古者正卒無常人皆當迭爲之一月一更是爲卒更也貧者欲得顧更錢者次直者出錢顧之月二千是爲踐更也天下人皆直戍邊三日行者便住一歲一更諸不行者出錢三百入官官以給戍者是爲過更也此云不筭卒卽不出更賦可事半之謂出更賦之半也賈疏謂不筭計以爲士卒失之又案管子度地篇云閱其民有錮病不可作者疾之可省作者半事之此與漢法正同云安富平其繇役不專取者賈疏云言繇役均平又不專取則富者安

以本俗六安萬民一曰媺宮室二曰族墳墓三曰聯兄弟四曰聯師儒五曰聯朋友六曰同衣服本猶舊也美善也謂約椓攻堅風雨攸除各有攸宇族猶類也同宗者生相近死相連猶合也兄弟昏姻嫁娶也師儒鄉里教以道藝者同師曰朋同志曰友同猶齊也民雖有富者衣服不得獨異

疏 以本俗六安萬民者此卽上文十二教以俗教安則民不愉之事云一曰媺宮室二曰族墳墓者周書大聚篇云男女有婚墳墓相連民乃有親六畜有羣室屋旣完民乃歸之管子揆度篇云君終歲行邑里其人力同而宮室美者良萌也力作者也脯二束酒一石以賜之卽媺宮室族墳墓之事云三曰聯兄弟者釋文云一本作聚兄弟阮元云鄭訓連於兄弟上則作聚者非案阮說是也呂氏春秋上農篇云苟非同姓農不出御女不外嫁以安農也卽此聯兄弟之事 注云本猶舊也者廣雅釋詁云本始也始與舊義近本俗者

謂各安其舊俗也云美善也者士喪禮注同經作媺注作美者亦經用古字注用今字之例也廣韻五旨云美媺同錢大昕云媺古美字此字不見於說文古文微與尾通堯典孳尾史記作字微論語微生畝漢書作尾生晦媺从散當與娓通詩誰侜予美韓詩美作娓說文女部有娓字則該乎媺矣案錢說是也說文女部云娓順也順善義亦相近云謂約椓攻堅風雨攸除各有攸宇者約小雅斯干文彼序云斯干宣王考室也詩云約之閣閣椓之橐橐風雨攸除鳥鼠攸去君子攸芋毛傳云約束也鄭箋云約謂縮版也椓謂擣土也賈疏云椓謂築之橐橐用力是其約椓攻堅攸所也能使風雨所除宇居也君子小人各有所居引之者證美宮室也經云媺宮室明不使華美故以攻堅解之王引之云鄭注約舉詩辭攸宇卽攸芋也鄭君注禮時用韓詩蓋韓詩芋作宇云族猶類也同宗者生相近死相迫者淮南子俶真訓高注云族類也此族墳墓卽墓大夫令民族葬之法注云族葬各從其親是也族葬蓋以先祖居中子孫以昭穆居左右所謂生相近死相迫也互詳墓大夫疏云連猶合也者此從今字讀聯爲連也大宰八法三曰官聯先鄭注云聯讀爲連古書連作聯是聯連古今字凡物相連屬則合并故連引申之亦訓合也云兄弟昏姻嫁娶也者賈疏云案爾雅釋親云父之黨爲宗族母與妻黨爲兄弟則兄弟之名施於外親爲正又案喪服記兄弟皆在外邦及與兄弟居彼皆據同宗小功已下知此兄弟是婚姻非是同宗者見上云族墳墓是同宗明此兄弟施於外姓婚姻故爾雅又云婦之黨爲昏兄弟夫婦相名亦爲兄弟故曾子問曰不得嗣爲兄弟是以知兄弟是昏姻也詒讓案詩小雅黃鳥敘箋云刺其以陰禮教親而不至聯兄弟之不固孔疏引此經注而釋之云是謂夫婦爲兄弟也夫婦而謂之兄弟者列女傳曰執禮而行兄弟之道何休亦云圖安危可否兄弟之義故比之也案孔說未晐此經兄弟謂異姓兄弟也與謂人兄

弟之讎從父兄弟之讎大宗伯以脤膰之禮親兄弟之國專指同姓者異夫婦有兄弟之道因之外親相謂爲兄弟故釋親云婦之黨爲婚兄弟壻之黨爲姻兄弟郭注云古者皆謂婚姻爲兄弟公羊僖二十五年傳云宋蕩伯姬來逆婦其言來逆婦何兄弟辭也何注云宋魯之閒名結婚姻爲兄弟穀梁宣十年傳云公娶齊齊由以爲兄弟喪服緦麻三月章云姑之子鄭注云外兄弟也此婚姻兄弟也釋親又云從母之男子爲從母昆弟喪服緦麻三月章云從母昆弟又云舅之子鄭彼注云內兄弟是母黨之兄弟也異姓兄弟當兼此數者孔偏據夫婦爲釋非經義又案此兄弟謂外親蓋通於尊卑之稱服問云有從無服而有服公子之妻爲公子之外兄弟注云爲公子之外祖父母從母緦麻是凡外親尊屬亦得稱兄弟不必倫敘相當矣云師儒鄉里教以道藝者者即大宰九兩之師以賢得民儒以道得民者也賈疏云以其鄉立庠州黨及遂皆立序致仕賢者使教鄉閭子弟鄉閭子弟皆相連合同就師儒故云連師儒也云同師曰朋同志曰友者白虎通義三綱六紀篇云朋者黨也友者有也禮記曰同門曰朋同志曰友司諫疏引鄭論語注公羊定四年徐疏引倉頡篇並與逸禮同論語學而皇疏云同處師門曰朋同執一志爲友然則同門與同師文異義同云同猶齊也者毛詩小雅車攻傳云同齊也墨子經上篇云同異而俱之於一也云民雖有富者衣服不得獨異者賈疏云士已上衣服皆有采章庶人皆同深衣而已故云民雖有富者衣服不得獨異並皆齊等也詒讓案後漢書王符傳李注引尚書大傳云古之帝王必有命民能敬長矜孤取舍好讓者命於其君然後得乘飾車駢馬衣文錦未有命者不得衣不得乘乘衣者有罰春秋繁露服制篇云散民不敢服雜采百工商賈不敢服狐貉刑餘戮民不敢服絲玄纁此亦同衣服之一耑與

正月之吉始和布教于邦國都鄙乃縣教象

之灋于象魏使萬民觀教象挾日而斂之乃施教灋于邦國都鄙使
之各以教其所治民正月之吉周正月朔日也司徒以布王教至正歲又書教法而縣焉疏正月之吉始和布教
于邦國都鄙者自此至職末並大司徒當官專領之職事所謂官常
也此以周正建子之月吉日布教於天下和當讀爲宣詳大宰疏云
乃縣教象之灋于象魏使萬民觀教象者教象之法即十二教及鄉
三物之類司徒於布教之日即縣教象於象魏使萬民觀之也天子
象魏在庫門亦詳大宰疏云乃施教灋于邦國都鄙使之各以教其
所治民者賈疏云若據邦國使諸侯教所治民若據都鄙則使公卿
大夫教所治民注云正月之吉周正月朔日也者大宰注義同云
司徒以布王教者賈疏云案大宰注云布王治之事於天下此不言
天下注文略邦國都鄙則亦天下也云至正歲又書教法而縣焉者
鄭以乃縣教象之法以下爲正歲夏正建寅月之事與小司徒云正
歲則帥其屬而觀教法之象爲一然與經承正月之吉者不合其說非也詳大宰疏令五家爲比使之相保五
比爲閭使之相受四閭爲族使之相葬五族爲黨使之相救五黨爲
州使之相賙五州爲鄉使之相賓此所以勸民者也使之者皆謂立其長而教令使之保猶任也救救
凶災也賓賓客其賢者故書受爲授杜子春云當爲受謂民移徙所
到則受之所去則出之又云賙當爲糾謂糾其惡玄謂受者宅舍有
故相受寄託也賙者謂禮物不備相給足也閭二十五家族百家黨五百家州二千五百家鄉萬二千五百家疏令五家爲比使之相
保者此制六鄉比伍之法也與遂人六遂法同而名異鄉民相聚爲
小部始於一比五家比長治之五家家數既少居又相比有罪過不

容不知故使相保任比長云五家有辠奇衺則相及因平時相保故有罪過則相及矣云五比爲閭使之相受者一閭二十五家閭胥治之比止五家不能成城邑則鄉邑蓋自二十五家爲始既同處一邑則宅舍得相容受以居比長云五家相受遂官鄰長亦同則相受不定二十五家經各舉一耑事實通也云四閭爲族使之相葬者一族百家族師治之相葬謂有喪葬則四閭之人會助其執紼下棺實土之事族師云以相葬埋鄉師云族共喪器既夕禮云窆實土三主人拜鄉人雜記云鄉人五十者從反哭四十者待盈坎荀子禮論篇亦云庶人之喪合族黨動州里是也云五族爲黨使之相救者一黨五百家黨正治之相救謂以力相振助也孟子滕文公篇云鄉田同井守望相助疾病相扶持亦相救之事賈疏云民有凶禍者使民相救助云五黨爲州使之相賙者一州二千五百家州長治之相賙謂以財相補給也云五州爲鄉使之相賓者一鄉萬二千五百家爲一總部鄉大夫治之國語齊語云管子制國以爲二十一鄉五家爲軌十軌爲里四里爲連十連爲鄉則以二千家爲一鄉與此經萬二千五百家爲一鄉家數迥殊非周制也相賓卽鄉師云三年則大比攷其德行道藝而興賢者能者鄉老及鄉大夫帥其吏與其衆寡以禮禮賓之注云以鄉飲酒之禮禮而賓之又先鄭注云賓敬也敬所舉賢者能者案彼衆寡卽鄉內之民有賢能則相與會集賓敬之也

注云此所以勸民者也者謂此經六事雖官施其令而實則皆勸民自相爲之事也云使之者皆謂立其長而教令使之者長卽鄉吏謂大司徒令其長長又各以大司徒之教令使其所治之民也云保猶任也者說文人部云保養也任保也保本訓養引申爲相保任之義管子大匡篇云吾權任子以死生尹注云任保也方言郭注云保言可保信也此五家爲比亦使之相保信不爲惡若大司寇云使州里任之云救救凶災也者謂有凶災之事相與拯救也云賓賓客其賢者

者卽後文賓興之事謂有賢者則以鄉飲酒之禮賓客尊敬之也云故書受爲授杜子春云當爲受者據族師云使之相保相受與此文同士師亦云掌鄉合州黨族閭比之聯使之相安相受故杜依之改字徐幹中論譴交篇述此經作相憂蓋形近而誤段玉裁云此與典婦功同但此經文已易彼經文未易而出故書於注全書體例不必畫一也徐養原云典婦功注以授爲聲之誤然周禮受字故書多作授古者授受通用掌葛以權度受之故書亦或爲授云謂民移徙所到則受之所去則出之者鶡冠子王鈇篇說制邑理都之法云若有所移徙去就家與家相受人與人相付亡人姦物無所穿竄是民移徙有相受之法也賈疏云案比長職云五家相受相和親與此文同皆謂一閭之內無出入之法比長職又云徙於國及郊則從而授之注云徙謂不便其居也或國中之民出徙郊或郊民入徙國中彼是出鄉閭外與此閭內自相容受不同故後鄭易之以爲宅舍有故相受寄託解之詒讓案杜說與鶡冠子合義亦可通至比長所云授者謂官與官相授非民閒自相授受之事與此不相涉也云賙當爲糾者據州長云正月之吉各屬其民而讀法以考其德行道藝而勸之以糾其過惡而戒之又遂官鄰長云掌相糾相受此上亦有相受之文故杜依彼二文讀賙爲糾也段玉裁云漢時小篆蓋無賙字故杜易其字如易軒爲軹之比鄭君則取從貝周爲說所謂就其字之聲類考訓詁捃祕逸也鄉師賙萬民之囏阨鄭司農云賙讀爲周急之周說文無賙字許意蓋謂周是賙非其實論語周字是假借周禮賙是正字孟子作周不從貝丁晏云賙糾聲相近說文木部椆讀若丩是其例也云謂糾其惡者鄰長注云相糾相舉察是也後鄭以相賙義自可通故不從杜說云玄謂受者宅舍有故相受寄託也者此從杜讀而義微異說文受部云受相付也謂不安其宅舍以人物相付託容受也云賙者謂禮物不備相給足也者一切經音義引字林云

賙贍也鄉師賙先鄭讀爲周詩大雅雲漢篇靡人不周毛傳云周救也月令開府庫出幣帛周天下注云周謂給不足也周賙古今字禮物不足謂家貧不能給昏喪之禮則同州之人出私財以給足之云閭二十五家以下者賈疏云案此經五家爲比五州爲鄉轉相增故其數可知程瑤田云鄉凡萬二千五百家如此者六綜計之受地凡七萬五千家也

頒職事十有二于邦國都鄙使以登萬民一曰稼穡二曰樹蓺三曰作材四曰阜蕃五曰飭材六曰通財七曰化材八曰斂材九曰生材十曰學藝十有一曰世事十有二曰服事

鄭司農云稼穡謂三農生九穀也樹蓺謂園圃育草木作材謂虞衡作山澤之材阜蕃謂藪牧養蕃鳥獸飭材謂百工飭化八材通財謂商賈阜通貨賄化材謂嬪婦化治絲枲斂材謂臣妾聚斂疏材生材謂閒民無常職轉移執事學藝謂學道藝世事謂以世事教能則民不失職服事謂爲公家服事者玄謂生材養竹木者

疏 頒職事十有二于邦國都鄙使以登萬民者頒訓分詳前疏賈疏云大司徒主天下人民之數故頒下民之職事十有二條於天下邦國及畿內都鄙使以登成萬民此經不言鄉遂及公邑者舉外以包內司徒親主鄉遂公邑頒之可知云一曰稼穡者賈疏云已下卽大宰九職大宰既掌之此又重掌者以大宰尊官總知其數此司徒是主民之官親自頒行義各有異也江永云職事十有二稼穡至生材卽大宰之九職其學藝世事服事此三職非生材之人案江說是也大宰任民主於理財故止有九職此官主於教民故十二職通頒之以鄉大夫職參考之學藝世事卽賢能服事卽服公事三者皆有復故爲九職民貢所不及矣云二曰樹蓺者蓺石經作藝與下學藝字同今從宋本作蓺阮元謂唐人之例樹蓺字作蓺

道藝字作藝是也上文辨十有二壤之物而知其種以教稼穡樹蓺字亦作蓺然依說文則樹蓺學藝字並當作埶蓺藝皆埶之俗 注鄭司農云稼穡謂三農生九穀也者自稼穡至生材先鄭皆取大宰九職爲釋敘官注云種穀曰稼說文禾部云穀可收曰穡毛詩魏風伐檀傳云種之曰稼斂之曰穡故以種穀爲稼穡云樹蓺謂園圃育草木者大宰育作毓此作育者亦用今字也宋本及俗本並作毓非樹蓺者種果木蔬草之通稱賈疏據前注以蓺爲種黍稷則與稼穡文複非也並詳前疏云作材謂虞衡作山澤之材阜蕃謂藪牧養蕃鳥獸飭材謂百工飭化八材者並與大宰文同上文云以阜人民以蕃鳥獸此以阜蕃專屬鳥獸者上注云阜猶盛也蕃蕃息也盛與息義相成故此兼阜言之云通財謂商賈阜通貨賄者財與貨賄義通說文貝部貨賄同訓財詳大宰疏云化材謂嬪婦化治絲枲者絲枲卽女工所用之材故云化材云斂材謂臣妾聚斂疏材者與大宰文同云生材謂閒民無常職轉移執事者賈疏云司農之意此閒民在第九當大宰九曰閒民無常職故以閒民解生材也但周公制禮大宰任民無常職於此須職事不可須無常職使民行之故後鄭易之以爲養竹木解之江永云先鄭得之閒民執事於農工商賈虞衡之家皆所以生材後鄭謂養竹木者非是案江說是也閒民雖無常職而轉移執事卽是其職故大宰列之九職此列之十二職事明非無職也賈疏駁先鄭謂須職事不可須無職事誤云學藝謂學道藝者大司樂凡有道有德者使教焉後鄭注云道多才藝者案學道藝謂學士也道藝同訓經有兼言道藝者宮正及鄉大夫諸文是也有單言道者道卽兼藝大宰及保氏大司樂諸文是也此經又單言藝藝亦卽兼道亦詳宮正疏云世事謂以世事教能則民不失職者據前十二教經爲釋鄭載康云世事累世專業相傳凡巫醫卜筮諸藝事與前十二教世事別以農工商賈及士已見於前也江永說同案江

蔣說是也王制云祝史射御醫卜及百工凡執技以事上者不貳事不移官彼執技自百工外並此所謂世事也先鄭及賈疏並謂此與前十二教之世事同但彼世事總指士農工商四民言之此十二職一稼穡五飭材六通財十學藝四民已包舉無遺則世事不得通四民言與彼微異也云服事謂為公家服事者者與鄉大夫服公事者義同賈疏云謂若府史胥徒庶人在官者是公家服事者也云玄謂生材養竹木者者大宰注云生猶養也賈疏云此後鄭破司農之義案大宰事典云以生萬民小宰事職云以養萬民則知生為養山虞林衡別官則知此生材養竹木在於平地林衡所掌是也案養竹木已賅於三曰作材中不當別為職事後鄭及賈說非也

以鄉三物教萬民而賓興之一曰六德知仁聖義忠和二曰六行孝友睦婣任恤三曰六藝禮樂射御書數

物猶事也興猶舉也民三事教成鄉大夫舉其賢者能者以飲酒之禮賓客之既則獻其書於王矣知明於事仁愛人以及物聖通而先識義能斷時宜忠言以中心和不剛不柔善於父母為孝善於兄弟為友睦親於九族婣親於外親任信於友道恤振憂貧者禮五禮之義樂六樂之歌舞射五射之法御五御之節書六書之品數九數之計

【疏】以鄉三物教萬民而賓興之者此即六鄉大夫賓興賢能之事上文云五州為鄉使之相賓鄉三物者教鄉學之官法大司徒也大戴禮記王言篇云昔者明王之治民有法必別地以州之分屬頒之六鄉之吏使教於鄉庠州序黨序及四郊虞庠之等有此三事而治之然後賢民無所隱暴民無所伏使有司日省如時考之歲誘賢焉則賢者親不賢者懼漢書食貨志說里序之教云其有秀異者移鄉學於庠序庠序之異者移國學於少學此所賓興即賢能秀異鄉民之三物克備者也云一曰六德知仁聖義忠和二曰六行孝友

睦婣任恤者師氏注云德行內外之稱在心爲德施之爲行案師氏云以三德教國子一曰至德以爲道本二曰敏德以爲行本三曰孝德以知逆惡教三行一曰孝行以親父母二曰友行以尊賢良三曰順行以事師長彼三德與此六德全異三行亦唯孝友與此六行同又大司樂云以樂德教國子中和祗庸孝友大師亦謂之六德彼中和卽此中和而孝友又取之三行並與此不同蓋教本多術此官通教萬民與大司樂教大學師氏教小學各舉一耑亦互相備也云三曰六藝禮樂射御書數者與保氏同御羣書治要引作馭與保氏五馭字同是也此經例凡馭車字作馭侍御字作御二字較然不同石經及宋以來刻本並誤　注云物猶事也者亦引申之義小爾雅廣詁云物事也云興猶舉也者遂大夫大司馬注並同廣雅釋詁云興舉也鄉大夫注云變舉言興者謂合衆而尊寵之是也云民三事教成鄉大夫舉其賢者能者以飲酒之禮賓客之旣則獻其書於王矣者鄉大夫云三年則大比攷其德行道藝而興賢者能者鄉老及鄉大夫帥其吏與其衆寡以禮禮賓之厥明鄉老及鄉大夫羣吏獻賢能之書于王彼注釋以禮禮賓之云以鄉飲酒之禮禮而賓之故此注亦舉鄉飲酒爲說云知明於事者說文口部云知詞也又白部云𥏾識詞也凡論德者並𥏾之段字隸省作智羣書治要引此經注並作智釋名釋言語云智知也無所不知也白虎通義情性篇云智者知也獨見前聞不惑於事見微知著也云仁愛人以及物者說文人部云仁親也白虎通義情性篇云仁者不忍也施生愛人也莊子天地篇云愛人利物謂之仁大玄經玄攡云同愛天下之物無有偏私故謂之仁云聖通而先識者說文耳部云聖通也毛詩邶風凱風傳云聖叡也洪範叡作聖僞孔傳云於事無不通謂之聖文獻通考郊社考引五行傳思心之不容是謂不聖鄭注云心明曰聖白虎通義聖人篇云聖者通也道也聲也道無所不通明無所不照聞聲知情

案依鄭義此聖德即明達之稱與知德略同但知者事至不惑聖則博通先識耳鄉飲酒義云仁義接賓主有事俎豆有數曰聖彼注亦訓爲通即此義並與聖神之聖異也賈疏云案襄二十二年臧武仲如晉雨過御叔御叔在邑將飲酒曰焉用聖人何休云說左氏傳者曰春秋之志非聖人孰能脩之言夫子聖人乃能脩之御叔謂臧武仲爲聖人是非獨孔子玄箴之曰武仲者述聖人之道魯人稱之曰聖今使如晉過御叔御叔不說學見武仲而雨行傲之云焉用聖人爲左氏傳載之者非御叔不說學不謂武仲聖與孔子同若然此云聖亦與武仲同是皆述聖人之道云義能斷時宜者若中庸云義者宜也白虎通義情性篇云義者宜也斷決得中也云忠言以中心者大戴禮記曾子大孝篇云忠者中此者也賈子道術云愛利出中謂之忠國語周語云考中度衷爲忠說文心部云忠敬也從心中聲又中部云中內也此注依聲爲訓言內盡心之敬是爲忠也大司樂中和注云中猶忠也二字互訓與此注同云和不剛不柔者大司樂注云和剛柔適也春秋繁露循天之道篇云夫德莫大於和而道莫正於中中者天地之美達理也聖人之所保守也詩云不剛不柔布政優優此非中和之謂與董子以不剛不柔通屬中和鄭君以不剛不柔專屬和者彼中和通言此中和爲六德之二義訓各別故鄭分釋之也云善於父母爲孝善於兄弟爲友者大司樂注義同爾雅釋訓云張仲孝友善父母爲孝善兄弟爲友賈子道術云子愛利親謂之孝兄敬愛弟謂之友師氏云友行以尊賢良與此注及爾雅不同者內據親屬則曰兄弟外據朋友則曰賢良義得互含不相妨也云睦親於九族者說文目部云睦目順也一曰敬和也坊記云睦於父母之黨鄭注云睦厚也賈疏云堯典云九族既睦是睦親於九族也九族者上至高祖下至玄孫旁及緦麻之內也案賈說九族與尚書釋文引馬鄭說同蓋即約鄭書注義後漢書班固傳李注引鄭書注亦

云睦親也二云姻親於外親者說文女部二云姻婿家也女之所因故曰姻重文婣籀文姻從𣶒此經作婣注作姻蓋亦經用古字注用今字之例詩邶風燕燕箋及羣書治要引經並作姻爾雅釋親二云婿之父爲姻左僖五年傳江黃道柏方睦於齊皆弦姻也杜注二云姻外親也案姻本爲外親之名引申之親於內外親亦謂之姻賈子新書傳職篇二云天子不姻於親戚不惠於庶民賈疏二云上二云睦施於九族明此姻是親於外親也左傳二云士踰月外姻至亦據外親之等外親者則妻族母族是也二云任信於友道者詩邶風燕燕箋二云任以恩相親信也大戴禮記文王官人篇觀其任廉盧注二云任以信相親也史記季布傳集解引孟康二云信交道曰任賈疏二云謂朋友有道德則任信之故論語二云信則人任焉是也二云恤振憂貧者者前注二云恤謂災危相憂說文心部二云恤憂也收也鄭中庸注二云振猶收也二云禮五禮之義者據下經及保氏大宗伯文五禮通晐吉凶其節文隆殺各有精義若禮記射義燕義之等是也二云樂六樂之歌舞者亦據下經及保氏大司樂文二云射五射之法御五御之節書六書之品數九數之計者並據保氏文御並當依保氏經注作馭賈疏二云書言品者形聲處事差品不同數言計者有多少筭計

以鄉八刑糾萬民一曰不孝之刑

案五禮以下名義並詳保氏疏

二曰不睦之刑三曰不婣之刑四曰不弟之刑五曰不任之刑六曰不恤之刑七曰造言之刑八曰亂民之刑

糾猶割察也不弟不敬師長造言訛言惑衆亂民亂名改作執左道以亂政也鄭司農云任謂朋友相任恤謂相憂

疏 以鄉八刑糾萬民者此即十二教以刑教中則民不虣之事鄉八刑刑之行於鄉中者司徒掌六鄉故兼掌其刑大司寇五刑三曰鄉刑是也云一曰不孝之刑者孝經云五刑之屬三千而罪莫大於不孝

大司寇鄉刑亦二云上德糾孝故此鄉刑亦以不孝爲首賈疏二云上設三物教萬民民有不從教者則設刑以刑之上三物有六德六行六藝六德六藝不設刑獨於六行設刑者鄭注師氏二云在身爲德施之爲行德爲在身不施於物六藝亦是在身之能不施於人故二者不設刑其行並是施之於人恐有愆負故設刑以防之也造言亂民民中特害故六行之外別加此二刑　注二云糾猶割察也者小宰注義同二云不弟不敬師長者孟子告子篇二云徐行後長者謂之弟疾行先長者謂之不弟趙注二云弟順也賈子道術篇二云弟敬愛兄謂之悌周書謚法篇孔注二云不悌不遜順也悌卽弟之俗案師氏三行云二曰友行以尊賢良二三曰順行以事師長依鄭說此不弟似兼含不順爲義但彼師長長當謂官長此注則似主長老而言義亦微異也賈疏二云此不弟卽上六行友是也上文在睦姻之上此變言弟退在睦姻之下者上言友專施於兄弟此變言弟兼施於師長故退在睦姻之下二云造言訛言惑衆者大宰注二云造作也詩小雅河水民之訛言箋二云訛僞也謂造作僞妄之言以惑衆聽禁暴民禁庶民之作言語而不信者亦其類也二云亂民亂名改作執左道以亂政也者王制二云析言破律亂名改作執左道以亂政殺鄭彼注二云亂名改作謂變易官與物之名更造法度左道若巫蠱及俗禁孔疏二云盧二云左道謂邪道地道尊右右爲貴故漢書二云右賢左愚右貴左賤故正道爲右不正道爲左案荀子正名篇二云析辭擅作名以亂正名使民疑惑民多辨訟則謂之大姦其罪猶爲符節度量之罪也此卽古亂民之刑也又案禁暴氏禁庶民之亂暴力正者司虣掌市禁亦有虣亂之禁則亂民當亦兼有暴亂之民矣鄭司農二云任謂朋友相任者上六行注二云任信於友道者二鄭義同二云恤謂相憂者詳前疏　以五禮防萬民之僞而教之中禮所以節止民之侈僞使其行得中鄭司農二云五禮謂吉凶賓軍嘉 疏 以五禮防萬民

之僞而教之中者此卽十二教以祀禮教敬則民不苟以陽禮教讓則民不爭以陰禮教親則民不怨之事稻人云以防止水經解云夫禮禁亂之所由生猶坊止水之所自來也坊卽防之俗蓋防爲止水之隄引申爲防檢之義上六藝已晐五禮六樂但彼是教民與藝之事此更以禮樂教化萬民故別言之賈疏云案禮記樂記云禮者著誠去僞故以禮防萬民之僞而教之中使得中正也　注云禮所以節止民之侈僞使其行得中者王制云司徒脩六禮以節民性樂記云禮節民心白虎通義禮樂篇云禮所以防淫泆節其侈靡也上文十二教云以儀辨等則民不越教中卽使之不越禮也鄭司農云五禮謂吉凶賓軍嘉者據大宗伯文王制云六禮冠昏喪祭鄉相見彼六者以事別與五禮亦互通也

以六樂防萬民之情而教之和樂所以蕩正民之情思使其心應和也鄭司農云六樂謂雲門咸池大韶大夏大濩大武

疏以六樂防萬民之情而教之和者此卽十二教以樂教和則民不乖之事　注云樂所以蕩正民之情思使其心應和也者樂記云樂和民聲又云樂也者可以善民心其感人深其移風易俗易白虎通義禮樂篇云樂所以蕩滌反其邪惡也卽蕩正民之情思使其心應和之事也鄭司農云六樂謂雲門咸池大韶大夏大濩大武者釋文韶作招云本亦作韶又云濩本亦作護案招韶護濩字並通詳大司樂疏

凡萬民之不服教而有獄訟者與有地治者聽而斷之其附于刑者歸于士不服教不厭服於十二教貪冒者也爭罪曰獄爭財曰訟有地治者謂鄉州及治都鄙者也附麗也士司寇士師之屬鄭司農云與有地治者聽而斷之與其地部界所屬吏共聽斷之士謂主斷刑之官春秋傳曰士榮爲大士或謂歸于圜土圜土謂獄也獄城圜

疏凡萬民之不服教而有獄訟者與有地治者聽而斷之者賈疏云上

以禮樂化民而萬民不厭服十二教則鬬爭起有獄訟者將斷割之
時恐其獄訟不審故與其有地治者謂治民之官共聽而斷之云其
附于刑者歸于士者以司徒雖掌鄉八刑而獄訟之事必屬之刑官
也其官刑扑罰以下則司徒專斷之賈疏云若有小罪則司徒決之
其附於五刑則歸於士使秋官士師之等斷之　注云不服教不厭
服於十二教貪冒者也者厭賈述注作猒疏云上以十二教教民使
不貪冒其民有不猒服於十二教即是貪冒之人也猒有二種有嫌
猒有猒飫之猒謂若祭禮有陰猒之類是也此言不猒服十二教者
謂不猒飫服行十二教也阮元云賈疏有嫌猒猒飫陰猒字皆作古
猒字是賈氏所據鄭注作猒也依說文猒服字當從厂案阮校是也
釋文厭於涉反或於驗反賈作猒與陸引或音同依陸前音則字當
作厭說文厂部云厭笮也一曰合也字亦作壓公羊文十四年何注
云壓服也漢書刑法志云獄疑於人心不厭者輒讞之此與許書合
義相近賈疏猒飫之訓恐非鄭意貪冒者左文十八年傳貪于飲食
冒于貨賄杜注云冒亦貪也云爭罪曰獄者呂氏春秋孟秋紀高注
同大司寇云以兩劑禁民獄注云獄謂相告以罪名者鄭意凡言獄
者並謂以干犯罪名之事相告發或己有罪而抵誣他人若此者並
謂之獄也云爭財曰訟者呂氏春秋高注同大司寇云以兩造禁民
訟注云訟謂以財貨相告者說文言部云訟爭也易訟釋文引鄭易
注云辯財曰訟玉燭寶典引月令章句云獄爭罪也訟爭辭也案爭
財謂以財貨取與相抵冒而告之官者然經凡獄訟對文者獄大而
訟小也鄭謂以爭罪爭財爲異似非經義獄訟散文亦通詳大司寇
疏云有地治者謂鄉州及治都鄙者也者賈疏云司徒主六鄉明知
有鄉州也案上經布教於都鄙明地治之內兼有都鄙可知詒讓案
鄭意此云有地治者猶遂大夫云屬其地治者亦猶蜡氏云有地之
官在六鄉則爲鄉州之吏在采地則爲都鄙之吏此皆有聽獄訟之

事故鄉師云各掌其所治鄉之教而聽其治又云聽其獄訟是也云附麗也者大司寇注云麗附也二字互訓附於刑猶言麗著於刑法也詳大司寇疏云士司寇士師之屬者司寇關大小司寇與士師及其屬官皆刑官故通謂之士孟子梁惠王篇云士師不能治士趙注以不能治獄爲釋則獄亦得稱士矣賈疏云案秋官有士師鄉士遂士縣士並主獄訟之事故云士師之屬也鄭司農云與有地治者聽而斷之與其地部界所屬吏共聽斷之者與後鄭說同部界所屬吏卽鄉州及治都鄙者也云士謂主斷刑之官者秋官敘官注云士察也主察獄訟之事者是其義也先鄭此義亦與後鄭同但泛言斷刑之官故後鄭補之引春秋傳曰士榮爲大士者僖二十八年左傳衛侯殺叔武元咺訴於晉諸侯會於溫以討之衛侯與元咺訟甯武子爲輔鍼莊子爲坐士榮爲大士杜注云大士治獄官也引之者證凡坐斷刑之官並稱士也云或謂歸于圜土者于當從賈疏述注作於此兼存別本別說謂書或作歸于士義則與司救三罰而歸于圜土同也惠棟云鄭以古士字有作土者故復以圜土釋之詩周頌云保有厥士義作士世本作篇云相士作乘馬卽相土也呂覽任地云后稷曰子能使吾士靖而甽浴士乎高誘曰士當爲土周牧敦亦以士爲土云圜土謂獄也獄城圜者比長注云圜土者獄城也獄必圜者規主仁以仁心求其情古之治獄閔於出之司救及秋官敘官先鄭注義並同初學記政理部引春秋元命包云爲獄圜者象斗運合釋名釋宮室云獄确也言實确人情僞也又謂之圜土言築土表牆其形圜也史記天官書云有句圜十五星屬杓曰賤人之牢卽獄城圜之象月令孔疏引鄭記崇精問曰獄周曰圜土殷曰羑里夏曰均臺詩召南行露孔疏云鄭異義駁云獄者埆也囚證於埆核之處周禮之圜土然則獄者核實道理之名皐陶造獄謂此也既囚證未定獄事未決繫之於圜土因謂圜土亦爲獄案孔說是也此經凡言圜

士者並爲頌繫罷民之獄司救大司寇司圜所掌是也其五刑之囚則自繫鄉士遂士縣士諸官之獄不入圜土月令孟春省囹圄注云
囹圄所以禁守繫者若今別獄矣白虎通義獨斷及玉燭寶典引風俗通並云獄周曰囹圄明圜土非周獄之正名又墨子尚賢下篇說
傅說居圜土之上則殷獄羑里之外亦別有圜土其制不始於周鄭記崇精問似謂周凡獄通名圜土殊失攷祀五帝奉牛
牲羞其肆牛能任載地類也奉猶進也鄭司農云羞進也肆陳骨體也玄謂進所肆解骨體士喪禮曰肆解去蹄【疏】祀五
帝奉牛牲者大宰注云祀五帝謂四郊及明堂大司徒奉牛牲與大宗伯大司馬大司寇大司空爲官聯小宗伯云毛六牲辨其名物而
頒之于五官使共奉之是也經言五帝而不及昊天上帝及方丘北郊者文不具也凡郊丘五帝並用犢餘神則用牛通謂之牛牲小司
徒凡小祭祀奉牛牲注云小祭祀王玄冕所祭依彼注義則凡中祀王希冕所祭以上之牛並大司徒奉之矣然則此官所奉甚衆經唯
舉五帝以見義耳 注云牛能任載地類也者庖人注云牛屬司徒土也易說卦傳云坤爲牛孔疏云坤象地任重而順故爲牛也又月
令注云牛土畜也孔疏引洪範五行傳云思之不睿則有牛禍注云地厚德載物牛畜之任重者也屬思義與此注同云奉猶進也者說
文攷部云奉承也引申爲進奉之義廣雅釋詁云奉進也大司寇小司寇注並同鄭司農云羞進也者膳夫注同云肆陳骨體也者春官
敘官注云肆猶陳也謂陳骨體爲俎實賈疏云骨體肩臂脊脅之屬司農以肆爲四音讀之故云肆陳也謂陳牲體於俎上卽體解折節
爲二十一體是也案賈說非也詩小雅楚茨或肆或將毛傳云肆陳也箋云有肆其骨體於俎者先鄭卽本毛義小子羊肆先鄭注云羊
肆體薦全烝也依左傳杜注國語韋注義則體薦半解牲體而薦之全烝爲全升牲禮而不解先鄭小子注別以體解節折釋羊殽則不

以肆爲體解二十一體可知矣云玄謂進所肆解骨體者後鄭從先鄭訓羞爲進而不從其訓肆爲陳也小子羊肆注云肆讀爲鬄羊鬄者所謂豚解也是後鄭讀肆爲鬄鬄解卽豚解也據大宗伯典瑞注義則肆者爲凡解牲體之通名豚解體解皆謂之肆而祀五帝自血腥始則當先進豚解體此下注特引士喪禮豚解之法以證義小子經則羊肆與羊殽對文故彼注亦專舉豚解爲釋二注意異而義同也凡豚解解左右股肱脊及兩脅爲七體詳小子疏引士喪禮曰肆解去蹄者士喪禮云特豚四鬄去蹏鄭彼注云鬄解也四解之殊肩髀而已案殊肩髀卽解左右股肱爲四也彼下文又云兩胉脊注云胉脅也卽所謂七體賈疏云彼言殊肩髀與此骨體一也但彼云四鬄此云肆解其字不同者鄭直以義讀之非彼正文此云肆當彼鬄也案禮運云腥其俎孰其殽彼注云腥其俎謂豚解而腥之也孰其殽謂體解而爓之祭祀之法先豚解後體解經云奉牛牲謂初牽入時卽言羞其肆明先豚解又案國語禘郊之事則有全烝若然則禘郊之事先全烝始後豚解也若宗廟之祭則無全烝先豚解次體解禮運所云者是也何紹基云釋文肆託歷反注肆解肆去同案注引士喪禮蓋以肆易鬄當作四肆去蹄賈疏誤作肆解去蹄者因上句肆解骨體而誤也釋文肆去二字足正其誤案何校是也孔繼汾說同俞樾云此注此疏均有誤字蓋鄭意肆卽鬄之段字其義爲解故注士喪禮以四解說四鬄而此注則以肆解連文也肆解者以解訓肆也乃引士喪禮曰肆解去蹄本作四肆去蹄蓋謂此經之肆卽彼經之鬄也故易彼經之正文從此經之段字使讀者易曉此古人引經取段借之又一例也賈疏本作但彼云四鬄此云四肆其字不同蓋所異者止肆之一字故曰此云肆當彼鬄也注文涉上有肆解字誤作肆解去蹄後人又改賈疏以從之其誤遂不可正矣案賈疏亦當如俞校內饔疏引士喪禮四肆去蹄卽依此注是賈所見本與陸

同之證士喪禮之鬄正字當作鬄辨小子疏享先王亦如之疏享先王亦如之者賈疏云享先王不辨祭之大小彼
大宗伯四時及禘祫六者皆稱享云亦如之者亦如上祀五帝奉牛牲羞其肆又不言祭地者祭地之禮與天同大賓客令
野脩道委積令令遺人使爲之也少曰委多曰積皆所以給賓客疏大賓客令野脩道委積者賈疏云案大行人諸侯朝
稱賓卿大夫來聘稱客彼對文例散文賓客通此云大賓客者唯據
諸侯來朝大司徒令遺人於野路之上脩治道塗及委積芻薪米禾
之等以待賓客案賈疏是也此云大賓客小司徒云小賓客皆君臣
祖對爲大小其賓客則自不別大行人注云大賓要服以內諸侯大
客謂其孤卿與此義別彼大客仍在小司徒小賓客內此大賓客內
亦當含要服以外蕃國來朝之小賓也野謂自四郊以至於畿遺人
云郊里之委積以待賓客是也賈云脩治道塗者蓋據遂人云凡賓
客令脩野道而委積遂師云賓客則巡其道脩庀其委積注云巡其
道脩行治道路也以彼二文證之則此經謂道路及委積二者兼令
脩之非止謂脩道上之委積也但遺人不掌脩道涂之事故方苞蔣
載康並謂脩道自大小司徒以及遂人遂師皆令野廬氏其說足補
鄭賈之義　注云令令遺人使爲之也者賈疏云案遺人云十里有
廬廬有飲食三十里有宿宿有路室路室有委五十里有市市有候
館候館有積故知義然也黃度云鄭云令遺人以遺人掌委積也脩
道非遺人之事案黃說是也云少曰委多曰積者遺人注同賈彼疏
云據三十里言委五十里言積相對而言若散文則多亦曰委委人
所云薪蒸亦曰委是也案賈說是也說文禾部云積聚也廣雅釋詁
云委積也蓋委積義同凡儲聚禾米薪芻之屬通謂之委積九章算
術商功篇有算委粟委菽委米及芻藁芻童術皆有積是也鄭謂多
少異名據遺人職爲說耳又案國語周語云野有庾積韋注云庾露

積穀也詩小雅篤公劉云迺積迺倉蓋積本爲露積之名總言之凡倉廥之屬亦稱積遺人云候館有積掌戮云髡者使守積皆通舍倉廥不皆露積也云皆所以給賓客者若遺人路室有委候館有積及司儀云上公五積侯伯四積子男三積等皆以給賓客行道之用也

大喪帥六鄉之衆庶屬其六引而治其政令衆庶所致役也鄭司農云六引謂引喪車索也六鄉主六引六遂主六紼

疏大喪帥六鄉之衆庶屬其六引者以下掌致民治役之事大喪謂王及后之喪后與王禮略同葬當亦得用六引也世子喪蓋不備六引則此大喪不得關世子以下但其用役亦取之鄉遂則亦大小司徒遂人等致之矣案遂師道野役及蜃車之役注謂司徒使之稍人云大喪帥蜃車與其役以至以聽於司徒是自鄉遂以至公邑其役政咸受治於司徒以其掌六鄉地事尤爲親切故經唯著帥六鄉衆庶之文若其徵令所及實通於畿內矣又案少儀云適公卿之喪則曰聽役於司徒則疑公卿大臣之喪司徒亦使其屬官治其役事但不親其事耳屬六引者謂葬行時屬引索於柩車之軸以便挽引既夕禮云乃載屬引注云屬猶著也注云衆庶所致役也者遂人注云大喪之正棺殯啓朝及引六鄉役之即此衆庶共其役也賈疏云但六鄉七萬五千家唯取一千人致之使爲挽柩之役鄭司農云六引謂引喪車索也者既夕禮注云引所以引柩車在軸輴曰紼古者人引柩春秋傳曰坐引而哭之三案喪車即巾車之蜃路遂師之蜃車也引與綍同爲大索惟以舉棺引車爲異詳遂人疏又遂人六綍注云用綍旁六則此六引亦用引旁六云六鄉主六引六遂主六紼者紼綍同賈疏云案遂人職云大喪帥六遂之役而致之掌其政令及葬帥而屬六綍在棺曰紼見繩體行道曰引見用力互文以見義也

大軍旅大田役以旗致萬民而治其徒庶之政令旗畫

熊虎者也徵衆刻日樹旗期於其下疏大軍旅大田役以旗致萬民而治其徒庶之政令者卽大宗伯軍禮之大師大田也因大田而起徒役謂之大田役亦晐有大役之事詳大宰疏賈疏二云凡征伐田獵所用民徒先起六鄕之衆司徒主六鄕田卽治其徒庶之政令注二云旗畫熊虎者也者據司常文云徵衆刻日樹旗期於其下者釋名釋天二云熊虎爲旗旗期也言與衆期於下說文㫃部二云熊旗五斿以象罰星士卒以爲期案旗期聲同明用旗兼取期衆之義賈疏二云凡起徒役不令而誅謂之虐故徵衆庶預刻集日至日樹旗期民於其下衆皆至弊旗誅後至者也聶崇義二云䡴人二云熊旗六斿遂大夫四命四斿鄕大夫六命則爲六斿案依聶說則大司徒大旗亦當六斿司常大閱二云孤鄕建旜帥都建旗大司馬治兵又二云軍吏載旗百官載旟大司徒鄕常法宜建旟旜令以師田用軍法且司徒在軍或卽爲軍將故改建旗旜但凡鄕遂致民皆以大旗似義取表事與司常大閱大司馬治兵敘爵不同則不定爲軍將而期民通用旗故鄕師時田二云及期以司徒之大旗致衆庶遂人起野役亦二云以遂之大旗致之義並略同孟子萬章篇說諸侯招庶人以旃疑卽用旗旜也互詳鄕師遂人疏

若國有大故則致萬民於王門令無節者不行於天下大故謂王崩及寇兵也節六節有節乃得行防姦私疏則致萬民於王門者於經例當作于石經及各本並誤下同致民者以備非常飭守政萬民亦專指六鄕之正卒非通國中四郊之民盡致之也王門卽王宮之皐門庫門虎賁氏所守者對司門國門爲城門覲禮記二云偏駕不入王門亦是也致萬民蓋於皐門內外屬衆而待事國語吳語云越王命有司大令於國曰苟任戎者皆造於國門之外彼將與兵征伐故致民於國門此大故備守則致民於宮門緩急事異也二云令無節者不行於天下者謂令鄕遂都鄙及邦國也司險二云國有故則

藩塞阻路而止行者以其屬守之唯有節者達之此官蓋亦兼令之矣　注云大故謂王崩及寇兵也者朝士云若邦凶荒札喪寇戎之故此下文荒札別見故注不及也司險注云有故喪災及兵也此大喪及大兵事則謂之大故虎賁氏云國有大故則守王門大喪亦如之彼詳言之故大喪與大故並舉此通言之則大故亦得含大喪經注詳略不嫌互見也云節六節者據小行人六節達於天下者也云有節乃得行防姦私者姦宋本嘉靖本作姧即姦之俗有節以檢察誣偽則姦私不得售也

大荒大札則令邦國移民通財舍禁弛力薄征緩刑大荒大凶年也大札大疫病也移民辟災就賤其有守不可移者則輸之穀春秋定五年夏歸粟於蔡是也

疏大荒大札則令邦國移民通財者此與上十二荒政略同彼舉其條目此施其政令又大札亦有此令故復著之也賈疏云令邦國者謂令天下諸侯邦國也移民謂分口往就賤財是米穀也其有留守不得去者則賤處通穀米與之云舍禁弛力薄征緩刑者並詳前疏賈疏云若據大荒則全無征稅今言薄征者容有小荒仍征稅　注云大荒大凶年也者大宰注云荒凶年此災尤重故曰大荒云大札大疫病也者膳夫注云大札疫癘也與此義同云移民辟災就賤者說文禾部云移禾相倚移也又辵部云迻遷徙也經典通叚移為迻大札則徙民避災大荒穀貴則徙民就穀賤之處使易得食廩人云若食不能人二鬴則令邦移民就穀即就賤也孟子梁惠王篇梁惠王曰河內凶則移其民於河東移其粟於河內即大荒移民之事云其有守不可移者則輸之穀者前注云財謂泉穀故輸穀謂之通財有守謂有地守或老稚守田宅不能移者則輸穀以賙其戹孟子之移粟是也小行人云若國札喪則令賻補之若國凶荒則令賙委之亦即札荒通財之事云春秋定五年夏歸粟於蔡是也者春秋經文先是定四年秋楚人圍蔡故

此年夏歸之粟左傳云歸粟於蔡以周亟矜無資賈疏云彼雖非荒札之事直取歸粟一道證經通財之義

歲終則令教官正治而致事歲終自周季冬也教官其屬六十正治明處其文書致事上其計簿疏歲終則令教官正治而致事者此正教官之歲會所謂官計也　注云歲終自周季冬也者宰夫注同此經通例凡言歲者並據夏正歲終實當爲夏之季冬鄭以爲周季冬非也詳宰夫疏云教官其屬六十者地官所屬之凡數也云正治明處其文書者大宰歲終則令百官府各正其治注云正正處也謂明審處制其文書也云致事上其計簿者小宰歲終則令羣吏致事注云使齎歲盡文書來至若今上計計簿卽歲盡上計之文書也

正歲令于教官曰各共爾職脩乃事以聽王命其有不正則國有常刑正歲夏正月朔日疏正歲令于教官者此就教官之屬各官府申敕之與小司徒觀教法時所令不同詳彼疏云曰各共爾職脩乃事以聽王命者猶小宰令治官云各脩乃職攷乃法待乃事以聽王命也云其有不正則國有常刑者賈疏云謂文書不正直而濫失則有常刑案常刑詳小宰疏　注云正歲夏正月朔日者小宰注云正歲謂夏之正月賈疏云知是朔日者以其正月之吉是朔日此雖不言之吉亦是朔日爲始可知也



一珍倣宋版印

# 周禮正義卷二十

瑞安孫詒讓學

小司徒之職掌建邦之教灋以稽國中及四郊都鄙之夫家九比之數以辨其貴賤老幼廢疾凡征役之施舍與其祭祀飲食喪紀之禁令

稽猶考也夫家猶言男女也鄭司農云九比謂九夫爲井玄謂九比者家宰職出九賦者之人數也貴謂爲卿大夫賤謂占會販賣者廢疾謂癃病也施當爲弛

疏 掌建邦之教灋者謂建立教官之官灋也賈疏云小司徒副貳大司徒之事大司徒已掌十二教故此小司徒又掌建邦之教法言建者非但副貳大司徒亦得專其事云以稽國中及四郊都鄙之夫家九比之數者鄉大夫注云國中城郭中也案四郊者謂遠郊百里以內關六鄉也詳大宰疏不言六遂及公邑者以內舉國中四郊外舉都鄙采地則六遂公邑已包於其中故文不具也凡經言國中並謂王城之中六鄉之民分居四郊不居國中而四郊別有郊里亦不盡爲鄉州賈疏謂國中與四郊皆是六鄉之民所居非也詳後疏夫家九比謂人民男女及縣都九夫爲井閭里五家爲聯之數凡書於版者皆是也云以辨其貴賤老幼廢疾凡征役之施舍者以九比之數而均役法也凡貴者謂命士以上賤者謂庶民老幼謂國中六尺以下六十一以上野五尺以下六十六以上案鄉大夫云國中貴者賢者能者服公事者老者疾者皆舍是施舍即謂貴及老幼廢疾而經別云征役施舍者謂老幼廢疾之外仍有賢者能者服公事者之等經不具言故更以施舍通晐之猶遂人云辨其老幼廢疾與其施舍者亦於老幼廢疾之外別言施舍

也遂人之政役亦卽此征役彼注云出士徒役則專據力役之征言之賈疏謂征謂稅之役謂繇役施舍者貴與老幼廢疾不科役故言弛並非經注義也云與其祭祀飲食喪紀之禁令者賈疏云祭祀者謂鄉中州祭社黨祭禜族祭步飲食者謂若行鄉飲酒及族食喪紀者謂若四閭為族使之相葬之等祭祀已下皆有禁令不使失禮法注云稽猶考也者宮正注同云夫家猶言男女也者賈疏云夫是丈夫則男也春秋傳曰男有室女有家婦人稱家故以家為女鄭司農云九比謂九夫為井者先鄭意九夫為井三三相比卽為九比是謂鄉遂亦同都鄙用井田法也賈疏云後鄭不從者以經掌國中及四郊卽是六鄉之內但鄉與公邑並為溝洫無井田之法故後鄭不從案賈駁先鄭說是也後文攷夫屋謂六遂外公邑用井田法非鄉遂亦有井田也但公邑當用井田法賈申後鄭說亦不足據云玄謂九比者家宰職出九賦者之人數也者賈疏云案大宰云九賦斂財賄一曰邦中之賦二曰四郊之賦三曰邦甸之賦四曰家稍之賦五曰邦縣之賦六曰邦都之賦與此文國中四郊都鄙其事相當故知此九比出九賦者之人數王引之云所出之賦與人數多寡無涉九賦亦不得但謂之九且國中惟出邦中之賦四郊惟出四郊之賦都鄙惟出邦甸之賦家稍之賦邦縣之賦邦都之賦不得有九也案九比之義二鄭說均未安王氏糾之是也竊謂經九比二字本平列與夫家同九者謂井田之制九家為一井也比者謂比閭之法五家為一比也都鄙公邑之家數以九計之四郊鄉遂之家數以比計之其法數不同故云夫家九比之數猶領軍衆者言卒伍也經文本明白說者誤以九為比之數遂不得其解耳云貴謂為鄉大夫賤謂占會販賣者者賈疏云鄭解諸文貴賤相對皆以為貴謂鄉大夫賤謂士獨此賤為占會販賣者以其此經論九賦之事案大宰九賦有幣餘之賦幣餘謂占賣國之斥幣此經貴與老幼廢疾皆弛舍無賦唯此

賦當彼幣餘之賦故爲販賣者解之案大宰九賦注云關市山澤謂占會百物則鄭意此賦內兼有關市山澤出賦者而言賈謂專指幣餘之賦非鄭指也但此經九比本與九賦無涉則貴者當指命士以上賤者當指庶人以下後鄭專取九賦爲釋亦非經義云癈疾謂癃病也者癈宋小字本作廢經注同說文疒部云癈固病也急就篇云篤癃瘻癈迎醫匠顏注云癈四肢不收癃疲病也王制云廢疾非人不養者一人不從政注云廢於人事案廢卽癈之借字癃詳大司徒疏云施當爲弛者讀爲大司徒職弛力之弛遂人遂師遂大夫士均注義並同小宰斂弛之聯事注云杜子春弛讀爲施案弛施聲類同故可互讀詳小宰疏

乃頒比灋于六鄉之大夫使各登其鄉之衆寡六畜車輦辨其物以歲時入其數以施政教行徵令

登成也成猶定也衆寡民之多少物家中之財歲時入其數若今四時言事

【疏】乃頒比灋于六鄉之大夫者大胥注云比猶校也謂校數戶口財物之法對三年大比爲小比卽鄉師國比族師邦比之法也周歲時小比不知以何月依鄭賈說則似四時各一行之賈疏云比法謂若下經五人爲伍五伍爲兩是也六鄉大夫皆六命鄉爲之小司徒爲校比之法須與六鄉大夫云使各登其鄉之衆寡六畜車輦者賈疏云衆寡據人民六畜者馬牛羊豕犬雞車謂革車及大車輦人挽行惠士奇云小司徒及鄉師須六鄉之比法車輦登其數馬牛辨其物簡閱之而已非籍而賦之案惠說是也此比法唯衆庶共軍賦口賦之等其六畜車輦則唯以備大田大役之徵發不以共軍旅也六鄉出軍不出車馬詳後疏云辨其物以歲時入其數者賈疏云謂辨其家中財物多少以歲之四時具錄其數入小司徒云以施政教行徵令者謂攷其數以施政治教法徵令亦謂宣布法令通晐徵役徵賦二義言之詳宰夫疏　注云登成也成

猶定也者鄉大夫族師遂人注義並同登成爾雅釋詁文國語周語韋注云成定也鄭以登本無定義而登訓爲成成亦訓爲定展轉引申則登亦得爲定故必先以成訓登復以定訓成明其義之相通也定謂定其衆寡以下凡數之實無遺誤也云衆寡民之多少者賈疏云謂六口已上爲多五口已下爲少云物家中之財者謂泉穀也云歲時入其數若今四時言事者賈疏云漢承周後皆四時入其數今時白役簿皆在於冬代異時殊故有華別也

及三年則大比大比則受邦國之比要

大比謂使天下更簡閱民數及其財物也受邦國之比要則亦受鄉遂矣鄭司農云五家爲比故以比爲名今時八月案比是也要謂其簿

疏及三年則大比者三年大校比民數之等小司徒總掌其事與司書鄉大夫縣師遂大夫小司寇司民爲官聯也云則受邦國之比要者賈疏云每至三年則大案比戶口大比之時則天下邦國送要文書來入小司徒故大比則受邦國之比要也　注云大比謂使天下更簡閱民數及其財物也者大司馬注云簡謂比數之是比猶言簡閱也賈疏云上經須比法每歲之四時簡閱衆寡及其物等此經三年大比并天下邦國而言鄭不言六畜車輦者文略亦簡閱可知云受邦國之比要則亦受鄉遂矣者賈疏云此經但受邦國比要上經直言須比法於六鄉以歲時入其數不言三年大比故知此文含鄉遂也鄭司農云五家爲比故以比爲名者先鄭意六鄉戶數始於五家爲比因以爲名然大比之法通於畿內及邦國則兼有井田九夫三屋之制不應獨取六鄉五家之名況此經凡言國比邦比者皆取校比之義先鄭說未允後鄭引之在後蓋亦不從其義也云今時八月案比是也者惠棟云東觀漢記元初四年詔曰方今八月案比之時李賢後漢書安帝紀注云案比謂案驗戶口次比之也續漢書禮儀志云仲秋之月縣道皆案戶比民孔廣森云後漢皇后紀曰八月算

民管子度地篇曰常以秋歲末之時閱其民案家人比地定什伍口數別男女大小是周法校比亦以秋月詒讓案此職及鄉師鄉大夫州長黨正縣師遂大夫諸職說大比者並不著時月據鄉飲酒禮鄭注引鄉大夫大比與賢能之事而說之云是禮乃三年正月而一行則鄭謂大比在正月然經無明文未知是否管子乘馬篇云春曰書比夏曰月程秋曰大稽與民數得亡此謂三時有比稽之事與度地文又小異淮南子時則訓高注又有三月料民戶口之說疑皆非周法也云要謂其簿者小宰注云要會謂計最之簿書賈疏云謂若今之造籍戶口地宅具陳於簿也

乃會萬民之卒伍而用之五人爲伍五伍爲兩四兩爲卒五卒爲旅五旅爲師五師爲軍以起軍旅以作田役以比追胥以令貢賦用謂使民事之伍兩卒旅師軍皆衆之名兩二十五人卒百人旅五百人師二千五百人軍萬二千五百人此皆先王所因農事而定軍令者也欲其恩足相恤義足相救服容相別音聲相識作爲也役功力之事追逐寇也春秋莊十八年夏公追戎于濟西胥伺捕盜賊也貢嬪婦百工之物賦九賦也鄉之田制與遂同

疏乃會萬民之卒伍而用之者此言六鄉治軍之制也六遂軍制亦同賈疏云小司徒佐大司徒以掌六鄉六軍之士出自六鄉故預配卒伍百人爲卒五人爲伍也而用之者即軍旅田役是也云五人爲伍五伍爲兩四兩爲卒五卒爲旅五旅爲師五師爲軍者夏官敘官制軍文同彼注云軍師旅卒兩伍皆衆名也伍一比兩一閭卒一族旅一黨師一州軍一鄉家所出一人是也賈疏云凡出軍之法先六鄉賦不止次出六遂賦猶不止徵兵於公邑及三等采賦猶不止乃徵兵於諸侯大國三軍次國二軍小國一軍此軍等皆出於鄉遂賦猶不止則諸侯有遍境出之法則千乘之賦是也江永云凡起徒

役毋過家一人似家出一人爲兵如管仲以十五鄉三萬家出三萬人之法信如此則天子六軍惟取足於六鄉何爲六遂及甸稍縣都皆有作民師田行役之事以此言之小司徒會萬民之卒伍而用之亦言其聯絡卒伍之法當如此果有軍旅或調遠或調近必有更休之法當不令遠地獵逸近地獨勞上地中地下地家家雖有可任之人亦自有均平之法當不令下地家五人亦與上地家七人者同出一人爲兵也云以起軍旅以作田役者田役謂田獵起徒役亦兼晐諸功作力役之事凡軍旅起正卒時田羨卒竭作役事作正夫餘夫徵發並與軍法略同云以比追胥者宮正注云比校次其人之在否胥亦羨卒盡作故須校次之云以令貢賦者賈疏云依鄉中家數而施政令以貢賦之事　注云用謂使民事之者賈疏云謂使人爲事卽軍旅田役是也云伍兩卒旅師軍皆衆之名兩二十五人卒百人旅五百人師二千五百人軍萬二千五百人者夏官敘官經注義同並詳彼疏云此皆先王所因農事而定軍令者也者賈疏云案管子書云因內政寄軍令謂在鄉五家爲比以營農事比長領之及其出軍家出一人五人爲伍則爲伍長領之在家閭胥領一閭在軍則爲兩司馬領之在家爲族師在軍爲卒長在家爲黨正在軍爲旅帥在家爲州長在軍爲師帥在鄉爲大夫在軍爲軍將自伍長已上全與此文不同者鄭君以義言之非彼正文也案作內政而寄軍令國語齊語文管子小匡篇寄軍令作寓軍令疑賈誤記云欲其恩足相恤義足相救服容相別音聲相識者釋因農事定軍令之意齊語管子曰是故卒伍整於里軍整於郊內教既成令勿遷徙伍之人祭祀同福死喪同恤禍災共之故夜戰聲相聞足以不乖晝戰目相視足以相識鄭略本彼文云作爲也者爾雅釋言文云役功力之事者遂人注云役謂師田若有功作也此經既云軍旅又以田役並舉明不兼師田惟指起徒役功力之事蓋散文凡起大衆之事通謂之役故役

得含師田對文則役與師田異也云追逐寇也者後先鄭注及脩閭氏注義並同說文辵部云追逐也公羊莊十八年何注云以兵逐之曰追案鄭意蓋謂追爲逐外寇與胥爲司捕內盜賊異然通言之司捕亦爲追大戴禮記千乘篇云陳刑制辟以追國民之不率上教者管子禁藏篇云民無流亡之意吏無備追之憂皆是也引春秋莊十八年夏公追戎于濟西者賈疏云案彼傳戎侵魯魯公追之出境服氏云桓公爲好莊公獨不能脩而見侵濟西曹地穀梁云其不言戎之伐我何也以公之追之不使戎邇於我也于濟西者大之也引之者證追是逐寇也云胥伺捕盜賊也者士師注云胥讀如宿偦之偦偦謂司搏盜賊也案伺卽司之俗詳師氏疏捕卽搏之借字說文手部云搏索持也捕取也後世通以捕爲搏義亦互通段玉裁云此當云胥讀爲偦而不言者互見惠士奇云胥與狙通謂伺捕盜賊伏而候之如狙之伺物故曰狙候案惠說亦通云貢嬪婦百工之物者據閭師云任工以飭材事貢器物任嬪以女事貢布帛鄭於八貢唯舉此二者明與後井牧田野令貢爲農牧衡虞之貢互相備也詳後疏賈疏云案大宰九職之貢有九此貢獨云嬪婦百工二者此六鄉之貢不論地事則所令之貢亦不及地貢也故以此二事當之云賦九賦也者賈疏云案大宰九賦一曰邦中二曰四郊二者之賦在六鄉之內此經既論六鄉之賦不得有三曰邦甸已下若然此唯有二賦而云九賦者二賦是九賦中物故總云九賦也詒讓案賦卽地征之通名鄭大宰注以九賦爲口率出泉非也詳彼疏云鄉之田制與遂同者明亦爲溝洫法不制井田也賈疏云此經之內不見田制案遂人職云夫閒有遂遂上有徑十夫有溝溝上有畛百夫有洫洫上有涂千夫有澮澮上有道萬夫有川川上有路是其遂制也故云鄉之田制與遂同案鄭注遂之軍法如六鄉者以其遂內不見出軍之法唯有田制而已故知遂之軍法如六鄉若然彼此各舉一邊互見爲

義詒讓案六鄉授地三等田萊之制亦當與遂同詳遂人疏

乃均土地以稽其人民而周知其數上地家七人可任也者家三人中地家六人可任也者二家五人下地家五人可任也者家二人

均平也周猶徧也一家男女七人以上則授之以上地所養者衆也男女五人以下則授之以下地所養者寡也正以七人六人五人爲率者有夫有婦然後爲家自二人以至於十爲九等七六五者爲其中可任謂丁強任力役之事者出老者一人其餘男女強弱相半其大數

疏乃均土地以稽其人民而周知其數者賈疏云以其佐大司徒掌其土地人民之數故制上地下地等使得均平既給土地則據土地計考其人民可任不可任之事云上地家七人可任也者家三人者六鄉三等田制亦與六遂同此經討戶口之多寡遂人辨土地之肥磽兩職文相表裏此上地卽遂人云田百晦萊五十晦也賈疏云七人之中一人爲家長餘六人在強弱半強而可任使者家三人云中地家六人可任也者二家五人者卽遂人云田百晦萊百晦也賈疏云六人之內一人爲家長餘五人在強弱半不可得言可任者二人半故取兩家併言可任者二家五人云下地家五人可任也者家二人者卽遂人云田百晦萊二百晦也賈疏云五人之內一人爲家長餘四人在強弱半故云可任者家二人詒讓案公羊宣十五年何注云一夫一婦受田百畝以養父母妻子五口爲一家漢書食貨志說李悝盡地力之教亦云一夫挾五口治田百晦蓋並據下地言之此與大司徒都鄙三等田衰同而制異載師縣師遂人注並以大司徒所云爲六鄉之制非也詳載師疏　注云均平也者大司徒注同云周猶徧也者司會注同云一家男女七人以上則授之以上地所養者衆也男女五人以下則授之以下地所養者寡也者自八人以上四

人以下經不言授地之等數明八人以上並以七人爲率授以上地四人以下並以五人爲率授以下地也云正以七人六人五人爲率者有夫有婦然後爲家自二人以至於十爲九等七六五者爲其中者賈疏云案王制百畝之分上農夫食九人其次食八人其次食七人其次食六人其次食五人彼言五等此云七六五三等其人不同故鄭爲九等計之此經皆云家故鄭云有夫有婦乃成家從此二人爲一等至十人則爲九等自二人三人四人是下地之三等也五人六人七人是中地之三等八人九人十人是上地之三等此經唯言七六五者據中地之三等則知有上地下地之三等故鄭云七六五者爲其中若然王制不云上上之地食十人又不云其次食四人其次食三人其次食二人直言自九以至五不言九等者彼欲取下士視上農夫食九人自府史胥徒四者食八人七人六人五人五等人與此五等農夫相當故不言其餘四者又襄公二十五年楚蔿掩書土田度山林鳩藪澤辨京陵表淳鹵數疆潦規偃豬町原防牧隰皋井衍沃以授子木禮也此九等是楚之地善惡有九等與此不同鄭注尚書云賦之差上上出九夫稅上中出八夫稅爲九等者以九州出賦多少不同有九等故鄭君以井田美惡爲九等計之非是貢地之差也案此經及大司徒遂人大司馬諸職說田制並止三等王制及孟子萬章篇春秋繁露爵國篇說上下農夫亦止五等而鄭有九等上下之說賈內史大司馬疏推之以爲十人食上上九人食上中八人食上下七人食中上六人食中中五人食中下四人食下上三人食下中二人食下下王制孔疏亦同其說依其義則經所云家七人者宜食中上之地五人者宜食中下之地而經云上地家七人下地家五人與鄭所說不合大司馬疏強圓其說謂地分上下人即據中經以互文見義迂曲殊甚竊謂三等授地自是較略之制其細別差率隨宜損益不能豫定管子乘馬數篇云上臾之壤守之若干閒

壤守之若干下壤守之若干相壤定籍而民不移亦以三等相壤呂氏春秋上農篇云上田夫食九人下田夫食五人可以益不可以損一人治之十人食之六畜皆在其中矣此大任地之道也據呂覽說是十人與九人數雖有益而田不逾上等足明三等授田制約而無不晐固不必求之過密矣云可任謂丁強任力役之事者者國語魯語韋注云任勝也廣雅釋詁云丁強也釋名釋天云丁壯也言人必強壯始可勝力役之事此任力役三等所謂上劑中劑下劑遂人云以下劑致野則六遂無上中劑也論語八佾篇云為力不同科集解引馬融云為力為力役之事也亦有上中下設三科焉似亦即據上中下三等任力法言之云出老者一人其餘男女強弱相半其大數者謂上地家七人中地家六人下地家五人家各去老者一人即賈疏所謂家長是也其餘者以男女強弱相半之率約之其可任者如經三等之數依鄭所推九等之法則此經為中地三等其上下地各有三等亦依此率差之則上上地家十人可任者二家九人也上中地家九人可任者家四人也上下地家八人可任者二家七人也下上地家四人可任者二家三人也下中地家三人可任者家一人也下下地家二人可任者二家一人也賈疏云但一家之內二人至十人或男多女少或女多男少不可齊準今皆以強弱半者周公設法據其大數故也

凡起徒役毋過家一人以其餘為羨唯田與追胥竭作

鄭司農云羨饒也田謂獵也追追寇賊也竭作盡行【疏】凡起徒役毋過家一人者徒役謂大軍大役士徒徵調之事家一人者正卒之數也鄉遂不制井田其軍賦家以一人為正卒故上文伍兩卒旅師軍即比閭族黨州鄉所出六軍七萬五千人即六鄉七萬五千家之正卒家數與軍數正相當也司馬法通三十家出士徒三人十家而賦一人乃丘乘之法出於都鄙與此不同互詳後疏又案周軍賦力役政法略

同軍法六鄉為正六遂為副皆出軍而不出車而公邑丘甸共其車牛輦輦及任載之役若鄉遂兵不足徵及公邑則出兵兼出車井出一人為兵餘家共其車牛兵器及糧食孫子用閒篇云興師十萬不得操事者七十萬家即據侯國井田有公田者言之一家從軍七家共其器糧故不得操事王國丘甸雖無公田其法蓋不異而國語魯語說有軍旅之歲又有井出稯禾秉芻缶米之征亦以共軍之糧食作民徒鄉遂視軍賦正夫亦七萬五千餘夫無定數不必盡發其就稍秣者也至於役法則用民歲不過三日均人公旬之法是也大役役者以三日為正三日以外凡不就役者相與共其食以為顧更之直而兼共其馬牛車器鄉遂不出車馬而此法亦兼及六畜車輦之稽即以備徵役也其公邑丘甸役法亦當如是凡軍役之賦有事則發之無事則弛免與九職地事之征亦不同互詳均人疏沈彤云王畿受田者二百五十六萬家通三等地之率俱二家任五人凡起徒役無過家一人實任二百五十六萬人今案此經本專舉六鄉任民之法沈又通之畿內雖與公邑丘甸之法不相應而大總計之於義亦通云以其餘為羨者賈疏云一家兄弟雖多除一人為正卒正卒之外其餘皆為羨卒此謂六鄉之內上劑致甿一人為正卒其餘皆為羨卒若六遂之內以下劑致甿一人為正卒一人為羨卒其餘皆為餘夫饒遠故也案賈說是也六鄉與六遂田制軍制並同而役法則有上劑下劑之異鄉大夫云野自六尺以及六十有五皆征之彼野通鄉遂而言蓋六鄉之民年十五以上皆受征役為餘子二十以上有室則受田為餘夫餘夫為羨卒從行役王制疏引易孟氏韓詩說年二十行役是也詩魏風陟岵云予季行役毛傳云季少子也彼詩有父母兄而少子行役是即竭作之羨卒亦即餘夫矣至三十以上受正田為正夫左襄二十三年傳云臧孫使正夫助之是也正夫受役則為正徒左襄九年傳云宋災使華臣具正徒是也受兵則為

正卒鄭內則注所謂三十受兵是也但六鄉正軍家出一人六遂副
軍亦然民三十以上必自爲戶者始爲正卒若家已有父兄爲正卒
雖三十有室而不別爲戶則仍爲餘夫六遂亦同六鄉之民正卒家
一人外年十五之餘子則受役二十三十之餘夫皆爲羨卒受兵其
六遂則家一人爲正卒一人爲羨卒外皆不爲卒此其同而異者賈
尚未及別析耳又六鄉餘夫當於四郊受田鄭載師注謂出耕遂公
邑亦非是詳彼疏云唯田與追胥竭作者賈疏云田謂田獵追謂逐
寇胥謂伺捕盜賊非直正卒一人羨卒盡行以其田與追胥之人多
故也王鳴盛云田而竭作即郊特牲所謂惟爲社田國人畢作也江
永云天子六軍取之六鄉而六遂與甸稍縣都亦有兵所以防守不
在六軍之中即天子六軍亦所以備制若有征伐猶徵兵於諸侯王
朝將帥元戎十乘以先啓行不盡用六軍也觀桓王伐鄭有陳人蔡
人衛人從則盛時可知矣畿內六軍與六遂甸稍縣都之兵大抵爲
防寇盜而設故唯田與追胥竭作畿內若有盜賊雖羨卒猶當用之
矣竭作亦疑有更休一歲四田正羨盡行得毋勞民妨農大蒐于紅
自根牟至于商衛革車千乘不常用也春秋必謹而書之若盜賊竊
發當調其近者而追之 注鄭司農云羨饒也者小爾雅廣詁云饒
多也此正卒之外多出之卒故曰羨云田謂獵也者田僕注義同大
宗伯云大田之禮簡衆也春秋繁露深察名號篇云獵禽獸者號一
曰田田之散名春苗秋蒐冬狩夏獮公羊桓四年何注云田者蒐狩
之總名也古者肉食衣皮服捕禽獸故謂之田左傳隱五年孔疏引
白虎通云四時之田總名爲田何爲田除害也說苑脩文篇云其謂
之畋何聖人舉事必反本五穀者以奉宗廟養萬民也去禽獸害稼
穡者故以田言之案畋即田之借字祭義云五十不爲甸徒甸徒即
田卒竭作者也田禮詳大司馬職云追追盜賊也者與後鄭注同云
竭作盡行者大傳鄭注云竭盡也詩大雅常武箋云作行也謂凡可

任者不論正羨盡起而行

凡用衆庶則掌其政教與其戒禁聽其辭訟施其賞罰誅其犯命者

命所以誓告之

疏 凡用衆庶者謂大師大田大役聚致六鄉之民徒也云聽其辭訟者小宰云聽其治訟治辭義略同注云命所以誓告之者卽戒禁之命士師五戒軍旅有誓田役有禁是也賈疏云所誓告者謂若大司馬羣吏聽誓於陳前司徒北面以誓之小子斬牲左右以徇陳曰不用命者斬之是其誓告之事也

凡國之大事致民大故致餘子

大事謂戎事也大故謂災寇也鄭司農云國有大事當徵召會聚百姓則小司徒召聚之餘子謂羨也玄謂餘子卿大夫之子當守於王宮者也

疏 凡國之大事致民者謂國有軍旅之戒則發六鄉之正卒備兵衞也云大故致餘子者謂國被災寇則發六鄉之餘子羨卒以備守事及追胥也餘羨既發則正卒亦發可知又案周書糴匡篇云年饑餘子倅運則餘子有故亦共役不徒備守矣 注云大事謂戎事也者戎事謂征伐邦國之事故須致衆也倉人注云大事謂喪戎依大司徒司險注喪事當爲大故故此注唯云戎事倉人注兼及喪者大事大故對文則異散文可通也賈疏云見左氏成公傳云國之大事在祀與戎此言致民明非祭祀是戎事可知云大故謂災寇也者謂凡大事之凶者宮正先鄭注云故謂禍災大祝注云大故兵寇也案災謂水火大災寇謂外寇侵犯及內寇竊發二者皆有守備之事大司徒注云大故謂王崩及寇兵也此後文別見大喪故注不及王崩互詳司士疏鄭司農云國有大事當徵召會聚百姓則小司徒召聚之者大司馬注云致謂聚衆也百姓卽謂年三十以上爲正徒正卒者也凡致民皆於王門及國門詳大司徒疏云餘子謂羨也者上文云以其餘爲羨是餘子卽羨卒也賈疏云以其羨卒唯田與追胥竭作乃使之此經大故不合使羨故鄭不從之王引之

二云田與追胥常有之事猶須羨卒偕行災寇非常之事豈有反不使羨者乎大司徒職云國有大故則致萬民於王門此云大故致餘子餘子卽民之子弟孟子滕文公篇所謂餘夫也故大司徒統謂之萬民蓋國之大事但致正卒而已大故則不惟致正卒又並羨卒而致之故曰凡國之大事致民大故致餘子若謂大故致鄉大夫之子而非羨卒則大司徒何以云國有大故則致萬民於王門乎案王說是也云玄謂餘子鄉大夫之子當守於王宮者也者破先鄭餘子卽羨卒之說後鄭意此餘子卽宮伯之士庶子諸子之羣子皆宿衞王宮者也金榜云先鄭云餘子謂羨者是也後鄭謂餘子爲鄉大夫之子則當諸子帥之致于太子宮正宮伯令之小司徒掌萬民不當致鄉大夫之子王引之云鄉大夫之子謂之國子國有大事帥國子而致於大子者諸子之職也與小司徒何涉乎鄭蓋據宣二年左傳乃宦卿之適子又宦其餘子之文今案民之子弟亦謂之餘子逸周書糴匡篇成年餘子務藝年儉餘子務穡年饑餘子倅運管子問篇餘子父母存不養而出離者幾何人餘子之勝甲兵有行伍者幾何人莊子秋水篇壽陵餘子學行於邯鄲司馬彪注曰未應丁夫爲餘子漢書食貨志餘子亦在于序室蘇林曰未任役爲餘子是也何必鄉大夫之子而後爲餘子乎先鄭之說爲長案金王說是也六鄉上劑致民民年三十受兵爲正卒其子弟六尺以上者爲餘子二十以上已授室者受田爲餘夫餘夫爲羨卒亦通謂之餘子惟十九以下未授室之餘子則不得爲餘夫此其異也此經餘子蓋亦通餘夫羨卒言之司馬彪以餘子爲未應丁夫蘇林又云未任役似皆指十九以下未任大力役者而言與此小異賈疏謂鄭據書傳云餘子皆入學知不得爲羨今攷儀禮經傳通解引尚書大傳云大夫士七十而致仕老於鄉里大夫爲父師士爲少師耰鉏已藏祈樂已入歲事已畢餘子皆入學距冬至四十五日始出學傅農事鄭彼注云餘子猶衆子

也古者適子恆代父而仕也說與此注略同故賈引以申注義然書傳說餘子就學必於農隙出學又傳農事卽漢志所謂餘子在序室鄉大夫野六尺以上之文正相應蓋庶民子弟十五亦入里塾猶國則仍是民之子弟王制孔疏引書傳略說云餘子十五入小學此與子十五入大學也若如鄭大傳注說餘子爲卿大夫之子弟則在免農之科何必農隙而後得學乎鄭彼注說蓋誤國策秦策范睢爲梁餘子高注云大夫庶子爲餘誤與鄭略同至左傳說晉宦卿之餘子與庶子並舉杜注云餘子適子之母弟也則彼餘子並不通晐卿大夫之諸子與此經餘子尤不相當矣蓋古制兵役之事但致正卒非大故不役其子弟呂氏春秋離俗篇云齊晉相與戰平阿餘子亡戟得矛說苑高節篇云佛肸用中牟畔城北餘子田基後至袪衣將入鼎國策趙策云燕趙久相攻士大夫餘子之力盡於溝壘則後世酷烈之政羨卒盡起以從軍周初無此法也

乃經土地而井牧其田野九夫爲井四井爲邑四邑爲丘四丘爲甸四甸爲縣四縣爲都以任地事而令貢賦凡稅斂之事

此謂造都鄙也采地制井田異於鄉遂重立國小司徒爲經之立其五溝五塗之界其制似井之字因取名焉孟子曰夫仁政必自經界始經界不正井地不均貢祿不平是故暴君姦吏必慢其經界經界既正分田制祿可坐而定也鄭司農云井牧者春秋傳所謂井衍沃牧隰皋者也玄謂隰皋之地九夫爲牧二牧而當一井今造都鄙授民田有不易有一易有再易通率二而當一是之謂井牧昔夏少康在虞思有田一成有衆一旅一旅之衆而田一成則井牧之法先古然矣九夫爲井井者方一里九夫所治之田也此制小司徒經之匠人爲之溝洫相包乃成耳邑丘之屬相連比以出田稅溝洫爲除水害四井爲邑邑方二里四邑爲丘丘方四里四丘爲甸甸之

言乘也讀如衷甸之甸甸方八里旁加一里則方十里爲一成積百井九百夫其中六十四井五百七十六夫出田稅三十六井三百二十四夫治洫四甸爲縣方二十里四縣爲都方四十里四都方八十里旁加十里乃得方百里爲一同也積萬井九萬夫其四千九十六井三萬六千八百六十四夫出田稅二千三百四井二萬七百三十六夫治洫三千六百井三萬二千四百夫治澮井田之法備於一同今止於都者采地食者皆四之一其制三等百里之國凡四都一都之田稅入於王五十里之國凡四縣一縣之田稅入於王二十五里之國凡四甸一甸之田稅入於王地事謂農牧衡虞也貢謂九穀山澤之材也賦謂出車徒給繇役也司馬法曰六尺爲步步百爲畮畮百爲夫夫三爲屋屋三爲井井十爲通通爲匹馬三十家士一人徒二人通十爲成成百井三百家革車一乘士十人徒二十人十成爲終終千井三千家革車十乘士百人徒二百人十終爲同同方百里萬井三萬家革車百乘士千人徒二千人【疏】乃經土地而井牧其田野者此都鄙井田之法也賈疏云此小司徒佐大司徒掌其都鄙都鄙則三等采地是也井方一里兼言牧地是攺田二牧當上地一井授民田之時上地不易家百畝中地一易家二百畝下地再易家三百畝通率三家受六夫之地一家受二夫與牧地同故云井牧其田野江永云井牧其田野衍沃用井隰皐用牧有此通融之法則凡高下低邪之地皆可以方田之算術齊之無地不可井矣但有公田無公田其制不能畫一孟子請野九一而助國中什一使自賦是有通融之法而小司徒惟言九夫爲井未及論其中區之爲公爲私載師任地近郊什一遠郊二十而三甸稍縣都皆無過什二似皆無公田司稼巡野觀稼以年之上下出斂法亦惟皆私田乃有不定之斂法如行助法則惟以公田之稼歸公不必論年之上下矣據司馬法畝百爲夫夫三爲屋屋三爲井而小司徒言攷夫屋旅師言聚野之

屋粟是用夫三三爲屋之法矣用屋法則非八家同井之法案江說是也此經井邑丘甸縣都是徹法九家同井之井田孟子所說是助法八家同井之井田助有公田徹無公田兩法形體雖同而家數迥異徹法以一井九百畝之田分授九家而載師以郊甸稍縣都地之遠近司稼以年之上下通校其差率而爲斂法孟子滕文公篇趙注謂徹法耕百畝者徹取十畝以爲賦殆未憭其制云四丘爲甸者賈疏云甸方八里旁加一里則爲十里之成今不言十里成而言八里甸者成閒有洫井閒有溝旁加一里者使治溝洫不出稅舉其八里之甸據實出稅者而言云以任地事者賈疏云謂若大宰九職任萬民謂任役萬民使營地事云而令貢賦者貢者九職之力征卽閭師之八貢賦者地征卽大宰之九賦鄭賈謂賦專爲軍賦出車徒之等說未晐詳後疏云凡稅斂之事者都鄙雖制井田而此經則是徹法無公田一井九家各受田百畮而斂其什一之稅賈疏釋稅斂爲一井之田一夫稅入於官則是合徹助爲一法非經義也詳匠人疏　注云此謂造都鄙也者謂三等采地爲井田法也云采地制井田異於鄉遂者賈疏云案遂人夫閒有遂之等是溝洫法鄉田之制與遂同此經與匠人爲井田法其制與鄉遂不同故云采地制井田異於鄉遂也此雖不言異於公邑公邑亦與遂同故注匠人云異於鄉遂及公邑是也案采地制井田匠人爲之溝洫鄉遂亦有溝洫而不爲井田其溝洫形體亦與此殊是其異也至公邑之在甸稍縣都者亦當制井田與都鄙同鄭賈謂公邑皆不制井田非也詳後疏云重立國者謂采地爲畿內國故與畿外侯國同制井田今案公邑亦制井田侯國亦有不井之田不可一概論也詳匠人疏云小司徒爲經之立其五溝五塗之界者塗涂之俗掌節司險注五涂字並作涂此疑誤此釋經土地爲經界也司市注云經界也遂人以土地之圖經田野造縣鄙形體之灋注云經形體皆謂制分界也與此注義同漢書食

貨志亦云理民之道地著爲本故必建步立畮正其經界此小司徒
所經正建步立畮正經界之事也賈疏依天官敘官經野注義謂經
爲之里數卽井方一里邑方二里之等今案里數亦包於經界之內
注義固已該矣五溝五涂詳遂人司險職云其制似井之字因取名
焉者釋名釋州國云周制九夫爲井其制似井字也論語學而皇疏
云名爲井者因夫閒有遂水縱橫相通成井字也程瑤田云屋三爲
井井之名命於疆別九夫二縱二橫如井字也詒讓案衍沃之地可
爲井井者則平方如圖其不可爲井者則以九章方田之術步之使其
分率均平則雖不如井字而步積之數亦相等也引孟子者滕文公
篇荅畢戰問井地之語證經土地卽經界之事也井地不均均宋石
經及宋本孟子並作鈞貢祿今本作穀祿姦吏今本作汙吏趙注云
經亦界也必先正其經界勿侵鄰國乃可均井田平穀祿穀所以爲
祿也周禮小司徒曰乃經土地而井其田野言正其土地之界乃定
受其井牧之處也暴君殘虐之君汙吏貪吏也慢經界不正本也必
相侵陵長爭訟也分田賦廬井也制祿以庶人在官者比上農夫轉
以爲差故可坐而定也案趙義與鄭同鄭司農云井牧者春秋傳所
謂井衍沃牧隰皋者也者左襄二十五年傳說楚蔿掩書九等土田
之事云度山林鳩藪澤辨京陵表淳鹵數疆潦規偃豬町原防牧隰
皋井衍沃杜注云隰皋水岸下濕爲芻牧之地衍沃平美之地則如
周禮制以爲井田云玄謂隰皋之地九夫爲牧二牧而當一井者兼
釋此經及左傳義也王制孔疏云按異義左氏說山林之地九夫爲
度九度而當一井藪澤之地九夫爲鳩八鳩而當一井京陵之地九
夫爲辨七辨而當一井淳鹵之地九夫爲表六表而當一井疆潦之
地九夫爲數五數而當一井偃豬之地九夫爲規四規而當一井原
防之地九夫爲町三町而當一井隰皋之地九夫爲牧二牧而當一
井衍沃之地九夫爲井賦法積百井除山川坑斥三十六井定出賦

者六十四井則千里之畿地方百萬井除山川坑斥三十六萬井定出賦者六十四萬井長轂萬乘如異義此說則方十里凡百井三十六井爲山川坑斥六十四井爲平地出稅按鄭注小司徒成方十里緣邊一里治爲溝洫則三十六井其餘方八里爲甸六十四井出田稅與異義不同者異義所云通山林藪澤九等而言之鄭注小司徒者據衍沃平地而言之所以不同也案左傳孔疏又引賈逵說與異義左氏說同卽二鄭所本也依異義及賈鄭說則牧卽一易之田因以爲隰皋九夫之名沈彤謂卽大宰藪牧之牧亦卽休不耕之田是也蓋井牧猶言田萊休不耕之田以長草萊故杜預以爲芻牧之地書禹貢青州云萊夷旣牧明萊田宜畜牧矣云今造都鄙授民田有不易有一易有再易通率二而當一是之謂井牧者據大司徒職凡造都鄙以其室數制之不易之地家百畮一易之地家二百畮再易之地家三百畮此井牧亦造都鄙之法授田宜依彼制故知有此三法也賈疏云三家受六夫之地是隰皋之地二牧始當一井故云二而當一云昔夏少康在虞思有田一成有衆一旅者據左哀元年傳文明彼一成之田卽匠人之十里曰成也云一旅之衆而田一成則井牧之法先古然矣者謂亦近二當一之率也賈疏云言有田一成有衆一旅則地以上中下爲率者以爲其成方十里九百夫之地一成旅五百夫故知是通率之通率之法正應四百五十人言一旅舉成數也亦容不易者多鄭言此者井牧之法自夏而有非祇於周詒讓案此可證鄭亦謂夏與周田制不異孟子謂夏五十周百畮者蓋畮法之異非授田有多少也詳匠人疏云九夫爲井者方一里九夫所治之田也者匠人注同穀梁宣十五年傳云古者三百步爲里名曰井田井田者九百畝公田居一韓詩外傳云古者八家而井田方里爲一井廣三百步長三百步爲一里其田九百畝孟子滕文公篇春秋繁露爵國篇說並同李翱平賦書以三百六十步爲里乃唐以後

法今承用之與古里法不同也又古書並謂井里同步唯大戴禮記王言篇云三百步而里千步而井此說井里步異與古制不合蓋文有舛誤穀梁韓詩孟子皆據制公田者爲說故一井田九夫治田之人則止八家鄭匠人注謂周畿內都鄙井田不制公田則一井田九夫治田之人亦九家此云九夫所治之田九夫猶言九家也審校鄭義蓋計地雖有宮室涂巷三分去一及受田一易再易二而當一之率而同井聚居則不宜過於疏曠自以一井九家爲定數故後注引司馬法十井爲通雖以三十家約計而其比居實以三十六家聚居四井之地餘六井卽宮室涂巷及一易再易所除之地皆所不居者也然則虛實相除當以一通除其六井而不以一井除其六家明矣賈疏乃謂一井之內地有九夫中一夫入於公四畔八夫家治百畝無九夫所治況其中或有一易再易所取數更少鄭據地有九夫而言非謂有九家旣違畿內不制公田之義復以逐井除減謂無九家殆未達鄭恉漢書食貨志載王莽儗載師里布法令宅不毛者出三夫之布似劉歆等卽謂方里之井三分除二止有三夫論語公治長皇疏亦謂方里爲井井有三家蓋以一通三十家之率分除之則一井止有此數是漢以來已有此說卽賈氏所本然不可以此淆鄭義也云此制小司徒經之匠人爲之溝洫者明井田亦有溝洫匠人文足與此相備鄉師注謂冬官攷有匠師卽匠人之長此官與彼爲官聯也賈疏云案匠人云井閒有溝成閒有洫同閒有澮是匠人爲之溝洫也云相包乃成耳者謂井邑溝洫互相包乃成一成一同也云邑丘之屬相連比以出田稅者對邑丘等以外旁加之地治溝洫不出田稅也賈疏云從井邑至縣都從內向外界相連比井稅一夫故言以出田稅云溝洫爲除水害者匠人爲溝洫注云主通利田閒之水道是也程瑤田云溝洫以備潦非備旱也歲歲治之務使水之來也其涸可立而待若以之備旱則宜豬之不宜溝之宜蓄之不宜洩

之今之遞廣而遞深也是溝之法非豬之法是洩之非蓄之也故使溝洫之制存而不壞豈惟原田之利農無水潦之患而天下之川亦因之而治矣管子立政篇溝瀆不遂於隘鄣水不安其藏國之貧也尚書大傳溝瀆壅遏水爲民害則責之司空此皆溝洫爲除水害之證云四井爲邑方二里者呂氏春秋貴因篇高注義同井方一里四井積四里開方爲二里釋名釋州國云四井爲邑邑猶俋也邑人聚會之稱也案都鄙公邑民相聚而居蓋始於四井三十六家故謂之邑國語齊語管子治鄙以三十家爲邑亦與四井家數相近凡鄉遂都鄙公邑聚居爲城不論家數多少通謂之邑詳里宰疏云四邑爲丘方四里者四邑積十六里開方爲四里釋名釋州國云四邑爲丘丘聚也說文丠部云古者九夫爲井四井爲邑四邑爲丠丠謂之虛云四丘爲甸甸之言乘也者段玉裁云甸古音陳陳乘雙聲稍人職丘乘注曰丘乘四丘爲甸甸讀與維禹敶之之敶同其訓曰乘由是改云此注甸之言乘卽其訓曰乘也甸與乘雙聲因以知其訓曰乘稍人之乘卽甸故此注甸之言乘也詒讓案乘卽後引司馬法革車一乘之乘鄭坊記注云古者方十里其中六十四井出兵車一乘是也釋名釋州國云四丘爲甸甸乘也出兵車一乘管子乘馬篇云方六里爲一乘之地也山至數篇說同又侈靡篇云乘馬甸之衆制之案管子六里疑皆當作八里所言丘乘之制與此經同也甸乘義同互詳稍人疏云讀如衷甸之甸者左哀十七年傳衞渾良夫乘衷甸兩牡杜注云衷甸一轅卿車段玉裁云讀如者但擬其音讀如衷甸之甸猶讀如維禹敶之之敶也衷甸古音讀衷陳云甸方八里者甸積六十四里開方爲八里云旁加一里則方十里爲一成者王制云方十里者爲方一里者百爲田九萬畝案此亦申上注溝洫與邑丘等相包之義以此四丘爲甸既積六十四里更加溝洫之地積三十六里通爲百里開方得十里是於甸八里旁加一里卽匠人云方十

里爲成明成中包甸司馬法成甸出車異而實同是其證也但此所加之地通溝洫言之洫包甸外而溝則交注甸內鄭欲取整數計之故通云旁加一里匠人注又謂緣邊一里治洫實則所加之地不盡在旁邊亦不盡治洫也云積百井九百夫者賈疏云但一成之內方十里開方之得百井井有九夫故云九百夫云其中六十四井五百七十六夫出田稅者即匠人注云甸方八里出田稅是也賈疏云此就甸方八里而言八里之內開方之八八六十四故云六十四井井有九夫故五百七十六夫井稅一夫故云出田稅云三十六井三百二十四夫治洫者此明里外旁加之三十六井爲虛地不出田稅者也賈疏云此據甸方八里之外四面加一里爲成而言成有百井中央八里除六十四井餘有三十六井井有九夫故三百二十四夫治洫不使稅鄭言此者見經四丘爲甸據實出稅而言故不言成也若然方里爲井井閒有溝溝廣四尺深四尺方十里爲成成閒有洫廣八尺深八尺治溝洫者皆不出稅獨言治洫者據外而言其實治溝亦不出稅揔在六十四井之內以洫言之矣陳喬樅云夫之名有二其連夫家爲文者則指人也其從田制而言如畝百爲夫夫三爲屋則指地也九夫爲井疏云一井之內地有九夫是已鄭所云三十六井三百二十四夫治洫者謂一成百井其三十六井三百二十四夫之地以爲溝洫宋人誤解鄭義而以旁加之夫爲專治溝洫之人使不出稅失之殊甚匠人注云夫三爲屋屋具也一井之中三屋九夫三三相具出賦稅共治溝也鄭明言共治溝則推之洫澮皆當共治之安得專有治洫治澮之夫所謂甸方八里旁加一里者計六十四井之田方八里其旁加有一里縱横合之爲方十里即畝閒之畎田首之遂井閒之溝成閒之洫積六十四井算之加三十六井三百二十四夫之地鄭於成發之者以整數爲算法耳成但言洫者以成始有洫言洫則畎遂與溝可知也柰何以旁加一里在一甸之外而其

夫專治溝洫乎匠人之法一成一洫其成之一面近洫者使之治洫猶可言也其成之三面距洫已遠獨此四旁三十六井使之越數里之地往來治洫豈所以便民者哉然一成之地猶小也至同方百里其旁面距澮之遠或數十里或百里其對面距澮之遠皆百里獨使四旁十里越百里之地專任往來治澮有是理耶攷小司徒會萬民之卒伍而用之以作田役注謂役爲功力之事小司徒又曰凡起徒役毋過家一人竊以洫澮之事正所謂功力之役如三夫共一遂九夫共一溝遂溝小而易故但一井共脩之洫與澮廣而且深則脩之者當合一成一同而家出一人共役其事不當專責之某井某夫也若必以某人治溝洫某人出賦稅豈先王均力征之意哉信南山詩箋云甸方八里居一成之中坊記注云古者方十里其中六十四井言甸在一成中又言其中六十四井則是一成之中但有一甸六十四井之田故曰六十四井五百七十六夫出田稅其餘爲畎遂溝洫雖有三十六井三百二十四夫之地無田故無可出稅也案司馬法有成方十里出長轂一乘之文亦有甸方八里出長轂一乘之文是知據夫地言之則爲一成所出據井田言之則爲一甸所出二者相通故各據一焉匠人爲溝洫曰成曰同益見方十里方百里者爲包溝洫之地也匠人注云方十里爲成成中容一甸甸方八里若其餘里亦有夫井何以但言容一甸乎又云方百里爲同同容四都六十四成變甸言成者明一甸卽一成也不言百成而言六十四成者明一同雖百成而實但有六十四成之田也謂旁加一里旁加十里非溝洫之地而何哉今卽畎遂溝洫之地算之一夫百畝畎廣尺長終畝每六畎而當一畝地則六夫之畎當一夫之地甸六十四井得十井三分井之二爲九十六夫畎之水入於遂遂在田首廣二尺三夫而共一遂遂長終井其當畎處益以畎廣六分畝之一井閒有溝以受遂水廣四尺長終甸成閒有洫以受溝水廣八尺長終成洫之縱

橫從遂其當甽處亦益以甽廣六分畝之一而三倍之洫廣二倍於遂故當甽廣處亦三倍算也合遂溝洫之長廣地又不下數井溝洫以通水利徑畛以通車徒遂上之徑容牛馬溝上之畛容大車洫上之涂容乘車一軌計其地之長廣亦不下十數井徑畛包於溝洫則三十六井之爲溝洫地也明甚鄭言三十六井三百二十四夫治洫其算法當自精覈非然者一夫百畮除其甽廣是田無六尺之畮而夫無百畮之田矣況一成之地若皆爲田畮不知溝洫又取何地以爲之邪案陳說是也鄭所謂治洫治澮者皆指濬治洫澮所占之地言之故稍人注云是掌令都鄙脩治井邑丘甸之溝涂溝涂之人名井別里異則民之家數存焉明治溝涂者卽丘甸之人儻鄭以治溝之人別在丘甸之外則治溝涂之人名安得見丘甸之家數哉陳說信足發明鄭君之微恉矣云四甸爲縣方二十里者賈疏云甸方八里縣應方十六里云方二十里據通治洫旁加一里爲成而言詒讓案甸積六十四里甸郊則二百五十六里開方得十六里旁各加一里爲二十里國語周語韋注云四甸爲縣縣方十六里者不數旁加四里也云四縣爲都方四十里者縣實田積二百五十六里四縣則一千二十四里開方得實田三十二里通虛地八里爲四十里也呂氏春秋貴因篇高注云周禮四縣爲都都方三十二里也卽據實田言之云四都方八十里者都實田積一千二十四里四都則四千九十六里開方得實田六十四里通虛地十六里爲八十里也云旁加十里乃得方百里爲一同也者王制云方百里爲方十里者百爲田九十億畝此亦明甸八十里面加十里卽匠人云方百里爲同也此一同百里亦謂之縣周書作雒篇云千里分以百縣縣有四郡郡有四鄙彼縣卽匠人之同郡卽此經之都鄙卽此經之縣名制並異疑晚周之制左哀二年傳說晉制亦縣大郡小與周書同又此方百里中含四都管子乘馬篇云上地方八十里萬室之國一千室之都四

中地方百里萬室之國一千室之都四下地方百二十里萬室之國
一千室之都四以上地方八十里與下地方百二十里通於中地方
百里此亦以中地百里含四都與此同而國數室數並不合亦非周
法也云積萬井九萬夫者同方百里通虛實之地爲積萬井九萬夫
也賈疏云據百里開方而言百里者縱橫各百一行方一里者百行
故萬井一井有九夫故有九萬夫云其四千九十六井三萬六千八
百六十四夫出田稅者四都之實地四千九十六里爲四千九十六
井卽每甸八里六十四井實田所象積而成也賈疏云此據從甸方
八里出田稅四甸爲縣縣方十六里四縣爲都都方三十二里四都
方六十四里據六十四里之內開方之縱橫各一里一截爲六十四
截行別有六十四井六十四行計得四千九十六井井有九夫四千
九十六井計得三萬六千八百六十四夫是實出田稅者陳喬樅云
一同中容四都六十四成爲六十四甸以甸六十四井五百七十六
夫計之六十四甸爲四千九十六井三萬六千八百六十四夫故鄭
云其四千九十六井三萬六千八百六十四夫出田稅也云二千三
百四井二萬七百三十六夫治洫者以一同萬井九萬夫除實地四
千九十六井三萬六千八百六十四夫外餘五千九百四井五萬三
千一百三十六夫爲虛地分治洫及澮此治洫二千三百四井者卽甸
外旁加之虛地三十六井所象積而成也賈疏云此據甸方八里旁
加一里爲成是不出稅治洫之夫而言之也從四成積爲一縣縣方
二十里四縣爲都都方四十里四都方八十里開方之縱橫各一里
一截爲八十截一行八十井八八六十四爲六千四百井就裏除四
千九十六井其餘二千三百四井在井有九夫二千三百四井爲二
萬七百三十六夫不出稅使之治洫也陳喬樅云以成之三十六井
治洫計之六十四甸得二千三百四井二萬七百三十六夫皆爲溝
洫之地故鄭云二千三百四井二萬七百三十六夫治洫也云三千

六百井三萬二千四百夫治澮者此除四都實田四千九十六井及治洫之虛地二千三百四井之外又加此虛地以治澮也賈疏云此據四成爲縣縣方二十里二十里更加五里卽爲大夫家邑也縣方二十五里四縣是小都五十里是六鄉之采地四都爲方百里一同卽爲三公王子母弟之大都也但據百里開方之卽爲萬井就萬井之內除去六千四百井其餘三千六百井在井有九夫則爲三萬二千四百夫不出稅使之治澮陳喬樅云鄭又言三千六百井三萬二千四百夫治澮者以上文所算無治澮之地恐人不知以溝洫之地爲并澮在內故言此以別之明治澮之地在三千六百井之中不在治洫地內也此三千六百井者卽王制所謂山陵川澤溝瀆城郭宮室塗巷三分去一者也鄭不言者方詳井田溝洫之制故從略耳詒讓案漢書刑法志云一同百里提封萬井除山川沉斥城池邑居園囿術路三千六百井定出賦六千四百井天子畿方千里提封百萬井定出賦六十四萬井漢志一同除三千六百井卽此注一同所除旁加之數也王制孔疏引五經異義左氏說亦與漢志同班許兩家並兼山川坑斥等計之鄭專屬治溝洫澮言者文不具耳但漢志一同萬井除三千六百井存六千四百井以算術約之是爲二十五分而去其九存者十六也前注說一成以三十六井治洫六十四井出田稅與彼率正同較之三分去一之率所去已較多此以一同包百成百成之內旣去其二千三百四井治洫又去其外三千六百井治澮是萬井之中去者五千九百四井存者止四千九十六井以算術約之是爲六百二十五分而去其三百六十九存者二百五十六也較之一成所去尤多故依鄭說則一同定出賦者校漢志少二千三百四井蓋漢志據一同總除之而鄭則據積百成爲同節次除之故得數不同又此率止可施於井田依鄭義王畿百同自都鄙外鄉遂等皆爲不井之田不可以此率槪之故載師注說王畿百同受田家

珍倣宋版印

數止以三分去一大約計算漢志以井田爲王畿之通法其說皆未合故鄭並不從也又春秋繁露爵國篇云方里而一井方百里爲方里者萬法三分而除其一城池郭邑屋室閭巷街路市官府園囿萎圈臺沼椽采得良田方十里者六十六與方里六十六天子地方千里爲方百里者百亦三分除其一定得田方百里者六十六與方十里者六十六案依董子說則一同得良田六千六百六十六井一畿得良田六十六萬六千六百井所得數皆贏於漢志三十三分之一而三分除一之率則同商子徠民篇云地方百里者山陵處什一藪澤處什一谿谷流水處什一都邑蹊道處什一惡田處什二良田處什四案商君以惡田良田共處十分之六亦與三分去一之率相近蓋古人計地墾田法皆如是惟井田與不井之田算率少異互詳載師疏云井田之法備於一同者井邑丘甸縣都及五溝五塗之制至同而大備也陳喬樅云同方百里提封萬井其中甸之地方六十四里爲四千九十六井溝洫之地方四十八里爲二千三百四井合爲方八十里六千四百井其餘三千六百井山川城邑之三分去一者爲三千三百三十三井有奇其餘井以之治溝與澮上之道然後溝涂備而井田成故曰井田之法備於一同也云今止於都者采地食者皆四之一者賈疏云解此四縣爲都據小都五十里而言是止於都也以其采地食者皆四分之一稅入天子故云采地食者皆四之一也案上諸男之地亦四之一故云采地食者皆四之一詒讓案鄭意若備一同之制則經當云四都爲一大都今經自以井邑以上積至四縣爲都而止不復及大都者以一同之中雖含四都然公之采地自食者止三都以一都入王故此文止於四縣之小都據左昭十三年傳子產曰卑而貢重者甸服也杜注以爲畿內共職貢者是采地之貢重於外諸侯沈彤亦據以證鄭義今攷左傳亦無四之一入王之明文鄭自隱據大司徒子男所食爲比例然此實臆說於經無

塙證大司徒五等國所食義亦本不如是詳彼疏云其制三等者據載師云以家邑之田任稍地以小都之田任縣地以大都之田任畺地謂畿內采地自百里以下遞減爲三等異於畿外封國自五百里以下遞減爲五等也王制云公侯田方百里伯七十里子男五十里天子之三公之田視公侯天子之卿視伯天子之大夫視子男鄭彼注云此地殷所因夏爵三等之制也周公斥大九州之界封王者之後爲公及有功之諸侯大者方五百里其次侯四百里其次伯三百里其次子二百里其次男百里唯天子畿內不增以祿羣臣不主爲治民又左傳昭十三年孔疏及國語周語韋注引鄭志云畿內之諸侯雖爵在侯伯周之舊法皆食子男之地此皆鄭謂畿內三等異於畿外五等之說也然依彼注說周畿內仍夏殷制爲三等之國則當以百里七十里五十里爲三等而此注下文又以百里五十里二十五里爲三等與王制注說小異似當以此注爲正孟子萬章篇云天子之卿受地視侯大夫受地視伯元士受地視子男與王制文復差異依其說則卿采邑百里大夫采邑七十里並校此注爲贏而元士采邑五十里又此及王制經注所無古經迕無可質定又王制說五等國里數亦實非殷法詳大司徒疏云百里之國凡四都一都之田稅入於王者此卽公所食之大都也三等采地卽畿內之國故謂之百里之國百里者積萬里一同之地中含四都方八十里積六千四百里通治澮之地爲方百里以司馬法出車之法計之爲百乘之地實出車六十四乘也鄭謂采地者皆四之一入王故四都而以一都之田稅入王餘三都公自食沈彤云公田二千有四十八夫王食者五百一十二夫云五十里之國凡四縣一縣之田稅入於王者此卽鄉所食之小都也方五十里者積二千五百里中含四縣方四十里積千六百里仍餘九百里爲方三十里通爲二十五乘之地實出車十六乘鄭謂四之一入王故四縣而以一縣之田稅入王餘三縣

卿自食沈彤云孤卿田五百一十二夫王食者百二十八夫云二十五里之國凡四甸一甸之田税入於王者此卽大夫所食之家邑也方二十五里者積六百二十五里中含實田四甸方十六里通虛地爲四成方二十里積四百里仍餘二百二十五里爲方十五里通爲六乘有奇之地實出車四乘鄭謂四之一入王故四甸而以一甸之田税入王餘三甸大夫自食沈彤云大夫四百二十八夫王食者三十二夫程瑤田云縣之田才二十里都之田才四十里而鄭言卿大夫采地乃云二十五里之國五十里之國者蓋舉一同之田四之一與十六之一而言之也案程說是也公卿大夫采地三等各相倍半以次遞減故大都地正一同而小都家邑皆有餘地不能適合四縣四甸之里數也依此注義則畿內采地三等大都百里小都五十里家邑二十五里其總數則大司徒注云未實王制說天子縣內大國百里次國七十里小國五十里三等之國凡九十三國鄭不從之者以王制說畿外五等國里數既與此經不合則畿內采地里數亦不足馮故鄭彼注及大司徒注並以爲夏制說雖不甚塙然其不可以證此經則固無疑也又案此四甸之縣凡六十四邑通旁加之地則曰百邑左襄二十七年傳衞公孫免餘曰唯卿備百邑坊記孔疏引熊安生云卿備百邑者鄭志以爲邑方二里案二里者卽四井之邑也孔廣森云百邑者四百井也四百井者四成也成出革車一乘四成者四乘之地也案孔說足申鄭義蓋百邑爲井四百與此家邑四成之數正同沈彤謂卽四甸之地則去旁加之地計之此足證王國大夫與侯國之卿其采地同也而左傳杜注襍記左傳孔疏則謂百邑是一乘方十里之邑非四井之邑依其說則邑卽一甸出兵車一乘百邑卽一同也合於坊記家富不過百乘之文而與此注大都百里亦正同然其說非是大戴禮記禮三本篇云有國者事五世有五乘之地者事三世有三乘之地者事二世五乘者五成之地三乘者

三成之地並與此家邑相近以此推之夏少康有田一成有衆一旅而坊記疏引易訟九二邑人三百戶鄭注云小國之下大夫采地方一成其定稅三百家又論語伯氏駢邑三百注云齊下大夫之制是古邦國大家采地亦不逾此明鄭志說不可易也至春秋以後陪臣僭侈於是有百乘之家而與王之大都等至戰國且有千乘之家而與公侯大國等皆非古制也侯國采地之制論語公冶長皇疏坊記疏引皇氏熊氏說皆以意為推女並差異無可質證今不詳論云地事謂農牧衡虞也者賈疏云謂采地之中亦有九職農則三農生九穀牧則藪牧以蕃鳥獸衡虞則虞衡作山澤之材九職唯言此三者以其經言地事故舉以言之其餘六者略而不言矣案此地事與載師士均職略同詳載師疏云貢謂九穀山澤之材也者鄭大司徒地貢是也賈疏云此貢還出於農衡地事既無九職則貢中亦無九貢也詒讓案閭師八貢此任地令貢注舉農牧衡虞四事上經令萬民之貢注舉嬪婦百工者以其非地事也於八貢獨遺圃與商二貢不言者以農可晐圃工可晐商故均人地職士均地事注並兼舉農圃明其互相備文不具也云賦謂出車徒給繇役也者賈疏云以其采地之內無口賦出錢入天子之法故以賦為軍賦解之若然大宰九賦四曰家稍之賦五曰邦縣之賦六曰邦都之賦者謂三等采地之外皆有公邑公邑之內口率賦錢入於王家但公邑無名故舉三等之號以表之故禮雜問志云稍縣都鄙地有公邑之民口率出泉於王也邦國都無口率之賦唯有軍賦革車四馬士徒而已是也詒讓案大司徒云以斂財賦注云賦謂九賦及軍賦此無九賦者鄭謂采地無口賦也賈則大宰九賦是地稅非口賦此賦當亦兼九賦言之注說非也九賦詳大宰疏引司馬法者釋井牧軍賦之法兼證此井邑丘甸縣都與匠人通成終同同制也漢書藝文志禮家軍禮司馬法一百五十五篇史記司馬穰苴傳齊威王使大夫追論古者司馬

兵法而附穰苴于其中因號曰司馬穰苴兵法是司馬法實古軍禮之遺文故足與禮經相證賈疏及隋書經籍志謂卽穰苴所撰誤也論語學而集解馬融注及晉書地理志並引司馬法文與此注略同今本司馬法止存五篇無此文蓋在佚篇中云六尺爲步者漢食貨志同爾雅釋宮邢疏引白虎通云人踐三尺法天地人再舉足曰步備陰陽也論語學而皇疏云凡人一舉足爲跬跬三尺也兩舉足曰步步六尺也案車人爲耒云六尺有六寸與步相中也此兼耒木弧曲之度計之如此其弦度亦止六尺也惟王制云古者以周尺八尺爲步今以周尺六尺四寸爲步此與司馬法異者蓋步法秦漢時有改易也通典軍禮說一步五尺此唐以後制今承用之互詳車人疏云步百爲畮者漢食貨志同韓詩外傳云廣一步長百步爲一畝說文田部云六尺爲步步百爲畮秦田二百四十步爲畮桓寬鹽鐵論未通篇云古者制田百步爲畝先帝哀憐百姓之愁苦衣食不足制田二百四十步而一畝案玉篇田部云秦孝公二百四十步爲畮蓋商鞅開阡陌時所改漢又因秦制其畮長於古百四十步而廣一步則同九章算術方田篇畝法亦依秦漢制今承用之云畮百爲夫者漢食貨志同論語皇疏云畝百爲夫方百步也謂爲夫者古者賦田以百畝地給一農夫也案公羊宣十五年何注云一夫一婦受田百畝故百畮卽謂之夫一夫百畮積萬步方百步也程瑤田云畮百爲夫夫之名命於受田之人也詒讓案古畮法百步步法六尺步畮相乘得六百尺更以六百尺自乘得三十六萬尺爲古百畮之積今畮法二百四十步步法五尺步畮相乘得千二百尺更以千二百尺自乘得百四十四萬尺爲今百畮之積而今尺校古尺又約贏四分之一則今百畮大於古幾五倍矣古今尺異同詳玉人疏云夫三爲屋者漢食貨志同論語皇疏云夫三三方百步者三也廣一里長百步也案一屋三百畮積三萬步管子乘馬篇云四聚爲一離五離爲一制

五制爲一田二田爲一夫三夫爲一家彼蓋以半畮爲一聚以夾積之三夫爲一家家卽司馬法之屋也屋詳匠人疏云屋三爲井者漢食貨志二云屋三爲井井方一里是爲九夫與經二云九夫爲井義同一井九百畮積九萬步二云井十爲通者漢書刑法志同一通九十夫三十屋九千畮積九十萬步此含虛地而言也以實地計之則當爲二邑八井之地以其二井爲虛地弃計之爲一通論語皇疏二云此十井之地並之則廣十里長一里也謂爲通者其地有三十屋相通共出甲士一人徒卒二人也賈疏二云據一成之內一里一截縱橫各十截爲行一行十井十行據一成一畔通頭故名井十爲一通程瑤田二云井十爲通通之名命於十井之溝通於洫也二云通爲匹馬者賈疏二云十井之內井有九夫十井爲九十夫之地宮室塗巷三分去一唯有六十夫地在不易一易再易通率三夫受六夫之地三十夫受六十夫之地唯三十家使出馬一匹故二云通爲匹馬二云三十家士一人徒二人者受田者三十夫一夫爲一家故三十家也賈疏二云三十家出三人士謂甲士徒謂步卒詒讓案此大略計之也若以八井實地計之則當有七十二夫以三等授地之率通之凡三十六家校總計一通之數多六家然其出匹馬則同二云通十爲成者漢刑法志二云通十爲成成方十里論語皇疏二云成方十里也謂爲成者兵賦法一乘成也案一成百井三百屋九百夫九萬畮積九百萬步程瑤田二云通十爲成成之名命於縱橫十里爲方百井井田之制於是乎成也二云成百井三百家革車一乘士十人徒二十人者賈疏二云一成之內有十通言三百家者亦如前通率法一成之內地有九百夫宮室塗巷三分去一不易一易再易通率二而當一故一成唯有三百家革車一乘士十人徒二十人此亦含虛地大略計之司馬法別說甸出長轂一乘者一甸卽一成所包之實地一甸凡五百七十六夫以三等授地之率通之凡二百八十八家校總計一成者少十二家其出革車

一乘則同春秋成元年作丘甲左傳杜注以爲令丘出甸之軍賦爲非法之重斂孔疏釋甸出一乘謂據上地言之若以上中下地相通則當二甸出一乘是除而又除失之遠矣云十成爲終者漢刑法志云成十爲終荀悅漢紀終作衆字通案一終百通千井三千屋九千夫九十萬畮積九千萬步賈疏云謂同方百里之內十里一截爲縱橫各十截爲十行行別十成言十成爲終據同一畔終頭而言程瑤田云十成爲終終之名命於洫納百溝行百里以入於澮井田水道之長終於此矣云終千井三千家革車十乘士百人徒二百人者賈疏云十成成百井故千井三千家詒讓案成有九千夫亦如前通率法故爲三千家此亦含虛地大略計之也以實地計之則一成中包一甸十成則十甸凡五千七百六十夫以三等授地之率通之凡二千六百八十家也校總計一終之數少三百二十家其出革車十乘則亦同云十終爲同同方百里萬井者漢刑法志云終十爲同同方百里案一同百成千通萬井三萬屋九萬夫九百萬畮積九萬萬步賈疏云謂之爲同者取象雷震百里所聞同故名百里爲同程瑤田云十終爲同同大成也一澮上承洫溝遂畎之水以專達於川云三萬家革車百乘士千人徒二千人者同九萬夫亦如前通率法故爲三萬家此亦含虛地大略計之也以實地計之則同中包四都凡四千九十六井三萬六千八百六十四夫以三等授地之率通之凡一萬八千四百三十二家也校之總計一同之數少一萬一千五百六十八家其出革車百乘則亦同又漢刑法志云一同百里提封萬井定出賦六千四百井戎馬四百匹兵車百乘此卿大夫采地之大者也是謂百乘之家案漢志亦以一同所包之實地計數然以同中實地爲四都而總以一同百井去其三千六百井計之依其說則一同六千四百井凡五萬七千六百夫也以三等授地之率通之凡二萬八千八百家與四都家數不合然其出車之數則無不同也陳喬樅

云小司徒言井牧之法而溝洫之法詳於匠人司馬法自六尺爲步至屋三爲井言夫晦之數自井十爲通至同方百里言土地之數無有異也鄭恐人不明故引匠人溝洫之制而證以司馬法之文如此詒讓案以上並引司馬法文以說井牧出軍賦之法然彼本有二法詩小雅信南山孔疏引左傳成元年服注述司馬法云四邑爲丘有戎馬一匹牛三頭是曰匹馬丘牛四丘爲甸甸六十四井出長轂一乘馬四匹牛十二頭甲士三人步卒七十二人戈楯具備謂之乘馬此注成出一乘終出十乘同出百乘而服注則甸出一乘縣出四乘都出十六乘兩法不同賈疏云此謂天子畿內采地法鄭注論語道千乘之國亦引司馬法彼是畿外邦國法彼革車一乘甲士三人步卒七十二人甲士少步卒多此士十人徒二十人比畿外甲士多步卒少外內有異故也案司馬法二文差互鄭此注論語注各據其一無所折衷依賈說則此注所引者爲天子畿內采地法左傳服注所引者爲畿外邦國法坊記及左傳成元年孔疏說並同穀梁哀十二年楊士勛疏云甸出長轂一乘此甸據實出賦者言之成方十里出革車一乘者通計治溝洫者言之其實一也案楊說與賈孔不同而於義爲長黃以周云左傳曰晉十家九縣長轂九百其餘四十縣遺守四千周書作雒解千里百縣則一縣猶一同也四十九同爲方七百里出車四千九百乘此用成出一乘之法也左傳又曰公子無虧成衞帥車三百乘甲士三千人此用革車一乘士十人徒二十人之法亦成出一乘之法也賈疏謂邦國用甸出一乘七十五人之法亦與傳戾案黃說亦足證賈孔說之誤江永云司馬法通成終同封畿以十起數計里也小司徒井邑丘甸縣都以四起數制賦也甸與乘古字通因一乘當用四馬其制成於六十四井故皆以四起數此與計里之法本不相通而亦可相通者井田與道里有實數有虛數也是以漢志云一同萬井定出賦六千四百井戎馬四百匹兵車百乘

而一封三百一十六里出千乘一畿千里出萬乘亦皆以百分之六十四爲實三十六爲虛則一成十里亦以一甸六十四井爲實三十六井之地爲虛矣案江說亦是也漢志所說一同井田實數與四都之井數不合積爲封畿其不合彌多然可證司馬法二文虛地實地異而實同之義蓋此注引司馬法止於一同萬井出車百乘是爲采邑大都之賦漢志據其率推廣之以十同爲一封十萬井出車千乘是爲諸侯大國之賦又以十封爲一畿百萬井出車萬乘是爲王國之賦然此止是大略之法若以任地之制分別精算則不必密合此猶作維說王畿百縣止據縣鄙都鄙言之若郊甸鄉遂安得盡以縣法概之哉今以此經及司馬法參互校之王畿及侯國皆有鄉遂都鄙之異鄉遂五五相比斷不能爲井田又左傳成元年疏云長轂馬牛甲兵戈楯皆一甸之民同共此物若鄉遂所用車馬甲兵之屬皆國家所共知者以一鄉出一軍則是家出一人其物不可私備故也據孔說是鄉遂賦法出兵而不出車若依司馬法計井出車之制計之則必王國侯國皆不立鄉遂而後可其不合者一也且都鄙雖爲井田之制然疆域華離及山川所限斷不能截然正方亦必有畸零不井之田錯乎其閒則亦不能皆符此數其不合者二也又司馬法所計夫數皆以一井九家爲率則不爲公田而據鄭匠人注則王畿之井田用貢法無公田邦國之井田用助法有公田有公田則一井止八家一邑止三十二家而丘甸以上之積數皆當大減是侯國卽不立鄉遂盡爲井田亦不能充此數其不合三也然則作司馬法者未嘗不知井與不井形體不一但分地校量則紛互襍糅不便計算故設此計里令賦大略之疏率無論井與不井一以此通之不過謂地方百里可出車百乘地方三百十六里有奇可出車千乘地方千里可出車萬乘耳彼本不謂盡天下皆爲井田而說者必欲牽就井數夫數一一校覈求其密合其有當乎既知其爲大略之法則知通

成丘甸二文雖異而同爲計里出車之法不當如賈孔說以爲都鄙邦國之異制蓋丘爲匹馬丘牛即通爲匹馬左傳昭四年鄭子産作丘賦孫子作戰篇云財竭則急於丘役並謂此也丘十六井凡百四十四夫以三等授地之率通之受田者凡七十二家此與通十井三十家數雖不合而其出匹馬則同但丘增出牛三頭耳以平賈論之馬貴而牛賤三十家而出馬一匹與七十二家而出馬一匹牛三頭其費固約略相等也成包一甸甸出長轂一乘即成出革車一乘也甸六十四井以率通之凡二百八十八家此與成百井三百家數雖不合而其出車一乘則同由是推之終十成包十甸同百成包百甸其井及夫家之數亦皆不合而其出車十乘百乘則亦同但依鄭義一同雖可容百成而緣邊須再除其治洫之虛地是同中實地止包四都六十四甸則止能出六十四乘不足百乘之數足證司馬法亦大略計之本末以溝洫積數實除止以百成包百甸則出車百乘與甸出一乘之積數固無不合故論語注所引甲士步卒七十五人者依服氏所引本爲一甸所出而左傳疏引論語注又云一成方百里所出則鄭亦以二者是一可以互通非一成所出必少於一甸所出之數也至甲士步卒之數兩文所以不同者江永云七十五人者丘乘之本法三十人者調發之通制魯頌公車千乘公徒三萬正與司馬法合金榜云周軍賦有正卒以起軍旅有羨卒以作田役比追胥小司徒職凡起徒役無過家一人以其餘爲羨唯田與追胥竭作此正羨二卒以司馬法計之一云通爲匹馬三十家士一人徒二人成三百家革車一乘士十人徒二十人終三千家革車十乘士百人徒二百人同三萬家革車百乘士千人徒二千人蓋家計可任者一人一成三百家可任者三百人而革車一乘士徒凡三十人是爲十而賦一所謂凡起徒役無過家一人者也一云甸出長轂一乘馬四匹牛十二頭甲士三人步卒七十二人戈楯具備謂之乘馬甸六十四井

通上中下地率之定受田二百八十八家出長轂一乘步卒七十二人甲士三人者其軍吏所謂唯田與追胥竭作者也前法爲正卒後法爲通正羨之卒孫武言興師十萬不得操事者七十萬家彼以八家賦出一卒七家相與共其用故云不得操事是猶略具周人任民遺意管子治齊作內政寄軍令卒伍定乎里軍政成乎郊其制士鄉十五始家出一人爲卒班孟堅所謂隨時苟合以求欲速之功故不能充王制者也春秋成元年作丘甲說者謂此甸所賦使丘出之丘十六井通上中下地二而當一爲七十二家亦家出一人爲卒至戰國時蘇秦謂臨淄之中七萬戶下戶三男子臨淄之卒固已二十一萬始盡役其家之正羨爲卒而禍變亟矣案江金說是也戴震說同七十五人者任民之法非卽兵車一乘之人數三十人者出軍之法兵車一乘二十五人餘五人將重車也江氏謂七十五人者丘乘之本法三十人者調發之通制足正賈孔采地邦國異制之誤致周制鄉遂什伍與都鄙丘甸法制迥異上文正羨卒雖專據鄉遂言之與都鄙不相冡而丘甸調發亦必有正羨二卒自無疑義金氏段彼文以釋司馬法丘甸之制謂三十人者爲正卒七十五人者爲通正羨之卒通計正羨卽是丘乘本法調發止於正卒與江說亦足以相明然以實地計之通包八井依率除之則不止三十家而成包一甸則又不足三百家終包十甸同包四都亦然通而計之蓋不盈十家而賦一也至一甸之田依率通之凡三十二井二百八十八家而出步卒七十二人則是四家而賦一人也及其調發則以三十二井而出士徒三十人是一井九家而賦一人也尚餘二井不賦卒使互相補助以紓其力則與十賦一之制亦大略相近是依丘甸之法則九家有奇而賦一依通成之法則不足十家而賦一二法略同管子八觀篇云什一之師三年不解此與十賦一之法合者也而孫子用閒篇以八家賦一人計之蓋邦國制公田者之遺法亦足爲井出一人之

證又案司馬法二文雖異然皆謂一成百井出兵車一乘依鄭除虛地計之實一甸六十四井而出一乘內外相含其數同也而公羊宣十五年哀十二年何注並謂十井出兵車一乘論語學而集解引馬融云千乘之賦其地千成居地方三百一十六里有畸唯公侯之封乃能容之包咸云千乘之國百里之國也古者井田方里爲井十井爲乘百里之國適千乘也皇氏義疏以包說爲夏殷制據賈疏則鄭論語注說與馬同今攷馬鄭說丘乘出車合於司馬法封國里數合於此經其義不可易也管子揆度篇云百乘之國中而立市東西南北度五十里爲耕田萬頃爲戶萬戶爲開口十萬人爲當分者萬人爲輕車百乘爲馬四百匹千乘之國中而立市東西南北度百五十餘里爲耕田十萬頃爲戶十萬戶爲開口百萬人爲當分者十萬人爲輕車千乘爲馬四千匹萬乘之國中而立市東西南北度五百里爲耕田百萬頃爲戶百萬戶爲開口千萬人爲當分者百萬人爲輕車萬乘爲馬四萬匹此里數車乘與司馬法說正同千乘之國東西南北度百五十餘里正馬氏所云千成地方三百一十六里有畸者也惟夫田戶口之數不合耳甸之名出於乘明乘法始於一甸儻如包何說則當二邑有半而賦一乘一甸當賦六乘有奇取數跡畸零不整復與甸乘名義不相應矣況昭五年左傳說韓氏羊舌氏十家九縣長轂九百卽司馬法同出革車百乘之制又大戴禮記說侯國采地有五乘三乘依馬鄭義爲五百井三百井之地與左傳鄉備百邑四百井之文相近若如包何說則五乘者止五十井不過十二邑有奇三乘者止三十井不過七邑有奇與大國鄉采地之制相去遠甚其可通乎至鄉遂一家賦一人而都鄙則一井賦一人者六鄉之卒皆素隸軍籍六遂雖無軍籍而與六鄉皆出兵而不出車故家出一人不爲多丘乘之卒出於農民且有出車馬甲兵之費雖平時發軍所不及然其所云一乘三十人一乘七十五人者亦必豫定其制

若有大征伐或師不功鄉遂兵不足用則亦徵及之至於田役追胥羨卒盡行則又與鄉遂無異故并出一人不爲少也鄉遂軍制及都鄙出車徒之異並詳夏官敘官疏

乃分地域而辨其守施其職而平其政分地域謂建邦國造都鄙制鄉遂也辨其守謂衡虞之屬職謂九職也政稅也政當作征故書域爲邦杜子春云當爲域

疏乃分地域而辨其守者賈疏云小司徒佐大司徒主土地言分地域謂建邦國之等各有營域遠近疆界辨其守謂邦國都鄙之內所有山川使虞衡守之云施其職而平其政者即閭師任民均人土均均地政之事注云分地域謂建邦國造都鄙制鄉遂也者明此經不冢上造都鄙爲文也賈疏云案大司徒職掌天下土地之圖周知人民之數小司徒佐之明分地域者亦普及天下也是以知分地域之中有畿外邦國畿內都鄙及六鄉六遂鄭雖不言公邑地域之中亦含有四等公邑可知云辨其守謂衡虞之屬者守即所謂地守也大司徒云奠地守注云謂衡麓虞候之屬均人土均地守注義並同云職謂九職也者大司徒云分地職注云分其九職所宜也此職亦即地職通大宰九職言之也云政稅也者與均人之地政土均土地之政義同大司徒作地征彼注云征稅也云政當作征者謂征稅之字不當作政教之政也均人土均諸職地政字注並讀爲征凡此經征政字多通用詳小宰疏云故書域爲邦杜子春云當爲域者段玉裁云說文戈部或邦也域或或字域者邦者統詞域者別詞徐養原云大司徒以天下土地之圖周知也□部國邦也蓋古三字本一字國與邦異部而雙聲杜必改邦爲九州之地域與此經地域同義案段徐說是也

凡小祭祀奉牛牲羞其肆小祭祀王玄冕所祭

疏凡小祭祀奉牛牲者與小宗伯小司馬小司寇小司空爲官聯也云羞其肆者肆依鄭義亦當讀爲鬄詳小子疏賈疏云大司徒云祀五帝奉牛牲

羞其肆今於小祭祀則小司徒奉牛牲羞其肆　注云小祭祀王玄
冕所祭者舞師注同賈疏云案司服職云羣小祀則玄冕彼注云羣
小祀林澤墳衍四方百物之屬其於天神亦有小祀則風師雨師之
等小祭祀既用牛則王之祭祀無不用牛者案酒正注以六冕差之
絺冕所祭亦入小祀中今鄭不言之者以其社稷五祀於祭饌之事
入次祀中故宗伯云血祭祀社稷五祀五嶽故於此奉牛牲不言絺
冕矣詒讓案此注與酒正注不同此是也詳酒正及肆師司服疏又
案依此經則王國羣小祀皆用大牢或亦兼有特牛月令孔疏謂五
祀門竈等用特牛又引熊安生謂疈攘亦用牛是也郊特牲疏又謂
天神日月地示五祀以下常祀並用羊王親祭乃用牛恐非是互詳
羊人疏　小賓客令野脩道委積　小賓客諸侯之使臣　疏　小賓客令野脩道委積者令四郊以外脩道路及委
積也　注云小賓客諸侯之使臣者明此小賓客兼大行人之大客
小行人之小客二者而言詳大司徒疏賈疏云案大司徒職大賓客
令野脩道委積謂五等諸侯來朝者此小賓客諸侯使卿大夫來聘
故小司徒令野脩道委積大司徒注令令遺人此雖無注亦與彼同
案遺人唯掌脩委積其脩道當令野
廬氏賈據大司徒注義未晐詳彼疏　大軍旅帥其衆庶　帥帥而致於大司徒　疏
注云帥帥而致於大司徒者賈疏云案大司徒職大軍旅以旗致萬
民明此大軍旅帥其衆庶者小司徒於六鄉之內帥其衆庶致與大
司徒可知　小軍旅巡役治其政令　巡役小力役之事則巡行之　疏　小軍旅巡役治其政令者賈疏云案大司
徒大軍旅大田役而治其徒庶之政令故此小軍旅巡役小司徒治
其政令　注云巡役小力役之事則巡行之者巡行葉鈔本釋文作
脩行阮元云蓋循行之誤詒讓案掌固注云巡行也循與巡字通賈
疏云此經小軍旅謂使臣征伐對大軍旅天子親行此經巡役文承

小軍旅下故知小功役之事則巡行之若大功役則大司徒巡行之兪樾云大司徒職云大軍旅大田役以旗致萬民而治其徒庶之政令故鄭君解巡役爲小力役之事則巡行之與彼文相配也然此文小軍旅巡役自與上文所云大軍旅帥其衆庶相配巡役卽以小軍旅言不得分爲二事小軍旅巡役者謂小軍旅則巡行其徒役也鄉師職云大軍旅會同正治其徒役疏曰謂六軍之外別有民徒使役皆出於鄉是軍旅亦有徒役之證案兪說較鄭爲長

大喪帥邦役治其政教喪役正棺引窆復土

疏大喪者賈疏云謂王喪案當亦關后世子詳宰夫疏云帥邦役治其政教者賈疏云邦國也帥領國民謂六鄉衆庶役使之事因卽治其政教方苞云大司徒帥六鄉之衆庶屬其六引而此職又云大喪帥邦役則知遂人所致六遂之役稍人所帥公邑之役並致於小司徒而所謂治其政教者卽遂人之六綍遂師之抱磿共丘籠及蜃車之役奚以遂與公邑之役並致焉故統之曰邦役案方說是也蔣載康亦謂葬時參督遂役賈謂唯帥鄉役說未晐 注云喪役正棺引窆復土者釋文云窆劉補鄧反孔繼汾云如劉讀卽當作塴案孔校是也劉昌宗本蓋與陸賈本字異而義則同賈疏云鄭解經大喪所役不據初死以其初死所役無多故據葬時而言言正棺者謂若七月而葬朝廟之時正棺於廟引謂葬時引柩車自廟至壙窆謂下棺於坎天子六綍四碑背碑挽引而下棺云復土者掘坎之時掘土向外下棺之後反復此土以爲丘陵故云復土也詒讓案正棺者既夕禮云遷于祖用軸升自西階正柩于兩楹閒天子禮與士同復土者卽既夕禮之實土史記孝文本紀發卒藏郭穿復土索隱云謂穿壙出土下棺已而塡之卽以爲墳故云復土復反還也窆詳鄉師疏又遂人注云大喪之正棺殯啟朝及引六鄉役之載及窆六遂役之遂師共丘籠之役注云丘籠之役蠶復土也此注說喪役有窆復土則鄭意亦謂小

司徒不徒治六鄉之役實兼治六遂之役矣 凡建邦國立其社稷正其畿疆之封畿九畿

疏 凡建邦國立其社稷正其畿疆之封者大司徒掌辨邦國之數制其畿疆而溝封之設其社稷之壝此官佐其制設之事亦命封人立之

也賈疏云言邦國者謂立畿外諸侯邦國立其社稷者諸侯亦有三社三稷謂國社侯社勝國之社皆有稷配之言立其社稷謂以文書

法度與之不可國國身往也正其畿疆者謂九畿畿上皆有疆界封樹以為阻固也 注云畿九畿者謂侯甸男采衛要夷鎮蕃九畿詳

大司馬職 凡民訟以地比正之 鄭司農云以田畔所與比正斷其訟 疏 凡民訟以地比正之者謂爭戶口征役及

子女臣妾誘逸之事易祓謂此即小宰八成所謂聽政役以比居是也孔廣森云比即比居下圖即版圖管仲治齊有戶籍田結是古圖

比之法 注鄭司農云以田畔所與比正斷其訟者賈疏云六鄉之民有爭訟之事是非難辨故以地之比鄰知其是非者共正斷其訟

訟讓案先鄭謂此以地比正民訟猶後世斷訟以里鄰為證左云田畔所與比者以經云地比明田畔相比則居亦相近也然此比實當

為比居之比與五家為比義不同先鄭說失之 地訟以圖正之 地訟爭疆界者圖謂邦國本圖 疏 地訟以圖正之者易

祓謂此即小宰八成所謂聽閭里以版圖是也 注云地訟爭疆界者者謂因廛宅田圖疆界相侵越而爭訟者也云圖謂邦國本圖者

即大司徒云邦之土地之圖是也賈疏云凡量地以制邑初封疆之時即有地圖在於官府於後民有訟者則以本圖正之 歲終

則攷其屬官之治成而誅賞 治成治事之計 疏 歲終者亦謂夏之季冬建丑之月鄭賈並謂周之季冬建

亥之月非也詳大宰疏云則攷其屬官之治成而誅賞者正教官之歲會所謂官計官成也賈疏云屬官謂教官六十成謂計簿正所治

計會文書而誅賞者據其考狀有罪則誅責之有功有賞之注云治成治事之計者治成卽司會云以歲會攷歲成也成要會亦通言不別賈疏據宰夫職歲計言會月計言要日計言成謂此成爲日計小成失之令羣吏正要會而致事【疏】令羣吏正要會而致事者賈疏云羣吏謂當職六十官此亦是歲終之時此言要會謂是月計歲計總爲簿書而致其事之功狀以待考也詒讓案此羣吏通地官諸官府言之詳大宰疏正歲則帥其屬而觀教灋之象徇以木鐸曰不用灋者國有常刑令羣吏憲禁令脩灋糾職以待邦治憲表縣之【疏】正歲則帥其屬而觀教灋之象者教灋之象卽大司徒教象之灋也此小司徒正歲建寅之月縣教象使百官觀與小宰帥屬觀治象略同與大司徒正月縣教象使萬民觀者異鄭大司徒注幷二者爲一非也詳大司徒及大宰疏又此教官之屬觀教象疑當在治朝之旁大司徒治事之舍故鄉大夫云正歲令羣吏攷灋于司徒以退各憲之於其所治蓋攷灋於司徒卽因觀象在司徒所治舍故就考之而司徒縣教灋於所治亦猶鄉吏受教灋而憲之於其所治足相推例也互詳大宰小宰疏云徇以木鐸曰不用灋者國有常刑者此卽就觀法之處以木鐸徇而戒之亦與小宰徇治官同與大司徒分令百官府者異也詳小宰疏云令羣吏憲禁令者羣吏憲禁令蓋各於所治憲之猶鄉大夫令鄉吏憲法於所治也古凡禁令大者皆書縣之以警衆若小宰憲禁于王宮士師五禁皆書而縣于門閭此禁令者當晐彼官禁國禁野禁等縣門閭卽憲法也云脩灋糾職以待邦治者糾職猶大司寇官刑上能糾職注云職事脩理是也賈疏云謂脩其法制糾察職事以待邦國有治則供之注云憲表縣之者小宰注義同及大比六鄉四郊之吏平教治

正政事攷夫屋及其衆寡六畜兵器以待政令四郊之吏吏在四郊之內主民事者夫三爲屋屋三爲井出地貢者三三相任

【疏】及大比六鄉四郊之吏者卽上文三年大比之事小司徒專治六鄉四郊而亦通掌公邑都鄙之比法經文不具也云平教治正政事攷夫屋者賈疏云以其三年大比之時大點陟之禮故斷其教治文書復須正直其政事公狀云攷夫屋者謂校考鄉遂溝洫縣鄙井田之數而著之於圖也云及其衆寡六畜兵器者亦考其人民及器物之數著之於版以上皆大比時鄉郊之吏所登者此官復通考之也兵謂五兵器謂車輦任器等凡經云兵器者兵與器並爲二詳玉府疏莊存與云前曰車輦此曰兵器互相備云以待政令者國有軍旅賦役之政令則依此數均平興發之 注云四郊之吏吏在四郊之內主民事者者賈疏云遠郊之外爲六遂內爲六鄉六鄉之民非直在城中亦在四郊故比長閭胥六鄉之吏等布在四郊之內主民事者也案賈蓋依鄭載師注說遠郊之內二十四萬夫地六鄉受十五萬夫餘九萬夫以廛里場圃宅田士田賈田官田牛田賞田牧田九者各受一萬夫適盡九等田里雖在六鄉之外亦附屬六鄉故賞田司勳謂之六鄉之賞地是也是則遠郊以內盡屬六鄉以外更無餘地故謂四郊之吏卽六鄉之吏在四郊者審如是則言六鄉已足賅四郊經文何其複而贅乎今通校經注竊謂鄉與郊通言之則鄉包於郊內析言之則郊自處於鄉外賈幷爲一非也王制云命國之右鄉簡不帥教者移之左命國之左鄉簡不帥教者移之右如初禮不變移之郊如初禮注云郊鄉界之外者也是鄭意鄉界外別有郊里本不謂四郊盡爲鄉里明矣孫希旦云郊內之地四同非六鄉所能盡故其在鄉界之外者亦如大遂之有公邑設吏治民而立學焉小司徒大比六鄉四郊之吏言大鄉而又言四郊卽此案孫說是也蓋王國置鄉數止於六其家數

夫數皆不容增減九等田里或在城郭中其在外者家數亦自無多以地比比附屬六鄉固其所宜至九等田外之餘地布在郊內者其中皆有民居則不屬六鄉別謂之郊故遺人職有鄉里又有郊里鄉里卽六鄉及九等田所居郊里卽四郊所居也至載師九等田里本不必各占一萬夫彼注自是段此大略計算不爲定論且六鄉七萬五千家尚有餘夫亦當在遠郊以內受田則郊內鄉外必有餘地揆之事勢可無疑矣郊里既非鄉吏所治故自有主民之吏謂之四郊之吏其官名爵亥注無文沈彤以爲宜依縣鄙之制有縣正以下至鄰長五等官而爵則降於鄉吏一等爲上中下士云小司徒見四郊之吏縣師見都鄙稍甸郊里之羣吏固有明文也遂之法計家以爲縣鄙而郊如之則卽其縣鄙以設官亦如遂至官之爵等則遞降於遂也案沈說於義可通蓋四郊在六鄉之外與遂相接旣介乎鄉遂之閒則不爲井田可知不爲井田則其計家以制里也亦當以五五相比如鄉遂之法制里旣如鄉遂而其地實鄉遂之畸餘則其設官之名或與遂同而爵自不能與遂等但四郊除六鄉六遂外尚有九等田之減則其爲郊里者究不知爲地幾何置吏及令賦之數均無可推校耳云夫三爲屋屋三爲井者與前注引司馬法文同云出地貢者三三相任者匠人注云一井之中三屋九夫三三相具以出賦稅共治溝也鄭意此夫屋並非井田之夫屋但取三三相任出地貢其事略同耳賈疏云鄉遂之內旣不爲井田而爲溝洫之法今云夫三爲屋屋三爲井者以其溝洫雖爲貢出貢之時亦三三相保任以出穀稅故鄭云出地貢者三三相任也一井之內九夫三三夫爲屋是一屋三夫自相保任故云三三相任據一井而言也似一井田之法亦八家耡一夫稅入於公相保任以出穀者也金鶚云鄭注匠人云采地制井田異於鄉遂及公邑不知鄉遂之民皆五家相比故不得爲八家同井之制公邑在野其民非五家相比何不可制井田乎攷夫

屋者井田之制也鄉遂有夫屋蓋其餘地有公邑公邑制井田故攷其夫屋也若無井田何有夫屋乎鄭云出地貢者三三相任不知田不井者皆五五相任未有三三相任者也鄭不知公邑亦爲井田故妄作此解耳案金說是也以經攷之王城外二百里內六鄉六遂皆不爲井田四郊爲六鄉之餘地縣鄙謂之郊里郊既稱里則與鄉里同五五相任亦不爲井田載師云以公邑之田任甸地明四等公邑自內而外以甸爲始是六遂之餘地始爲公邑六鄉四郊之餘地皆不爲公邑也公邑稱邑卽以四井爲名則當以三三相任爲井田此云攷夫屋卽謂通考溝洫井田之制鄉遂四郊則百畮爲夫十夫有溝六遂外之公邑則三夫爲屋三屋爲井也蓋小司徒爲地官之貳其職掌雖專主鄉郊而六遂公邑亦皆其所兼統故有攷夫屋之事據上經注謂大比兼受鄉遂邦國之比要則公邑非其職掌所不及可知此經言比吏但舉六鄉四郊而不及六遂公邑者文偶不具耳鄭君不悟以爲鄉遂餘地甸稍縣畺之公邑皆不爲井田故於此經不得其解四等公邑制井田互詳匠人疏

周禮正義卷二十

# 周禮正義卷二十一

瑞安孫詒讓學

鄉師之職各掌其所治鄉之教而聽其治聽謂平察之疏各掌其所治鄉之教者掌鄉學之政凡鄉學以鄉人之有德行道藝而高年者爲之師鄉飲酒禮所謂先生是也鄉先生以三物教鄉之子弟此官則察其教之善否而與其賢能與鄉老鄉大夫爲官聯也賈疏云鄉師四人其鄉有六二人共主三鄉故言各掌其所治鄉之教也云而聽其治者賈疏云自鄉大夫以下至伍長各自聽斷其民今鄉師又聽其治者恐鄉官有濫失審察之　注云聽謂平察之者小宰注云聽平治也國策秦策高注云聽察也以國比之灋以時稽其夫家衆寡辨其老幼貴賤廢疾牛馬之物辨其可任者與其施舍者掌其戒令糾禁聽其獄訟施舍謂應復免不給繇役疏以國比之法以時稽其夫家衆寡者謂四時小案比與鄉大夫爲官聯也小司徒云頒比灋于六鄉之大夫此官掌受比法而以四時計當鄉之民數也云辨其可任者者賈疏云謂上地家七人可任者家三人之等云掌其戒令糾禁者即士師五戒四曰糾用諸國中五禁三曰國禁四曰野禁是也管子立政篇云行鄉里視宮室觀樹藝簡六畜以時均修焉勸勉百姓使力作毋偷懷樂家室重去鄉里鄉師之事也　注云施舍謂應復免不給繇役者小宰注義同經云老幼貴賤廢疾自幼賤二者外皆應復免即鄉大夫云國中貴者賢者能者服公事者老者疾者皆舍是也其幼者則國中六尺野五尺以下亦舍之小司徒注云施當爲弛此不破字者以互見於彼

故不復釋施舍詳小宰疏大役則帥民徒而至治其政令既役則受州里之役要以攷司空之辟以逆其役事而至至作部曲也既已也役要所遣民徒之數辟功作章程逆猶鉤考也鄭司農云辟法也

疏大役則帥民徒而至者賈疏云謂築作堤防城郭等大役使其民鄉師則於當鄉之內帥民徒而至至謂至作所也云既役則受州里之役要者此職州里二見與州長司常大司寇義並同謂州之所居關黨族閭比言之猶遺人云鄉里也賈疏云所役之民出於州里今欲鉤考作所功程須得所遣民徒本數故云既役則受州里之役要役要則役人簿要云以攷司徒之辟者此與司空爲官聯也賈疏云辟謂功程司空主役作故將此役要以鉤考司空之功程沈彤云鄉遂郊野官平時屬司徒有大役令鄉師遂人致於司空故鄉師職大役則帥民徒而至治其政令既役則受州里之役要以考司空之辟以逆其役事遂人職起野役則令各帥其所治之民而至蓋當役之時鄉自州里以下遂及郊野自縣以下皆受法於司空以治民徒之役事又云鄉師大役帥民徒而至包州長以下官郊公邑官亦包之　注云而至至作部曲也者大役任衆爲大宗伯軍禮之一蓋亦以軍法部署之故至所作之處各就其部曲也曲者部之小別續漢書百官志云將軍領軍皆有部曲部下有曲曲下有屯祭義孔疏云在軍旅之中時主帥部領團曲而聚故云部曲云既已也者毛詩召南汝墳傳文司干注同云役要所遣民徒之數者大司馬云大役屬其植受其要注云要簿書也即此所謂役要又職金注云要凡數也遂人云以下劑致甿要劑義同云辟功作章程者即役法也與先鄭義同賈疏云功作之事日日錄其程限謂之章程云逆猶鉤考也者司會以逆邦國都鄙官府之治注云逆受而鉤考之此義與彼同鉤考亦詳彼疏賈疏云鉤考役事恐有濫失鄭司農云

辟法也者爾雅釋詁文戎右小司寇注並同

凡邦事令作秩敘

事功力之事秩常也敘猶次也事有常次則不偪匱

疏 令作秩敘者謂為受役民徒之次第以授其長課其先後均其勞逸使以次服役也注云事功力之事者即州長云國作民而師田行役之事是也云秩常也者酒正注同案作秩敘當與宮正及里師兩職行其秩敘義同秩敘即次敘鄭訓秩為常非也詳宮正疏云敘猶次也者說文攴部云敘次第也云事有常次則不偪匱者賈疏云謂營作之事多少有常事有次敘則不為偪迫又不匱乏

大祭祀羞牛牲共茅蒩

杜子春云蒩當為菹以茅為菹若葵菹也鄭大夫讀蒩為藉謂祭前藉也易曰藉用白茅无咎玄謂蒩士虞禮所謂苴刌茅長五寸束之者是也祝設于几東席上命佐食取黍稷祭于苴三取膚祭祭如初此所以承祭既祭蓋束而去之守祧職云既祭藏其隋是與

疏 大祭祀羞牛牲者大司徒云奉牛牲羞其肆小子云羞羊肆注並釋羞為進所肆解骨體大司徒疏謂奉牛牲謂初牽入時羞其肆謂進骨體此經言羞不言奉則唯佐進骨體不佐牽入也賈疏謂奉牛牲鄉師亦佐大司徒非也云共茅蒩者賈疏云案甸師職共蕭茅彼直共茅與此鄉師鄉師得茅束而切之長五寸立之祭前以藉祭故云茅蒩也詒讓案此與甸師為官聯也吉祭亦有藉者天子禮詳與大夫士禮異詳甸師司巫疏注杜子春云蒩當為菹以茅為菹若葵菹也者蒩菹聲類同段玉裁云杜讀蒩為菹易其字也菹酢菜也醢人茆菹鄭大夫讀為茅菹茅初生可為菹也案段說是也葵菹亦見醢人杜意此共茅菹與醢人為豆實也云鄭大夫讀蒩為藉謂祭前藉也者蒩藉一聲之轉猶助藉字通也史記封禪書云江淮之閒一茅三脊所以為藉也公羊宣十二年傳茅旌何注云斷曰藉不斷曰旌用茅者取其心理順一自本而暢乎末所以通精誠副至意呂飛鵬云說文云藉祭藉也

葅茅藉也許說與鄭大夫同詒讓案大夫此注與甸師莤茅注並隱據禮經之苴爲釋祭前藉亦卽謂承祭之藉與後鄭義本同但不直以葅爲苴而讀爲藉則於經不合耳引易曰藉用白茅无咎者賈疏云大過初六爻辭引之者證葅爲藉之義云玄謂葅士虞禮所謂苴刌茅長五寸束之者是也者此後鄭別據禮經以葅爲苴破杜及鄭大夫讀司巫葅館鄭義亦同不云讀爲苴者葅訓藉自是正字士虞作苴乃段借字鄭彼注亦云苴猶藉也段玉裁云鄭君云茅葅卽士虞禮之苴茅取黍稷祭取膚祭皆以此承藉旣祭束而藏之苴葅二字古通用皆藉也云祝設于几東席上命佐食取黍稷祭于苴三取膚祭如初者此並約士虞禮文證祭用苴之事云此所以承祭者謂以承藉所祭黍稷膚祭等物也詳司巫疏云旣祭蓋束而去之守祧職云旣祭藏其隋是與者去謂藏去也賈疏云欲見此是祭神之餘不可虛棄必當藏之所藏者卽守祧職旣祭藏其隋是也言隋者謂祭黍稷三及膚祭如初皆隋減以祭之故名爲隋以其無正文故言蓋與以疑也惠士奇云康成謂守祧之隋卽士虞禮之苴非也祭於苴者謂之饗士虞記所謂旣饗祭于苴尸與主人主婦之祭祝命之佐食助之者謂之隋隋者神饗之後尸祭神餘尸飽之後主人主婦又祭尸餘皆祭於豆閒及地不於苴也呂飛鵬云後鄭謂此經之葅卽士虞禮之苴又引守祧職云旣祭藏其隋蓋謂旣祭束而去之者非虛棄也必當藏之故引守祧職文以明當藏之義非以茅葅爲隋也案惠氏根據禮經其說甚是而鄭意則當如呂說蓋禮經之隋祭皆在迎尸後固與苴祭異但諦審此注及守祧注意蓋謂禮經隋祭以隋減得名而守祧藏隋不止藏隋祭之物明幷未迎尸以前祭苴之物亦藏之以其亦有隋減之義故通謂之隋也互詳守祧疏大

軍旅會同正治其徒役與其輂輦戮其犯命者 輂駕馬輦人輓行所以載任器也止以爲

蕃營司馬法曰夏后氏謂輦曰余車殷曰胡奴車周曰輜輦輦一斧一斤一鑿一梩一鋤周輦加二版二築又曰夏后氏二十人而輦殷十八人而輦周十五人而輦故書輦作連鄭司農云連讀爲輦【疏】大軍旅會同者賈疏云大軍旅謂王行征伐大會同謂王於國外與諸侯行時會殷同也云正治其徒役者即上之民徒賈疏云謂六軍之外別有民徒使役皆出於鄉故鄉師治其徒役　注云輦駕馬者說文車部云輦大車駕馬也史記河渠書集解引徐廣云樺直轅車也樺即輦之俗蓋小車曲輈駕馬大車直轅駕牛今輦雖駕馬而依牛車直轅之制以便任載其制當如車人之大車但以駕馬爲異鄭許徐三說足互相備沈彤云輦謂輦屬當亦人輓行江永云從後推之曰輦從前輓之曰輦輦從扶以兩手拱而推也今有後推之車案沈江二說亦通史記夏本紀山行乘樺樺河渠書作橋漢書溝洫志作梮顏注引韋昭云梮木器如今輿牀人舉以行也彼似即今之轎其初制蓋有輪而無蓋後乃增損之古時南方已有之中原則無是制也云輦人輓行者說文車部云輦輓車也輓引車也釋名釋車云輦車人所輦也呂氏春秋本生篇高注云人引車曰輦巾車王后五輅有輦車注亦云爲輇輪人輓之以行左襄十年傳秦堇父輦重如役杜注云步輓重車以從師此輦輦皆所謂重車蓋亦爲輇輪史記叔孫通傳索隱引輿服志云殷周以輦載軍器至秦始去其輪而輿爲尊也云所以載任器也者牛人兵車以載公任器注云任猶用也謂軍中之用器此冢輦輦二者言之賈疏謂輦以載輜重輦以載任器是以載任器專屬輦非鄭意也任器亦通爲輜重賈分爲二尤非凡六軍之重車皆官給牛人共其牛此輦輦等則專備徒役之用非六軍輜重故使鄉民自具而鄉師正治之也云止以爲蕃營者蕃與藩通左昭十三年傳乃藩爲軍杜注云藩籬也國語晉語云諸侯之大夫盟于宋以藩爲軍攀輦即使而舍韋注云藩籬落也謂止舍時

則以輦輂環列爲藩籬營壘卽掌舍所二云設車宮轅門是也漢書衞青傳青令武剛車自環爲營亦古之遺法引司馬法曰夏后氏謂輦曰余車殷曰胡奴車周曰輜輦者證此輦卽輜輦也以下引司馬法今本並無此文蓋在逸篇中北堂書鈔及御覽車部引司馬法宋書禮志引傳子輜輦並作輜車義亦通書鈔又引司馬法舊注二云人所挽曰輦三代車各有別名也亦同鄭義余車之義未聞釋名釋車二云胡奴車東胡以罪沒入官爲奴者引之殷所制也輜車載輜重卧息其中之車也輜廁也所載衣物雜廁其中也左傳宣十二年孔疏云輜重載物之車也說文輜一名軿前後蔽也蔽前後以載物謂之輜車載物必重謂之重車人輓以行謂之輦輜重輦一物也二云輦一斧一斤一鑿一梩一鋤周輦加二版二築者斧斤鑿並所以攻木梩者所以發土說文木部二云梠臿也一曰徙土輂齊人語也重文梩或从里方言二云臿東齊謂之梩賈疏謂梩者或解以爲臿或解以爲鍬鍬臿亦不殊是也鋤者所以薅艸說文金部二云鉏立薅所用也鋤卽鉏之俗版築者所以築壘壁廣雅釋器二云杵謂之築文選蕪城賦李注引三蒼解詁二云版築牆上下版築杵頭鐵沓六韜軍用篇二云銅築銅爲垂長五尺以上三百枚以上並說一輦所載任器之名數非謂一人所需也管子海王篇二云行服連軺輂者必有一斤一鋸一錐一鑿若其事立彼連卽此輦字通又輕重乙篇二云一車必有一斤一鋸一釭一鑽一鑿一銶一軻然後成爲車釭蓋鉏之誤軻卽斧柯也其所說並與司馬法略同引又曰夏后氏二十人而輦殷十八人而輦周十五人而輦者賈疏二云亦是司馬法文以上說所載任器以下說輓人多少前代寬質無版版築輓人多後代狹劣加版築輓人少引之者證周輦卽此經輦一也又弁見所載之器段玉裁二云謂一輦載二十人若十八人十五人所需也周加二版二築故每輦僅容十五人所需正義不了又二云輓人之數不可知以說文㚘字下二云並行也從二

夫輦字從此輦字下云從扶在車前引之蓋二人並行輓一輦爾雅毛傳釋詩皆云徒輦者也案三代輦人數賈謂指輓車之人言之然古輦載器少而輓人多周輦載器多而輓人反少於理未協依段說則一輦止以二人輓之今攷淮南子說山訓云引車者二六而後之高注云轅三人兩轅六人故謂二六一說十二人是引輦亦不必皆二人矣沈彤則據李衛公問對引曹公新書云守車一隊炊子十人守裝五人廄養五人樵汲五人共二十五人守車卽謂輦輦周十五人而輦十五人當作二十五人今案周軍制二十五人爲兩兵車重車各一乘重車卽牛人所共駕牛之車此輦輦雖亦通稱重車然實與彼小異曹氏新書之守車似亦卽牛車李靖問對所引乃唐人僞託譌謬不足信夏官敘官疏已辯之矣然則周時行軍是否亦二十五人共一輦無文可證段沈之說未知是否姑兩存之以備校覈云故書輦作連鄭司農云連讀爲輦者惠士奇云易蹇六四往蹇來連虞翻曰連輦也管子立政篇畜連乘車海王篇服連軺輦則古輦皆作連可知矣段玉裁云說文辵部連負車也車部輦輓車也案連輦古今字許云負車者謂人輓車而行如負車然人與車相屬不絕故引申爲連屬字耳部曰聯連也大宰注曰故書連作聯然則聯連爲古今字連輦爲古今字假連爲聯乃專用輦爲連巾車職及管子書輦字皆作連司農當云連今之輦字不當云讀爲輦此漢人以今字易古字之大例也徐養原云巾車輦車釋文作連車云音輦本亦作輦

大喪用役則帥其民而至遂治之治謂監督其事

【疏】大喪用役則帥其民而至遂治之者宰夫注云大喪王后世子也遂人注云大喪之正棺殯啟朝及引六鄉役之此官則屬其當鄉之民以至而治其事也 注云治謂監督其事者猶上經云治其政令也賈疏云謂監當督察其事

及葬執纛以與匠師御匶而治役匠師事官之屬

其於司空若鄉師之於司徒也鄉師主役匠師主衆匠共主葬引雜記曰升正柩諸侯執紼五百人四紼皆銜枚司馬執鐸左八人右八
人匠人執翿以御柩天子六引禮依此云鄭司農云翿羽葆幢也爾雅曰纛翳也以指麾輓柩之役正其行列進退【疏】及葬者賈疏云
及至葬引向壙云執纛者纛俗注疏本作纛非唐石經宋本嘉靖本及釋文葉鈔本並作纛詳後賈疏云纛謂葆幢也鄉師執葆幢卻行
在柩車之前云以與匠師御匶而治役者說文匸部云柩棺也重文匶籀文柩案經作匶注並作柩亦經用古字注用今字之例御匶者
與匠師御喪祝爲官聯也賈疏云謂在路恐有傾覆故與匠師御正其柩治役亦謂監督役人也　注云匠師事官之屬者以事官掌百工
考工記有匠人明其長爲匠師猶梓人之長爲梓師皆事官之屬國語魯語云嚴公丹桓公之楹而刻其桷匠師慶言于公韋注云掌匠
大夫卽此官也匠爲攻木之工左襄四年傳定姒薨匠慶請木作櫬則王柩當卽匠師監作之故葬時亦與鄉師同御柩治役也云其於
司空若鄉師之於司徒也者以匠師爲司空之考當亦以下大夫四人爲之賈疏云地官之考稱鄉師春官之考稱肆師秋官之考稱士
師唯有天官之考稱宰夫夏官之考稱軍司馬自外皆稱師此經鄉師是司徒考明匠師亦是司空考故云其於司空若鄉師之於司徒
云鄉師主役匠師主衆匠共主葬引者天官敘官注云師猶長也以官名匠師明爲主衆匠之長喪葬用匠故與鄉師共主葬爲官聯穆
天子傳說葬盛姬云大匠御柩大匠卽匠師也引雜記曰升正柩以下者鄭彼注云升正柩者謂將葬朝於祖正棺於廟也五百人謂一
黨之民紼引同耳廟中曰紼在塗曰引互言之御柩者居前道正之案鄭意此經纛卽翿故引彼文以證義但匠人執翿以御柩今本雜
記作匠人執羽葆御柩與此注又不同臧琳云據周禮注及賈疏知雜記本作匠人執翿以御柩羽葆幢三字爲翿字之義今本誤以翿

字之訓爲經又脫幢以二字殘缺譌誤之至考正義知孔氏所據卽同今本而賈氏所見獨與周禮注合案臧說近是但賈疏述注作匠人執翿羽葆幢又釋之云彼文唯有執翿無羽葆幢之言鄭因釋翿爲羽葆幢與注又不相應疑賈所見注本匠人執翿下挩以御柩至鄭司農云翿十六字而誤以執翿與羽葆幢牽連讀之故不知羽葆幢爲先鄭說又於天子六引禮依此云二語全無疏述然則賈所據禮記本勝於孔而此注乃挩誤不足據之本也云天子六引禮依此云者天子六引見大司徒職鄭言此者以天子禮無文約與雜記諸侯禮同惟引綍數異遂人注說執綍云天子千人與然則天子引增二執引人數則倍之矣鄭司農云翿羽葆幢者先鄭亦以纛翿爲同物也幢葉林宗鈔本釋文作橦案橦是也說文無幢字木部云橦帳極也玉篇巾部云幢翳也或作橦橦卽鄉射禮翿旌之杠鄭彼注云杠橦也夏采注說綏旌亦云綴於橦上翿者說文羽部云翳翳也所以舞也翿卽翳之隸變字又作翢廣雅釋器云幢謂之翢喪大記云君葬用輴御柩用羽葆孔疏引隱義云羽葆其象如麾又雜記疏云羽葆者以鳥羽注於柄頭如蓋謂之羽葆葆謂蓋也漢書高帝紀注李斐云纛羽毛幢也司馬相如傳顏注云葆者卽今之所謂纛頭也後漢書光武紀李注云合聚五采羽名爲葆方言云翿幢翳也楚曰翿關西關東皆曰幢釋名釋兵云翿陶也其貌陶陶下垂也幢童也其貌童童然也案葆卽蓋斗亦卽輪人之蓋部蓋注鳥羽於幢首其形下垂若蓋然謂之羽葆幢又謂之翿御柩所執與舞師羽舞所持皆是物也鄉射禮說以翿旌獲云以白羽與朱羽糅杠長三仞以鴻脰韜上二尋此纛與翿旌形制蓋略同但執以指麾杠當差短耳引爾雅曰纛翳也者亦明翿與纛同物釋言云翿纛也纛翳也郭注云纛今之羽葆幢翳舞者所以自蔽翳詩王風君子陽陽篇左執翿說文羽部引作翳翿毛傳云翿纛也翳也孔疏引李巡云翿舞者所持

纛也孫炎云纛舞者所持羽也案翿亦翳之俗纛字說文未收與翿音義亦同而字實異故爾雅及毛詩傳以翿翿與纛相訓此注亦翿纛兩出二鄭各依字引之明其本非一字纛又作纛則譌體也唐石經周禮毛詩爾雅並作纛不作纛王風釋文云纛俗作纛張參五經文字亦云纛作纛訛是也云以指麾輓柩之役正其行列進退者鄉射禮注云翿亦所以進退衆者賈疏云天子六綍千人輓之柩車恐傾側執翿者指麾輓柩之役人治喪者使柩車令不傾側又千人輓柩以持六綍恐行列進退失所皆以翿指麾之故云正其行列進退也雜記諸侯禮匠師執翿此天子禮鄉師執翿尊卑不同也案賈說非也匠師與鄉師同御匶當亦同執翿此經與雜記文互有詳略耳邦國有二鄉容諸侯禮亦兼有鄉師執翿矣喪祝云及祖飾棺乃載遂御注云御之者執翿居前爲節度是凡御匶者無不執翿不徒鄉師可知

及窆執斧以涖匠師匠師主豐碑之事執斧以涖之使戒其事故書涖作立鄭司農云窆謂葬下棺也春秋傳曰日中而傰禮記所謂封者立讀爲涖涖謂臨視也

【疏】及窆執斧以涖匠師者與匠師遂人家人爲官聯也注云匠師主豐碑之事者檀弓云季康子之母死公輸若方小斂般請以機封將從之公肩假曰不可夫魯有初公室視豐碑三家視桓楹鄭彼注云公輸若匠師言視者時僭天子也豐碑斲大木爲之形如石碑於槨前後四角樹之穿中於閒爲鹿盧下棺以綍繞天子六綍四碑前後各重鹿盧也賈疏云天子六綍四碑前後各一碑各重鹿盧兩畔各一碑皆單鹿盧天子千人分置於六綍皆背碑負引擊鼓以爲縱舍之節匠師主當之故云匠師主豐碑之事也云執斧以涖之使戒其事者說文斤部云斧斫也執斧所以備斫伐賈疏云鄉師執斧以臨之者恐匠師不戒其事須有用斧之處故執斧助之使匠師戒其事云故書涖作立者司市大宗伯注同立涖同聲段借字鄭司農云窆謂葬

下棺也者，大僕注同。小爾雅廣名云：「下棺謂之窆。」檀弓孔疏云：「窆，下棺內壙中也。」引春秋傳曰「日中而傰」者，左昭十二年傳：「三月，鄭簡公卒，將爲葬除，司墓之室有當道者，毀之則朝而塴，弗毀則日中而塴。子太叔請毀之，子產弗毀，日中而葬。」杜注云：「塴，下棺。」引之者，廣異文。傰，舊本依左傳作塴，今據宋建陽本校改。阮元云：「塴，宋本、釋文、葉鈔本作傰。按說文有傰、堋字，無傰、塴字。二字從山者，誤也。說文堋下亦引左傳『朝而堋』。釋文作傰者，古字叚借，自是鄭注古本如此。」案：阮校是也。遂人、大僕注引春秋傳塴字，宋本及葉本釋文亦並从人，蓋先鄭所據左傳本與許、杜不同，後人依左傳改此注，而又譌其體耳。士師注載故書邦朋，朋字亦作傰。云「禮記所謂封」者者，檀弓「縣棺而封」，曾子問「遂旣封而歸」，鄭彼注並云：「封當爲窆。」又王制「庶人縣封而葬」，喪大記「凡封用綍去碑負引」，注亦並讀爲窆字。又禮旣夕經「柩至于壙，屬引，乃窆」，鄭彼注云：「今文窆爲封。」是禮古文經爲窆，今文經爲封。周禮多古文，故作窆；禮記多今文，故作封。先鄭不引禮經者，以禮經今古文字異，不若禮記之畫一也。段玉裁云：「此謂窆、塴、封三字雖異，實一事也。周禮作窆，左氏傳作塴，禮記作封，皆謂葬下棺也。塴從崩聲，在古音蒸登部；窆從乏聲，在古音侵緝部；封在古音冬鍾部。其音通轉相近，故朋俗讀如蓬，窆讀方勇切，故禮記以封字代窆、塴字也。語言斂後而字因之異焉，不特異字同義，實一語也。故遂人注曰聲相似。說文穴部曰：『窆，葬下棺也。』引周禮『及窆執斧』。土部曰：『堋，喪葬下土也。』引春秋傳曰『朝而堋』，又曰『禮謂之封，周官謂之窆』。說與仲師同，蓋賈侍中諸君子說皆同也。說文作堋，朋聲；今左傳作塴，崩聲，傳寫小異也。禮記下棺之封，音家讀彼驗反，與窆同音；其餘封土之封，如『吾見封之若堂』等，皆不讀彼驗反。」黃以周云：「下棺曰窆，聚土曰封。戴記圂淆，鄭注隨文是正。王制云『庶人縣封，葬不爲雨止，不封不樹』，記文兩封字連文不別，鄭注正之云：『縣封當爲縣窆。封謂聚土爲墳。』分剖詳析之云立讀爲涖者司市大宗伯先鄭注義並同段玉裁云當云立當爲涖字之誤也而云讀爲者立與涖雙聲且立卽古位字於音亦爲同部也依說文立部竦臨也則竦是正字經典多作涖作莅徐養原云說文無涖字涖卽竦之俗字先鄭以俗字釋經欲人之易曉也古者位竦俱借用立字至篆文而立位竦始各爲一字後復於位傍加水作涖或於位上加艸作莅以代竦字去古益遠矣云涖謂臨視也者天官世婦注云涖臨也爾雅釋詁云涖視也臨視事相因故鄭兼二義釋之

凡四時之田前期出田灋于州里簡其鼓鐸旗物兵器脩其卒伍

田法人徒及所當有

【疏】凡四時之田者春蒐夏苗秋獮冬狩總謂之田具大司馬職云前期出田灋于州里者州里亦通比閭族黨言之此官以法頒與州長以下羣吏使依法以作衆庶也云簡其鼓鐸旗物兵器者鼓鐸包鼓人六鼓五金旗物包司常九旗兵包司兵司戈盾之五兵五盾器謂車輦及任器凡鄉州吏卒所得用者皆豫營辦備具屆期則簡閱之蓋田事羨卒竭作不徒作六軍肄習射獵用兵器多而不必皆精良故使鄉民自具而鄉吏掌其簡閱之事族師亦云若作民而師田行役則合其卒伍簡其兵器以鼓鐸旗物帥而至是也若巡守會同征伐大起六軍其兵器尤精良則皆官授非民閑所共互詳小司徒司兵疏兵器詳玉府疏云脩其卒伍者賈疏云謂百人爲卒五人爲伍皆須脩治預爲配當　注云田法人徒及所當有者此亦注用今字作法也田法謂田事之典法以習兵言之則曰戰法大司馬大閱前期羣吏戒衆庶脩戰法注云羣吏鄉師以下然則此田法鄉師蓋受之司馬而出之州里縣師云若將有軍旅會同田役之戒則受法于司馬是也賈疏云人徒者卽經卒伍是也及所當有者則經鼓鐸旗物兵器是也

及期以司徒之大旗致衆庶而陳之以旗物

辨鄉邑而治其政令刑禁巡其前後之屯而戮其犯命者斷其爭禽之訟

司徒致衆庶者以熊虎之旗此又以之明爲司徒致之大夫致衆當以鳥隼之旗陳之以旗物以表正其行列辨別異也故書巡作述屯或爲臀鄭大夫讀屯爲課殿杜子春讀爲在後曰殿謂前後屯兵也玄謂前後屯車徒異部也今書多爲屯從屯

【疏】及期以司徒之大旗致衆庶者大旗卽熊旗之爲旜制者詳司常疏賈疏云謂植旗期民於其下云而陳之以旗物者賈疏云陳列衆庶之時亦植於行首詒讓案國語吳語云陳士卒百人以爲徹行百行行頭皆官師建肥胡十行一嬖大夫建旌十旌一將軍載常此卽陳軍行首植旗之法〻云辨鄉邑者賈疏〻云田獵之時非直有六鄉之衆亦有公邑之民分別之案賈說非也上經〻云前期出田灋于州里則此及期致衆庶所致者卽州里之民公邑田役致民自有縣師稍人職之非鄉師所掌則經邑不謂公邑之民明矣里宰注〻云邑猶里也此鄉邑亦猶言鄉里凡六鄉五比爲閭則聚居爲城邑猶之里宰六遂之邑爲五鄰聚居小司徒都鄙之邑爲四井聚居也然則辨鄉邑者謂卽六鄉之衆而辨其某鄉某邑耳凡全經言邑者不必皆屬公邑詳里宰疏〻云而治其政令刑禁者刑禁卽士師五戒之禁注引軍禮無干車無自後射之類是也〻云巡其前後之屯而戮其犯命者者賈疏〻云謂兵衆屯聚各有車徒各於前後而巡行之但民庶之等各有軍將教命犯命者則戮之〻云斷其爭禽之訟者卽大司馬注所〻云爭禽而不審者罰以假馬是也賈疏〻云田獵得大獸公之小禽私之有爭禽之訟鄉師斷之　注〻云司徒致衆庶者以熊虎之旗者大司徒〻云大軍旅大田役以旗致萬民而治其徒庶之政令是也詳彼疏〻云此又以之明爲司徒致之者謂此鄉師致衆旣至仍致之於司徒是卽爲司徒致之故因用司徒之大旗不改其物也〻云大夫致衆當以鳥

隼之旟者賈疏云案司常陳九旗之文云通帛爲旜雜帛爲物熊虎爲旗鳥隼爲旟又云孤卿建旜大夫士建物大司徒既是卿官尋常
建旜在軍建熊虎鄉師既是大夫官尋常建物在旜下明在軍當以鳥隼之旟在熊虎下可知案鄭意當如賈說蓋因鄉師爲司徒之攷
當依大夫士建物與鄉吏不同今司徒致衆既用旗則鄉師致衆當用旟皆以降殺不用本所建之旗也但九旗之旜物實爲五正旗之
通制司常大閱孤卿建旜大夫士建物即大司馬治兵之百官載旟不得分爲三旗又以九旗尊卑之常次論之輈人旟七斿而旗止六
斿則旗實當列旟下不得以司常文之先後爲次也若然鄭賈之說皆有難通竊謂司常大閱云州里建旟大司馬治兵云鄉家載物則
鄉師下大夫常法應建旟物而此致民則用旗旜非其所得建故經特揭之云司徒之大旗明致衆用旗義取期民故遂人大司馬致衆
並用之此與山虞以虞旗致禽同爲表事與乘車建旗敘爵本不相涉不必強爲之說也互詳大司徒疏云陳之以旗物以表正其行列
者謂衆至則鄉邑之人各自列爲陳以旗物列陳前爲表識欲其行列齊正不使儳亂也黃度讀致衆庶而陳之爲句而以以旗物辨鄉
邑爲句易祓鄭鍔李光坡李鍾倫方苞姜兆錫莊有可讀並同今案以旗物辨鄉邑即大司馬中夏茇舍辨號名中秋治兵辨旗物之事
旗物鄉邑不同亦即大司馬所云鄉以州名也黃讀於義亦通云辨別異也者天官敘官注云辨別也云故書巡作述者段玉裁云古音
巡川聲述朮聲同在諄文魂術物沒部故故書作述今書作巡述訓循巡訓延行皃義亦相近也徐養原云說文辵部述循也述與循音
義俱同而循巡古亦通用漢書游俠萬章傳章逡循甚懼逡循即逡巡故巡亦通作述云屯或爲臀鄭大夫讀屯爲課殿者段玉裁改讀
屯爲讀臀云屯聲殿聲古音同部鄭大夫杜子春皆從作臀之本鄭君則曰今書多爲屯從屯故其說義不同今本鄭大夫讀屯爲課殿

誤臀與殿同聲故大夫子春皆易臀爲殿字而其說殊大夫易爲課殿之殿者課殿謂課試居殿漢書音義項岱曰殿負也最善也韋昭曰第上爲最極下曰殿又曰下功曰殿上功曰最然則少贛謂巡其怠玩者也案段校是也黃以周說同此云屯或爲臀蓋故書有二本一作屯一作臀鄭大夫及杜本則皆作臀故依聲類讀爲殿若作屯則義甚顯白不煩改讀矣徐養原云說文尸部𡱂髀也或从骨殿聲作臀別無臀字古者課殿軍後之殿疑只作𡱂殿乃擊聲說文在殳部非此義然殿最乃考課之法非所施於獮田云杜子春讀爲在後曰殿謂前後屯兵也者賈疏云謂軍在前曰啓在後曰殿屯兵則是殿兵也段玉裁云軍在後曰大殿經雖兼言前後然古人前後本末多無定稱是在前護衞者亦可謂之殿也徐養原云經云前後之屯而讀爲在後曰殿明與經義不合黃以周云鄭杜皆用故書作臀故杜讀爲殿又通爲屯與替睽杜注帝當爲定其字爲奠同例案黃說是也杜本亦作臀故讀爲殿而訓爲屯兵以臀本無屯訓必依聲類讀爲殿乃可通於屯後鄭以經云前後之屯則不得爲殿後之殿且作屯與大司馬文同於義自通故不從大夫子春讀也云玄謂前後屯車徒異部也者賈疏云謂大司馬云險野人爲主易野車爲主是車徒異部也段玉裁云鄭君從屯爲說云車徒異部則讀如今云屯兵屯田之屯矣詒讓案車徒異部謂車徒各自屯聚分爲前後兩部也楚辭離騷云屯余車其千乘兮王注云屯陳也廣雅釋詁云屯聚也大司馬冬狩禮旗居卒閒以分地前後有屯百步有司巡其前後注云前後有屯百步車徒異羣相去之數也車徒畢出和門鄉師又巡其行陳鄭車徒異部之事云今書多爲屯從屯者謂今書之內亦有二本一作屯一作臀而爲屯者多故後鄭從之大司馬亦作屯不作殿

凡四時之徵令有常者以木鐸徇於市朝徵令有常者謂田狩及正月命脩封疆二月命

雷且發聲疏凡四時之徵令有常者以木鐸徇於市朝者於經例當作于唐石經及各本並誤市朝市謂國中及郊野之市朝謂鄉師
治事之朝鄉大夫亦有二朝國語魯語云自卿以下合官職於外朝合家事於內朝是也市朝眾之所聚故有徵令則以木鐸巡行警告
之注云徵令有常者謂田狩及正月命脩封疆二月命雷且發聲者徵令與小司徒云行徵令義同月令孟春王命布農事命田舍東
郊皆脩封疆審端徑術仲春先雷三日奮木鐸以令兆民曰雷將發聲有不戒其容止者生子不備必有凶災鄭以四時田狩有徵役之
事月令所云並是常行之命令故舉以爲釋

以歲時巡國及野而賙萬民之囏阨以王命施惠

歲時者隨其事之時不必四時也囏阨饑乏之也鄭司農云賙讀爲周急之周疏以歲時巡國及野而賙萬民之囏阨者與
司救爲官聯也釋文云囏古艱字本亦作艱阮元云經當作囏注當作艱案阮說是也注例用今字羣書治要引注作艱囏籒文艱字詳
遺人疏巡國及野謂行視王城及城郭外六鄉四郊之民此國野相對野謂國城以外與鄉大夫同與縣師遂人之野異詳甸師疏云以
王命施惠者明惠出於王司救注云施惠賙恤之注云歲時者隨其事之時不必四時也者謂無定時也月令季春云天子布德行惠
命有司發倉廩賜貧窮振乏絕即此施惠之事但天子出令總以季春其有司奉行巡恤則通於四時不能豫定也賈疏云以其囏阨是
非常之事故不得爲四時解之云囏阨饑乏也者遺人云鄉里之委積以恤民之囏阨彼注義同黃丕烈謂囏當作艱云此亦當注用今
字下遺人注艱阨猶困乏仍作艱案黃校與阮同是也爾雅釋詁云艱難也說文𨸏部云阸塞也戶部云戹隘也經典阸戹亦通用阨即
阸之隸變一切經音義引蒼頡篇云戹困也鄭司農云賙讀爲周急之周者賈疏云讀從論語周急不繼富之周案亦詳大司徒疏

歲

終則攷六鄉之治以詔廢置【疏】歲終者謂夏正建丑之月鄭賈謂周之季冬誤詳宰夫疏云則攷六鄉之治以詔廢置者此正六鄉之歲會鄉官之官計也賈疏云謂鄉師責其治政文書考其功過有功則置之有過則廢之詔告也告王與冢宰廢置之案賈謂詔爲告王與冢宰本司會職文但攷大司徒云歲終則令教官正治而致事小司徒云歲終則攷其屬官之治成而誅賞令羣吏正要會而致事鄉師爲大小司徒之屬則此詔廢置當亦兼詔大小司徒賈義未晐王引之云鄉師之職歲終則攷六鄉之治以詔廢置鄉大夫之職歲終則令六鄉之吏皆會政致事謹案鄉師每三鄉二人鄉大夫每鄉一人非若大司徒小司徒之統率六鄉也不得言六鄉之治六鄉之吏六當爲亓亓古其字也玉篇亓古文其墨子公孟篇魯有昆弟五人者亓父死亓長子嗜酒而不葬是也亓與六相似故書傳往往互譌史記周本紀名民三百六十夫索隱引劉氏音破六爲古其字管子重令篇明主能勝六攻淮南地形篇通谷六易林蠱之臨周流六虛說文㐱字解引五行傳若六㐱作今本六字並誤作其蓋古文其字似六故六誤爲其其亦誤爲六亓鄉卽其鄉謂所掌之鄉也鄉師鄉大夫各有所掌之鄉故曰其鄉之治其鄉之吏鄉師職又云各掌其所治鄉之教而聽其治正歲稽其鄉器鄉大夫職又云各掌其鄉之政教禁令退而頒之於其鄉吏各率其鄉之衆寡而致於朝皆言其鄉而不言六鄉是其明證案王說近是

正歲稽其鄉器比共吉凶二服閭共祭器族共喪器黨共射器州共賓器鄉共吉凶禮樂之器吉服者祭服也凶服者弔服也比長主集爲之祭器者簠簋鼎俎之屬閭胥主集爲之喪器者夷槃素俎楬豆輁軸之屬族師主集爲之此三者民所以相共也射器者弓矢楅中之屬黨正主集爲之爲州長或時射於此

黨也賓器者尊俎笙瑟之屬州長主集爲之爲鄉大夫或時賓賢能
於此州也吉器若閭祭器者也凶器若族喪器者也禮樂之器若州
黨賓射之器者也鄉大夫備集此四者爲州黨族閭有故而不共
也此鄉器者旁使相共則民無廢事上下相補則禮行而教成【疏】
正歲稽其鄉器者賈疏云正歲謂建寅之月稽考也鄉師各自考校
當鄉之器服詒讓案鄉中所庤器服蓋亦有簿籍著之此官於正歲
命所屬之吏各攷其所儲器服察其完否而各上其數此官則案籍
總攷校之也云比共吉凶二服者鄉器得有吉凶之服者通言之服
亦謂之器也以下鄉吏所共器服並率民出私錢而以官錢補助之
爲器服藏於鄉吏所治處民有事須用則就吏取之用畢復歸而藏
之吏皆司其典守出入之事云黨共射器州共賓器者黨州始有學
故使共鄉射鄉飲酒之器也云鄉共吉凶禮樂之器者上州吏以下
已各自共恐其有不備此官復總共各器以通資一鄉之用也賈疏
云萬二千五百家爲鄉鄉大夫主集此四器恐州黨已下有故不能
自共卽旁相共也　注云吉服者祭服也者祭祀於大宗伯五禮屬
吉禮故祭服謂之吉服賈疏云當比內無祭事其於族祭酺黨祭禜
州祭社之等無過用朝服云凶服者弔服也者賈疏云若人喪是
常服主人自共其弔服是暫服可以相共故知是弔服其庶人弔服
無過素冠與深衣而已詒讓案周書大聚篇云以國爲邑以邑爲鄉
以鄉爲閭禍災相卹資喪比服孔注云邑閭比相救卹比服共喪服
也與此經義相應云比長主集爲之者比長令同比五家集以相共
也云祭器者簠簋鼎俎之屬者賈疏云案特牲同姓用簋少牢皆用
敦同姓者乃用簋今言簋者況義耳云閭胥主集爲之者閭胥令同
閭二十五家集以相共也云喪器者夷槃素俎楬豆輁軸之屬者賈
疏云夷槃者案喪大記士併瓦盤大夫乃用夷槃今庶人實不得用
夷盤引之者以況喪器非謂庶人得用夷盤也素俎楬豆者案士喪

禮下斂有素俎大斂有楬豆兩籩無縢此不言籩無縢者文略也輁軸者案既夕禮士朝廟用輁軸以載柩此庶人無輁軸引之者亦以況義知非族內有大夫士得用夷槃輁軸者以其大夫自有祿位不在共限故知引以況義不言棺椁亦主人自共之也故閭師云不樹者無椁此三者並是罰物所爲知者案載師職云宅不毛者有里布田不耕者有屋粟鄭玄云罰之以共吉凶二服及喪器鄭不云祭器文略有祭器可知鄭知必用罰物不用官物爲之者以其不爲官事明不用官物可知案楬士喪禮作毼鄭賈作楬字通彼注云素俎喪尚質毼白也又殯升棺用輁軸注云輁軸輁狀如牀軸其輪輓而行則不徒朝祖所用也夷槃詳凌人疏云族師主集爲之者族師令同族百家集以相共也云此三者民所以相共也者吉凶二服及祭器三者並民閭自用之物使民有無自相共對下賓射二器爲共官用非民自相共也云射器者弓矢楅中之屬者鄉射禮云納射器注云射器弓矢決拾旌中籌楅豐也又云楅猶幅也所以承笴齊矢者大史先鄭注云中所以盛算也案此不舉決拾旌籌豐等亦之屬中晐之賈疏云云之屬者容有侯乏等云黨正主集爲之者謂黨正自集共之也云爲州長或時射於此黨也者即所謂鄉射也詳後鄉大夫疏賈疏云一州管五黨州長春秋二時射於序學要在一黨之中故云或時射於此黨云賓器者尊俎笙瑟之屬者賈疏云案鄉飲酒三年貢士之時行飲酒之禮即有酒尊俎實二人鼓瑟在堂笙入在於堂下故言尊俎笙瑟言之屬者更有籩豆之等云州長主集爲之者亦謂州長自集共之也云爲鄉大夫或時賓賢能於此州也者即三年大比鄉大夫賓興賢能行鄉飲酒之事亦詳鄉大夫疏賈疏云一鄉管五州鄉大夫行鄉飲酒之時必在一州之內此州則共之故云或時賓賢能於此州也云吉器若閭祭器者也凶器若族喪器者也者賈疏云以其鄉大夫備集此四器恐閭族已下有故不得自共

故知還是閭族黨州所當共者也云禮樂之器若州黨賓射之器者也者賈疏云連州黨弁言之者以其州黨射器賓器二者皆有禮器樂器故州黨弁言之自射器已下皆爲國行禮得官物所爲不出民物故酒正云凡爲公酒者亦如之注云謂鄉射飲酒以公事作酒者亦以式法及酒材授之使自釀之酒材尚得公物明此器等亦出官物可知以其爲官行禮故也云鄉大夫備集此四者爲州黨族閭有時而不共也者州黨族閭當地或有災兵荒札不能共其器故鄉大夫又備集之以補其缺乏也云此鄉器者旁使相共則民無廢事者上文州黨族閭所共器並當地自共以用不及他地此鄉大夫所集則此州黨族閭所共之器得旁資他州黨族閭之用欲令有無相通雖有故不共仍足以行禮是民無廢事之患也云上下相補則禮行而教成者賈疏云自比共吉凶二服至州共賓器已上是下之相補鄉共吉凶禮樂之器者是上之相補故云上下相補庶民乏於財物闕於禮義教化不成今以器服共之即禮行而教成也

若國大比則攷教察辭稽器展事以詔誅賞考教視賢能以知道藝與不察辭視吏言事知其情實不展猶整具疏若國大比者謂三年大比詳小司徒疏云稽器展事者稽器亦與正歲稽鄉器同　注云考教視賢能以知道藝與不者經作攷注作考者亦經用古字注用今字也謂考其所興賢能之士實有道藝與不以知其長吏所教之善不云察辭視吏言事知其情實不者辭即言事之辭吏謂州長以下至比長所言事皆察之士師云察獄訟之辭以詔司寇斷獄弊訟此察辭亦兼有獄訟之辭矣云展猶整具者後司市注云展之言整也又充人先鄭注云展具也少儀注云展省具也是展兼整具二義展事即省視其整具與不也

鄉大夫之職各掌其鄉之政教禁令鄭司農云萬二千五百家爲鄉疏鄉大夫之職者以其鄉爵

尊故殊異其文與正貳攷同云職也云各掌其鄉之政教禁令者卽鄉師之教治及戒令糾禁是也　注鄭司農云萬二千五百家爲鄉

者大司徒注義同 正月之吉受教灋于司徒退而頒之于其鄉吏使各以教

其所治以攷其德行察其道藝其鄉吏州長以下 疏 正月之吉受教灋于司徒者賈疏云吉謂建子

之月朔之日教灋謂若大司徒職十二教已下其法皆受於司徒而來云退而頒之于其鄉吏使各以教其所治者鄉吏通州長以下

至比長皆受此官所頒之教法以教其民州長黨正則各與鄉先生教民於其學族師以下無學則歲時讀法亦各於其治以此法教民

也云以攷其德行察其道藝者賈疏云謂鄉大夫以鄉三物教萬民遂考校其萬民有六德六行之賢者有六藝者並擬賓之詔讓案國

語齊語云正月之朝鄉長復事君親問焉鄉長退而修德進賢與此法同　注云其鄉吏州長以下者明關所屬州長黨正族師閭胥比

長等通頒之也 以歲時登其夫家之衆寡辨其可任者國中自七尺以及六

十野自六尺以及六十有五皆征之其舍者國中貴者賢者能者服

公事者老者疾者皆舍以歲時入其書 登成也定也國中城郭中也晚賦稅而早免之以其所居

復多役少野早賦稅而晚免之以其復少役多鄭司農云征之者給公上事也舍者謂有復除舍不收役事也貴者謂若今宗室及關內

侯皆復也服公事者謂若今吏有復除也老者謂若今八十九十復羨卒也疾者謂若今癃不可事者復之玄謂入其書者言於大司徒

疏 以歲時登其夫家之衆寡辨其可任者者此亦謂四時小案比因辨萬民力役之征輕重征舍之法與鄉師爲官聯也此登夫家衆

寡以下並與鄉師職掌同此官唯登入其書爲異可任謂能受職受役也云國中自七尺以及六十野自六尺以及六十有五皆征之者賈疏云七尺謂年二十知者案韓詩傳二十行役與此國中七尺同則知七尺謂年二十六尺謂年十五故論語云可以託六尺之孤鄭注云六尺之孤年十五以下彼六尺亦謂十五鄭言已下者正謂十四已下亦可以寄託非謂六尺可通十四已下鄭必知六尺年十五者以其國中七尺爲二十對六十野云六尺對六十五晚校五年明知六尺與七尺早校五年故以六尺爲十五也所征稅者謂築作挽引道渠之役及口率出錢若田獵五十則免是以祭義云五十不爲甸徒若征伐六十乃免是以王制云六十不與服戎彼二者並不辨國中及野外之別惠士奇云荀子仲尼篇曰五尺豎子管子乘馬曰童五尺內則注成童十五以上則六尺非童豎矣國策楚策楚襄王使昭常守東地悉五尺至六十三十餘萬說苑齊伐莒魯下令丁男悉發五尺童子皆至是老弱皆從軍矣則六尺非童豎益明以中人爲率八尺爲長六尺爲短七尺爲中內經謂丈夫年三八而長極中人七尺亦其極也故國中自七尺野自六尺以上不滿六尺者不爲夫杞之城也絳老與焉清之戰也汪僮死焉末世之法也是以周官徒役上不及老下不及僮案惠說是也凡國中二十以上野十五以上未授室者爲餘子已授室者爲餘夫三十以上爲正夫皆征之謂正夫餘夫餘子皆受役此征李光坡方苞江永莊存與並從先鄭說謂指力役之征是也蓋當兼大宰九職之力征及均人公旬三日之役征言之平時則受職而貢其功有事則受役而任其力皆以此爲年限也後鄭及賈謂兼九賦口泉失之九賦爲地征非口泉惟九職閒民之夫布略與後世口泉相類然亦與役征異也大戴禮記千乘篇云治地遠近以任民力以節民事故任力有國中及野之異國語魯語云任力以夫而議其老幼故有老幼舍征之法大司徒保息六

一曰慈幼注云十四以下不從征是鄭意十四以下爲五尺以下則
十五以上爲六尺矣論語泰伯篇六尺以孤言故彼注云十五以下
明有不及六尺之孤卽十四以下也內則注亦以成童爲十五以上
明十五而不爲幼童二注說無牾也後漢書班超傳曹昭上書云竊
聞古者十五受兵六十還之李注引此經釋之云征謂賦稅從征役
也韓詩外傳曰二十行役六十免役與周禮國中同卽知二十與周
禮七尺同禮國中六十免役野卽六十有五晚於國中五年國中七
尺從役野六尺卽是野又早於國中五年七尺謂二十六尺卽十五
也此言十五受兵謂據野外爲言六十還之據國中爲說也案李說
與鄭賈同韓詩傳說二十行役六十免役與此經國中七尺至六十
皆征之制亦正合惟據五經異義引韓詩說則行役與受兵不同年
此經野六尺而征是受役非受兵曹昭十五受兵之說與此經無當
李傳合爲一非也互詳小司徒疏云其舍者國中貴者賢者能者服
公事者老者疾者皆舍者貴舍謂官吏有復除賢能舍謂學士有復
除服公事舍謂庶人在官有復除老疾舍謂民有復除諸子國子之
卒凡國正弗及卽貴者之舍也王制鄉論秀士升於司徒者不征於
鄉升於學者不征於司徒卽賢能之舍也又云五十不從力征六十
不與服戎八十者一子不從政九十者其家不從政廢疾非人不養
者一人不從政卽老疾之舍也云以歲時入其書者書卽夫家名數
之版籍賈疏云此上所云皆歲之四時具作文書入於大司徒　注
云登成也定也者小司徒注義同云國中城郭中也者司士脩閭氏
匠人注義同對城郭外曰野謂王城九里郭城二十七里之內也大
宰又謂之邦中詳彼疏云晚賦稅而早免之以其所居復多役少者
後鄭以此征爲賦稅卽口泉也賈疏云以其經云七尺及六十對野
中六尺至六十五是其晚賦稅而早免之經云國中貴者至疾者皆
舍據國中而言是其國中復多役少也莊存與云此謂力征也軍賦

無過家一人不皆征也古征有三無口率出泉鄭君非也案莊說是也江永說同鄭以經征之為口賦故大宰九賦注說口率出泉亦引此職文為證實則古無口賦此經之征與九職九賦復不同據王制孔疏引鄭駁異義說又不以征為口賦則鄭自有兩解矣復多役少者謂應役之人多而受役之人少役少則更上密而勞故晚征而早免之云野早賦稅而晚免之以其復少役多者此野對城郭中言之則郭門以外近郊遠郊之通稱孟子滕文公篇云請野九一而助國中十一使自賦亦以野對國中言之與此正同經云野自六尺以及六十有五皆征之是早賦稅而晚免之又無舍文是應復者少受役者多也但野中貴者賢者能者服公事者雖宜少於國中其老者疾者則與國中無異亦自當有舍故鄭云復少明非無復也野受役人多則更上疏而逸故早征而晚免之鄭司農云征之者給公上事也者先鄭以此征為力征與後鄭異先鄭是也王制疏引五經異義云禮戴說王制云五十不從力政六十不與服戎易孟氏韓詩說年二十行役三十受兵六十還兵古周禮說國中自七尺以及六十野自六尺以及六十有五皆征之許慎謹按云五經說皆不同是無明文所據漢承百王而制二十三而役五十六而免六十五已老而周復征之非用民意鄭駁之云周禮是周公之制王制是孔子之後大賢所記先王之事周禮所謂皆征之者使為胥徒給公家之事如今之正衛耳六十而不與服戎胥徒事暇坐息之閒多其五歲又何太違之云徒給公家之事云非用民意耶王制所云力政輓引築作之事所謂服戎謂從軍為士卒也二者皆勞於胥徒故早舍之案許雖不從此經而以征為征役說與先鄭略同後鄭雖駁許然亦以征為使為胥徒給公家之事即先鄭所謂給公上事也則與此注義異彼義為允曾釗云王制五十不從力政何得國中六十野六十五尚征之疏謂築作挽引正與鄭駁異義相反案曾說是也此征自兼畋役征

但所謂役征者亦自有分別年未至五十者則共勞辱之役鄭駁異義所謂挽引築作王制注亦云城道之役是也五十以上者則唯給公家之事鄭駁異義所謂爲胥徒是也胥徒之役國中始於二十止於六十野始於十五止於六十有五若挽引築作及田役則通以五十爲限還兵則通以六十爲限賈疏謂田獵征伐並不辨國野之別是也祭義五十不爲甸徒卽王制所謂不從力政明甸徒以外他小役尚任爲之此經與禮記義本相通鄭賈說之未析耳又鹽鐵論云古者十五入大學與小役二十冠而成人與戎事五十以下血脈溢剛曰艾壯今陛下哀憐百姓寬力役之政二十三始賦五十六而免所以輔者壯而息老艾也此經所云征者謂小役故國中以二十爲始六十而免野則十五爲始六十五而免鹽鐵論說十五與小役可與此經互證他書所言或據大役及戎事言之故晚役而早免此經與禮記孟易韓詩文似錯互而義則並通又案孟易韓詩謂年二十行役三十受兵六十還兵行役指大役亦卽王制之力征呂氏春秋上農篇云凡民自七尺以上屬諸三官農攻粟工攻器賈攻貨七尺卽年二十明年二十而後任受九職則力征大役亦必二十以上可知矣王制孔疏云其力征之事皆二十受之兵革之事則三十受之故易孟氏詩韓氏皆云二十行役三十受兵案孔說是也凡民二十爲餘夫餘夫可爲羨卒三十爲正夫正夫則爲正卒餘夫受役而正卒受兵故受兵之年當以孟易韓詩爲正白虎通義三軍篇說亦同桓寬謂二十與戎事曹昭謂十五受兵皆非也云舍者謂有復除舍不收役事也者舍卽施舍之舍小宰注云施舍不給役者毛詩大雅雨無正傳云舍除也漢書高惠高后文功臣侯表敘云求其子孫並受復除高帝紀顏注云復者除其賦役也左傳昭二十七年孔疏云有復除者謂優復其身除其徭役案逸周書文酌篇云樂生身復則周時已稱復管子輕重甲篇云民無以與正籍者予之長假卽此舍

役之事云貴者謂若今宗室及關內侯皆復也者惠士奇云漢書孝文四年復諸劉有屬籍家無所與後漢書劉瑜上書言豐沛枝裔被蒙復除不給卒伍是兩漢宗室皆復也詒讓案漢書食貨志晁錯奏曰今民入粟受爵至五大夫以上乃復一人據彼是爵九級已得復此云關內侯有復則二十級乃復疑後漢所改此經所舍貴者當兼命士以上及王族鄭舉漢法以況義耳云服公事者謂若今吏有復除也者沈彤云服公事者在官庶人也案沈據大司徒十二職事服事賈疏義也依其說蓋通不命之士及府史胥徒等言之但依鄭志說則胥徒正在征之之列明此不得有胥徒與彼義微異也孔廣森云漢書高帝詔曰吏二千石入蜀漢定三秦者皆世世復惠帝詔曰吏六百石以上父母妻子與同居及故吏嘗佩將軍都尉印將兵及佩二千石官印者家唯給軍賦他無有所與所謂吏有復除也云老者謂若今八十九十復羨卒也者孔廣森云武帝建元元年令民年八十復二算九十復甲卒賈山上文帝至言曰陛下即位禮高年九十者一子不事八十者二算不事所謂復羨卒也云疾者謂若今癃不可事者復之者宋婺州本癃作瘽同大司徒寬疾注云若今癃不可事不筭卒詳彼疏云玄謂入其書者言於大司徒者賈疏云云知者以其上云受法於司徒故知入其書者言於大司徒

三年則大比攷其德行道藝而興賢者能者鄉老及鄉大夫帥其吏與其衆寡以禮禮賓之

賢者有德行者能者有道藝者衆寡謂鄉人之善者無多少也鄭司農云興賢者謂若今舉孝廉與能者謂若今舉茂才賓敬也敬所舉賢者能者玄謂變舉言與者謂合衆而尊寵之以鄉飲酒之禮禮而賓之

疏 三年則大比者謂大案比也詳小司徒職依鄭鄉飲酒禮注則此大比賓與賢能亦在正月與受頒教法同月詳後又學記云比年入學中年考校注云中猶閒也

鄉遂大夫閱歲則考學者之德行道藝周禮三歲大比乃考焉鄭蓋以此三年與彼中歲校比之期不同故謂彼非周制而孔疏引皇侃說則謂中年考校亦周法竊謂中年考校自是鄉遂羣吏考校之事其鄉遂大夫大比則以三年上文頒教法于鄉吏亦云攷其德行察其道藝蓋或比年或中年或三年其事大小不同要通謂之攷校官尊者校比期遠而疏官卑者校比期近而數學記與此經本不相妨皇說較鄭爲長云攷其德行道藝而興賢者能者者卽所謂選士也鄉之學士其始學於州黨之學學成則州長黨正論其秀者升之鄉學學成則鄉老鄉大夫鄉師論其秀者升之司徒故王制云司徒命鄉論秀士升之司徒曰選士司徒論選士之秀者而升之學曰俊士升於司徒者不征於鄉升於學者不征於司徒曰造士樂正崇四術立四教順先王詩書禮樂以造士大樂正論造士之秀者以告於王而升諸司馬曰進士鄭彼注云秀士鄉大夫所考有德行道藝者進士可進受爵祿也彼注又據學記有中年考試九年大成出學之說依彼經注義則自秀士升爲選士自選士升爲俊士自俊士升爲進士凡三升而後受爵祿也自鄉而升於司徒自司徒而升於學自學而升於司馬凡三升而後登於朝也此經則止有自鄉升司徒法更無升學升司馬之文後經獻賢能之書王受而登于天府內史貳之注云內史副寫其書者當詔王爵祿之時則似此升於司徒者卽可受爵祿故王制孔疏謂王制據學者故中年考試周禮據鄉人故三年一舉鄉人不在學者及諸侯所貢士亦升諸司馬是謂鄉之秀士有在學不在學之異在學者則九年學成三升而至司馬不在學者則唯三年賓興可由司徒而徑升於司馬矣黃以周云學記周禮所異者一閱歲一三年耳而鄉遂大夫所攷學士必升諸國學教成而後用之故鄭注王制命鄉論秀士云秀士鄉大夫所攷有德行道藝者卽以鄉大夫文言之明其同也孔疏以爲周之選舉有二法一由

鄉舉一由學舉王制命鄉論秀士鄉卽鄉大夫論謂論之於學也鄉大夫退而以鄉射之禮五物詢衆庶衆庶爲鄉人未入學者則其所興者爲學士所攷者亦攷之於學可知也攷德行道藝卽司徒之三物其職曰受教法於司徒則所論之士必升名於司徒可知也又曰退而頒之於其鄉吏鄉吏卽州長黨正之屬州長職曰春秋以禮會民而射于州序序州之學也又曰三年大比則大攷州里以贊鄉大夫廢興是亦攷之於學也黨正職曰書其德行道藝亦謂書之於學也周之鄉舉里選必入學而攷之而教之教成而後用之故所用之人皆通達政事而無不知學之人也鄉大夫職於賓興之後不復言入學事者教學非其職略之也其曰此謂使民興賢出使長之使民興能入使治之爲賢能終言之非賓興後卽任以官爵也案黃說是也周選舉之法經雖言之不詳然其先後條理亦尚可攷以理推之此經賓興賢能由鄉升之司徒亦必當由司徒升之學而後升之司馬司徒升之學卽成均大學故王制說大學之教俊選皆造由大學升之司馬乃得受爵祿故司士云以德詔爵以能詔事注亦引王制司馬辨論官材論進士之賢者以告於王而定其論之文以爲釋是鄭亦謂此經與王制選舉之法略同非由選士卽可升司馬也至中年考試鄭自別據學記爲說王制本無是文其與經三年大比異同本可勿論孔疏以在學不在學強爲區別又引熊安生說以爲殷周之異皆非經義又案漢書食貨志說里塾之教云其有秀異者移鄉學於庠序庠序之異者移國學於少學諸侯歲貢少學之異者於天子學於大學曰造士行同能偶則別之以射然後爵命焉班說鄉學秀異移國仍入小學又謂造士別爲諸侯所貢之士皆與王制文迕公羊宣十五年何注說與漢志略同而分鄉學與庠爲二尤爲疏舛皆不足據也云鄉老及鄉大夫帥其吏與其衆寡以禮禮賓之者禮卽鄉飲酒禮此經鄉老無專職惟大比興賢能鄉老與焉國語齊語

二云合羣叜比校民之有道者蓋卽其事也注云賢者有德行者者
小司寇注義同以經云與賢者卽承上德行而言故知賢卽有六德
六行者亦卽大宰九兩三曰師以賢得民也詳大宰疏云能者有道
藝者者小司寇注義亦同以經云能者卽承上道藝而言故知能卽
有六藝者亦卽大宰九兩四曰儒以道得民也亦詳彼疏云衆寡謂
鄉人之善者無多少也者明鄉人非善者不得與觀禮也賈疏云謂
鄉中有賢者皆集在庠學案鄉飲酒堂上堂下皆有衆寡不言其數
此經衆寡兩言無問多少皆來觀禮故云無多少也鄭司農云與賢
者謂若今舉孝廉與能者謂若今舉茂才者漢時舉孝廉卽有德行
者舉茂才卽有道藝者與此賢者能者約略相儗故舉以爲況並詳
宰夫疏云賓敬也者說文貝部云賓所敬也白虎通義五行篇云賓
者敬也云敬所舉賢者能者者敬舊本作賓非今據余仁仲本及注
疏本正此釋經賓與之義謂聚所舉賢能之人以禮賓敬之也大司
徒注云賓賓客其賢者與敬義亦相成云玄謂變舉言與者謂合衆
而尊寵之者大司徒注云與猶舉也鄭以與舉義同管子八觀篇云
論賢不鄉舉則士不急行鄉舉卽賓與此經不言舉而言與爲合衆
殊異之也凡賓與必合衆故鄉飲酒禮注云凡鄉黨飲酒必於民聚
之時欲見其化知尚賢尊長也亦其義云以鄉飲酒之禮禮而賓之
者謂合衆於鄉庠飲酒而以所與賢能之人爲賓大司徒云五州爲
鄉使之相賓卽謂此也鄉飲酒禮云主人就先生而謀賓介鄭注引
大司徒職以鄉三物教萬民而賓與之及此經釋之云是禮乃三年
正月而一行也又云主人謂諸侯之鄉大夫也先生鄉中致仕者賓
介處士賢者古者年七十而致仕老於鄉里大夫名曰父師士名曰
少師而教學焉恆知鄉人之賢者是以大夫就而謀之賢者爲賓其
次爲介其次爲衆賓而與之飲酒是亦將獻之以禮賓之也卽此經
以禮禮賓之之事亦通謂之饗說文食部云饗鄉人飲酒也詩豳風

珍倣宋版印

七月朋酒斯饗曰殺羔羊躋彼公堂稱彼兕觥毛傳云饗者鄉飲酒
也鄉人以狗大夫加以羔羊公堂學校也亦卽此禮也賈鄉飲酒禮
疏云凡鄉飲酒之禮其名有四案此賓賢能謂之鄉飲酒一也又案
鄉飲酒義云六十者坐五十者立侍是黨正飲酒亦謂之鄉飲酒二
也鄉射州長春秋習射於州序先行鄉飲酒亦謂之鄉飲酒三也案
鄉飲酒義又有鄉大夫士飲國中賢者用鄉飲酒四也其王制云習
射尚功習鄉尚齒還是鄉飲酒黨飲酒法又鄉飲酒義孔疏云鄉則
三年一飲州則一年再飲黨則一年一飲也所以然者天子六鄉諸
侯三鄉各有鄉大夫而鄉有鄉學鄉學每年入學三年業成必升於
君若天子鄉則升學士於天子若諸侯之鄉則升學士於諸侯凡升
之必用正月也將用升之先爲飲酒之禮鄉大夫與鄉先生謀事學
生最賢使爲賓次者爲介又次者爲衆賓此鄉大夫爲主人與之飲
酒而後升之若州一年再飲者是春秋習射因而飲之以州長爲主
人也若黨一年一飲者是歲十二月國於大蜡祭而黨中於學飲酒
子貢觀蜡是也亦黨正爲主人也段玉裁云先儒謂鄉飲酒其用有
四其說未備遂大夫三歲大比則帥其吏而與甿注云舉民賢者能
者如六鄉之爲然則亦必以禮禮賓之也五也六遂之縣正如州長
則縣亦有序春秋亦必以禮會民而射於其序六也鄙師如黨正鄙
亦當有序國索鬼神亦必以禮屬民飲酒正齒位七也王制命鄉簡
不帥教者元日習射上功習鄉上齒以化之八也不變命右鄉移左
左鄉移右如初習二禮以化之九也不變移之郊如初習二禮於郊
學以化之十也不變移之遂又爲習二禮於遂學以化之十一也名
爲鄉飲酒而在鄉者六在郊者一在遂者四案鄉遂小學鄉飲酒之
禮孔疏所說略備據月令季冬大飲烝注則鄉飲酒之禮惟大夫以
下有之天子諸侯有大饗大飲而無鄉飲酒蓋其禮迥不同也又案
周易觀李氏集解引鄭易注云諸侯貢士於天子鄉大夫貢士於其

君必以禮賓之是諸侯亦有賓與賢能之事但彼在國學蓋當用大飲之禮與鄉飲酒禮異也鄉學名庠詳大司樂疏

厥明鄉老及鄉大夫羣吏獻賢能之書于王王再拜受之登于天府內史貳之

厥其也其賓之明日也獻猶進也王拜受之重得賢者王上其書於天府天府掌祖廟之寶藏者內史副寫其書者當詔王爵祿之時

疏鄉老及鄉大夫羣吏獻賢能之書于王者論學士之秀者以告於王而升名於司徒也此羣吏即上文鄉吏與大宰小宰諸職之羣吏通百官府言者異詳大宰及小司寇疏又案州長云三年大比則大攷州里以贊鄉大夫廢興彼廢興兼與民及察吏二者言之是此官於大比之時弁大計羣吏故遂大夫大比亦有屬地治戒功事誅賞廢興之事可以互證此經無計吏之事者文不具也詳州長疏云王再拜受之者拜經例用古字當作𢷎唐石經及宋以來版本並誤詳大祝疏云登于天府內史貳之者王以所獻賢能之書正本藏於天府其副本則在內史此官與彼二官為官聯也注云厥其也者爾雅釋言文郭氏注同云其賓之明日也者謂次日之朝朝王而獻其書鄉飲酒禮云明日賓鄉服以拜賜主人如賓服以拜辱又有息司正之禮殆皆在獻書退朝之後與云獻猶進也者廣雅釋詁云獻進也云王拜受之重得賢者者重其有得賢之慶也小司寇司民獻民數於王王拜受之彼為重民數而奇拜此獻賢能之書王再拜受之以禮禰重故褒拜也云王上其書於天府者司民注云登上也王致其書於天府言登者亦重得賢云天府掌祖廟之寶藏者者天府云掌祖廟之守藏又云凡國之玉鎮大寶器藏焉是也又彼職獻民數則受而藏之此獻賢能之書尤重於民數故天府亦受而藏之也云內史副寫其書者當詔王爵祿之時者小宰先鄭注云貳副也賈疏云內史副寫一通文書擬授爵祿案內史職有策命諸侯羣

臣之事故使內史貳之詔讓案詔爵祿者司士云以德詔爵以功詔
祿以能詔事以久奠食鄭其事也凡賢能由鄉升於司徒更由司徒
升於學由學升於司馬然後升於朝而受爵祿王制注謂在九年大
成之後然則三年大比時未遽詔爵祿凡升於司徒升於司馬者皆
先告於王王制文可互推亦非獻於王鄭通籍於朝也此注要其終
言之謂王既受此賢能之書其後當以時予之爵祿則內史以詔王
備遺忘耳互詳司士疏

退而以鄉射之禮五物詢衆庶一曰和二曰容三曰主皮四曰和容五曰興舞以用也行鄉射之禮而以五物詢於衆民鄭司農云詢謀也問於衆庶寧復有賢能者和
謂閨門之內行也容謂容貌也主皮謂善射射所以觀士也故書舞
爲無杜子春讀和容爲和頌謂能爲樂也無讀爲舞謂能爲六舞玄
謂和載六德容包六行也庶民無射禮因田獵分禽則有主皮主皮
者張皮射之無侯也主皮和容興舞則六藝之射與禮樂與當射之
時民必觀焉因詢之也孔子射於矍相之圃蓋觀者如堵牆射至於
司馬使子路執弓矢出誓射者又使公罔之裘序點揚觶而語詢衆
庶之儀若是乎【疏】退而以鄉射之禮五物詢衆庶者退謂王受賢能之書事
畢鄉大夫與鄉老則退各就其鄉學之庠而與鄉人習射
是爲鄉射之禮將行鄉射復當行鄉飲酒禮則與獻賢能之書不同
日也凡鄉射禮以鄉大夫詢衆庶爲主州長亦得行焉賈疏謂鄉射
本爲州長之禮鄉大夫用之非也五物與大司徒鄉三物事異而義
同彼注云物猶事也五事皆據射禮而言凡大射賓射燕射皆有之
此經以五物專屬鄉射者以鄉大夫詢衆庶在鄉學惟用鄉射之禮
故也論語八佾篇子曰射不主皮集解引馬融云射有五善焉一曰
和志體和二曰和容有容儀三曰主皮能中質四曰和頌合雅頌五
曰興武與舞同言射者不但以中皮爲美亦兼取和容也案馬說五

善。卽此經五物也。二曰和容，段玉裁謂和爲衍文是也。其說專據射
禮，較杜鄭爲優，詳後。注云「以用也」者，小爾雅廣詁文。說文巳部云：
㠯用也。以卽㠯之隸變。云「行鄉射之禮而以五物詢於衆民」者，謂鄉
大夫會民射於鄉庠而以五事詢考之也。鄉射禮鄭目錄云：州長春
秋以禮會民而射於州序之禮，謂之鄉者，州鄉之屬，鄉大夫或在焉，
不改其禮。又彼經云：鄉射之禮，主人戒賓。注云：主人，州長也。鄉大夫
若在焉，則稱鄉大夫也。周禮鄉老及鄉大夫三年正月獻賢能之書
于王，退而以鄉射之禮五物詢衆庶。諸侯之鄉大夫旣貢士於其君，
亦用此禮射而詢衆庶乎？賈疏云：案今儀禮鄉射云：豫則鉤楹內堂，
則由楹外。又云：序則物當棟，堂則物當楣。堂謂鄉學，據鄉大夫所行
射禮也。豫謂州長春秋二時習射於序。詒讓案：鄉射禮射於序而用
鹿中，與鄉學名庠及大夫用兕中不合，故鄭以爲諸侯州長上士春
秋習射之禮。此就今所存鄉射經爲說耳，實則鄉射禮自以天子鄉
大夫詢衆庶之禮爲最重，鄉射之名實起於此，州長以下並鄉大夫
之屬官，禮名鄉射，足以晐之矣。鄭司農云「詢，謀也」者，爾雅釋詁文。小
司寇注同。云「問於衆庶，寧復有賢能者」者，以前此所與之賢能旣獻
其書於王，其衆庶之中未登庠序者或尚有可與之人，故復以此鄉
射禮詢問之，明仍爲謀賢能以待後三年之復興也。云「和謂閨門之
內行也」者，孔子燕居云：閨門之內有禮，故三族和也。先鄭本彼爲說。
云「容謂容貌也」者，說文宀部云：容，盛也。頁部云：頌，皃也。皃部云：皃，頌
儀也。籒文作貌。容貌卽頌皃也。經典皆借容爲頌字。先鄭不知和容
爲射禮，故泛舉行及容貌爲說，其實非也。論語馬注以射禮說和爲
志體和，容爲有容儀。皇疏云：和志謂將射必先正志，志和則身體和
韻，故曰體和也。和容，便行步舉動和柔，所以有容儀也。凌廷堪云：經
文明云鄉射之禮五物，然則此五者固在鄉射禮之中，不在鄉射禮
之外也。蓋一曰和、二曰容者，卽鄉射禮之三耦射也。獲而未釋獲，但

取其容體比於禮也是爲第一次射案淩說足申馬義蓋和專指射者之志體容則通凡射儀之委曲繁縟者而言志體和卽射義所謂志正體直也有容儀卽射義所謂進退周還必中禮也周書大聚篇云立鄉以習容彼亦專屬習射言之云主皮謂善射者先鄭意五物之中惟此指射餘皆泛論容德故特釋之淩廷堪云一曰主皮者卽鄉射禮之三耦及賓主人大夫衆耦皆射也司射命曰不貫不釋蓋取其中也故謂之主皮馬氏論語注以主皮爲能中質是也是謂第二次射鄉射記云禮射不主皮鄭注不主皮者貴其容體比於禮其節比於樂不待中爲雋也蓋古經師相傳之解指第三次射而言深得經意不主皮爲第三次射不鼓不釋則主皮爲第二次射不貫不釋可知矣案淩說是也云射所以觀士也者射義云故射者進退周還必中禮內志正外體直然後持弓矢審固持弓矢審固然後可以言中此可以觀德行矣是射者所以觀士之德行也云故書舞爲無者段玉裁云舞從舛𣞤聲故書以無爲舞古文假借字也云杜子春讀和容爲和頌謂能爲樂也者段玉裁云頌容古今字漢時以容爲容皃字則以頌專爲雅頌字子春破和容爲和頌釋之曰謂能爲樂也蓋以樂歌對下文樂舞爲言鄭不從也馬季長曰四曰和頌合雅頌也從杜易字案段說是也論語馬注以容爲頌雖與杜讀同然亦主射禮言其說實較杜爲長皇疏云射時有歌樂言雖能中質而放捨節奏必令與雅頌之聲和合也天子以騶虞爲節諸侯以貍首爲節大夫以采蘋爲節士以采蘩爲節故孔子曰何以聽何以射言射節與樂聲合如一也案皇說是也淩廷堪亦謂此卽鄉射禮第三次射之以樂節射司射命曰不鼓不釋並足輔馬義云無讀爲舞謂能爲六舞者段玉裁云馬季長曰五曰興武與舞同也馬本與故書作無者不同以舞訓武則用杜說而不從杜字也論語皇疏云非唯聲合雅頌而已乃至使射容與樂舞趣與相會進退同也王引之云五

物五者皆鄉射之禮杜子春及先後鄭注唯主皮謂射其餘則泛指他事於射無當固不若馬說之善也與舞之義馬未之及案大司樂大射王出入令奏王夏及射令奏騶虞詔諸侯以弓矢舞樂師燕射帥射夫以弓矢舞則射時有以弓矢舞之禮以大司樂考之舞當在歌樂之時歌詠其聲舞動其容也鄉射歌騶虞以射與王大射同則射夫亦當以弓矢舞故曰與舞與者作也起也舞師凡小祭祀則不興舞鄭彼注曰興猶作也皇疏非是案杜云六舞即泛指大司樂雲門大卷等六代之舞其說固誤馬說專據射禮雖較杜說爲優然仍是容節合樂與和頌無大區別惟王說據大司樂樂師弓矢舞爲釋其證最塙李光地莊有可說並同詩齊風猗嗟云舞則選兮射則貫兮馬瑞辰陳奐亦謂即此五物與舞之事是也蓋鄉射禮大師奏騶虞以射時尚有三耦及衆耦以弓矢舞之節今鄉射經不言者以其爲射禮之細故略之耳云玄謂和載六德容包六行也者賈疏云破司農子春之義案大司徒以鄉三物教萬民教成則興之明此詢者還是三物之內不是三物之外別有和容又且主皮興舞是六藝之內明此和容是六德六行之中在下謂之載和在六德之下故云和載六德在上謂之包容則孝也孝在六行之上故云容包六行案鄭不知此五物爲鄉射之節而謂與大司徒鄉三物爲一故以彼一六德二六行釋此一曰和二曰容也彼六行中無容鄭云容包六行者廣雅釋詁云容灋也謂六行是人之法則容可包含此六者非以容當六行之孝也賈謂鄭以容爲孝者亦非鄭恉云庶民無射禮者據經無庶民射文賈疏云天子至士有大射燕射賓射之等庶人則無此射禮故云無射禮也云因田獵分禽則有主皮者鄭不知主皮即鄉射第二次射故以爲庶民因田獵分禽之射也田獵分禽有射事詳大司馬注及鄉射記注引書傳文具於後云主皮者張皮射之無侯也者鄉射記云禮射不主皮主皮之射者勝者又射不勝者降鄭

彼注云禮射謂以禮樂射也大射賓射燕射是矣不主皮者貴其容體比於禮其節比於樂不待中爲儁也言不勝者降則不復升射也主皮者無侯張獸皮而射之主於獲也尚書傳曰戰鬬不可不習故於蒐狩以閑之也閑之者貫之也貫之者習之也凡祭取餘獲陳於澤然後卿大夫相與射也中者雖不中也取不中者雖中也不取何以然所以貴揖讓之取也而賤勇力之取鄉之取也於囿中勇力之取也今之取也於澤宮揖讓之取也澤習禮之處非所於行禮其射又主中此主皮之射與淩廷堪云鄭不知主皮之射爲第二次射而下以己意謂張獸皮而射故雖引尚書傳爲證而亦不敢決之也又考論語射不主皮爲力不同科孔子稱爲古之道者蓋時至春秋之末鄉射但以不貫不釋爲重而容體比於禮節比於樂不復措意故孔子歎之以爲古禮仍有不主皮之射也爲力不同科馬融注力役之事有上中下三科是別爲一事與上句無涉或者謂鄉射記云主皮之射者勝者又射不勝者降則似鄉射之外更有此射者此殊不然鄉射記所云即指第二次射也凡經所未言見於記者甚多不獨主皮之射一節也若貫革及張獸皮而射尚何升降之有哉主皮者謂不失正鵠也案淩說是也此經五物四射所同主皮之名蓋起於大射大射張皮侯以皮飾侯又方制之以爲鵠故以中鵠爲主皮賓射采侯鄉射獸侯雖不棲皮亦沿大射主皮之名於義得通也三射侯制詳梓人疏云主皮和容與舞則六藝之射與禮樂與者賈疏云以主皮當射和容當禮與舞當樂詒讓案鄭既以上一曰和二曰容當三物之六德六行故又以此主皮和容與舞當三物之六藝此亦不知五物爲鄉射之節而誤說也不可從云當射之時民必觀焉因詢之也者明鄉射得詢衆庶之事賈疏云案鄉射記唯君有射于國中其餘則否注云臣不習武事於君側以其鄉射在城外衆庶皆觀焉故得詢此五物云孔子射於矍相之圃蓋觀者如堵牆者已下並

射義文釋文云矍本或作瞿案射義本作矍鄭彼注云矍相地名樹菜蔬曰圃賈疏云天子諸侯射先行燕禮卿大夫士射先行鄉飲酒之禮時孔子爲鄉大夫鄉射之禮先行飲酒禮故云孔子射於矍相之圃矍相地名以其臣不得在國射故射於矍相之圃以其鄉內衆庶皆集在射所故云觀者如堵牆案鄭引矍相之射證此詢衆庶故賈謂彼亦爲鄉射詩大雅行葦孔疏說同射義孔疏則以爲賓射非鄭恉至賈謂孔子爲鄉大夫鄉射禮疏說同則未詳所本恐不足據云射至於司馬使子路執弓矢出誓射者者彼文誓作延鄭彼注云先行鄉飲酒禮將射乃以司正爲司馬子路執弓矢出延射則爲司射也延進也出進觀者欲射者也延或爲誓案此注正從或本賈疏云以其飲酒之禮必立司正於將射變司正爲司馬也案鄉射大射司射執弓矢今此云子路執弓矢則子路爲司射也子路出誓者以其衆庶多不可盡與之射故誓去之云又使公罔之裘序點揚觶而語者鄭彼注云射畢又使此二人舉觶者古者於旅也語語謂說義理也賈疏云案鄉飲酒之禮一人舉觶爲旅酬始二人舉觶爲無算爵始射在無算爵前今誓在無算爵後者但射實在無算爵前今未射之前用此無算爵禮二人舉觶之法以誓衆庶耳非謂此射在無算爵後云詢衆庶之儀若是乎者鄭以射義不言詢衆庶而其儀相近故引以證義

此謂使民興賢出使長之使民興能入使治之言是乃所謂使民自舉賢者因出之而使之長民教以德行道藝於外也使民自舉能者因入之而使之治民之貢賦田役之事於內也言爲政以順民爲本也書曰天聰明自我民聰明天明威自我民明威老子曰聖人無常心以百姓心爲心如是則古今未有遺民而可爲治

【疏】此謂使民興賢出使長之使民興能入使治之者明鄉大夫所賓興之賢能亦同與司士詔爵詔事之典即以充異日長吏之選也凡民之有德行者在

鄉稱賢在學爲師仕於國則爲長民之有道藝者在鄉稱能在學爲儒仕於國則爲吏則下無不與之賢能上無不賢不能之長吏矣黄以周云此爲賢能終言之非賓興後即任以官職也惠士奇云大戴禮官人篇曰平仁而有慮者使治國家而長百姓慈惠而有理者使長鄉邑而治父子直愍而忠正者使涖百官而察善否慎而察聽者使長民之獄訟出納辭令臨事而絜正者使守內藏而治出入慎察而絜廉者使分財臨貨主賞賜好謀而知務者使治壤地而長百工接給而廣中者使治諸侯而待賓客猛毅而度斷者使治軍事爲邊境因方而用九用有徵所謂出使長入使治者如此而賈子新書大政篇則謂上選吏也必使民與焉故民譽之上察而舉之民苦之上察而去之王者取吏必使民唱然後和之故夫民者吏之程也察吏於民必取其愛焉十人愛之者則十人之吏也百人愛之者則百人之吏也千人愛之者則千人之吏也萬人愛之者則萬人之吏也所謂使民與賢使民與能者如此　注云言是乃所謂使民自舉賢者因出之而使之長民教以德行道藝於外也者長即大宰九兩之長以貴得民謂出其鄉而爲王朝百官府之正長也鄭云教以德行道藝者蓋以出教對入治而言實則長亦兼治民不止教也賈疏謂以賢者德大故遣出外或爲都鄙之主或諸侯皆可也此以長爲都鄙之長及諸侯蓋本大宰注然非經義續漢書百官志劉注引劉劭爵制云古者天子寄軍令於六鄉居則以田警則以戰所謂入使治之出使長之素信者與衆相得也通典職官說同此釋出使長之爲大鄉之吏在軍爲軍將之等亦非經義也云使民自舉能者因入之而使之治民之貢賦田役之事於內也者治即九兩之吏以治得民謂入爲本鄉治民之吏若州長以下皆是墨子尚賢中篇云可使長官者使長官可使治邑者使治邑此云出使長之即長官也入使治之即治邑也賈疏云以其能者德小不可以爲大夫諸侯等故還入鄉

中量德大小以爲比長鄰長已上之官治民之貢賦田役於內也案鄰長遂官當由遂大夫與甿之內選擇爲之非鄉大夫所與也賈說非依此經說則出長入治以賢能而殊其人則皆自鄉而升之司徒升之學升之司馬而後授以爵祿也云言爲政以順民爲本也者明使民自興舉賢能皆以順民爲爲政之本也引書曰天聰明自我民聰明天明威自我民明威者咎繇謨文天明威僞孔本作天明畏書釋文云馬本作威鄭本蓋與馬同僞孔傳云言天因民而降之福民所歸者天命之天視聽人君之行用民爲聽明天明可畏亦用民威其威民所叛者天討之是天明可畏之效引老子曰聖人無常心以百姓心爲心者老子任德章文王弼注云動常因也河上公注云聖人重改更貴因循若自無心百姓心之所便因而從之云如是則古今未有遺民而可爲治者廣雅釋詁云遺離也上旣引書及老子二文證爲政以順民爲本之義故此又申釋之

歲終則令六鄉之吏皆會政致事會計也致事言其歲盡文書

疏歲終者亦謂夏之季冬云則令六鄉之吏皆會政致事者六鄉依王引之說六當爲亓之誤詳鄉師疏此正六鄉之歲會亦鄉吏之官計也賈疏云年終將考其得失則令六鄉之吏州長以下皆計會教政之功狀致其所掌之事於鄉大夫鄉大夫以下致與大司徒然後考之　注云會計也者大司徒注同云致事言其歲盡文書者小宰歲終則令羣吏致事注亦云使齎歲盡文書來至義與此同

正歲令羣吏攷灋于司徒以退各憲之於其所治

疏正歲令羣吏攷灋于司徒者即小司徒云正歲則帥其屬而觀教灋之象令羣吏憲禁令脩灋糾職以待邦治攷灋于司徒謂觀象於司徒所治之官府因而考論受行之羣吏亦即上文鄉吏是也賈疏云正歲建寅之月鄉大夫令州長已下羣吏令使考法於司徒正謂受而考量行之云以退各憲

之於其所治者於經例當作于石經及各本並誤宋余仁仲本治下衍之字唐石經所下大上損闕三字蓋與余本同明注疏本遂以下文國字上屬此章大謬宋婺州本建陽本岳本明嘉靖本並無之字今從之小宰注云憲謂表縣之

國大詢于衆庶則各帥其鄉之衆寡而致於朝

大詢者詢國危詢國遷詢立君鄭司農云大詢于衆庶洪範所謂謀及庶民

疏國大詢于衆庶者此王以國家大事詢萬民對前鄉老鄉大夫以鄉射詢衆庶爲大也云則各帥其鄉之衆寡而致於朝者於亦當作于石經及各本並誤此朝謂外朝在臯門內庫門外者小司寇云王南鄉三公及州長百姓北面注云鄉大夫在公後卽其朝位也注云大詢者詢國危詢國遷詢立君者賈疏云案小司寇職云掌外朝之政以致萬民而詢焉一曰詢國危以下此亦云國大詢於衆庶而致於朝故知大詢者詢國危之等此三者皆是國之大事故稱大詢鄭司農云大詢于衆庶洪範所謂謀及庶民者于注例當作於各本並誤洪範稽疑章云汝則有大疑謀及乃心謀及卿士謀及庶人謀及卜筮隸釋載漢石經殘碑人作民與先鄭所據本同引之者證大詢徧及衆庶之事

國有大故則令民各守其閭以待政令

使民皆聚於閭胥所治處

疏注云使民皆聚於閭胥所治處者賈疏云二十五家爲閭中士爲閭胥胥則有治政之處以聚其民大故謂災變寇戎之等警急須入故鄉大夫令州長已下使民各守其閭胥所治處以待國之政令俞樾云令民各守其閭者不使出二十五家之外也閭之下尚有比不言各守其比者比止五家爲數大少若使此比之民不得至彼比大近煩苛故不言比而言閭使此閭之民不得至彼閭所以待政令也莊存與云大司徒致民於王門其在鄉者則守其閭亦互相足案說文門部云閭里門也蓋二十五家聚居一閭閭中有巷巷首則有門故因以

閭爲五比之名依鄭大司馬注謂六鄉爲軍將營治於國門則比閭之吏當亦營治於閭門若然守閭胥所治處卽是守閭門俞莊說與注義亦相成也晏子春秋外篇云莊公闔門而圖莒國人以爲有亂也皆操長兵而立於閭墨子公輸篇墨子說公輸盤無攻宋歸過宋天雨庇其閭中守閭者不納也並國有故謹守閭之事

以旌節輔令則達之民雖以徵令行其將之者無節則不得通

疏以旌節輔令則達之者此亦鄉大夫命其屬稽察來往徵令之事必以旌節以旌節爲信以防姦僞也掌節云掌守邦節而辨其用以輔王命又云道路用旌節注云道路者主治五涂之官謂鄉遂大夫也凡民以徵令及家徙則鄉遂大夫爲之節然則此旌節卽鄉大夫所爲以與之者也輔令亦通王與百官府之徵令文書言之與彼輔王命義同　注云民雖以徵令行其將之者無節則不得通者廣雅釋詁云達通也謂民雖以應徵令而行仍須持旌節以爲信若無旌節則雖有將之者仍不得通行掌節云無節者有幾則不達是也

周禮正義卷二十一

瑞安孫詒讓學

州長各掌其州之教治政令之灋鄭司農云二千五百家爲州論語曰雖州里行乎哉春秋傳曰鄉取一人焉以歸謂之夏州疏各掌其州之教治政令之灋者州長之官法也教者與鄉先生以鄉三物教於州學也教治政令四者平列猶鄉大夫云各掌其鄉之政教禁令也賈疏謂治政令之法者十二教之外所施政令皆治之非經義阮元云賈意於經教字一逗然黨正云政令教治則賈讀非也注鄭司農云二千五百家爲州者大司徒注義同引論語曰雖州里行乎哉者衛靈公篇文何氏集解引鄭注云二千五百家爲州五家爲鄰五鄰爲里亦據鄉遂爲說又引春秋傳曰鄉取一人焉以歸謂之夏州者左宣十一年傳云楚子伐陳遂入陳殺夏徵舒因縣陳申叔時諫乃復封陳鄉取一人焉以歸謂之夏州杜注云州鄉屬示討夏氏所獲也引之者證侯國亦有州也

正月之吉各屬其州之民而讀灋以攷其德行道藝而勸之以糾其過惡而戒之屬猶合也聚也因聚衆而勸戒之者欲其善疏正月之吉各屬其州之民而讀灋者以下並掌當州教治之事賈疏云謂建子之月一日對衆讀一年政令及十二教之法使知之云以攷其德行道藝而勸之者與司諫爲官聯也德行道藝等黨正以下各有所書此官又總校攷之說文力部云勸勉也云以糾其過惡而戒之者與司救爲官聯也過惡即司救之衺惡過失糾戒亦與司救誅讓防禁事略同注云屬猶合也聚也者說文尸部云屬連也引申爲合聚之義屬聚遂大夫大行人注並同云因聚

衆而勸戒之者欲其善者爲其聞之者衆將以勸其向善之志此與鄉大夫合衆賓與賢能意同　若以歲時祭祀州社則屬其民而讀灋亦如之春秋以禮會民而射于州序序州黨之學也會民而射所以正其志也射義曰射之爲言繹也繹者各繹己之志

【疏】若以歲時祭祀州社者賈疏云上云歲時皆謂歲之四時此云歲時唯謂歲之二時春秋耳春祭社以祈膏雨望五穀豐熟秋祭社者以百穀豐稔所以報功案賈說是也州社蓋亦有仲春仲秋兩祭黨正祭禜族師祭酺皆以春秋蓋禮有隆殺而時則同此經不箸時者以下文云春秋會民而射於州序變文以避復重也凡社歲二祭詳肆師疏州社者州之官社鄉遂之制二千五百家以上始得立社也祭法云大夫以下成羣立社曰置社鄭注云大夫以下謂下至庶人也大夫不得特立社與民族居百家以上則共立一社今時里社是也孔疏云詩頌云百室盈止殺時犉牡故曰百家言以上皆不限多少故鄭駮異義引州長職曰以歲時祭祀州社是二千五百家爲社也雖云百家以上唯治民大夫乃得立社故鄭駮異義云有國及治民之大夫乃有社稷是也案以孔引駮異義說參綜攷之鄭意蓋謂周時有公社有私社公社斷自鄉州縣都此經州社是也其私社則大夫士庶人族居百家以上得立之祭法置社是也駮異義謂有國及治民大夫有社稷自指國邑公社言之孔以爲百家以上之治民大夫非鄭指也公社之祭王侯及治民大夫主之故州有社而黨族則別祭禜酺私社之祭貴家大族主之故祭法云大夫以下明平民百家以上尚不得立社也孔唯引鄭駮義而不詳許說云何攷說文示部云周禮二十五家爲社異義說或當與彼同但經無此文風俗通義祀典篇引作周禮說蓋此經舊師說如是據彼則閭里二十五家即得立社史記魯世家集解引賈逵左傳注哀十五年左傳杜注呂

氏春秋慎大篇高注漢書五行志顏注引臣瓚說管子小稱篇尹注史記孔子世家索隱荀子仲尼篇楊注說並同商子賞刑篇云里有書社楚辭天問云何環穿自閭社丘陵爰出子文皆閭里立社之證然左哀十五年傳齊與衛書社五百晏子春秋內篇雜下說齊桓公以書社五百封管仲荀子仲尼篇作書社三百呂氏春秋高義篇說越以書社三百封墨子史記孔子世家楚昭王將以書社七百里封孔子以上諸書所云書社或致異國或賜諸臣則當爲都鄙采地之制都鄙制丘甸則不得有二十五家之里戰國策秦策云賜之二社之地高注云邑皆有社二社二邑彼邑似卽指都鄙四井之邑左傳昭二十五年傳自莒疆以西請致千社千社疑亦卽千邑也若然鄉遂二十五家而立社都鄙公邑四井而立社與今攷呂氏春秋慎大篇云武王勝殷諸大夫賞以書社則周初已有書社竊疑卽置社之制與閭里之社不同閭里二十五家立社恐是晚周之法許所稱雖經師舊義鄭所不從故郊特牲孔疏云周之政法百家以上得立社其秦漢以來雖非大夫民二十五家以上則得立社故鄭志云月令命民社謂秦社也自秦以下民始得立社也案孔辯民社爲秦制深得鄭恉管子乘馬篇又云方六里爲社方六里爲積三十六里以一里八家計之凡二百八十八家此疑齊制與禮亦不合也云則屬其民而讀灋亦如之者謂正月吉日之外復有仲春仲秋社後兩次讀法亦有攷糾勸戒之事如正月吉也云春秋以禮會民而射于州序者禮卽鄉射之禮王制云元日習射上功是也亦春秋兩行不必與祭社同月鄉射禮鄭目錄云州長春秋以禮會民而射於州序之禮謂之鄉者州鄉之屬鄉大夫或在焉不改其禮又鄉飲酒義云合諸鄉射教之鄉飲酒之禮而孝弟之行立矣鄭彼注云鄉射則州長春秋以禮會民而射於州序之禮也謂之鄉者州黨鄉之屬也或則鄉之所居州黨鄉大夫親爲主人焉如今郡國下令長於鄉射飲酒

從大守相臨之禮也賈疏二云亦謂先行鄉飲酒之禮乃射故二云以禮
也　注二云序州黨之學也者鄉飲酒義注義同賈疏二云案下黨正亦
二云飲酒於序故知州黨學同名爲序若鄉則立庠故禮記鄉飲酒義
二云主人迎賓于庠門之外彼鄉大夫行賓賢能非州長黨正所行故
知庠則鄉學也詒讓案鄉射禮豫則鉤楹內堂則由楹外當左物北
面揖鄭注二云序無室可以深也周立四代之學於國而又以有虞氏
之庠爲鄉學鄉飲酒義曰主人迎賓於庠門外是也庠之制有堂有
室也今言豫者謂州學也讀如成周宣謝災之謝周禮作序凡屋無
室曰謝宜從謝州立謝者下鄉也今文豫爲序序乃夏后氏之學亦
非也又鄉射記二云序則物當棟注二云是制五架之屋也案依鄭鄉射
注義則鄉郊之學爲庠有室州黨之學爲序無室序正字當作謝又
卽爾雅釋宮之樹書泰誓孔疏引孫炎二云樹但有堂也其序爲大學
東序之專名具有堂室與庠略同不可通於州黨無室之學經典凡
說州學作序作豫者並聲近段借字此經及學記注並不破序爲謝
者文不具也文王世子二云王乃命公侯伯子男及羣吏曰反養老幼
於東序注二云羣吏鄉遂之官彼注蓋並冡侯國言之不復析別耳實
則鄉遂不得有東序也焦循二云爾雅二云無東西廂有室曰寢無室曰
樹樹蒙無東西廂言則視寢又無室矣杜預注宣十六年傳二云宣樹
講武屋謂屋歇前孔疏二云歇前者無壁如今廳是也歇前正無廂與
室之屋也孟子二云夏曰校殷曰序周曰庠學則三代共之以校序庠
別於學序乃鄉學之名殷人尚質其制無室而歇前周立此制於州
遂而易鄉學爲庠也王制二云夏后氏養國老于東序養庶老于西序
文王世子於大學言東序是大學亦有序稱周之東序又曰東膠膠
與校蓋同音通用字大學稱序校猶鄉學名庠而北學亦稱上庠也
歇前之制推在州遂者然耳段玉裁二云成周學制鄉有鄉學其屬別
爲州黨族比閭州有州序黨有黨序古者仕焉而已者歸教於閭里

朝夕坐於門側之堂學記所謂家有塾也鄉大夫等掌之大司徒領之自鄉而四四郊每郊有郊學王制虞庠在國之四郊鄭注周立小學於四郊鄉之不帥教者不變移之郊鄭注爲之習禮於郊學文王世子凡語於郊者必取賢斂才焉鄭注謂論說於郊學祭義天子設四學鄭注四學謂周四郊之虞庠也皆是也亦大司徒領之由郊而外距郊百里內爲六遂鄰里酇鄙縣皆其屬別也每遂有學學記所謂術有序是也其所屬之學當亦如鄉遂大夫等主之亦大司徒領之此城中城外學之大槩也鄉學必在百里之適中而不在邊虞庠乃設百里之邊故記目在國之四郊注謂之郊學命鄉簡不帥教者習禮先在本鄉繼右鄉移左鄉左鄉移右鄉繼移郊學繼移遂學終乃屏之遠方由近洎遠釐然可攷案段說甚覈周鄉遂學制依鄭三禮注義鄉學名庠六鄉則六庠也鄉之攴爲州州學名序六鄉三十州則有三十序也州之攴爲黨黨學亦名序六鄉百五十黨則有百五十序也六鄉地不逾四同而立庠序百八十有六國學及四郊之學尚不與其數教法亦甚詳矣蓋周制自國學外鄉學郊學並名庠王制及鄉飲酒義所說是也州黨及六遂之學並名序此經及學記所說是也左襄三十年傳鄭有鄉校此猶東序之或稱東膠蓋侯國之制至孟子滕文公篇說夏校殷序周庠史記儒林傳同說文广部則云庠禮官養老夏曰校殷曰庠周曰序漢書儒林傳說同文雖差異要並指三代之鄉學而言焦循說其塙段玉裁孔廣森說亦同遂學亦名序故學記云術有序注云術當爲遂聲之誤也孔疏云凡六鄉之內州學以下皆爲序六遂之內縣學以下皆爲序也皇氏云遂學曰庠與此文違其義非也陳祥道云周禮遂官各降鄉官一等則遂之學亦降鄉一等矣州長爵與遂大夫同則遂之學其名與州序同可也案陳說比例極是足申鄭孔義若然六遂亦當有六序遂之三十縣百五十鄙與鄉之州黨同當亦有學然其名不見於經學記

疏謂亦名序未知然否漢書食貨志謂五比爲鄰五鄰爲里里有序序有左塾右塾白虎通義辟雍篇說同公羊宣十五年何注又謂一里八十家中里爲校室以此例之則似閭族里鄭亦有學經注並無文未知其審段玉裁謂班何所云卽學記之家有塾黨或然也云會民而射所以正其志也者射義云內志正外體直是也引射義曰射之爲言繹也繹者各繹己之志者證射爲正志之義賈疏云繹陳也言各陳繹己志

凡州之大祭祀大喪皆涖其事大祭祀謂州社稷也大喪鄉老鄉大夫於是卒者也涖臨也

【疏】凡州之大祭祀大喪皆涖其事者祭祀喪紀皆當州之禮事亦教治之一隅也注云大祭祀謂州社稷也者明與它職大祭祀關天地宗廟者異賈疏云以上文云歲時祭祀州社此經又因言州之大祭祀故知還是上文州社也知有稷者以其天子諸侯三社皆稷對之故知兼有稷也云大喪鄉老鄉大夫於是卒者也者以鄉吏之中爵尊者無過鄉老鄉大夫卒於所治之州里亦得爲喪紀之大者明與它職大喪關王后世子者異也云涖臨也者天官世婦注同

若國作民而師田行役之事則帥而致之掌其戒令與其賞罰致之致之於司徒也掌其戒令賞罰則是於軍因爲師帥

【疏】若國作民而師田行役之事則帥而致之者賈疏云言若者不定之辭若如也如有國家作起其民師謂征伐田謂田獵行謂巡狩役謂役作此數事者皆須徵聚其民州長則各帥其民而致之於司徒也注云致之致之於司徒也者賈疏云謂州長致與小司徒小司徒乃帥而致與大司徒故小司徒職云大軍旅帥其衆庶是也云掌其戒令賞罰則是於軍因爲師帥者夏官敘官云二千有五百人爲師師帥皆中大夫師衆卽一州二千五百家所出州長敘官云每州中大夫一人此又云掌其戒令賞罰故知在軍就爲師帥左僖十五年傳晉作州

兵杜注云使州長繕甲兵蓋亦師帥之事也賈疏云若衆屬軍吏別有軍吏掌之何得還自掌之故知因爲師帥也但在鄉爲州長已管其民在軍還領已民爲師帥即是因內政寄軍令也**歲終則會其州之政令正歲則讀教灋如初**雖以正月讀之至正歲猶復讀之因此四時之正重申之疏歲終者對下正歲謂夏正一歲之終始也凡此經云歲終皆爲建丑之月賈疏謂周歲終失之詳宰夫疏云則會其州之政令者此正當州之歲會亦州吏之官成也云正歲則讀教灋如初者夏正建寅之月又讀教法此在周正月後兩月仲春祭社前一月則此官一歲四讀法也　注云雖以正月讀之至正歲猶復讀之因此四時之正重申之者上文正月之吉已屬州民而讀法是建子之月已讀之此於正歲建寅之月又讀之明爲四時之正故重復申戒欲民之徧諭也

**三年大比則大攷州里以贊鄉大夫廢興**廢興所廢退所興進也鄭司農云贊助也疏三年大比則大攷州里者此州吏之官計也賈疏云州長至三年大案比之日則大考州里者謂年年考訖至三年則大考之言大者時有黜陟廢興故也詒讓案大攷州里謂攷察吏民之賢否州里關黨族閭比言之詳鄉師疏云以贊鄉大夫廢興者此亦兼與民察吏二者言之鄉大夫於大比之時有賓興賢能之事又因以察吏治遂大夫云三歲大比則帥其吏而興甿明其有功者屬其地治者凡爲邑者以四達戒其功事而誅賞廢興之是大比民有賓興吏有廢置皆鄉遂大夫總掌其事州長縣正以下則贊之明大比與大計事相因也詳司書疏　注云廢猶退也者大宰注云廢猶退也與與進義亦相成鄭司農云贊助也者充人大行人注並同小爾雅廣詁云贊助佐也

黨正各掌其黨之政令教治鄭司農云五百家爲黨論語曰孔子於鄉黨又曰闕黨童子疏各掌其黨之政令教治者教謂教於黨學及後祭祀喪紀昏冠飲酒之禮事是也注鄭司農云五百家爲黨者大司徒注義同引論語曰孔子於鄉黨又曰闕黨童子者鄉黨憲問篇文彼魯制諸侯三鄉亦五百家爲黨故引以爲證

及四時之孟月吉日則屬民而讀邦灋以糾戒之以四孟之月朔日讀法者彌親民者於教亦彌數疏及四時之孟月吉日則屬民而讀邦灋以糾戒之者賈疏云黨正四時孟月吉日則屬民而讀邦法者因糾戒之如州長之爲也注云以四孟之月朔日讀法者此亦注用今字作法也大宰注云吉謂朔日云彌親民者於教亦彌數者賈疏云上文州長唯有建子建寅及春秋祭社四度讀法此黨正四孟及下文春秋祭禜并正歲一年七度讀法者以其鄉大夫管五州去民遠不讀法州長管五黨去民漸親故四讀法黨正去民彌親故七讀法案下族師十四度讀法彌多於此故鄭總釋云彌親民者於教亦彌數也惠士奇云讀法州長一年四黨正七族師十有四閭胥讀無時

春秋祭禜亦如之禜謂雩禜水旱之神蓋亦爲壇位如祭社稷云疏春秋祭禜者與州春秋祭社事相儗蓋亦以仲春仲秋祭之賈疏云黨正不得與州同祭社故亦春秋祭禜神也云亦如之者亦屬民而讀法也注云禜謂雩禜水旱之神者即大祝六祈之禜也祭法云幽宗祭星也雩宗祭水旱也鄭注云宗皆當爲禜故此云雩禜又左昭元年傳子產云山川之神則水旱癘疫之災於是乎禜之日月星辰之神則雪霜風雨之不時於是乎禜之說文示部云禜設緜蕝爲營以禳風雨雪霜水旱癘疫於日月星辰山川也一曰禜衞使災不生金鶚云大祝六祈三曰禬四曰禜禬之祭主於癘疫禜之祭主於水旱故祭法云雩宗祭水旱雩

霜風雨之不時爲水旱所由致義與水旱相因也第禜禬二祭相似鄭注大祝云禬禜告之以時有災變也是禬禜一類故禳癘疫亦通謂之禜也禜之祭雖有日月星辰與山川二者而山川較多楚語曰諸侯祀天地三辰及其土之山川韋注云此謂二王後也非二王後祭分野星山川而已然則禜於日月星辰者惟天子有之非天子則禜於山川黨正職云春秋祭禜是禜之祭達於大夫可知禜於山川者多也禜祭亦及社稷大祝職曰國有大故天裁彌祀社稷禱祠鄭注天裁疫癘水旱也是禜及社稷矣左傳第言山川而不及社稷以臺駘爲汾神故也且禜之時亦有二一無定時者遇災而行所以禳水旱則山川社稷並祭有定時者於春秋二仲行之春祈雨暘之時若秋則報之與祭社稷之義略同其祭則主山川而不及社稷以社稷已自有春秋之祭也州長言春秋祭社黨正言春秋祭禜社有定時則禜亦有定時可知社稷尊於山川故州長祭社黨正祭禜案金說甚覈此經之祭禜祭法謂之雩禜蓋因祭水旱之神通謂之雩其實與祭雩不同周祭雩有二正雩爲常禮月令繫於五月依鄭義則在周六月又有旱雩爲變禮周秋三月遇旱則祭不旱則否月令大雩帝之下又有命百縣雩祀之文百縣即謂畿內鄉遂公邑則州黨得有常雩之祭其旱雩之祭亦當有之但二雩並無春秋再祭之法則雩禜與常雩不同明矣論衡謂古有春秋二雩其說絕無根據不足證此也雩禮詳女巫疏又晉書禮志引摯虞議謂此祭禜即書之六宗及月令之天宗其說甚誤但摯議以此祭禜與肆師社宗並舉審校文義疑摯氏所見本禜實作宗或據賈馬王諸家舊讀故與鄭異也云蓋亦爲壇位如祭社稷云者鬯人注云禜謂營酇所祭營酇即謂壇之營域也禜與社稷同爲地示故其壇位略同社稷壇位詳大司徒疏

國索鬼神而祭祀則以禮屬民而飲酒于序以正齒位壹命齒

于鄉里再命齒于父族三命而不齒國索鬼神而祭祀謂歲十二月大蜡之時建亥之月也正齒位者鄉飲酒義所謂六十者坐五十者立侍六十者三豆七十者四豆八十者五豆九十者六豆是也必正之者為民三時務農將闕於禮至此農隙而教之尊長養老見孝弟之道也黨正飲酒禮亡以此事屬於鄉飲酒之義微失少矣凡射飲酒此鄉民雖為卿大夫必來觀禮鄉飲酒鄉射記大夫樂作不入士既旅不入是也齒于鄉里者以年與衆賓相次也齒于父族者父族有為賓者以年與之相次異姓雖有老者居於其上不齒者席于尊東所謂遵

【疏】國索鬼神而祭祀則以禮屬民而飲酒于序以正齒位者謂行鄉飲酒之禮於黨學之序也黨序亦無室與州序同學記云黨有庠孔疏云州黨曰序此云黨有庠者是鄉之所居黨為鄉學之庠不別立序庾氏云黨有庠謂夏殷禮非周法義或然也焦循云黨與遂對舉則鄉之通名案焦說近是互詳州長疏正齒位即王制云習鄉上齒是也管子八觀篇云時無會同喪祭不聚禁罰不嚴則齒長輯睦無自生矣此因蜡祭而行鄉飲酒即會同以明齒長教輯睦之事也賈疏云黨正行正齒位之禮在十二月建亥之月為之非蜡祭之禮而此云國索鬼神而祭祀者以其正齒位禮在蜡月故言之以為節耳當國索鬼神而祭祀之時則黨正屬聚其民而飲酒於序學中以行正齒位之法云壹命齒于鄉里再命齒于父族三命而不齒者祭義文同賈疏云當正齒位之時民內有為壹命已上必來觀禮故須言其坐之處此黨正是天子之國黨正則壹命亦天子之臣若有壹命之人來者即於堂下鄉里之中為齒也再命齒于父族謂父族為賓即與之為齒年大在賓東年小在賓西若有三命之人來者縱令父族為賓亦不與之齒若非父族是異姓為賓灼然不齒位在賓東故云不齒也若然典命雖不見天子之士命數序官有上士中士下士則上士三命中士

二命下士壹命則此壹命謂下士再命謂中士三命謂上士也注云國索鬼神而祭祀謂歲十二月大蜡之時建亥之月也者釋文云蜡依字作措案月令釋文引字林作措即蜡之俗郊特牲云天子大蜡八蜡也者索也歲十二月合聚萬物而索饗之也蜡之祭也主先嗇而祭司嗇也祭百種以報嗇也饗農及郵表畷禽獸仁之至義之盡也古之君子使之必報之迎貓為其食田鼠也迎虎為其食田豕也迎而祭之也祭坊與水庸事也鄭彼注云謂求索也歲十二月周之正數謂建亥之月也饗者祭其神也萬物有功加於民者神使為之也祭之以報焉造者配之也案鄭以此經云索鬼神與郊特牲蜡索之訓正相會故據以為說周十二月於夏正為十月故月令孟冬云是月也大飲烝鄭注云十月農功畢天子諸侯與其羣臣飲酒於太學以正齒位謂之大飲別之於他烝謂有牲體為俎也黨正職曰國索鬼神而祭祀則以禮屬民而飲酒于序以正齒位亦謂此時也月令又云天子乃祈來年于天宗大割祠于公社及門閭臘先祖五祀勞農以休息之鄭注云此周禮所謂蜡祭也天宗謂日月星辰也大割大殺羣牲割之也臘謂以田獵所得禽祭也或言祈年或言大割或言臘互文勞農以休息之黨正屬民飲酒正齒位是也孔疏云此等之祭總謂之蜡若細別言之天宗公社門閭謂之蜡其祭則皮弁素服葛帶榛杖其臘先祖五祀謂之息民之祭其服則黃衣黃冠鄭注郊特牲云息民與蜡異也按黨正云國索鬼神而祭祀則以禮屬民而飲酒于序以正齒位則飲酒在蜡祭之後此大飲在蜡祭之前者若黨正屬民飲酒在蜡之後故下云勞農以休息之注黨正飲酒是也若天子諸侯羣臣大飲在蜡祭之前故以大飲敘在祈年之前然鄭為大飲之下注引黨正飲酒者證其正齒位同在此月不謂大飲即黨正飲酒也案據鄭孔說則建亥之月天子先大飲烝於大學大飲之後有蜡祭蜡之後有臘祭臘之後黨正乃屬民飲酒於序

正齒位其次蓋如此此職云國索鬼神而祭祀即舉蜡祭以明黨正之飲酒在國蜡後也索鬼神即指大蜡八神而鄭孔據月令以說蜡謂八神之外又廣及日月星辰社門閭等衆神金鶚云月令多雜秦制秦無蜡祭而於孟冬祈天宗祠公社門閭臘先祖五祀遂勞農休息以傚周之大蜡而不以蜡名之後儒不察而以爲周禮誤矣周禮孟春祈穀於上帝仲春祭社稷亦所以祈年皆於本年之春行之未有預祈於年前者也歲終之祭當報而不當祈且祈年不當但祈日月星辰而不及上帝日月從祀於圜丘南郊又特祀於二分未聞祀於孟冬者也社已祀於春秋先祖已祭於四時此時適已烝祭五祀已分祭於四時乃復祭之不病其數乎況先祖五祀於勞農休息絕不相關又先祖祭於廟五祀祭於宮而勞農休息則在於郊其地隔遠皆不合於禮禮運云昔者仲尼與於蜡賓事畢出游於觀之上鄭注云謂蜡亦祭宗廟時孔子仕魯在助祭之中不知蜡祭畢必行燕禮燕禮以大夫爲賓孔子爲大夫故爲蜡賓燕於寢故事畢而出游於觀若祭宗廟而助祭孔子安得爲賓乎不得據此而謂蜡亦祭宗廟者也然則祈年於天宗以下三祭非周禮明矣鄭注皆指爲周之蜡祭殊不思郊特牲明箸八蜡之神若蜡祭亦祭天宗公社等神經文何以不箸乎且經云蜡者索也以八神有功於民而非常祀之所及故必索而祭之若日月星辰社稷宗廟何待索邪案金謂祈年天宗祠公社門閭非蜡祭是也黃以周說同大蜡八神皆非常祀所及搜索而祭之故經云索鬼神與大司徒十二荒政之索鬼神爲修廢祀事異而義同也至臘爲息民之祭與蜡同日行之但有尊卑之別耳通言之臘亦得謂之蜡其黨正飲酒正齒位即在蜡臘之日故郊特牲因蜡而及息民之祭月令又因臘而及勞農休息之事明黨飲亦與蜡臘事相因雜記云百日之蜡一日之澤鄭彼注亦引此經爲說是其證也蜡臘異同詳籥章疏云正齒位者鄉飲酒義所謂六十

者坐五十者立侍六十者三豆七十者四豆八十者五豆九十者六
豆是也者案彼云鄉飲酒之禮六十者坐五十者立侍以聽政役所
以明尊長也六十者三豆七十者四豆八十者五豆九十者六豆所
以明養老也鄭彼注云此說鄉飲酒謂黨正國索鬼神而祭祀則以
禮屬民而飲酒于序以正齒位之禮也孔疏云按鄉飲酒禮賓賢能
則用處士爲賓其次爲介其次爲眾賓皆以年少者爲之此正齒位
之禮其賓介等皆用年老者爲之其餘爲眾賓賓內年六十以上於
堂上於賓席之西南面坐若不盡則於介席之北東面北上其五十
者則立於西階下東面北上亦有陪侍之義非卽在六十者傍同南
面立也六十者三豆至九十者六豆者以其每十年加一豆非正禮
故不得爲籩豆偶也其五十者亦有豆也但二豆而已則鄉飲酒禮
眾賓立於堂下者皆二豆其賓介之豆無正文當依眾賓之年而加
之也云必正之者爲民三時務農將闕於禮至此農隙而教之尊長
養老見孝弟之道也者釋文云隙本又作郤案郤卽隙之借字白虎
通義鄉射篇云所以十月行鄉飲酒之禮何所以復尊卑長幼之義
春夏事急浚井芟牆至有子使父弟使兄故以事閑暇復長幼之序
也鄉飲酒義云民知尊長養老而后乃能入孝弟民入孝弟出尊長
養老而后成教成教而后國可安也君子之所謂孝者非家至而日
見之也合諸鄉射教之鄉飲酒之禮而孝弟之行立矣鄭亦本彼爲
說國語齊語云班序顛毛以爲民紀統亦謂此也賈疏云春夏秋三
時務在田野闕於齒序之節隙閑也至此十月農事且閑而教之言
尊長養老卽五十已上至九十正齒位是也云黨正飲酒禮亡者以
今儀禮唯有鄉飲酒禮爲諸侯鄉大夫禮無天子黨正飲酒之禮也
云以此事屬於鄉飲酒之義微失少矣者賈疏云鄉飲酒義唯有五
十已上豆數之言此經唯有一命已上觀禮之事二處相兼比於儀
禮篇中鄉飲酒注義理乃未足微失於少故云微失少矣案賈說是

也此冡上禮士而言微失少者謂記雖略見其事而文不備耳云凡射飲酒者賈疏云謂州長春秋行射黨正十二月行鄉飲酒二事俱同故兼言射也云此鄉民雖為鄉大夫必來觀禮者明此三命再命一命並據當鄉之民仕者而言也賈疏云證此經壹命以至三命齒與不齒之人來在位之法也云鄉飲酒鄉射記大夫樂作不入士既旅不入是也者鄉飲鄉射二記並有此文故兼引之賈疏云證二事俱有壹命已上觀禮來入時節案彼經鄉大夫皆作樂前入士未旅前入故云大夫樂作不入鄭彼注云後樂賢也云士既旅不入注云後正禮也若然大夫士來觀禮者皆為樂賢行禮而至故大夫樂作不入士既旅不入也云齒于鄉里者以年與衆賓相次也者于注例當作於各本並誤文子世子云古者謂年齡齒亦齡也鄭彼注云齒人壽之數也又祭義注云齒者謂以年次立若坐也賈疏云謂在堂下與五十已下衆賢賓客相次以其壹命若據天子之國壹命為下士若據諸侯之國壹命為公侯伯之士若據子男之士不命固在堂下以其士立於下故也云齒于父族者父族有為賓者以年與之相次者于亦當作於此猶文王世子云不踰父兄也父族對異姓言之則凡同大宗者皆齒不徒九族也賈疏云以其賓在戶牖之閒南面若賓是同姓父族則與之齒也云異姓雖有老者居於其上者賈疏云既言齒於父族明異姓非父族不齒可知云不齒者席于尊東所謂遵者于亦當作於此不齒謂爵貴特居尊位雖父族亦不以年相次荀子大略篇云三命族人雖七十不敢先祭義文略同所謂不齒也與大司寇圜土罷民不齒義異遵席於尊東亦兼據鄉飲鄉射二禮為說鄉飲酒禮云賓若有遵者諸公大夫則既一人舉觶乃入席于賓東公三重大夫再重鄭彼注云遵者諸公大夫也謂之賓者同從外來耳大國有孤四命謂之公席於賓東尊之不與鄉人齒也天子之國三命者不齒於諸侯之國爵為大夫則不齒矣又鄉射禮一

人舉觶後云大夫若有遵者則入門左升席于尊東注云謂此鄉之人爲大夫者也謂之遵者方以禮樂化民欲其遵法之也鄉大夫士非鄉人禮亦然主於鄉人耳今文遵爲僎尊東明與賓夾尊也案鄉飲鄉射遵席皆與賓夾尊鄉飲酒禮遵席於賓東者賓東卽尊東二經義不異也賈疏云案鄉飲酒鄉射皆酒尊在室戶東房戶西賓主夾之鄉人爲鄉大夫來觀禮爲鄉人所遵法謂之爲遵席位在酒尊東公三重大夫再重故知不齒者席於尊東也案鄭注鄉飲酒云此篇無正齒位之事焉者彼是三年一貢士直行飲酒之禮賢者爲賓其次爲介其次又爲衆賓賓而貢之如此無黨正正齒位之事案彼注又云天子之國三命者不齒於諸侯之國爵爲大夫則不齒矣者以其賓賢能年幾必小於鄉大夫等是以天子之國三命士及公侯伯之鄉三命大夫壹命子男之鄉再命大夫壹命但是大夫已上無問命數皆不齒以其大夫已上爵尊故也但諸侯之鄉當天子之上士故天子之國三命乃不齒天子士再命已下及諸侯之士則皆齒以其士卑立於下故在堂下與鄉人立者齒也彼是賓賢能禮若黨正飲酒之禮則此文是天子黨正飲酒法則壹命齒於鄉里在堂下與鄉人齒再命齒於父族父族爲賓在堂上則天子再命之士亦在堂上與彼賓賢能鄉飲酒義異者案鄉射記云大夫與則公士爲賓則此黨正飲酒有壹命已上觀禮則亦以公士爲賓但公家之士其年必大故天子之士再命者亦與之齒若然賓賢能天子之士再命不齒者彼賓賢能非正齒位法別爲一禮故與黨正正齒位禮異也案依鄭三禮注及賈疏義則此黨飲酒正齒位雖義主尚齒而實兼貴貴故一命無不齒再命則有齒有不齒三命則皆不齒其鄉飲酒賓賢能則尊賢而兼貴貴故天子中士再命仍齒於鄉里而侯國公侯伯之大夫子男之鄉再命子男大夫一命者轉得與天子上士同不齒也至文王世子說天子諸侯朝公族於內朝則又親親而兼尚

齒故彼文云公族其朝於公內朝則東面北上臣有貴者以齒又云雖有三命不踰父兄鄭彼注云唯於內朝則然其餘會聚之事則與庶姓同亦引此經爲說然則內朝公族之朝雖三命仍無不齒蓋與此二禮又異矣

凡其黨之祭祀喪紀昏冠飲酒教其禮事掌其戒禁其黨之民【疏】注云其黨之民者賈疏云此一經並是民之所行與州之祭祀大喪義異此祭祀已下雖是民之所行民者冥也非教不可故黨正皆教其禮事也因掌其戒命督禁之

凡作民而師田行役則以其灋治其政事亦於軍因爲旅帥【疏】則以其灋治其政事者法卽大司徒之役法大司馬之戰法田法此官受彼法以治之也　注云亦於軍因爲旅帥者冢上州長在軍爲師帥也夏官敘官云五百人爲旅旅帥皆下大夫黨正敘官亦每黨下大夫一人賈疏云此亦如上釋非衆屬軍吏者黨正在鄉各管五百家出軍之時家出一人則五百人爲旅黨正還爲旅帥亦如州長因爲師帥也

歲終則會其黨政帥其吏而致事【疏】歲終則會其黨政帥其吏而致事者此正黨之歲會亦黨吏之官成也歲終謂夏之季冬詳宰夫疏賈疏云黨正以一黨之內有族師以下諸官等故歲終則會計一黨政治功狀則帥其族師以下之吏致其所掌之事於州長州長又致與鄉大夫鄉大夫致與大司徒而行賞罰也

正歲屬民讀灋而書其德行道藝書記之【疏】正歲屬民讀灋而書其德行道藝者前孟春朔日已讀灋此月之內擇日重復讀之因書其德行道藝視月吉糾戒事尤詳也　注云書記之者廣雅釋言云書記也謂記其德行道藝於版籍書益稷云書用識哉記識義亦同賈疏云以其三年乃一頁今每年正歲皆書記勸勉之三年卽貢之也

以歲時涖校比涖臨也鄭司農云校比族

師職所謂以時屬民而校登其族之夫家衆寡辨其貴賤老幼廢疾可任者及其六畜車輦如今小案比【疏】以歲時涖校比者鄉長注云校猶數也此卽木囚之字段借爲校數之名夏官釋文謂比校字皆當從手非也詳夏官敘官疏賈疏云案族師職以歲之四時校比此黨正管五族至校比之時黨正往臨之恐其有差失故也　注云涖臨也者天官世婦注義同鄭司農云校比族師職所謂以時屬民而校登其族之夫家衆寡辨其貴賤老幼廢疾可任者及其六畜車輦者賈疏云並族師職文以其黨正所臨臨族師故還引族師校比之法以證成其義也云如今小案比者小司徒大比先鄭注云今時八月案比是也蓋卽大案比其小案比不知以何月呂飛鵬云淮南子時則訓三月官鄉注云三月料民戶口故官鄉也據此則漢之案比亦或以三月詒讓案高氏所云或卽小案比也先鄭以此四時校比對小司徒三年大比爲小故舉漢法爲況然漢大案比亦每年一行實與周制小異賈疏謂漢小案比亦對三年大比爲小非也

及大比亦如之【疏】及大比亦如之者賈疏云及至也族師至三年大案比黨正亦涖之

族師各掌其族之戒令政事政事邦政之事鄭司農云百家爲族【疏】注云政事邦政之事者此讀政如字與他職讀爲征者異賈疏云謂國之征役皆是也鄭司農云百家爲族者大司徒注義同

月吉則屬民而讀邦灋書其孝弟睦婣有學者月吉每月朔日也故書上句或無事字杜子春云當爲正月吉書亦或爲戒令政事月吉則屬民而讀邦法【疏】月吉則屬民而讀邦灋書其孝弟睦婣有學者賈疏云黨正所書德行道藝具言此云孝弟睦婣惟據六行之四事有學卽六藝也討族師所書亦應不異黨正但文有詳略故所言有異但族師親民故析別而言耳詒讓案閭胥讀法已書其敬

敏任恤者故此官唯書孝弟睦婣與閭胥互相備也　注云月吉每月朔日也者以經不著某月明每月朔日皆讀法也吉為朔日大宰注義同賈疏〻云以其彌親民教亦彌數故十二月朔皆讀之〻云故書上句或無事字杜子春〻云當為正月吉者段玉裁〻云故書或無事字故杜易政為正下屬讀之黃以周〻云與凌人故書掌冰政杜破政為正下屬歲十有二月其例正同詒讓案杜〻云當為正月吉者據州長讀法亦在正月之吉也賈疏〻云但族師親民讀法宜數若為正月之吉則與州長同於義不可〻云書亦或為戒令政事月吉則屬民而讀邦法者此即與今書同法經例作灋注例用今字故作法蓋故書止有兩本一本無事字一本有事字後鄭以有事字者為正本則以無者為或本杜以無事字者為正本則以有者為或本前後兩舉故書或作而文不同由鄭杜意各有所主耳

春秋祭酺亦如之

酺者為人物烖害之神也故書酺或為步杜子春〻云當為酺玄謂校人職又有冬祭馬步則未知此世所云蝝螟之酺與人鬼之步與蓋亦為壇位如雩禜〻云族長無飲酒之禮因祭酺而與其民以長幼相獻酬焉

【疏】春秋祭酺者酺與醵事相因據王居明堂禮蓋亦以仲春仲秋與祭社同月也〻云亦如之者亦屬民而讀法仲春仲秋月朔既讀法其祭酺之日更復讀之是卯月酉月各兩次讀通前為十四讀法也　注云酺者為人物烖害之神也者烖注例用今字當作災校人注亦作災此疑誤詳膳夫疏字書酺字無祭神之義鄭以黨正祭禜及漢法約之知酺亦與人物為烖害之神也〻云故書酺或為步杜子春〻云當為酺者賈疏〻云校人職〻云馬步亦為行步之字而子春破之從酺者子春亦無正文直以疑之今此為正故依之也段玉裁改當為酺為當從酺〻云故書酺步兩有杜從酺不從步今本作當為酺者非也林頤山〻云史記趙世家惠文王三年大赦置酒酺五日秦始皇紀天下大酺集解文穎曰酺周禮族師掌春秋祭

酺爲人物烖害之神蘇林曰陳留俗三月上巳水上飲食爲酺杜子春以酺見於周末而漢時陳留人謂三月上巳水上飲食爲酺尚沿周禮春秋祭酺遺俗遂改故書祭步爲祭酺案林說亦通云玄謂校人職又有冬祭馬步者彼注亦云馬步神爲災害馬者鄭引之者欲證故書或作步義亦得通也云則未知此世所云蝝螟之酺與人鬼之步與者此據漢時民間有此二祭蝝螟之酺卽爲物烖害之神人鬼之步卽爲人烖害之神也賈疏云但此經云酺不知何神故舉漢法以況之但漢時有蝝螟之酺神又有人鬼之步神未審此經酺定當何酺故兩言之徐養原云酺步通用可以兩從鄭君之說與子春小異惠士奇云封禪書有諸布索隱引爾雅祭星曰布非也大祝六號二曰鬼號布者鬼號也秦漢之布卽周官之酺淮南子氾論訓曰羿除天下之害而死爲宗布布猶酺也步也族師祭酺校人祭步所謂布也酺步布音相近而通詒讓案酺之爲祭古書別無所見步爲祭名自校人馬步外又見大戴禮記誥志篇云天子崩步於四川代於四山則祭川亦謂之步矣又儀禮經傳通解續引洪範五行傳云惟元祀帝令大禹步于上帝惟時洪祀六沴用咎于下此步或卽祈禳六沴之祀名與誥志步四川義略同鄭五行傳注訓步爲推演天道似失其義至此注蝝螟之酺人鬼之步蓋漢時世俗祈禳小祀之名今無可考惠氏謂卽史記封禪書所載雍諸祠祀之諸布其說近是爾雅釋天云祭星曰布郭注云布散祭於地公羊僖三十一年何注亦云日月星辰布此祭酺雖非祭星辰而鄭謂亦爲壇位如雩禜則與布散祭於地禮正相類故與祭星同名猶之黨正祭禜亦與幽禜祭星同名也淮南書之宗布高注云羿古之諸侯有功於天下故死託祀於宗布祭星爲布謂此也一曰今人室中所祀之宗布是也或曰司命傍布也案宗布疑亦卽此經之祭禜祭酺祭法幽禜雩禜字並作宗卽其比例禜酺並祈禳災害之祭羿除天下之害神因託

祀於禜酺其義正相應惠氏謂布卽酺而不知宗亦卽禜也淮南注後二說或卽此注人鬼之步古制茫昧未能定也至校人冬祭馬步注云馬步神爲災害馬者字與此人鬼之步同彼疏引此注螕蟆之酺作玄冥之步則傳寫譌舛不足據也云蓋亦爲壇位如雩禜云者釋文云禜本亦作縈下黨禜同案禜縈聲之誤此謂祭酺之禮約與黨正雩禜之祭同也云族長無飲酒之禮者賈疏云案上州長春秋習射有飲酒禮黨正十月農功畢亦有飲酒禮皆得官物爲之今此族卑不得官物爲禮故云族無飲酒禮也云因祭酺而與其民以長幼相獻酬焉者明酺與醵事相因也賈疏云鄭必知因祭酺有民飲酒之禮者案禮記禮器云周旅酬六尸曾子曰周禮其猶醵與鄭注彼云合錢飲酒爲醵旅酬相酌似之也卽引明堂禮乃命國醵鄭據禮器明堂禮皆有醵法醵卽合錢飲酒以不得官酒故須合錢耳徐養原云漢書文帝紀初卽位酺五日注文穎曰漢律三人以上無故羣飲酒罰金四兩今詔橫賜得令會聚飲食五日也此酺又與祭酺不同祭酺雖亦飲酒然非賜酺也故良耜正義謂因此祭酺聚錢飲酒故後世聽民聚飲皆謂之酺是聚飲之酺乃後起之義周制酺爲祭名醵乃爲飲酒事雖相因實則異也林頤山云周制有酺無醵禮器及注引王居明堂禮有醵無酺說文酉部酺王德布大飲酒也醵會飲酒也漢制酺是詔賜曠典族師春秋祭酺乃與醵會飲酒相近詩周頌良耜以開百室鄭彼箋云百室一族也出必共洫閒而耕入必共族中而居又有祭酺合醵之歡後鄭箋詩舉合醵以足祭酺之義其故由於州長黨正有飲酒禮飲酒之錢皆官長所供給此之族師本無飲酒禮特因祭酺而合錢飲酒乃合民閭私錢爲之卽禮器及王居明堂禮所謂醵也漢食貨志上李悝以爲一夫治田百畮社閭嘗新春秋之祠用錢三百又卽族師春秋祭酺合民閭之錢爲醵得一佐證劉向列女傳魯母師傳酺醵醉飽則祭酺自古然矣案徐

林說是也黃佐六藝流別引尚書大傳亦云仲秋乃命民畋醵與鄭引明堂禮同鄭以逸禮說醵亦在中秋與此經春秋祭酺時合故謂祭酺後有與民飲酒之事詩箋所言甚析後世沿襲遂以酺亦專爲會飲而失其祭神之義乃與醵無復區別非其本也

以邦比之灋帥四閭之吏以時屬民而校登其族之夫家衆寡辨其貴賤老幼廢疾可任者及其六畜車輦　登成也定也【疏】以邦比之灋者與鄉師國比之法義同卽小司徒云頒比法於六鄉之大夫是也此亦小案比四時行之與小司徒三年大比事異二云帥四閭之吏者賈疏云族師管四閭閭胥皆中士又有二十比比長皆下士是帥四閭之吏也二云以時屬民而校者賈疏云謂屬聚其民而校比之也二云及其六畜車輦者月令季春云犧牲駒犢舉書其數卽六畜之校比也六畜之馬牛及車輦所以備田役之用不以共師旅以鄉遂出兵而不出車也詳小司徒鄉師鄉大夫疏

注云登成也定也者小司徒注義同

五家爲比十家爲聯五人爲伍十人爲聯四閭爲族八閭爲聯使之相保相受刑罰慶賞相及相共以受邦職以役國事以相葬埋　相共猶相救相賙【疏】五家爲比十家爲聯五人爲伍十人爲聯者卽士師所掌鄉合州黨族閭比之聯與其民人之什伍之法也賈疏云在家爲有五家爲比比長領之無十家爲聯相管之法今云十家爲聯者以在軍之時有十人爲什本出於在家故幷二比爲十家爲聯擬入軍時相幷故覆云五人爲伍十人爲聯明是在軍法耳案據士師說鄉合之法云使之相安相受以比追胥之事以施刑罰慶賞則此幷比族爲聯者欲使之相與佐助保任乃在鄉之常法賈謂是在軍法非是鄉邑當自一閭二十

五家始然邑之小者或二比十家亦可自為保聚論語公冶長篇大戴禮記曾子制言篇穀梁莊九年傳並云十室之邑是亦可為聯不必軍法也周書大聚篇云發令以國為邑以邑為鄉以鄉為閭禍災相卹資喪比服五戶為伍以首為長十夫為什以年為長合閭立教以威為長合族同親以敬為長飲食相約與彈相庸耦耕俱耘男女有婚墳墓相連民乃有親鄉平時比伍閭族相為合聯之事云四閭為族八閭為聯者八閭二百家也若然在軍蓋亦百人為卒二卒為聯經文不具也賈疏云張逸問族百家安得有八閭鄭荅弁之為聯耳若然亦如二比為聯之類也云使之相保相受者大司徒云令五家為比使之相保五比為閭使之相受此又以二閭二族相聯保受其事同也彼注云保猶任也受者宅舍有故相受寄託也云刑罰慶賞相及相共者鄭賈讀相及句斷案當讀相及相共為句賈疏云案趙商問族師之義鄰比相坐康誥之說門內尚否書禮是錯未達旨趣鄭荅族師之職周公新制禮使民相共勑之法康誥之時周法未定又新誅三監務在尚寬以安天下先後異時各有云為乃謂是錯莊存與云鄭君言非至理也夫罪有不相及者其惡在身雖父子兄弟不能化之使正也如石碏之於石厚是也有相及者其惡非一人之所能獨為非隣里佐助相與比周則立敗矣故令相及以孤惡人之黨類也如經所謂造言亂民之等是也案莊說是也又管子立政篇云十家為什五家為伍罰有罪不獨及賞有功不專與又禁藏篇云輔之以什司之以伍伍無非其人人無非其里里無非其家故奔亡者無所匿遷徙者無所容與此義略同云以受邦職者民各有職各受而任之若大宰九職大司徒十二職事之屬云以役國事者州長云若國作民而師田行役之事是也士師鄉合云以比追胥之事亦其一隅云以相葬埋者釋文云埋本或作貍阮元云經當用貍字此淺人以俗字改之案阮說是也埋正字當作薶經並借貍為之詳鼈

人疏此卽大司徒云四閭爲族使之相葬也　注云相共猶相救相賙者羊人注云共猶給也賈疏云案大司徒職云五族爲黨使之相救五黨爲州使之相賙此所戒勅亦與彼同故引爲證也俞樾云相共猶相及蓋既使之互相保受故有罪而刑罰有善而慶賞亦相及相共也鄭君誤以相共爲相救相賙賈疏遂斷刑罰慶賞相及爲句皆非經旨案俞說於義爲長

若作民而師田行役則合其卒伍簡其兵器以鼓鐸旗物帥而至掌其治令戒禁刑罰亦於軍因爲卒長

疏若作民而師田行役則合其卒伍者賈疏云族師主百家家出一人卽爲一卒卒長還使族師爲之云簡其兵器者兵謂五兵器謂車輦任器之屬此亦謂田役追胥羨卒竭作民閭自備兵器若大師發六軍其兵器皆官授非鄉里所自共詳鄉師司兵疏云以鼓鐸旗物帥而至者鼓鐸旗物亦簡閱備具而後帥其衆而至所期之處也亦詳鄉師疏賈疏云族師以帥士卒具備帥至於鄉師以致司徒也　注云亦於軍因爲卒長者家上黨正在軍爲旅帥也夏官敘官云百人爲卒卒長皆上士卒衆卽一族百家所出族師敘官亦每族上士一人故知在軍就爲卒長也賈疏云亦釋經掌其治令已下亦非衆屬軍吏還是自爲卒長者也

歲終則會政致事

疏歲終則會政致事者此正族吏之歲會亦族師之官成也

閭胥各掌其閭之徵令鄭司農云二十五家爲閭

疏各掌其閭之徵令者與宰夫掌百官府之徵令同亦通晐徵役徵賦二義詳彼疏賈疏云卽下文歲時以下之事是也詒讓案閭胥在軍亦因爲兩司馬注不言者文略　注鄭司農云二十五家爲閭者大司徒注義同

以歲時各數其閭之衆寡辨其施舍凡春秋之祭祀役

政喪紀之數聚衆庶既比則讀灋書其敬敏任恤者祭祀謂州社黨禜族酺也役田役也政若州射黨飲酒也喪紀大喪之事也四者及比皆會聚衆民因以讀法以勑戒之故書既爲暨杜子春讀政爲征暨爲既

【疏】以歲時各數其閭之衆寡者謂當閭案比之事賈疏云謂歲之四時閭胥各自數當閭之內戶口多少云辨其施舍者即鄉師云辨其可任者與其施舍者此不云可任者文不具亦辨之可知云凡春秋之祭祀役政喪紀之數聚衆庶者役政釋文作政役阮元云注先釋役後釋政釋文蓋誤倒王引之云祭祀役政喪紀不得言數蓋因本篇屢言某某之數若大司徒人民之數地域廣輪之數之類而誤也數當爲事州長云師田行役之事黨長云喪紀祭祀之事此亦當云春秋之祭祀役政喪紀之事惟有事故聚衆庶若作數則文義不可通矣鄭注賈疏皆不解數字則其爲事字可知事字易明無須作解也唐石經始誤作數案王說是也此春秋惟據祭祀言凡州社黨酺族禜皆以春秋是也其餘役政喪紀皆無定時凡因事聚衆庶即是屬民故任在何時皆與之讀法賈疏云謂州長黨正族師祭祀及役政與王家喪紀閭胥皆爲之聚衆庶以待驅使也云既比則讀灋者比亦謂四時小案比即上數衆寡之事亦即族師云以邦比之法帥四閭之吏以時屬民而校登其夫家衆寡之等是也賈疏云上族師已上官尊讀法雖稀稠不同皆有時節但閭胥官卑而於民爲近讀法無有時節但是聚衆庶比之時即讀法云書其敬敏任恤者者賈疏云以上書其德行道藝今此閭胥親民更近故除任恤六行之外兼記敬敏者也詒讓案敬即大司徒十二教以祀禮教敬敏即師氏三德之敏德以爲行本是也任恤則大司徒六行之二錯舉此四者以明教民德行條目匪一皆互相備也　注云祭祀謂州社黨禜族酺也者明當閭無祭祀之事經言祭祀謂佐州黨族祭祀之事也云役

田役也者謂因田而發徒役與凡役事異詳鼓人疏賈疏云上文師田行役並言則役是役作但田是國之常事田重於功作此文不云田故知役是田役也云政若州射黨飲酒也者鄭讀政如字經注皆不言閭有學則當閭無特為射飲之法惟於州長黨正射飲時閭胥則與其事也王引之云役政即政役杜子春讀政為征是也後鄭分役政為二以為政若州射黨飲酒失之上祭祀下喪紀皆二字為一事何役政獨為二事乎案王說是也役政即小宰八成之聽政役以比居政亦當讀為征詳彼疏云喪紀大喪之事也者賈疏云此大喪王之喪也知者以其聚衆庶明非上州之大喪故以王之喪解之云四者及比皆會聚衆民因以讀法以勑戒之者此亦注用今字作法也比亦謂小案比四者謂一祭祀二役三政四喪紀與比為五皆聚衆庶則皆讀法以勑戒之依王說政役為一則止有四事經云既比則讀法既當訓為已謂歲時案比事竟因衆庶未散遂留與之讀法也注云四者及比皆會聚衆民者以經先言祭祀政役喪紀聚衆庶而後云既比嫌比不聚衆庶故云及以類舉之非以及比詁既比也勑即敕之借字詳大宰疏云故書既為暨者說文乑部云臮衆詞與也暨即臮之俗與既聲類同云杜子春讀政為征暨為既者皆依聲類破字鄭讀政如字不從杜而暨從今書作既與杜讀同政讀為征均人注義同互詳小宰疏

**凡事掌其比觵撻罰之事**觵撻者失禮之罰也觵用酒其爵以兕角為之撻扑也故書或言觵撻之罰事杜子春云當言觵撻罰之事

**疏**凡事掌其比觵撻罰之事者小胥注云比猶校也此比為一事觵撻罰為一事賈疏云言凡非一則是鄉飲酒及鄉射飲酒有失禮者須罰之掌其比者人聚則有校比之法皆掌之凡有失禮者輕者以觵酒罰之重者以楚撻之故雙言觵撻罰之事注云觵撻者失禮之罰也者小胥云掌學士之徵令而比之觵其不敬者巡舞列而撻其怠慢者此

閭胥掌比觵撻罰與彼事相類失禮即不敬怠慢之事也鄉射記云
射者有故則撻之亦失禮之罰云觵用酒其爵以兕角爲之〻者小胥
注云觵罰爵也說文角部云觵兕牛角可以飲者也其狀觵觵故謂
之觵重文觥俗觵从光詩周周卷耳篇我姑酌彼兕觥毛傳云兕觥
角爵也左昭元年傳云穆叔子皮及曹大夫興拜舉兕爵杜注云兕
爵所以罰不敬詩卷耳孔疏云異義韓詩說一升曰爵爵盡也足也
二升曰觚觚寡也飲當寡少三升曰觶觶適也飲當自適也四升曰
角角觸也不能自適觸罪過也五升曰散散訕也飲不自節爲人謗
訕總名曰爵其實曰觴觴者餉也觥亦五升所以罰不敬觥廓也所
以著明之貌君子有過廓然著明非所以餉不得名觴詩毛說觥大
七升許慎謹案觥罰有過一飲而盡七升爲過多由此言之則觥是
觚觶角散之外別有此器故禮器曰宗廟之祭貴者獻以爵賤者獻
以散尊者舉觶卑者舉角特牲二爵二觚四觶一角一散不言觥之
所用是正禮無觥不在五爵之例禮圖云觥大七升以兕角爲之先
師說云刻木爲之形似兕角蓋無兕者用木也案孔引舊禮圖說與
毛詩義同是也先師說於古無徵疑不足據觵以兕角爲之故亦通
稱角少儀云不角注云角謂觥罰爵也此與四升之爵異又案爾雅
釋獸云兕似牛郭注云一角青色重千斤左傳宣二年孔疏引劉欣
期交州記云兕出九德有一角角長三尺餘形如馬鞭柄依郭劉說
則兕角甚長故可制爵矣云撻扑也者司市注云扑撻也二字互訓
小胥注云撻猶抶也抶以荊扑說文手部云撻鄉飲酒罰不敬撻其
背重文達古文撻虞書曰達以記之鄉射記云司射取扑搢之注云
扑所以撻犯教者書云扑作教刑互詳司市小胥疏云故書或言觵
撻之罰事杜子春云當言觵撻罰之事者段玉裁云所以必從杜者
嫌觵撻之外別有罰事也詒讓案觵撻並爲罰事
故以觵撻罰連文司市市刑有扑罰即此撻罰也

比長各掌其比之治五家相受相和親有辠奇衺則相及衺猶惡也疏五家相受相和親者賈疏云宅舍有故崩壞相寄託五家之內有不和親則使之自相和親云有辠奇衺則相及者釋文云辠本亦作罪案辠罪古今字經例用古字作辠或本非詳甸師疏此即族師云刑罰慶賞相及也有罪則刑奇衺則罰不及慶賞之事者文不具賈疏云五家有罪惡則連及欲使不犯莊存與云奇衺謂造言亂民之類也匿不以告故相及耳詒讓案比長在軍亦因為伍長注不言者文略注云衺猶惡也者衺注例用今字當作邪各本並誤宮正注云奇邪譎觚非常司救云掌萬民之衺惡過失而誅讓之注云衺惡謂侮慢長老語言無忌而未麗於罪者衺惡與奇衺義同互詳宮正疏

徙于國中及郊則從而授之徙謂不便其居也或國中之民出徙郊或郊民入徙國中皆從而付所處之吏明無罪惡疏徙于國中及郊則從而授之者此治五家內遷徙之事所以檢察逃亡也注云徙謂不便其居也者說文辵部云辿迻也迻遷徙也徙即辿之隸變廣雅釋言云徙移也不便其居謂民不便安其故居則隨時有遷徙也詩魏風碩鼠云三歲貫女莫我肯顧逝將去女適彼樂土鄭箋云古者三年大比民或於是徙案詩箋蓋以三年大比釋詩三歲貫女之文不謂非大比之期民即不得出徙也賈疏輒據彼箋謂古者必三歲大比之年乃有遷徙固矣云或國中之民出徙郊或郊民入徙國中者賈疏云周法遠郊百里內并國中共為六鄉此國中及郊所徙者並不離當鄉之內案鄭賈意鄉地互國中及四郊此徙於國中及郊並謂同在一鄉屬地之中對下文徙於他為異鄉為文然其說非也六鄉七萬五千家計家定里蓋內不及國中外不盡四郊書費誓說魯三鄉為三郊明國中非鄉民所居遺人鄉里郊里兩舉明鄉里之外別有郊里此云徙于國中及郊者謂

出鄉里而徙於國中及郊里也詩碩鼠又云適彼樂郊毛傳云郭外曰郊彼詩卽謂徙於郊以毛義推之郭內卽國中郭外卽郊蓋國中及郊里雖已出鄉而地尚與鄉相近故惟比長授之不必以旌節行之國中郊有授則其自此鄉徙彼鄉或不出當鄉者亦有授可知矣鄭賈說並非經義又泉府朝士賈疏謂國中卽六鄉郊卽六遂亦非是凡六鄉不及國中與郊里互詳縣師鄉士遂士疏云皆從而付所處之吏明無罪惡者鄰長注云授猶付也所處之吏謂所徙處當地之官吏比長以徙者付之若然五家之內旣有出徙則不成伍當於比外更徙入一家以補之亦自有彼處之吏來授此比長則受之矣賈疏云若有罪惡則下文無授無節圜土內之其人私逃有何付授之也今伍長自往付授明無罪惡直是不便其居耳

**若徙于他則爲之旌節而行之**徙於他謂出居異鄉也授之者有節乃達〔疏〕若徙于他則爲之旌節而行之者與掌節爲官聯也注云徙於他謂出居異鄉也者賈疏云對上經直言國中及郊爲鄉內此言徙於他明是出居異鄉也案鄭賈說亦非也此徙於他者謂由鄉遷於六遂及都鄙公邑者也以其距鄉道里較遠不可徒授故必待旌節乃行若如鄭說出居異鄉則仍不出六鄉界內上文徙國中及郊已足該之矣二云授之者有節乃達者賈疏云鄭欲見上經鄉內徙者有授無節此徙外鄉非直有授兼亦有節乃可行故鄭言此有節亦授之者也此節卽道路用旌節一也

**若無授無節則唯圜土內之**鄉中無授出鄉無節過所則呵問繫之圜土考辟之也圜土者獄城也獄必圜者規主仁以仁心求其情古之治獄閔於出之〔疏〕注云鄉中無授出鄉無節者賈疏云上釋出鄉有授兼節此注釋鄉中無授出鄉無節者以其出鄉雖兼有授直舉有節以對鄉內有授也云過所則呵問繫之圜土考辟之也者葉鈔本釋文呵作荷案葉本釋文是也宮正注幾荷

字亦作荷荷卽訶之叚字訶俗體也詳宮正疏繫之圜土謂歸之司圜使繫治之賈疏云謂所過之官司見卽呵問之必知有呵問之者若不呵問窮詰則虛實難明故知呵問也繫之圜土謂繫在獄中辟法也考量以法推問無授無節之由也云圜土者獄城也者大司徒注同云獄必圜者規主仁以仁心求其情古之治獄閔於出之者釋獄城圜之義詩小雅沔水敘箋云規者正圓之器也規主仁恩也孔疏引援神契云春執規淮南子天文訓云東方木其帝大皞其佐句芒執規而治春中庸注云木神則仁是規與仁於五方同屬木故規主仁也漢書刑法志云孔子曰今之聽獄者求所以殺之古之聽獄者求所以生之閔於出之亦謂求所以生而宥之也

封人掌設王之社壝為畿封而樹之壝謂壇及堳埒也畿上有封若今時界矣不言稷者稷社之細也

【疏】掌設王之社壝者賈疏云謂王之三社三稷之壇及壝外四邊之壝皆設置之直言壝不云壇舉外以見內內有壇可知也案賈說三社三稷者謂大社大稷王社王稷及亳社亦有稷也晉書禮志引摯虞奏謂封人所設者專指王社非也云為畿封而樹之者此與掌固為官聯也大司馬云方千里曰國畿賈疏云謂王之國外四面五百里各置畿限畿上皆為溝塹其土在外而為封又樹木而為阻固案賈說樹專屬畿封據掌固文也今攷凡社稷亦皆有樹經樹之當兼社壝畿封二者而言魏書劉芳傳引此經以明社稷之有樹可證互詳大司徒疏　注云壝謂壇及堳埒也者大司徒注義同凡委土為壇及卑垣之堳埒通謂之壝周書作雒篇云封人社壝下卽言大社壝備五色土之制蓋謂壇也史記夏本紀集解引鄭書注云土五色者所以為大社之封是鄭亦謂大社備五色土若然王社土依方色則西都以白土東都以黃土與互詳大司徒疏云畿上有封若今時界矣者大司徒注云千里曰畿封起土界也崔氏古今注云

封疆畫界者封土爲臺以表識疆境也畫界者於二封之閒又爲壝埒以畫分界域也依鄭賈義此畿封據距王國五百里大界言之實則近郊遠郊及甸稍縣都亦皆有封大戴禮記王言篇云五十里而封蓋王國近郊之封也經唯云畿封者文不具爾○云不言稷者稷社之細也者魏書劉芳傳引此注不言稷者下有王主於社四字疑劉氏所增賈疏云案大司徒及下文皆社稷俱言此獨言社不言稷故解之按孝經緯社是五土總神稷是原隰之神原隰即是五土之一耳故云稷社之細舉社則稷從之矣故言社不言稷也案稷爲穀神鄭賈以爲原隰之神非也但穀生於土穀神自卑於土神鄭此注義自不誤宋書禮志引晉傅咸表云周禮封人掌設社壝無稷字今帝社無稷蓋出於此然國主社稷周禮王祭社稷則絺冕此王社有稷之文也封人設壝之無稷字說者以爲略文從可知也義與鄭此注同

凡封國設其社稷之壝封其四疆封國建諸侯立其國之封

疏凡封國設其社稷之壝者建侯國亦立三社三稷也賈疏云案禹貢徐州貢五色土孔注云王者封五色土爲社建諸侯則各割其方色土與之使立社燾以黃土苴以白茅茅取其潔黃取王者覆四方是封諸侯立社之法也案賈引書孔傳說亦本周書作雒篇彼說大社備五方之土云將建諸侯鑿取其方一面之土燾以黃土苴以白茅以爲社之封故曰受列土于周室白虎通義社稷篇史記三王世家引春秋大傳說並略同白虎通又引春秋文義云天子之社稷廣五丈諸侯半之此並邦國社稷之制○云封其四疆者夏官敘官注云疆界也此以侯國之界爲疆別於王國之界爲畿通言之王畿亦曰疆載師云以大都之田任疆地是也賈疏云諸侯百里以上至五百里四邊皆有封疆而樹之○注云封國建諸侯者以下別出都邑明封國指畿外侯國不關內諸侯也云立其國之封者亦據侯國大界而言實則侯國皆有郊縣等亦各

有小封也

**造都邑之封域者亦如之**　疏　造都邑之封域者亦如之者，此建內諸侯采邑之法與縣鄙量人爲官聯也膳夫注云造作也謂作立都邑賈疏云造都邑者謂大都小都家邑之等采地有百里五十里二十五里皆有四邊封域亦如上諸侯有四疆也詒讓案都邑亦有社稷經不言設其壝者文略又左宣十一年傳楚令尹蔿艾獵城沂使封人慮事以授司徒杜注云封人司徒之屬官大司馬大役與慮事屬其植注亦以封人爲釋若令然此官掌造都邑并掌治其築作城郭之役不徒正其封域矣

**社稷之職**　將祭之時令諸有職事於社稷者也郊特牲曰唯爲社事單出里唯爲社田國人畢作唯爲社丘乘共粢盛所以報本反始也　疏　注云將祭之時令諸有職事於社稷者也者賈疏云春秋祭社日皆用甲未祭之前令諸有職事於社稷者也令之者使各依職司而行引郊特牲曰唯爲社事單出里者鄭彼注云單出里皆往祭社於都鄙二十五家爲里孔疏亦謂據采地言之案依鄭孔說則此爲祭都鄙之社與下丘乘之制相應賈疏以此爲據六鄉州長之社與下爲三處之社非也但都鄙制丘乘則不得有二十五家之里鄭彼注說亦微誤云唯爲社田國人畢作者鄭彼注云畢作人則盡行非徒羨也賈疏云鄭云非徒羨謂在六遂之中以下劑致甿當家之內一人爲正卒一人爲羨卒其餘爲餘夫但田與追胥竭作餘夫亦行故云非徒羨也案依鄭說此亦都鄙之社賈謂據六遂亦誤云唯爲社丘乘共粢盛者鄭彼注云丘十六井也四丘六十四井曰甸或謂之乘乘者以於車賦出長轂一乘賈疏云此據三等采地之中故有丘甸井田之法案小司徒職云九夫爲井四井爲邑四邑爲丘四丘爲甸甸方八里旁加一里則爲一成成百井九百夫一井之地九夫八家各治一夫自入其治一夫稅入於君以共粢盛而祭社故云丘乘共粢盛也案賈謂一井九夫八家治之據侯國都鄙制

也若畿內都鄙無公田則一井當九家治之其丘甸共粢盛則一也云所以報本反始也者賈疏云社稷爲上神是民之本句龍后稷是民之始反亦報也命民共之者所以報本反始也引之者證祭社各有職事案郊特牲疏載皇熊二義不同賈依熊說皇氏則云國人畢作是報本而丘乘共粢盛是反始言粢盛是社所生故云反始也今案本始文義略同皇熊曲爲分別義似並未塙**凡祭祀飾其牛牲設其楅衡置其絼共其水稾**飾謂刷治絜清之也鄭司農云楅衡所以楅持牛也絼著牛鼻繩所以牽牛者今時謂之雉與古者名同皆謂夕牲時也杜子春云楅衡所以持牛令不得抵觸人玄謂楅設於角衡設於鼻如椵狀也水稾給殺時洗薦牲也絼字當以豸爲聲**疏**凡祭祀飾其牛牲者天地大祭用犢它大祀中祀用大牢皆有牛牲也賈疏云謂王之天地宗廟先大次小之祭祀非一故云凡以廣之云置其絼者釋文云絼本又作紖案紖正字絼別體詳後云共其水稾者稾唐石經誤稾葉鈔本釋文同今依宋岳本婺州本嘉靖本正　注云飾謂刷治絜清之也者說文巾部云飾㕞也讀若式又部云㕞飾也轉相訓㕞即㕞之借字釋名釋言語云飾拭也物穢者拭其上使明由他物而後明猶加文於質上也爾雅釋詁云拭刷清也郭注云抆拭埽刷皆所以爲潔清拭飾聲義亦同大史飾中小子飾牲羊人飾羔校人飾幣馬飾黃駒凡云飾者義並如是陳祥道會釗並謂飾爲文飾引莊子列禦寇篇犧牛衣以文繡爲證案祭牲必先刷治絜清而後被以文繡陳會說亦經義所晐然非其本義也鄭司農云楅衡所以楅持牛也者賈疏云司農意以衡爲持故云所以楅持牛以楅衡共一物解之與子春同後鄭不從之矣詒讓案說文角部云衡牛觸橫大木其角木部云楅以木有所逼束也又云柳角械也又告部云告牛觸人角箸橫木所以告人也易曰僮牛之告據許說則楅衡與柳告異名

同物並為角械與先鄭說同廣雅釋詁亦云梏楅衡柳也正本許說又毛詩魯頌閟宮秋而載嘗夏而楅衡傳云楅衡設牛角以楅之也鄭彼箋云楅衡其牛角為其觸觝人也陳祥道云楅衡以木為之橫設於角則楅幅其角猶射以楅幅其矢也曾釗云楅逼也衡橫也橫逼於角以防牛觸衡說文在角部則非設於鼻之物魯頌夏而楅衡毛義即先鄭所本康成詩箋亦同毛此獨為異解失之案陳曾說是也文選東京賦薛注云橫木於牲角端以備抵觸謂之楅衡李氏周易集解引虞翻云梏謂以木楅其角繩縛小木橫著牛角故曰童牛之梏又引侯果云梏楅也以木為之橫施於角上止其觝之威也並同毛許先鄭義云絼著牛鼻繩所以牽牛者者原本顧氏玉篇糸部云絼字書亦紖字也說文糸部云紖牛系也讀若矤祭統云及迎牲君執紖注云紖所以牽牲也周禮作絼孔疏云紖牛鼻繩君自執之入繫於碑又少儀云犬則執緤牛則執紖馬則執靮注云緤紖靮皆所以繫制之者廣雅釋詁云紖繫也又釋器云紖索也云今時謂之雉與古者名同者謂漢時名牛鼻繩為雉雉與絼音同段玉裁云絼字从系豸聲音直氏反漢時謂之雉古音豸在支佳部雉在脂微部部分最近又雙聲故司農曰名同也晉太子申生雉經而死蓋謂以繩自縊也曾釗云絼說文無之蓋即紖字又謂之雉雉从矢聲爾雅矢雉引陳也矢引聲同故引可作絼亦可謂雉蓋皆一物也案曾說是也匠人量宮城之度以雉亦絼之叚借也云皆謂夕牲時也者謂飾廞及設楅衡置絼三事皆在夕牲時夕牲即充人之展牲也賈疏云但夕牲在祭前之夕正祭在厥明二時皆有此事明據在前夕牲時而言也案賈謂正祭時亦有此事是也但據魯頌閟宮文則牲始繫時即設楅衡是亦應有置絼而先鄭謂此經專屬夕牲時者以牲始繫宜充人設置之此祭前一日夕牲則封人更特設置之以臨祭彌敬謹也杜子春云楅衡所以持牛令不得抵觸人者賈疏云子春意

楅衡唯設於角與司農義同後鄭亦不從也〻云玄謂楅設於角者卽先鄭子春所云楅持牛之木也〻云衡設於鼻者賈疏〻云衡者橫也謂橫木於鼻今之驪猶然故知設於鼻破先鄭子春之義詒讓案後鄭以衡別爲一物與楅所設異處然此義經典未見說文木部〻云桊牛鼻中環也此別爲穿牛鼻之環與鄭說衡爲橫木不同〻云如椵狀也者賈疏〻云漢時有置於犬之上謂之椵故舉之以爲況惠士奇〻云椵一作枷馬融廣成頌曰枷天狗〻二秦記曰驪山西有白鹿原原上有狗枷堡案惠說是也管子戒篇〻云管仲曰東郭有狗嘊嘊旦暮欲齧我椵而不使也尹注椵作枷〻云謂以木連狗枷卽椵也說文辵部〻云迦遮互令不得行也椵枷並迦遮之借字〻云水㯻給殺時洗薦牲也者明唯此非夕牲時所共也說文禾部〻云㯻稈也稈禾莖也謂祭日二祼之後王親射牲殺之此官則共水以洗牲體又以㯻薦之祭統說祭祀君迎牲事〻云士執芻注〻云芻謂㯻也殺牲時用薦之亦引此文爲證賈疏〻云其牛將殺不須飼之又充人已飼三月不得將殺始以水㯻飲飼水所以洗牲㯻所以薦牲故雙言洗薦牲也〻云紖字當以豸爲聲者正其字之形聲也段玉裁〻云釋文紖本又作絼案少儀牛則執紖祭統君執紖鄭君此注曰字當以豸爲聲正謂不當從禮記以引爲聲也鄭意蓋駁說文說文系部有紖無絼

歌舞牲

及毛炮之豚 謂君牽牲入時隨歌舞之言其肥香以歆神也毛炮豚者爓去其毛而炮之以備八珍鄭司農云封人主歌舞其牲〻云博碩肥腯

【疏】注〻云謂君牽牲入時者入謂二祼之後王迎牲入廟門時也賈疏〻云案禮記祭義〻云君牽牲穆荅君卿大夫序從是君牽牲入時也〻云隨歌舞之言其肥香以歆神也者說文欠部云歆神食气也明封人隨牲後歌舞爲求神之歆享舞蓋亦以手袖爲威儀若樂師之人舞也〻云毛炮豚者爓去其毛而炮之者謂封人助爓毛之事也賈疏〻云經直〻云毛炮恐人以弁毛炮之案禮記內則

有炮豚炮䍧皆編萑以苴之塗之以墐塗孰乃擘去之後雖炮亦不言去毛炮之鄭知去毛者䍧豚之毛於牲無用空以汙損牲體故知注云炮裹燒之也祭義注云湯肉曰爓鄭意蓋謂炮與燔炙同爲燒凡炮者皆去毛也詒讓案內則注云炮者以塗燒之爲名也又禮運肉惟炮以有包裹爲異依禮運注義凡牲皆先豚解而腥之後體解而爓之則亨豚當法腥時解爲七體已鬎去其毛此毛炮之豚則不解鬎而爓之湯旣爓乃去其毛而包裹全體燒孰之此經炮豚與內則炮豚䍧同物而經兼言毛炮明是以湯火去毛而後裹燒之與內則義互相備也說文火部云炮毛炙肉也毛詩小雅瓠葉炮之燔之傳云毛曰炮又魯頌閟宮毛炰胾羹傳云毛炰豚也廣韻五肴云炰炮字同尋毛許之義當亦以毛爲去毛詩之毛炰卽此經之毛炮也蓋凡燔炙之屬皆制割肝肉而後火孰之炮則不制割而以全體包裹燒之其䍧豚之屬有毛者則先去其毛而燒之謂之毛炮故詩禮並特著毛文以示別異毛許亦皆隱據毛炮爲訓實則炮从包以聲兼義當以鄭訓裹燒爲正凡單言炮者不必皆有毛故詩小雅六月大雅韓奕並云炰鼈韓奕箋云以火孰也孔疏及陸釋文並讀爲缹大射儀注引作炮鼈釋文載或本作炰缹詩疏又引字書云炰毛燒肉也缹烝也通俗文云燥煑曰缹明其義別陸孔意蓋泥於毛許毛炮之訓謂炰炮同字炰缹同字嫌鼈無毛不可言炰故改讀從缹不知豚有毛須去則云毛炮鼈無毛可去亦不妨云炰其字實同或作缹者乃通借字故漢書楊惲傳云亨羊缹羔顏注云毛炙肉也卽今所謂爊也齊民要術作鱸魚脯術云草裹泥封煻灰中爊之漢書之缹羔猶此毛炮豚要術之爊魚猶詩之炮鼈可互證也禮運燔黍捭豚鹽鐵論散不足篇作焷豚廣雅釋器云焷謂之缹缹亦與炮通疑西漢禮家說有謂焷豚卽炮豚者若然祭祀有毛炮之豚或沿用上古法與云以備八珍者據內則文鄭司農云封人主歌舞其牲云博

碩肥腯者博碩肥腯左桓六年傳隨季良語詳充人疏彼告神即充人碩牲之辭此封人歌舞牲辭約與彼同故先鄭依以為說知唯歌舞牲不歌舞豚者以八珍非正饌事輕且豚若不親牽不當有歌舞之事也

凡喪紀賓客軍旅大盟則飾其牛牲大盟會同之盟

疏凡喪紀賓客軍旅大盟則飾其牛牲者賈疏云言凡此下四事王之喪紀有牲者除朝夕奠用脯醢以外大小斂朔月月半薦新奠祖奠大遣等皆有牲牢賓客有殺牲者唯據致飧及饔餼饗食皆有殺牲之事軍旅殺牲者謂饗獻軍吏大盟謂天子親往臨盟此一經皆用牛牲故總云飾其牛牲也詒讓案軍旅又有師祭亦當用牛牲也　注云大盟會同之盟者玉府云若合諸侯則共珠槃玉敦司盟云凡邦國有疑會同則掌其盟約之載是合諸侯時見曰會殷見曰同並有盟法以王親涖諸侯盟故謂之大盟其十二年巡守殷國亦有盟法會同大盟當關彼諸事注義亦通晐之矣詳玉府疏國語齊語云與諸侯飾牲為載以約誓於上下庶神左襄十年傳瑕禽曰昔平王東遷吾七姓從王牲用備具王賴之而賜之騂旄之盟杜注云騂旄赤牛也舉騂旄者言得重盟不以犬雞是王重盟必用牛牲也其小盟則有用羊馬豕犬雞者詳秋官敘官及司盟疏

# 周禮正義卷二十三

瑞安孫詒讓學

鼓人掌教六鼓四金之音聲以節聲樂以和軍旅以正田役〔音聲五聲合和者〕

疏 掌教六鼓四金之音聲者賈疏云言掌教者必教他官案眡瞭職發首云掌凡樂事播鼗擊頌磬笙磬下又云掌大師之縣鼗愷獻亦如之雖不云擊鼓上下文參之其五鼓是眡瞭擊之則此所教者當教眡瞭也其晉鼓當教鎛師故其職云掌金奏之鼓此下文云以晉鼓鼓金奏故彼鄭注云主擊晉鼓是也詒讓案此所教雖教眡瞭鎛師然鼓人亦自教其徒屬鄭大射儀注說獻樂人有鼓人則此官非徒教而不奏可知矣其大司馬大閱之鼓亦鼓人鼓之鄭彼注以鼓人爲中軍之將非也況眡瞭鎛師皆樂官專掌奏樂其非樂事之鼓及金則亦鼓人自掌之矣賈說未備云以節聲樂者謂祭饗作盛樂以鼓及金爲節也云以和軍旅者賈疏云下云以鼖鼓鼓軍事是也云以正田役者田役謂起徒役以田獵亦賅諸功作力役之事詳大宰及後疏賈疏云下云以鼛鼓鼓役事是也田獵所以習戰則田鼓當與軍事同案大司馬云王執路鼓諸侯執賁鼓軍將執晉鼓之等是也 注云音聲五聲合和者者大司樂云文之以五聲播之以五音是也賈疏云案禮記學記云鼓無當於五聲五聲不得不和則五聲須鼓乃和故鄭云五聲合和者鄭不解音者單出曰聲和比曰音音聲相將之物故釋五聲則含得音故不重云音也

教爲鼓而辨其聲用〔教爲鼓教擊鼓者大小之數又別其聲所用之事〕

疏 注云教爲鼓教擊鼓者大小之數者明爲鼓謂擊鼓與韗人爲鼓異凡六鼓各以制大小別其差次也云又別

其聲所用之事者天官敘官注云辨別也賈疏云則下文雷鼓及四金聲之所用各不同是也

**以雷鼓鼓神祀**

雷鼓八面鼓也神祀祀天神也

【疏】以雷鼓鼓神祀者雷鼓鼓為鼓名下鼓為擊鼓小師注云出音曰鼓通言不別也大司樂作靁鼓說文鼓部引周禮同雷即靁之隸省此疑當經作靁注省作雷與大司樂經注字例同今本蓋後人依注改經非其舊也大司樂又有雷鼓靁鼓路鼓蓋小師教瞽矇眂瞭播之非此官所教故經不具明堂位云夏后氏之鼓足殷楹鼓周縣鼓春秋繁露三代改制質文篇亦云主地法文而王樂縣鼓則此六鼓當皆為縣鼓大僕云建路鼓于大寢之門外建鼓即殷之楹鼓不縣者彼鼓以達窮遽非樂縣所用也大射儀樂縣亦用建鼓者賈彼疏以為用殷法禮器說諸侯祭樂云縣鼓在西應鼓在東蓋指軒縣北方一列應鼙在鼓東也孔疏引熊安生云大射謂射禮也此謂祭禮也案依熊說則周制惟祭樂當用縣鼓其他或皆建而不縣如大射法詩周頌有瞽敘云始作樂而合乎祖也而云應田縣鼓是亦祭樂用縣鼓之見於經者互詳大僕疏

注云雷鼓八面鼓也者說文鼓部云周禮六鼓靁鼓八面風俗通義聲音篇文選東京賦薛綜注魏書禮志崔逸說並同大司樂先鄭注云雷鼓雷鼗皆謂六面有革可擊者也是先鄭謂雷鼓六面與後鄭異賈疏云雖無正文案韗人為皋陶有晉鼓鼖鼓皋鼓三者非祭祀之鼓皆兩面則路鼓祭宗廟宜四面靈鼓祭地祇尊於宗廟宜六面雷鼓祀天神又尊於地祇宜八面故知義然也案雷鼓靈鼓路鼓二鄭並以為一鼓而有數面大僕賈疏謂軍事王執路鼓王與大僕戎右各擊一面是多面皆可擊矣然其造作之度與攷擊之法無見文聶崇義三禮圖則以雷鼓為八小面僢而共柢靈鼓六面路鼓四面亦然其制甚不經文獻通考載宋祁議謂此三鼓雖擊之皆不成聲則前制必不如是胡彥昇謂三鼓並止一面制與韗人晉鼓同未知是否云神

祀祀天神也者若大宗伯禋祀實柴槱燎三祀皆祀天神也大司樂圜丘天神亦用靁鼓賈疏云天神稱祀地祇稱祭宗廟稱享案下靈鼓鼓社祭又案大司樂以靈鼓鼓祭澤中之方丘大地祇與社同鼓則但是地祇無問大小皆靈鼓則此雷鼓鼓神祀但是天神皆用雷鼓也詒讓案祀天神謂圜丘南郊以下御覽文學部引孔融與諸鄉書稱鄭康成以爲郊天之鼓必當麒麟之皮疑漢季有此妄說抑或文舉未窺鄭學叚設此以獻嘲要鄭諸經注實無是義不可誣也

**以靈鼓鼓社祭**

靈鼓六面鼓也社祭祭地祇也

疏注云靈鼓六面鼓也者冥氏注同說文鼓部云靈鼓六面文選東京賦薛注說同大司樂先鄭注云靈鼓四面與後鄭異云社祭祭地祇也者中庸云郊社之禮所以事上帝也鄭注云社祭地神與此義同此舉社以晐衆地示大司樂方丘地示亦用靈鼓賈疏云郊特牲云社祭土神地之道則孝經緯云社是五土之總神是地之次祀故舉社以表地祇大宗伯亦云血祭祭社稷五祀亦舉社以表地祇其實地之大小之祭皆用靈鼓也金鶚云天子大社祭九州地示王社祭畿內地示是亦祭地也故北郊亦通謂之社中庸言郊社之禮所以事上帝仲尼燕居曾子問皆言郊社而郊特牲明言社所以神地之道社通於地明矣又云社地對文則別散文則通凡經典郊社並稱者皆祭地之通名周官祭地與社多互見血祭祭社稷則祭地亦血祭可知兩圭咸池祀地則社稷可知案金說是也經典凡言郊社者有二義中庸所云可晐方丘北郊大地后土之祇禮運云祭帝於郊所以定天位也祀地於國所以列地利也則專指大社言之若方丘北郊則不得祀於國中也此經雖不對郊爲文而義與中庸略同互詳大宗伯疏

**以路鼓鼓鬼享**

路鼓四面鼓也鬼享享宗廟也

疏注云路鼓四面鼓也者說文鼓部云路鼓四面風俗通義聲音篇同大司樂先鄭注云路鼓兩面與後鄭異云鬼享享宗廟也者六

享所通用也大司樂宗廟大祫亦用路鼓賈疏云案大宗伯宗廟有六享則禘祫及四時皆言享先王則皆是大祭縱有享先公為次祀祭殤為小祀皆用此路鼓以其天神地祇大小同鼓故也 **以鼖鼓鼓軍事** 大鼓謂之鼖鼖鼓長八尺 【疏】以鼖鼓鼓軍事者賈疏云案大司馬云春辨鼓鐸王執路鼓諸侯執鼖鼓軍將執晉鼓鄭注云王不執鼖鼓尚之於諸侯則在軍以鼖為正無妨兼有路鼓晉鼓之等也詁讓案大司馬職又有師帥執提旅帥執鼙此職不見者以其形制較小非軍事所重經文不具也 注云大鼓謂之鼖者爾雅釋樂文韗人注亦同說文鼓部云鼖鼓皋鼓晉鼓皆兩面又云大鼓謂之鼖八尺而兩面以鼓軍事从鼓賁省聲重文鞼鼖或从革賁不省案大司馬諸侯執賁鼓注引此經同詩大雅靈臺亦云賁鼓賁卽鞼之省靈臺毛傳云賁大鼓也孔疏云賁大也故謂大鼓為賁鼓詁讓案爾雅釋詁云墳大也鼖賁墳聲類同故並有大義賈疏云此唯兩面而已而稱大者此不對路鼓已上以其長八尺直對晉鼓六尺六寸者為大耳云鼖鼓長八尺者賈疏云韗人文 **以鼛鼓鼓役事** 鼛鼓長丈二尺 【疏】以鼛鼓鼓役事者說文鼓部云鼛大鼓也韗人作皋鼓明堂位皋門鄭注云皋之言高也此鼓又大於鼖鼓其聲尤高大故以為名字亦省作咎後漢書馬融傳廣成頌云伐咎鼓李注云咎鼓大鼓也賈疏云案緜詩云鼛鼓弗勝鄭云鼛鼓不能止之此云鼓役事謂鼛鼓起役事與彼不同者但起役止役皆用鼛鼓兩處義得相兼耳 注云鼛鼓長丈二尺者韗人云為皋鼓長尋有四尺八尺為尋尋有四尺卽丈二尺也 **以晉鼓鼓金奏** 晉鼓長六尺六寸金奏謂樂作擊編鍾 【疏】注云晉鼓長六尺六寸者賈疏云亦韗人文云金奏謂樂作擊編鍾者鍾師掌金奏注云金奏擊金以為奏樂之節金謂鍾及鎛先擊鍾次擊鼓以奏九夏又鎛師注云謂主擊晉鼓以奏其鍾鎛也案金奏於樂

珍倣宋版印

始作時奏之故國語魯語云先樂金奏綜攷鄭義蓋先擊編鍾次擊鎛而後以晉鼓和之詳鍾師疏賈疏云案磬師云擊編鍾鄭注云磬亦編於鍾言之者鍾有不編不編者鍾師擊之若然則磬師擊編鍾鍾師擊不編鍾又案鎛師云掌金奏之鼓鄭注云主擊晉鼓則是晉鼓和金奏但鍾之編與不編作之皆是金奏晉鼓皆和之矣鄭唯言編鍾據磬師而言其實不編者亦以晉鼓和之故鍾師云以鍾鼓奏九夏鄭云先擊鍾次擊鼓是不編之鍾亦有鼓鼓即晉鼓也案賈說是也鍾之不編者即鎛亦謂之鏞據詩小雅鼓鍾云鼓鍾伐鼛又大雅靈臺云賁鼓惟鏞是奏樂亦有以鼛鼓鼛鼓和鍾鎛者不定用晉鼓也

以金錞和鼓錞錞于也圜如碓頭大上小下樂作鳴之與鼓相和

【疏】以金錞和鼓者以下辨四金之用皆與鼓相將軍事所用也金錞亦以和樂

注云錞錞于也圜如碓頭大上小下者賈疏以爲此名制並出漢大予樂官釋文云碓本又作椎案說文石部云碓舂也圜而大上小下正碓頭之形宋書樂志云錞于圜如碓頭大上小下今民閒猶時有其器沈約亦同鄭義釋文或本及初學記樂部引古今樂錄述此注義並作椎山海經中山經郭注亦云錞于形如椎頭蓋皆傳寫之誤椎頭卽玉人之終葵首玉藻注說珽云方如椎頭是其形微方此注云圜則不得如椎頭矣國語晉語趙宣子曰是故伐備鍾鼓聲其罪也戰以錞于丁寧儆其民也韋注云錞于形如碓頭與鼓相和唐尚書云錞于鐲也非也鐲與錞于各異物又吳語云吳王乃秉枹親就鳴鍾鼓丁寧錞于振鐸注說同案韋說亦作碓頭此經金錞金鐲其用各異明唐固說誤韋庰之是也錞于說文金部鐏字注作淳于南史齊始興王鑑傳云時有廣漢什邡人段祖以淳于獻鑑古禮器也高三尺六寸六分圍三尺四寸圓如筩銅色黑如漆甚薄上有銅馬以繩懸馬令去地尺餘灌之以水又以器盛水於下以芒莖當心跪注淳于以手振芒則聲如雷清響良

久乃絶古所以節樂也又後周書斛律徵傳云樂有錞于者近代絶無此器或有自蜀得之皆莫之識徵見之曰此錞于也衆弗之信徵遂依干寶周禮注以芒筒捋之其聲極振衆乃歎服董逌廣川書跋引干注云去地一尺灌之以水又以其器盛水於下以芒當心跪注以手震芒其聲如雷案董所引與南史及後周書所說正同然宋時干注已佚非董氏所得見書跋所引疑卽摭拾二史爲之非干注舊文也又御覽樂部引樂書云錞于者以銅爲之其筩象鍾頂大後擦口弇上以伏獸爲鼻內懸子銅鈴舌凡作樂振而鳴之與鼓相似此說又與鄭干小異未詳所據云樂作鳴之與鼓相和者小師掌六樂聲音之節與其和注云和錞于則鄭以和鼓專爲作樂之事賈疏云案下三金皆大司馬在軍所用有文此金錞不見在軍所用明作樂之時與鼓相和陳祥道云國語曰戰以錞于丁寧又黄池之會吳王親鳴鍾鼓丁寧錞于則兵法固用錞矣案陳說是也江永說同淮南子兵略訓亦云兩軍相當鼓錞相望賈說失之 以金鐲節鼓 鐲鉦也形如小鍾軍行鳴之以爲鼓節司馬職曰軍行鳴鐲 疏 以金鐲節鼓者賈疏云此謂在軍之時所用與鼓爲節也 注云鐲鉦也形如小鍾者宋書樂志初學記樂部引古今樂錄說並同說文金部云鐲鉦也軍法司馬執鐲國語晉語宋庠補音引韋注云丁寧令丁謂鉦也案韋以令丁爲鉦與說文金部鈴字說解同依鄭說則鐲卽鉦依韋說則鉦卽鈴蓋三者形制大同大司馬疏引司馬法云十人之長執鉦與公司馬執鐲之文相當左傳襄十三年孔疏引又作執鈴亦可證三者同物廣雅釋器云鐲鐸鉦鐃鍾鈴也蓋鐸鐃雖與鐲鉦形制大小不同然其匡皆與鍾相似故張揖遂以鈴通釋諸器矣但鈴形雖亦似小鍾而中有金舌與鐸同鄭此注以鉦釋鐲不云卽鈴亦不云有舌則與韋說異說文雖亦以鐲鉦爲一而釋鉦之形制乃與鄭金鐃說解同義蓋亦微異詳後疏云軍行鳴之以

爲鼓節司馬職曰軍行鳴鐲者據大司馬文彼云鼓行鳴鐲車徒皆作卽此節鼓之事鄭引作軍行者以義改之凡鳴鐲時鼓亦暫止故詩小雅采芑云鉦人伐鼓毛傳云鉦以靜之鼓以動之蓋鼓一戒一止鐲爲之節卽所謂靜之也賈疏疑詩傳鉦以靜之與此軍行所用不同非也

**以金鐃止鼓** 鐃如鈴無舌有秉執而鳴之以止擊鼓司馬職曰鳴鐃且卻

【疏】以金鐃止鼓者賈疏云此案春秋左氏傳曹劌云一鼓作氣再而衰三而竭哀公傳陳書曰吾聞鼓而已不聞金矣是進軍之時擊鼓退軍之時鳴鐃　注云鐃如鈴無舌有秉執而鳴之以止擊鼓者釋文云秉本又作柄案柄正字秉聲近叚借字說文木部柄或作棅古書多借秉爲之後𢄙舞注亦云有秉宋書樂志初學記樂部引古今樂錄說並與鄭同秉亦皆作柄釋名釋樂器云鐃聲譊譊也說文金部云鐃小鉦也軍法卒長執鐃又云鉦鐃也似鈴柄中上下通通典樂云鐃如編鐘而無舌有柄搖之以止鼓編鐘與鈴形制亦相近段玉裁云鐲鈴鉦鐃四者相似而有不同鉦似鈴而異於鈴者鐲鈴似鐘有柄爲之舌以有聲鉦則無舌柄中者柄半在上半在下稍稍寬其孔爲之抵拒執柄搖之使與體相擊爲聲鄭說鐃形與許說鉦形合詩采芑傳曰鉦以靜之與周禮止鼓相合詒讓案鄭意鐲鉦同物而鐲與鐃不同許則謂鐃爲小鉦是鉦亦可謂之大鐃矣此與鄭義必不能強合者詩小雅采芑孔疏云鐲似小鐘鐃是鈴是有大小之異耳俱得名鉦案孔說與許小鉦義略同鈴詳巾車疏引司馬職曰鳴鐃且卻者彼文云乃鼓退鳴鐃且卻注云軍退卒長鳴鐃以和樂鼓人爲止之也案依大司馬大閱之禮則軍進鳴鐲軍退鳴鐃凡鳴鐲鳴鐃鼓皆爲之暫止其用同也鐲以進軍故云節鼓鐃以退軍故云止鼓實則二者並爲止鼓以軍進退變文耳

**以金鐸通鼓** 鐸大鈴也振之以通鼓司馬職曰司馬振鐸

【疏】以金鐸通鼓者賈疏云此是金鈴金舌故

曰金鐸在軍所振對金鈴木舌者爲木鐸施令時所振言通鼓者兩司馬振鐸軍將已下卽擊鼓故云通鼓也　注云鐸大鈴也者謂鐸卽鈴而形制較大也說文金部云鐸大鈴也軍法五人爲伍五伍爲兩兩司馬執鐸鈴令丁也釋名釋兵云鐸度也號令之限度也小宰注云武事奮金鐸亦詳彼疏云振之以通鼓司馬職曰司馬振鐸者彼文云司馬振鐸羣吏作旗車徒皆作鼓行注云司馬兩司馬也振鐸以作衆鄭以彼所云卽此所謂通鼓說文辵部云通達也以鼓者非一人故振鐸令其一人先鼓衆人偏應之通者傳達周偏之謂大僕田役贊王鼓注云王通鼓佐擊其餘面亦謂王鼓一面爲倡贊鼓者乃偏鼓餘面也又下注引司馬法鼓四通三通五通並謂聲節一終與此義亦相近

**凡祭祀百物之神鼓兵舞帗舞者**兵謂干戚也帗列五采繒爲之有秉皆舞者所執

【疏】凡祭祀百物之神者謂祭物鬽及蜡祭也與大宗伯以貍辜祭四方百物同賈疏云上文神祀社祭鬼享文局不及小神故此更廣見小神之事故云凡祭祀百物之神也云鼓兵舞帗舞者者擊鼓以爲舞節籥師云祭祀則鼓羽籥之舞注云鼓之者恆爲之節是也賈疏云天地之小神所舞不過此兵舞帗舞二事案下舞師山川用兵舞社稷用帗舞今此小神等若義近山川者舞兵舞義近社稷者舞帗舞故六舞之中唯言此二舞而已案依賈說百物之神匪一蓋無專用之舞若坊水庸之屬則用兵舞若郵表畷之屬則用帗舞於舞師與舞時此官則爲之鼓也　注云兵謂干戚也者此武舞之小者樂師謂之干舞干戚卽兵事所用之干戚無飾者也祭統說大嘗禘云朱干玉戚以舞大武彼謂大舞故干戚以朱玉爲飾司兵云祭祀授舞者兵注云授以朱干玉戚之屬彼亦據大舞而言此小舞之干戚乃司戈盾所授無朱玉之飾者賈疏謂此干戚卽朱干玉戚非也云帗列五采繒爲之有秉者說文刀部云列分解也樂師注云

帔析五采繒列析義同謂翦列五采繒以爲舞具有秉者使可執也說文羽部云翌樂舞執全羽以祀社稷也讀若紱與後鄭字義並別曾釗云說文巾部帗注云一幅巾與悅帤並列不以爲舞器則許君所據古文周禮作翌不作帗詒讓案依後鄭說帗列五采繒爲之則以作帗爲正方言云帗縷毳也陳宋鄭衛之閒謂之帗縷郭注云帗縷謂物之行敝也帗舞列繒疑亦取破敝之義樂師先鄭注以帗爲全羽則與許同詳彼疏帗字又作被史記孔子世家云會於夾谷齊有司趨而進曰請奏四方之樂於是旍旄羽被矛戟劍撥鼓譟而至索隱云被謂舞者所執字又作紱御覽禮儀部引桓子新論云昔楚靈王信巫祝之道齊戒潔鮮以祀上帝禮羣神躬執羽紱起舞壇前被紱並帗之借字云皆舞者所執者謂干戚及帗皆就所執以名舞也

凡軍旅夜鼓鼜

鼜夜戒守鼓也司馬法曰昏鼓四通爲大鼜夜半三通爲晨戒旦明五通爲發昫

【疏】凡軍旅夜鼓鼜者與鎛師爲官聯也鼓鼜者鎛師注云鼓之以鼖鼓宋書樂志云鼓長丈二尺者曰鼖鼓凡守備及役事則鼓之今世謂之下鼜案依沈說則鼓鼜以鼛鼓與鄭義不合疑不足據又案後漢書明帝紀李注引韓詩章句云應門擊柝鼓人上堂此宮中警夜之事雖非軍旅疑亦此官之屬鼓之經不言者文不具也 注云鼜夜戒守鼓也者掌固杜注云謂擊鼓行夜戒守也說文壴部云鼜夜戒守鼓也讀若戚此鼜卽鼜之異文戒守者謂夜閒警戒爲守備也引司馬法曰昏鼓四通爲大鼜夜半三通爲晨戒旦明五通爲發昫者卽鎛師所謂夜三鼜也引之者證鼜爲夜戒守鼓之事今司馬法無此文蓋在佚篇中釋文云昫本又作朐亦作煦案說文日部云昫日出溫也火部云煦蒸也肉部云朐脯挺也發昫字當從昫注疏本釋文昫作晌誤又說文壴部鼜字注云禮昏鼓四通爲大鼓夜半三通爲戒晨旦明五通爲發明段玉裁云大鼓當依注作大鼜謂大行夜也阮元云

發明爲發昫之誤當從禮注校正丁晏云漢書藝文志禮家軍禮司馬法百五十五篇故許君稱之曰禮詁讓案晨戒晨義通未知孰是御覽兵部引李衛公兵法及李筌太白陰經嚴警鼓角篇並云凡撾鼓三百三十三槌爲一通未知周制亦然否賈疏云欲取從初夜卽爲警戒之意故擊鼓四通使大憂戚也夜半三通爲晨戒者警衆豫使嚴備侵早當行旦明五通爲發昫者旦明五通晨昫之時當發故云發昫也案鼜戚音同然大鼜不取大憂戚之義賈望文生訓不足據

**軍動則鼓其衆**動且行疏軍動則鼓其衆者賈疏云尋常在道欲行之時所擊之鼓則上注五通發昫是也今別言軍動則據將臨陳之時軍旅始動則擊鼓以作士衆之氣故曹劌云一鼓作氣　注云動且行者且舊本譌旦今據宋建陽本岳本正賈疏述注亦作且云云謂行前向陳時也汪文臺云大司馬職云鼓人三鼓車徒皆作鼓行鳴鐲車徒皆行及表乃止所謂動且行也軍前向陳不可徑行步伐進止皆有定法經言動注云且行其義一也各本注作旦行疏作且行亦疏附注異本之證案汪說是也

**田役亦如之**疏田役亦如之者田役謂起徒役以田獵也凡時田講武其事嚴重與軍旅同此官亦鼓其衆大僕云田役贊王鼓是大田王親鼓此官又別鼓之若他役事則王所不與無親鼓之法惟此官鼓之卽上云以鼖鼓鼓役事是也此文以軍旅田役救日月三者並舉與大僕文略同明田役止爲田事不兼含大役也大司馬中冬大閱狩田鼓人主鼓詳彼疏賈疏云田獵圍合之時必擊鼓象對敵故大司馬職云鼓遂圍禁是也

**救日月則詔王鼓**救日月食王必親擊鼓者聲大異春秋傳曰非日月之眚不鼓疏救日月則詔王鼓者與大僕爲官聯也大宰注云詔告也賈疏云謂日月食時鼓人詔告于王擊鼓聲大異以救之案大僕職云軍旅田役贊王鼓鄭注云佐擊其餘面又云救日月食亦如之大

僕亦佐擊其餘面鄭既云佐擊其餘面則非只兩面之鼓案上解祭日月與天神同用雷鼓則此救日月亦宜用雷鼓八面故大僕與戎右俱云贊王鼓得佐擊餘面也案救日月所用之鼓經無正文賈謂同用雷鼓書胤征孔疏說同賈大僕疏云日食陰侵陽當與鼓神祀同用雷鼓也若然月食當用靈鼓則謂月食別用靈鼓又與此疏說異案庭氏注謂救日用枉矢救月用恆矢則救月之與救日禮有降殺或當如大僕疏說也又穀梁莊二十五年傳云天子救日置五麾陳五兵五鼓諸侯置三麾陳三鼓三兵大夫擊門士擊柝言充其陽也范注云凡有聲皆陽事以壓陰氣楊疏云五鼓者麋信徐邈並云東方青鼓南方赤鼓西方白鼓北方黑鼓中央黃鼓案五兵兵有五種未審五鼓是一鼓有五色爲當五種之鼓也何者周禮有六鼓雷鼓靈鼓路鼓鼖鼓鼛鼓晉鼓之等若以爲五種之鼓則不知六鼓之內竟去何鼓若以爲一種之鼓則不知六鼓之內竟取何鼓又周禮云雷鼓鼓神祀則似救日之鼓用雷鼓但此用之於社周禮又云靈鼓鼓社稷祭則又似救日食之鼓用靈鼓進退有疑不敢是正檢麋徐兩家之說則以五鼓者非六鼓之類別用方色鼓而已諸侯三者則云降殺以兩去黑黃二色是非六鼓之類也案依楊說則六鼓之外別有方色之鼓又曾子問云如諸侯皆在而日食則從天子救日各以其方色與其兵孔疏引隱義云東方用戟南方用矛西方用弩北方用楯中央用鼓此以鼓爲五兵之一復與穀梁不合亦恐不足據　注云救日月食王必親擊鼓者聲大異者荀子天論篇云日月食而救之天旱而雩卜筮然後決大事非以爲得求也以文之也春秋繁露必仁且知篇云有不常之變者謂之異異者天之威也鄭意古以日月食爲天之著異示威故王親鼓聲告其異案日月之道經緯同度則有掩食但古曆家未有豫推日月食之術故詩大雅十月之交孔疏謂周魯曆無考日食法是必臨食始見驚爲災異故王親

鼓以警衆而後內外吏民咸鼓騶而救之攻日食用鼓之事見於春
秋者莊二十五年三十年文十五年經並云日有食之鼓用牲于社
左文十五年昭十七年傳並云日有食之天子不舉伐鼓于社諸侯
用幣于社伐鼓于朝然則天子之禮王親擊鼓於大社也左傳杜注
云伐鼓于社責羣陰伐鼓于朝退自責公羊莊二十五年傳云日食
則曷爲鼓用牲于社求乎陰之道也以朱絲縈社何注云社者土地
之主也月者土地之精也上繫于天而犯日故鳴鼓而攻之脅其本
也白虎通義災變篇云日食必救之何陰侵陽也鼓用牲于社社者
衆陰之主以朱絲縈之鳴鼓攻之以陽責陰也諸家說並謂擊鼓爲
責陰與鄭聲大異之義亦互相成又續漢書禮儀志劉注引干寶云
朱絲縈社社太陰也朱火色也絲維屬天子伐鼓於社責羣陰也諸
侯用幣於社請上公也伐鼓于朝退自攻也此聖人厭勝之法也案
劉引干說卽周禮注佚文然不知繫何職其所釋伐鼓于社及朱絲
縈社與左氏公羊說救日食禮同疑卽釋此經也引春秋傳曰非日
月之眚不鼓者左莊二十五年傳文引之者證救日月用鼓爲聲大
異也杜注云眚猶災也月侵日爲眚陰陽逆順之事聖賢所重故特
鼓之賈疏云案莊二十五年左氏傳夏六月辛未朔日有食之鼓用
牲于社非常也唯正月之朔慝未作日有食之於是乎用幣于社伐
鼓于朝若然此救日食用鼓惟據夏四月陰氣未作純陽用事日又
太陽之精於正陽之月被食爲災故有救日食之法也月似無救理
尚書胤征季秋九月日食救之者上代之禮不與周同案賈說非也
左昭十七年傳云季平子曰唯正月朔慝未作日有食之於是乎有
伐鼓用幣禮也其餘則否又太史曰日過分而未至三辰有災於是
乎百官降物君不舉辟移時樂奏鼓祝用幣史用辭故夏書曰辰不
集于房瞽奏鼓嗇夫馳庶人走此並謂夏四月周六月始有救日之
禮餘月則否又不見救月食之事然此經救日月之文鼓人大僕庭

氏三見並不著時月又日月並舉則不問何月日食月食並有救法與左氏義不同疑此經爲周初之制左氏所說乃後王所更定況彼二云瞽奏鼓而此經則王親鼓雖遠符夏書而近乖周典兩文自不相應賈氏轉據左氏謂此經亦指夏四月又疑月食無救法並謬又白虎通義災變篇云月食救之者陰失明也故角尾交日月食救之者謂夫人擊鏡孺人擊杖庶人之妻楔搔御覽天部引荆州占云月蝕后自提鼓階前把槌擊鼓者三中良人諸御者宮人皆擊柝救之月已蝕后乃入齋服縞素三日不從樂以應其祥此先王之所以免天地之災而解四境之患也此並救月食之事與此經可互證

大喪則詔大僕鼓始崩及窆時也

疏 大喪者謂王及后喪也云則詔大僕鼓者亦與彼爲官聯也 注云始崩及窆時也者賈疏云案大僕職云大喪始崩戒鼓傳達于四方窆亦如之是鄭所據也

舞師掌教兵舞帥而舞山川之祭祀教帗舞帥而舞社稷之祭祀教羽舞帥而舞四方之祭祀教皇舞帥而舞旱暵之事羽析白羽爲之形如帗也四方之祭祀謂四望也旱暵之事謂雩也暵熱氣也鄭司農云皇舞蒙羽舞書或爲䍿或爲義玄謂皇析五采羽爲之亦如帗

疏 掌教兵舞帥而舞山川之祭祀者與樂師籥師爲官聯也此所教四舞亦皆小舞也賈疏云掌教兵舞謂教野人使知之國有祭山川則舞師還帥領往舞山川之祀已下皆然案春官樂師有六舞幷有旄舞施於辟雍人舞施於宗廟此無此二者但卑者之子不得舞宗廟之酎祭祀之舞亦不得用卑者之子彼樂師教國子故有二者此教野人故無旄舞人舞 注云羽析白羽爲之者樂師先鄭注云羽舞者析羽鄭

知用白羽者以其直名羽明仍其羽色與皇染五采異也詩陳風宛丘云值其鷺羽又云值其鷺翿毛傳云鷺鳥之羽可以爲翳箋云翳舞者所持以指麾孔疏引陸璣疏云鷺水鳥也好而潔白故謂之白鳥又詩邶風簡兮孔疏引五經異義云公羊說樂萬舞以鴻羽取其勁輕一舉千里公羊隱六年傳初獻六羽何注亦云羽者鴻羽也所以象文德之風化疾也此注云析白羽蓋亦謂析鷺鴻之羽注之橦首以爲翳也翳亦謂之翿鄉師先鄭注所謂羽葆幢司常云析羽爲旌鄉射禮翿旌亦以白羽朱羽爲之羽舞之翿蓋與彼相似也云形如帗也者羽舞與帗舞所持之翳形制亦相類惟一用析羽一用析繒不同亦俱有秉可執也帗形制詳鼓人疏云四方之祭祀謂四望也者四望卽五嶽四鎮四瀆及海也此皆大山川與上山川爲中小山川異公羊僖三十一年傳云天子有方望之事無所不通是四方四望可通稱祭法云四坎壇祭四方也注云四方卽謂山林川谷丘陵之神也彼四坎壇亦當含有四望也依鄭義此四方與大宗伯疈辜祭四方百物及大司馬祀祊並異又詩邶風簡兮篇云方將萬舞毛傳云方四方也以干羽爲萬舞用之宗廟山川故言於四方案宗廟不得稱四方陳奐以爲衍文是也以山川爲四方蓋亦據四望言之但萬爲大舞與此兵舞羽舞不同毛或別有所據與此經義不相應也四方四望並詳大宗伯疏云旱暵之事謂雩也者稻人云旱暵共其雩斂又女巫云旱暵則舞雩故知旱暵之事卽雩也但周之雩禮有二一正雩每歲建巳月行之二旱雩則於周秋三月遇旱乃行之不旱則否正雩天子曰大雩月令仲夏之月大雩帝用盛樂其上文云是月也命樂師脩鞀鞞鼓均琴瑟管簫執干戚戈羽調竽笙箎簧飭鍾磬柷敔注云爲將大雩帝習樂也又云自鞀鞞至柷敔皆作曰盛樂凡他雩歌舞而已是大雩祭五帝用盛樂當依大司樂祀天神之禮用大舞此皇舞爲樂師小舞之一則所謂舞旱暵之事者爲

旱雩可知蓋卽月令注所謂他雩歌舞而已是也若大雩之舞授器備干戚戈羽豈徒皇羽哉互詳司巫疏云暵熱氣也者說文日部云暵乾也耕暴田曰暵引易曰燥萬物莫暵乎火今說卦作熯易釋文引王肅云火氣也又引徐本作暵云熱暵也暵熯字亦通鄭司農云皇舞蒙羽舞者段玉裁謂皇當作翌樂師先鄭注云皇舞者以羽冒覆頭上衣飾翡翠之羽此蒙羽卽謂蒙首也說文釋翌爲以羽翳首賈疏云先鄭之意蓋見禮記王制有虞氏皇而祭皇是冕爲首服故義亦同又說文雨部雩或作䨁注云雩羽舞也羽舞亦卽謂此皇舞以皇爲鳳皇羽蒙于首故云蒙羽舞自古未見蒙羽于首故後鄭不從案二鄭義皆與王制皇冕略同然掌次皇邸先鄭注亦釋爲皇羽而不辨何鳥依樂師先鄭注義則似謂覆頭亦以翡翠羽至後鄭乃有鳳皇羽之說故注王制云皇冕屬也畫羽飾焉先鄭固不以羽爲畫羽亦未必以皇爲鳳皇也賈說未允惠士奇謂皇舞皇謂冠卽文選東京賦所謂冠華秉翟列舞八佾者亦卽獨斷之建華冠飾以羽若有虞氏之皇故名曰皇先鄭所謂蒙羽舞者卽此又謂宗廟冕而舞旱暵皇而舞說文鳥部鷸知天將雨鳥故舞旱暵則冠之以禱焉案爾雅釋言云皇華也獨斷及續漢書輿服志並以建華冠爲卽鷸冠是皇華同訓鷸翠一鳥惠舉證先鄭說未嘗不可通然此職四舞樂師六舞並據手執舞器爲名未有言冠者故後鄭不從也云書或爲翌者皇翌聲類同王制有虞氏皇而祭彼釋文亦作翌段玉裁改爲書或爲皇云說文羽部云翌樂舞以羽翿自翳其首以祀星辰也從羽王聲讀若皇案此用鄭司農說也或賈侍中說亦如是與樂師注曰故書皇作翌鄭司農云翌讀爲皇書亦或爲皇是則仲師叔重皆從翌此舞師注當云鄭司農云翌舞蒙羽舞書或爲皇鄭君經文從皇引仲師說則先翌後皇今本淺人所改也樂師後司農云皇雜五采羽如鳳皇色持以舞是後司農謂其羽似鳳皇色故定從皇也

案以此及樂師兩注通校之段校近是云或爲義者徐養原云義卽威儀字書曰簫韶九成鳳皇來儀易曰鴻漸于陸其羽可用爲儀是舞之容儀在羽故謂羽舞爲義舞詒讓案義與皇翌聲義俱遠蓋字之誤二鄭皆不從也云玄謂皇析五采羽爲之亦如帗者樂師注云皇舞雜五采羽如鳳皇色持以舞析羽卽雜衆羽也後鄭意此皇舞亦執羽不蒙於首破司農蒙羽舞之說掌次皇邸注云染羽象鳳皇羽色以爲之此皇舞所持蓋亦染羽也鳳皇羽備五采詳掌次疏又詩簡兮疏引異義云詩毛說萬以翟羽韓詩說以夷狄大鳥羽謹案詩云右手秉翟爾雅說翟鳥名雉屬也知翟羽舞也案翟羽亦五采穀梁隱五年范注釋舞夏云夏大也大雉翟雉左襄十年傳云宋公享晉侯於楚丘請以桑林舞師題以旌夏杜注云旌夏大旌也題識也以大旌表識其行列案旌夏疑亦析翟羽爲旌天官敘官注云夏采夏翟羽色是也鄭此注必知象鳳皇者以其名皇也亦如帗者明羽舞皇舞同制惟以色爲異續漢書禮儀志云旱公卿官長以次行雩禮求雨立士人舞僮二佾劉注引周禮曰翌舞師而舞旱暵之事鄭玄曰翌赤皁染羽爲之也旱暵注陽也用假色欲其有時而去之案劉氏所引經從故書作翌注又與鄭異當是誤記惠士奇以爲干寶注案續漢志注屢引干注惠說近是赤皁之皁毛晉本續漢志作草草卽皁本字赤草染羽未聞其說鍾氏染羽以朱湛丹秫先鄭注以丹秫爲赤粟疑赤草又當爲赤粟也訓旱暵爲注陽亦難通疑當爲恆暘之誤

**凡野舞則皆教之**野舞謂野人欲學舞者【疏】凡野舞則皆教之者與旄人爲官聯也注云野舞謂野人欲學舞者者以別於舞徒四十人爲在官之舞人也旄人掌教舞散樂注云散樂野人爲樂之善者自有舞然則凡野人欲學舞者先教以散樂之舞野舞既閑習乃教以樂師六小舞大司樂六大舞也賈司巫疏謂論語曾皙云春服既成童子六七人冠者五六人

謂舞師誨野人能舞者兼有童子冠者說亦通凡小祭祀則不興舞小祭祀王玄冕所祭者興猶作也【疏】注云小祭祀王玄冕所祭者者小司徒注同賈疏云案上文云凡祭祀百物之神鼓兵舞帗舞又案司服云羣小祀則玄冕注云羣小祀林澤墳衍四方百物之屬如是則小祭祀有兵舞帗舞而云不興舞者小祭祀雖同玄冕若外神林澤之等則有舞若宮中七祀之等則無舞此文是也云興猶作也者爾雅釋言云興起也說文人部云作起也是興作同義

牧人掌牧六牲而阜蕃其物以共祭祀之牲牷六牲謂牛馬羊豕犬雞鄭司農云牷純也玄謂牷體完具【疏】掌牧六牲而阜蕃其物者物猶言種類也雞人注云物謂毛色也案凡牲畜區別毛色各爲種類通謂之物賈人三馬校人六馬馬各爲一物詩小雅無羊云三十維物爾牲則具毛傳云異毛色者三十也阜蕃詳大司徒疏云以共祭祀之牲牷者詩小雅無羊孔疏云牧人注云掌養牲於野田者其職曰掌牧六牲而阜蕃其物則六畜皆牧人主養其餘牛人羊人之徒各掌其事以供官之所須則取於牧人非放牧者也羊人職曰若牧人無牲則受布於司馬買牲而供之是取於牧人之事也江永云遠郊有牧田以授九職中之藪牧使牧六牲卽以牲物爲貢牧人掌之國有祭祀牧人共之於王朝牛人充人及司門羊入夏官羊人豕入冬官豕人犬入秋官犬人而豢於地官之槁人雞入春官雞人馬入夏官圉人馬牲唯有事于四海山川及喪祭遣奠用之將祭祀則各官供之小宗伯毛而辨之頒之司徒宗伯司馬司寇司空使共奉之牛爲大牲所用者多則遠郊又有牛田牛人掌之養國之公牛而祭事用牛者與牧人並共也十二閑之馬別有校人諸官掌之非牧人之職也羊人云若牧人無牲則受布于司馬使其賈買牲而共之此謂牧人

有時偶乏羊牲則於長官受布買牲以共王朝之用非謂共之於牧人也案孔江說是也此牧人是養牲之官牛人等是共牲之官共牲當由牧人共入牛人等賈疏謂牛人羊人犬人豕人之等擇取純毛物者以供牧人牧人又供與充人芻之三月失之　注云六牲謂牛馬羊豕犬雞者膳夫注義同此六牲即庖人之六畜也六牲去馬亦謂之五牲左昭十一年傳云五牲不相爲用大戴禮記曾子天圓篇云序五牲之先後貴賤杜盧注並云五牲牛羊豕犬雞與月令五時牲合是也詩無羊孔疏云馬是國之大用特立牧師圉人使別掌之則蓋擬駕用者屬牧師令生息者屬牧人鄭司農云牷純也者犬人先鄭注同說文牛部云牷牛純色禮祭祀牷牲曾釗云下經云凡時祀之牲必用牷物凡外祭毀事用尨可也犬人凡祭祀共犬牲用牷物凡幾珥沈辜用尨可也玉人天子用全上公用龍皆以全與尨對言尨爲雜則牷是純可知案曾說是也牷爲牛純色引申之凡牲純色並謂之牷先鄭及許說得之此後鄭注別爲體完具不從先鄭然犬人注引先鄭說仍不破之又表記牲牷後鄭注亦云牷猶純也則亦兼取純色之訓矣云玄謂牷體完具者不從先鄭說也犬人賈疏云案尚書微子云犧牷牲用注云犧純毛牷體完具彼牷與犧相對是犧爲純毛牷爲體完具詒讓案後鄭意牷从全得聲亦兼義說文入部云全完也牛部云牲牛完全也完具與完全義同書微子僞孔傳山海經西山經郭注大戴禮記曾子天圓篇盧注說並與後鄭同又左桓六年傳云吾牲牷肥腯杜注云牷純色完全也則兼用二鄭之義曾釗云說文牲訓體完具牷訓純色此經牲牷對言牷安有又訓完具之理牷色之純牲體之具也案曾釋牷牲二字義得之今以諸經及說文通校之凡言牲牷犧牲者牲謂角體完具牷謂毛羽純色犧則祭牲角體完具而又兼毛羽純色也蓋單言牲則純尨兼有而角體則無不完具者穀梁哀元年傳云全曰牲傷曰牛明不完

具則不可以爲牲也言牲又言牷則以牷見其牲之爲純色明不徒取完具而已至祭祀之牲擇之尤精則特取體全色純之美名謂之犧牲明其無不備也三者之義各有所取而說者不憭遂滋乖互故略辯之 凡陽祀用騂牲毛之陰祀用黝牲毛之望祀各以其方之色牲毛之騂牲赤色毛之取純毛也陰祀祭地北郊及社稷也望祀五嶽四鎮四瀆也鄭司農云陽祀春夏也黝讀爲幽幽黑也玄謂陽祀祭天於南郊及宗廟

疏凡陽祀用騂牲毛之陰祀用黝牲毛之者黝當從段玉裁校改幽詳後以下並辨祭祀用牲毛物之異也注云騂牲赤色者說文馬部無騂字新附有騂字云馬赤色也騂與觲同案凡經典騂字正字並當爲垟垟爲赤土引申爲凡赤牲之稱詳草人疏賈疏云見明堂位周人騂剛檀弓云周人牲用騂周尚赤而云用騂故知騂是赤也詒讓案依鄭義周郊祭受命帝卽蒼帝則周以木德王而尚赤者五行大義引春秋感精符云周以天統服色尚赤者陽道尚左故天左旋周以木德王火是其子左行用其赤色也家語五帝篇說五德之色云所尚各從其所王之德次周人以木德王尚赤牲用騂王肅注亦謂木家尚赤者脩其母致其子鄭意或與彼同又後漢書章帝紀李注引禮緯說周爲天正色尚赤春秋繁露三代改制質文篇公羊隱元年何注白虎通義三正篇引尚書大傳說並同此別從三正所尚與論德運者異而以周爲尚赤則一也又古說或云周火德詳大司樂疏云毛之取純毛也者卽下云牷物是也小宗伯毛六牲注云毛擇毛也國語楚語云毛以示物山海經南山經凡誰山之首其祠之禮毛郭注云毛言擇牲取其毛色也祭義云古者天子諸侯必有養獸之官及歲時齋戒沐浴而躬朝之犧牷祭牲必於是取之君召牛納而視之擇其毛而卜之吉然後養之此毛之卽所謂擇其毛也擇牲取其純色謂之毛故公羊文十二

年傳以不純色爲不毛矣二云陰祀祭地北郊及社稷也者漢書郊祀
志王商師丹翟方進等議二云祭地於太折在北郊就陰位也神仕注
云地物陰也此但舉地示不及物鬽者以百物入後時祭用牲物內
不定用黝牲也北郊祭地祭九州之總示詳典瑞疏賈疏二云但天神
與宗廟爲陽地與社稷爲陰案大宗伯二云蒼璧禮天黃琮禮地謂圜
丘方澤下二云牲幣各放其器之色則昊天與崐崘牲用蒼用黃四時
迎五方天帝又各依其方色牲則非此騂牲黝牲惟有郊天地及宗
廟社稷一等不見牲色在此陽祀陰祀之中可知案郊特牲二云社祭
土而主陰氣也是社稷稱陰孝經緯鉤命決二云祭地於北郊就陰位
彼對郊天就陽位則是神州之神在北郊而稱陰以是知陰祀中有
祭地於北郊及社稷也南齊書禮志二云何佟之奏牧人二云凡陽祀用
騂牲陰祀用黝牲祭法二云燔柴於泰壇祭天也瘞埋於泰折祭地也
用騂犢鄭二云地陰祀用黝牲與天俱用犢故連言之耳知此祭天地
卽南北郊矣詒讓案此陽祀當兼圜丘及五帝陰祀當兼方丘及五
示言之大宗伯禮天地四方牲各依玉色乃告禮方明非正祭也鄭
彼注以爲圜丘方丘祭天地與南北郊異牲失之詳彼疏又案賈疏
謂社稷亦用黝牲是也詩周頌良耜敘二云秋報社稷也其詩二云殺時
犉牡毛傳二云黃牛黑脣曰犉孔疏二云社稷用黝牛色以黑而用黃者
蓋正禮用黝至於報功以社是土神故用黃色仍用黑脣也案秋報
卽祭社稷之正禮孔說非也爾雅釋畜二云黑脣犉郭注二云此宜通謂
黑脣牛然則詩言犉牡不妨爲黝牛黑脣毛二云黃牛以牛黃者多耳
此與社稷用黝牲之義固不相硋矣二云望祀五嶽四鎮四瀆也者卽
大宗伯之四望也詳彼疏四望牲用方色者若祀岱嶽沂山泲瀆則
牲用青色餘並放此又案男巫亦二云望祀彼注疏謂祭類造禬禜之
神則不專屬四望與此望祀義微異亦詳彼疏鄭司農二云陽祀春夏
也者春秋繁露官制象天篇二云四時天之四選春者少陽之選也夏

者太陽之選也秋者少陰之選也冬者太陰之選也是春夏爲陽也又史記封禪書載秦祠雍四時上帝陳寶牲並春夏用騂秋冬用騮漢時蓋猶沿其制故先鄭以此陽祀用騂爲春夏則陰祀用黝爲秋冬也其說於經無徵故後鄭不從云黝讀爲幽幽黑也者守祧注同段玉裁改經黝牲爲幽牲注爲幽讀爲黝黝黑也云經文注文當如是今本經作黝注幽黝互譌由或以注改經復或以已改之經改注之故也守祧職曰幽堊之注鄭司農幽讀爲黝黝黑也引爾雅地謂之黝今本譌舛與此正同釋文兩云黝司農音幽然則其誤在陸氏已前矣說文幽隱也幽有黑意不得徑訓黑也玉藻一命緼紱幽衡再命赤韍幽衡鄭君云幽讀爲黝黑謂之黝以禮記證周禮事甚顯白雞人注陽祀用騂陰祀用黝不作幽又其證也又案小雅隰桑其葉有幽毛傳幽黑色也然則幽黝古今字先後鄭皆以今字讀古字案段說是也南齊書禮志何佟之議引此注直云黝黑也疑所見本尚不誤黝訓黑者爾雅釋器云黑謂之黝郭注云黝黑貌說文黑部云黝微青黑色云玄謂陽祀祭天於南郊及宗廟者神仕注云天人陽也南郊祭天祭受命帝也詳典瑞疏春秋繁露三代改制質文篇說周正赤統郊牲騂祭牲騂牲又郊事對云魯郊用純騂犅並與鄭說同賈疏云案郊特牲云郊之祭也大報天而主日兆于南郊就陽位也牲用騂是南郊用騂也檀弓云殷尚白周尚赤是祭宗廟用赤也據此而言則祭天於南郊及宗廟用騂也後鄭先解陰祀後釋陽祀者陽祀待先鄭釋訖隨後破之故也詒讓案詩魯頌閟宮云皇皇后帝皇祖后稷享以騂犧箋云皇皇后帝謂天也成王以周公功大命魯郊祭天亦配之以君祖后稷其牲用赤牛純色與天子同也此郊祀用騂之證書洛誥云烝祭歲文王騂牛一武王騂牛一詩周頌烈文孔疏引鄭書注以爲特祫祭文武白虎通義三正篇云詩曰清酒既載騂牡既備言文王之牲用騂周尚赤也案班所引者大雅旱

麓篇文小雅信南山亦有清酒騂牡之文毛傳義與班同據詩書所言則周祭宗廟后稷文武並用騂而公羊文十三年說魯牲云周公用白牡魯公用騂犅羣公不毛何注云白牡殷牲也騂犅赤脊周牲也不毛不純色詩閟宮亦云白牡騂剛毛傳同公羊是魯廟牲有三等周公用殷牲楊子法言君子篇云牛玄騂白睟而角其升諸廟乎蓋通三統言之周廟牲則先王先公同用騂當無異也又周制凡郊丘配食之人皆用騂牲四月大雩九月大饗亦陽祀其牲並同郊特牲孔疏謂各依方色非也互詳大宗伯疏又案史記封禪書云秦襄公既侯居西垂自以爲主少皞之神作西畤祠白帝其牲用騮駒黃牛羝羊各一云此祀白帝亦不用方色牲騮黃與騂色相近或亦陽祀用騂之意與

凡時祀之牲必用牷物時祀四時所常祀謂山川以下至四方百物

疏凡時祀之牲必用牷物者亦謂純色也賈疏云對上方色是隨其方色下用尨尨是雜色則此牷物者非方非雜雖不得隨方之色要於一身之上其物色須純其體須完不得雜也假令東方或純黃純黑南方或純白純青皆得也　注云時祀四時所常祀謂山川以下至四方百物者謂祀有定時箸在常典者也賈疏云案司服山川羣小祀林澤四方百物在四望下此上文云天地四望此時祀又在四望下又四方山川之等亦依四時而祀故知時祀是山川至百物鄭唯據地之時祀若天之時祀日月已下亦在此時祀中也案依鄭賈說則山川林澤以下牲無定色但不用尨而已王氏訂義引崔靈恩說謂祭山川牲玉各放其方之色則凡山川牲亦依方色與四望等論語雍也皇疏義同大戴禮記曾子天圓篇云山川曰犧牷盧注云色純曰犧體完曰牷山川謂岳瀆以方色角尺其餘用尨索之此謂餘山川皆用尨並與鄭義不合又南齊書禮志云劉繪議語云犂牛之子騂且角雖欲勿用山川其舍諸未詳山川合爲陰祀不若在陰祀則與黝乖矣何佟之

議周禮以天地爲大祀四望爲次祀山川爲小祀周人尚赤自四望以上牲色各依其方者以其祀大宜從本也山川以下牲色不見者以其祀小從所尚也則論禮二說豈不合符案依何議則山川降於四望牲雖不依方色而當從周所尚之色用騂牲此說亦與鄭不合惠士奇云犂牛之犢體純騂而角繭栗此天牲也未有歆於上帝而吐於山川者故曰山川其舍諸說者據此以爲山川用騂牲誤矣案惠說是也

凡外祭毀事用尨可也 外祭謂表貉及王行所過山川用事者故書毀爲甈尨作龍杜子春云甈當爲毀龍當爲尨尨謂雜色不純毀謂副辜侯禳毀除殃咎之屬

疏 注云外祭謂表貉及王行所過山川用事者者賈疏云知外祭中有表貉者據上文外神之中已云天地至四方百物依時而祭者已盡此別言外祭則外祭中唯有表貉之等案大司馬田獵之時立表而貉祭司几筵亦云貉用熊席又知外祭中有王行所過山川用事者案校人云凡將事于四海山川則飾黃駒大祝云大會同過大山川則用事焉亦是非常外祭之事若然此云尨校人用黃駒者從地色黃亦據尨中有黃色者用之不必純案表貉詳肆師疏云故書毀爲甈尨作龍杜子春云甈當爲毀龍當爲尨者段玉裁云此皆字之誤也甈毀相似龍尨相似巾車龍勒龍䮾也䮾車故書䮾作龍玉人上公用龍龍當爲尨然則經文尨雜字多作龍徐養原云說文𨸏部隉危也从𨸏从毀省班固說不安也周書曰邦之阢隉又出部𣑭槷𣑭不安也易曰槷𣑭又瓦部甈康瓠破罌从瓦臬聲或从執作㼷易之槷𣑭即書之阢隉阢隉與𣑭同隉與槷同隉字旣从毀而槷字古文假借以爲臬字甈从臬或又从埶是从毀从臬从埶之字互相爲用又甈爲破罌廣雅云裂也破裂亦卽毀缺之義說文土部毀缺也又缶部缺器破也故毀字可轉爲甈又云巾車與犬人俱作䮾玉人與此經俱作尨䮾尨古亦通用云尨謂雜色不純者玉人注義同犬人字

作駹先鄭注亦云謂不純色也說文犬部云尨犬之多毛者又馬部云駹馬面顙皆白也牛部云牻白黑雜毛牛尨駹牻聲同義並相近凡毛物一色者謂之純雜二色以上謂之尨論語雍也謂之犂卽公羊文十三年傳所謂不毛也國語晉語云以尨衣純韋注亦云雜色曰尨云毀謂副辜侯禳毀除殃咎之屬者賈疏云案宗伯云疈辜祭四方百物而引九門磔禳又案小祝職云將事侯禳皆是禱祈除殃咎非常之祭用尨之類故引以為證也詒讓案杜謂此毀事卽罷人所云疈辜也犬人云凡幾珥沈辜用駹可也此云副辜與彼辜同毀者毀折牲體之言幾珥沈辜及此注之侯禳皆有披磔牲體卽大戴禮曾子天圓篇所云割列禳瘞故並謂之毀事國語周語隨會問殽烝云吾聞王室之禮無毀折與此事異而義同杜以毀除殃咎為釋殊未當副辜大宗伯作疈辜副篆文疈籀文詳大宗伯疏又案犬人沈辜沈謂祭川辜謂祭四方百物依上注義山川四方百物用牷物者謂四時常祀不得用尨此毀事及犬人沈辜內山川四方百物有用尨者謂非時而祭則得用尨二文不相妨也

**凡祭祀共其犧牲以授充人繫之**

犧牲毛羽完具也授充人者當殊養之周景王時賓起見雄雞自斷其尾曰雞憚其為犧

**疏** 以授充人繫之者繫疑當作毄下同詳司門疏賈疏云牧人養牲臨祭前三月授與充人繫養之案此當牧人共牲與牛人羊人等又與牛人羊人等同授充人也賈說未析　注云犧牲毛羽完具也者說文牛部云犧宗廟之牲也詩魯頌閟宮享以騂犧毛傳云犧純也曲禮天子以犧牛注云犧純毛也賈犬人疏引鄭書注義同御覽職官部引韋昭辯釋名云充六牲取其毛純者別養之以奉祭祀純色者少故名犧犧希也案韋訓犧為純色書微子偽孔傳月令孔疏引王肅大戴禮記曾子天圓篇盧注說並同此與鄭純毛義亦不異此注兼言完具則當含角體言之校曲禮注義尤備也賈疏云犧牲

不云牷則惟據純毛者而鄭云完具者祭祀之牲若直牷未必純犧若犧則兼牷可知故鄭以完具釋犧詒讓案祭牲必毛純體完諸說多偏舉一隅實則禮經凡賓客膳羞之牲得稱牲牷而不得稱犧明犧爲祭牲之專名許解與此經脗合足通晐諸義左昭二十五年傳云爲六畜五牲三犧以奉五味彼三犧蓋指牛羊豕杜注云祭天地宗廟三者謂之犧義未允孔疏引服虔以爲雁鶩雉則尤謬說也云授充人者當殊養之者若充人云繫于牢繫于國門是殊別於牧羣也云周景王時賓起見雄雞自斷其尾曰雞憚其爲犧者賈疏云此春秋左氏傳昭二十二年王子朝賓起有寵於景王王與賓孟說之欲立之又云賓孟適郊見雄雞自斷其尾問之侍者曰自憚其犧也遽歸告王且曰雞其憚爲人用乎人異於是注犧者以喻人之有純德實宜爲君彼直云自憚其犧不云雞鄭以義增之耳引之者證犧是純色之意也案賈所引左傳注與杜注異蓋賈服舊注此引左傳者證犧牲必毛羽完具之意賈謂證純色非又案凡牲皆貴牡故傳云雄雞經典凡說祭牲云玄牡白牡騂牡皆是也月令孟春乃修祭典命祀山林川澤犧牲毋用牝注云爲傷妊生之類孔疏云以山林川澤其祀既卑餘月牲皆用牝唯此月不用若天地宗廟大祭之時雖非正月皆不用牝依孔說則凡大祀牲皆用牡中小祀以下則閒有用牝者詩小雅伐木說燕牲云肥牡則賓客饗食燕牲亦貴牡與

凡牲不繫者共奉之謂非時而祭祀者疏凡牲不繫者共奉之者直送祭有司不授充人也注云謂非時而祭祀者者據充人職散祭祀之牲亦有繫則常祀不辨大小皆繫牲明不繫者非歲時常祀蓋因事告祭及祈禱之屬賈疏云謂若上文凡外祭毀事用尨可也

牛人掌養國之公牛以待國之政令公猶官也疏以待國之政令者謂共牲及役有司以法令此

官共之也　注云公猶官也者巾車注同公牛謂在官之牛別於私家畜牧也

凡祭祀共其享牛求牛以授職人而芻之　鄭司農云享牛前祭一日之牛也求牛禱於鬼神祈求福之牛也玄謂享獻也獻神之牛謂所以祭者也求終也終事之牛謂所以繹者也宗廟有繹者孝子求神非一處職讀為樴樴謂之杙可以繫牛樴人者謂牧人充人與芻牲之芻牛人擇於公牛之中而以授養之

疏　凡祭祀共其享牛求牛者共內外大祭祀之牛牲也王制云祭天地之牛角繭栗宗廟之牛角握公羊僖三十一年何注云禮祭天牲角繭栗社稷宗廟角握六宗五嶽四瀆角尺禮器孔疏引禮緯稽命徵說同穀梁哀元年傳說郊牲云我以六月上甲始庀牲十月上甲始繫牲然則凡祭祀皆先庀牲而後授繫此牛人共祭祀之牛蓋受牲於牧人亦先庀之而後授繫之也

注鄭司農云享牛前祭一日之牛也者謂將祭之夕夕牲之牛也賈疏云若以此為祭前一日夕牲時而言仍是正祭牛則不應以正祭而云前祭一日若不據祭祀以為齊時所食齊則十日不應惟止一日而已其言無據故後鄭不從也云求牛禱於鬼神祈求福之牛也者說文示部云祈求福也謂若大祝之六祈後鄭彼注云造類禬禜皆有牲是也賈疏云案上文凡牲不繫者共奉之謂非時而祭則不繫之此經授職人繫之明非禱祈非時祭者故後鄭亦不從也云玄謂享獻也者爾雅釋詁文大祝玉人注並同詳大宗伯疏云獻神之牛謂所以祭者也者即正祭之牛牲也獻神關天神地示人鬼言之賈疏引宗伯六享為釋則似專屬享先王之牛非也云求終也者爾雅釋詁文云終事之牛謂所以繹者也者爾雅釋天云繹又祭也周曰繹商曰彤夏曰復胙春秋宣八年經夏六月辛巳有事于大廟仲遂卒于垂壬午猶繹穀梁傳云繹者祭之旦日之享賓也公羊何注云禮繹繼昨日事但不灌地降神爾天子諸侯曰繹大夫曰賓尸士

曰宴尸又毛詩周頌絲衣序云繹賓尸也鄭彼箋云繹又祭也天子諸侯曰繹以祭之明日卿大夫曰賓尸與祭同日後鄭意繹爲正祭之明日尋繹而復祭因以賓尸祭事至此而終故云終事也有司徹載大夫之禮同日賓尸而無又祭故惟云㩻尸俎明不特殺此天子禮異曰又祭而後賓尸當別用牲則牛人特共之故絲衣云自羊徂牛鄭箋釋爲視牲從羊之牛反告充是天子諸侯禮與大夫以下異也繹禮亦詳司几筵疏陳祥道云郊特牲曰帝牛不吉以爲稷牛稷牛唯具享牛卜而後用求牛具而不必卜求牛猶曲禮所謂索牛左傳所謂索馬牛也劉敞說同惠士奇云凡祭祀前三日擇牲君召牛納而視之擇其毛而卜之是爲求牛求猶擇也卜吉而後養之是爲享牛曲禮天子以犧牛諸侯以肥牛大夫以索牛康成云犧純毛也肥養於滌也索求得而用之孔疏謂此皆上得兼下下不得僭上公羊云帝牲必在滌三月稷牛唯具稷有災故臨時得別求之是天子諸侯得有索牛然則求牛卽索牛歟案陳惠說校二鄭爲長蓋凡大祭祀牛必卜繫其別擇以備臨時有故更易者則不卜繫此卽享牛求牛之義但天子求牛雖不卜繫然亦必用犧牲曲禮及左傳索牛之義與求牛義雖互通然天子祭牲與大夫索牛種物實不同也云宗廟有繹者孝子求神非一處者司几筵注云王祭宗廟祼於室饋食於堂繹於祊是三者各異處故云求神非一處禮器云設祭于堂爲祊于外鄭彼注云祊祭明日之繹祭也謂之祊者於廟門之旁因名焉其祭之禮既設祭於室而事尸於堂孝子求神非一處也彼注義與此同然禮器乃正祭之祊實與繹異鄭合爲一未安亦詳司几筵疏又案此注云孝子求神非一處者泛釋宗廟之祭必有繹之義非以求神釋經之求牛也蓋鄭既據爾雅訓求爲終又申之曰終事之牛則不謂求牛取求神之義可知賈疏謂郊特牲云祭于祊尚曰求諸遠者與是名繹祭爲求也亦非鄭恉云職讀爲樴者肆師注同

段玉裁云以職爲樴同音假借字也孔廣森云牛人肆師兩見職人之文注並讀職爲樴蓋古文字少別無樴杙之樴字也國語周語曰牧協職可證此職人之義云樴謂之杙可以繫牛者樴謂之杙爾雅釋宮文郭注云橜也說文木部云樴弋也杙劉杙又厂部云弋橜也象折木衺銳著形厂象物挂之也案鄭杙木名見爾雅釋木叚借爲橜弋字正字當作弋儀禮經傳解通續引尚書大傳云襄竈者有容椓杙者有數大廟之中繽乎其猶模繡也鄭彼注云杙者繫牲者也蓋樴弋者折木衺銳可椓於地廟中凡牲皆繫於弋不徒牛也莊子人閒世篇云拱把而上求狙猴之杙者斬之則繫獸亦用杙矣云樴人者謂牧人充人與者賈疏云與與疑辭疑之者凡牲基祭祀者則牛人選入牧人臨祭之前牧人乃授充人充人乃繫養之今若卽以樴人爲充人則隔牧人故連牧人而言之明先至牧人乃至充人經據後而言之耳段玉裁云牧人授充人繫之充人繫祭祀之牲牷繫必有杙故謂牧人充人爲樴人也詒讓案肆師大祭祀展犧牲繫于牢頒于職人注云職人謂充人及監門人彼注職人有監門人無牧人者以經無正文故兩解小異亦以凡掌養繫牲者並得爲職人與凡牲未殺之前皆繫於職充人唯特繫祭牲耳非在牧人便不繫於職也周語牧協職韋注亦謂卽此經牧人又孟子萬章篇云孔子嘗爲乘田矣曰牛羊茁壯長而已矣趙注云乘田苑囿之吏也主六畜之芻牧者也史記孔子世家則云嘗爲司職吏而畜蕃息司職吏蓋卽職人亦卽牧人也孟子云乘田者乘甸之叚字凡野田通稱甸載師以牛田牧田任近郊之地牧人於彼芻牧謂之乘田猶掌近郊耤田之官謂之甸師矣但牧人雖可稱職人而此經職人則似不兼牧人當以肆師注爲正凡牲牛皆牧人以共牛人以授充人等不得牛人復授牧人也賈說失之詳牧人疏云芻牲之芻者說文艸部云芻刈艸也小爾雅廣物云稾謂之稈稈謂之芻生曰生芻是凡以草

及禾藁飤牲並謂之芻正字當作犓詳充人疏云牛人擇於公牛之中而以授養之者謂於公牛之中擇其中祭祀之用者以授職人使芻而養之

**凡賓客之事共其牢禮積膳之牛**牢禮飧饔也積所以給賓客之用若司儀職曰主國五積者也膳所以閒禮賓客若掌客云殷膳大牢【疏】凡賓客之事共其牢禮積膳之牛者以下二經並共賓客之牛也曲禮云賓客之牛角尺賈疏云謂五等諸侯來朝兼有臣來聘皆共牢禮積膳之牛也注云牢禮飧饔也者謂賓客始至則致飧既朝聘則致饔皆有牲牢故云牢禮郊特牲云諸侯適天子天子賜之禮大牢亦謂是也飧饔詳宰夫外饔疏賈疏云此一經皆謂致與賓客者下云饗食是速賓之禮也案大行人掌客皆云上公飧五牢饔餼九牢五積侯伯飧四牢饔餼七牢四積子男飧三牢饔餼五牢三積積之多少各視飧牢其膳則五等諸侯皆大牢故云牢禮飧饔也云積所以給賓客之用者積即委積也宰夫注云委積牢米薪芻給賓客道用也又掌客上公五積等云皆眡飧牽注云牽牲以往不殺也是賓客之積有牲牢其牛亦牛人共之云若司儀職曰主國五積者也者證賓客有致積彼說諸公相朝之禮天子待朝聘賓客禮亦略同云膳所以閒禮賓客者賈疏云謂賓客未去之閒致禮也云若掌客云殷膳大牢者賈疏云彼注云殷中也中閒未去即是閒禮賓客也

**饗食賓射共其膳羞之牛**羞進也所進賓之膳燕禮小臣請執冪者與羞膳者至獻賓而膳宰設折俎王之膳羞亦猶此【疏】饗食賓射者小臣注云賓射與諸侯來朝者射凡賓射於朝詳大宗伯疏經舉饗食而不及燕燕舉賓射而不及燕射者天子諸侯燕有不射而射無不燕故舉射可以見燕也賈疏云饗者亨大牢以飲賓獻依命數食者亦亨大牢以食食禮九舉七舉五舉亦依命數無酒獻酬耳皆在於廟以速賓射者謂大射及與賓客射于朝天子諸侯射

先行燕禮皆有殺俎故有牛也案據賈說則經又兼見大射膳羞之牛亦足補注義也云共其膳羞之牛者賈疏云謂獻賓時宰夫所進俎是也　注云羞進也者膳夫先鄭注同云所進賓之膳者攷經膳羞同物也云燕禮小臣請執冪者與羞膳者至獻賓而膳宰設折俎王之膳羞亦猶此者賈疏云案燕禮立賓後公卿大夫升就席小臣阼階下北面請執冪者與羞膳者注云執冪者執瓦大之冪也方圜壺無冪羞膳者羞於公謂庶羞云云至主人獻賓賓西階上拜筵前受爵反位主人賓右拜送爵膳宰薦脯醢賓升筵膳宰設折俎此王與賓饗及賓射設俎時節及設人無文故云王之膳羞亦猶此也若然饗食有牛俎至於射禮天子諸侯皆先行燕禮其牲猶得有牛者但天子諸侯雖用燕禮直取一獻之禮未旅而行射節其用牲則左傳云公當饗雖然燕禮亦用牛與饗同若然云膳羞則庶羞也不言正俎之牛者據庶羞而言其實兼正俎矣案燕禮記云其牲狗也鄭目錄以彼爲諸侯燕羣臣之禮此經天子射前之燕有牛故賈謂天子禮異詩小雅伐木敘云燕朋友故舊也其詩云既有肥羜孔疏謂天子燕禮異於諸侯以詩及此經相參證天子燕牲其用大牢與又案鄭說膳羞同物故賈謂卽庶羞也今攷膳當卽膳夫所云膳用六牲謂正俎也羞當卽膳夫之羞用百二十品乃專指庶羞言之饗食燕並以正俎爲重經不當以庶羞咳正俎鄭賈說非經指

軍事共其槁牛鄭司農云槁師之牛

【疏】

軍事共其槁牛者共軍旅勞賜之牛也槁舊本誤犒唐石經及宋余仁仲本小字本宋注疏本葉鈔釋文並不誤賈疏云謂將帥在軍枯槁之賜牛謂之槁牛也阮元云經注皆本作槁賈疏未誤序官稾人疏亦云枯槁須槁勞之故名其官爲槁人案阮說是也　注鄭司農云槁師之牛者槁舊本亦誤犒今依余本正賈疏云案左氏傳公三十三年秦師襲鄭鄭商人弦高將市於周遇之以乘韋先牛十二犒師雖非己之軍師亦

是犒師之牛故引以爲證也

喪事共其奠牛

謂殷奠遣奠也喪所薦饋曰奠

疏喪事共其奠牛者此共喪奠之牛牲以屬凶禮故不與前祭祀共牛爲類　注云謂殷奠遣奠也者賈疏云喪中自未葬已前無尸飲食直奠停置于神前故謂之爲奠朝夕之奠無尊卑皆脯醢酒而已無牲體殷大也唯有小斂大斂朔月月半薦新祖奠及遣奠時有牲體大遣奠非直牛亦有馬牲耳詒讓案喪奠有卜其始死及朝夕奠無牲體小斂奠以下禮盛有牲體故謂之殷奠大遣奠禮尤盛故於殷奠之外別言之殷奠詳籩人疏遣奠詳大史疏云喪所薦饋曰奠者說文酋部云奠置祭也从酋酋酒也下其丌也禮有奠祭者釋名釋喪制云喪祭曰奠奠停也言停久也亦言樸奠合體用之也

凡會同軍旅行役共其兵車之牛與其牽徬以載公任器

牽徬在轅外輓牛也人御之居其前曰牽居其旁曰徬任猶用也

疏凡會同軍旅行役者賈疏云會同軍旅兼言行役謂王行巡守皆六軍從也云共其兵車之牛者此共任載之牛也賈疏云但兵車駕四馬之外別有兩轅駕牛以載任器者亦謂之爲兵車案賈說是也此兵車即車人之大車直轅駕牛與輪人兵車曲輈駕馬者異司馬法又謂之重車天子六軍重車之數無文吉天保孫子集注引曹操杜牧說及李靖問對引曹公新書並謂兵車一乘重車亦一乘是六軍之重車凡三千乘也韓非子外儲說篇說一車之任不過三十石兵車一乘凡二十五人此其衣裝任器糗糧芻茭爲數甚多固宜專車以載之矣況以丘乘出車之法校之詩小雅信南山孔疏引司馬法說甸出長轂一乘馬四匹牛十二頭彼牛多於馬至二倍雖不必盡以駕車然可證重車之數必不減於兵車也鄉遂車牛出於公家與丘甸不同六軍之牛大數當有萬餘蓋皆此官共以授鄉遂七萬五千家養之臨用又掌其簡比之事互詳夏官敘官疏　注

二云牽徬在轅外輓牛也者說文車部二云輓引車也謂在轅外引車之牛賈疏云上云兵車之牛據在轅內者別言與其牽徬故云在轅外輓牛也二云人御之居其前曰牽居其旁曰徬者釋牽徬之名義也罪隸注二云在前曰牽在旁曰徬說文牛部二云牽引而前也又彳部二云徬附行也廣雅釋言二云牽挽也案大車駕牛之數經注並無文竊謂任載輜重不當減於駟馬車疑亦駕四牛但車人大車止一鬲與馬車二軶不同則轅內止容一牛與馬車輈下二服亦異其三牛蓋分列轅外之前及兩旁在旁者猶馬車之驂其在前者亦不必正直轅前當亦稍偏或左或右但較兩驂略前耳大車之御亦當居車上以御轅內之牛其轅外三牛別以一人於車下御之或牽引於前或附徬於旁因謂其牛爲牽徬然則牽徬者卽輓車之牛而實據人御之而爲名罪隸二云牛助爲牽徬注二云罪隸牽徬之詩小雅黍苗篇我任我輦我車我牛箋二云營謝轉餫之役有負任者有輓輦者有將車者有牽徬牛者將車卽將轅內之牛者牽徬卽牽轅外之牛者彼並據人而言此經二云共其牽徬則據牛而言牽徬之人取諸罪隸非牛人所共也賈疏謂以其在轅外將御爲難故特言人御之殊非鄭恉二云任猶用也者司隸注同既夕禮二云用器弓矢耒耜兩敦兩杅槃匜此任器猶彼言用器也但彼用器不盡軍旅行役所用若軍旅用器則六韜軍用篇所說是也

凡祭祀共其牛牲之互與其盆簝以待事鄭司農二云互謂楅衡之屬盆簝皆器名盆所以盛血簝受肉籠也玄謂互若今屠家縣肉格

疏注鄭司農二云互謂楅衡之屬者說文竹部二云笠可以收繩也重文互笠或省先鄭蓋讀互如梐枑之互故以楅衡釋之楅衡梐枑互並詳封人疏云盆簝皆器名者說文木部二云有所盛爲器無所盛爲械盆簝是器別於互爲械也二云盆所以盛血者陶人二云盆實二鬴厚半寸脣寸說文皿部二云盆盎也方言二云甂謂之盎自關而西或謂之盆或謂之盎

急就篇甄缶盆盎甕甇壺顏注云缶盆盎一類耳缶卽盎也大腹而斂口盆則斂底而寬上案盆瓦器故可以盛血云簝受肉籠也者說文竹部云簝宗廟盛肉竹器也周禮供盆簝以待事又籠一曰笭也廣雅釋器云簝笭籠也云玄謂互若今屠家縣肉格者文選張衡西京賦云置互擺牲薛綜注云互所以挂肉一切經音義引蒼頡篇云格椸架也詩小雅楚茨孔疏引此注格作架蓋以義改之又爾雅釋宮云樴謂之杙長者謂之閣格與閣聲同字通縣肉格卽挂肉長杙也呂氏春秋過理篇云肉圃為格卽此賈疏云但祭祀殺訖卽有薦爛薦孰何得更以肉縣于互乎然當是始殺解體未薦之時且縣于互待解訖乃薦之故得有互以縣肉也故詩云或剝或亨或肆或將注云肆陳也謂陳於互者也案賈引詩注約小雅楚茨毛傳文今本詩傳作乎者卽互之別體易大畜六五爻辭云豶豕之牙彼釋文引鄭注云牙讀為互蓋縣肉格六牲同名互矣

充人掌繫祭祀之牲牷祀五帝則繫于牢芻之三月牢閑也必有閑者防禽獸觸齧養牛羊曰芻三月一時節氣成

疏掌繫祭祀之牲牷者繫疑當作毄下同詳司門疏繫牲卽牧人注所謂殊養之墨子明鬼篇云犧牲不與昔聚羣是也牲亦謂純色也云祀五帝則繫于牢者賈疏云上云掌繫祭祀之牲牷則總養天地宗廟之牲下別言祀五帝則略舉五帝而已其實昊天及地祇與四望社稷之等外神皆繫之也注云牢閑也者說文牛部云牢閑養牛馬圈也晏子春秋諫上篇云牛馬老于欄牢案此牢以養牲與校人十有二閑以養馬二者義同繫帝牲之牢郊特牲及公羊宣三年傳並謂之滌鄭禮記注云滌牢中所搜除處也又公羊何注云謂之滌者取其滌蕩絜清此經言牢不言滌者統言之滌亦是牢也云必有閑者防禽獸觸齧者防所繫之

禽獸自相觸齧也祭義二云三月繫七日戒三日宿愼之至也二云養牛羊曰芻者以芻養牲因謂之芻正字當作犓說文牛部二云犓以芻莝養牛也墨子天志上篇二云犓牛羊豢犬彘賈疏二云此經二云繫于牢芻之惟據牛羊若犬豕則曰豢又不繫之矣案賈說非也祭祀之犬豢於槁人非此官所掌豢豕經雖無文據少牢饋食禮注二云禮將祭祀必先擇牲繫於牢而芻之羊豕曰少牢是鄭意豕亦先繫後疏引國語孔晁注說豕亦繫之三月韋昭說同莊子達生篇二云祝宗人玄端以臨牢筴說彘曰吾將三月豢汝十日戒三日齊藉白茅加汝肩尻乎彫俎之上是豕非不繫之塙證也二云三月一時節氣成者大戴禮記本命篇盧注二云三月萬物一成賈疏二云釋必以三月之意案宣三年公羊二云帝牲在于滌三月何休二云滌宮名養帝牲三牢之處也三牢者各主一月取三月一時足以充其天牲是其三月之義也詒讓案獨斷二云帝牲牢三月在外牢一月在中牢一月在明牢一月謂近明堂也三月一時已足肥矣徙之三月亦其潔也鹽鐵論毀學篇二云郊祭之牛養食朞年則與禮不合不足據

享先王亦如之

【疏】享先王亦如之者此繫內祭祀宗廟六享之牲也郊特牲二云帝牛不吉以爲稷牛帝牛必在滌三月稷牛唯具所以別事天神與人鬼也彼指郊天以后稷爲配稷雖人鬼牛亦繫於滌三月但有不吉可以未繫者易之故孔疏二云凡帝牲稷牲尋常初時皆卜取其牲繫於牢芻之三月若臨時有故乃變之也公羊宣三年何注說稷牛二云視其身體具無災害而已不特養於滌宮所以降稷尊帝家語郊問篇王注又二云別祀稷時牲亦芻之三月配天之時唯具之也此並謂配帝之稷牛不特繫其說非也此享先王亦人鬼牲亦繫之三月有故則易之與郊之稷牛同詩魯頌閟宮二云秋而載嘗夏而楅衡箋二云秋將嘗祭於夏則養牲是廟享先時養牲之事也

凡散祭祀之牲繫于國門使養之

散祭祀謂

司中司命山川之屬國門謂城門司門之官鄭司農云使養之使守門者養之【疏】凡散祭祀之牲繫于國門使養之者賈疏云不言三月則或一旬之內而已不必三月也其諸侯祭祀養牲案楚昭王問于觀射父曰芻豢幾何對曰遠不過三月近不過浹日孔注云遠牛羊豕近犬雞之屬則諸侯祭祀養牲亦得三月及旬則天子亦有浹日之義若然此散祭祀亦可浹日而已案賈引國語楚語文韋注義與孔晁同檀弓孔疏述國語義則謂牛羊必在滌三月犬豕不過十日二義小異竊謂繫牲之遠近當視其祭之大小不以牲別王涇唐郊祀錄云凡祭祀之牲大祀在滌九十日中祀二十日小祀十日唐制最與古合賈謂散祭祀浹日則不辨大小牲亦不盡從韋孔說也

注云散祭祀謂司中司命山川之屬者鄭意散祭祀卽小祭祀散者亞次於上之言也肆師云立小祀用牲彼注以爲司中司命風師雨師山川百物此注與彼義同散義詳鹽人疏賈疏云見上文陽祀陰祀望祀皆云毛之社稷四望已入毛之科內下別云凡時祀用牷物其中無社稷四望唯有天神司中司命以上地神山川以下此散祭祀則上時祀之神也故知散祭祀是司中以下言之屬者其中兼有林澤百物之等也案賈謂此散祭祀卽牧人時祀之神彼時祀內有日月故賈云天神司中司命以上然鄭肆師注以日月入次祀則不得爲散祭祀可知蓋鄭本不以此散祭祀與牧人時祀爲一賈強合之非鄭意也但鄭注酒正小祭與肆師小祀義亦自相差互詳肆師疏云國門謂城門司門之官者司門云祭祀之牛牲繫焉是也官卽官府謂每門下士所治之處鄭司農云使養之使守門者養之者明非司門大夫士等自養之司門云監門養之注云監門門徒是也

**展牲則告牷**鄭司農云展具也具牲若今時選牲也充人主以牲牷告展牲者也玄謂展展牲若今夕牲也特牲饋食之禮曰宗人視牲告充舉獸尾告備近之【疏】展牲則告牷者牷謂純色

則亦告牲體完具可知　注鄭司農云展具也者鄉師後鄭注云展猶整具肆師展犧牲後鄭注云展省閱也與先鄭此注義亦相成詳彼疏云具牲若今時選牲也者先鄭以漢法凡祭祀之前有選牲之事即此展牲故舉以為況肆師大祭祀展犧牲繫于牢頒于職人彼亦繫頒之前展牲之事也祭義說祭牲云君召牛納而視之擇其毛而卜之吉然後養之君皮弁素積朔月月半君巡牲所以致力孝之至也穀梁哀元年傳云郊牛日展又云我以六月上甲始庬牲十月上甲始繫牲范注云庬具也先鄭此注蓋兼祭義視牲擇毛巡牲及穀梁庬牲展牲諸事言之賈疏云先鄭以為選牲時後鄭不從者若是選牲時應在牧人牧人選訖始付充人今既在繫養之下乃言展牲則告牷明非初選牲故不從云充人主以牲牷告展牲者也者謂展牲之有司若肆師之屬方展時充人則以牲牷告之云玄謂展牲若今夕牲也者王應麟云丙吉傳子顯從祠高廟至夕牲日乃使出取齋衣顏師古注未祭一日其夕展視牲具謂之夕牲詒讓案後鄭意經言展牲者有二肆師之展犧牲在繫牲之前即先鄭所謂選牲也蓋直視而擇之無告牷之事此展牲有告牷乃禮經之視牲大宗伯小宗伯又謂之省牲展省視義並同也蓋將繫則選牲將用則視牲二者皆得謂之展穀梁云郊牛日展則凡祭前巡視之事通謂之展展固非一次矣此展牲行於將祭前一日之夕故漢禮謂之夕牲續漢書禮儀志正月天郊夕牲劉注云周禮展牲干寶曰若今夕牲又郊儀先郊日未晡五刻夕牲太祝吏牽牲入到榜廩犧令跪曰請省牲舉手曰腯太祝令繞牲舉手曰充是漢禮亦以夕牲為省牲又有告牷之事與此同故鄭及干氏並舉以為況也又案此展牲即夕牲告牷是告於人與下頒牲告於神異公羊成十七年何注說郊禮云夕牲告牷后稷徐疏謂古禮郊之前日午后陳其牲物告牲之牷於后稷案郊祀雖亦當有夕牲告牷之禮然不當告於后稷何徐說

並不足據云特牲饋食之禮曰宗人視牲告充舉獸尾告備近之者彼注云充猶肥也備具賈疏云以其天子禮亡故舉以言焉案彼宗人視牲告充充亦謂祭前之夕夕牲時云舉獸尾者士用兔腊言獸尾止謂兔也彼謂士禮引證天子法故云近之禮運孔疏云案特牲禮陳鼎于門外北面獸在鼎南東首牲在獸西西上北碩牲則贊贊助首其天子諸侯夕省之牲亦陳於廟門外橫行西上碩牲則贊也君牽牲入將致之助持之也春秋碩牲則贊者碩牲謂祭日二祼後傳曰故奉牲以告曰博碩肥腯 疏 王迎牲而入有司以牲之肥碩告於神也與上展牲告牷告於展牲之人異賈疏云上經夕牲時此經據正祭時言碩牲者謂君牽牲入廟卿大夫贊幣而從皆云博碩肥腯此充人既是養牲之官當助持牛紖而牽之 注云贊助也者州長先鄭注同云君牽牲入將致之助持之也者致謂告而致之於神禮器云君親牽牲大夫贊幣而從又云納牲詔於庭注云納牲於庭時當用幣告神而殺牲是其事也此充人贊持緖與大夫贊幣事異引春秋傳者左桓六年傳隨季梁語彼下文又云謂民力之普存也謂其畜之碩大蕃滋也謂其不疾瘯蠡也謂其備腯咸有也杜注云腯亦肥也博廣也碩大也與此碩牲義正相應依鄭義此官助牽牛不助告詔則告碩自有他官掌之又此碩牲時兼有封人歌舞牲之事封人先鄭注謂亦云博碩肥腯蓋告碩直誦言告之故左傳云奉牲以告封人則爲之歌舞事異而辭略同

周禮正義卷二十三

# 周禮正義卷二十四

瑞安孫詒讓學

## 地官司徒下　周禮　鄭氏注

載師掌任土之灋以物地事授地職而待其政令任土者任其力勢所能生育且以制貢賦也物物色之以知其所宜之事而授農牧衡虞使職之

疏掌任土之灋者卽大司徒之地法此官所受以爲官法者也賈疏云昂下經云廛里任國中之地以下是也云而待其政令者賈疏云謂因其職事使出賦貢卽下經園廛二十而一以下是　注云任土者任其力勢所能生育者大宰注云任猶傳也力謂性力肥磽勢謂形勢高下生育若農田生九穀場圃育草木山澤各有生育之材物皆任之以傳立其功事也書禹貢敘云任土作貢孔疏引鄭書注云任土謂定其肥磽之所生亦卽此義云且以制貢賦也者賈疏云因民九職以制貢但地之所出唯貢而已口率出錢及軍法乃名賦鄭幷言賦者以民有地貢卽有錢賦及軍賦故鄭兼言賦也且禹貢地貢亦名賦故云厥賦惟上上之等也案古無口率出泉之法鄭賈釋大宰九賦爲口賦非也此經任土當有田賦軍賦無口賦詳大宰疏云物物色之以知其所宜之事者保章氏注云物色也草人掌土化之類以物地相其宜而爲之種此義與彼同賈疏云此言出於孝經緯援神契云五岳藏神四瀆含靈五土出利以給天下黃白宜種禾黑墳宜種麥蒼赤宜種菽汙泉宜種稻但草人所云物地者據觀形色布種所宜故二處皆云物地也詒讓案地事與小司徒以任地事土均以均地事義並同小司徒注云地事謂農牧衡虞也土均注云地

事農圃之職彼二文言事不言職故事即爲職此文地事與地職別言則地事謂農牧衡虞之地對地職謂農牧衡虞之人也云而授農牧衡虞使職之者以經云地職則主有事於地者言之故於九職唯舉農牧衡虞不通舉餘職亦與地事義相應也不言圃者以農可晐圃文不具也

以廛里任國中之地以場圃任園地以宅田士田賈田任近郊之地以官田牛田賞田牧田任遠郊之地以公邑之田任甸地以家邑之田任稍地以小都之田任縣地以大都之田任畺地

故書廛或作壇郊或爲蒿稍或作削鄭司農云壇讀爲廛廛市中空地未有肆城中空地未有宅者民宅曰宅宅田者以備益多也士田者士大夫之子得而耕之田也賈田者吏爲縣官賣財與之田官田者公家之所耕田牛田者以養公家之牛賞田者賞賜之田牧田者牧六畜之田司馬法曰王國百里爲郊二百里爲州三百里爲野四百里爲縣五百里爲都杜子春云蒿讀爲郊五十里爲近郊百里爲遠郊玄謂廛里者若今云邑居里矣廛民居之區域也里居也圃樹果蓏之屬季秋於中爲場樊圃謂之園宅田致仕者之家所受田也士相見禮曰宅者在邦則曰市井之臣在野則曰草茅之臣士讀爲仕仕者亦受田所謂圭田也孟子曰自卿以下必有圭田圭田五十畝賈田在市賈人其家所受田也官田庶人在官者其家所受田也牛田牧田畜牧者之家所受田也公邑謂六遂餘地天子使大夫治之自此以外皆然二百里三百里其大夫如州長四百里五百里其大夫如縣正是以或謂二百里爲州四百里爲縣云遂人亦監焉家邑大夫之采地小都卿之采地大都公之采地王子弟所食邑也畺五百里王畿界也皆言任者地之形實不方平如圖受田邑者遠近不得盡如制其

所生育賦貢取正於是耳以廛里任國中而遂人職授民田夫一廛田百晦是廛里不謂民之邑居在都城者與凡王畿內方千里積百同九百萬夫之地也有山陵林麓川澤溝瀆城郭宮室涂巷三分去一餘六百萬夫又以田不易一易再易上中下相通定受田者三百萬家也遠郊之內地居四同三十六萬夫之地也三分去一其餘二十四萬夫六鄉之民七萬五千家通不易一易再易一家受二夫則十五萬夫之地其餘九萬夫廛里也場圃也宅田也士田也賈田也官田也牛田也賞田也牧田也九者亦通受一夫焉則半農人也定受田十二萬家也食貨志云農民戶一人已受田其家衆男爲餘夫亦以口受田如比士工商家受田五口乃當農夫一人今餘夫在遂地之中如此則士工商以事入在官而餘夫以力出耕公邑甸稍縣都合居九十六同八百六十四萬夫之地城郭宮室差少涂巷又狹於三分所去六而存一焉以十八分之十三率之則其餘六百二十四萬夫之地通上中下六家而受十三夫定受田二百八十八萬家也其在甸七萬五千以廛里任國中之地以場圃任園地者以下家爲六遂餘則公邑【疏】任士令賦與大宰九賦正相應國中卽彼邦中通城郭中而言園地則在城外郭內故亦國中也賈疏云此一經論任土之法但天子畿內千里中置國城四面至畺各五百里百里爲一節封授不同今則從近向遠發國中爲始也云以宅田士田賈田任近郊之地以官田牛田賞田牧田任遠郊之地者卽大宰所謂四郊也賈疏云但自遠郊百里之內置六鄉七萬五千家自外餘地有此廛里以至牧田九等所任也江永云近郊遠郊七種之田皆農田外之閒田農田自近郊以外皆有之不定在近郊遠郊故不言下經近郊什一遠郊二十而三則農田在其中矣案江說是也農田自近郊始故詩衞風碩人云說于農郊毛傳云農郊近郊是也四郊亦有廛里通言之六鄉卽在四郊之內析言之則郊在鄉里之外鄉家

數有定郊家數則無定也詳小司徒縣師疏云以公邑之田任甸地者卽大宰所謂邦甸也賈疏云郊外曰甸甸在遠郊之外其中置六遂七萬五千家餘地卽九等之人所受以爲公邑也但自此以至畿畺四處皆有公邑故據此而言也案爾雅釋地郊外謂之牧釋文引李巡本牧作田田甸字通甸地自六遂七萬五千家之外餘地悉爲公邑猶六鄉之餘地爲郊里不必皆九等之人所居也賈說誤云以家邑之田任稍地者卽大宰所謂家削也稍說文邑部引作鄁詳後賈疏云謂天子大夫各受采地二十五里在三百里之內也名三百里地爲稍者以大夫地少稍稍給之故云稍也云以小都之田任縣地者卽大宰所謂邦縣也四百里內公邑采邑制井田純爲縣都之制故謂之縣賈疏云謂天子之卿各受五十里采地在四百里縣地之內也云以大都之田任畺地者說文畕部畺或作疆此經畿畺字並作疆惟此作畺此卽大宰所謂邦都也賈疏云謂三公及親王子母弟各受百里采地在五百里畺地之中也五百里爲畺者以外畔至五百里畿畺故以畺言之程瑤田云六鄉之田在郊宅田士田賈田官田牛田賞田牧田則六鄉之餘地也六遂之田在甸公邑則六遂之餘地也家邑之田在稍小都之田在縣大都之田在畺稍縣畺皆有餘地亦謂之公邑今於郊甸言餘地於稍縣畺言其正田旣互相足亦以鄉遂形體詳司徒遂人職中不煩復言其正田也案程說是也此經任土之文由內而外自國中至畺皆互相備如廛里所任自國中始場圃所任自城外附郭始而郊甸稍縣都凡民居所在皆有之七等田所任自郊始而甸稍縣都亦皆有之公邑所任自甸始而稍縣都亦皆有之經各舉其一餘不備詳而六鄉任郊地六遂任甸地則又以其爲經野之大耑衆所共知不煩更舉故文不具也又此經自國中至畺卽大宰九賦前六賦彼又有關市山澤則亦通包於此任地八者之中唯幣餘一賦出於官府非任地所及耳　注云故

書𠪚或作壇者詳敘官𠪚人疏云郊或爲蒿者徐養原云郊蒿古字
通用春秋桓十五年穀梁經曰公會齊侯于蒿公羊作鄗又文三年
左氏傳曰秦伯伐晉取王官及郊史記秦本紀郊作鄗是郊蒿同音
故並與鄗通也云稍或作削者段玉裁云稍說文邑部作䣥云國甸
大夫稍稍所食邑從邑肖聲周禮曰任䣥地在天子三百里之內案
今周禮無䣥字疑故書削卽䣥之譌字鄭君從稍許從䣥大宰家削
之賦音義云本又作䣥案互詳大宰疏鄭司農云壇讀爲𠪚者敘官
杜注同云𠪚市中空地未有肆城中空地未有宅者者敘官杜注亦
云市中空地案市亦在城中此別言者以肆宅異之依先鄭遂人注
云𠪚居也則亦以𠪚爲民居所在而此注云空地者蓋謂此經𠪚里
相對爲文凡可居之地未有宅肆者謂之𠪚已有宅肆者謂之里後
鄭意則凡民居之地不論宅肆有無其區域並謂之𠪚先鄭義未晐
故不從也凡民占城市地擬爲肆宅者雖空地亦當有稅賈疏謂空
地何因有二十而稅則非也云民宅曰宅宅田者以備益多也者說
文宀部云宅所託也爾雅釋言云宅居也賈疏云司農意以宅本一
夫受一𠪚恐後更有子弟國中不容故別受宅田於近郊以備於後
子弟益多出往居之惠士奇云古有掌宅之官管子大匡弗鄭爲宅
凡仕者近宮不仕與耕者近門工賈近市是謂國宅國語魯語文公
欲弛孟文子之宅云欲利子於外地之寬韓非子景公欲更晏平仲
之宅云請徙子於豫章之圃則國宅不皆官署宅田不盡民居也詒
讓案凡𠪚宅皆計戶而授未有不居而豫授田以備益多者又凡官
宅民宅國中與郊並有之郊之民宅卽是𠪚里郊亦有𠪚里不必皆
在國中也旣有𠪚里則不得又有宅田先鄭說於情事未協故後鄭
不從云士田者士大夫之子得而耕之田也者先鄭意士大夫之子
賢者得世祿不賢者則歸之農荀子王制篇云雖王公士大夫之子
孫不能屬於禮義則歸之庶人是也賈疏云後鄭不從者以此士字

言之不得兼大夫又禮記士之子不免農大夫之子免農矣不得爲大夫子得而耕之田云賈田者吏爲縣官賣財與之田者謂在官之
賈人若庖人大府王府職幣典婦功典絲泉府馬質羊人巫馬犬人諸職所屬賈人是也先鄭意國中賈人在官者本身亦受田賈疏云
後鄭不從者依周禮之內云賈人者皆仕在官府史之屬受祿於公家何得復受田乎案賈說非也周制凡賈人無論在官在市本身皆
不受田其家則皆受田先鄭說未允故後鄭不從云官田者公家之所耕田者謂民受庸爲公家耕田斂其禾粟以共官府之用若南郊
藉田千畮甸師徒三百人耕之是也后公桑在北郊亦同俞樾云牛人公牛巾車公車注並曰公猶官也然則官田猶公田矣賈疏云後
鄭不從者下云近郊十一皆據此士官田之等若官田是公家所耕何得有稅乎案賈說非也近郊雖有十一之稅不害官田無稅猶廛
與國宅同在國中而廛有稅宅無稅固兩不相礙矣此不足以破先鄭之說也但邦國米粟出於九賦及九職三農之貢則自近郊藉田
外未必更有公家自耕之田在遠郊先鄭說究難通耳云牛田者以養公家之牛者牛人云掌養國之公牛卽公家之牛也云賞田者賞
賜之田者說文貝部云賞賜有功也月令云賞公卿諸侯大夫於朝注云賞謂有功德者有以顯賜之也左傳哀二年趙簡子克敵之賞
云士田十萬卽此賞田也又僖三十三年晉文公以再命命先茅之縣賞胥臣成七年楚圍宋之役師還子重請取於申呂以爲賞田彼
賞邑在都鄙與賞田在鄉遂異而賞功之典則同故亦通云賞田矣賈疏云此卽夏官司勳云賞田一也故後鄭從之江永云司勳又有
加田無國征蓋亦在賞田之中惠士奇云祿田之外有功而賞曰賞田魏策公叔痤爲將與韓趙戰而勝禽樂祚魏王說以賞田百萬祿
之然則賞田亦謂之祿也云牧田者牧六畜之田者敘官牧人注云養牲於野田是也牧師云掌牧地皆有厲禁而頒之彼牧地專屬牧

馬之地蓋卽於牧田中分別授之賈疏云司農意此卽牧人掌牧六牲者也江永云牛田牧田兼用先後鄭之說皆是授民以田而爲公家畜牧卽九職之藪牧養蕃鳥獸閭師之任牧以畜事貢鳥獸者也牛田牛人掌之牧田牧人掌之若十二閑之馬當自有牧地蓋亦在近郊遠郊此不言者主於田也段玉裁云小雅出車曰我出我車于彼牧矣我出我車于彼郊矣傳曰出車就馬於牧地箋曰牧地在遠郊然則詩之牧郊是一處主謂遠郊百里竟上卽周禮之以牧田任遠郊之地也魯頌駉曰駉駉牧馬在坰之野傳曰坰遠野也邑外曰郊郊外曰野野外曰林林外曰坰箋曰必牧於坰野者辟民居與良田也引周禮牧田任遠郊證之是則牧田在野野在百里外駉言在野者出車則謂之郊野距郊不遠也故爾雅言邑外曰郊郊外曰牧牧外曰野詩毛傳周禮注言邑外曰郊郊外曰野較少四字而實無異析之則爲郊牧野林坰合之則牧野林坰皆得統謂之郊牧田在野得稱郊者自遠郊以至六遂之餘地皆有牧田周禮舉近以包遠也案江段說是也先鄭此義後鄭所不從然注大宰藪牧云牧之田在遠郊畜牧之地詩箋亦引此經牛田牧田以證郊牧並仍從先鄭義竊謂此牧田卽大宰之藪牧亦卽爾雅之郊牧詩邶風靜女篇云自牧歸荑毛傳鄭箋並以牧田爲釋又國語周語云國有郊牧韋注云國外曰郊牧放牧之地又云商之亡也夷羊在牧注云牧商郊牧野詩大雅大明孔疏引鄭書注云牧野紂南郊地名說文土部作坶云朝歌南七十里地南郊七十里地與牧田在遠郊正合左隱五年傳亦云鄭人侵衛牧此並遠郊牧田謂之牧也釋地云郊外謂之牧彼郊卽指近郊言之蓋畜牧當辟民居與良田必在近郊之外故王國牧田自遠郊始自此以外甸稍縣畺亦皆有之魯之牧田別在坰野明不止遠郊有牧也遠郊牧田專得牧名其地蓋尤廣公私畜牧咸萃於是公牧固無稅私牧則有稅也賈疏偏主後鄭謂公家養牛

及畜牧之田不當有稅殆未達其指至畜牧之人有餘力可以耕者則亦受田如後鄭之說故魯頌疏謂以牧人之牧六畜常在遠郊之外因近其牧處而給之田然則牛田牧田當兼畜牧之地及牛人牧人所耕之田言之可無疑矣引司馬法者今本司馬法佚此文縣士注義亦同引之者證彼郊即此遠郊州即此甸野即此稍縣與此同都即此畺也王制孔疏引司馬法作二百里野誤金鶚云大宰九賦有家稍邦縣邦都邦都即畺地以其在五百里爲畺界之地故曰畺以其大都所在爲都之宗故曰都司馬法五百里爲都是也又曰三百里爲野以二百里之內有六遂不純爲野故在三百里杜子春云蒿讀爲郊者杜以遠蒿近蒿於義無取故讀從郊也云五十里爲近郊百里爲遠郊者肆師注及詩魯頌駉疏引白虎通義同此皆謂郊之遠界郊門之所在也聘禮云賓至于近郊又云賓及郊鄭注云郊遠郊也周制天子畿內千里遠郊百里以此差之遠郊上公五十里侯四十里伯三十里子二十里男十里也近郊各半之賈疏云後鄭義亦然故書序云周公既沒命君陳分正東郊成周鄭注云天子之國五十里爲近郊今河南洛陽相去則然是近郊五十里之驗也子春又云遠郊百里此與司馬法同故後鄭從之也案魏書劉芳傳引宋氏含文嘉注云周禮王畿千里二十分其一以爲近郊近郊五十里倍之爲遠郊與杜鄭說同說文邑部云距國百里爲郊據遠郊言也大戴禮記盛德篇說天子明堂在近郊云近郊三十里詩駉疏引服虔書牧誓僞孔傳說並同敘官賈疏引賈馬說遠郊五十里文選西京賦薛注云五十里爲之郊百里爲甸二說不同而與司馬法義並不合公羊桓元年何注云古者天子邦畿千里遠郊五百里則又以畺爲郊其說尤謬不足據也其侯國二郊遠近之法爾雅釋地云邑外謂之郊郊外謂之牧牧外謂之野野外謂之林林外謂之坰詩駉疏引孫炎云邑國都也設百里之國五者之界界各十里孫謂百

里之國十里爲郊蓋據男國言之亦同後鄭聘禮注義詩疏又引書傳云百里之國二十里之郊七十里之國九里之郊五十里之國三里之郊孔謂是夏殷諸侯之國郊與周異周書大聚篇又云五里有郊則疑小國或都邑之制段玉裁云郊之爲言交也謂鄉與遂相交接之處也故說文曰距國百里爲郊此郊之本義也謂必至百里而後爲郊也而爾雅曰邑外謂之郊邑者國也是則自國中而外至於百里統謂之郊矣此引伸之義也國外郊內爲六鄉之地故周禮立文多言國中及四郊以包六鄉其有單言六鄉者其事不涉國中者也言四郊可以包鄉故爾雅曰邑外謂之郊柴誓三郊三遂即三鄉三遂周禮又於百里之中立近郊之名皆由是也既有近郊則不得不謂百里爲遠郊矣云玄謂廛里者若今云邑居里矣者漢書食貨志云在壄曰廬在邑曰里公羊宣十七年何注義同邑居里蓋漢人常語故舉以爲況漢書高祖紀云沛豐邑中陽里人也豐爲沛之鄉邑中陽爲邑中之里即所謂邑居里也邑居里省文則曰邑居亦曰居里詳後云廛民居之區域也者敘官廛人注義同鄭意里謂民居廛是其區域有里則有廛通而言之是爲廛里也云里居也者小爾雅廣言文說文里部同方苞沈彤並謂此里爲國宅對廛爲民宅市宅金鶚亦云鄭以里廛皆指民居非也廛里二字當分爲二廛是民所居里是百官所居也孟子云願受一廛而爲氓又云廛無夫里之布則天下之民皆悅而願爲之氓是廛爲民居之證又云臣去三年不反然後收其田里是里爲百官所居之證案方沈金說是也此廛里二鄭說並未析蓋通言之廛里皆居宅之稱析言之則庶人農工商等所居謂之廛若後文園廛之廛則專指民宅市宅而言遂人之廛則專指農民之宅舍而言廛人司關之廛則又專指市與關工商之宅舍而言是也士大夫等所居謂之里詩大雅韓奕說蹶父所居云於蹶之里左昭二十三年傳云翟僂新居于新里華姓居于公里

公里卽宋公宮旁之宅里又昭三年傳晏子辭從宅曰敢煩里旅國語魯語郈敬子言宅命於司里又周語云敵國賓至司里授館是國宅稱里故掌於司里也後經國宅無征廛征二十而一而里征之有無不見亦國宅卽里之證國宅亦省稱宅荀子王制篇云定廛宅廛宅卽此廛里也但國宅不得稱廛而民宅市宅則通稱宅亦可通稱里故後經云宅不毛者有里布遂人云以田里安甿又須田里而云夫一廛孟子公孫丑篇亦云廛無夫里之布是皆民宅市宅之通稱國語魯語韋注亦云里廛也要此經廛與里並舉後經又與國宅並舉則廛之內不得兼含國宅明矣云園樹果蓏之屬者大宰注義同此為種果木之專地賈謂卽廬舍二畮半田首為之非鄭恉也詳匠人疏云季秋於中為場者敘官注義同江永云以場圃任園地謂城外有可為園圃之地授九職中藝園圃者使貢草木果蓏之屬場人掌之非農民築場圃納禾稼之場圃也農家場圃自於廛地作之與此無涉方苞云以經文次之則園地附郭之地也沈夢蘭云園地管子所謂唐園可樹果蓏者也地在國郊之閒案江方沈說是也國中居人至衆必有專地以樹蔬菜麻枲果木乃足備用此園地在國中及近郊之閒蓋於國門之外郭門之內空閒之地為之管子輕重甲篇云桓公憂北郭民之貧召管子而問曰北郭者盡屨縷之甿也以唐園為本利為此有道乎管子對曰請以令禁百鍾之家不得事鞼千鍾之家不得為唐園去市三百步者不得樹葵菜若此則空閒有以相給資則北郭之甿有所雠其手搔之功唐園故有十倍之利唐園卽場圃此卽園地在郭門空閒地之墇證莊子讓王篇顏回曰回有郭外之田五十畝足以給飦粥郭內之田十畝足以為絲麻彼郭內之田卽種桑麻之場圃也亦足與管子互證上廛里分處城郭中故云任國中之地此場圃則唯在郭內不在城內故別云任園地若農家場圃則受田之家自於田中為之不得以當園圃之專地也閭師

云任農以耕事貢九穀任圃以樹事貢草木農圃事不相兼其不可合爲一明矣互詳敘官疏云樊圃謂之園者大宰注義同云宅田致仕者之家所受田也者據士相見禮破先鄭民宅之說學記孔疏引尚書大傳云大夫七十而致仕而退老歸其鄉里公羊宣元年傳云閔子退而致仕何注云致仕還祿位於君是也此宅田蓋凡士大夫之退居者所受以其退居則無祿而嘗仕則不可同於齊民故別以田給其家凡侯國賢士大夫或寄居於是者當亦以此田養之矣引士相見禮曰宅者在邦則曰市井之臣在野則曰草茅之臣者鄭彼注云宅者謂致仕者也致仕者去官而居宅或在國中或在野外引周禮此文爲證又書酒誥云越百姓里居爲孔傳云於百官族姓及鄉大夫致仕居田里逸周書商誓亦云百官里居然則致仕去官而居宅謂之宅者猶書云里居矣沈彤云致仕官之所食於經無考白虎通致仕篇云三分其祿以一與之又引王度記云臣致仕于君者養之以其祿之半前說當謂食大夫以上後說當謂食元士以下也若其家則皆別受田五十畮耳中下士家已受五十畮致仕而家復有所受致仕則祿薄而子惟自食其力當更足之以五十畮也若元士以上則致仕而其家始受田蓋仕之時祿厚子爲學士或任官無庸別受田致仕則子孫之不才者將不免於農故亦稍授田使習之也案致仕者受田等數於經無文沈以意推之未知是否王制注又說天子縣內有致仕百里大國三七十里次國六五十里小國二十七彼自據異代制爲說與此近郊內宅田不合也云士讀爲仕者士仕聲類同丁晏云隸釋馬江碑仕喪儀宗洪适云仕讀爲士賈疏云後鄭之意單士恐不兼鄉大夫故破從仕官之仕云仕者亦受田所謂圭田也者圭田據孟子文匠人注云圭之言珪絜也周禮謂之士田與此義同又王制云夫圭田無征鄭彼注云夫猶治也征稅也治圭田者不稅所以厚賢也此則周禮之士田以任近郊之地稅什一

案彼注引此士田不破字賈疏云王制是殷法圭田無稅入天子法故言無征此是周法故有近郊十一而稅案近郊田甚多縱有圭田其數蓋少不害其爲無征鄭賈謂周圭田有征恐未塙引孟子曰自卿以下必有圭田圭田五十畮者滕文公篇文彼文無自字匠人注引同此蓋鄭所增趙注云古者卿以下至於士皆受圭田五十畝所以供祭祀圭絜也士田故謂之圭田所謂惟士無田則亦不祭言絀士無絜田也井田之民養公田者受百畝圭田半之故五十畝趙說亦以圭田爲士田蓋卽本鄭義而亦不破字沈彤云禮國君大夫之子免農士之子皆不免農少儀云問大夫之子長幼長則曰能從樂人之事矣幼則曰能正於樂人未能正於樂人問士之子長幼長則曰能耕矣幼則曰能負薪未能負薪是其徵也王之士之子有免農者惟上士之子耳上士卽元士故元士之適子衆子並學於諸樂官也若中士下士祿以遞薄則子當業農以自食其力故載師有士田其家亦各受五十畝案沈說亦不破字於義近是竊謂此士田當兼二鄭及沈義乃備蓋卿大夫命士之圭田士之子及未仕之士家所受田皆以五十畮爲率士餘子弟亦受田則止二十畮漢食貨志所謂士家受田五口乃當農夫一人是也此數者通謂之士田以卿大夫亦得稱士也後鄭破士爲仕義轉偏隘當依王制注不破字爲是國語魯語云大夫食邑士食田韋注云受公田也彼大夫食邑謂采邑則士食田謂命士身所食之祿田此士田則命士之子等所受田祿田不親耕士田則親耕所謂不免農也大夫以上既有采邑其子免農不當受田學校之士已命者當受祿田未命者則當免農而廩食於官亦不身受田其子則皆受田也又案卿大夫士得世祿者受采地卽大小都家邑是也其不得世祿者則賦田斂粟以爲祿所謂祿田也祿田不得世守亦不自耕其數衆多蓋亦當於甸公邑取之唯圭田數少或當在此近郊士田之內耳祿田與采地異詳大宰疏

云賈田在市賈人其家所受田也者破先鄭爲在官賈人所受田後鄭意在官賈人家所受田當卽後官田不入此賈田內在市賈人卽大宰注所謂處曰賈是也賈人身在市不得爲農其家有子弟任農者則授以田江永云漢志工商家亦以口受田則在民閒爲工者亦予以田如賈人之例案江說是也依漢志說工亦受田而經無工田者工賈職事相等故經舉賈以晐工文不具也至在官之工則當廩食於官不當受田詳後云官田庶人在官者其家所受田也者謂各職府史胥徒及在官工賈之類其家所受田破司農公家自耕田之義黃以周云庶人之在官者給以稍食祿足以代耕其身免農其子不免農案黃說是也凡庶人在官者本身受稍食於官而其家則別受田所謂官田也國語晉語云工賈食官韋注云工百工也賈官賈也食官官廩之彼工賈亦謂在官之工賈韋謂官廩之卽稍食也與此經官田異云牛田牧田畜牧者之家所受田也者謂爲官畜牧者其家所受田破先鄭直爲養牛牧六畜之田也黃以周云畜牧者亦免農子不免農後鄭爲長詒讓案此當兼用先後鄭義詳前云公邑謂六遂餘地者明遠郊以外距王國二百里甸地之內除六遂七萬五千家外並爲公邑大戴禮記王言篇云百里而有都邑蓋卽指公邑言之王鳴盛云遂之餘地卽公邑縣士注所謂封則爲采地未封則爲公邑也蓋公邑雖稱餘地實多於遂幾倍準之稍縣都亦多於采地幾倍也云天子使大夫治之者明與采邑屬私家家臣治之者異也云自此以外皆然者謂稍縣畺除大都小都家邑之外其餘地並爲公邑如甸縣士注云距王城二百里以外至三百里曰野三百里以外至四百里曰縣四百里以外至五百里曰都都縣野之地其邑非王子弟公卿大夫之采地則皆公邑也謂之縣是也賈疏云以大宰九賦有邦甸家稍邦都之賦非采地是公邑可知又三百里以外其地既廣三等采地所受無多故唯九十三國明自外皆是餘地

爲公邑也若然是公邑之地有四處也案王制說天子縣內九十三國其餘以爲閒田彼閒田卽此公邑也故賈據以爲釋但王制所說里數亦不從彼文賈說非鄭恉也詳大司徒小司徒疏云二百里三鄭以爲夏制故大司徒注謂畿內國數未聞小司徒注說三等采地百里其大夫如州長四百里五百里其大夫如縣正者賈疏云此約司馬法二百里曰州四百里曰縣而言則從二百里向外有四百里二百里爲一節故二百里三百里大夫治之尊卑如州長中大夫也四百里五百里尊卑如縣正下大夫也案依鄭賈說二百里三百里公邑大夫如州長則似亦爲州黨族閭比之制其官則州長以下至比長也四百里五百里公邑大夫如縣正則似亦爲縣鄙酇里鄰之制其官則縣正以下至鄰長也蓋鄭謂公邑不制井田與鄉遂同則亦以五五相比之法制其邑居不必計三等田萊以通其率故可依放鄉遂之成法而無勞更易今攷不井之田唯甸公邑容或有之其稍以外公邑皆錯居都鄙之閒則無不制井田之理至所定二百里以外爲州四百里以外爲縣則又徒比傅司馬法州縣之文於經實無塙證但鄭雖謂公邑爲州縣而吏大夫止於州長縣正則無鄉遂制郊特牲孔疏亦謂公邑之屬有遂則是六遂之外又有無數之遂也論語八佾皇疏乃云二百里外至王畿五百里之內並同六遂之此於理必不可通鄭亦無是義也金鶚云公邑之官自二百里至五百里當無尊卑乃附會司馬法區而別之殊無謂矣但公邑之官宜尊於采邑縣邑宰當爲中大夫甸邑宰當爲下大夫以鄉大夫官尊不得與之並宜從遂大夫之列也縣師掌公邑故以縣名又月令有百縣之文王制言天子之縣而公邑之止於縣可知矣案金說近是而未盡也公邑官之見於經者有縣師縣士與鄉師鄉士掌六鄉遂師遂士掌六遂同是卽公邑止於縣之證依鄭說公邑不制井田則縣如五鄙之縣依金說公邑制井田則縣卽四甸之縣二說不同以

金爲長但月令百縣亦見周書作雒乃以王畿千里百同爲百縣是
縣方百里與四甸封域迥殊蓋井田之法四甸爲縣公邑所治則以
四都爲一總部通謂之縣縣有大小猶四縣爲都而采邑之大都則
四都在采邑爲大都在公邑則爲總縣里數同也若然公邑總縣大
夫統四都而都縣甸丘邑井之吏咸屬焉蓋與遂官略同縣師通治
諸縣亦與遂師同但縣吏爵等員數不可攷耳互詳敘官及匠人疏
云是以或謂二百里爲州四百里爲縣云者鄭意二百里以外公邑
官如州長故司馬法或謂之州四百里以外官如縣正故此經及司
馬法並謂之縣也金鶚云司馬法謂二百里曰州以六遂如州在二
百里也四百里曰縣與周官同云遂人亦監焉者賈疏云案遂人云
掌野鄭云郊外野大總言之則自百里外置六遂爲野自百里外至
五百里畿皆曰野是以彼下又云夫閒有遂云云而言以達于畿但
鄉遂及公邑皆爲溝洫法是以遂人亦監焉案遂人兼監公邑者以
四等公邑皆自六遂以外地相聯比也至公邑田制則與都鄙同爲
井田鄭賈謂爲溝洫誤也詳匠人疏云家邑大夫之采地小都卿之
采地大都公之采地者以公卿大夫爵攷尊卑差之尊者采地大而
距國遠卑者采地小而距國近也但此大都小都通爲采邑是都亦
稱邑左隱元年傳有大都中都小都彼中都卽此小都而小都卽此
家邑是邑亦稱都蓋二者大小異名散文則通故大宗伯注謂卿有
家邑皆通言不別也金鶚云左氏云邑有先君之廟曰都無曰邑先
君之廟有二一公卿大夫之采邑得立大祖廟士無大祖是無先君之
廟矣親王子弟采邑有賜之得立出王廟者是亦先君廟也故王國
公卿采邑稱大都大夫采邑稱小都士則稱邑而已又云經不言元
士之采地所在疑亦在稍地中也案金說近是縣士先鄭注云掌三
百里至四百里大夫所食晉韓須爲公族大夫食縣則先鄭以爲大
夫食縣以攷差之則當命士食稍公卿同食畺與後鄭異也賈疏云

此經有家邑小都大都之文小司徒有四丘爲甸四甸爲縣四縣爲都彼據稅入天子而言此總據采地大小而言則家邑二十五里小都五十里大都百里通治溝洫及澮而言也程瑤田云公之采地四都者一同之地故曰大都卿之采地四縣者一都之地故曰小都大夫之采地四甸者一縣之地故曰家邑沈彤云家邑卽縣注云大夫之采地包乎中下小都卽都注云卿之采地兼乎孤小宰聽祿位以禮命明制祿之多寡本以爵等而兼命數也命數同者雖爵異而祿亦同故孤卿皆六命則皆食都中下大夫皆四命則皆食縣詒讓案公食四都實田方六十四里并虛地計之爲八十里更旁加十里則一同方百里也卿食四縣實田方三十二里并虛地計之爲四十里更加餘地則方五十里也大夫食四甸實田方十六里并虛地計之爲二十里更加餘地則方二十五里也凡公卿大夫所食里數並以倍半遞減故於四都四縣四甸之地皆有所羨餘虛地以治溝洫實田則盡以自食小司徒注謂三等采地並四分之入其一於王乃肊說也賈疏亦沿其誤並詳小司徒疏云王子弟所食邑也者此關三等采地而言大宰注云周召毛聃畢原之屬在畿內者是也賈疏云王子弟者據春秋之義凡言弟者皆王之同母弟則母弟與王之庶子與公同食百里地在畺稍疏者與卿同食五十里地在縣又疏者與大夫同食二十五里地在稍故在下別言王子弟所食邑詒讓案白虎通義京師篇說天子大子亦食采百里則與王子弟同未知然否云畺五百里王畿界也者大司徒云制其畿疆而溝封之注云疆猶界也畺本字疆或字王畿千里王城居中四面距界各五百里所謂畺也云皆言任者地之形實不方平如圖者如圖謂近郊五十里遠郊百里以外甸稍縣都大小相包各以百里爲界以次迭遠是正方也然地有孤邪錯互其勢不能皆正方其任之姑以此爲率耳管子宙合篇云千里之路不可扶以繩萬家之都不可平以準亦此意

也云受田邑者遠近不得盡如制者地不方平則受田邑者彼此出入或遠或近自不能盡如常制鄭言此者明此經所言遠近之差皆據常制若授田則又當因地制宜不能拘執也云其所生育賦貢取正於是耳者卽謂任之不得不取正於方平以爲率也賈疏云此鄭還釋任義非直任其形實兼解任其生育賦貢取正也是以上注云任其生育且以制賦貢也云以廛里任國中而遂人職授民田夫一廛田百畮是廛里不謂民之邑居在都城者與者亦申民居區域之說鄉大夫注云國中城郭中也都城亦謂在城郭中後鄭意此廛里與遂人夫一廛地異而義則同凡鄉大夫士及四民所居宅大總言之通謂之廛里此廛里在國城中雖當以百官及士工商等等居宅爲多然近郊負郭之農亦容有居城郭中者管子大匡所謂耕者近門亦與仕者及工賈同居城郭中卽其證也遂人之廛在野與田同授則當爲農人所居宅然各在其城邑中則一也其鄉遂以外凡都邑所在皆有官吏及四民之宅亦同謂之廛里經惟云以廛里任國中之地者主其多者言之猶之公邑有四等惟甸最多經遂繫公邑於甸地矣又案國中廛里蓋亦計戶而授之其數無文以遂人注六遂之廛約之或亦當如孟子五畮宅之制與云凡王畿內方千里者賈疏云據大司徒大司馬皆云王畿千里而言也云積百同九百萬夫之地也者四郊以內包六鄉共四同甸六遂公邑共十二同稍公邑家邑共二十同縣公邑小都共二十八同畺公邑大都共三十六同并之總百同也國中四郊三十六萬夫甸百八萬夫稍百八十萬夫縣二百五十二萬夫畺三百二十四萬夫并之總九百萬夫也通虛實之地爲田九萬萬畮故國語鄭語云王者居九畡之田收經入以食兆民九畡卽九萬萬畮一垓之大數也韋注以爲九州之數誤賈疏云王畿千里開方之方千里爲方百里者百百里爲一同故云積百同一同百成成九百夫十成九千夫百成九萬夫百同故九百

萬夫之地也云有山陵林麓川澤溝瀆城郭宮室涂巷三分去一餘
六百萬夫者賈疏云此瀆非四瀆其溝亦非井田閒廣深四尺之溝直
是通水之溝瀆也城謂方十二里郭謂郛郭宮室謂城郭之內官民
宮室涂巷謂城內九經九緯及民閒街巷之等三分去一謂九百萬
夫之中三分去一故云餘六百萬夫也案洛邑千里之中山林之等
多於平地而鄭以三分去一據大較而言也案王城當方九里賈謂
方十二里非是詳後王鳴盛云三分去一之法凡古人論田制舉其
大略者皆以此爲例王制云方百里者爲田九十億畝山陵川澤溝
瀆城郭宮室塗巷三分去一其餘六十億畝此舉其大略者也注與
王制合詒讓案漢書食貨志云李悝爲魏文侯作盡地力之教以爲
地方百里提封九萬頃除山澤邑居參分去一爲田六百萬晦其率
與此注百同九百萬夫三分去一餘六百萬夫同皆據不井之田言
也漢書刑法志說一同萬井除山川沈斥城池邑居園囿術路三千
六百井定出賦六千四百井以其率推之百同爲田六十四萬井爲
夫五百七十六萬此據井田言也與小司徒注一成除旁加十里爲
四都實田正同其率蓋二十五分而去其九校此注三分去一爲稍
強鄭以王畿百同自都鄙外皆不爲井田故不盡從漢志也互詳小
司徒疏云又以田不易一易再易上中下相通者賈疏云此相通三
家受六夫之地也云定受田者三百萬家也者程瑤田云六百萬夫
以家受二夫通之實受田三百萬家詒讓案此兼據司馬法說同方
百里萬井三萬家積之百同則得此數故知有此三分去一及以三
等地相通之法云遠郊之內地居四同三十六萬夫之地也者賈疏
云以其遠郊百里內置六鄉四面相距二百里二二而四故四同每
同有九萬夫四九三十六故知三十六萬夫之地云三分去一其餘
二十四萬夫者此亦如前三分去一之率計之四同之內三十六萬
夫三分去一去十二萬夫是餘二十四萬夫也云六鄉之民七萬五

千家者，賈疏云鄉有萬二千五百家六鄉故七萬五千家云通不易一易再易一家受二夫則十五萬夫之地者程瑤田云遠郊之內受田之法以不易一易再易之制通之三家六百畮是家受二夫也六鄉定受田七萬五千家計十五萬夫云其餘九萬夫者賈疏云據二十四萬夫除十五萬夫故餘九萬夫也云廛里也場圃也宅田也士田也賈田也官田也牛田也賞田也牧田也九者亦通受一夫焉則半農人也者賈疏云鄭意九者未必各整萬家以大抵九者各爲萬家解之據整數而言耳其中亦有不易一易再易相通而各受一夫焉農人相通各受二夫之地此受一夫故云半農人也趙春沂云農人以上中下相通各受二夫之地折實爲一百畝此云受一夫半農人則其爲五十畝可知案賈趙說是也鄭意蓋謂九等田約九萬家授田半農人則不易之田家五十畮一易之田家百畮再易之田家百五十畮通計之三家而受三夫之地故云通受一夫也鄭必知九等田半農人歲耕五十畮者以上引孟子圭田五十畮以釋士田欲符其數也依鄭此說則遠郊之內六鄉餘地九萬夫以九等田里任之適盡此九者雖在六鄉七萬五千家之外亦附屬六鄉故司勳注云賞田在遠郊之內屬六鄉焉是也今攷九等田里雖屬六鄉然不必盡九萬夫之地遠郊之內尚有餘地小司徒所謂四郊縣師所謂郊里是也鄭說遠郊以內盡屬鄉失之詳小司徒及縣師疏又案匠人營國方九里九九自乘凡八十一里爲地七百二十九夫此國城中地之大數也周書作雒王城之郭方二十七里以二十七自乘凡七百二十九里除國城八十一里凡六百四十八里爲地五千八百三十二夫此郭中地之大數也兩相幷總六千五百六十一夫以任廛里場圃尚有王宮官府朝市倉庫學校城垣涂巷冢墓溝瀆之減則其爲廛里場圃者夫數蓋亦無多而鄭以二者皆一萬夫者城郭之外鄉里郊里亦各有廛里場圃之地且以九等田均分約計爲此數固不必一一密合也王國城郭里數互詳大宰疏云定受田十二萬家也者此通六鄉及九等田里之數也賈疏云此鄭總計六鄉七萬五千家此九者二夫爲一夫九萬爲四萬五千四萬五千添七萬五千爲十二萬夫據實受地爲定數故云定也詒讓案依鄭說九等田家受一夫則九萬夫卽有九萬家而此仍以四萬五千家折半計之者亦以九萬家本是約計不必實數如此故仍以二夫爲一夫爲率耳引食貨志云農民戶一人已受田其家衆男爲餘夫亦以口受田如比者漢書食貨志文比舊本譌此今依釋文及宋婺州本正與漢志合顏注云比例也賈疏云引之者證六鄉七萬五千家以七夫爲計餘子弟多三十壯有室其合受地亦與正夫同故遂人云夫一廛田百畮餘夫亦如之是其餘衆男爲餘夫亦以口受田如正夫之比類若然案孟子云圭田五十畝餘夫二十五畝彼餘夫與正夫不同者彼餘夫是年二十九已下未有妻受口田故二十五畝若三十有妻則受夫田百畝故鄭注內則云三十受田給征役鄉大夫注亦云有夫有婦乃成家何休亦云一夫一婦受井田百畝案餘夫受田實二十五畮止得正夫四分之一無受百畮之法班志謂亦受田如比後鄭及遂人先鄭注並從其說非也孟子餘夫與遂人同賈分爲二以調停孟子及班鄭之說亦非也詳遂人疏又案受田之年經無明文賈據鄭內則注義謂三十受田後漢書劉寵傳李注引春秋井田記同而漢食貨志云民年二十受田六十歸田則校鄭說早十年陳奐云古者二十受餘夫之田三十受一夫之田六十歸田於公大凡三十取室生子子年三十父年必六十是父歸田乃子受田矣案陳說足證鄭義蓋夫家之名起於一夫一婦則受田者無論正夫餘夫年二十三十必已取室而後謂之夫賈氏謂二十九以下未有妻者得爲餘夫非也媒氏之法男子三十而取自是極限是年二十者多已取妻閒有未取者則不得爲餘夫又安得竟受一夫之田乎

況六鄉十五萬夫之田以養六軍六遂副六鄉亦然則凡受夫田者必任受兵鄉大夫職國中七尺止任力役尚未受兵此尤未受夫田之塙證王制孔疏引易孟氏詩韓氏說云二十行役三十受兵六十還兵受田歸田與受兵還兵年必正相準內則注說不可易也大抵男子年二十或已授室則受餘夫之田餘夫任行役小司徒田與追胥羨卒竭作是也至三十而丁衆成家別自爲戸則爲正夫受田百畮正夫任受兵卽六軍及丘甸之卒是也餘夫爲羨卒正夫爲正卒受田與受役受兵事亦正相當也若二十以上或未授室則從父兄而耕不得爲餘夫受田其已授室受田之餘夫雖年過三十或尚從父兄不自爲戸則仍爲餘夫不得爲正以起徒役毋過家一人一家無二正卒卽一戸不得兩受正田也古正夫餘夫受田之法蓋約略如是鄭謂三十受田自指正夫自爲戸者言之其從父兄爲戸者固不得同受田而漢志二十受田則又自據餘夫言之耶受田自此始耳非必二十卽爲正夫也國語魯語韋注云三十者受田百畝二十者受田五十畝六十還田此似亦謂二十受餘夫之田三十受正夫之田其說近是但餘夫受田不得有五十畮韋說仍與經不合耳餘夫互詳遂人疏云士工商家受田五口乃當農夫一人者亦漢志文賈疏云此謂士與工商之家丈夫成人受田各受一夫則上云半農人者是也其家內無丈夫其餘家口不得如成人故五口乃當農夫一人矣沈彤云五口謂餘子弟蓋士與工商別爲業家有丈夫成人亦受田半農夫其餘子弟不得如成人故五口當一農夫各受田二十畮案沈說是也士工商餘子弟猶農人之有餘夫也其授田蓋不易之田口二十畮一易之田口四十畮再易之田口六十畮當農夫五分之一其視孟子餘夫田減五之一若依班鄭說餘夫受田與正夫等則亦止五分之一矣鄭引之者證士工商不惟本身受田半農人卽其子弟受田亦不得與農餘夫等也但上士工賈等家受田鄭

意並依圭田例以五十畮爲正漢志所說乃五十畮外別有所受蓋亦當於士田賈田內授之與農之餘夫異經文所云或亦含此故舉以爲釋耳云今餘夫在遂地之中者此據遂人三等頒田有餘夫而小司徒說六鄉授地之法不見餘夫故意鄉遂雖同有餘夫而授田則皆在遂地中也賈疏云謂百里內置六鄉以九等受地皆以一夫爲計其地則盡至於餘夫無地可受則六鄉餘夫等並出耕在遂地之中百里之外其六遂之餘夫並亦在遂地之中受田矣云如此則士工商以事入在官者明士工商本身不受田其家雖受田而與農民餘夫異也賈疏云案食貨志士農工商四民有業但農已於上鄉遂公邑受地故此唯說士工商三者也其身得祿免農其子不免農故禮記問士之子長曰能耕矣大夫已上之子則免農矣故禮運云大夫有田以處其子孫然士既有祿沾及子弟故其家田亦五口乃當農夫一人也其工商比農民爲賤故其家人亦五口乃當農夫一人此工商則與上賈人別彼賈人仕在官若府史但異名耳此工商有事時復爲官所使故云以事入在官案賈說非鄭恉也此工商當通包在官在市二者言之內宰云凡建國佐后立市是市舍皆官建以授民故在市之工商亦得通謂之在官國語齊語云處工就官府亦其義也鄭意蓋謂士工商等以事在官則其家人亦隨父兄在國故士田官田賈田等皆於郊內授之耳此沿漢志四民之文故唯舉士工商其實商中亦當兼有賈賈謂此工商與上賈人別亦失之云而餘夫以力出耕公邑者鄭意餘夫既在遂地中而六遂七萬五千家家數有定其餘地盡爲公邑明餘夫必於公邑受田也此餘夫蓋通晐鄉遂之餘夫即上云在遂地中者敘官注云六遂之地自遠郊以達于畿中有公邑采邑小都大都焉是鄭意公邑雖非遂而亦附屬遂人遂師故通以公邑爲遂地也賈疏云還是五口之內有丈夫非士工商之身即曰餘夫百里內旣置六鄉及九等無地可居故知

亦出耕公邑也案此餘夫專據農民之餘夫不含士工商子弟也賈謂專指士工商家言誤金鶚云九等之田非必各有一萬夫安得謂餘夫無地可受乎且農夫之耕必與其家相近若去家甚遠朝夕往來田且荒蕪矣若使別居離其父兄亦非情理是六鄉餘夫必不出耕於遂地也公邑亦制井田皆每夫受田百畮何待鄉遂之餘夫來耕乎餘夫與正夫同居鄉遂公邑都鄙隨處有之豈必在遂地之中哉竊謂古者地廣人稀田不盡井隨地皆有閒田餘地授萊田取之於此圭田及餘夫之田亦取之於此且生齒日增已井之田不足以給亦取於此以授之每夫百畮不必盡為井田之制也此無公田當用貢法餘夫之田亦宜用貢然則周之兼用貢法不特鄉遂為然觀司稼巡野觀稼以年之上下出斂法可知鄉遂之外亦有用貢者矣如盡行助法則惟以公田之稼歸公何必論年之上下乎案金說是也六鄉之餘夫當授以四郊之田六遂之餘夫當授以甸公邑之田鄭謂遠郊之地除六鄉及九等田里外無餘地故無以處餘夫而謂出耕公邑非也云甸稍縣都合居九十六同八百六十四萬夫之地者即據前百同九百萬夫之地除郊內四同三十六萬夫餘得此數也云城郭宮室差少涂巷又狹者鄭意甸以外城郭宮室分布其閒不若郊內之多又匠人云經涂九軌環涂七軌野涂五軌野涂以為都經涂是野涂狹於國中經涂環涂都經涂與國野涂等則都野涂益狹可知是涂巷又狹此三者既占地校少則田宜增多故不用郊內三分去一之率也云於三分所去六而存一焉以十八分之十三率之者賈疏云但百里之內則三分所去六不存一今於此三分所去之中六內而存取其一則十八分之十三率之是也言十八分之十三率之者若不六而存一則十八分之三六十八去一分有十二存今於所去六中存取其一以益十二則所去者五所存者十三故云十八分之十三率之也案張逸問注十八分之十三率之何謂鄭

荅曰六鄉之民上地不易家百畝一易家二百畝再易家三百畝相通三夫六百畝六遂之民上地家百畝萊五十畝中地家百畝萊百畝下地家百畝萊二百畝相通三夫而六百五十畝以三分去一之法當餘十二遂地以有五十畝萊於三分去一乃得十三若據此而言則於三分所去六而存一唯據上地有萊五十畝而說而鄭云城郭宮室差少涂巷又狹者但六而存一指據六夫受十三夫地而言今言城郭少涂巷狹者鄭意遠郊外上地有萊五十畝故言於城郭少涂巷狹中出此萊地焉云則其餘六百二十四萬夫之地者賈疏云三分所去六而存一之法即於同上計之先取九十同更別借取九十同添爲百八十同是十八分之十三率之所得者百三十所去者五十向者借半今於百三十中還半餘有六十五同存仍有六同未分爲六同別借取十二同添六爲十八同三分所去六而存一則得十三同所去者五同向借十二同是三分借二分今還他二分則十三同中取十二同還他八同得四同一同者分爲九萬夫還他六萬夫得三萬夫將此四同三萬夫添前六十五同總爲六十九同三萬夫矣一同九萬夫取六十同六九五十四爲五百四十萬夫又有九同同有九萬夫九九八十一又爲八十一萬夫通前三萬夫爲八十四萬夫又添五百四十萬夫總爲六百二十四萬夫之地故云十八分之十三率之則其餘六百二十四萬夫也程瑤田云遠郊之內除所去之數實田二十四萬夫甸稍縣都除所去之數實田六百二十四萬夫綜計之所去止二百五十二萬夫所餘有六百四十八萬夫所餘夫數六百萬夫外實羨四十八萬夫然以所羨數爲六家加一夫之數適加四十八萬夫大共計之百同定受之田實止三百萬家云通上中下六家而受十三夫者賈疏云上地家百畝萊五十畝中地家百畝萊百畝下地家百畝萊二百畝云六家而受十三夫者以上地有萊五十畝故三夫受六夫半六夫受十三夫矣程瑤田云

大司徒職凡造都鄙制其地域而封溝之以其室數制之不易之地家百晦一易之地家二百晦再易之地家三百晦小司徒職乃經土地而井牧其田野九夫爲井四井爲邑四邑爲丘四丘爲甸四甸爲縣四縣爲都鄭注云隰臯之地九夫爲牧二牧而當一井今造都鄙授民田有不易有一易有再易通率二而當一是之謂井牧据此則鄭是以都鄙授井田爲不易一易再易之地與經所謂以室數制之者無異義矣乃其注載師職之任地則又以易不易之田歸之六鄉以上中下有萊之田歸之甸稍縣都且縣師注云郊內謂之易郊外謂之萊爲善言近遂人注云六遂之民奇受廛上地有萊爲所以饒遠也不但與經相戾卽與其自注亦不相蒙矣豈謂遂人所掌之野得包甸稍縣都授以有萊之地爲從其類而易不易之田在大司徒司徒主六鄉因以所制田授之與案程說是也前賈疏引鄭志說亦與此注同誤云定受田二百八十八萬家也者賈疏云以六家受十三夫則六十萬家受百三十萬夫百二十萬家受二百六十萬夫之地又倍之二百四十萬家受五百二十萬夫之地餘有四十八萬家於上借十二萬家爲六十萬家是五分借一整數計之則六十萬家受百三十萬夫之地向五分借一今還五分除一六十除十二餘有四十八萬家在地亦五分除一百三十除二十六萬夫餘有一百四萬夫地在將此四十八萬家添前二百四十萬爲二百八十八萬家又將此一百四萬夫地添前五百二十萬夫總爲六百二十四萬夫矣程瑤田云甸稍縣都受田之法以上中下三等有萊之制通之三家六百五十晦是六家受十三夫也甸居十二同除所去之數實田七十八萬夫六遂定受田七萬五千家計十六萬二千五百夫餘六十一萬七千五百夫以六家十三夫之通率計之爲定受田二十八萬五千家以爲公邑綜計之爲定受田三十六萬家稍居二十同縣居二十八同都居三十六同除所去之數實田五百四十六萬夫以

六家十三夫之通率計之爲定受田二百五十六萬家其三等采地
鄭所未聞故正田無定數以其餘爲公邑者亦無定數合甸稍縣都
定受田二百八十八萬家加遠郊內之十二萬家百同定受之田三
百萬家也云其在甸七萬五千家爲六遂餘則公邑者即謂甸一百
八萬夫地以鄭三分所去六而存一之法除之又以六家受十三夫
之率通之六遂七萬五千家外餘受地二十八萬五千家並爲公邑
也賈疏云鄭既總計畿內遠郊之外訖別更計二百里之中者以三
百里已外封三等采地采地多少不定不可計其六遂與六鄉相對
故特計之以其六遂家數與六鄉相似但六鄉之內餘地
有九等所居六遂餘地既無九等故以餘地爲公邑也

凡任地國宅無征園廛二十而一近郊十一遠郊二十而三甸稍縣都皆無過十二唯其漆林之征二十而五

征稅也言征者以共國政也鄭司農
云任地謂任土地以起稅賦也國宅
城中宅也無征無稅也故書漆林爲桼林杜子春云當爲漆林玄謂
國宅凡官所有宮室吏所治者也周稅輕近而重遠近者多役也園
廛亦輕之者廛無穀園少利
也古之宅必樹而畺場有瓜

疏

凡任地者此周徹法任地令賦遠近
輕重之差也云國宅無征園廛二十
而一者賈疏云園即上經場圃任園地廛即上經廛里任國中之地
幷言之者以其出稅同故也沈彤云國宅無征園廛二十而一則凡
國以外之宅皆無征國以外之園廛皆二十而一矣案沈說是也管
子幼官篇云三會諸侯令曰田租百取五即所謂二十而一也管子
以田租而從此園廛之率蓋令賦之尤輕者非恆法也云近郊十一
遠郊二十而三者謂六鄉民田及七等田之賦凡十一者並謂十中
稅一詳匠人疏賈疏云近郊即上經宅田士田賈田任近郊者同
什一而稅也遠郊即上經官田牛田賞田牧田任遠郊之地同二十

而稅三也云甸稍縣都皆無過十二者謂六遂及四等公邑民田之賦賈疏云卽上經公邑之田任甸地已下至任畺地四處皆無過十而稅二但此四處出稅不同據上文直言公邑之田任甸地則甸地之中兼有六遂矣其稍縣都上文惟言家邑小都大都三等采地爲井田助法不見公邑則三者之中皆有公邑故上注云自此已外皆然若然則此云十二者除三等采地而言以其鄉遂公邑皆爲夏之貢法故也詒讓案鄉遂郊里制溝洫四等公邑制井田通以此十一二十而三十二三等之率征之采地賦稅雖入於其主其率亦視此周徹法通於畿內稍縣都采地公邑皆制井田而無公田則亦不用助法賈謂采地用助法公邑用夏之貢法乃沿匠人注之誤非也公邑制井田亦詳匠人疏云唯其漆林之征二十而五者釋文漆作桼云桼本又作漆劉本作𣏟字之變也案桼正字漆叚字𣏟卽桼之變體經注例皆作漆詳後漆林者亦於園地樹之史記老子韓非傳說莊周嘗爲蒙漆園吏是也蓋園征雖二十而一其種漆林者則當二十而五不可以一率齊也賈疏云上之三等爲輕近重遠法此漆林之稅特重以其漆林自然所生非人力所作故也又云異義第五田稅今春秋公羊說十一而稅過於十一大桀小桀減於十一大貉小貉十一稅天下之中正十一行而頌聲作故周禮國中園廛之賦二十而稅一近郊十一而稅一遠郊二十而稅三有軍旅之歲一井九夫百畮之賦出禾二百四十斛芻秉二百四十觔釜米十六斗案公羊十一稅遠近無差漢制收租田有上中下與周禮同義玄之聞也周禮制稅法輕近而重遠者爲民城道溝渠之役近者勞遠者逸故也其授民田家所養者多與之美田所養者少則與之薄田其調均之而足故可以爲常法漢無授田之法富者貴美且多貧者賤薄且少美薄之收不通相倍蓰而云上中下與周禮同義未之思也又周禮六篇無云軍旅之歲一井九夫百畮之稅出禾芻秉釜米之事何以

得此言乎若然周禮稅法據王畿公羊稅法據諸侯邦國諸侯邦國無遠近之差者以其國地狹少役賦事暇故無遠近之差也陳壽祺云魯語仲尼言先王制土其歲收田一井出稷禾秉芻缶米不是過也許稱周禮蓋出此說文禾部秅引周禮曰二百四十斤爲秉四秉曰筥十筥曰稯十稯曰秅四百秉爲一秅案此聘禮記文惟彼斤字作斗疑許所見本異又疑此出周禮說故異義據之說文稱周禮皆屬周禮說非周禮六篇文案陳說是也異義云故周禮當作古周禮說此經爲古文家說也有軍旅以下自是舊師參合魯語及聘記補此經之義鄭駮蓋偶失攷依舊師說則此職爲任地正稅之法魯語所云別爲軍賦之法故韋注及家語正論篇王注並謂其歲收爲有軍旅之歲明其非正稅無軍旅則不征也惟魯語本云稯禾秉芻缶米而周禮說則據聘記釋其義今攷彼記說秉米車米秉禾三文雖相屬而各自計數義實不相家既與魯語文數不同而周禮說及韋注又并記文之不相家者爲一以傅合魯語之義實不可通然則舊師之說實未足馮宜鄭之不從也又魯語云一井所出而周禮說則云百畮之賦似據侯國都鄙公田九一之法若畿內都鄙無公田則當以一井九百畮通計而爲賦法不當井賦百畮也此其尤難通者矣漢書食貨志引李悝盡地力之教云一夫挾五口治田百畮歲收畮一石半爲粟百五十石除十一之稅十五石餘百三十五石下又云上賦斂又未與此亦是正稅外別有軍役賦斂之證然此經自是任地之正賦不關軍賦之事近郊十一者卽李悝所謂百畮歲收粟百五十石十一之稅十五石蓋據下地平歲之稅計之雖地有肥磽年有豐儉而其率略同依此推之則遠郊二十而三百畮稅二十二石五斗也甸稍縣都無過十二百畮稅三十石也公羊穀梁宣十五年傳孟子告子篇文選報孫會宗書李注引尚書大傳並以十一爲賦稅之正法不得有多少而此經則不盡然賈疏以爲王畿邦國之

異說殊不塙江永云國語載孔子之言曰先王制土籍田以力而砥其遠邇是田賦有遠近取平之法禹貢甸服五百里近者貢粗而且服遠者貢精而不服是虞夏砥遠邇之法也載師近郊十一遠郊二十而三甸稍縣都皆無過十二是周官砥遠邇之法也取民固不過十一然力役先取諸近近者多而遠者少其勢不得不然益遠民之賦以補近民之力政乃均平使可一槩而施則禹時何不以粟米責之三百里內以總秸秸服均之三百里外乎多乎什一大桀小桀此爲法制外橫征者言之若通融遠近以立均平之法乃王政也非橫斂也俞樾云周稅漆林獨重故經文用唯其二字見此不在常科之內若自國宅至甸稍縣都通率之適合十一之數何也園廛二十近郊十遠郊二十甸稍縣都十其數六十園廛稅一近郊稅一遠郊稅三甸稍縣都稅二其數七是爲六十而稅七稍浮於十一然有國宅一分無稅則適是十而稅一矣公羊據其大數言之周禮以通率言之二者雖異而實同案江俞兩說足以釋此經與公穀孟子之紛國語齊語云管子曰相地而衰征則民不移荀子王制篇亦云相地而衰政理道之遠近而致貢此與魯語孔子之言合皆足與此經互證也　注云征稅也者大司徒注同謂地稅也云言征者以共國政也者征稅所以共給國政之用征政字通詳小宰疏鄭司農云任地謂任土地以起稅賦也者任地猶上文任土後鄭云任其力勢所能生育且以制貢賦是也云國宅城中宅也者士師注云國城中也故此國宅先鄭以爲城中宅即鄉大夫及四民居宅之通稱賈疏云先鄭意廛既爲空地非民宅則此國宅城中宅謂民宅也後鄭不從者後鄭意以廛里既爲民宅則此國宅非民宅是以爲官府治事處解之詒讓案先鄭說雖可通而所含大廣民宅不得盡無征也云無征無稅也者說與後鄭同云故書漆林爲桼林杜子春云當爲漆林者說文桼部云桼木汁可以髼物也水部云漆水出右扶風杜陵岐山東

入渭也經典通借漆為桼故杜亦從之此以借字易正字猶鍾師故
書內夏內自是正字而杜從借字易為納玉人故書稍氣氣亦是正
字而杜從或體易為饋也釋文作桼雖正字而與注不合蓋此經與
注自有常用之字例不能盡以正字繩之通校全經凡漆字之見於
經者司几筵巾車職方氏輪人弓人皆不作桼見於注者角人髤人
司几筵小師笙師巾車輪人輈人弓人亦皆不作桼其漆桼錯出者
惟此職釋文或本作桼巾車注則作漆者七作桼者三自是傳寫錯
互不足以淆經注之通例也云玄謂國宅凡官所有宮室吏所治者
也者沈彤云國謂城中宅即公卿大夫士之所居也此宅與宅田之
宅同專指下士以上言所以無征者於貴者優之也金鶚云百官所
居當在城中蓋古者每日必朝朝辨色始入其登車在夜未旦城門
必天明乃啓若在城外不及朝矣羣士亦必入朝是公卿大夫士皆
必居城內也王宮方千二百步兩旁宜為羣士之宅蓋宿衛王宮者
皆士也居此便於宿衛東西南三面近城門皆當為公卿大夫士之
宅其北近城皆工商所居蓋工商居宜近市也四隅之地非貴者所
宜居庶人在官者當居此也士所居亦有近市者孟子所謂在國曰
市井之臣指士言也晏平仲之居近市景公故欲更其宅數案金說
甚覈古者田宅皆官授國語魯語云文公欲弛孟文子之宅使謂之
曰吾欲利子於外之寬者又云公欲弛郈敬子之宅對曰先臣惠伯
以命於司里是公卿大夫士之宅咸官授之其世官者亦世居是宅
唯罷黜或去國則宅當還之官故孟子有三年收其田里之說里即
所謂國宅也魯語韋注以彼宅為有司所居與鄭此注說同攷大司
馬注云古者軍將蓋為營治於國門引魯東門襄仲宋桐門右師為
證詩鄭風緇衣孔疏引鄭書注又云卿士之私朝在國門鄭意亦謂
公卿大夫以居宅為私朝即是治事之寺舍非如後世私宅與官署
迥異也凡吏宅既皆官所授故無征鄭說與國語義合自是此經國

宅之墻詁而賈援匠人九室以釋之則非鄭恉九室在宮內乃鄉士公朝之次豈宅里之謂乎二云周稅輕近而重遠近者多役也者賈疏二云以其城內及城外近城者給公吏使役多於稅上輕而優之遠城者役少故於稅上重而苦之故不依十一而稅唯近郊之內當十一耳二云園廛亦輕之者廛無穀園少利也者國語魯語二云賦里以入而量其有無韋注二云里廛也以入計其利入多少而量其財業有無以爲差也與此經義合賈疏二云以其廛則五畝之宅在國中則孟子二云五畝之宅樹之以桑麻是廛無穀也此園則百畮田畔家各二畮半以爲井竈種葱韭及瓜是園少利故亦輕之案賈說非也園自爲種草木之地非於田畔爲之家二畮半之說又鄭所不取詳前疏二云古之宅必樹者釋民宅有稅之義明廛征卽征其所樹也宅必樹詳後二云而疊場有瓜者賈疏二云是信南山詩二云中田有廬疊場有瓜鄭二云中田田中作廬以便其事於其畔種瓜瓜成又入其稅天子剝削淹漬以爲菹獻之皇祖是其園廛皆有稅之事也案疊場與園廛異地鄭賈並合爲一誤也詳前疏

凡宅不毛者有里布凡田不耕者出屋粟凡民無職事者出夫家之征

鄭司農二云宅不毛者謂不樹桑麻也里布者布參印書廣二寸長二尺以爲幣貿易物詩二云抱布貿絲抱此布也或曰布泉也春秋傳曰買之百兩一布又廛人職掌斂布之次布儳布質布罰布廛布孟子曰廛無夫里之布則天下之民皆說而願爲其民矣故曰宅不毛者有里布民無職事出夫家之征欲令宅樹桑麻民就四業則無稅賦以勸之也故孟子曰五畮之宅樹之以桑則五十者可以衣帛不知言布參印書者何見舊時說也玄謂宅不毛者罰以一里二十五家之泉空田者罰以三家之稅粟以共吉凶二服及喪器也民雖有閒無職事者猶出夫稅家稅也夫稅者百畮之稅家稅者出士徒車輦給繇役

疏 凡宅不毛者有

里布凡田不耕者出屋粟者以下並任土任民賦稅之餘法也里布屋粟者任土之餘也宅不毛田不耕者蓋兼惰民受田宅而蕪廢不治及富貴家之廣占田宅以爲游燕者言之云凡民無職事者出夫家之征者任民之餘也凡惰民之不事事者則令出征賦以示罰注鄭司農云宅不毛者謂不樹桑麻也者廣雅釋草云毛草也穀梁定元年傳云毛澤未盡注范甯云凡地之所生謂之毛公羊宣十二年傳云錫之不毛之地何注云墝埆不生五穀曰不毛此宅不毛與田不耕對文則非不可種五穀故據孟子爲不樹桑麻遂人注說王莽時城郭中宅不樹者爲不毛莽法卽放此經云里布者布參印書廣二寸長二尺以爲幣貿易物者此說里布爲卽布帛之布漢書食貨志說周布帛以廣二尺二寸長二丈爲度此廣長各取十分之一裁制之以爲幣布參印書者蓋謂書布之上而加璽印漢書平帝紀如淳注引漢律傳信用五寸木封以御史大夫印章其乘傳參封之參三也此布參印書疑亦參印布書之上以檢姦僞也但此當有正文今未詳所出云詩云抱布貿絲抱此布也者抱布貿絲鄘風氓篇文毛傳云布幣也鄭箋云幣者所以貿買物也案毛詩傳亦無布參印書之說先鄭或據三家詩也云或曰布泉也者此又一說後鄭亦從之外府注同引春秋傳曰買之百兩一布者昭二十六年左傳申豐從女賈以幣錦二兩適齊師高齮以錦示子猶曰魯人買之百兩一布杜注云言魯人買此甚多布陳之以百兩爲數賈疏云杜以爲布爲陳不爲布泉此先鄭以彼布與此布及外府邦布皆爲泉與杜義異也云又廛人職掌斂市之次布儳布質布罰布廛布者亦證布爲泉也彼職次作絘儳作總杜子春讀總爲儳故先鄭從之詳彼疏引孟子曰廛無夫里之布則天下之民皆說而願爲其民矣者公孫丑篇文願爲其民今本作願爲之氓趙注云里居也布錢也夫一夫也周禮載師曰宅不毛者有里布田不耕者有屋粟凡民無職事者

出夫家之征孟子欲使寬獨夫去里布則人皆樂爲之氓矣氓民也
趙說亦與先鄭同江永云孟子夫布卽閭師之夫布里布卽載師之
里布蓋戰國時爲一切之法凡居廛之民不問其有職無職而皆使
出夫布亦不問其毛與不毛而皆使出里布此爲額外之征故欲其
除之案江說是也孟子里布與此同而夫布則別見閭師此夫家征
內亦兼有之故先鄭引以證義管子輕重甲篇云澤魚之征伯倍異
日則無屋粟邦布之籍彼邦布當卽此經里布夫布蓋春秋時已額
外責屋粟里布夫布之征故管子亦欲去之也云故曰宅不毛者有
里布民無職事出夫家之征欲令宅樹桑麻民就四業則無稅賦以
勸之也者明爲罰賦欲勸民之就業也四業卽諸子注四民之業漢
書食貨志亦云四民有業賈疏謂卽閭師畜耕樹蠶四業又引或說
以爲四時之業並謬云故孟子曰五畮之宅樹之以桑則五十者可
以衣帛者梁惠王篇文趙注云廬井邑居各二畝半以爲宅冬入保
城二畝半故爲五畝也樹桑牆下古者年五十乃衣帛矣引之者證
宅當樹桑麻也案漢書食貨志說井田之制云還廬樹桑公羊宣十
五年何注亦云還廬舍種桑萩荻菜並與孟子說同趙氏廬井邑居
各二畮半之說亦本穀梁宣十五年傳及漢食貨志鄭所不從詳匠
人疏云不知言布參印書者何見舊時說也者布參印書先鄭亦自
不得其義但見舊時有此說遂據以爲釋故又自發此疑舊時說蓋
卽詩禮舊師說也云玄謂宅不毛者罰以一里二十五家之泉者從
先鄭後一說訓布爲泉也後鄭意此里與遂人五鄰之里義同泉卽
謂口泉賈疏引鄭志云趙商問載師職凡宅不毛乃罰以一里布田
不耕者罰屋粟商以田不耕其罪莫重宅不毛其罰當輕宅不毛乃
罰以二十五家之布田不耕則罰之三家之稅粟未達罰之云爲之
旨輕重之差鄭荅此法各當罰其事於當其有故何以假他輕重乎
案鄭荅辭意簡晦未審其義惠士奇云罰一家而使出二十五家之

布勢必不能宅之所處爲里里者居也量人所謂軍社之所里是也蓋宅在里故宅不毛者出一家之里布里布者一家之里也江永云里字之義有三一爲三百步之里一爲二十五家之里一爲里居之里里布者里居之里此經以廛里任國中之地遂人以田里安甿王制田里不粥孟子收其田里皆此義卽謂其所居之宅也孔廣森云里布非得二十五倍之罰蓋別有計里出布之法正國語所云賦里以入而量其有無者蔣載康云里卽廛里里布一廛之布案惠江孔蔣說是也孟子趙注說里布亦訓里爲居則漢儒已有此說矣里與宅同里布卽廛征亦猶廛人之廛布孔氏援魯語賦里以入以釋此里字最塙蓋當依其宅占地之多少而差其征大約五畮之宅以廛征二十而一之率計之則所征里布與田征四分畮之一數當略相等其所征當甚少而鄭謂不論其宅之大小概令出二十五家之布無此理也漢食貨志載王莽傚周官法城郭中宅不樹藝者爲不毛出三夫之布蓋以里爲方里而井之里一井九夫三分減二止有三夫抑或以九夫開方一面亦適三夫也此雖不以爲二十五家之里然數仍太多且與屋粟義捉經義必不如是也云空田者罰以三家之稅粟者謂此屋與小司徒攷夫屋義同彼注引司馬法云夫三爲屋三夫卽三家所受之田故以屋粟爲三家之稅粟漢食貨志載王莽傚周官法凡田不耕爲不殖出三夫之稅卽鄭所本江永云屋粟又見旅師自是當時征稅之名不知其多少也田不耕有多少當量田而出粟豈可限以三夫案江說是也田不毛者所出之粟亦當依常稅十一至十二五等之率計畮征其粟以屋爲井田之小成故假以名之耳非謂不論其空田之多少而概令出一屋之粟也凡此經里布屋粟夫家之征皆卽就地征力征之恆法以爲罰明其雖不任征而不在弛舍之例耳豈於常征之外別搠罰征之色目亦豈於恆額之外增溢罰征之等數哉云以共吉凶二服及喪器也者此鄭以

意推之謂罰征之布粟等不結國用也賈疏云案鄉師職云比共吉凶二服閭共祭器族共喪器黨共射器州共賓器但射器賓器等爲物故比族主集此罰物爲之故鄭唯據此二事而言也云民雖有閒國行禮故出官物爲之惟吉凶二服及喪器是民自共用不可出官也賈疏云此則大宰閒民無常職轉移執事之人雖不事當家田宅無職事者猶出夫稅家稅也者後鄭意此無職事卽閭師之無職者無可賦稅仍使出夫稅家稅之征以勸之使樂業也孔廣森云民無職事者謂閒民之游惰不給轉移執事者朱大韶云無職事謂旣無職而又不事事者卽所謂惰游之士也無職而又不事事故罰以夫家之征與宅不毛者有里布凡田不耕出屋粟同列此九職所不任也鄭以無職事卽無職之閒民不特與上二句不一例且與閭師之無職者出夫布不合姜兆錫黃以周說同案孔朱說是也職事義雖同而此無職事與閭師無職者義實小異蓋閒民雖無職而轉移執事卽其事惰民幷轉移執事而無之則信無職事矣鄭賈幷爲一說殊未審漢食貨志載王莽傚周官法民浮游無事出夫布一匹蓋劉歆等亦以此無職事與閭師無職者爲一故竟以夫布當此夫家之征後鄭義略本於彼不知此隋民出夫家之征者乃泉粟兩出爲罰征彼閒民出夫布唯出口泉爲九職之常征夫布爲閒民惰民所同出閒粟則爲惰民所獨出二法固不同也云夫稅者百畮之稅者謂出百畮什一之稅粟閭師疏引鄭志荅劉琰云夫征田稅如今租是也此卽旅師所謂閒粟孟子趙注說夫布亦以夫爲一夫與鄭義同然出百畮之稅於數太多似不足據管子乘馬篇說士農工商皆與功而云不可使爲功則視貸離之實而出夫粟彼夫粟卽此閒粟也但彼云視貸離之實而出之則夫粟自有輕重之差不定出百畮之稅明矣云家稅者出士徒車輦給繇役者謂出軍賦力役之征均人云均人民牛馬車輦之力政左傳昭四年孔疏謂卽出丘甸之軍賦

是也江永云諸經凡言夫家者猶云男女無妻者爲夫有妻者爲家案此夫家之義當從江爲正小司徒注云夫家猶男女也全經言夫家者甚多其義並同詳小司徒及縣師疏此注獨分爲二與小司徒注自相違伐非也夫家之征惠士奇黄以周並謂出夫布其說甚是然當兼鄭稅粟爲釋方爲賅備蓋凡平民既授宅受田則成夫家任職事者有地征九賦之稅是也又有力征九職之貢是也自賢能廢疾貴者服公事者外無人不出此征此無職事浮游不任農圃故罰使出閭粟以當地征惰窳不任役故罰使出夫布以當力征夫布與閭師無職者之征同但彼爲九職之閒民本非不任職者故唯出夫布而不受田則不令出粟此無職事則九職所不任者既以不任役罰使出布又雖不受田仍罰令出粟上里布屋粟之罰出布者不出粟出粟者不出布此夫家之征則布粟兼出故經不質言布粟而通謂之征鄭亦知此夫家征內兼有晦稅及力征然不謂亦出夫布而謂家征爲出士徒車輦給繇役夫惰民罷弱於本身職事尚不能任豈任受邦國師田之役乎

**以時徵其賦** 疏 以時徵其賦者賈疏云閭師徵斂六鄉之賦貢遂師旅師斂六遂已外之賦貢自有常官但徵斂事重以載師既掌畿內地事因亦徵其賦相左右也案下閭師注賦謂九賦及九貢則此賦貢含有也至於里布屋粟及閒民夫家之征亦可斂之詒讓案敘官注云載師者閭師縣師遺人均人官之長則此官實總掌賦法所云徵其賦者亦依任土之法令閭師等官徵之而理董鉤考其當否徵斂煩辱之事殆非所親也賈疏謂載師盡徵畿內之賦貢此豈上士二人中士四人所能給乎又旅師唯掌三粟不掌六遂正賦之事賈說亦失之又案此經上文里布屋粟夫家之征三種罰賦在鄉郊者蓋閭師及鄉吏徵之在六遂以外者則旅師徵之此官亦唯總掌其法不掌徵斂之事也

周禮正義卷二十四

# 周禮正義卷二十五

瑞安孫詒讓學

閭師掌國中及四郊之人民六畜之數以任其力以待其政令以時徵其賦國中及四郊是所主數六鄉之中自廛里至遠郊也掌六畜數者農事之本也賦謂九賦及九貢【疏】掌國中及四郊之人民六畜之數者主國中郊里版籍之法與司民為官聯也此官為國中及四郊吏之長而兼掌六鄉賦貢之事脩閭氏掌比國中注云令其閭內之閭胥里宰之屬是國中廛里及郊里雖在六鄉之外而亦用比閭法五家為聯與鄉遂同故通屬閭師四郊卽郊里詳遺人疏賈疏云閭師徵斂百里內之賦貢以其人民是出賦之數其六畜是營作之本故須知數也云以任其力者謂九職任民之事其六畜亦任共役貢也此官掌國中四郊亦有地治則亦當有校比之法與鄉師遂師縣師同經文不具也云以待其政令者賈疏云政令謂賦役皆是也　注云國中及四郊是所主數六鄉之中自廛里至遠郊也者以經言國中卽載師所云以廛里任國中之地言四郊卽載師之近郊遠郊四郊中有六鄉是六鄉之中自廛里至遠郊閭師並掌之鄭言此者欲別於下縣師所主數不止國中四郊也賈謂閭師直知其人數不施政教非鄭恉也又案敘官注云閭師主徵六鄉賦貢之稅者則鄭意國中四郊並通屬六鄉今攷載師云以賞田任遠郊之地司勳云掌六鄉之賞地明郊里得附六鄉而國中亦可類推但六鄉夫家及官吏之數皆有定限自三十州七萬五千家之外所增益者咸非鄉吏所治則皆此官專掌之小司徒云四郊之吏卽此官之屬吏也蓋國中四郊之政治與鄉多相通貫故官吏職事與鄉

吏亦得相佐助而其部居固自覩然不掍也亦詳大宰疏云掌六畜數者農事之本也者庖人注云六畜六牲也始養之曰畜將用之曰牲此據民閒字養言之故亦云六畜但六畜任力者以馬牛爲主此大總計之耳賈疏云六畜謂馬牛羊豕犬雞則唯牛可爲農事而鄭總云農事之本者羊馬犬雞雖不用爲農事皆是人之相資藉以爲用故揔入農事之中是以閭師主徵斂亦總知其數也云賦謂九賦及九貢者賈疏云案下又陳貢故知賦中兼有貢經直言賦者以賦爲主耳賦謂口率出泉若然案大宰九賦從邦中以至幣餘爲九等此國中及四郊於九賦之中惟有二賦而言九賦者亦大總而言也其九貢又與大宰別彼九貢者與小行人春入貢爲一謂諸侯之九貢此即大宰九職之貢與下文貢九穀之等是一也案賦者徵斂之大名故九賦九貢通謂之賦九賦即地稅鄭賈謂口率出泉非也詳大宰疏

凡任民任農以耕事貢九穀任圃以樹事貢草木任工以飭材事貢器物任商以市事貢貨賄任牧以畜事貢鳥獸任嬪以女事貢布帛任衡以山事貢其物任虞以澤事貢其物貢草木謂葵韭果蓏之屬

疏凡任民者此任民作貢即大宰九職之力征亦即大府內府之九功司會所謂以九功之法令民職之財用是也任民之法通於畿內而其頒行則自國中始故於此官備列其法賈疏云案大宰以九職任萬民謂任使萬民各有職事有職事必有功有功即有貢故此論貢之法也云任農以耕事貢九穀者大宰注云貢功也九職之功所稅也大府亦云凡萬民之貢以充府庫此以下並與大宰九職文相應耕爲三農所任之職事九穀即耕田所成之功官以職事授之民而使各以其功爲貢所以儆其惰而不強責其所無也云任嬪以女事貢布帛者

賈疏云大宰云七曰嬪婦化治絲枲故還使貢布帛女卽彼嬪婦也詒讓案此嬪婦布帛之貢爲民家女口之力征卽管子入國篇所謂婦征亦卽孟子所謂布縷之征也月令蠶事旣畢乃收繭稅以桑爲均注謂外命婦就公桑蠶室而蠶收以近郊之稅彼則公桑之地征與此嬪婦之貢異也云任衡以山事貢其物任虞以澤事貢其物者山澤雖有農圃牧諸職若掌葛葛征草貢之等所貢匪一故通言其物以晐之賈疏云大宰云三曰虞衡作山澤之材材卽物也以其山澤所出物多故云物若禹貢云海物然也序官山澤稱虞川林稱衡此文云任衡以山事山不稱虞者欲見山中可以兼川林亦貢物故互見爲義也此文次第與大宰不同者彼依事大小爲次此不依彼爲次者欲見事無常故也且彼有九職仍幷山澤爲一此文分山澤爲二唯有八者任九職有臣妾及閑民此無者以周公設經任之則有臣妾使得自生若貢稅則無以其聚斂疏材無可稅故也其閑民載師已見出夫家之征故於此不言之矣其分山澤爲二者以山澤所貢不同故分爲二以充八通閑民爲九耳江永云九職中惟臣妾不貢疏材委人之薪芻疏材木材掌荼之疏材自是取之於虞衡及山澤之農九職除臣妾析虞衡爲二仍是九故大府言九功之人案江說是也此任民之法校之大宰九職之人唯無臣妾耳蓋臣妾最賤雖受職而不貢功卽無口賦也至下文夫布卽閑民之貢賈因鄭以夫布入九賦故謂此經閑民無貢不足據也此力征之貢與九賦地稅不同與均人公旬三日之力役亦不同凡民國中自七尺以及六十野自六尺以及六十有五於法旣任力役則於身應計口出賦故令各以其所能受職而貢其功以爲征不受職則爲惰民而有罰其老幼及貴者賢能廢疾服公事者皆不受力役則亦不征其職貢此任民作貢與後世丁口賦正同但出物而不出泉與後世法小異耳漢書食貨志載王莽擬周官法諸取衆物鳥獸魚鼈百蟲於山林

水澤及畜牧者嬪婦桑蠶織紝紡績補縫工匠醫巫卜祝及它方技商販賈人坐肆列里區謁舍皆各自占所爲於其在所之縣官除其本計其利十一分之而以其一爲貢蓋此傳此經而失其本意者九貢任民其征甚輕安得以地稅十一之法挸之邪凡力征與地征力役並不同互詳大宰鄉師載師均人疏　注云貢草木謂葵韭果蓏之屬者葵韭蓏爲草果爲木葵韭共爲菹見醢人果蓏詳甸師疏草木可貢者多故約舉四者以晐之

凡無職者出夫布

獨言無職者掌其九賦

疏 凡無職者出夫布者賈疏云無職非一故言凡此無職卽大宰閒民無常職轉移執事者也轉移執事卽是有職而言無職者爲有職者執事當家廛地不事卽無職也出夫布者亦使出一夫口稅之泉也莊存與云夫布一人之力征也江永云此經凡無職者與農圃等同列卽九職中之閒民夫布亦是閒民本身正職與今時丁錢相似孟子廛無夫里之布夫布卽此經之夫布案莊江說得之凡力征皆以夫計故國語魯語云任力以夫而議其老幼韋注云力謂繇役以夫家爲數是也上農圃工商之貢皆計率以征其物但此閒民則不貢物而出泉耳此夫布卽漢之口泉計夫出之故謂之夫布唯閒民無功可貢乃有此泉征鄭以通釋九賦則非也　注云獨言無職者掌其九賦者賈疏云上皆論貢不言賦惟此無職之人言夫布夫布卽賦也以其掌九賦者上雖直云貢九賦亦掌之故云掌其九賦案劉琰問載師職云凡民無職事者出夫家之征閭師職云凡無職者出夫布夫家之征與夫布其異如何鄭荅云夫家之征者田稅如今租矣夫布者如今筭斂在九賦中者也以此言之今租卽夫征不得兼言家鄭連言家挾句耳劉琰又問閭師職云凡任民任農以耕事貢九穀下至任虞凡八貢不道九賦下言凡無職者出夫布注云獨言無職者掌其九賦若此者豈上八貢者復出八賦與無職所出夫布凡爲九將自布賦不同重計八

貢未之能審也鄭荅曰讀天官冢宰職則審矣無職在九賦中今此不言其餘獨言此者此官掌斂賦嫌無職者不當出算故言耳鄭云讀天官冢宰則審者案冢宰職九職九賦別九賦自邦中以至邦都六也加以關市山澤及幣餘爲九九職不言服數或一服之中而有九職安得八賦依八貢出之乎言審矣者審八賦不依九職爲九可知故云審矣若然無職在賦中其句下讀爲義不連於上也欲明無職之人非直在九職中亦在九賦中故云無職在九賦中也詒讓案鄭意上八貢所任之人或受田或受功皆有常職出貢復出賦賦卽口泉此無職者既不受田復無常職則唯出賦不出貢今攷載師無職事者出夫家之征爲田稅及力征力征亦卽口泉此無職者出夫布則專爲口泉而無田稅鄭分別二者甚精但不知夫布與八貢並爲九職之貢九賦爲地稅之總名不得爲口泉口泉亦唯閒民出之八貢所任之人非閒民貢物而不出泉則義尚未審耳朱大韶云載師云無職事者閭師云無職者兩義迥別不得合爲一無職事謂既無職而又不事事者無職乃九職之無常職也冢宰謂之閒民者無職而轉移執事是仍有職業者也鄭司農云轉移爲人執事若今傭賃也故令出夫布布泉也謂出一夫之泉閭師所任卽冢宰所任於農圃工商牧嬪虞衡八者皆云貢其物於無職者云出夫布者蓋八者皆有物可貢轉移執事之閒民但有一夫力征故令出一夫之布自凡任民至無職者出夫布爲一節合之卽冢宰之九職亦卽司會之九功冢宰分其職閭師徵其賦司會給其用不得但云八貢下別言凡民不畜不耕不樹不蠶不績者與載師凡宅不毛者節同載師罰之閭師則恥之經於無職者不云民明與上八者合爲九職賈沿注說乃云其句下讀爲義非也至鄭以無職在九賦中尤屬非是案朱說是也此經無職與載師無職事者義雖互通而人實迥異也 **凡庶民不畜者祭無牲不耕者祭**

無盛不樹者無椁不蠶者不帛不績者不衰 掌罰其家事也盛黍稷也椁周棺也不帛不得衣帛也不衰喪不得衣衰也皆所以恥不勉

【疏】凡庶民不畜者祭無牲者此明庶民喪祭所需及衣服皆資所業以自共其惰不事事者則罰令不得備禮利用也王制二云庶人祭於寢賈疏二云案孟子二云庶人五母雞二母彘無失其時是以不畜者當罰之故死後祭無牲也庶人用牲之法若王制二云韭以卵麥以魚黍以豚稻以雁注二云庶人無常牲取以新物相宜而已是也案依賈說則庶民自祭得用雞豚為牲國語楚語二云庶人祀以魚魚亦膳夫六牲之一也但此無牲無盛等皆罰惰民本身使不得備禮則凡自祭祖禰皆無之賈並謂其人死後乃罰之殆非經意也二云不耕者祭無盛者大戴禮記曾子天圓篇二云無祿者稷饋稷饋者無尸盧注二云庶人無常牲故以稷為主是庶民耕者祭以稷為盛今不耕則罰之并不得稷饋也二云不樹者無椁者雜記二云士雜木椁注二云夫子制於中都使庶人之椁五寸公羊宣十五年何注二云還廬樹桑萩死者得葬焉萩即楸借字亦棺椁材也據鄭義則庶民得有五寸之椁蓋亦以所樹雜木為之今不樹則罰之死者有棺而無椁也二云不蠶者不帛者賈疏二云蠶則得帛孟子二云五十可以衣帛以不蠶故身不得衣帛二云不績者不衰者說文糸部二云績緝也凡麻枲之事謂之績故詩陳風宛丘二云不績其麻豳風七月孔疏二云績緝麻之名案衰以麻為之故不績則喪不得制衰也 注二云掌罰其家事也者祭無牲無盛葬無椁衣不帛喪不衰並制殺其家之禮事以示罰也二云盛黍稷也者甸師注二云齍盛祭祀所用穀也粢稷也在器曰盛蓋齍為祭穀實於器則謂之齍盛散文則祭穀謂之粢粢亦通稱盛故此注以黍稷為釋互詳甸師疏二云椁周棺也者說文木部二云椁葬有木𩫏也椁即槨之隸變檀弓二云棺周於衣椁周於棺土周於椁又二云殷人棺椁注二云椁大也以木為之言

椁大於棺也白虎通義崩薨篇云槨之爲言廓所以開廓辟土無令迫棺也釋名釋喪制云槨廓也廓落在表之言也案周棺者謂周棺之四圍若上下則不周故檀弓孔疏云椁不周下有茵上有抗席是也云不帛不得衣帛也者說文帛部云帛繒也帛織絲爲之故不蠶者不得衣帛也任大椿云雜記注麻衣白布深衣深衣注庶人吉服深衣考管子立政篇刑餘戮民不敢服絲然則非刑餘戮民可以服絲矣又春秋繁露制服篇散民不敢服采刑餘戮民不敢服絲然則散民不敢服采耳絲得服也又繁露度制篇古者庶人衣縵縵無文帛也又尚書大傳命民得衣文錦未有命者不得衣衣有罰庶人衣布帛然則命民亦得衣文矣不命之民亦得衣帛與鄭注庶人白布深衣異說今攷鄭注深衣爲庶人之吉服言其常服當布也若彼盛禮或當攝盛則衣絲也管子春秋繁露尚書大傳謂庶人衣絲非常制也疏引孟子五十可以衣帛以不蠶故身不得衣帛然則不蠶雖五十不得衣帛蠶而未五十亦不得衣帛則庶人布深衣其常也鹽鐵論古者庶人耄老而後衣絲其餘則麻枲而已故命曰布衣云不衰喪不得衣衰也者衰縗之借字詳內司服疏釋名釋喪制云成服曰衰衰摧也言傷摧也喪服記云負廣出於適寸適博四寸出於衰衰長六寸博四寸注云負在背上者也適辟領也前有衰後有負版左右有辟領孝子哀戚無所不在案此不衰謂五衰之服皆不得制也江永云斬衰齊衰當心前長六寸廣四寸之布謂之衰不績之人遇有斬齊之喪其衰服不設此布以恥之非不服喪服云皆所以恥不勉者因其惰游不勉事正業故爲此罰以恥之冀其知恥而改也

縣師掌邦國都鄙稍甸郊里之地域而辨其夫家人民田萊之數及其六畜車輦之稽三年大比則以攷羣吏而以詔廢置郊里郊所居也自邦國以

及四郊之內是所主數周天下也萊休不耕者郊內謂之易郊外謂之萊善言近

疏 掌邦國都鄙稍甸郊里之地域者此官爲掌公邑吏之長四等公邑之地域互甸稍縣畺外與邦國都鄙內與郊里甸遂相連比者其畺界互相出入故此官通掌其地域縣都亦有公邑經唯言稍甸者文不具也又王制說畿外封國之餘以爲閑田天子亦置吏治之疑亦隸此官矣江永云謂邦國與都鄙稍甸與郊里其閒相連之地域縣師主分別之不得侵越云而辨其夫家人民田萊之數者主公邑版圖之法自此以下並專治稍甸縣都公邑之政法與邦國都鄙郊里不相涉也小司徒注云夫家猶男女也王引之云夫家以婚配者言之也其餘老弱孤獨不得謂之夫家則以人民該之賈疏以人民爲奴婢非也謂奴婢爲人民者惟見質人朝士之文其餘則否案王說是也曾釗說同江永云甸稍縣都地廣民衆縣師上士二人中士四人所以能辨稽者都家公邑亦放鄉遂各有親民之吏以邦比之法校登之縣師則按籍辨之稽之耳云及其六畜車輦之稽者均人云均人民牛馬車輦之力政故六畜車輦亦有稽卽小宰八成聽師田以簡稽是也云三年大比則以攷羣吏而以詔廢置者三年大校比民數則正公邑官之官計凡大比與大計事相因也詳司書疏江永云攷羣吏者攷甸稍縣都之羣吏也案江說是也此羣吏專指公邑之吏與大宰小宰諸職之羣吏通百官府言者異詳大宰疏詔廢置亦謂詔王及冢宰及大小司徒詳鄉師疏 注云郊里郊所居也者載師注云里居也故郊所居謂之郊里書畢命敘云康王命作冊畢分居里成周郊卽治郊里之事賈疏云謂六鄉之民布在國中外至遠郊故有居在郊者也案遺人云鄉里之委積又云郊里之委積彼云鄉里據國中云郊里據在郊與此同也必知鄉民有居在郊者見比長云徙于國中及郊則從而授之若徙于他則爲之旌節而行之國中及郊不云他明郊與國中同是鄉民也王

昭禹云郊里在鄉遂之閒林喬睦云六鄉內屬國中外界於郊司勳云掌六鄉賞地之法而載師賞田在遠郊則鄉之界於郊明矣然未即鄉矣費誓魯人三郊三遂則郊又非遂矣王制命左鄉簡不率教可以郊即爲鄉也遺人既有鄉里之委積又有郊里之委積則郊非者移之右命右鄉簡不率教者移之左不變移之左不變移之郊不變移之遂則鄉在郊以內遂在郊以外而鄉不在郊矣比長云徙于國中及郊則從而受之是鄉既不在郊亦不在國中矣故大司馬云鄉家載物郊野載旗既言鄉又言郊以明二者之異案王林說是也遠郊之內地凡四同其稍近者六鄉七萬五千家所居遺人司諫所謂鄉里鄉師州長司常所謂州里是也六鄉之內外則爲載師之場圃及七等田地其外尚有餘地爲民居者則別謂之郊里猶之甸地除六遂七萬五千家外餘地別爲公邑也郊里者里閭通稱郊民所居亦什伍相比與鄉遂同與四等公邑井田之制異故不爲公邑而與鄉里同稱里郊里之地在四郊各爲小城邑左襄八年傳所謂郊保是也亦置吏以治之小司徒云四郊之吏即此郊里之羣吏也全經散文言郊者或通六鄉言之其以鄉與郊對文者則鄉爲鄉里郊爲郊里二者迥異秋官四郊之獄掌於遂士而不屬鄉士王制四郊之學在鄉學之外皆絕不相掍鄭王制注云郊鄉界之外者也即此郊里之塙詁賈氏不悟乃以爲六鄉之民居於郊者若謂在七萬五千家及七等田之內則仍是六鄉之里何以別屬之郊若謂在十萬五千家及七等田之外則本不屬於鄉何得尚爲六鄉之民乎其不可通甚矣云自邦國以及四郊之內是所主數周天下也者賈疏云邦國則六服四郊則兼國中故云周徧天下也江永云縣師以縣爲名所主者甸稍縣都然縣都外連邦國甸稍內連郊里其閒四等公邑大夫相錯故通邦國郊里與稍甸都鄙之地域言之正所以別其爲甸稍縣都之地域以爲辨稽張本也縣師實不掌邦國亦不及郊

里下言辨其夫家人民田萊之數與其六畜車輦之稽又云作其衆庶所謂其者指縣師所主者言之耳鄭謂縣師主數周天下謬矣金榜云周制鄉遂之外有都鄙有公邑縣士注云都縣野之地其邑非王子弟公卿大夫之采地則皆公邑也謂之縣縣師稍人縣士治公邑之官也鄉遂之外甸稍縣都皆有公邑其域內連郊里外比邦國而家邑大都小都之地又牙錯其閒故縣師職云掌邦國都鄙稍甸郊里之地域謂與公邑相連比者縣師主辨其地域非縣師所掌得內及郊里外及邦國都鄙也案江金說致塙足正鄭君之誤林喬蔭說同云萊休不耕者者遂人注義同彼經云上地田百畮萊五十畮以萊對田言之田爲當歲耕者則萊爲休不耕者也謂之萊者王制釋文引何胤云草所生曰萊又引庾氏云萊草也案萊本爲草因之田休不耕但生草者謂之萊其山澤野地草之所生棄之不耕者有田事則除草爲防於其中而教戰校獵亦謂之萊山虞云萊山田之野澤虞云萊澤野大司馬云萊所田之野是也放火焚草謂之焚萊司爟牧師所云是也全經之中生草與除草焚草同謂之萊其事異而由草得義則同云郊內謂之易郊外謂之萊善言近者賈疏云郊外言萊卽此經田萊據郊而言遂人亦云萊五十畮百畮之類是萊爲草萊穢汚之稱也郊內謂之易無文案大司徒云凡造都鄙制其地域云上地不易中地一易下地再易司徒主六鄉則六鄉之地從易可知不言萊直言易者善言近也詒讓案鄭小司徒注云鄉之田制與遂同則六鄉亦當有田有萊與遂人上地萊五十畮中地萊百畮下地萊二百畮六遂之制同與大司徒造都鄙之制異此注謂郊內言易郊外言萊又以言易者屬之六鄉言萊者屬之六遂是鄉田制不與遂同既與大司徒經文相牾又與小司徒注義自相違伐非也載師及遂人注亦與此注同誤詳載師疏

若將有軍旅會同田役之戒則受灋于司馬

以作其衆庶及馬牛車輦會其車人之卒伍使皆備旗鼓兵器以帥
而至受法於司馬者知所當徵衆寡疏若將有軍旅會同田役之戒者此治公邑之軍賦役征也賈疏云言若謂若有若無不定
之辭將有謂事未至軍旅謂征伐會同謂時見殷見田役謂四時田獵戒者謂有此數事則豫戒令之詒讓案會同常禮不出郊甸不必
作衆庶此謂巡守殷國王於方岳侯國行大會同之禮六軍從行役及公邑此官則戒作之也田役謂因田獵起徒役亦晐諸功作力役
之事詳大宰疏云則受法于司馬以作其衆庶及馬牛車輦者師役軍賦法並掌於大司馬此官則受而行之所作者公邑之軍賦出徒
并出車馬兵器也公邑亦制井田故軍賦同都鄙之制與鄉遂出兵不出車異賈大司馬疏謂公邑出軍之法與鄉遂同非也詩小雅信
南山孔疏引司馬法說井田出車之制丘出戎馬一匹牛三頭甸出長轂一乘馬四匹牛十二頭甲士三人步卒七十二人戈楯具備卽
司馬官法之遺此衆庶卽彼甲士步卒等馬牛車輦卽彼戎馬長轂及牛等下兵器卽彼戈楯等是也詳小司徒疏云會其車人之卒伍
者謂衆庶既集則以軍法部署之車以百二十五乘爲伍三十乘爲卒詳司右疏賈疏云人則百人爲卒五人爲伍云使皆備旗鼓兵器
以帥而至者賈疏云旗謂若司馬云秋辨旗物王載大常已下鼓謂司馬云春辨鼓鐸王執路鼓已下兵器謂弓矢殳矛戈戟也鄉師云
以旗致萬民此云而至者謂帥而至鄉師也江永云稍人言作其同徒輦輦帥而以至是稍人自帥也此言使皆備旗鼓兵器以帥而至
是使都家公邑之長帥而縣師不帥也稍人職以縣師之法作之則是縣師受法於司馬稍人受法於縣師縣師是中閒稟令施令之人
不惟不帥徒而致於鄉師者亦非其職疏帥而至於鄉師則於經文以帥而至者不協又侵稍人之職矣案江說是也兵器當分爲二

器謂任器之屬賈以兵器通為五兵非也詳玉府疏 注二云受法於司馬者知所當徵衆寡者此亦注用今字作法卽大司馬之戰法也
鄉師之田法亦其細別此官則受之以為官法故稍人卽謂之縣師之法方士亦謂之縣法也軍旅會同田役事有大小所徵衆寡之數
不同司馬須其法於縣縣師則受法從而徵之 凡造都邑量其地辨其物而制其域 物謂地所有也
名山大澤不以封 【疏】凡造都邑者賈疏二云都謂大都小都邑謂家邑也二云量其地辨其物而制其域者與封人量人為官聯也賈疏
二云量其地者家邑二十五里大都百里小都五十里也域卽疆域大小是也江永二云職首通掌地域謂與甸稍縣都相連已定之地域此
則新制之地域也金榜二云量人掌建國之法造都邑亦如之是量其地者量人職也封人凡封國封其社稷之壝封其四疆造都邑之封
域者亦如之是制其域者封人職也於公邑之地造都鄙縣師掌公邑之地域故於其造都鄙也亦掌其事案金說是也凡造都邑其士
地取之公邑其除絕也則又歸之公邑故此官得制其域至都邑既建以後則其政治貢賦咸都家之君自主之此官不復參與唯其典
法命令閒有及於都家者故方士掌都家而二云脩其縣法周書嘗麥篇亦二云野宰乃命家邑縣都祠於大祠及風雨野宰卽縣吏也 注
二云物謂地所有也者卽大司徒二云以土會之法辨五地之物生以土均之法辨五物九等之事凡山川民物等皆其地之所有也二云名山
大澤不以封者王制文鄭彼注二云與民同財不得障管亦賦稅之而已言此者釋辨物制域之義 以歲時徵野之賦
貢 野謂甸稍縣都也所徵賦貢與閭師同 【疏】注二云野謂甸稍縣都也者遂人注義同縣士掌野注二云郊外曰野大總言之是遠郊
以外距王城二百里甸至五百里都通得野稱也亦詳甸師及縣士疏江永二云六遂以外通名野此謂徵公邑之民賦也公邑之民賦邑

大夫徵之縣師以入大府其疏材等物委人斂之若謂縣師親徵民賦則公邑民賦繁多豈上士二人中士四人所能徵哉云所徵賦貢與閭師同者賈疏云但閭師徵六鄉賦貢并斂之此縣師所徵四處賦貢與閭師同若斂野之賦貢是遂師旅師也故直云徵之同明斂則異也案鄭賈說並未安此野之賦貢即遂師之野職野賦所掌地異而法略同此官主公邑不主三等采地之賦貢采地賦貢亦非遂師旅師所斂互詳旅師疏

遺人掌邦之委積以待施惠鄉里之委積以恤民之囏阨門關之委積以養老孤郊里之委積以待賓客野鄙之委積以待羇旅縣都之委積以待凶荒委積者廩人倉人計九穀之數足國用以其餘共之所謂餘法用也職內邦之移用亦如此也皆以餘財共之少曰委多曰積鄉里鄉所居也囏阨猶困乏也門關以養老孤人所出入易以取餘廩也羇旅過行寄止者待凶荒謂邦國所當通給者也故書囏阨作墐阨羇作寄杜子春云墐阨當為囏阨寄當為羇【疏】掌邦國之委積以待施惠者掌王畿米粟薪芻等之委積皆於九式所用之外就地儲庤以待施惠之事與鄉師司救委人為官聯也江永云遺人委人皆掌委積而所主不同遺人兼有薪芻而所主者粟米之積委人主薪芻疏材木材凡畜聚之物之積遺人之委積自鄉里至縣都皆掌之但所主者粟米非委人之所聚者耳案江說是也云鄉里之委積以恤民之囏阨者以下並掌委積官之官法也賈疏云此下數者皆謂當年所稅多少總送帳於上在上商量計一年足國用外則隨便留之以為恤民之囏阨之等也囏阨謂年穀不熟民有困乏則振恤之案賈說非也年穀不熟自在凶荒之科

此云民艱阨者鄉師云以歲時巡國及野而賙萬民之艱阨以王命
施惠蓋隨時察問民有困乏不給者則賙恤之不係於年之上下也
二云門關之委積以養老孤者賈疏云門謂十二國門關謂十二關門
出入皆有稅所稅得者亦送帳多少足國用之外留之以養老孤故
司門云以其財養死政之老與其孤注云財所謂門關之委積也是
其所留之財也云郊里之委積以待賓客者郊里謂六鄉外四郊所
居與鄉里異賈疏謂即六鄉之民居遠郊者失之詳縣師疏賓客委
積即大行人上公五積侯伯四積子男三積之等出入道路隨宜供
致以其自國而出以郊為始故此職以郊里之委積待之而委人則
又以稍聚待賓客明道路所出隨在皆有不必皆出郊里大小司徒
並有賓客令野脩道委積之文彼野蓋通郊甸稍縣都言之與此下
文野鄙亦不同也云野鄙之委積以待羇旅者賈疏云上既言郊里
據遠郊則此野鄙據六遂在郊外曰野六遂中有五百家鄙故以鄙
表六遂耳則野鄙中可以兼得公邑在甸地者也旅客也謂客有羇
縶在此未得去者則於此惠之但羇旅處處皆有獨於此見惠者但
甸地在二百里中於外內有羇旅皆得取之故獨見於此也詒讓案
此職野鄙不兼縣都與縣師之野異然當兼甸稍言之司會質人注
並云野甸稍也是也羇旅謂畿外客民與上民為六鄉士著異蓋畿
外之民來至王國者皆於六遂外之公邑暫時寄居以鄉遂夫家有
定國中四郊士民萃處皆無容羇旅之地故必於野鄙受廛而即以
野鄙之委積待之委人亦以甸聚待羇旅皆是意也至客民之留居
不反者則亦於公邑受田故旅師掌野之與積而云凡新甿之治皆
聽之暫止則為羇旅久居則為新甿其實一也云縣都之委積以待
凶荒者賈疏云縣謂四百里都謂五百里不見稍三百里則縣都中
可以兼之凶荒謂年穀不熟則曲禮云歲凶年穀不登是也特於此
三處見凶荒其凶荒則畿內畿外皆有若畿外凶荒則入向畿內取

之畿內凶荒則向畿外取之是以鄭君通給解之故於近畿三百里
之外言待凶荒之事也案稍當在野鄙內賈謂在縣都中亦非是
注云委積者廩人倉人計九穀之數足國用以其餘共之所謂餘法
用也者賈疏云倉人主藏穀廩人主藏米自計九穀之數至餘法用
皆約倉人文案倉人云辨九穀之物以待邦用若穀不足則止餘法
用有餘則藏之以待凶而頒之注止猶殺餘法用謂道路之委積所
以豐優賓客之屬又案廩人云掌九穀之數以待國之分頒謂若委
人之職諸委積以稍聚待賓客以甸聚待羇旅是廩人亦云委積若
然穀不足止餘法用則此鄉里已下皆無入委積之事故云止餘法
用也雖無新物以入委積其舊委積所藏者則給鰥阨老孤之等故
倉人云藏之以待凶而頒之掌客云凶荒則殺禮者謂除道路委積
之外也案鄭賈意蓋謂此官所掌委積以米穀爲主即倉人所謂穀
積是也凡委積皆出於式用之餘管子輕重乙篇云請取君之游財
而邑里布積之游財亦即餘法用也云職內邦之移用亦如此也者
職內注云移用謂轉運給他此鄉里之委積等亦以法用所餘轉運
別儲以給鰥阨諸用是與彼移用義正同也賈疏云職內所云亦謂
本司所用有餘乃移於他處故云亦如此也云皆以餘財共之者餘
財即國用之餘也云少曰委多曰積者大司徒注同案委積皆倉廩
積聚之通稱詳大司徒疏云鄉里鄉所居也者謂六鄉七萬五千家
所居之里也此經及司諫謂之鄉里鄉師謂之州里義並同其地同
在遠郊以內而非七萬五千家所居者則別謂之郊里故縣師注以
郊里爲郊所居義亦與此同云艱阨猶困乏也者阨戹之借字鄉師
注云艱阨飢乏也詳彼疏經作鰥注作艱者阮元云亦經用古字注
用今字之證賈疏云案書傳云行而無資謂之乏居而無食謂之困
云門關以養老孤人所出入易以取鰥廩也者此老孤專指死政之
老孤蓋春饗秋食之外又給鰥廩其人孤獨眂弱不可令遠取鰥廩

於官以門關人所常出入故令就給之也惠士奇云古者軍營在門故死事之老孤養以門關之委積蓋就其地而養之所以勵士而勸功也文十一年左傳鄭瞞伐宋司徒皇父禦之耏班爲御以敗狄於長丘宋以門賞耏班使食其征征者門關之委積耏班食之因謂之耏門案惠說亦通軍營在門詳大司馬注云羈旅過行寄止者者說文网部云䍙馬駱頭也重文羈䍙或从革此羈卽䍙之譌體史記陳杞世家集解引賈逵左傳注云羈寄旅客也然則羈旅謂行客經過因而寄止其地者也云待凶荒謂邦國所當通給者也者大府注云待猶給也又大司徒云大荒則命邦國移民通財是無論畿內畿外凡有凶荒悉彼此相通給之故以縣都之委積待之也云故書艱阨作㨷阨羈作寄杜子春云㨷阨當爲艱阨寄當爲羈者㨷舊本誤槿今依宋建陽本互注本及釋文正段玉裁云說文堇部堇黏土也艱土難治也從堇艮聲囏籀文艱從喜周禮故書作㨷㨷見說文手部飾也於此不可通故子春易之不易爲艱而易爲囏者據鄉師有囏阨之文故知當從籀體連阨言之以見同鄉師也易寄爲羈亦依字之聲類徐養原云囏㨷羈寄各以同音相通注云羈旅過行寄止者則羈寄義亦同也宋世犖云王制東方曰寄呂覽慎勢注寄作羈詒讓案子春易經字爲囏而注仍作艱者亦用今字也俗本注亦作囏非委人羈旅注云故書羈作奇羈寄奇聲類同

凡賓客會同師役掌其道路之委積凡國野之道十里有廬廬有飲食三十里有宿宿有路室路室有委五十里有市市有候館候館有積廬若今野候徒有庌也宿可止宿若今亭有室矣候館樓可以觀望者也一市之閒有三廬一宿

疏凡賓客會同師役掌其道路之委積者賈疏云上經委積隨其所須之處而委積此經所陳委積據會同師役行道

所須故分布於道路遠處須多故有積近處須少故有飲食及委也云凡國野之道十里有廬廬有飲食者此野謂城郭外自近郊至五百里畿凡道路所出皆有此制與上文野鄙專指甸稍異廬卽野廬氏所巡行宿息之等云三十里有宿宿有路室路室有委者呂氏春秋不廣篇云軍行三十里爲一舍故三十里有宿路室儲待多於廬故有委管子大匡篇云三十里置遽委焉有司職之從諸侯欲通吏從行者令一人爲負以車若宿者令人養其馬食以委尹注云遽今之郵驛也委謂當有儲擬以供過者此與三十里路室有委合又據管子則路室似兼爲傳遽之舍續漢輿服志云驛馬三十里一置周法或與漢同云五十里有市市有候館候館有積者荀子大略篇云吉行五十里故五十里有市候館儲待尤多故有積大戴禮記王言篇云五十里而封百里而有都邑乃爲蓄積衣裘焉使處者恤行者有與亡此與五十里候館有積合

注云廬若今野候徒有庌也者釋名釋宮室云廬慮也取自覆慮也圉師注云廬廡也廣雅釋宮云庌廡廬舍也廬制最疏略惟爲長廣之周屋以使晝息漢時野候蓋正如此故舉以爲況徒有庌者明其無房室不可野宿也庌卽廡詳圉師疏又國語周語云國無寄寓韋注云寓亦寄也無寄寓者不爲廬舍可以寄羇旅之客案說文广部云廬寄也則寄寓當卽此經之廬國語又云立鄙食以守路注云鄙四鄙十里有廬廬有飲食則此廬亦卽彼鄙食之制云宿可止宿若今亭有室矣者說文宀部云宿止也又高部云亭民所安定也亭有樓蓋宿有路室其制視廬加詳具有房室可以夜宿漢時亭亦有室可宿史記李廣傳霸陵尉止廣宿亭下是其證御覽居處部引風俗通云謹案春秋國語畺有寓望謂今亭也漢家因秦大率十里曰亭亭留也蓋行旅宿食之所館也據應說則漢之亭兼周路室候館之制矣又周書大聚篇云五里有郊十里有井二十里有舍舍有委蓋邦國都鄙路室之制與此經異

云候館樓可以觀望者也者聘禮及郊又云及館注云館舍也遠郊之內有候館可以小休止沐浴說文人部云候伺望也又食部云館客舍也周禮五十里有市市有館館有積以待朝聘之客又木部云樓重屋也魯語云宿於重館韋注云館候館引此經案館與觀聲近守邏釋名釋宮室云觀觀也於上觀望也楚辭大招王注云觀猶樓也蓋候館之制尤備不徒有室又有高明樓榭足供候望觀眺惠士奇謂即周語所謂寓望是也云一市之閒有三廬一宿者賈疏云十里二十里有廬三十里有宿四十里又有一廬五十里有市是其一市之閒三廬一宿凡廬有四義十里有廬一也中田有廬二也易剝之上九云君子得輿小人剝廬注云小人傲狠當剝徹廬舍而去三也公劉詩云於時廬旅鄭云廬舍安民館舍施教令四也案依鄭賈說通計之則自王城外至於畿面約有十市十宿三十廬其廬宿市左右旁自相距里數則無攷又案通言之宿市路室候館等皆謂之野廬故野廬氏掌比國郊及野之道路宿息井樹是也

凡委積之事巡而比之以時頒之 疏 凡委積之事巡而比之者委積分儲各處此官則巡視比校之恐有闕乏也云以時頒之者賈疏云則以待者是也

均人掌均地政均地守均地職均人民牛馬車輦之力政 政讀為征地征謂地守地職之稅也地守衡虞之屬地職農圃之屬力征人民則治城郭涂巷溝渠牛馬車輦則轉委積之屬 疏 掌均地政均地守均地職者大司徒云以土均之法辨五物九等制天下之地征此以下所均即土均之法也賈疏云均人所均地政已下總均畿內鄉遂及公邑均地政者謂均地守地職二者之稅使皆十一而出稅又均人民已下力征之事若然土均云掌平土地之政以均地守以均地事以均

地貢注云所平之稅邦國都鄙也與此鄉遂及公邑別彼又云地貢鄭云謂諸侯之九貢與此九職之貢又不同也案均人掌均鄉遂公邑之地事與土均掌均邦國都鄙之地事職掌內外遠近互相備也地政雖是十一之稅然當爲九賦非九職也鄭賈說並誤　注云政讀爲征者土均注同此據大司徒土均之法云地征故讀從之凡此職地政力政政並讀爲征卽小宰注所云征字或作政者也云地征謂地守地職之稅也者大司徒注云征稅也鄭意此地征卽地稅對口泉爲民稅也今案當爲九賦卽下云財賦是也九賦是地稅非口泉詳大宰疏管子乘馬篇云地之不可食者山之無木者百而當一涸澤百而當一地之無草木者百而當一楚棘雜處民不得入焉百而當一藪鐮纆得入焉九而當一蔓山其木可以爲材可以爲軸斧斤得入焉九而當一汎山其木可以爲棺可以爲車斤斧得入焉十而當一流水網罟得入焉五而當一林其木可以爲棺可以爲車斤斧得入焉五而當一澤網罟得入焉五而當一命之曰地均又云十仞見水不大潦五尺見水不大旱十一仞見水輕征十分去一二則去二三則去三四則去四五則去半比之於山五尺見水十分去一四則去二三則去三二則去四一尺而見水比之於澤卽此均地征之法也惠士奇云遂人以土均平政均人土均皆掌土地之政令管子乘馬篇所謂地均以實數者也左襄二十五傳楚蔿掩所書九度八鳩七辨六表五數四規三町二牧一井之土亦不外是矣山虞澤虞林衡川衡之山林林麓川澤之土丱人之金玉錫石之土場人之場圃之土凡在大司徒土地之圖者十有二土之名十有二壤之物皆以土均之法均之則皆與土均聯事而分掌之者也云地守衡虞之屬者土均注同林衡掌林麓川衡掌川澤並云平其守注云平其地之民守林麓之部分此均地守卽所云平其守也賈疏云亦謂畿內川衡林衡山虞澤虞皆遣其地之民守護之及其入山林川澤取

之者使出稅以當邦賦云地職農圃之屬者與載師授地職義同亦據有事於地者故不通舉九職載師注釋為農牧衡虞此衡虞別入地守又不及牧故云之屬以晐之云力征人民則治城郭涂巷溝渠牛馬車輦則轉委積之屬者此力征即任役有事則征之與九職之力征為民貢之常征異賈疏云人民并車輦並是力之征稅

凡均力政以歲上下豐年則公旬用三日焉中年則公旬用二日焉無年則公旬用一日焉

豐年人食四鬴之歲也人食三鬴為中歲人食二鬴為無歲歲無贏儲也公事也旬均也讀如營營原隰之營易坤為均今書亦有作旬者

疏 凡均力政以歲上下者此均力役之官法也賈疏云此所均力政者即上人民之力征不通牛馬車輦故禮記王制云用民之力歲不過三日是此亦據人而言也以歲上下者上即豐年下即儉年也王引之云以歲上下則在農功既畢之後可知　注云豐年人食四鬴之歲也人食三鬴為中歲人食二鬴為無歲歲無贏儲也者賈疏云案廩人云人四鬴上也人三鬴中也人二鬴下也而知之彼又云不能人二鬴則令邦移民就穀此時則無力征矣若然此食二鬴而言無年無年者鄭云無贏儲仍未移民就賤此無年與彼不能人二鬴之歲不同彼不能人二鬴自然無贏儲也案賈說是也玉藻云年不順成士功不與孔疏亦云謂人食不得滿二鬴之歲若人食二鬴則猶與土功也云公事也者爾雅釋詁文云旬均也者爾雅釋言云洵均也旬洵聲類同詩大雅桑柔篇菀彼桑柔其下侯旬毛傳云旬言陰均也鄭意役法當均勞逸故謂之公旬即取役事均平之義猶市賈謂之月平也云讀如營營原隰之營者即小雅信南山篇畇畇原隰之異文段玉裁云讀如營當說其音也營營今詩作畇畇營從田熒省聲熒在庚耕清青部旬畇在真臻部二部古字合用也呂飛鵬云鄭蓋引韓詩也詩

大雅來旬來宣箋云旬當作營營當爲同聲字旬可讀作營亦可讀如營也江永云公旬者公家力役之程日也力役以旬計左傳宣十六年楚令尹蔿艾獵城沂三旬而成不愆于素定元年士彌牟營成周量事期三旬而畢公旬卽此旬字舊讀均非是力役或一旬二旬三旬而一夫不過三日三日之外他役代之案江讀是也王昭禹陳祥道鄭鍔方苞王引之並讀旬如字與江略同蓋鄉師大役有役要亦案日校計旬者日之小成宰夫所謂旬終則令正日成是也役要計日受功故亦謂之公旬依江說則不論功役之多少而一人一年止用三日二日一日與王制及賈申鄭義並合於義爲允大戴禮記王言篇亦有使民之力歲不過三日之文蓋力役大小遲速不能豫定而一人應直之役歲必以三日爲正其中與發亦自有更遞及顧代之法不慮其廢事而厲民也又案此力征謂與作大役與九職任民之征異以小司徒遂人經文攷之六鄉六遂致民雖有上劑下劑之異而家皆以一人爲正卒國有大功小司徒大司馬計用役之數書以授鄉遂之吏以致民其正卒來供役在公旬三日之內者蓋受役而自齎其食若三日之外未受代則其不來共役者計公旬三日之食相與共而給之以當顧役之直蓋或共役或出泉自有均平之法其馬牛車輦之等亦然此官皆當均而治之矣云易坤爲均今書亦有作旬者者坤爲均易說卦文內則注云旬當爲均聲之誤也易說卦坤爲均今亦或作旬也段玉裁云易坤爲均亦有作爲旬者則旬讀爲均此周禮旬亦讀爲均也內則旬而見鄭讀均而見古文均字作鋆說文約字他書作徇筍字今作鈞知旬勻古通用不別

凶札則無力政無財賦無力征恤其勞也無財賦恤其乏困也財賦九賦也【疏】凶札則無力政無財賦者賈疏云凶謂年穀不熟札謂天下疫病則無力征及財賦二事此卽廩人云不能人二鬴之歲王昭禹云無力政則大司徒十二荒政所謂弛力也

無財賦則荒政所謂薄征也案王說是也無力政者謂弁公旬一日之役亦弛而不徵大凶札尤重於無年也此力政亦謂與役非九職之力征 注云無力征恤其勞也無財賦恤其乏困也者征舊本並作政宋建陽本作征與前注合今據正以凶札民勞而財乏不可重困之故無力征財賦以恤其災云財賦九賦也者大宰云以九賦斂財賄注云財泉穀也賈疏云此卽大宰九賦謂口率出泉知賦中惟是九賦者以下文有地守地職故此惟有九賦也若然上均地政不言均九賦亦均之可知案九賦乃地稅之正鄭賈以為口泉非也財賦雖為九賦當兼有載師里布閭師夫布及廛人五布之等司市云國凶荒札喪則市無征是其一端也又案大司徒注云財賦謂九賦及軍賦此不言軍賦者上力政已含軍賦明財賦內無軍賦也

不收地守地職不均地政

不收山澤及地稅亦不平計地稅也非凶札之歲當收稅乃均之耳

疏 注云不收山澤及地稅亦不平計地稅也者謂虞衡不收山澤之稅農圃不收田園之稅既不收稅卽不須平計之但此地職乃九職之貢上注云農圃之屬是也與地政為九賦地稅之正不同鄭并為一非也云非凶札之歲當收稅乃均之耳者明此土均平計地稅之事皆非凶札之歲乃舉之也

三年大比則大均

有年無年大平計之若久不脩則數或闕

疏 三年大比則大均者此贊小司徒大比民數而因以稽攷地政地守地職力政大總校計均平之使無勞逸也𢝊士奇云三年大比則大均故大宗伯有大均之禮以恤衆論語為力不同科馬融曰為力者力役之事有上中下三科謂歲有豐凶地有遠近時有久暫周衰政失力役不均故孔子傷之公旬之有均卽力役之有科也 注云有年無年大平計之者賈疏云經既云大均明知有年及無年皆須大平均計之也云若久不脩則數或闕者明大均不得踰三年之意

師氏掌以媺詔王告王以善道也文王世子曰師也者教之以事而諭諸德者也疏掌以媺詔王者媺古美字詳大司徒疏注云告王以善道也者大宰注云詔告也大司徒注云美善也謂以善道告王使行之通典吉禮引馬融注云媺媺道也告王以善道與鄭注同引文王世子曰師也者教之以事而諭諸德者也者證告以善道卽諭諸德之事諭禮記作喻義同通典引馬注云師者教人以事而諭諸德也亦約文王世子文荀子儒效篇說周公教誨開導成王使諭於道卽師道也以三德教國子一曰至德以為道本二曰敏德以為行本三曰孝德以知逆惡教三行一曰孝行以親父母二曰友行以尊賢良三曰順行以事師長德行內行之稱在心為德施之為行至德中和之德覆燾持載含容者也孔子曰中庸之為德其至矣乎敏德仁義順時者也說命曰敬孫務時敏厥脩乃來孝德尊祖愛親守其所以生者也孔子曰武王周公其達孝矣乎夫孝者善繼人之志善述人之事者也孝在三德之下三行之上德有廣於孝而行莫尊焉國子公卿大夫之子弟師氏教之而世子亦齒焉學君臣父子長幼之道疏以三德教國子者三德三行皆此官掌小學教國子之官法也凡小學在國中王宮南之左大戴禮記保傅篇云古者年八歲而出就外舍學小藝焉履小節焉束髮而就大學學大藝焉履大節焉案外舍卽小學也師氏教以德行保氏教以道藝學小成而後升於大學大司樂教之三官為聯事所教亦互相備也云三曰孝德以知逆惡者通典吉禮引馬注云教以孝德使知逆惡之不可為也賈疏云善父母為孝以孝德之孝以事父母則知逆惡不行也案賈略本馬義俞樾云逆惡之事無取乎知之知當讀為折荀子勸學篇鍥而舍之朽木不折大戴記勸學篇作

朽木不知知卽折之段字也知與折古音相近中庸旣明且哲釋文曰哲徐本作知知之通作折猶知之通作哲也孝德以折逆惡者言其孝德折其逆惡之心也折猶制也論語顏淵篇片言可以折獄者鄭注曰魯讀折爲制是折與制義通有子曰其爲人也孝弟而好犯上者鮮矣不好犯上而好作亂者未之有也是謂孝德以折逆惡案俞說亦通二云教三行者教國子以躬行之事其要有三也二云一曰孝行以親父母二曰友行以尊賢良者通典引馬注二云教以朋友之行使擇益友鄉大夫注二云賢有德行者宰夫注二云良猶善也案大司徒六行亦以孝友爲首但彼無順行而有睦姻任恤與此異又大司樂樂德教國子中和祗庸孝友彼通言之故以孝友爲德猶此三德六行皆有孝也又案依馬說此友行據朋友爲義故二云以尊賢良而大司徒大司樂兩職注並據爾雅善兄弟爲友義不同者善朋友善兄弟兩義可互通經注各舉一耑以見義實不相妨也二云三曰順行以事師長者通典引馬注二云師德所不如也長老者案此師長當與調人師長之讐眡兄弟義同卽大宰九兩之師以賢得民長以貴得民事長謂事官府都邑之長亦當盡禮孝經二云以敬事長則順是也士冠禮冠禮畢二云遂以摯見于鄉大夫鄉先生彼鄉大夫卽長鄉先生卽師蓋成人亦重事師長不徒小學之教也馬以爲長老雖亦經義所眩然不得在復讐之科不可通於調人矣賈疏謂朋友之長者尤誤

注二云德行內外之稱在心爲德施之爲行者通典引馬注同說文彳部二云德升也又心部二云悳外得於人內得於己也經典通以德爲悳經例多以德行通言故大司樂注二云德能躬行者唯此以三德三行分教故鄭特分別釋之大戴禮記盛德篇二云能得德法者爲有德能行德法者爲有行是德者心蘊於內行者身履於外之名也賈疏二云案禮記二云恥有其德而無其行則德在內行在外也又見經至德敏德道行爲本道行是施之於外之名又孝德知逆惡行亦是在

外之事則知三德皆在內與外行爲本又三行云親父母之等故云施之爲行也云至德中和之德者中庸云喜怒哀樂之未發謂之中發而皆中節謂之和中也者天下之大本也和也者天下之達道也致中和天地位焉萬物育焉鄭據彼爲說又鄭中庸目錄云名曰中庸者以其記中和之爲用也是中和爲德中庸爲用故不云中庸之德而云中和之德大司徒六德知仁聖義中和依鄭說則此至德兼彼二德也通典引馬注云至德者中德也中庸曰天命之謂性率性之謂道失中庸則無以至道故曰以爲道本亦據中庸爲說與鄭同云覆燾持載含容者也者中庸云辟如天地之無不持載無不覆幬鄭彼注云幬亦覆也幬亦作燾此注卽本彼文明中和所以爲至德也云孔子曰中庸之爲德其至矣乎者賈疏云此是論語雍也之文引之者證此至德與中庸之德爲一之意案鄭中庸注云庸常也用中爲常道也云敏德仁義順時者也者書康誥云丕則敏德說文攴部云敏疾也順時卽敏疾之義論語集解引孔安國云敏行之疾也故以爲行本引說命曰敬孫務時敏厥脩乃來者學記引兌命文兌說字通鄭彼注云敬孫敬道孫業也敏疾也厥其也學者務及時而疾其所脩之業乃來案僞古文說命襲此文作惟學遜志務時敏厥脩乃來非鄭所見此引之者證敏爲仁義順時之義云孝德尊祖愛親守其所以生者也者大司徒六行注云善於父母爲孝所謂愛親也此復廣言孝德之盛故兼尊祖言之引孔子曰武王周公其達孝矣乎夫孝者善繼人之志善述人之事者也者證尊祖愛親守其所以生之義賈疏云是禮記中庸文言二人通達行孝者也案中庸上文云無憂者其惟文王乎父作之子述之則善繼人之志據周公以成王時未大平不得制禮作樂周公攝政六年大平乃制作禮樂爲善繼文王之志則尚書云考朕昭子刑乃單文祖德是也善述人之事者據武王能述父以伐紂之事則尚書序云惟十有一年武王伐

殷是也中庸孔疏云善繼人之志者謂若文王有志伐紂武王能繼而承之善述人之事者言文王有文德爲王基而周公制禮以贊述之此是武王周公繼孝之事案繼志述事賈孔二疏義正相反孔說爲允云孝在三德之下三行之上德有廣於孝而行莫尊焉者孝經云子曰天地之性人爲貴人之行莫大於孝是行莫尊於孝也大司樂樂德亦以孝友爲下賈疏云三德以孝德爲下故云德有廣於孝則至德敏德是二德廣於孝德也三行之中孝行施於父母爲上順行友行施於外人爲下故云而行莫尊焉案此經之義當如鄭賈說但德行上下亦非一揆不容泥也大戴禮記衞將軍文子篇孔子曰孝德之始也弟德之序也信德之厚也忠德之正也盧注云天道曰至德地道曰敏德人道曰孝德四代曰有天德有地德有人德夫學天地之德者皆以無私爲能也動而樂施者天德也安而待化者地德也故天地之德有廣狹矣自餘禮義忠信已下皆爲人德因事則爲禮厚其行則爲孝也案盧意蓋以此孝德對天地二德則爲下而爲人德之重故彼記又以爲德之始說亦可通但以此三德爲卽四代記天地人三德則不免牽合恐未足馮耳云國子公卿大夫之子弟者漢書禮樂志說同卽後云國子弟是也大司樂云掌成均之法以治建國之學政而合國之子弟焉注云國之子弟公卿大夫之子弟當學者謂之國子並本班義賈疏云此經直言國子案禮記王制云春秋教以禮樂冬夏教以詩書下文云王大子王子羣后之大子卿大夫元士之適子國之俊選皆造焉故知國子之中有卿大夫之子也鄭不言王大子及元士之適子者略言之其實皆有也王制惟言大子適子不言弟鄭知兼有弟者大司樂及此下文皆云教國子弟連弟而言故鄭兼言弟也案御覽皇親部引尚書大傳云古之帝王必立大學小學使王大子王子羣后之子以至公卿大夫元士之適子十有三年始入小學年二十入大學與王制文略同並鄭所據

國語周語云宣王欲得國子之能導訓諸侯者樊穆仲曰魯侯孝乃命魯孝公於夷宮韋注賈侍中云國子諸侯之嗣子或云國子諸侯之子昭謂國子同姓諸姬也凡王子弟謂之國子據周語則王子羣后之子皆爲國子與王制書傳文合此注不言王子及諸侯子賈謂略言是也金榜云天子立四學王大子王子及諸侯卿大夫之子學焉謂之國子其鄉人子弟不得學於王宮小學父師少師教之門塾之基所謂家有塾也國子由小學入大學鄉人子弟由家塾入鄉學其俊選之士乃得升於大學是其貴賤之差又云師氏大司樂鄭注皆云公卿大夫之子弟謂之國子不下及於士燕義古者周天子有庶子官庶子官職諸侯卿大夫士之庶子之卒鄭注諸子職依用其說兼數士之子蓋据王族言之大傳公子有宗道公子之公爲其士大夫之庶者宗其士大夫之適者此公族有大夫復有士之說也然喪服經齊衰以下大夫以尊降公之昆弟以旁尊降凡於爲大夫者則得服其親服穀梁春秋曰公子之重視大夫然則在王族者不更別以大夫士審矣故鄭注或云公卿大夫之子弟或兼舉士之子義得兩通詒讓案此經有國子有門子二者不同國子者卽國之貴游子弟此通乎適庶而言者也小宗伯云其正室謂之門子則專指王族及公卿大夫之適子言之此不兼庶子者也王制及書傳所云適子者乃專指入學之門子言之管子立政篇云國子之義入與父俱出與師俱上與君俱是也蓋古多世官故入學者以適子爲尤重實則官族支庶子弟亦無不入學者故此經通言國子弟而王制書傳則止舉適子義不相晐也至元士雖爵秩較卑然在王族則有門子在庶姓亦多世官其適子雖不得爲門子然亦必入學此注不及元士之子亦是文略賈說深得鄭恉至鄉遂俊選則唯入大學不入小學故此注不及也又案依尚書大傳說則此經之國子爲年十三以上者大司樂之國子爲年二十以上者長幼不同管子小問篇云昔

者吳干戰未亂者不得入軍門國子摘其齒遂入爲吳國多是國子
不論年齒長幼之證但國子入學之年禮經無文內則云十年出就
外傅朝夕學幼儀請肄簡諒十有三年學樂誦詩舞勺成童舞象學
射御二十而冠始學禮舞大夏鄭注云成童十五以上大戴禮記保
傅篇則謂年八歲而出就外舍束髮而就大學盧注云束髮謂成童
白虎通曰八歲入小學十五入大學是也此太子之禮尚書大傳曰
公卿之太子大夫元士嫡子年十三始入小學見小節而踐小義年
二十入大學見大節而踐大義此世子入學之期也又曰十五年入
小學十八入大學者謂諸子姓晚成者至十五入小學其早成者十
八入大學內則曰十年出就外傅居宿於外學書計者謂公卿已下
教子於家也案依盧說則保傅八歲入小學十五入大學爲王大子
之禮內則書傳說十三入小學二十入大學爲諸侯世子及卿大夫
士嫡子之禮其或遲三年十五入小學或早一年十八入大學爲世
子以下晚成早成之別制今攷保傅上文自據王大子言之固當如
盧說然白虎通義辟雍篇漢書食貨志說並與彼同而不云有貴賤
之異公羊僖十年何注則云禮諸侯之子八歲受之少傅教之以小
學十五受大傅教之以大學是諸侯子入學之年又與王太子同至
十三入小學二十入大學據御覽引書傳自通王太子以下言之王
制孔疏引書傳略說又云餘子十五入小學十八入大學則盧說皆
非伏君之恉賈子容經又謂古者年九歲入小學視保傅內則復遲
早各較一年衆說乖異未能肊定要王侯之子始就傅即入小學自
宜較早公卿以下之子必先教於家塾而後入小學自宜較遲此則
揆之理而可信者耳云師氏教之而世子亦齒焉學君臣父子長幼
之道者賈疏云此約文王世子文也案彼云行一物而三善皆得者
唯世子而已其齒於學之謂也故世子齒於學國人觀之曰將君我
而與我齒讓何也曰有父在則禮然然而衆知父子之道矣其二曰

將君我而與我齒讓何也曰有君在則禮然然而衆著於君臣之義
矣其三曰將君我而與我齒讓何也曰長長也然而衆知長幼之節
矣是世子與國人學生齒焉之事

居虎門之左司王朝虎門路寢門也王日視朝於路寢門外畫虎焉以明勇猛於守宜也司猶察也察王之視朝若有善道可行者則當前以詔王

疏居虎門之左者此官朝位居路門外之東方特牲饋食禮注云
凡鄉內以入爲左右鄉外以出爲左右此據出路門鄉外言之故亦
以東爲左也云司王朝者當以幾詔王也惠士奇云師氏保氏同居
門左各司王朝保氏不言者省文可知　注云虎門路寢門也者卽
五門之路門也左昭十年傳齊陳鮑伐欒高子良伐虎門晏平仲端
委立于虎門之外孔疏亦以爲路寢門又引或說謂是宮之外門則
非也賈疏云鄭知者其路寢庭朝及庫門外之朝非常朝之處司士
所掌路門外是常朝日所朝之所經云司王朝明據此朝故鄭以路
寢門外解之詒讓案師氏教國子於小學在王宮南之左其居虎門
左司王朝則專據朝位言之不涉教學之事鄭學記注云內則設師
保以教使國子學焉外則有大學庠序之官王制注謂周制大學在
王宮之左小學在郊則學記注所謂師保教於內者不在王宮左之
學鄭說學制雖不塙然亦不謂師保之教卽在虎門之左右而漢以
來多以虎門爲小學所在如蔡邕集明堂月令論謂周官有門闈之
學師氏守王門保氏守王闈魏書劉芳傳又引蔡氏勸學篇云周之
師氏居虎門左敷陳六藝以教國子與月令論說同詩大雅靈臺孔
疏引袁準正論云周置師保之官居虎門之側然則學宮非一處也
大戴禮記保傅篇盧注云小學謂虎門師保之學也玉海學校引三
禮義宗云內則云人君之子十年出就外傅謂就外室而受教也外
室在虎門之左師氏之旁而築宮焉廣韻二十三䰟引周禮云公卿
大夫之子入王端門之左教以六藝謂之門子蓋亦據此經舊注義

諸說並因師氏朝位居虎門左與王制小學在公宮左方位偶同遂謂小學即在於彼金鶚云天子諸侯小學皆在宮南大門內之左中門以內路門之外則有宗廟不得爲學也師氏掌小學之教保氏副之師氏又以媺詔王故居虎門之左司王朝以治朝在虎門外也或據此文遂謂天子小學在虎門之左不知經文但言師氏居虎門之左未嘗謂小學在虎門左也案金說是也王國小學自當如王制說在王宮南之左即皋門內之左也師保教小學其宮雖不及大學之廣然王太子王子及諸侯卿大夫之子咸在其人數甚衆則亦必不甚隘路門之左既有宗廟必無更容小學之地蔡盧諸說殆不可通鄭亦無是義也大學小學制詳大司樂疏云王日視朝於路寢門外者明虎門之外即三朝之治朝司士所掌是也天子門朝制詳閽人及朝士疏云畫虎焉以明勇猛於守宜也者獸之勇猛者莫如虎路門爲師氏守衛之所故畫其象以示威嚴也劉敞謂王在國則虎賁氏守王宮蓋居此門指虎賁而言故曰虎門案司士治朝之位虎士在路門右蓋虎士分守五門自內而出以路門爲始劉說亦足備一義五行大義論禽蟲篇云考異郵云參伐虎之德義主斬刈所以學門謂之虎門乃畫虎於門者以兌居西方兌是說言主講說故又金有殺伐之威虎有毒害之猛故金義扶虎案蕭所述疑六朝禮家義蓋亦沿門闈小學之誤說與鄭義違不可據云司猶察也者媒氏及禁殺戮注並同說文司部云司臣司事於外者引申爲占察之義一切經音義引字林云伺察也伺即司之俗云察王之視朝若有善道可行者則當前以詔王者以此官掌以美詔王明司王朝亦爲詔以善道也王位在路門外之廷師氏之位在其左略後與大僕大右位相次蓋亦南面西上司士正朝儀王還揖門左即此位也門左在王後故王揖須還向之明此官詔王必去其本位趨前至王位乃得詔告之也國語楚語左史倚相述衛武公曰位宁有官師之典韋注云

中庭之左右謂之位門屏之閒謂之宁案韋義本爾雅釋宮天子宁在路門外諸侯亦然位宁卽治朝之位詳司士疏惠士奇謂官師卽師氏保氏是也

**掌國中失之事以教國子弟**

教之者使識舊事也中中禮者也失失禮者也故書中爲得杜子春云當爲得記君得失若春秋是也

疏 掌國中失之事以教國子弟者此於三德三行之外更教以通知掌故之學也賈疏云以其師氏知德行識其善惡得失故掌國中禮失禮之事以教國之子弟國之子弟卽王大子已下言弟卽王庶子以其諸侯已下皆以適子入國學庶子不入故知也案國子弟亦通諸侯以下庶子言之賈說非詳前疏 注云教之者使識舊事也者國中失之事卽國家舊所行之政治故以教告國子使識之云中中禮者也失失禮者也者謂中失皆以禮之當否爲斷也云故書中爲得杜子春云當爲得者黃以周云故書中下脫或字杜用故書本作中故云當爲得據書或字以正故書也若故書本作得何必改讀段玉裁改當爲爲當從云此鄭君從今書作中杜從故書作得也當從今本作當爲誤杜鄭說各異其實中得雙聲兩皆可從惠棟云史記索隱引三倉曰中得也封禪書云康后與王不相中周勃傳勃子勝之尚公主不相中皆訓爲得呂覽行論篇云禹爲司空以通水潦顏色黎黑步不相過竅氣不通以中帝心高誘曰中猶得然則中失猶得失故鄭用杜說而不改字王念孫云管子國蓄篇曰大國之君不相中舉兵而相攻謂不相得也齊策是秦之計中而齊燕之計過矣高注亦曰中得也中得義相同故二字可以互用宋玉風賦曰中脣爲胗得目爲䁾韓詩外傳曰動作中道從容得禮漢書京房傳曰曆中甲庚律得參陽性中仁義情得公正貞廉是也中得聲相近故二字可以通用呂氏春秋至忠篇荊莊哀王獵於雲夢射隨兕中之說苑立節篇作射科雉得之淮南齊俗篇天之員也不得規地之方也不得矩文子自然篇得

作中是也然則或改字或不改字義得兩通也案黃段惠王說是也毛詩小雅十月之交箋云師氏掌司朝得失之事則鄭亦兼從故書矣云記君得失若春秋是也者春秋繁露竹林篇云春秋記天下之得失而見所以然之故此杜所本詩商頌玄鳥孔疏引鄭禘祫志云春秋者書天子諸侯中失之事此從今書作中失而義與杜同

**凡國之貴遊子弟學焉**

貴遊子弟王公之子弟遊無官司者杜子春云遊當爲猶言雖貴猶學

疏凡國之貴遊子弟學焉者遊俗游字說文㫃部游古文作遊此經游觀字並作游或省作斿唯此職及司虣諸子司寤氏字作遊蓋皆遊之變體學謂就王宮南左小學之宮而學也師氏保氏爲之師而教之　注云貴遊子弟王公之子弟者賈疏云此即王制云王大子王子羣后之大子卿大夫元士之適子公卿三公羣后卿大夫元士之子略言之也詁讓案此貴遊子弟即上文之國子與諸子國子存遊倅義亦同並統卿大夫之子而言蔡氏月令論引古大明堂禮云王日中出南門見九侯及門子門子即適子之在小學者也鄭以經云貴遊故止舉王公之子弟最貴者爲釋其實義得兼晐也云遊無官司者者諸子注云遊倅倅之未仕者無官司即未仕者也賈疏云言遊者以其未仕而在學遊暇習業杜子春云遊當爲猶言雖貴猶學者段玉裁云此鄭不易字杜改字也後杜說者存其說也杜意謂遊爲聲之誤詁讓案杜意疑讀爲凡國之貴子弟猶學焉依杜說則於文不順故後鄭不從

**凡祭祀賓客會同喪紀軍旅王舉則從**

舉猶行也故書舉爲與杜子春云當爲與謂王與會同喪紀之事

疏凡祭祀賓客會同喪紀軍旅王舉則從者賈疏云祭祀則郊廟及山川社稷總是也賓客謂諸侯及卿大夫來朝聘或在朝或在廟會同亦或在畿內或在畿外軍旅謂出畿外征伐此數事王行之時師氏則從以王所在皆須詔王以美道故也　注云

舉猶行也者說文手部云舉對舉也引申之亦爲行國語魯語韋注云舉動也行與動義亦相近云故書舉爲與杜子春云當爲與謂王與會同喪紀之事者黃以周謂故書舉下脫或字段玉裁改爲爲從云此鄭君從今書作舉杜從故書作與也徐養原云禮記禮運選賢與能大戴禮王言篇選賢舉能舉與古字通无妄象傳物與无妄虞翻注與謂舉也楚辭九章與前世而皆然今言舉前世而皆然也七諫與世皆然兮王逸注與舉也墨子天志篇天下之君子與謂之不詳言舉謂之不祥也今案鄭從今書訓舉爲行與杜義異然與舉古既通用則凡舉皆可通作與觀禮運之舉與易象楚辭墨子初非同義則此經鄭杜二義皆可作舉亦皆可作與也王引之云作與者是也王與其事則親往可知矣大宗伯職曰若王不與祭祀則攝位祭僕曰凡祭祀王之所不與則賜之禽是吉凶之事王有與有不與也故曰王與則從與本字也舉借字也保氏王舉則從亦當爲與案王申杜義是也

**聽治亦如之**

謂王舉於野外以聽朝

疏注云謂王舉於野外以聽朝者與大宰云眡四方之聽朝義同野外謂野舍未至國邑也賈疏云卽上數事王所在皆有朝以聽治之故從王亦如上虎門之左同

**使其屬帥四夷之隸各以其兵服守王之門外且蹕**

兵服旃布弓劍不同也門外中門之外蹕止行人不得迫王宮也故書隸或作肆鄭司農云讀爲隸

疏使其屬帥四夷之隸各以其兵服守王之門外者司隸云掌帥四翟之隸使之皆服其邦之服執其邦之兵守王宮與野舍之厲禁然則師氏使其屬帥之者蓋與司隸同帥之二官爲聯事也四夷之隸卽蠻隸閩隸夷隸貉隸彼夷隸專指東夷之隸通言之則蠻閩夷貉皆爲夷故此總謂之四夷之隸手詩大雅雲漢傳云歲凶年穀不登則師氏弛其兵兵卽謂此四夷之隸所持兵也賈疏云使其屬者屬卽序官師氏中大夫之下有屬官

上士二人并有府史胥徒之等使此人帥四夷之隸若秋官蠻隸之
等各使四夷隸以其本國之兵器及其服以守王之門外以衛王宮
云且譯者與閽人隸僕爲官聯也　注云兵服旃布弓劍不同也者
卽司隸所說其邦之服與兵也旃氈之借字王制說西戎衣皮北狄
衣羽毛氈卽皮毛之服也賈疏云東方南方其服布其兵劍西方北
方其服旃其兵弓矢詒讓案周書王會篇云周公旦主東方其守營
牆者衣青操弓執矛此卽會同守壇壝宮之隸也彼東方之兵有弓
矛與賈說異又據彼文則守衛之服亦依方色與云門外中門之外
者謂王宮中門之外賈疏云案閽人掌中門之禁則中門內他人不
得入明在中門之外詒讓案依鄭閽人注義中門爲雉門然王宮五
門庫門之內萬民卽不得入閽人中門之禁當據庫雉應諸門言之
此官掌教小學在庫門外之左則守王門外亦當爲庫門外以其當
三詢外朝之北萬民得至譏察尤嚴故特使師氏守之也互詳閽人
保氏疏云蹕止行人不得迫近王宮也者閽人注云蹕止行者謂禁止
行人不得迫近王宮使無闌入也云故書隸或作肆鄭司農云讀爲
隸者據司隸帥四翟之隸明此經亦當作隸也徐養原云肆說文作
肆从長隶聲隸从隶
柰聲二字形相似　朝在野外則守內列
內列蕃營之在內者也其
屬亦帥四夷之隸守之如
守王
宮
疏朝在野外則守內列者亦與司隸爲官聯也賈疏云朝在野
外卽上文聽治是也　注云內列蕃營之在內者也者蕃與
藩同國語晉語韋注云藩籬落也王野舍蕃營蓋有兩重故掌舍掌
王之會同之舍設梐枑再重注云以周衛有內外列是也王引之云
列卽厲禁之厲司隸職守野舍之厲禁鄭注曰厲遮例也釋文例本
又作列列同音烈是厲與列同祭法厲山氏魯語作列山氏蠻隸職在
野外則守厲禁亦與此同意但彼在外此在內爲異耳山虞職物爲
之厲而爲之守禁鄭司農云厲遮列守之典祀職帥其屬而守其厲

禁鄭司農云遮列禁人不得令入墓大夫職帥其屬而巡墓厲鄭注云厲塋限遮列處皆其證也案王說是也凡周衞所在通謂之列左文元年傳楚潘崇掌環列之尹杜注云宮衞之官列兵而環王宮則國內宿衞亦得稱列不徒野舍矣云其屬亦帥四夷之隸守之如守王宮者賈疏云案司隸職云守野舍之厲禁上文云使其屬帥四翟之隸則二處皆帥四夷隸守之莊存與云其外列則司馬帥六鄉守之

周禮正義卷二十五

珍倣宋版印

# 周禮正義卷二十六

瑞安孫詒讓學

保氏掌諫王惡諫者以禮義正之文王世子曰保也者慎其身以輔翼之而歸諸道者也疏掌諫王惡者此官掌教小學而兼爲王之諫官也呂氏春秋勿躬篇云管子曰蚤入晏出犯君顏色進諫必忠不辟死亡不重貴富臣不若東郭牙請置以爲大諫臣管子小匡篇作鮑叔牙爲大諫大諫臣疑即此保氏之職與下司諫糾萬民之德異也　注云諫者以禮義正之者序官司諫注云諫猶正也以道正人行此注與彼義同王制云天子齊戒受諫注云歲終羣后奏歲事諫王當所改爲也此保氏亦隨時諫王惡使改爲之引文王世子曰保者慎其身以輔翼之而歸諸道者也者鄭彼注云慎其身者謹安護之引之者證保氏即彼保諫王惡即輔翼而歸諸道也而養國子以道乃教之六藝一曰五禮二曰六樂三曰五射四曰五馭五曰六書六曰九數乃教之六儀一曰祭祀之容二曰賓客之容三曰朝廷之容四曰喪紀之容五曰軍旅之容六曰車馬之容養國子以道者以師氏之德行審諭之而後教之以藝儀也五禮吉凶賓軍嘉也六樂雲門大咸大韶大夏大濩大武也鄭司農云五射白矢參連剡注襄尺井儀也五馭鳴和鸞逐水曲過君表舞交衢逐禽左六書象形會意轉注處事假借諧聲也九數方田粟米差分少廣商功均輸方程贏不足旁要今有重差夕桀句股也祭祀之容穆穆皇皇賓客之容嚴恪矜莊朝廷之容濟濟蹌蹌喪紀之容涕涕翔翔軍

旅之容闞闞仰仰車馬之容顛顛堂堂玄謂祭祀之容齊齊皇皇賓
客之容穆穆皇皇朝廷之容濟濟翔翔喪紀之容纍纍顛顛軍旅之
容暨暨詻詻車馬之容匪匪翼翼 疏 而養國子以道者此官居小學教國子以道藝
與師氏教德行互相備也說文食部云養供養
也引申爲教養文王世子云立大傅少傅以養之欲其知父子君臣
之道也注云養猶教也言養者積浸成長之孟子離婁篇云中也養
不中才也養不才大戴禮記曾子事父母篇云兄之行若中道則兄
事之兄之行若不中道則養之說文𠫓部云育養子使作善也引虞
書曰教育子並即此經養國子之義云乃教之六藝者此與六儀皆
教小學之官法也大戴禮記保傅篇說王子年八歲學小藝束髮而
學大藝此六藝蓋通大小藝言之內則云十年學書計成童學射御
又十年學幼儀十有三年學樂誦詩舞勺成童舞象即此六藝六儀
之小者也 注云養國子以道者以師氏之德行審諭之而後教之
以藝儀也者賈疏云案文王世子云大傅審父子君臣之道以示之
少傅奉世子以觀大傅之德行而審諭之師也者教之以事而諭諸
德者也保也者慎其身以輔翼之而歸諸道者也不云保氏以師氏
之德行審諭之者鄭以義約之少傅既以大傅之德行審諭之則保
氏亦以師氏之德行審諭之可知故鄭言之耳案鄭以經先言養後
言教故以養爲審諭德行之事非以道爲德行也實則養之與教事
本相成經言道即指藝儀等對師氏所掌三德三行爲德太平御覽
工藝部引馬融注云道六藝最得其義鄭意亦當與馬同故大司樂
注云道多才藝者德能躬行者分別道德甚析賈疏謂此道即上三
德三行故鄭以師氏之德審諭之乃教之非經注義也道藝義同詳
宮正疏云五禮吉凶賓軍嘉也者據大宗伯文云六樂雲門大咸大
韶大夏大濩大武也者據大司樂文案內則云十三學樂誦詩舞勺
成童舞象二十舞大夏此保氏教小學所教者即成童以下舞象舞

勺之國子樂師教國子小舞正謂此也而得教六大舞者蓋誦其樂章至二十乃列舞位肄其節奏也墨子公孟篇云舞詩三百是卽舞之樂章周書世俘篇云籥人奏崇禹生開三終當卽大夏之詩時武王初滅殷未作大武故用夏樂也六樂名義詳大司樂疏鄭司農云五射白矢參連剡注襄尺井儀也者釋文云襄音讓本作讓案白氏六帖射部引亦作讓賈疏云白矢者矢在侯而貫侯過其鏃白參連者前放一矢後三矢連續而去也剡注者謂羽頭高鏃低而去剡剡然襄尺者臣與君射不與君並立襄君一尺而退井儀者四矢貫侯如井之容儀也惠士奇云廣韻四十禡白矢作白勺襄尺作讓尺賈云襄君一尺而退則襄讀爲讓古今文也新序雜事曰左把彈右攝丸定操持審參連吳越春秋曰射之道從分望敵合以參連莊子田子方篇云適矢復沓注云矢去也箭適去復歃沓也然則復沓猶參連也列子仲尼篇曰善射者能令後鏃中前括發發相及矢矢相屬前矢造準而無絕落後矢之括猶銜弦視之若一焉是爲參連後漢陳王寵善弩射十發十中皆同處其法以天覆地載參連爲奇黃以周云襄尺襄古攘字今用讓鄉射記曰大夫與士射耦少退於物君爲下射退於物一笴笴三尺少退於物卽襄尺也井儀井古作丼侯有上下舌其形如丼丼中設正方二尺如丼之形詩行葦曰旣挾四鍭四鍭如樹樹謂儀表言四矢之發悉如井儀言其中的之正也詒讓案白矢義頗難通賈望文爲訓殆未必塙廣韻作白勺疑勺當爲勺之誤詩小雅賓之初筵云發彼有的毛傳云的質也的詩釋文作勺卽的之省白勺似言射時審擬的質而發但廣韻多譌舛恐仍未足信耳參連惠說足申賈義詩齊風猗嗟云四矢反兮鄭箋云反復也每射四矢皆得其故處卽所謂參連也據新序後漢書則彈及弩射亦有參連之法六韜軍用篇有參連大黃弩則近淮南子氾論訓所謂連弩者乃弩之別制與射法不相涉也黃說井儀與賈小異義亦

得通云五馭鳴和鸞逐水曲過君表舞交衢逐禽左者賈疏云鳴和
鸞者和在式鸞在衡案韓詩云升車則馬動馬動則鸞鳴鸞鳴則和
應先鄭依此而言逐水曲者謂御車逐水勢之屈曲而不墜水也過
君表者謂若毛傳云褐纏旃以爲門裘纏質以爲槸閒容握驅而入
擊則不得入穀梁亦云艾蘭以爲防置旃以爲轅門以葛覆質以爲
槷流旁握御擊者不得入是其過君表卽褐纏旃是也舞交衢者衢
道也謂御車在交道中車旋應於舞節云逐禽左者謂御驅逆之車
逆驅禽獸使左當人君以射之人君自左射故毛傳云故自左膘而
射之達於右腢爲上殺又禮記云佐車止則百姓田獵是也案鳴和
鸞者大馭云凡馭路以鸞和爲節是也賈引毛詩小雅車攻傳以釋
過君表然葛纏旃以爲門不得謂之君表其說殆不可通君表猶言
君位左昭十一年傳云朝有著定會有表會朝之言必聞于表著之
位杜注云野會設表以爲位蓋會同師田君在則必有表位凡車過
之當別有儀以致敬故五御有過君表之法猶入治朝者申過位之
敬矣晏子春秋諫下篇云縣愛槐之令載過者馳步過者趨威儀擬
乎君然則過君表者車當馳與詩鄭風大叔于田云兩驂如舞毛傳
云驂之與服和諧中節所謂舞交衢也又秦風駟驖云公曰左之舍
拔則獲鄭箋云左之者從禽之左射之也亦卽逐禽左之法云六書
象形會意轉注處事假借諧聲也者說文敘云周禮八歲入小學保
氏教國子先以六書一曰指事指事者視而可識察而可見上下是
也二曰象形象形者畫成其物隨體詰詘日月是也三曰形聲形聲
者以事爲各取譬相成江河是也四曰會意會意者比類合誼以見
指撝武信是也五曰轉注轉注者建類一首同意相受考老是也六
曰假借假借者本無其字依聲託事令長是也漢書藝文志云周官
保氏掌養國子教之六書謂象形象事象意象聲轉注假借造字之
本也案處事許作指事班作象事諧聲許作形聲班作象聲次第先

後亦與先鄭差異要其義一也晉書衛恆傳四體書勢云夫指事者在上爲上在下爲下象形者日滿月虧效其形也形聲者以類爲形配以聲也會意者止戈爲武人言爲信是也轉注者以老壽考也假借者數言同字其聲雖異文意一也案衛說足申許義惟假借者一字數義古無異音衛言聲異殆未達古音矣徐鍇說文繫傳云轉注者建類一首同意相受謂老之別名有耆有耋有耇有耄又孝子養老是也一首者謂此等諸字皆取類于老則皆從老轉注之言若水之出原分岐別派爲江爲漢各受其名而本同主于一水也江聲云說文解字一書分部五百四十卽建類也始一終亥卽一首也云凡某之屬皆从某卽同意相受也案徐江說是也云九數方田粟米差分少廣商功均輸方程贏不足旁要者九章算術云方田以御田疇界域粟米以御交質變易衰分以御貴賤稟稅少廣以御積冪方圓商功以御功程積實均輸以御遠近勞費盈不足以御隱雜互見方程以御錯糅正負句股以御高深廣遠李籍音義云諸田不等以方爲正故曰方田粟者米之未舂諸米不等以粟爲率故曰粟米衰差也以差而平分故曰衰分少廣從多以從之多益廣之少故曰少廣商度也以度其功庸故曰商功均平也輸委也以均平其輸委故曰均輸盈者滿也不足者虛也滿虛相推以求其適故曰盈不足方者左右也程者課率也左右課率總統羣物故曰方程句短面也股長面也短長相推以求其弦故曰句股案差分卽衰分旁要卽句股古今異名耳先鄭說並本九章劉徽九章算術注敘亦云周公制禮而有九數九數之流則九章是矣與先鄭說同孔廣森云旁要卽今三角法也凡三角必有三邊其兩斜邊謂之大腰小腰要卽腰字其直邊今謂之底古謂之旁蓋立觀之則爲旁偃觀之則爲底猶古句股本立形西法偃之號爲直角也三角可以御句股句股不可以盡三角故周公九章舉旁要而不舉句股至漢旁要法亡始以重差句股

足之張文虎云今九章算術缺旁要惟楊輝九章算法詳解句股容方第一問引句股旁要法孔氏以爲卽三角法案釋名云在邊曰旁
史記扁鵲倉公傳索隱云方猶邊也孔說近之云今有重差夕桀句股也者賈疏云此漢法增之馬氏注以爲今有重差夕桀夕桀亦是
算術之名與鄭異案今九章以句股替旁要則旁要句股之類也臧琳云釋文夕桀音的沈祥易反此二字非鄭注又少儀正義云今有
重差句股者鄭司農指漢時云今世於九數之內有重差句股二篇其重差卽與舊數差分一也去舊數旁要而以句股替之爲漢之九
數卽今之九章也先師馬融干寶等更云今有夕桀各爲一篇未知所出據此知鄭司農注本云今有重差句股賈孔所見本並同馬融
干寶注作今有重差夕桀沈重陸德明本則與馬干同故皆爲夕字作音今注中疏中句股上皆有夕桀二字又後人據釋文所加案臧
說是也今本注並有夕桀二字誤重差者九章算術劉序云凡望極高測絕深而兼知其遠者必用重差句股則必以重差爲率故曰重
差也李氏音義云重復也差不齊也重差句股名也孔廣森云重差者重兩句股取其影差異乘同除以知比例若劉徽海島經是也少
儀正義以重差當差分誤矣張文虎云夕桀惟秦九韶數學九章第四篇望敵圓營術有其名云以句股求之夕桀入之亦卽句股容圓
術也重差者重疊測望而知其差也劉徽海島算經序云度高者重表測深者絫矩佩離者三望離而又旁求者四望此卽所謂重差也
旁要夕桀蓋皆測望中之一事旁要測方夕桀測圓夕桀云者廣雅釋詁云夕衺也桀者揭也文選謝靈運擬劉楨詩注桀與揭音義同
又東京賦薛注揭猶表也蓋樹表而邪望之卽劉徽所云佩離者也疑重差夕桀古人本以旁要該之其實此三者皆不離於句股後人
強爲之分析耳案孔張說是也云祭祀之容穆穆皇皇者說文頁部云頌皃也容卽頌之叚字詩周頌雝天子穆穆鄭箋云穆穆美也雝

序云禘太祖也是祭祀之容也皇皇見少儀詳後云賓客之容嚴恪矜莊者先鄭以意言之云朝廷之容濟濟蹌蹌者曲禮云大夫濟濟士蹌蹌荀子大略篇云朝廷之美濟濟鎗鎗楊注云鎗與蹌同濟濟多士貌蹌蹌有行列貌即先鄭所本也云喪紀之容涕涕翔翔者亦先鄭以意言之云軍旅之容闞闞仰仰者詩大雅常武闞如虓虎箋云闞然如虎之怒仰釋文云本又作卬案卬仰古通用詩大雅卷阿疏引孫炎爾雅注云卬卬志氣高遠也云車馬之容顛顛堂堂者莊子馬蹄篇云其視顛顛釋文引崔譔注云顛顛專一貌論語子張篇堂堂乎張也何氏集解引鄭注云言子張容儀盛賈疏云先鄭以意所釋不依經典故後鄭不從云玄謂祭祀之容齊齊皇皇賓客之容穆穆皇皇朝廷之容濟濟翔翔者齊齊皇皇釋文作濟濟皇皇北堂書鈔禮儀部引同案少儀云言語之美穆穆皇皇朝廷之美濟濟翔翔祭祀之美齊齊皇皇鄭彼注云齊齊皇皇讀如歸往之往美皆當爲儀字之誤也又玉藻云廟中齊齊朝廷濟濟翔翔注云齊齊恭慤貌也濟濟翔翔莊敬貌也云喪紀之容纍纍顛顛軍旅之容暨暨詻詻者玉藻云喪容纍纍色容顛顛戎容暨暨言容詻詻注云纍纍羸憊貌也顛顛憂思貌也暨暨果毅貌也詻詻教令嚴也云車馬之容匪匪翼翼者少儀文注云匪讀如四牡騑騑孔疏云翼翼匪匪馬之嚴正

凡祭祀賓客會同喪紀軍旅王舉則從聽治亦如之使其屬守王闈闈宮中之巷門

【疏】凡祭祀賓客會同喪紀軍旅王舉則從者此並與師氏職同王舉舉亦當讀爲與詳師氏疏云使其屬守王闈者與師氏守王門爲官聯皆以助宿衛備非常與小學之事無涉注云闈宮中之巷門者說文門部云闈宮中之門也又𨛜部云𨞸里中道也篆文作巷巷即𨞸之隸省爾雅釋宮云宮中之門謂之闈左傳哀十四年杜注云闈宮中小門孔疏引孫炎云宮中相通小門也

釋宮又云衖門謂之閎宮中衖謂之壼左傳襄九年疏引孫炎云巷舍閒道也王肅云今後宮稱永巷成十七年疏引李巡云閎衖頭門他案巷與衖同里中道謂之巷宮中巷謂之壼有巷則有門宮中壼之有闈猶里中巷之有閎也焦循云考工記云廟中容大扃七个闈門容小扃參个注云廟中之門曰闈雜記記夫人之奔喪云入自闈門升自側階以階例門則闈亦在側爾雅云宮中之門謂之闈其小者謂之閨小閨謂之閤公羊宣六年傳于氏朝達外朝之門爲閨蓋在路門之旁者師氏守王門保氏守王闈守門者守其中門守闈者守其左右之闈門士虞禮注云闈門如今東西掖門又注保氏王闈云宮中之巷門然則朝廟之外皆有巷相通其巷側之門曰闈而在巷頭者曰閎惟其在巷側故在朝廟之東西壁婦人由巷而入廟故出自闈門也金鶚云闈者門之小者也大廟路寢宮旁一門各居四旁之中羣廟亦然凡在南者皆稱門其餘稱闈廟寢之外周垣牆垣亦有闈門其在南者天子曰皋門諸侯曰庫門大夫士曰外門或曰大門則上下通稱也門亦各居正中左哀十四年傳云子我歸屬徒攻闈及大門先言闈後言大門可知非宮中之闈此闈蓋屬於外牆徒兵自外攻之也保氏守王闈此闈屬於外牆與大門同類凡人得至故須守之內則云深宮固門閽寺守之是宮中小寢之門皆閽寺所守保氏所守之闈非宮中之闈也又云闈與閨散文亦通公羊宣六年傳云趙盾與諸大夫立於朝有人荷畚自閨而出者閨蓋小寢之門也大夫小寢門亦曰閨公羊傳又云勇士入其大門則無人門焉者入其閨則無人閨焉者上其堂則無人焉俯而窺其戶方食魚飧此敘靈公使人殺趙盾之事大夫亦恆居小寢小寢門小故曰閨也樂記閨門之中亦當指小寢門案焦金說是也諸經凡言闈門者蓋有三一爲廟中巷門及寢門匠人及雜記所云是也一爲宮內巷門及小寢門釋宮所云是也一爲宮旁之側門此經所云是也凡王

五門諸侯三門並據宮南正中之門言之其北與東西三面必尚有旁出之側門大戴禮記虞戴德篇云天子之宮四通是四面有門也聘禮云請觀訝帥之自下門入下門亦卽側門蓋凡不由大門入者皆入下門矣側門亦謂之闈故左傳說子我攻闈及大門皆不勝子我未入大門而得攻闈則闈爲宮中外達內之側門非宮內之巷門可知左傳疏謂公宮非止一門是也而謂子我蓋從別門而入兵得至闈故與大門並攻則於事情不合凡三門五門皆有旁出之側門通得闈名此保氏守王闈亦卽王宮之側門而注以爲宮中之巷門者鄭以師氏保氏所守者爲雉門外自皐門之內通爲宮中而凡側門之內必別有巷以達於內宮故側門亦得稱巷門也但保氏與師氏同教庫門外之小學則所守亦必與學相近當皆在庫門外鄭賈謂專屬雉門殊不塙耳闈通言之亦得稱閎周書皇門篇云周公格于左閎門孔注云路寢左門此卽路門旁之闈門也左成十七年傳齊慶克與婦人蒙衣乘輦而入于閎杜注云閎巷門此亦齊公宮之闈門是闈閎通稱不拘巷頭巷側也至蔡氏明堂月令論云禮記古大明堂之禮曰日出居東門膳夫是相日中出南門見九侯及門子日側出西闈視五國之事日入出北闈視帝猷爾雅曰宮中之門謂之闈王居明堂之禮又別陰陽門東南稱門西北稱闈故周官有門闈之學師氏教以三德守王門保氏教以六藝守王闈然則師氏居東門南門保氏居西門北門也案逸禮以闈爲西門北門與諸經並不合蓋禮家之駁文不爲典要蔡氏輒據以釋此經疏矣蔡氏謂此經有門闈之學亦肊說不可信詳師氏疏

司諫掌糾萬民之德而勸之朋友正其行而強之道藝巡問而觀察之以時書其德行道藝辨其能而可任于國事者朋友相切磋以善道也強猶勸也學

記曰強而弗抑則易巡問行問民閔也可任於國事任吏職〔疏〕掌糾萬民之德者小宰注云糾猶察也云而勸之朋友者此卽大司徒本俗六之聯朋友也云以時書其德行道藝者此與鄉遂之吏爲官聯也賈疏云此萬民時所習卽大司徒所云以鄉三物教萬民一曰六德知仁聖義忠和二曰六行孝友睦婣任恤此德行也彼又云三曰六藝禮樂射御書數卽此道藝也云辨其能而可任于國事者于石經及舊本並誤於今從宋婺州本嘉靖本正上文書其德行道藝是兼晐賢能此唯辨其能者司士云以能詔事大司寇官刑亦云上能糾職注云能能其事也是有能卽可任事不必皆賢也賈疏云案鄉大夫職云興賢者能者賢謂德行能謂道藝彼則賢能俱與此直云辨其能可任于國事不言賢者既辨其能則賢者自然亦辨而舉之可知也惠士奇云比長教和親閭胥聚衆庶書其敬敏任恤者族師每月屬民書其孝弟睦婣有學者是爲德行道藝黨正歲屬民而書之州長正月屬民而攷之然後入之於鄉大夫鄉大夫三年大比則復加攷而舉其賢者能者而獻其書司諫復以之攷鄉里之治而詔廢置蓋比閭族黨州鄉或有書之未備攷之未精舉之未當者司諫巡問而觀察之以進退其鄉之吏由是窮居側陋之士無不上聞言行必達皆登於書　注云朋友相切磋以善道也者賈疏云案鄭注論語同門曰朋同志曰友則彼其共在學者切磋以道義此勸萬民爲友朋則若孟子所云守望相助出入相友者同故鄭云切磋以善道也云強猶勸也者明與勸朋友義略同說文力部云勥迫也勸勉也強卽勥之叚字但經強字疑當作彊詳草人疏淮南子脩務訓高注云彊勉也強彊字通強勸同有趣迫勉厲之義大戴禮記曾子立事篇云君子攻其惡求其過彊其所不能漢書食貨志云十一以上上所強也顏注云勉強勸之令習事也義並與此同引學記曰強而弗抑則易者證強有勸義鄭彼注云抑猶推也孔疏引賀氏

珍倣宋版印

云師但勸強其神識而不抑之令曉則受者和易和易亦易成也云巡問行問民間也者掌固注云巡行也管子問篇云問子弟以孝聞於鄉里者幾何人鄉子弟力田爲人率者幾何人處士脩行足以教人可使帥眾涖百姓者幾何人士之急難可使者幾何人卽巡問之事也云可任於國事任吏職者卽鄉大夫云使民興能入使治之吏卽鄉吏賈疏謂使爲比長閭胥族師之類是也

**以攷鄉里之治以詔廢置以行赦宥** 因巡問勸強萬民而考鄉里吏民罪過以告王所當罪不

疏以攷鄉里之治者此官兼贊鄉吏之官計與鄉師爲官聯也遺人注云鄉里鄉所居也云以行赦宥者赦唐石經初刻作赦磨改作赦案說文攴部云赦置也重文赦赦或从亦今經典並作赦　注云因巡問勸強萬民而考鄉里吏民罪過以告王所當罪不者此亦注用今字作考也經廢置主吏言赦宥主民言賈疏云由上文巡問卽察官民善不也以巡問觀察萬民則知吏之治不故鄭兼吏民總言之

**司救掌萬民之衺惡過失而誅讓之以禮防禁而救之** 邪惡謂侮慢長老言語無忌而未麗於罪者過失亦由邪惡酗醟好訟者抽拔兵器誤以行傷害人麗於罪者誅誅責也古者重刑且責怒之未卽罪也

疏掌萬民之衺惡過失而誅讓之者此掌教救罷民之事說文言部云讓相責讓賈疏云衺惡謂坐嘉石之罷民不入圜土者過失謂不坐嘉石入圜土者也誅讓卽下二文三讓是也云以禮防禁而救之者申明禮法以防禁其爲非卽所以救其陷罪大司徒云以五禮防萬民之僞而教之中學記云教也者長善而救其失者也　注云邪惡謂侮慢長老語言無忌而未麗於罪者者邪宋本及舊注疏本並作衺今從嘉靖本正下並同阮元云釋文出經之衺云注作邪同此經作古衺字注作今邪字之明證今本皆依經改作衺矣下同案阮說是也

此亦經用古字注用今字之例大司寇注亦並作邪惡可證互詳宮正疏侮慢長老語言無忌皆邪僻之事故謂之邪惡卽下文之恥諸嘉石者大司寇云以嘉石平罷民凡萬民之有罪過而未麗於法而害於州里者此云未麗於罪猶云未麗於法析言之奇衺輕於過失通言之衺惡亦為罪過也莊存與云此未麗於法者若禁暴氏禁殺戮所掌則已麗於法者也云過失亦由邪惡酗醟好訟若抽拔兵器誤以行傷害人麗於罪者者說文酉部云酌醉醟也醟酌酒也酗卽酌之俗書無逸偽孔傳云以酒為凶謂之酗又微子孔疏云酗醟謂飲酒醉而發怒此酗醟好訟謂因飲酒醉而爭訟抽拔兵器誤以行傷害人卽司刺注所說是也二者俱由衺惡不悛成是過失以其過失重於衺惡故麗於輕罪卽下文之歸於圜土者也其不由邪惡酗醟好訟之過失則徑宥之不入圜土司刺三宥再宥曰過失注云過失若舉刃欲斫伐而軼中人者是也云誅誅責也者大宰注云誅責讓也與此義同並謂責讓輕罰非誅殺也云古者重刑且責怒之未卽罪也者責怒卽誅讓也賈疏云未卽罪者此圜土對五刑之刑人則是未卽罪也以其未入五刑之罪且役之耳

凡民之有衺惡者三讓而罰三罰而士加明刑恥諸嘉石役諸司空

罰謂撻擊之也加明刑者去其冠飾而書其邪惡之狀著之背也嘉石朝士所掌在外朝之門左使坐焉以恥辱之既而役諸司空使事官作之也坐役之數存於司寇

疏凡民之有衺惡者三讓而罰者此治衺惡之罷民與朝士為官聯也三讓三罰卽此官防禁之事云三罰而士加明刑恥諸嘉石役諸司空者讓罰而改則釋之若三罰不悛則歸之司寇使朝士恥之司空役之也事具大司寇職　注云罰謂撻擊之也者說文刀部云罰辠之小者从刀从詈未以刀有所賊但持刀罵詈則應罰案撻擊卽扑罰司市云大刑扑罰注云扑撻也云加明刑者去其

冠飾而書其邪惡之狀著之背也者大司寇注云明刑書其罪惡於大方版著其背是也賈疏云案司圜云凡害人者弗使冠飾彼據過失入圜土者但冠尊不居肉袒之體豈嘉石之罷民而著冠乎明其去冠飾也莊存與云此即所謂象刑惟明云嘉石朝士所掌在外朝之門左使坐焉以恥辱之者據朝士云左嘉石謂在庫門外外朝之左也云既而役諸司空使事官作之也者以司空爲事官役事繁猥故罰罷民使共其勞役大司寇注云坐日訖使給百工之役也御覽刑法部引風俗通云周禮凡萬民之有罪過未離於法者桎梏以上坐諸嘉石役諸司空令平易道路也案應說役司空爲平易道路亦通云坐役之數存於司寇者賈疏云司寇云重罪旬有三日坐朞役其次九日坐九月役其次七日坐七月役其次五日坐五月役其下罪三日坐三月役是其坐役之數也

其有過失者三讓而罰三罰而歸于圜土

圜土獄城也過失近罪晝日任之以事而收之夜藏於獄亦加明刑以恥之不使坐嘉石其罪已著未忍刑之

【疏】其有過失者三讓而罰者此治過失之罷民與司圜爲官聯也亦三讓三罰之云三罰而歸于圜土者三罰不悛則歸之司寇使司圜恥役之事亦具大司寇司圜職　注云圜土獄城也者大司徒注義同即司圜所掌之獄也云過失近罪者賈疏云謂對衰惡未近罪此圜土之刑人近五刑之罪故入圜土也云晝日任之以事而收之者據司圜云任之以事而收教之謂晝則於近圜土之地收聚罰作此司圜所掌則任之以事亦即使共司圜之役賈疏謂亦使司空使之誤云夜藏於獄者獄即圜土也謂頌繫之禁其士逸云亦加明刑以恥之者據大司寇圜土罷民及司圜皆云明刑是圜土之罷民亦加明刑與嘉石同也云不使坐嘉石其罪已著未忍刑之者賈疏云彼坐嘉石者罪輕未著須坐嘉石使衆人知之此等罪重已著不須坐嘉石也比五刑之罪又輕故未忍刑之

也凡歲時有天患民病則以節巡國中及郊野而以王命施惠天患謂裁害也節旌節也施惠賙恤之【疏】則以節巡國中及郊野者郊謂四郊內包六鄉野謂六遂外關四等公邑遂人云掌邦之野注云郊外曰野此野謂甸稍縣都是也蓋自國中以至五百里畺此官通巡行之矣郊野互詳大司馬疏云而以王命施惠者此與鄉師遺人旅師委人爲官聯也　注云天患謂裁害也者裁羣書治要引作灾案注例用今字當作災詳小宰疏樂記注云患害也水旱疾疫皆天所降之災害故謂之天患云節旌節也者掌節云道路用旌節賈疏云此經巡國及郊野是道路之事故知旌節也蔣載康云節珍圭典瑞珍圭以恤凶荒案蔣說亦通云施惠賙恤之者旅師注云以賙衣食曰惠說文心部云惠仁也孟子滕文公篇云分人以財謂之惠月令行慶施惠注云謂惠恤其不足也案凡以財物與人並謂之惠此施惠蓋謂施給衣食及醫藥等若鄉師云以歲時巡國及野而賙萬民之囏阨以王命施惠是也

調人掌司萬民之難而諧和之難相與爲仇讎諧猶調也【疏】掌司萬民之難而諧和之者師氏注云司猶察也表記云以怨報怨則民有所懲故古者不禁報讎而有調和之令此官主司察而治之　注云難相與爲仇讎者典瑞注云難仇讎也御覽人事部引馬融注云難謂相與爲仇也鄭本馬義賈疏云言仇讎者案左氏桓公傳云怨耦曰仇則仇是怨也讎謂報也即下文父之讎已下皆是怨當報之云諧猶調也者爾雅釋詁云諧和也說文言部云諧詥也調和也是諧調義通

凡過而殺傷人者以民成之過無本意也成平也鄭司農云以民成之謂立證佐成其罪也一說以鄉里之民共和解之春秋傳曰惠

伯成之之屬 疏 凡過而殺傷人者以民成之者殺卽掌殺戮所謂斬殺戮也傷卽掌殺戮所謂傷人見血也荀子正論篇云殺人者死傷人者刑是百王之所同也惠士奇云殺人者死傷人者刑乃秋官所弊而誅非調人之所和而釋所謂過而殺傷人者吉人良士本無殺傷之心時有過誤不幸陷離者耳調人乃教民之官故以其民共聽而成之 注云過無本意也者廣雅釋詁云過誤也謂本意不欲殺傷人而誤殺之傷之也與司救司刺過失義同鄉射記云射者有過則撻之注云過謂矢揚中人凡射時矢中人當刑之今鄉會聚衆賢以禮樂勸民而射者中人本意在侯去傷害之心遠是以輕之以扑撻於中庭而已卽無本意之義互詳司刺疏云成平也者司市質人方士大行人小行人注並同詩大雅緜虞芮質厥成毛傳亦云成平也平謂斷其是非使兩得其當息其爭訟也凡成平皆兼有聽斷之事訝士云四方有亂獄則往而成之與此義略同鄭司農云以民成之謂立證佐成其罪也者史記張湯傳云使吏捕湯左田信等集解引漢書音義云左證左也證佐與證左同謂以民之與知其事者爲證佐以平定其罪之輕重也先鄭意蓋謂雖無本意而殺傷人仍當科輕罪後鄭則謂無罪故不從也云一說以鄉里之民共和解之者先鄭後注云成之謂和之也卽從此義和解亦謂先斷其是非而後釋其仇怨也與下文令勿讎異賈疏云先鄭雖爲兩說後鄭以後說爲是故下注云上說立證佐成其罪似非也云春秋傳曰惠伯成之之屬者賈疏云左氏文七年傳云魯穆伯娶於莒曰戴己其娣聲己戴己卒又聘於莒莒人以聲己辭則爲襄仲聘焉又云且爲仲逆及鄢陵登城見之美自爲娶之仲請攻之公將許之叔仲惠伯諫公止之惠伯成之注云平二子使仲舍之公孫敖反之復爲兄弟如初是其事也

鳥獸亦如之 過失殺傷人之畜産者 疏 注云過失殺傷人之畜産者者賈疏云亦謂過誤殺傷人之鳥

獸若鷹隼牛馬之屬亦以民平和之案今殺傷人牛馬之等償其價直耳凡和難父之讎辟諸海外兄弟之讎辟諸千里之外從父兄弟之讎不同國君之讎眂父師長之讎眂兄弟主友之讎眂從父兄弟和之使辟於此不得就而仇之九夷八蠻六戎五狄謂之四海主大夫君也春秋傳曰晉荀偃卒而視不可含宣子盥而撫之曰事吳敢不如事主疏父之讎辟諸海外者賈疏云以下皆是殺人之賊王法所當討卽合殺之但未殺之閒雖以會赦猶當使離鄉辟讎也云從父兄弟之讎不同國者釋文出從兄二字則陸所見經本蓋並作從兄弟無父字爾雅釋親云兄之子弟之子相謂爲從父晜弟郭注云從父而別然則上云兄弟者謂親兄弟但此經從父兄弟當兼有從父經從字貫父及兄弟爲文荀悅申鑒時事篇說依古復讎之科云從父從兄弟之讎避諸異縣百里卽隱據此經義也賈疏云不同國別國卽得云國君之讎眂父者賈疏云謂同國人殺君眂猶比比父亦辟之海外云師長之讎眂兄弟者卽大宰九兩之二曰長以貴得民三曰師以賢得民師長之讎謂從學之師官府都邑之長爲人所殺而弟子吏民爲之報讎漢人有掾史部民爲府主守令復讎者尚與經義合此經長與師當爲二說者多誤合之非也互詳師氏疏云主友之讎眂從父兄弟者卽九兩之六曰主以利得民八曰友以任得民韓非子五蠹篇云今兄弟被侵必攻者廉也知友辱隨仇者貞也卽爲兄弟主友報讎之事主友義詳後賈疏云此經略言其不言者皆以服約之伯叔父母姑姊妹女子子在堂及兄弟子衆子一與兄弟同其祖父母曾祖父母高祖父母其孫承後皆斬衰皆與父同其不承後者祖與伯叔同曾祖高祖斬衰三月皆與從父兄弟同以其同繩屨故也自外不見者據服爲斷也其兄弟及從父兄弟師長主

友皆為無子復無親於己者故據己親疏為遠近若有子及親於己則自從親為斷案賈據服屬補經義甚覈惟禮記說復讎之法文多差異曲禮云父之讎弗與共戴天兄弟之讎不反兵交遊之讎不同國鄭彼注云父者子之天殺己之天與共戴天非孝子也行求殺之乃止不反兵恆執殺之備不同國讎不吾辟則殺之交遊或為朋友又檀弓云子夏問於孔子曰居父母之仇如之何夫子曰寢苫枕塊不仕弗與共天下也遇諸市朝不反兵而鬬曰請問居昆弟之仇如之何曰仕弗與共國銜君命而使雖遇之不鬬曰請問居從父昆弟之仇如之何曰不為魁主人能則執兵而陪其後大戴禮記曾子制言篇云父母之讎不與同生兄弟之讎不與聚國朋友之讎不與聚鄉族人之讎不與聚鄰白虎通義誅伐篇論復仇略依檀弓說而云朋友之仇不與同朝族人之仇不共鄰公羊莊四年何注又云禮九族之讎不同鄉黨朋友之讎不同市朝諸文並與此經互有異同又此經同姓之親止於從父兄弟而曾子及班何說並廣及族人尤為不合曲禮孔疏云檀弓云父母之仇不仕弗與共天下也而調人云父之讎辟諸海外則得與共戴天此不共戴天者謂孝子之心不許共讎人戴天必殺之乃止調人謂逢遇赦宥王法辟諸海外孝子雖欲往殺力所不能檀弓云父母之讎不反兵兄弟之讎仕弗與共國而此云兄弟不反兵者父母不反兵於普天之下也兄弟不共國謂不同中國也而亦不反兵者父母仇讎則不仕不辟市朝兄弟仇讎則猶仕而辟市朝也而亦同不反兵則同體重之也而調人云兄弟之讎辟諸千里之外二文不同者調人亦謂會遇恩赦之法辟諸千里之外檀弓又云銜君命而使雖遇之不鬬雖同不反兵與父母讎異也交遊之讎不同國者交遊朋友也不同國者謂不共五等一國之中也而調人云從父母兄弟之讎不同國與此同又調人云主友之讎視從父兄弟是主友亦同此與調人皆謂會赦故不同國雖不同

國國外百里二百里則可其兄弟仕不與共國者必須相去千里之外故調人云兄弟之讎辟諸千里之外是也但從父兄弟及交遊主友報讎之時不自為首故檀弓云從父兄弟之仇不為魁主人能則執兵而陪其後也江永云若是殺人而義者不當報報之則死如殺人而不義者正法當討不當教之辟也此辟讎者皆是過失殺人於法不當死調人為之和難而讎家必不肯解者乃使之辟也阮元云調人專言過殺非本意殺故調人得以使之遠避平成之與孔曾所言有意辱殺之讎不同案江阮說足申此經之義黃度王與之李光坡李鍾倫方苞莊存與孫希旦蔣載康亦並謂此經冢上過而殺人者而言是也賈孔禮疏並以會赦為釋非周法也　注云和之使辟於此不得就而仇之者說文辵部云避回也辟即避之叚字謂辟之使相遠則欲報仇者不得就而報之也云九夷八蠻六戎五狄謂之四海者職方氏注引爾雅同詳彼疏賈疏云案漢時徐州刺史荀文若問玄周禮父之讎辟之海外今青州人讎在遼東可以王法縱不討乎當問之時玄已年老昏耄意忘九夷八蠻六戎五狄謂之四海然則周禮在四海之外辟之如是亦是遠矣近則青州遼東作難未達周公聖意所趣若文若之難海水為四海故今明之然讎近東夷之人當辟之西戎餘皆放此趙商問調人職稱父之讎辟諸海外君亦然注使辟於此不得就而讎之商以春秋之義子不復讎非子臣不討賊非臣楚勝之徒猶言鄭人在此讎不遠矣不可以見讎而不討於是伐之臣感君恩孝子思其親不得不報和之而已子夏曰居父母之仇如之何孔子曰寢苫枕干不仕不與共天下遇諸市朝不反兵天下尚不反兵海內何為和之豈宜不達二禮所趣小子曰惑少蒙解說鄭答曰讎在九夷之東八蠻之南六戎之西五狄之北雖有至孝之心能往討不乎子之所云偏於此義若然鄭云雖有至孝之心能往討之不乎者欲明孝子雖會赦恆有復讎之心故避之海

外使絕忠臣孝子之心使無往之緣其孔子云寢苫枕干不仕者可通之會赦之後恆然其君亦然恐來入中國則殺之也復讎之法依異義古周禮說復讎可盡五世五世之內五世之外施之於己則無義施之於彼則無罪所復者惟謂殺者之身及在被殺者子孫可盡五世得復之文鄭從之也案文若荀或字其與鄭君問難語未詳所出據後漢書三國志彧傳皆不云爲徐州刺史疑有舛誤依賈說則鄭意以海外爲四海之外所辟絕遠荀以海水爲難殆未達鄭恉賈糾之是也但以會赦爲說則仍非經義又曲禮疏引五經異義云公羊說復百世之讎古周禮說復讎之義不過五世許愼謹案魯桓公爲齊襄公所殺其子莊公與齊桓公會春秋不譏又定公是魯桓公九世孫孔子相定公與齊會於夾谷是不復百世之讎也從周禮說孔引尤備所稱古周禮說蓋此經舊師佚義復讎盡五世即謂高祖至玄孫賈前疏義本於彼也云主大夫君也者謂家臣及采邑之民稱其君爲主也大宰注云主謂公卿大夫此注不云公卿者喪大記云大夫君不迎於門外鄭依彼成文亦以公卿得通大夫也坊記云大夫不稱君鄭注亦引此經爲釋引春秋傳者襄十八年左傳文證大夫君得稱主也杜注云大夫稱主亦依鄭義王引之云宦子所云乃同官相尊之詞非大夫君之謂也惟仕於家者以大夫爲君晉語曰三世仕家君之再世以下主之則家臣之於大夫義與君臣相等故喪服大夫之臣爲大夫服斬衰大夫君之讎宜與君同而今乃輕於師長無是理也案曲禮曰交遊之讎不同國主友蓋皆交遊之屬主謂適異國所主之人也羈旅相依有朋友之道故與友並言之大戴禮曾子制言上篇曰曾子門弟子或將之晉曰吾無知焉曾子曰何必然往矣有知焉謂之友無知焉謂之主盧注曰且客之而已是其證主之讎不同國者謂爲所主者或爲人所害則與害所主者之人不同國而居也案王說是也此主友即大宰九兩之主友主者對客之

稱注並誤詳大宰疏弗辟則與之瑞節而以執之瑞節玉節之剡圭也和之而不肯辟者是不從王命也王以剡圭使調人執之治其罪疏弗辟則與之瑞節而以執之者江永云使之辟而不辟則有逆命之罪於是調人與報者以瑞節爲信使其執至官而治之也　注云瑞節玉節之剡圭也者阮元云剡當從典瑞玉人作琰非此經用古字注用今字之例直是譌字耳下同案阮校是也鄭言此者明與大行人達瑞節通玉節及金竹六節言者異凡玉節通謂之瑞節左文十二年傳以聘玉爲瑞節可證詳掌節疏掌節注云邦節珍圭牙璋穀圭琬圭琰圭也知此瑞節必爲琰圭者典瑞云琰圭以易行以除慝此執罪人與除慝義相應故知用琰圭也典瑞又有穀圭以和難此官掌和難知不用穀圭者以經云執之則不復和之矣明當用除慝之玉也云和之而不肯辟者是不從王命也者公羊桓十年何注云弗者不之深也法當辟而弗辟則是違王命故治其罪也云王以剡圭使調人執之治其罪者剡亦當作琰鄭意典瑞玉節並是王使之瑞節此瑞節亦當爲王與調人執之也治其罪賈疏謂執付秋官而與之罪案當亦歸於朝士而治之江永云注非也如調人當執則以官法執之可矣何必王與瑞節必使讎人自執者欲伸其報仇之情也執至官而治之則亦不許其殺也經無王與調人瑞節之文故知是調人與仇家案江說本葉時是也莊有可說同此冡上文亦謂過失殺人罪不當死而不從相辟之命故使報仇之人執以歸之官而治其罪若不義殺人於法當死者則朝士所云凡報仇讎者書於士殺之無罪是也鄭此及朝士注並未得其義凡殺人有反殺者使邦國交讎之復反也復殺之者此欲除害弱敵也邦國交讎之明不和諸侯得者即誅之鄭司農云有反殺者謂重殺也疏注云反復也者說文又部云反覆也復覆義通謂已殺人其黨欲報讎已

復殺之也云復殺之者此欲除害弱敵也者公羊定四年傳云復讎不除害何注云取讎身而已不得兼讎子復將恐害己而殺之注義本於彼賈疏云謂既殺一人其有子弟復殺之恐後與己爲敵而害己云邦國交讎之明不和諸侯得者即誅之者明其罪大調人不得復和而解之所逃至之國得即誅之示惡之甚也鄭司農云有反殺者謂重殺也者論語述而皇疏云反猶重也左桓十七年傳云高伯其爲戮乎復惡已甚矣杜注云復重也是反復並得訓重先鄭義與後鄭同

凡殺人而義者不同國令勿讎讎之則死義宜也謂父母兄弟師長嘗辱焉而殺之者如是爲得其宜雖所殺者人之父兄不得讎也使之不同國而已

疏凡殺人而義者不同國令勿讎者殺人而義於法宜殺者也不宜更令相辟而不同國江永謂不同國三字衍案此疑當作同國令勿讎謂雖同國亦不得讎也經蓋涉上文而誤衍不字左襄二十二年傳云鄭游眅將如晉遭逆妻者奪之以館于邑其夫攻殺之以其妻行子展求亡妻者使復其所使游氏勿怨使復其所即同國也使游氏勿怨即令勿讎也可證此經之義云讎之則死者此調人之官刑也蓋比故殺人之罪亦歸於朝士使刑之注云義宜也者中庸文云謂父母兄弟師長嘗辱焉而殺之者如是爲得其宜者謂子弟弟子僚屬爲父母兄弟師長被大辱而殺其人是於情爲不容已即是得其宜也此鄭略舉一端爲義劉敞謂若朝士職凡盜賊軍鄉邑及家人殺之無罪江永謂戰陳殺人或爲姦盜被殺之類並得備一義云雖所殺者人之父兄不得讎也者父兄被殺子弟本宜復讎以其義殺故令不得讎也云使之不同國而已者鄭時經本已有不字故謂與前從父兄弟及主友之讎同辟諸異國而已

凡有鬬怒者成之不可成者則書之先動者誅之鬬怒辯訟者也不可成不可平也書之記其姓名辯

本也鄭司農云成之謂和之也和之猶今二千石以令解仇怨後復相報移徙之此其類也玄謂上言立證佐成其罪似非**疏**凡有鬬怒者成之者鬬怒之雖輕於殺人此官亦主調和之也云先動者誅之者不可成而先發難則是違和難之令故有誅亦謂責讓撻罰之也 注云鬬怒辯訟者也者說文門部云鬥兩士相對兵杖在後象鬥之形鬬遇也此鬬即鬥之假字賈疏云言鬬怒則是言語忿爭未至毆擊故成之若相毆擊則當罪之也案經云鬬則亦容有毆擊但未至傷人則不科罪耳賈說未析云不可成不可平也者亦訓成爲平謂兩家不願和解也云書之記其姓名辯本也者記辯訟之姓名及釁端所本起也墨子號令篇云必謹問父老吏大夫諸有怨仇讎不相解者召其人明白爲之解之守必自異其人而藉之又雜守篇云民相惡吏所解皆札書藏之與此經有鬬怒不可成者書之法略同鄭司農云成之謂和之也者亦謂和解之國策秦策高注云和平也先鄭訓和與後鄭訓平義同云和之猶今二千石以令解仇怨後復相報移徙之此其類也者惠棟云何休公羊僖二十七年注云古者諸侯有難王者若方伯和平之後復相犯復故罪此調人成之之法也成之者何和之也御覽引王褒僮約注云漢時官不禁報怨故二千石以令解之令者漢令有和難之條後漢書桓譚疏曰今人相殺傷雖已伏法而私結怨讎子孫相報後忿深前至於滅戶殄業而俗稱豪健故雖怯弱猶勉而行之此爲聽人自理而無復法禁者也今宜申明舊令若已伏官誅而私相傷殺者雖一身逃亡皆徙家屬於邊其相傷者加常二等不得雇山贖罪如此則仇怨自解譚所云舊令即先鄭所云移徙之法也云玄謂上言立證佐成其罪似非者此破先鄭上注說明成當爲平斷和解之義先鄭前注兩說義異此注與後鄭並從後義故別白辯正之

媒氏掌萬民之判判半也得耦爲合主合其半成夫婦也喪服傳曰夫妻判合鄭司農云主萬民之判合疏掌萬民之判者謂治百族昏姻之事士昏禮云昏禮下達注云達通也將欲與彼合昏姻必先使媒氏通其言案昏有六禮通於尊卑媒妁通辭名有黨友此官特掌其禮法政令耳士昏注所云媒氏自廣眩民閭媒妁言之賈彼疏謂指侯國媒氏官非也王畿千里受田者三百萬家此官止下士二人豈能盡通其昏姻媒妁之言接之事理昭較無疑春秋桓八年冬祭公來遂逆王后于紀公羊傳謂使魯爲媒若然王納后尚特使諸侯爲媒則此官不必親掌通言之事亦明矣注云判半也者朝士注云判半分而合者說文刀部云判分也云得耦爲合主合其半成夫婦也者釋名釋親屬云耦遇也二人相對遇也是二人爲耦一人爲半合之乃成夫婦故曰判也引喪服傳曰夫妻判合者喪服齊衰不杖期傳文今本判作胖宋本儀禮釋文作胖一切經音義云判古文又作胖同集韻二十九換云胖半也字林胖合合其半以成夫婦也或省作片案鄭引喪服傳者證判爲合半之義呂忱詁胖字亦卽本此注但胖从片从半譌俗不體其字不見說文玄應謂是判古文殊謬以鄭賈二禮注疏覈之喪服故書當從釋文作胖爲正說文肉部云胖半體肉也廣雅釋詁亦云片胖半也蓋胖判聲同字通鄭於喪服傳胖合雖無釋其意則謂當讀爲判此經作判爲得其正故注引彼傳徑易爲判以就此經胖判義皆爲半校讀者或卽省爲半半又與片音義相近故喪服賈疏云半合又云片合酒正疏亦然莊子則陽篇又云雌雄片合此並傳習省易而禮經則固未有作半合片合之本也鄭司農云主萬民之判合者卽依喪服傳爲訓

凡男女自成名以上皆書年月日名焉鄭司農云成名謂子生三月父名之疏凡男女自成名以上皆書年月日名焉者謂生子之家三月命名則以年

月日名告之媒氏媒氏則書之於版以備嫁娶時校其年齒也及男八月女七月生齒則又書於司民之版二官相與爲官聯法亦互相備也　注鄭司農云成名謂子生三月父名之者賈疏云案內則三月之末父執子右手孩而名之又云夫告宰名宰辯告諸男名書曰某年某月某日某生而藏之注引春秋書桓六年九月丁卯子同生是也**令男三十而娶女二十而嫁**二三者天地相承覆之數也易曰參天兩地而奇數焉【疏】令男三十而娶女二十而嫁者此言男女嫁娶年之極也說文女部云娶取婦也嫁女適人也昏義孔疏云案異義大戴說男三十女二十有昏娶合爲五十應大衍之數自天子達於庶人同一也古春秋左氏說國君十五而生子禮也二十而嫁三十而娶庶人禮也禮爲夫婦之長殤長殤十九至十六知夫年十四十五見士昏禮也許君謹案舜年三十不娶謂之鰥文王十五而生武王尚有兄伯邑考知人君早昏娶不可以年三十所以重繼嗣也若鄭意依正禮士及大夫皆三十而後娶及禮云爲夫婦長殤者關異代也或有早娶者非正法矣天子諸侯昏禮則早矣賈疏引聖證論王肅曰周官云令男三十而娶女二十嫁謂男女之限嫁娶不得過此也三十之男二十之女不待禮而行之所奔者不禁娶何三十之限前賢有言丈夫二十不敢不有室女子十五不敢不有其家家語魯哀公問於孔子男子十六精通女子十四而化是則可以生民矣聞禮男三十而有室女二十而有夫豈不晚哉孔子曰夫禮言其極亦不是過男子二十而冠有爲人父之端女子十五許嫁有適人之道於此以往則自昏矣然則三十之男二十之女中春之月者所謂言其極法耳又引馬昭曰禮記本命曰中古男三十而娶女二十而嫁合於中節大古男五十而有室女三十而嫁尚書大傳曰孔子曰男三十而娶女二十而嫁通於織紝紡績之事黼黻文章之美不若是則上無以孝於舅姑而下無

以事夫養子穀梁傳曰男子二十而冠冠而列丈夫三十而娶尹更
始云男三十而娶女十五許嫁笄二十而嫁曲禮三十曰壯有室盧
氏云三十盛壯可以娶女內則三十而有室始理男事女子十五笄
二十而嫁有故二十三而嫁經有夫姊之長殤舊說三十而娶而有
夫姊長殤者何關盛衰一說關畏厭溺而殤之盧氏以爲衰世之禮
也張融從鄭及諸家說又春秋外傳越王句踐蕃育人民以速報吳
故男二十而娶女十七而嫁如是足明正禮男不二十娶女不十七
嫁可知也穀梁文十二年傳云男子三十而娶女子十五而許嫁二
十而嫁范注云譙周曰國不可久無儲貳故天子諸侯十五而冠十
五而娶娶必先冠以夫婦之道王教之本不可以童子之道治之禮
十五爲成童以次成人欲人君之早有繼體故因以爲節書稱成王
十五而冠著在金縢周禮媒氏曰令男三十而娶女二十而嫁內則
云女子十五而笄說曰許嫁也是故男自二十以及三十女自十五
以及二十皆得以嫁娶先是則速後是則晚凡人嫁娶或以賢淑或
以方類豈但年數而已若必差十年乃爲夫婦是廢賢淑方類茍比
年數而已禮何爲然哉則三十而娶二十而嫁說嫁娶之限蓋不得
復過此爾故舜年三十無室書稱曰鰥周禮云女子年二十未有嫁
者仲春之月奔者不禁奔者不待禮聘因媒請嫁而已矣寧謂禮爲
夫之姊妹服長殤年十九至十六如此男不必三十而娶女不必二
十而嫁明矣此又士大夫之禮通典嘉禮云今案三十二十而嫁娶
者周官云掌萬民之判郎衆庶之禮也故下云於是時也奔者不禁
服經爲夫姊之長殤士大夫之禮也左傳十五而生子國君之禮也
且官有貴賤之異而婚得無尊卑之殊乎則鄉士大夫之子十五之
後皆可嫁娶矣詒讓案此經及禮大戴記本命小戴記曲禮內則春
秋穀梁文十二年傳並有男子三十娶女子二十嫁之文漢魏諸儒
說者互異以爲天子以下至於庶人同男三十娶女二十嫁者許君

引大戴說及伏生班固盧植馬昭張融之說淮南子氾論訓亦云禮三十而娶文王十五而生伯邑考非法也是也以爲大夫士以上不
拘年數惟庶人男三十而娶女二十而嫁者許推春秋左氏說及譙周范寧杜佑之說是也以爲男十六以上可娶女十四以上可嫁三
十娶二十嫁言其極法者王肅及肅所私定家語之說大戴禮記本命盧注亦以十六十四爲嫁娶之期是也竊謂通校羣經並無男未
三十女未二十不可嫁娶及天子以下至於庶人同法之明文況譙王諸家所舉未三十二十而嫁娶者證論繁夥非盡衰世之法則王
氏三十二十言極法之說未嘗不可通鄭曲禮注云人年二十弱冠成人有爲人父之端許君五經異義引左氏國君十五生子之文以
駁禮大戴說而詩召南摽有梅孔疏謂鄭君無駁則許鄭所見本同亦未嘗謂未三十二十必不可以嫁娶也俞正燮云媒氏掌萬民之
判令男三十而娶女二十而嫁此令也非禮也禮不下庶人令言其極不是過墨子節用上云昔者聖王爲法曰丈夫年二十毋敢不處
家女子年十五毋敢不事人此聖王之法也聖王既沒於民次也其欲早處家者有所二十年處家其所晚處家者有所四十年處家大
戴本命云男二八十六然後精通然後其施行女二七十四然後其化成韓詩外傳云男子十六而精化小通女子十四而精化小通不
肖者精化小具而生氣感動觸情縱欲反施亂化是以年壽亟夭而性不長然則十六十四足以反施亂化亦足任爲夫婦是知三十二
十之令爲民之無力者言其極士以上婚有禮禮無嫁娶年者國家各有事故政役喪紀不可豫期也案詩豳風譜正義云依文王世子
篇文王十五而生武王武王尚有兄伯邑考呂氏春秋云文王十二而生子詩大明正義云大戴稱文王十三生伯邑考是文王娶大姒
年不過十二襄九年左傳云國君十五而生子其娶亦當在十二三孔子十九娶見之史記仲尼弟子列傳顏淵少孔子三十歲其父路

親受業孔子之門則路亦非三十始娶韓非子外儲說右云齊桓公令男二十而室女十五而嫁越語云越王令男二十女十七不嫁其父母有罪皆防其極故皆曰令然則令著三十二十者何也女子精化早通止於四十九故以二十爲極男精化通遲止於六十四故以三十爲極女至二十或嫁二十之男或三十之男或七十爲宗子之男男至三十或娶十五之女或二十之女或有故二十三年而嫁之女男女配合萬有不齊各舉所極非比校年數也案俞說足以釋諸家之紛矣 注云二三者天地相承覆之數也者鄭意男年三十女年二十爲嫁娶之正年法天數三地數二地承天覆相配合大戴禮記本命篇云中古男三十而娶女二十而嫁合於五也盧注云男女合於五十周書武順篇云男生而成三女生而成兩五以成室白虎通義嫁娶篇云男三十而娶女二十而嫁何陽數奇陰數偶也男長女幼者何陽道舒陰道促男三十筋骨堅強任爲人父女二十肌膚充盛任爲人母合爲五十應大衍之數生萬物也故禮內則曰男三十壯有室女二十壯而嫁七歲之陽也八歲之陰也七八十五陰陽之數備有相偶之志故禮記曰女子十五許嫁笄而字禮之稱字陰繫於陽所以專一之節也陽尊無所繫二十五繫者就陰節也陽舒而陰促三十數三終奇陽節也二十數再終偶陰節也陽小成於陰大成於陽故二十而冠三十而娶陰小成於陽大成於陰故十五而笄二十而嫁也案諸說與鄭義並通惟說文包部云元氣起於子人所生也男左行三十女右行二十俱立於巳爲夫婦淮南子氾論訓高注說同此別據五行爲說非鄭義也云易曰參天兩地而奇數焉者釋文云奇本或作倚案王弼本易說卦作倚陸所見或本蓋依王本改宋婺州本同易釋文云蜀才作奇賈疏云案易繫辭云天一地二天三地四天五地六是就奇數之中天三度生地二度生象天三覆地二故云天地相承覆之數也案周易孔疏

引鄭易注云天地之數備於十乃三之以天兩之以地而倚託大衍之數五十也必三之以天兩之以地者天三覆地二載欲極於數庶得吉凶之審也臧庸云易正義引鄭云倚託大衍之數是鄭王皆作倚數鄭注易與注禮所據本不同注易是費氏本本傳云始通京氏易注禮在注易之前則周禮注作奇字所據蓋京氏易也蜀才作奇與周禮注正合

凡娶判妻入子者皆書之

書之者以別未成昏禮者鄭司農云入子者謂嫁女者也玄謂言入子者容媵姪娣不娉之者

疏 凡娶判妻入子者皆書之者鄭以此爲正昏禮則判妻即取夫妻判合之義謂正妻也入子亦與納女義同江永云娶判妻謂娶人所出之妻入子謂再嫁而攜其女入後夫之家者書之者防其爭訟也莊存與云左襄二十七年傳云東郭姜以孤入喪服有從爲之服之文則入子古有之矣書之使不亂族也黃以周云判妻即嫁妻夫妻爲判合妻而嫁合者又判矣入子即從母適人者案江莊黃說並與鄭異而義較長王昭禹鄭鍔李光坡方苞莊有可說判妻姜兆錫蔣載康說入子並同江說今攷判妻蓋兼夫在而被出與夫亡而再嫁二者而言入子亦關男女喪服注云凡言子者可以兼男女是也二鄭說並未安聖證論孔晁說又以此經爲據霜降嫁娶之候尤非詳後疏 注云書之者以別未成昏禮者者鄭意此娶判妻入子並指尋常嫁娶而言上成名以上之男女是未成昏禮者此所書是已成昏禮後更書之也曲禮說昏禮云日月以告君注云周禮凡娶判妻入子者媒氏書之以告君謂此也然則鄭意書之者幷書其嫁娶日月矣鄭司農云入子者謂嫁女者也者國策秦策高注云入納也先鄭以入子猶云納女亦即後文之嫁子也云玄謂言入子者容媵姪娣不娉之者者娉今本並作聘今從宋本嘉靖本說文女部云娉問也娉正字聘叚字賈疏云案成公九年春二月伯姬歸于宋夏晉人來媵是媵也姪娣而書者謂待年於父

母者也隱二年冬伯姬歸于紀七年春三月叔姬歸于紀何休云叔姬者伯姬之媵也至是乃歸者待年父母國也婦人八歲備數十五從嫡二十承事君子媵賤書者後爲嫡終有賢行鄭君或與何休異如是言娶判妻姪娣後去者則存焉故入子謂媵與姪娣後去者也案昏禮云雖無娣媵先則媵與姪娣一也此鄭云媵姪娣不止是一者既言媵又云姪娣故知別且媵與姪娣相對則姪娣無媵稱故莊公十九年秋公子結媵陳人之婦于鄄公羊云媵者何諸侯娶一國則二國往媵之以姪娣從是其義也媒氏掌萬民之判得有媵與姪娣者庶人或無妾亦容有者且媒氏所掌雖以萬民爲主亦容有尊者娶法故鄭云容媵姪娣不聘也知不聘者見內則云聘則爲妻奔則爲妾故也詒讓案釋名釋親屬云姪娣曰媵媵承也承事嫡也是謂姪娣卽媵春秋公羊說則謂媵與姪娣是二故隱元年何注云禮適夫人無子立右媵右媵無子立左媵左媵無子立嫡姪娣嫡姪娣無子立右媵姪娣右媵姪娣無子立左媵姪娣左媵姪娣是嫡與左右媵並有姪娣也蓋媵與姪娣對文則異散文則通天子諸侯媵與姪娣皆備大夫士以下或止有媵或止有姪娣故姪娣卽稱媵也云不娉者左成十二年傳云聲伯之母不聘杜注云不聘無媒禮後鄭意姪娣從嫡而來不具六禮故經不云娶而云入也此說與先鄭不同然亦非經義

中春之月令會男女中春陰陽交以成昏禮順天時也

疏中春之月令會男女者爾雅釋詁云會合也此謂男女已議昏或納采問名納吉納徵諸禮已備惟請期親迎之禮未行則令其及時備禮而會合之　注云中春陰陽交以成昏禮順天時也者鄭以中春爲嫁娶之正期詩召南摽有梅鄭風野有蔓草唐風綢繆陳風東門之楊箋義並同白虎通義嫁娶篇云嫁娶必以春何春者天地交通萬物始生陰陽交接之時也詩云士如歸妻迨冰未泮周官曰仲春之月令會男女夏小正曰二月冠子娶婦之時

也班說與鄭同賈疏及玉燭寶典引王肅聖證論云吾幼爲鄭學之時爲謬言尋其義乃知古人皆以秋冬自馬氏以來乃因周官而有二月詩東門之楊其葉牂牂毛傳曰男女失時不逮秋冬三星參也十月而見東方時可以嫁娶又三時務業因向休息而合昏姻萬物閉藏於冬而用生育之時娶妻入室長養之母亦不失也孫卿曰霜降逆女冰泮殺止董仲舒曰聖人以男女陰陽其道同類天道向秋冬而陰氣來向春夏而陰氣去故古人霜降而逆女冰泮而殺止與陰俱近與陽遠也詩曰將子無怒秋以爲期韓詩傳亦曰古者霜降逆女冰泮殺止士如歸妻迨冰未泮爲此驗也而玄云歸使之來歸於己謂請期時來歸之言非請期之名也或曰親迎用昏而曰旭日始旦何用哉詩以鳴雁之時納采以昏時而親迎而周官中春令會男女之無夫家者於是時奔者不禁則昏姻之期盡此月矣故急期會也孔子家語曰霜降而婦功成嫁娶者行焉冰泮而農業起昏禮殺於此又曰冬合男女春班爵位也通典嘉禮引馬昭非肅曰周禮仲春令會男女殷頌天命玄鳥降而生商月令仲春玄鳥至之日祀於高禖玄鳥孚乳之月以爲嫁娶之候孔晁答曰周官云凡娶判妻入子者皆書之此謂霜降之候冰泮之時正以禮婚者也次言仲春令會男女奔者不禁此婚期盡不待備禮玄鳥至祀高禖求男之象非嫁娶之候昭又難曰詩云有女懷春吉士誘之春日遲遲女心傷悲嘒彼小星三五在東綢繆束楚三星在隅我行其野蔽芾其樗倉庚于飛熠燿其羽凡此皆與於仲春嫁娶之候晁曰有女懷春謂女無禮過時故思春日遲遲蠶桑始起女心悲矣嘒彼小星喻妾侍從夫人三星在隅孟冬之月參見東方舉正昏以刺時蔽芾其樗喻行遇惡夫熠燿其羽喻嫁娶盛飾皆非仲春嫁娶之候玄據期盡之教以爲正婚則奔者不禁過於是月昭又曰肅引經秋以爲期此乃淫奔之詩矣賈疏又引張融評云夏小正曰二月綏多士女交昏於仲

春易泰卦六五帝乙歸妹以祉元吉鄭說六五爻辰在卯春爲陽中萬物以生生育者嫁娶之貴仲春之月嫁娶男女之禮福祿大吉易之咸卦柔上剛下二氣感應以相與皆說男下女召南草蟲之詩夫人待禮隨從在塗采鼈者以詩自與又云士如歸妻迨冰未泮舊說云士如歸妻我尚及冰未泮定納其篇義云嫁娶以春陽氣始生萬物嫁娶亦爲生類故管子篇時令云春以合男女融謹案春秋魯逆夫人嫁女四時通用無譏文然則孔子制素王之法以遺後世男女以及時盛年爲得不限以日月家語限以冬不附於春秋之正經如是則非孔子之言嫁娶也以仲春著在詩易夏小正之文無仲春爲期盡之言又春秋二時嫁娶何自違家語冬合男女窮天數之語也詩易禮傳所載咸泰歸妹之卦國風行露綢繆有女懷春倉庚于飛熠燿其羽春日遲遲樂與公子同歸之歌小雅我行其野蔽芾其樗之歎此春娶之證也禮諸侯越國娶女仲春及冰未散請期乃足容往反也秋如期往淫奔之女不能待年故設秋迎之期標有梅之詩殷紂暴亂娶失其盛時之年習亂思治故嘉文王能使男女得及其時陳晉棄周禮爲國亂悲傷故刺昏姻不及仲春玄說云嫁娶以仲春既有羣證故孔晁曰有女懷春毛傳云春不暇待秋春日遲遲女心傷悲謂蠶事始起感事而出蔽芾其樗喻遇惡夫熠燿其羽喻嫁娶之盛飾三星在隅孟冬之月參見東方舉正昏以刺時此雖用毛義未若鄭云用仲春爲正禮爲密也是以詩云匏有苦葉濟有深涉箋云匏葉苦而渡處深謂八月時陰陽交會始可以爲昏禮納采問名又云士如歸妻迨冰未泮箋云歸妻使之來歸於己謂請期冰未散正月中以前二月可以爲昏然則以二月爲得其實惟爲有故者得不用仲春案以上王鄭異同及馬孔等論難並聖證論佚文賈疏所載賈亂失次復多挩誤今依玉燭寶典通典及臧琳所校補正昏期之說荀子以爲始於霜降終於季冬毛公韓太傅依以詁詩董

子春秋繁露循天之道篇易林復之履家人之損說並同此王肅秋冬嫁娶之說所本家語本命篇注又云二月農事始起會男女之無夫家者奔者不禁期盡此月故也此又孔鼂說所本通典嘉禮引束皙云春秋二百四十年魯女出嫁夫人來歸大夫逆女天王娶后自正月至十二月悉不以得時失時爲褒貶何限於仲春季秋以相非哉夫春秋舉秋毫之善貶纖芥之惡故春狩於郎書時禮也夏城中丘書不時也此人間小事猶書得時失時況婚姻人倫端始禮之大者不譏得時失時不善者邪若婚姻季秋期盡仲春則隱二年冬十月夏之八月未及季秋伯姬歸於紀周之季春夏之正月也桓九年春季姜歸於京師莊二十五年六月夏之四月也已過仲春伯姬歸於紀或出盛時之前或在期盡之後而經無貶文三傳不譏何哉凡詩人之興取義繁廣或舉譬類或稱所見不必皆可以定時候也又按桃夭篇敘美婚姻以時蓋謂盛壯之時而非日月之時故灼灼其華喻以盛壯非爲嫁娶當用桃夭之月其次章云其葉蓁蓁有蕡其實之子于歸此豈在仲春之月乎又摽有梅三章注曰夏之向晚迨氷未泮正月以前草蟲喓喓未秋之時或言嫁娶或美男女及時然咏各異矣周禮以仲春會男女之無夫家者蓋一切相配合之時而非常人之節曲禮曰男女非有行媒不相知名故日月以告君齋戒以告鬼神若常人必在仲春則其日月有常不得前却何復日月以告君乎夫冠婚笄嫁男女之節冠以二十爲限而無春秋之期笄以嫁而設不以日月爲斷何獨嫁娶當繫於時月乎王肅云婚姻始於季秋止於仲春不言春不可以嫁也而馬昭多引春秋以爲之證反詩相難錯矣兩家俱失義皆不通通年聽婚蓋古正禮也杜佑又申其義云按士昏禮請期之辭云唯是三族之不虞卜得吉日則可配合婚姻之義在於賢淑四時通用協於詩禮安可以秋冬之節方爲好合之期先賢以時月爲限恐非至當束氏之說暢於禮矣惠士奇

云管子幼官春三卯十二始卯十二中卯十二小卯而始卯合男女秋三卯十二始卯十二中卯十二小卯而始卯合男女輕重已冬夏合男女者白露下收聚之初始卯之辰荀子所謂霜降逆女是也始兩至後九十二日謂之春秋兩至春至十日之內室無處女蓋始卯卯合男女者清明後出耕之日始卯之辰媒氏所謂中春之月令會男女是也春至卽春分十日之內三卯之中中春之月會男女之時於是時也奔者不禁故曰室無處女謂女盡行過此則非昏姻之時荀卿所謂冰泮殺止家語所謂冰泮而農事起昏禮殺於此衆說皆同康成獨異而管子尤合周官又云夏小正二月綏多士女太玄內婦始秋分自秋至春皆嫁娶之時矣左傳襄二十二年十二月鄭游販將如晉未出竟遭逆妻者奪之則春秋民閒嫁娶亦在秋冬也案惠說與東杜略同詩禮諸經及管荀諸子所說昏時錯互難合竊謂者蓋謂齊民之家及時趨暇大略如是非必著爲令也夏小正二月士昏禮不著時月則本無定時可知荀卿所說始於季秋殺於中春綏多士女及此經中春會男女亦因時已近夏民閒昏事漸殺故令其及時成禮孔晁謂是期盡之法說自可通其士以上無農事之限則昏娶卜吉通於四時既非限於中春亦不必在秋冬夏小正冠子在二月而士冠禮有夏葛屨冬皮屨之文不限常月亦其比例鄭王紛紛詰難皆不及東杜之閎通矣

於是時也奔者不禁重天時權許之也

疏 於是時也奔者不禁者於經例當作于石經及各本並誤亦謂男女已議昏而未及備禮者也國語周語云共王游於涇上密康公從有三女奔之韋注云奔不由媒氏也穀梁文十二年范注引譙周云奔者不待禮聘因媒請嫁而已矣玉燭寶典引董勛問禮俗云周禮仲春奔者不禁謂不備禮而行非謂淫泆奔者如姪娣不娉之例案譙說是也此奔亦由媒氏但禮不備耳韋昭所云則淫泆踰禮不由媒氏與此異也胡培翬云內則云

聘則爲妻奔則爲妾聘謂以禮娶也奔則不備禮之謂此經奔字當如是解昏禮有納采問名納吉納徵請期親迎六者康成注禮箋詩俱以仲春爲昏月之正故謂當此時而有六禮不備者許之恐其過時則傷司徒荒政十四多昏先鄭謂不備禮而娶亦此意也賈疏違失注意案胡說本葉時戴震亦足申譙董兩家義坊記注云仲春之月會男女之時不必待幣蓋不備禮者謂六禮之中或一二禮未備或不俟親迎而從權昏嫁耳非謂六禮全闕也毛詩召南摽有梅傳云三十之男二十之女禮未備則不待禮會而行之者所以蕃育民人也鄭箋云女年二十而無嫁端則有勤望之憂不待禮會而行之者謂明年仲春不待以禮會之也時禮雖不備相奔不禁毛以男年三十女年二十卽可不備禮而行鄭以過三十二十明年而後可不備禮而行二義微不同要兩君皆隱據此經義其以奔爲不待禮則一也　注云重天時權許之也者賈疏云於是時謂是仲春時此月既是娶女之月若有父母不娶不嫁之者自相奔就亦不禁之鄭云權許之其實非正禮也戴震云中春之令專爲不備六禮之民糾察其殺禮之由凡昏娶備六禮者常也常則不限其時月其殺禮不聘者權也權則限以時月案戴說與鄭小異於義亦通

若無故而不用令者罰之

無故謂無喪禍之變也有喪禍者娶得用非中春之月雜記曰己雖小功既卒哭可以冠子娶妻

疏若無故而不用令罰之者此媒氏之官刑也賈疏云言令者卽上中春之月令會男女男女有喪禍之故得不用中春令無故不用令則罪罰之也戴震云凡三十之男二十之女非有故而後期者爲不用令非仲春不禁之時而不行六禮者爲不用令汪中云令者媒氏令男子三十而娶女子二十而嫁之令也若其有故雖不用令可也內則所謂有故二十三而嫁是也案戴汪說足補鄭義蓋經言不用令卽冢上三十而娶二十而嫁及中春會男女兩令字爲文鄭賈

偏舉一耑義尚未備也　注云無故謂無喪禍之變也者宮正國有故則令宿注云故凡非常也故知故謂喪禍非常之變內則注云故謂父母之喪是也云有喪禍者娶得用非中春之月者有喪禍過期不得娶喪禍終則宜亟娶故鄭謂得用非中春之月也鄭釋不用令偏據中春而言亦經義所晐但不用令當謂不備禮而奔者唯中春權許之耳餘月則有禁罰若備禮嫁娶通於四時雖非中春之月不得爲不用令也鄭說未析引雜記曰己雖小功既卒哭可以冠子娶妻者賈疏云證喪禍之故於月數滿雖非中春可以嫁娶也云己雖小功者彼上文有父小功之末可以冠娶故云己雖小功也詒讓案彼文云大功之末可以冠子可以嫁子父小功之末可以嫁子可以娶婦己雖小功既卒哭可以冠娶妻則冠娶妻據身自冠娶而言此引作冠子娶妻則文義並乖疑傳寫誤衍

**司男女之無夫家者而會之**

司猶察也無夫家謂男女之鰥寡者

**疏** 司男女之無夫家者而會之者此亦冡上中春之月爲文也詩召南行露鄭風野有蔓草箋並引此經中春之月會男女之無夫家者家語本命篇王注及北史李業興傳並以此爲夏正二月事皆其證也陳奐云管子入國篇云凡國都皆有掌媒丈夫無妻曰鰥婦人無夫曰寡取鰥寡而合和之予田宅而家室之三年然後事之此之謂合獨管子合獨亦卽行周禮會男女法古者未三十男亦行娶未二十女亦行嫁三十二十爲年盡若踰時無夫家則爲鰥寡矣嫁娶以中春之月爲期盡以年盡之男女於期盡之月行之此雖禮不備而亦會而行之者也若遇凶荒亦得行此衞風有狐序云古者凶荒則殺禮而多昏會男女之無夫家者所以蕃育人民也案陳說是也此會卽謂會而行之與上會男女義同　注云司猶察也者鄭氏注同云無夫家謂男女之鰥寡者者賈疏云上文已云令會男女謂無夫家者也今又言司察男女無夫家是嘗已有匹配故鄭云無夫家

謂男女之鰥寡者也莊存與云無居室從人之端古亦謂之鰥寡呂飛鵬云詩行露箋引此經令會男女幷及無夫家者若然則無夫家者即指三十之男二十之女而言不必定爲鰥寡也案莊呂說是也鄭以鰥寡釋經無夫家者蓋指凡男女過時未有室家及貧不能嫁娶者而言書堯典孔疏引尚書大傳孔子對子張曰舜父頑母嚚無室家之端故謂之鰥是不必嘗有匹配而後謂之鰥寡與王制老而無妻者謂之矜老而無夫者謂之寡義異賈及詩召南行露孔疏並謂此據已昏之鰥寡言之再娶再嫁雖法所不禁亦何必官司察而會之哉

**凡嫁子娶妻入幣純帛無過五兩**

純實緇字也古緇以才爲聲納幣用緇婦人陰也凡於娶禮必用其類五兩十端也必言兩者欲得其配合之名十者象五行十日相成也士大夫乃以玄纁束帛天子加以穀圭諸侯加以大璋雜記曰納幣一束束五兩兩五尋然則每端二丈

【疏】入幣純帛無過五兩者著昏禮之通法以防後也入幣即內幣入內字通士昏禮謂之納徵鄭彼注云徵成也使使者納幣以成昏禮春秋莊二十二年冬公如齊納幣公羊何注云納幣即納徵禮曰主人受幣士受儷皮是也禮言納徵春秋言納幣者春秋質也案此經入幣亦質言之左傳文二年杜注云士昏六禮納徵始有玄纁束帛諸侯則謂之納幣此謂尊卑異稱肊說不足據 注云純實緇字也古緇以才爲聲者玉藻云大夫佩水蒼玉而純組綬鄭彼注云純當爲緇古文緇字或作糸旁才又祭統云王后蠶於北郊以共純服注云純以見繒色並以純爲緇說與此同毛詩召南行露傳云昏禮純帛不過五兩彼釋文及孔疏引定本並作紂字疑後人依此注改之毛鄭讀不必同也賈疏云緇以糸爲形才爲聲故誤爲純字但古之緇有二種其緇布之緇糸旁甾後不誤故禮有緇布冠緇布衣存古字若以絲帛之緇則糸旁才此字諸處不同絲理明者即破爲色此純帛及祭統

蠶事以爲純服又論語云麻冕禮也今也純儉如此之類皆絲理自明卽爲色解之昏禮云女次純衣鄭云純衣絲衣以昏禮直云純衣絲理不明故爲絲衣解之也段玉裁云云實緇字者俗謂爲純絲字實則緇字也緇字作純者蓋古文緇以才爲聲作紂篆作紂純篆作紂隸作純形略相似是以誤爲純字也說文無紂字蓋失之詒讓案鄭意蓋謂紂卽緇之古文或體實一字也以純字與緇形遠與紂形近故不破爲緇而破爲紂說文緇字重文無紂字許鄭義不同也賈謂緇布字作緇緇帛字作紂士冠禮疏及詩小雅都人士孔疏說並同恐非鄭意也然鄭破爲紂義實未塙惠士奇讀純如字云純猶全也其說最允莊有可黃以周說並略同蓋此純帛爲長二丈之全帛對聘禮既夕禮之制幣爲長丈八尺減少之幣卽內宰所謂純制也又史記蘇秦傳錦繡千純裴氏集解云純匹端名亦引此經爲釋據裴說則晉宋禮家說有讀此純如字而釋爲端束者戰國策秦策高注云純束也卽其義但一匹兩端十端一束純制通有此稱段令純卽是一束經不宜復云無過五兩此雖六朝古說義不可通也互詳內宰疏云納幣用緇婦人陰也凡於娶禮必用其類者說文糸部云緇帛黑色也釋名釋采帛云緇滓也泥之黑者曰滓此色然也緇色黑屬陰以婦人陰故幣色用其類也云五兩十端也者賈疏云古者二端相向卷之共爲一兩五兩故十端也詒讓案兩與匹同說文匸部云匹四丈也左閔元年傳云重錦三十兩杜注云以二丈雙行故曰兩三十兩三十匹也又昭二十六年傳云申豐以幣錦二兩縛一如瑱注云二丈爲一端二端爲一兩所謂匹也小爾雅廣度云倍丈謂之端倍端謂之兩倍兩謂之匹匹二有半謂之束案小爾雅當云兩謂之匹今本衍倍字則匹爲二兩與古義不合其說端兩束之數則不誤五兩總束之故士昏禮謂之束帛彼注云束帛十端也端雜記注謂之个兩既夕注謂之合義並同云必言兩者欲得其配合之

名者大宰注云兩耦也以取其配耦判合之名故不云十端而云五
兩亦用其類之意云十者象五行十日相成也者賈疏云左傳云天
有六氣降生五行行各有二日東方木爲甲乙南方火爲丙丁中央
土爲戊己西方金爲庚辛北方水爲壬癸是十日言相成者木八爲
金九妻火七爲水六妻土十爲木八妻金九爲火七妻水六爲土五
妻所剋者爲妻是夫妻相成之數云士大夫乃以玄纁束帛者據士
昏禮納徵玄纁束帛儷皮鄭彼注云用玄纁者象陰陽備也公羊莊
二十二年何注云玄纁取其順天地也又隱元年注云束帛謂玄三
纁二玄三法天纁二法地白虎通義嫁娶篇說同陳奐云士昏禮言
玄纁束帛媒氏入幣純帛不及玄纁者五兩卽玄纁也黃以周云庶
人用緇於文無見從白虎通義案陳黃說是也納幣用玄纁蓋通於
尊卑故班何說納徵並無異幣天子諸侯雖加以圭璋而用玄纁則
與大夫士同鄭旣破純爲紂以其與士昏禮用玄纁不合故以此紂
帛爲庶人禮純用緇而無纁而以玄纁兼用者爲士以上禮今定純
如字讀純帛五兩卽玄纁束士庶人禮同雷學淇云每束之率類皆
三玄二纁雖凶禮之襚贈尚然豈有昏之嘉禮純用緇帛者其說足
以鍼鄭之失矣云天子加以穀圭諸侯加以大璋者賈疏云玉人文
謂加於玄纁束帛之上以行禮云雜記曰納幣一束束五兩兩五尋
然則每端二丈者鄭彼注云十个爲束貴成數兩兩者合其卷是爲
五兩八尺曰尋一兩五尋則每卷二丈也合之則四十尺今謂之匹
猶匹偶之云與賈疏云證五兩兩五尋四十尺之意尋八尺則一兩
四十尺五兩四五二十總二百尺故鄭云然則每端二丈若餘行禮
則用制幣丈八尺取儉易共此昏禮每端二丈取誠實之義故以二
丈整數爲之也詒讓案依鄭義則端二丈匹四丈此爲布帛之常法
吉凶禮同說苑修文篇說賵以束帛天子五匹玄三纁二各五十尺
諸侯亦如之各三十尺大夫玄一纁二各三十尺士玄一纁一各二

丈降及下士庶人緇纁布帛各一匹而已依劉說則天子每端二丈五尺每匹五丈諸侯大夫端丈五尺匹三丈士端一丈匹二丈端束並以尊卑遞降則與禮經布帛常度不合恐不足據禁遷葬者與嫁殤者遷葬謂生時非夫婦死既葬遷之使相從也殤十九以下未嫁而死者生不以禮相接死而合之是亦亂人倫者也鄭司農云嫁殤者謂嫁死人也今時娶會是也【疏】禁遷葬者與嫁殤者者此并正男女合葬之禮也注云遷葬謂生時非夫婦死既葬遷之使相從也者賈疏云遷葬謂成人鰥寡生時非夫婦死乃嫁之案鄭賈意此遷葬與嫁殤皆是會合死人之事而嫁殤特著殤文明遷葬爲非殤故謂據成人鰥寡而言方苞謂遷葬或出母改適無子而前子欲遷以祔父劉毓崧云成人鰥寡生非夫婦死而合葬者其類有二一則生前爲名分所限不得稱爲夫婦而死後以合葬逞其私者如國策漢書所載秦之宣太后欲魏醜夫殉葬漢之館陶主與董偃會葬是也一則生前恩義已絕不得復爲夫婦而死後以合葬遂其情者如通典凶禮所載或父在繼母亡前家子取喪柩去與前夫合葬或父卒繼母還前親子家亡後與前夫合葬或父卒繼母還前繼子家亡後與前夫合葬是也今案方劉說最詳析蓋此等成人鰥寡或生時本非夫婦或嘗爲夫婦而中絕是皆不得謂之嫁直遷柩相從而已故經謂之遷葬也知非禮經改葬者陳立云禮有改葬緦之文則改葬本非所禁況改葬之禮當冢人墓大夫職之無緣屬之媒氏其說是也云殤十九以下未嫁而死者者喪服傳云年十九至十六爲長殤十五至十二爲中殤十一至八歲爲下殤不滿八歲以下皆爲無服之殤鄭注云殤者男女未冠笄而死可傷者女子子許嫁不爲殤也賈疏云嫁殤者生年十九以下而死死乃嫁之不言殤娶者舉女殤男可知也黃式三云嫁殤者謂生前有婚議女未嫁而死死而歸葬於男家必禁之也云生不以禮相接死而合

之是亦亂人倫者也者人倫之正必生時備六禮而相接死乃合葬今生既未以禮相接死乃合之則是亂人倫故禁之也黃式三云曾子問曰女未廟見而死則如之何孔子曰不遷于祖不祔于皇姑壻不杖不菲不次歸葬于女氏之黨示未成婦也夫女既娶近三月夫妻已成矣未廟見舅姑雖成妻未成婦主既不祔于皇姑墓亦不葬于夫家彼遷葬嫁殤者墓已合葬之將主亦祔之乎主不祔而合葬之合葬而主亦祔之禮之無一可者也鄭司農云嫁殤者謂嫁死人也者此謂生時本無昏議男女兩殤因嫁而合葬之此亦事之所有故引之於後云今時娶會是也者先鄭舉漢法為況洪适隸釋漢相府小史夏堪碑云娉會謝氏并靈合柩娶會即所謂娉會也以彼碑文推之則謝氏亦已死而移柩以嫁者與先鄭義正同

凡男女之陰訟聽之于勝國之社其附于刑者歸之于士

陰訟爭中冓之事以觸法者勝國亡國也亡國之社奄其上而棧其下使無所通就之以聽陰訟之情明不當宣露其罪不在赦宥者直歸士而刑之不復以聽士司寇之屬詩曰牆有茨不可埽也中冓之言不可道也所可道也言之醜也

疏 注云陰訟爭中冓之事以觸法者者以男女淫泆陰事之訟故謂之陰訟與大司徒陰禮義略同中冓詳後春秋釋例內外君臣逆女例云諸侯娶嫡夫人及左右媵各有姪娣參骨肉至親所以息陰訟杜意蓋以此陰訟為妒媢之訟與鄭義異而亦得通云勝國亡國也者喪祝云勝國邑之社稷注云勝國所誅討者社稷者若亳社是矣左文十五年傳云凡勝國曰滅之書敘云湯既勝夏欲遷其社賈疏云此社有四名若此往勝得彼國將社來謂之勝國即此文是也若據彼國喪亡則謂之亡國之社引公羊傳者是也又名喪國之社郊特牲云喪國之社必屋之是也據其地則曰亳社則左傳云亳社烖是也云亡國之社奄其上而棧其下使無所通者公羊哀四

年傳云亡國之社蓋揜之揜其上而柴其下揜奄字通柴棧義同喪
祝注亦云蓋揜其上而棧其下白虎通義社稷篇引公羊傳亦作奄
何休注云揜柴之者絕不得使通天地四方以為有國者戒漢書王
莽傳劉嘉奏云四牆其社覆上棧下示不得通賈疏云奄其上者即
郊特牲屋之不受天陽者是也棧其下者謂於下著柴以棧之使不
通陰故也焦循云論衡亦云亡國之社屋其上棧其下絕於天地此
即公羊說而易柴為棧說文云棧棚也一切經音義引通俗文云板
閣曰棧管子內業篇云傅馬棧最難先傅曲木曲木又求曲木曲木
已傅直木無所施矣先傅直木直木又求直木直木已傅曲木亦無
所施矣案考諸說蓋編木為壁蔽其四面如今之柵欄也案亡國之社
在廟門外詳喪祝疏云就之以聽陰訟之情明不當宣露者賈疏云
以其勝國社上下不通是不宣露中冓之言亦不宣露故就而聽之
也若然案詩召伯聽男女之訟於小棠之下不在勝國社者彼謂周
公未制禮前此據制禮之後故不同案召伯非媒氏則聽男女之訟
不必於亡社賈謂制禮以前法固矣云其罪不在赦宥者直歸士而
刑之不復以聽者釋文聽上無以字義亦通鄭意媒氏直主聽訟不
主刑凡訟既聽之後辨其罪之大小其小罪可赦宥者則媒氏專決
而釋之其大罪不可赦宥當入五刑者則媒氏不再聽直歸之秋官
也大司徒云凡萬民之不服教而有獄訟者與有地治者聽而斷之
其附于刑者歸于士此經義與彼同蓋大罪入五刑歸於士者亦媒
氏先聽之非謂直歸不聽也云士司寇之屬者大司徒注義同亦關
士師鄉士遂士縣士方士等官言之也引詩者鄘風牆有茨篇刺公
子頑之詩毛傳云中冓內冓也鄭彼箋云內冓之言謂宮中所冓成
頑與夫人淫昏之語彼釋文引韓詩云中冓中夜謂淫僻之言也漢
書文三王傳晉灼注引魯詩義同鄭注禮時未見毛詩當用魯韓
義也引之者證經陰訟是爭中冓之事以其言醜故不可宣露也

周禮正義卷二十六

# 周禮正義卷二十七

瑞安孫詒讓學

司市掌市之治教政刑量度禁令量，豆區斗斛之屬。度，丈尺也。疏掌市之治教政刑量度禁令者，賈疏云：「治，下文云聽大治小治是也。教，即此下文以次敘分地之等，謂教之處置貨物是也。政者，即下文云以政令禁物靡等是也。刑者，即下文云以刑罰禁虣是也。量度，即下文云以量度成賈是也。禁令者，即下文云以賈民禁僞是也。」案：教者，當教以通財阜貨及會計贏絀鑒別良楛之事，賈謂教處置貨物，義殊未晐。注云「量，豆區斗斛之屬」者，漢書律曆志云：「量者，龠合升斗斛也，所以量多少也。本起於黃鐘之龠，用度數審其容，以子穀秬黍中者千有二百實其龠，以井水準其槩。合龠爲合，十合爲升，十升爲斗，十斗爲斛，而五量嘉矣。」此舉斗斛以晐五量，豆區亦量名。斗斛以十積數，豆區以四積數，以次二者不同，故鄭兼舉之，互詳內宰疏。云「度，丈尺也」者，內宰注同。以次敘分地而經市。次，謂吏所治舍，思次、介次也，若今市亭然。敘，肆行列也。經，界也。疏以次敘分地而經市者，以下並市官之官法也。經市者，建國立市，必先治市地而定其界域也。賈疏云：「司市之官，以次敘二事分地而置之，而以經界其市，使各有處所，不相雜亂也。」林喬蔭云：「即內宰所謂設其次，置其敘，及本職所謂大市日昃而市，百族爲主；朝市朝時而市，商賈爲主；夕市夕時而市，販夫販婦爲主。使各以其地，各以其時，而攙越參雜之弊不行矣。」注云「次，謂吏所治舍，思次、介次也」者，並據下文爲釋。凡官吏治事處，通謂之次。宮正「以時比宮中之官府次舍」，注云：「次，諸吏直宿舍者所居寺。」此下經司市涖思次，胥師、賈師涖介次，皆市吏治事處，故亦謂之次。但宮正次舍分爲二宮伯士庶子所止八次八舍亦同此注以舍釋次者散文得通也思次爲市官總治之所介次爲分治之所因之所部之市肆亦通謂之次敘官胥師賈師皆二十肆則一人是二十肆有一介次卽爲一次故大戴禮記曾子疾病篇云與小人游膩乎如入鮑魚之次此分地經市亦通官吏所涖及市民所居言之也云若今市亭然者丁晏云史記三代世表臣爲郎時與方士考功會旗亭下注旗亭市樓也立旗於上故取名焉文選西京賦廓開九市通闤帶闤旗亭五重俯察百隧薛綜注旗亭市樓也後文思次注若今市亭也介次注市亭之屬別小者也先鄭注次市中候樓也詒讓案續漢書百官志雒陽有市長蓋卽於市亭爲官寺與周制略同故鄭舉以爲況云敘肆行列也者王昭禹云所謂各於其地之敘是也案王說是也說文攴部云敘次第也肆行列前後有次第謂之敘蓋卽各肆行首當市朝之處每肆市舍多少無定數其行首爲巷門門外卽市朝也自朝望之各肆次第分列十肆則有司虣五肆則有司稽二肆則有胥一肆則有長皆於門爲治所謂敘也下文云凡萬民之期于市者辟布者量度者刑戮者各于其地之敘凡得貨賄六畜者亦如之刑戮官於市朝朝士云凡得獲貨賄人民六畜者委于朝告于士是遺物亦宜置於朝是卽敘近市朝之證也敘旣近市朝又胥長所治故辟布諸事咸就是治之矣內宰置其敘注釋敘爲介次是以敘爲總次大於二十肆與彼經文及此注義並乖異非也肆行列謂數肆之地合成行列下文陳肆爲分陳貨物令各異肆其事不同互詳內宰疏云經界也者孟子滕文公篇經界不正趙注云經亦界也說文田部云畍竟也三市市別一夫於中分地爲次分次成敘分敘成肆各有界域所謂經也與經野義略同

以陳肆辨物而平市陳猶列也辨物物異肆也肆異則市平【疏】以陳肆辨物而平市者崔氏古今注云肆所以陳貨鬻之物也肆陳也案

陳肆辨物謂列肆以物相從不相雜廁所以察良楛也　注云陳猶列也者肆師掌客注義並同說文𨸏部云𨻰列也陳卽𨻰借字云辨物物異肆也者謂肆各從其物陳列爲一處鄉師注云辨別異也蓋別異衆物使以類相從若後注云貨之肆馬之肆及肆長所云令陳其貨賄名相近者相遠也實相近者相爾也皆陳肆辨物之事也每物爲肆肆長治之云肆異則市平者物各異肆則種別相校易以定其功沽而價不至騰躍故市得其平　**以政令禁物靡而均市**物靡者易售而無用禁之則市均鄭司農云靡謂侈靡也【疏】以政令禁物靡而均市者林喬蔭云卽本職所謂害者使亡靡者使微則奇衺無益者不作而虛耗之弊絕矣　注云物靡者易售而無用禁之則市均者賈疏云司市出政令而禁其物貨細靡者但物貨細靡人買之者多貴而無用令使麤物買之者少而賤使市賈不平令禁之則市物均平故云均市也鄭司農云靡謂侈靡也者小爾雅廣言云靡細也賈子新書道術篇云費弗過適謂之節反節爲靡說文人部云侈奢也凡物之細靡者必奢故云侈靡王制注云質則用物貴淫則侈物貴是也　**以商賈阜貨而行布**通物曰商居賣物曰賈阜猶盛也鄭司農云布謂泉也【疏】以商賈阜貨而行布者招致商賈使貨內聚而布外流所以通市政也林喬蔭云卽本職所謂亡者使有利者使阜則有無懋遷以相通而居奇之弊絕矣賈疏云由此二等之人或通貨或在市賣之故貨賄阜盛而布泉得行　注云通物曰商居賣物曰賈者大宰注云行曰商處曰賈義與此同考工記云通四方之珍異以資之謂之商旅漢書食貨志云通財鬻貨曰商互詳大宰疏云阜猶盛也者大宰注義同鄭司農云布謂泉也者外府注義同　**以量度成賈而徵儥**徵召也儥買也物有定賈則買者來也【疏】以量度成賈而徵儥者卽下文之展成奠賈賈師所掌是也成賈謂

定其賈直左昭十六年傳云韓宣子有環其一在鄭商宣子買諸賈
人既成賈矣與此義略同賈疏云量以量穀粟之等度以度布絹之
等成定也二物以量度以定物賈　注云徵召也者爾雅釋言文典
祀注同俞樾云僖二十七年左傳曰民易資者不求豐焉明徵其辭
卽此經徵字之義徵之言明徵也謂不相欺也案俞據左傳釋此徵
爲徵辭義亦得通云價買也者後注及賈師注同胥師先鄭注又云
價賣也賈疏云以言徵召買者故以價爲買此字所訓不定案下文
所云貴價者鄭注貴賣之鄭亦望文爲義故注不同也段玉裁云說
文人部價見也鄭訓買後文又訓賣皆見之義也價覿古今字孫經
世云司市以下諸價字皆讀爲賣說文賣作𧶠從貝𡏳聲衙也價作
價從人𧶠聲見也此卽以價當賣者或形近致譌抑聲近通借也賣
爲行且賣亦可直訓爲賣者又可轉訓爲買徵價賣價與貴價飾行
價慝義若錯出正如賈用不售與賈害賈余餘勇沽酒市脯與求售
賈而沽諸義各有當耳案孫說是也釋文載劉昌宗音育與說文賣
讀爲育同此讀價爲賣也又載聶音笛此讀價爲覿也段從聶音孫
從劉音以義攷之劉讀爲允價本訓賣而亦通訓買後文及質人賈
師並云賣價價與賣對文則價有買訓可知云物有定
賈則買者來也者物賈定一不相許豫則買者樂至也　以質劑結信
而止訟　質劑謂兩書一札而別之也若今下手書言保物要還矣鄭司農云質劑月平　【疏】以質劑結信而止訟者卽質人所掌
者是也凡市皆以質劑爲要信故小宰八成云聽賣買以質劑謹而
治之所以清辯訟之原也賈疏云質劑謂券書恐民失信有所違負
故爲券書結之使有信也民之獄訟本由無信既結信則無訟故云
止訟也　注云質劑謂兩書一札而別之也者賈疏云古者未有紙
故以札書小宰職注云兩書一札同而別之此不云同明亦有同義
也案亦詳小宰疏云若今下手書言保物要還矣者賈疏云漢時下

手書卽今畫指券與古質劑同也孔廣森云要讀如原始要終之要言人相借貸物爲之中者保其必還過時不還則責保者也鄭司農云質劑月平者小宰先鄭注亦云質劑謂市中平賈今時月平是也賈疏云先鄭解以爲月平若今之市估文書亦得爲一義故後鄭引之在下也案月平亦詳小宰疏

以賈民禁僞而除詐 賈民胥師賈師之屬必以賈民爲之者知物之情僞與實詐

疏 以賈民禁僞而除詐者葉鈔本釋文出賈民云劉音嫁聶陳音古注賈民同案賈氏義難通疑傳寫之誤說文人部云僞詐也賈疏云司市之官用賈民知物眞僞者使禁物之僞而除去人之詐虛也注云賈民胥師賈師之屬者胥師賈師云察其詐僞飾行儥慝者而誅罰之賈師云各掌其肆之貨賄之治辨其物而均平之卽禁僞除詐之事敘官胥師賈師等並無爵注謂皆司市所自辟除又云胥及肆長市中給繇役者然則此賈民卽謂胥師至肆長諸市吏以其辟役在市之賈人爲之別於它官府之府史胥徒等爲庶人在官者故謂之賈民鄭云之屬者約略晐舉之詞明兼有司虣司稽胥肆長諸官也賈疏則以屬爲官屬而謂賈民屬胥師賈師受其役使案胥師之屬卽胥賈師之屬卽肆長而賈師凡國之賣儥各帥其屬而嗣掌其月彼疏又謂賈師之下有羣賈二肆則一人者則似賈師之屬別有羣賈爲敘官所未載者殆卽隱據此賈民爲釋其說無徵亦非鄭恉也云必以賈民爲之者知物之情僞與實詐者賈疏云直依經解之情則眞也情僞旣據物而言則言實詐據人而說也黃以周云荀子儒效曰通財貨相美惡辨貴賤君子不如賈人周官以市屬胥師賈師蓋謂非其人不能辨物亦不能治市

以刑罰禁虣而去盜 刑罰憲徇扑

疏 以刑罰禁虣而去盜者禁虣卽司虣所禁者是也去盜卽司稽掌執市之盜賊以徇且刑之是也此皆所以爲市除害而護商虣卽暴字詳敘官疏 注云刑罰憲徇扑

者釋文扑下有也字各本並無此明刑罰即市刑非五刑亦非罰布也賈疏云司市所施惟施於市中者故下云小刑憲罰中刑徇罰大刑扑罰其附於刑者歸於士故知惟有此三者也

以泉府同貨而斂賒同共也同者謂民貨不售則爲斂而買之民無貨則賒貰而予之

疏以泉府同貨而斂賒者即泉府所掌者是也斂謂斂之入官賒謂貰之與民市貨不售則斂之民有急求則貰之或斂或賒謂之同貨所以通有無而齊贏絀之數也朝士凡民同貨財者義與此略同凡市官以公貨同之於民其事掌於泉府而司市亦總其成焉賈疏謂司市之官以泉府所藏之布物與民同行其貨而民無財者賒而予之後斂取其直非也

注云同共也者墨子經上篇云同異而俱於之一也言官與民有無相通若同共有此貨也云同者謂民貨不售則爲斂而買之者賈疏云民賣物不售則以泉府之物買取之釋經同貨也案鄭意蓋謂斂賒二者總爲同貨之事此云民貨不售則爲斂而買之者據泉府斂市之不售貨之滯於民用者以其賈買之之文釋經斂賒之斂也賈謂以斂買專屬同貨經斂賒別謂斂所賒之直非鄭恉也云民無貨則賒貰而予之者泉府先鄭注云賒貰也賈疏云此謂所買得之物民有急須而無貨者則貰予之有時斂取其直釋經斂賒也案此據泉府職釋經之賒不及斂取其直之事賈說亦失之

大市日昃而市百族爲主朝市朝時而市商賈爲主夕市夕時而市販夫販婦爲主

日昃昳中也市雜聚之處言主者謂其多者也百族必容來去商賈家於市城販夫販婦朝資夕賣因其便而分爲三時之市所以了物極衆鄭司農云百族百姓也

疏大市日昃而市百族爲主者以下論以次敘分地而經市以陳肆辨物而平市之事日昃而市謂自禺中至昳中即易繫辭云日中爲市市之最盛時也云朝市朝時而

市商賈爲主夕市夕時而市販夫販婦爲主者朝謂平旦至食時夕謂下側至黃昏也惠士奇云行人之儀不朝不夕晏子雜篇云宰夕管子七法篇云立朝夕古語皆以朝夕爲東西賈疏云案下文市朝一夫各方百步就百步而分爲三時之市恐不可若然則一夫者據市亭置次與敘司市及賈師胥師聽事之處取其列行肆之處則居地多矣此三市皆於一院內爲之大市於中朝市於東偏夕市於西偏郊特牲所云是也案郊特牲云朝市之於西方失之矣注云朝市宜於市之東偏此卽賈說所本但三市當於王北宮後垣之外平列三區不於一院內爲之又市朝一夫亦卽列行肆之處不徒爲市吏次舍賈說並失之詳匠人疏　注云日昃昳中也者釋文云昃本又作昗案昗卽昃之變體賈疏云昃者傾側之義昳者差昳之言故以昳解昃也是以尚書無逸云文王至於日中昃不遑暇食是中後稱昃也阮元云大司徒注云日跌景乃中此昳當作跌跌昳二字上正下俗案阮校是也跌中者日過中而側西別於日未中而側東爲禺中也說文日部云昃日在西方時側也引易曰日昃之離又夨部云吳日西也昃吳聲義並同廣雅釋詁云吳跌也昃跌並傾側之言郊特牲注引此經作日側既夕禮亦云日側注云側昳也謂將過中之時皇甫謐甲乙經謂時加未爲日昳是也續漢書五行志劉注引洪範五行傳鄭注云平旦至食時爲日之朝禺中至日昳爲日之中下側至黃昏爲日之夕據鄭說則日昃者謂日中而微側向西之時雖將過中而離中未遠故亦通謂之日中日跌中爲側更向西則謂之下側卽春秋定十五年經所謂日下吳公羊何注云下吳蓋晡時是也蓋禺中不可言昳中昳中則可通言日中鄭五行傳注所說甚明郊特牲孔疏引皇侃說以日側爲日將中而未中猶在東側是誤以禺中爲昳中非古訓也云市雜聚之處言主者謂其多者也者明百族商賈販夫販婦並雜聚於市三時咸有經云爲主但就其

時來者較多言之耳大司馬田法云險野人爲主易野車爲主先鄭
注釋爲主爲居前與此義異云百族必容來去者百族人衆若令以
朝市或不能畢至夕市或不及畢去故必以日昃而市容其來去也
賈疏云百族或在城內或在城外者容其來往故於日仄以後主之
云商賈家於市城者大宰注云行曰商處曰賈以賈居於肆商雖行
亦有邸舍在城市不須逐日來去也云販夫販婦朝資夕賣者說文
貝部云販買賤賣貴者國語鄭語說有夫婦鬻檿弧箕服者卽所謂
販夫販婦也考工記總敘注云資取也操也朝資夕賣謂所賣不多
無肆立持不豫儲不久居於夕市爲宜也云因其便而分爲三時之
市所以了物極衆者賈疏云以分爲三市者欲了其所賣之物極盡
其衆也鄭司農云百族百姓也者國策秦策高注云族姓也百姓謂
平民自賣貨物買賣於市者後僞飾之禁在民者十有二卽百族也
賈疏云欲見此百族異於秋官司寇刑於百族彼百族是府史以下
此據市人稱百族明據天下百姓亦非百官百姓對則正姓與氏族
異通而言之氏族則庶姓故以百姓爲百族詒讓案大司寇之百族
雖與此市人少異然後鄭彼注亦引禮運百姓爲釋與先鄭此注義
略同也

凡市入則胥執鞭度守門市之羣吏平肆展成奠賈上旌于思次以令市市師涖焉而聽大治大訟胥師賈師涖于介次而聽小治小訟

凡市入謂三時之市市者入也胥守門察僞詐也必執鞭度以
威正人衆也度謂殳也因刻丈尺耳羣吏胥師以下也平肆平
賣物者之行列使之正也展之言整也成平也會平成市物者也奠
讀爲定整勑會者使定物賈防誑豫也上旌者以爲衆望也見旌則
知當市也思次若今市亭也市師司市也介次市亭之屬別小者也
故書涖作立杜子春云奠當爲定鄭司農云思辭也次市中候樓也

立當爲涖涖視也玄謂思當爲司字聲之誤也【疏】凡市入則胥執鞭度守門者說文門部云闠市門也文選蜀都賦劉逵注云闤市巷也闤市外內門也案三市每市蓋各有總門其內分設各次次內又分列各肆肆有一巷是三市之中內外分合其門不一胥二肆一人則所守之門當爲肆門也云市之羣吏平肆展成奠賈者江永云平肆者平其肆之貨賄不使其名實相紊也胥師賈師肆長三職皆言平而肆長尤其專職展成奠賈則賈師之專職也展成卽質人掌成市之貨賄之成謂以所買賣之物書之質劑成其交易奠賈亦以其物之賈書之質劑皆賈人省之定之也云上旌于思次以令市者司常云析羽爲旌思次爲市官所涖其旌當用司市之物依大司馬治兵章云百官載旟則思次所縣當爲旟而注析羽者也司市縣旌於所治之次使市者望而聚於其處曰莫市散則下之云市師涖焉而聽大治大訟胥師賈師涖于介次而聽小治小訟者治謂以事咨辯陳請訟謂爭訟大事則爲大治大訟小事則爲小治小訟詳小宰疏莊存與云司市聽大治大訟賈人佐之胥師聽小治小訟賈師佐之詒讓案市官聽大小治訟者各於其市朝凡思次介次皆於市中爲寺舍其外爲朝以聽治訟及爲刑肆罪人之所其地當與百官府治事之朝略相儗史記孟嘗君傳云朝趣市者明旦側肩爭門而入日暮之後過市朝者掉臂不顧卽此索隱謂市之行列如朝故曰市朝失之　注云凡市入謂三時之市市者入也者謂日昃朝夕市人湊集入市門時云胥守門察僞詐也者據胥師文謂市人有爲僞飾虛詐者察而糾之以市門爲市人所出入易以司察故使吏守之云必執鞭度以威正人衆也者國語晉語韋注云鞭所以擊馬案繫革於木以擊人馬通謂之鞭書舜典云鞭作官刑據此則市刑亦用鞭矣賈疏云鞭以威人衆度以正人衆故幷言之也云度謂殳也因刻丈尺耳者王引之云方言曰殳宋魏之閒謂之攝殳或謂之度郭璞注

曰僉今連枷所以打穀者殳亦杖名也今江東呼打爲度廣雅曰殳
度杖也然則古人謂殳爲度以打得名故鄭二云以威正人衆也又云
因刻丈尺耳者以上文二云以量度成賈而徵儥故幷及之其實鞭度
但供撻戮下文胥職二云執鞭度而巡其前凡有罪者撻戮而罰之是
也若均平物賈則當兼操權量不得獨持丈尺矣賈不解謂殳爲度
之義乃云一物以爲二用若以繫鞘於上則爲鞭以長丈二因刻丈
尺則爲度失之案王說是也二云羣吏胥師以下也者眩賈師司虣司
稽胥肆長諸官言之賈疏二云見下胥職二云執鞭度而巡其前此亦執
鞭度故知是胥師以下敘官二云胥師二十肆則一人胥二肆則一人
鄭二云胥師領羣胥則胥師已下非直巡行肆亦更來守門故鄭總云
胥師已下二云平肆平賣物者之行列使之正也者黄以周二云謂辨其
物類各陳諸肆所謂以陳肆辨物而平市是也二云展之言整也者鄉
師注二云展猶整具說文攴部二云整齊也二云成平也者調人注同二云會
平成市物者也者言市者聚會平定市中列肆之物成其買賣黄以
周二云展如聘禮展幣之展謂校錄之展成奠賈謂展視所成之物以
定其賈所謂以量度成賈而徵儥是也案黄說亦通二云奠讀爲定者
小史弓人注並同丁晏二云職幣皆辨其物而奠其錄注奠定也禹貢
奠高山大川史記夏本紀奠作定匠人凡行奠水先鄭二云奠讀爲停
釋名停定也定於所在也奠停也言停久也古奠定停並聲近通用
二云整勑會者使定物賈防誑豫也者勑宋注疏本疏述注作敕案整
勑之勑當作敕疏作敕不體易噬嗑象辭二云先王以明罰勑法易釋
文引鄭二云勑理也一二云整也此注二云整勑與鄭易注義合皆借勑爲
敕敕勑音義迥別詳宰夫疏賈疏二云恐有豫爲誑欺故二云防誑豫王
引之二云賈未解豫字之義故二云豫爲誑欺如賈說則當言豫誑不當
言誑豫也今案豫亦誑也晏子問篇曰公市不豫宮室不飾鹽鐵論
力耕篇曰古者商通物而不豫工致牢而不僞不豫謂不誑也又禁

耕篇曰教之以禮則工商不相豫謂不相詐也連言之則曰詐豫矣
荀子儒效篇仲尼將為司寇魯之鬻牛馬者不豫賈亦謂市賈皆實
不相詐豫也楊倞注豫賈豫定為高價也誤與賈疏同淮南覽冥篇
黃帝治天下市不豫賈史記循吏傳子產為相市不豫賈索隱曰謂
臨時評其貴賤不豫定賈誤亦與賈疏同說苑反質篇徒師沼治魏
而市無豫賈義並與荀子同說者皆讀豫為凡事豫則立之豫望文
生義失其傳久矣案王說是也云上旌者以為衆望也見旌則知當
市也者謂樹旌以表市使衆望而可知韓非子外儲說云宋人有酤
酒者縣幟甚高著漢市樓名旗亭蓋亦立旗於上旌即旗識也云思
次若今市亭也者前注同此為司市總治市政之次云市師司市也
者以司市掌治教為市官之長故謂之市師敘官鄉師注云師長也
漢書食貨志說王莽更名市令市長為司市師蓋即放此制云介次
市亭之屬別小者也者上思次司市所涖聽大治大訟此介次胥師
賈師所涖聽小治小訟思次為市亭明介次為市亭之屬別而小者
為胥師賈師分治市政之次聘禮注云介副也謂小次為大次之副
屬別與敘官注云鄉之屬別遂之屬別義同黃以周云說文介畫也
从人从八八之言分分主市次者胥師賈師故胥師賈師涖於介次
詒讓案分與副義亦相成云故書涖作立者鄉師注同杜子春云奠
當為定者段玉裁云讀為定者就其聲類而易其字義也當為定者
直謂為字誤聲誤而改之也其意不同故兼存鄭司農云思辭也者
詩大雅文王篇思皇多士毛傳云思辭也案詩多以思為發語辭故
先鄭據以為釋後鄭不從也云次市中候樓也者遺人云市有候館
又三輔黃圖云長安九市夾橫橋大道市樓皆重屋是漢時市有市
樓為市吏候望之所先鄭蓋舉漢制以為況也云立當為涖者段玉
裁云鄉師云立讀為涖此云當為涖案古者立位同字則讀立為涖
即讀位為涖也後世立位二字韻部迥別案詳鄉師疏云涖視也者

爾雅釋詁文大宗伯注亦同云玄謂思當爲司字聲之誤也者賈疏云下云介次不爲辭明思不得爲辭直是思司聲同故誤爲思也此思司聲同不得爲字誤今有本云字聲之誤兼有字者讀當云思當爲司字字絕讀之乃合義也段玉裁云據疏知賈本本無字字無者爲長注例當爲某之下未見有贅字字者也今本注內有字字淺人增之黄以周云思司音近義通釋名釋言語云司思也毛詩傳云司主也干寶周禮注云司者總其領也總主市肆者市師故上旌於思次市師涖焉

凡萬民之期于市者辟布者量度者刑戮者各于其地之敘

期謂欲賣買期決於市也量度者若今處斗斛及丈尺也故書辟爲辭鄭司農云辭布辭訟泉物者也玄謂辟布市之羣吏者實諸泉入及有遺忘

疏

凡萬民之期于市者者萬民即上文之百族通市中諸往來賣買者而言下三者皆期於市者所有事也云刑戮者者即下文市刑憲徇扑三罰亦通謂之戮胥云撻戮即扑罰也凡司虣司稽所搏執犯禁及盜賊胥師所戮有罪者皆於當敘行其刑戮也云各于其地之敘者賈疏云敘則諸物行肆之所也詁讓案敘即上文次敘之敘蓋諸肆行首當市朝之處胥及肆長所治者凡辟布以下三事各就其敘治之取其近而衆見之也

注云期謂欲賣買期決於市也者謂欲賣買與欲買者兩相爲期約至市決其售否會釗引史記孟嘗君傳所期物忘其中索隱期物謂入市心中所期之物利證此經義是也賈疏謂人各自爲期限使了市事於市失之云量度者若今處斗斛及丈尺也者謂敘有市吏涖之官有官度量法式凡市人有以斗斛丈尺差異爭訟者則就其行肆校驗平壹之漢時市官蓋亦有此法凡鄭言處者多爲審察是正之義大宰注云正正處也大史注亦有處吉凶之語皆其證賈疏謂斗斛處置於米粟之肆丈尺處置於絹布之肆非鄭恉也云故書辟爲辭者徐養原云說文辛

部辭訟也又辟部辟法也二字形雖相近音義迥别故二鄭各就其
字之本義解之鄭司農云辭布辭訟泉物者也者此訓辭爲訟與說
文同先鄭意布卽泉也因爭泉物而辭訟謂之辭布賈疏云先鄭從
故書辟布爲辭訟之布後鄭不從而爲羣吏考實諸泉入者若辭訟
之布當歸其本主何得各有地之敘乎明不得爲辭訟之布也云玄
謂辟布市之羣吏考實諸泉入者說文辟訓法此引申爲考案之義
泉入卽謂廛人所斂五布入泉府者市吏各就其敘以考案市人所
入布與法數當相應不得有羨闕也賈疏云謂民將物來於肆賣者
肆長各考量物數得實稅入於市之泉府知民將物來於市有稅者
案下文云國凶荒市無征明不凶荒有征矣其實者則宜置於地之
敘欺者沒入官是其法也案此泉入不專指物稅賈說非是云及有
遺忘者卽謂五布之入數或有遺忘亦就其敘考問之也賈疏云謂
羣吏考實泉之處有遺忘者便歸令本主識認之下文得貨賄六畜
之等是依列肆失者與此文别也案賈似以遺忘爲遺失泉布者則
與下文得貨賄事略同非經注義也但鄭說亦似未塙洪頤煊謂宰
夫職凡失財用物辟名者以官刑詔冢宰而誅之注云辟名詐爲書
以空作見文書與實不相應也此辟布當與彼同義其說似近是蓋
凡萬民買賣賈直旣定而所與泉布或與所約之數不相應或已付
賈而物主詐稱未付者皆
就其敘案問其是非也

凡得貨賄六畜者亦如之三日而舉之

得
遺
物者亦使置其地貨於貨之肆馬於馬之肆則【疏】凡得貨賄六畜者
主求之易也三日而無識認者舉之沒入官亦如之者此治市
中拾遺之令也亦置於其敘以俟辨識以敘近市朝又市官所治民
也與朝士得獲貨賄六畜者委於朝同彼文有人民此無者文不具
也賈疏云此謂在列肆遺忘闌失者使各歸本肆使主識認取之
注云得遺物者亦使置其地貨於貨之肆馬於馬之肆則主求之易

也者經云云亦如之即冢上文各於其地之敘而言貨之肆馬之肆其
行首即所謂敘也云三日而無識認者舉之沒入官者呂氏春秋樂
成篇云物之遺者民莫之舉高注云舉取也故凡物沒入官謂之舉
司門注亦同朝士云旬而舉之大者公之小者庶民私之此三日即
舉者以市肆㡧雜不容久留也沒入官即彼云
大者公之其小者當亦得入私經文皆不具也凡治市之貨賄六畜
珍異亡者使有利者使阜害者使亡靡者使微利利於民謂物實厚
者害害於民謂物行
沽者使有使阜起其賈以徵之也使亡使微抑其賈以卻之也侈靡
細好使富民好奢微之而已鄭司農云亡者使有無此物則開利其
道使之有疏凡治市之貨賄六畜珍異者治謂市官設法以治之所以察
良楛而握盈朒之柄也珍異詳賈人疏李光坡云此以政令
禁物靡而均市也注云利利於民謂物實厚者者實厚謂誠實堅
厚者也云害害於民謂物行沽者者沽釋文作苦宋婺州本及舊注
疏本並同段玉裁云行今俗所謂行貨不精者也方言注謂之行敝
今譌爲扞敝唐書韓琬傳謂之行濫今行譌汙沽牭也王引之云古
人謂物脆薄曰行或曰苦苦與盬同唐風鴇羽毛傳曰盬不攻緻也
小雅四牡傳曰盬不堅固也齊語及管子小匡篇並云辨其攻苦韋
昭注曰功牢也苦脆也尹知章注曰功謂堅美苦謂濫惡是苦亦行
濫之稱故後鄭又謂之行苦漢書禮樂志夫婦之道苦而淫辟之罪
多孟康曰苦音盬夫婦之道行盬不固也行盬即行苦案段王說是
也沽苦字通苦見盬人典婦功典枲三職彼杜及先鄭注並讀爲盬
而沽見酒正司裘巾車司兵諸注則注例用沽不用苦然沽義亦當
與盬同王說得之行訓惡亦詳胥師疏云使有使阜起其賈以徵之
也者賈疏云總釋經亡者利者云起其賈者謂增起其賈引物自然
來故使有使阜盛也云使亡使微抑其賈以卻之也者謂抑貶其賈

則售者無利所以卻退之使人不賫其物也云後靡細好使富民好奢微之而已者小爾雅廣言云靡細也方言郭注云靡細好也祭義注云微少也使微者減損之使微少而已對使亡為卻絕竟不得市也鄭司農云亡者使有無此物則開利其道使之有者士喪禮注云亡無也市無此物則開利其致來之道使商樂賫與後鄭起其賈義亦相成賈疏謂二鄭義異失之

凡通貨賄以璽節出入之璽節印章如今斗檢封矣使人執之以通商以出貨賄者王之司市也以內貨賄者邦國之司市也

疏凡通貨以璽節出入之者李光坡云此以商賈阜貨而行布也案李說是也此專據商賈言之大宰九職云六曰商賈阜通貨賄是也凡商賈所賫物並以璽節通之　注云璽節印章者掌節注云璽節今之印章也職金注云璽者印也說文土部云璽王者印也重文璽籀文从玉印部云印執政所持信也廣雅釋器云印謂之璽釋名釋書契云璽徙也封物使可轉徙而不可發也印信也所以封物為信驗也亦言因也封物相因付也漢舊儀云秦以前民皆佩綬以金玉銀銅犀象為方寸璽各服所好漢以來天子獨稱璽又以玉羣臣莫敢用也獨斷云璽者印也印者信也古者尊卑共之月令曰固封璽春秋左氏傳曰魯襄公在楚季武子使公冶問璽書追而與之此諸侯大夫印稱璽者也秦以來天子獨以印稱璽國語魯語云襄公在楚季武子取卞使季冶逆追而予之璽書韋注云璽印也古者大夫之印亦稱璽璽書印封書也案衞蔡韋三說是也周書殷祝篇云湯放桀取天子之璽置天子之坐則夏殷時已有璽但三代時為尊卑印信之通稱許說據秦以後制不可以說經章亦印也文選漢高祖功臣頌李注云章印章也依鄭說蓋刻璽為文印之竹帛以為節職金云辨其物之媺惡與其數量楬而璽之彼為璽書楬著物與璽節異而其形制略同云如今斗檢封矣者賈疏云案漢法斗檢封其形方上有封檢其內

有書則周時印章上書其物識事而已丁晏二云說文木部檢書署也釋名釋書契檢禁也禁閉諸物使不得開露也後漢書公孫瓚傳袁紹矯刻金玉以爲印璽每有所下輒皁囊施檢章懷注檢今俗謂之排排如今言標簽耳續漢書祭祀志尚書令奉玉牒檢皇帝以一分璽親封之詒讓案漢斗檢封名制不可攷二云使人執之以通商者謂使商賈之人自執此璽節以通其貨賄也二云以出貨賄者王之司市也者賈疏二云以其商旅買貨賄於市以出向邦國故知是王之司市給璽節也二云以內貨賄者邦國之司市也者賈疏二云以其貨賄從邦國來當入王畿故知還是邦國之司市給璽節也此經直二云入之鄭雖二云內貨賄者邦國之司市亦容有從畿內入市者故下掌節二云貨賄用璽節鄭二云變司市言貨賄者貨賄非必由市或資於民家若然商資於民家得出向邦國若資於民家亦容入來向王市賣之則璽節受之於門關矣

國凶荒札喪則市無征而作布有災害物貴市不稅爲民乏困也金銅無凶年因物貴大鑄泉以饒民

疏國凶荒札喪者卽膳夫之大荒大札也札喪是一事賈疏謂札謂疫病喪謂死喪分爲二義失之云則市無征而作布者均人云凶札則無財賦故市無征市征卽大宰九賦之市賦也　注云有災害物貴市不稅爲民乏困也者物貴而市不獨稅則物益貴民將重困故無征卽謂不斂次布總布等也云金銅無凶年者賈疏云以其凶年穀則貴金銅凶年亦賤故云無凶年云因物貴大鑄泉以饒民者外府注云布泉也王聘珍云管子山權數篇曰湯七年旱禹五年水湯以莊山之金鑄幣而贖民之無檀賣子者禹以歷山之金鑄幣而贖民之無檀賣子者國語周語單穆公曰古者天降災戾於是乎量資幣權輕重以振救民民患輕則爲作重幣以行之於是乎有母權子而行民皆得焉若不堪重則多作輕而行之亦不廢重於是乎有子權母而行小大利之詒讓案周書大匡篇云

維周王宅程三年遭天之大荒幣租輕乃作母以行其子易資貴賤以均游旅使無滯亦古者遭天災鑄泉之事蓋泉布爲民閒通行之貨無市征則官之泉入大減無以給民用故作布以濟其乏而采卄冶金兼使閒民得庸賃之資以自給亦所以饒之也

凡市僞飾之禁在民者十有二在商者十有二在賈者十有二在工者十有二

鄭司農云所以俱十有二者工不得作賈不得粥商不得資民不得畜玄謂王制曰用器不中度不粥於市兵車不中度不粥於市布帛精麤不中數幅廣狹不中量不粥於市姦色亂正色不粥於市五穀不時果實未孰不粥於市木不中伐不粥於市禽獸魚鼈不中殺不粥於市亦其類也於四十八則未聞數十二焉

疏 凡市僞飾之禁者月令季春云百工咸理監工日號毋悖于時毋或作淫巧以蕩上心注云淫巧謂僞飾不如法也李光坡云此以賈民禁僞而除詐也云在民者十有二者民卽上文百族謂平民也十有二者禁書之條目有此數下並同 注鄭司農云所以俱十有二者工不得作賈不得粥商不得資民不得畜者賈疏云謂民與商賈及工四者皆同十二工匠主營作故云不得作其處曰賈賈主賣粥故云不得粥商主通貨賄貨賄皆當豫資貯故云不得資萬民非作非粥非資故以畜聚而言也云玄謂王制曰用器不中度不粥於市者以下並引王制證市禁之事鄭彼注云用器弓矢耒耜飲食器也度丈尺也賈疏云耒耜長六尺弓長六尺六寸之等矢長三尺之類皆有長短度數也云兵車不中度不粥於市者賈疏云案考工記輪人爲兵車乘車之輪崇六尺六寸成出華車一乘出於民閒故民亦有粥兵車之法云布帛精麤不中數幅廣狹不中量不粥於市者狹釋文作夾案禮記作狹夾卽狹之借字鄭注云數升縷多少賈疏云布之精麤謂若朝服十五升斬衰三升齊衰有三等或四升或五升或六升大功

已下有七升八升九升小功有十升十一升十二升緦麻有十五升抽去半其帛之升數禮無明文布幅則廣二尺二寸其繒幅則依朝貢禮廣二尺四寸云姦色亂正色不粥於市者姦色即五方之閒色也五行大義引穎子嚴春秋釋例云東方閒色綠南方閒色紅西方閒色縹北方閒色紫中央閒色騮黃云五穀不時果實未孰不粥於市者注云物未成不利人云木不中伐不粥於市者注云伐之非時不中用又引周禮仲冬斬陽木仲夏斬陰木見山虞文云禽獸魚鼈不中殺不粥於市者注云殺之非時不中用月令季冬始漁周禮春獻鼈蜃云亦其類也者賈疏云王制所云不中度之類是在工者不中數不中量姦色亂正色是在商者不時及未孰是在農者此等亦兼有在賈者故云亦其類也案依賈說則後鄭以王制諸云不粥者分屬民商賈工與先鄭以不得粥專屬賈者異王制又云有金璧圭璋不粥於市命服命車不粥於市宗廟之器不粥於市犧牲不粥於市戎器不粥於市錦文珠玉不粥於市珠玉成器不粥於市衣服飲食不粥於市此不引者以彼諸物不粥者各自有取義不關僞飾故不具引也云於四十八則未聞數十二焉者經民商賈工數各十二通爲四十八也賈疏云王制之文從用器爲一兵車爲二布三帛四姦色五五穀六果實七木八禽九獸十魚十一鼈十二是聞之十二矣於四十八則未聞三十六故云未聞數十二也案注疏說頗難通王制約舉市禁本未細計凡數賈強以充十二事分合既未當且依其說則是所聞數止十二而注云未聞數十二於文義亦復乖迕竊疑鄭意止略舉王制以況義並非以當此十二禁之一此注當云於四十八則未聞明王制文於此經未必相當此四十八禁實全未聞也數十二焉四字疑後人未明鄭義據經妄增賈緣誤爲說遂多牽強爾

市刑小刑憲罰中刑徇罰大刑扑罰其附于刑者歸于士徇舉以示其地

之衆也扑撻也鄭司農云憲罰播其肆也故書附爲柎杜子春云當爲附　疏　市刑者司市之官刑以其事小法輕不過此三者也李光坡云此以刑罰禁虣而去盜也云大刑扑罰者扑唐石經作朴形近而誤今據宋本及嘉靖本正扑罰謂扑之以示罰猶閭胥云撻罰與壓人罰布異云其附于刑者歸于士者以司市不掌五刑也賈疏云此刑各有所對言之市刑雖輕亦名爲刑若對五刑則五種者爲刑故云附於刑歸於士士謂秋官士師鄉士遂士之屬其人屬彼者各歸之使刑官斷之也　注云徇舉以示其地之衆也者說文彳部云袀行示也徇即袀之俗謂列其所犯楬著其身使周行市廛以示衆爲戒也云扑撻也者閭胥注云撻扑也說文攴部云攴小擊也从又卜聲阮元云攴之隸變爲扑手即又也扑訓擊因而名擊之之物曰扑凡經典扑改朴者非案阮說是也廣雅釋詁云扑撻擊也大射儀云司射遂取扑搢之注云扑所以撻犯教者書舜典扑作教刑史記五帝本紀集解引鄭書注云扑檟楚也案扑以檟楚撻人因謂檟楚爲扑國語魯語云薄刑用鞭扑此市刑輕故雖大刑亦不過扑也唐石經此經及尚書儀禮初刻皆誤作木皮之扑唐玄度九經字樣手部謂扑即說文撲字亦誤鄭司農云憲罰播其肆也者小宰注云憲謂表縣之若今新有法令云此憲罰亦謂書其犯禁之狀表縣於肆門宣播其罰與表縣法令同賈疏云憲是表顯之名徇既將身以示之則此憲是以文書表示於肆若布憲之類也云故書附爲柎杜子春云當爲附者段玉裁云附麗字周書多作付此作柎皆假借字也高宗彤日天既付命正厥德今文尚書作附命說文訓附爲附婁訓柎爲益也似以柎爲附麗正字

國君過市則刑人赦夫人過市罰一幕世子過市罰一帟命夫過市罰一蓋命婦過市罰一帷謂諸侯及夫人世子過其國之市大夫內子過其都

之市也市者人之所交利而行刑之處君子無故不游觀焉若游觀則施惠以爲說也國君則赦其刑人夫人世子命夫命婦則使之出罰異尊卑也所罰謂憲徇扑也必罰幕帟蓋帷市者衆也此四物者在衆之用也此王國之市而說國君以下過市者諸侯之於其國與王同以其足以互明之

【疏】注云謂諸侯及夫人世子過其國之市者明據無事而自過其所封國都之市而言若以事至王國及它國過市則無罰也云大夫內子過其都之市也者亦據無事而過其所食采地之市而言若以事過王國及它都市則亦無罰命夫謂有采地命士以上至三公命婦者卿大夫士妻之通稱賈疏云大夫中含有卿內子卿之妻含大夫之妻命婦也故經云命婦注云內子也若然此經大夫命婦是諸侯科中不見天子卿大夫則天子卿大夫與諸侯卿大夫及命婦亦是互見爲義也詒讓案對文則卿妻爲內子大夫妻爲命婦散文則卿妻亦爲命婦詳內宰疏都卽大小都亦兼家邑等言之云市者人之所交利而行刑之處君子無故不遊觀焉若遊觀則施惠以爲說也者釋文云說解說也鄭意市者爲賈民與刑人所聚之處國君爵尊體崇不當非時遊觀於市故設此法以示解說實以禁其佚遊也云國君則赦其刑人者刑人謂市人之犯大刑者卽上云其附于刑者歸于士是也國君過市時適遇有當附刑之人則赦之晏子春秋外篇云晏子曰刑死之罪日中之朝君過之則赦之案易繫辭云日中爲市日中之朝卽市朝也晏子所說與此經合若然此刑人通晐附五刑凡大辟以下皆赦之非唯市刑憲徇扑等但五刑既赦則憲徇扑等小刑亦赦可知此乃設法以禁國君之遊市非縱有罪也云夫人世子命夫命婦則使之出罰者謂罰幕帟之等云異尊卑也者明國君與夫人以下尊卑異故或施惠以爲說或罰以示警也云所罰謂憲徇扑也者賈疏云其憲徇刑之輕者而赦之使出帷幕難備之物者出物雖重而無恥憲徇雖輕而有

愧故以出物爲輕也案依賈說則鄭意夫人世子命夫命婦等過市亦仍赦刑人但所赦者止屬憲徇扑等輕刑且不得徒赦必罰令出物乃赦之若然是所罰幕帟帷蓋等乃使所赦憲徇扑之刑人出之但憲徇扑刑有大小而所罰物並同於義既未協且審繹經文國君則云刑人赦夫人世子以下則云罰一文不相冡恐不當如鄭賈說江永謂卽使夫人世子等遊市者出罰物義似較允也云必罰幕帟蓋帷市者衆也此四物者在衆之用也者賈疏云案幕人云掌供帷幕幄帟綬帷幕用布幄帟用繒在上曰幕在旁曰帷帟承塵其蓋當是於衆中障暑雨之蓋未必是輪人所作蓋弓二十有八在車者也江永云幕帟蓋帷皆所障蔽之物罰之以示不當遊市所以恥之也若衞靈公與夫人同車宦者參乘而招搖過市尤不知恥者也案江說是也幕帟蓋帷皆行道及野舍所用貴人出游蓋必齎此諸物以行故過市時應時卽罰令出此留之列次以共衆用亦取其易辦也叚使憲徇扑市人出之則當令出泉買作諸物非應時所能猝辦足知其非矣云此王國之市而說國君以下過市者諸侯之於其國與王同以其足以互明之者謂此司市實掌王國之市而經說國君等侯國之法者明王與國君同后與夫人同王世子與諸侯世子亦同其過市亦有赦刑人及罰幕帟之法經舉侯國互文以見義也

凡會同師役市司帥賈師而從治其市政掌其賣儥之事 市司司市也儥買也會同師役必有市者大衆所在來物以備之

【疏】凡會同師役市司帥賈師而從者唐石經作市司胥師賈師而從嚴可均云疏云不帥胥師者胥師不知物賈則經當無胥師案嚴說是也宋以來版本胥師並作帥今從之師役謂軍旅起徒役也賈疏云王與諸侯行會同及師役征伐之等或在畿內或在畿外皆有市則市司帥賈師而從以其知物賈故使從不帥胥師者胥師不知物賈於事緩故不從也

注云市司司市也者與上文稱市師同以其非正官名故或曰市師或曰市司無定稱也鄭漢勛謂此卽宰夫八職之二曰師三曰司若然則似市師爲長而市司別爲所屬士亦通云價買也者前注同賣價猶小宰云賣買也俞樾云價者賣之叚字訓賣不訓買鄭君訓價爲買誤也惟價既訓賣則不得復與賣連文而此云掌其賣價之事質人云凡賣價者質劑焉賈師云凡國之賣價各帥其屬而嗣掌其月皆連言之曰賣價義似可疑乃鄭君於賈師注云故書賣爲買是知經文本作買價當以故書爲正胥師職曰察其詐僞飾行價慝者而誅罰之鄭司農云價賣也慝惡也後鄭亦以行賣惡物解之賈師職曰凡天患禁貴價者先鄭無注後鄭釋爲貴賣夫賣之與買截然異義豈有價之一字既可訓買又可訓賣者乎且賈師一職前云禁貴價者後云凡國之賣價同在一節之中乃貴價之價則訓爲賣賣價之價則訓爲買此其違失尤爲顯然今定價爲賣之叚字其音爲育其義爲賣凡經言賣價者皆從故書作買價則字義正而經義亦明矣案俞說亦通但此經賣價之文三見鄭唯於賈師注云故書賣爲買則此與質人二經故書今書似同作賣價不必作買價也云會同師役必有市者大衆所在來物以備之者以會同師役皆聚大衆食用之物恐有不給故司市爲招來市物以備其缺乏也易祓云所謂市者非特國市而已遺人五十里有市市有候館則所以待賓客會同師役之事量人營軍之壘舍量其市朝州涂軍社之所里則軍亦有市矣

質人掌成市之貨賄人民牛馬兵器珍異成平也會者平物賈而來主成其平也人民奴婢也珍異四時食物

【疏】掌成市之貨賄人民牛馬兵器珍異者賈疏云此質人若今市平準故掌成平市之貨賄已下之事江永云王制戎

器不粥於市此得賣兵器者弓矢佩刀服劍之類皆常用器宜不在禁限戎器其謂甲冑戈盾之類與王制又言兵車不中度不粥於市則兵車中度者亦可粥也案江說是也但此經凡云兵器並當分爲二物兵謂五兵器則車輦用器之屬內府所謂良兵良器是也鄭賈並以兵器爲卽戎器失之互詳玉府疏　注云成平也者謂人注同云會者平物賈而來主成其平也者賈疏云會謂市人會聚買賣止爲平物而來質人主爲平定之則有常估不得妄爲貴賤也云人民奴婢也者謂私家奴婢卽大宰九職之臣妾也與凡泛言人民指平民言者異說文女部云奴奴婢古之辠人也則古者奴婢皆辠人之家沒入官者爲之然此職之人民則鬻於市者蓋古私家自有鬻買臣妾奴婢之法莊子徐無鬼篇說南伯子綦之子梱遇盜刖而鬻之於齊曲禮云買妾不知其姓則卜之檀弓云子碩請鬻庶弟之母是也至國語越語云王命有司大徇於軍曰謂二三子歸而不歸處而不處進而不進退而不退左而不左右而不右身斬妻子鬻則古辠人沒入官者亦或轉鬻私家爲奴婢矣惠士奇云價人民者掌之質人獲人民者告之朝士古無奴婢謂之臣妾亦曰人民云珍異四時食物者𡒊人注同據賈師云四時之珍異是也食物珍異蓋若內饔所云珍物之屬公羊昭三十一年傳云有珍怪之食何注云珍怪猶奇異也荀子正論篇云食飲則重太牢而備珍怪並與此義同賈疏云見下𡒊人云凡珍異之有滯者斂而入于膳府卽果實及諸食物依四時成熟者也

凡賣儥者質劑焉大市以質小市以劑鄭司農云質劑月平賈也質大賈劑小賈玄謂質劑者爲之券藏之也大市人民馬牛之屬用長券小市兵器珍異之物用短券

疏凡賣儥者質劑焉者卽司市以質劑結信而止訟之事謂就此官所治處定其質劑也賣儥儥亦買也詳司市注　注鄭司農云質劑月平賈也者小宰司市先鄭注義並同

二云質大賈劑小賈者先鄭意質劑並爲平賈以市大小異名文選左思魏都賦質劑平而交易劉逵注亦依先鄭義云玄謂質劑者爲之券藏之也者破先鄭月平之說小宰注云質劑今言券書也詳彼疏二云大市人民馬牛之屬用長券小市兵器珍異之物用短券者小宰注亦云長曰質短曰劑謂人畜等物重賈貴則用長券之質器用等物輕賈賤則用短券之劑賈疏謂若人民則未成齔已下牛馬未著齒已前亦得爲小者也恐非鄭意又曲禮云獻田宅者操書致王引之謂致卽質古字通若然市田宅者亦用質與惠士奇云質人賣儥人民用長券謂之質王褒僮約石崇奴券古之質與質許贖魯人有贖臣妾於諸侯者而逋逃之臣妾皆得歸其主焉有主來識認驗其質而歸之

掌稽市之書契同其度量壹其淳制巡而攷之犯禁者舉而罰之

稽猶考也治也書契取予市物之券也其券之象書兩札刻其側杜子春云淳當爲純純謂幅廣制謂匹長也皆當中度量玄謂淳讀如淳尸盥之淳

疏同其度量壹其淳制者惠棟云淳制管子君臣篇作綧制云衡石一稱斗斛一量丈尺一綧制戈兵一度上經注云量度若今處斗斛及丈尺愚謂斗斛屬量戈兵屬度管子是也詒讓案綧淳字同詳內宰疏云犯禁者舉而罰之者禁謂犯質劑者之禁也荀子王霸篇云質律禁止而不偏如是則商賈莫不敦愨而無詐矣楊注云質律質劑也可以爲法故言質律也禁止而不偏謂禁止姦人不偏聽也案依楊說質律蓋卽此官糾禁之著爲官法者也舉罰之者猶司關云凡貨不出於關者舉其貨罰其人彼注云沒其財而撻其人但此舉亦謂沒入其貨罰依鄭義爲罰令出布故廛人注以質布爲此官所罰犯質劑者之泉而司關注則以罰爲撻是卽司市市刑之扑罰二義不同也至罰泉在廛人五布當爲罰布非質布詳彼疏惠士奇云犯禁者罰之謂用器兵車不中度布帛精麤

不中數幅廣狹不中量則淳制不壹度量不同故舉其貨而罰之

注云稽猶考也治也者稽考宮正注同賈疏云并取治質劑并解之故兼云治也云書契取予市物之券也者賈疏云案小宰職云聽取予以書契經既云書契故知與彼同非上質劑之市買者也云其券之象書兩札刻其側者書敘孔疏引鄭易注云書之於木刻其側為契各持其一後以相考合說文刀部云券契也券別之書以刀判契其旁故曰契券釋名釋書契云契刻也刻識其數也案此謂符券之書契也書兩札各持其一則有左右故曲禮云獻粟者執右契注云契券要也老子云聖人執左契而不責於人右契左契合之即兩札也刻其側者蓋依其取予之數刻札旁為紀墨子備城門篇云必數城中之木十人之所舉為十挈五人之所舉為五挈凡輕重以挈為人數挈契字古通十挈五挈即刻以紀數者亦謂之齒管子輕重乙篇云子大夫有五穀菽粟者請以平賈取之子與之定其券契之齒列子說符篇云宋人有遊於道得人遺契者歸而藏之密數其齒張湛注云刻處似齒易林大畜之未濟云符左契右相與合齒是也蓋書契與傅別質劑形制略同惟以兩札刻側為異互詳小宰疏杜子春云淳當為純純謂幅廣制謂匹長也者此依天子巡狩禮為說內宰杜注義同云皆當中度量者中其廣狹長短之度量云玄謂淳讀如淳尸盥之淳者賈疏云後鄭不從杜子春純者純止可為絲為緇不得為幅廣狹故讀從士虞禮淳尸盥之淳段玉裁云讀如淳尸盥者擬其音也案段說是也據內宰注故書作敦今書作淳子春依禮逸經作純此經則故今書並作湻後鄭於二職並依作湻之本湻純字通不煩破字故義同子春而字則仍而不改但引士虞禮以擬其音賈說非是

凡治質劑者國中一句郊二旬野三旬都三月邦國碁期內聽期外不聽謂齎券契者來訟也以期內來則治之後

期則不治所以絕民之好訟且息文書【疏】凡治質劑者國中一旬者
也郊遠郊也野甸稍也都小都大都謂以抵冒質劑成訟者此
官則量其所居之遠近為約期以聽之此與朝士云凡士之治有期
日遠近之期略同蓋責償取予之訟當就此官平決其附於刑者則
當歸於士二官相與為官聯其官法亦相因也國中據王國都城言
之鄉大夫注云國中城郭中也云邦國朞者朞釋文作基云本或作
朞阮元云士虞禮注云古文朞皆作基近人以朞年字別於期會直
是俗字然自廣韻已如此分別非也詒讓案說文月部云期會也又
禾部云稘復其時也引唐書曰稘三百有六旬此邦國朞之正字當
作稘經典通叚期為之朞期雖聲類相通而訓義各別儻經果作基
字則鄭不宜無釋矣釋文基當本作期朞是其
證也蓋鄭本經文三期字本同後人妄生分別改邦國期字為朞惟
釋文尚存鄭本之舊今本釋文作基乃傳寫之誤　注云謂齎券契
者來訟也者賈疏云此經總上質劑與書契來訴者詒讓案司市云
大治大訟小治小訟彼治與訟異鄭知此治質劑卽為訟者以與朝
士士治有期日同散文訟亦得謂之治公羊僖二十八年傳云叔武
為踐士之會治反衛侯又成十六年傳云公子喜時外治諸京師而
免之何注並釋治為訟治是訟治義得通也云以期內來則治之後
期則不治所以絕民之好訟且息文書也者此官旣與訟者為期俾
自來聽鞫如逾期而訟主不至則是譎詐不實故不復聽以絕其好
訟且省文書之煩也云郊遠郊也者謂距國百里以內關六鄉也賈
疏云以其內有國中外云野野遠郊之外明知郊是遠郊也云野甸
稍也者司會注同此文野與都別則與縣鄙遂人縣士之野兼甸稍
縣都言者異詳甸師及司會疏依此注義則此野與朝士異彼野通
四等公邑則縣畺亦在野內而六遂屬郊稍家邑則又屬都此經則
距國二百里至三百里無論六遂公邑家邑並屬野而縣畺之公邑

則又屬都其分合迥不同也賈疏云下有都都是四百五百里明此是二百里甸三百里稍可知云都小都大都者據載師以小都之田任縣地以大都之田任畺地明通舍彼二等都也但此都與朝士之都亦異彼通晐三等采地則內兼稍家邑而不及公邑此則於大小都外兼含縣畺公邑而稍家邑則屬野其界域亦不同也

廛人掌斂市絘布總布質布罰布廛布而入于泉府布泉也鄭司農云絘布列肆之稅布杜子春云總當爲儳謂無肆立持者之稅也玄謂總讀如租穟之穟穟布謂守斗斛銓衡者之稅也質布者質人所罰犯質劑者之泉也罰布者犯市令者之泉也**疏**掌斂市絘布總布質布罰布廛布廛布者貨賄諸物邸舍之稅者王念孫云市下有之字而今本脫之自唐石經已然上文質人云掌成市之貨賄人民牛馬兵器珍異下文泉府云掌斂市之不售貨之滯於民用者此文云掌斂市之絘布總布質布罰布廛布三之字文同一例載師注載師疏及序官疏三引此文皆有之字案王說是也釋文云絘本或作次丁晏云絘叚借字說文糸部絘績所緝也非此經之義詒讓案釋文或本是也載師先鄭注引此經亦作次布與或本正同此作絘者疑涉下總布而誤增糸形江永云絘布者市之屋稅總布者貨賄之正稅廛布者市之地稅也古者建國王立朝后立市國中大小之肆皆是公家之財所成故有屋稅廛者停貨物於此則有地稅閭師云任商以市事貢貨賄總布正是貨賄之稅又云官獨以廛名者舉廛以該肆也五布惟總布最多地稅有定質劑物微罰布無常貨賄充牣市廛源源而至非廛人所能盡稽故必使每肆之肆長斂之入於廛人此總布是商賈之正賦大宰所謂市賦閭師所謂商賈貨賄者此也布即貨賄案江說是也凡商賈有屋稅廛稅又有所齎貨物之稅此三者爲

九賦之市賦乃正稅也此外又有力征卽九職貨賄之貢總布者以貨物稅爲正而亦兼有貢故謂之總明通晐賦貢也市征雖亦有它物而以泉布爲多故有五布卽泉府所云市之征布也管子戒篇云市正而不布蓋非周法與此經不合五布之義以江爲允今從之詳後疏　注云布泉也者外府注同鄭司農云絘布列肆之稅布者絘亦當作次此卽市肆之屋稅也賈疏云謂在行肆坐賣物之常稅也丁晏云絘依字當爲次卽思次介次之稅故先鄭以爲列肆之稅布江永云列肆有稅猶民之廛里有稅杜子春云總當爲儳者肆長杜注同載師先鄭注引此經作儳布亦從杜讀段玉裁云杜蓋謂爲聲之誤二字雙聲也云謂無肆立持者之稅也者說文人部云儳儳互不齊也曲禮毋儳言鄭注云儳猶暫也國語周語韋注云儳進退上下無列也杜以無肆立持者儳互不齊故其稅謂之儳布也江永云周官所征者征諸商賈也若無肆立持者販夫販婦鬻賣小物暫立卽去耳豈征其貨乎案江說是也云玄謂總讀如租稯之稯者段玉裁云鄭君讀如稯者擬其音耳非讀爲也租稯當是組總之譌見巾車職轉寫譌從禾也云總布謂守斗斛銓衡者之稅也者斗斛銓衡爲市中公用之器使人守之或有出稅也銓衡詳大行人疏王與之云總布肆長總斂在肆之布也貨入於肆肆長隨其所貨之物收其稅總而計之其數非一謂之總布江永云杜鄭二說皆非守斗斛銓衡乃閭民傭力於商賈者轉移執事之人本身自有夫布不當征其稅王說得之肆長陳其貨賄辨其名實而平正之又斂其總布正是貨物之布貨有貴賤賄有輕重舉其總數以計布故謂之總布案王江說是也莊存與蔣載康莊有可說並同互詳肆長疏云質布者質人所罰犯質劑者之泉也者卽質人云犯禁者舉而罰之是也賈疏云謂犯質劑違券書罰泉也王與之云質布質人所稅質劑者之布也質人賣儥之質劑如今田宅官給券以收稅謂之質布江永云罰

則當入罰布何爲別名質布此卽償質劑之布也古未有紙大券小券當以帛爲之交易以給買者而賣者亦藏其半質劑蓋官作之其上當有璽印是以量取買賣者之泉以償其費猶後世契紙有錢也案王江說亦是也莊存與蔣載康曾釗莊有可說並同云罰布者犯市令者之泉也者職金掌受士之金罰貨罰注云罰罰贖也此罰布亦卽市中罰贖之泉所謂貨罰周書大匡篇說均市之法云以罰助均亦謂此也賈疏云謂司市有教令其人犯之使出泉江永云罰布有三質人罰度量淳制之犯禁者一也胥師罰詐僞飾行儥慝者二也胥罰有罪者三也而凡犯禁之類如不當粥而粥乘天患而貴儥皆有罰布可知矣鄭注謂罰犯市令者之泉是矣而質人罰犯質劑者之泉卽是詐僞飾行儥慝者之罰乃別之入質布則罰布之類不該矣案江說亦是也云廛布者貨賄諸物邸舍之稅者王制市廛而不稅注云廛市物邸舍說文广部云市居曰舍賈疏云謂在行肆官有邸舍人有置物於中使之出稅故云廛布也詒讓案孟子公孫丑篇趙注云廛市宅也蓋凡民居在里爲民宅在市爲邸舍其區域並謂之廛此廛人所斂者市中之廛布故鄭偏舉貨物邸舍爲釋邸舍卽市宅也詳敘官疏江永云廛與絘異者絘是賣物之肆廛是停儲貨物之舍賣者買者皆有之今時謂之棧房賣者肆中不能容則停貨物於廛買者當時不能卽運又或儲之以待時鬻亦須廛此廛亦是官物故當有稅案江說固是但市肆陝隘止容販物商賈之家人或於肆外近市之地別居者則亦當納廛布猶農民之受廛者有里布則廛固不徒儲藏貨物之舍矣

凡屠者斂其皮角筋骨入于玉府以當稅給作器物也其無皮角及筋骨不中用亦稅之

疏 凡屠者斂其皮骨筋骨入于玉府者說文尸部云屠刳也屠六畜者亦於市爲肆莊子讓王篇屠羊說曰願復反吾屠羊之肆是也凡殺牛羊等則有皮角筋骨故亦斂之與

玉府掌皮爲官聯也賈疏云屠者謂屠殺豕羊之類其人亦有地稅因其屠卽取皮角筋骨堪飾器物者使入玉府也　注云以當稅給作器物也者據角人徵齒角羽人徵羽翮並云以當邦賦之政令通言之賦卽稅也屠者居肆有牲畜之物稅又有市廛之地稅本身又有民職之貢故使入皮角筋骨等以當之旣入則輸之玉府給作器物也此賦稅各有定限儻所斂者多溢於所當賦稅之數則亦依平價以官泉償之矣云其無皮角及筋骨不中用亦稅之者賈疏云謂若羊牛有皮角及筋骨其豕則無之類是不中用亦使出物之稅以當邦賦之處

凡珍異之有滯者斂而入于膳府故書滯或作廛鄭司農云謂滯貨不售者官爲居之貨物沈滯於廛中不決民待其直以給喪疾而不可售賈賤者也廛謂市中之地未有肆而可居以畜藏貨物者也孟子曰市廛而不征法而不廛則天下之商皆說而願藏於其市矣謂貨物諸藏於市中而不租稅也故曰廛而不征其有貨物久滯於廛而不售者官以法爲居取之故曰法而不廛玄謂滯讀如沈滯之滯珍異四時食物也不售而在廛久則將瘦臞腐敗爲買之入膳夫之府所以紓民事而官不失實【疏】凡珍異之有滯者斂而入于膳府者此與膳夫泉府爲官聯也但此爲滯物之珍異中王后世子之膳羞者泉府所斂者則爲滯物之中民用者不必珍異也賈疏云謂官以泉府之財買取之入于膳夫之府以供官食　注云故書滯或作廛者謂故書有二本一本作滯一本作廛也曾釗云泉府滯故書作癉詩下民卒癉釋文本又作僤沈本作澶載師及此職序官注皆云廛故書作壇杜子春讀爲廛僤與滯形近故滯書爲僤變作癉癉與廛聲近又書爲廛徐養原云此經以滯爲廛泉府以滯爲癉廛在仙韻癉在旱韻二韻本通滯在祭韻古祭泰夬廢往往與元寒桓刪山仙相出入如讞從獻聲瘞讀如芮是也然則廛癉與滯古蓋通用案徐說是也鄭司農

云謂滯貨不售者官爲居之者謂如後泉府云斂市之不售貨之滯於民用者也先鄭雖以貨物沈滯爲說然從故書或本作廛又以珍異爲貨與後鄭義並異國語晉語叔向曰假貸居賄韋注云居蓄也史記呂不韋傳云此奇貨可居漢書貨殖傳云廢居居邑注如淳云居賤物於邑中以待貴也此官爲居之亦謂官以直收蓄之以待用也云貨物沈滯於廛中不決民待其直以給喪疾而不可售買賤者也者此釋故書或本作廛之義謂貨物沈滯不可售積貯廛中者卽謂之廛也民之賣物求售者或急待其直以給喪疾之費今既沈滯則將拼賈以冀速售故官爲以平賈居之使民喪疾得給而官用亦不求而備也云廛謂市中之地未有肆而可居以畜藏貨物者也者卽前後鄭注所謂貨賄諸物邸舍也載師先鄭注云廛市中空地未有肆此爲邸舍故不云空地後鄭不從有廛之本故不用先鄭義賈疏謂但廛雖非肆是官之邸舍不得爲空地故後鄭不從蓋不知先鄭此注義與載師注小異若空地全無舍豈可以畜藏貨物乎引孟子曰市廛而不征法而不廛則天下之商皆說而願藏於其市矣者公孫丑篇文先鄭以彼廛亦市中畜藏貨物之處故引以證故書廛字之義賈疏云居則廛有征上文廛布是也云不征者非周法又云法而不廛則與此經同故先鄭引之後鄭增成其義也案孟子之廛爲市之地稅賈疏卽廛布是也孟子之征爲市之正稅亦卽上文之總布是也與廛征異依此經則市有廛又有征孟子之文不可通於此也云謂貨物賭藏於市中而不租稅也故曰廛而不征者釋文云賭本或作貯又作褚藏劉本作莽丁晏云集韻貯積也或作賭著通作褚後賈師注亦有賭字阮元云賭从宁者聲宁之或字也宁者辨積物也詒讓案說文貝部云貯積也與宁聲義同賭卽貯之俗褚聲近叚借字左傳襄三十年取我衣冠而褚之杜注云褚畜也藏莽亦聲之誤先鄭引孟子證故書之廛又以此經轉釋孟子之義欲其互

相證明也依先鄭義貨物諸藏於市中所謂廛也不租稅所謂不征也不征通廛稅貨物稅言之孟子趙注云廛市宅也古者無征衰世
征之王制曰市廛而不稅周禮載師曰國宅無征案趙義蓋亦以征爲卽廛稅與先鄭說略同攷王制與大戴禮記王言篇管子五輔篇
並有市廛而不稅之文與孟子正同王制上文又云公田藉而不稅則是殷之助法故後鄭彼注及孔疏以市不稅亦是殷制彼注又云
廛市物邸舍稅其舍不稅其物則廛卽爲地稅征自爲貨物之稅後鄭不從先鄭說尋文究義當以後鄭爲允又載師國宅無征廛征二
十而一國宅不得闌市廛趙引彼爲證亦失之云其有貨物久滯於廛而不售者官以法爲居取之故曰法而不廛者亦以此經與孟子
互相釋謂以法爲居取之卽此經斂珍異之有滯者及泉府斂市之不售貨之滯於民用者是也不廛謂不令久滯於市孟子趙注云法
而不廛者當以什一之法征其地耳不當征其廛宅也案趙以法爲征地稅什一之法與先鄭說異地稅十一者蓋兼據遂人上中下地
皆奇受一廛爲釋不知孟子之廛專屬市宅不與夫田並授若市宅之地稅則又晐於載師園廛二十而一之內不得謂廛宅之征外別
有地稅什一之法趙說與此經不合不足據云玄謂滯讀如沈滯之滯者後鄭從今書作滯破先鄭說說文水部云滯凝也沈滯與凝義
相近段玉裁云鄭君從滯讀如沈滯不獨擬其音亦取其義同也云珍異四時食物也者賈人注同以經云入于膳府故知爲食物中之
珍異也云不售而在廛久則將瘦臞腐敗者釋文云瘦本又作膄臞又作臞案說文疒部云瘦臞也瘦膄字同集韻四十九宥云瘦或作
膄臞賈疏述注亦作臞臞云考工記梓人云大胷臞後臞是細小之義故云瘦臞腐敗是以爲買之呂飛鵬云疏所據注作臞臞釋名臞齊約
少之言也太平御覽引作臞瘦詒讓案臞瘦字當作臞作臞者字形相近而譌詳大司徒及梓人疏云爲買之入膳夫之府者明此斂珍

異爲以平賈買之不爲當賦稅也珍異共膳羞故入膳夫之府天官敘官膳夫有府二人是有府藏也云所以紓民事而官不失實者說文糸部云紓緩也民貨不滯則其急紓官得珍異是不失實也桓寬鹽鐵論本議篇云開委府于京以籠貨物賤卽買貴則賣是以縣官不失實商賈無所貿利故曰平準此注義本於彼

周禮正義卷二十七

珍倣宋版印

瑞安孫詒讓學

胥師各掌其次之政令而平其貨賄憲刑禁焉憲表縣之疏各掌其次之政令者次謂二十肆之介次也詳司市疏賈疏云案序官云胥師二十肆則一人故云各掌其次之政令云憲刑禁焉者賈疏云刑謂市中之刑憲徇扑禁謂市中之禁謂司市當時設禁令非士師五禁也案賈說是也禁卽司市僞飾之禁四十八之屬此與小司寇布憲所憲刑禁通晐五禁者異　注云憲表縣之者小宰注義同此謂書揭市刑市禁表縣市門豫相戒敕司市市刑之憲罰則謂市人犯刑禁者書縣其姓名罪狀以示戮與此表縣同而事異也察其詐僞飾行儥慝者而誅罰之鄭司農云儥賣也慝惡也謂行且賣姦僞惡物者玄謂飾行儥慝謂使人行賣惡物於市巧飾之令欺誑買者疏察其詐僞飾行儥慝者而誅罰之者此卽司市以賈民禁僞而除詐之事也誅謂以司市市刑憲徇扑之刑施之罰謂罰令出泉卽廛人之罰布是也　注鄭司農云儥賣也者此經云飾行儥慝明儥據賣者而言故從本義爲賣司市賈師爲買者其轉訓也詳司市疏云慝惡也者毛詩小雅民勞傳文小行人注同云謂行且賣姦僞惡物者者先鄭讀行如字說文貝部云賣衒也行部云衙行且賣也儥賣字同故先鄭亦以行且賣爲釋賈疏云先鄭云謂行且賣姦僞惡物以且閑之則行是行步之行不爲行濫之行故後鄭不從以爲行濫解之武億云據此先鄭解行字不與飾連文是讀從飾字絕句行儥慝者又爲句司市以賈民禁僞而除詐又云凡市僞飾之禁可證先鄭讀案先鄭釋行爲行步則與飾文義不屬其意

當如武讀但於文不順不如後鄭以飾行屬讀之允也云玄謂飾行儥慝謂使人行賣惡物於市巧飾之令欺誑買者者李光坡云行不堅固也王引之云後鄭注乃淺陋人所改非其原本也案疏是後鄭以行爲行濫與先鄭異若如今本云使人行賣則與先鄭同矣疏何以云後鄭不從乎又案釋文行下孟反若是行步之行不得有下孟之音司市凡治市之貨賄六畜珍異利者使阜害者使亡後鄭注云利利於民謂物實厚者害害於民謂物行苦者釋文行遐孟反又如字𩉪胡剛反苦音古遐孟卽下孟也行濫卽行苦也古人謂物脃薄曰行或曰苦或曰行苦或曰行𢿙或曰行濫九章算術盈不足章醇酒一斗直錢五十行酒一斗直錢一十行酒謂薄酒也潛夫論浮後篇曰以完爲破以牢爲行行與牢正相反以牢爲行猶言以堅爲脆也方言揄鋪𧝐極帗縷葉輸毳也郭璞注曰皆謂物之行𢿙也唐律雜律曰諸造器用之物及絹布之屬有行濫短狹而賣者杖六十注曰不牢謂之行不真謂之濫濫卽方言之𧝐爲行𢿙故又謂之行濫後鄭以行爲行濫正謂此也今京師人謂貨物不牢曰行貨與𩉪氏胡剛反之音正合取行苦之物飾以欺人故曰飾行張衡西京賦說市曰鬻良雜苦蚩眩邊鄙則飾行之謂也飾行與儥慝相對爲文後鄭之說善矣案王說深得注恉此注舊本疑當作謂使人賣行惡物於市今本誤倒其文遂失其義耳

聽其小治小訟而斷之【疏】聽其小治小訟而斷之者賈疏云上司市已云胥師賈師涖於介次而聽小治小訟上總言之此正當職故申敘之也

賈師各掌其次之貨賄之治辨其物而均平之展其成而奠其賈然後令市辨別也【疏】各掌其次之貨賄之治者亦謂介次也賈疏云案序官云賈師二十肆則一人與胥師數同故云各掌其

攻之貨賄之治也云辨其物而均平之者卽胥師云平其貨賄二官相佐助也云展其成而奠其賈者奠亦當爲定鄭不釋者以冢上司市注略之賈疏云以其知物價故也注云辨別也者天官敘官注同

凡天患禁貴儥者使有恆賈恆常也謂若𥻘米穀棺木而睹久雨疫病者貴賣之因天災害阨民使之重困

疏凡天患者與司救云凡歲時有天患義同彼注云謂烖害也注云恆常也者說文二部云恆常也恆卽恆之隸變云謂若𥻘米穀棺木而睹久雨疫病者貴賣之因天災害阨民使之重困者此亦訓儥爲賣也𥻘卽貯字見廛人注久雨則米穀貴疫病則棺木貴漢書刑法志云諺曰鬻棺欲歲之疫非憎人欲殺之利在於人死也

四時之珍異亦如之薦宗廟之物

疏四時之珍異亦如之者此亦謂食物與賈人廛人珍異義同亦禁其貴儥使有恆賈也注云薦宗廟之物者賈疏云案月令四時有珍異之物皆云先薦寢廟故鄭以爲薦宗廟舉重而言也

凡國之賣儥各帥其屬而嗣掌其月儥買也故書賣爲買鄭司農云謂官有所斥賣賈師帥其屬而更相代直月爲官賣之均勞逸

疏注云儥買也者司市注同儥兼賣買二義詳司市疏云故書賣爲買者段玉裁云此從今書作賣也必從今書者儥雖可訓賣作此經以官斥賣爲言則賣在上儥在下訓買爲長不當云買儥也詒讓案司市賈人並有賣儥之文故後鄭不從故書作買儥鄭司農云謂官有所斥賣者賈疏云斥謂指斥出之故鄭注大宰亦云幣餘謂占賣國之斥幣義與此同也案斥賣詳大宰疏徐養原云若從故書賣爲買則儥仍訓賣故先鄭云有所斥賣正釋儥字之義云賈師帥其屬而更相代直月爲官賣之均勞逸者詩小雅杕杜云繼嗣我日鄭箋云嗣續也爾雅釋詁云嗣繼也直月謂人當一月國語晉語云臣敢煩當日韋注云當日直日也直月與直日義同

謂帥其屬每月相繼續更代當直爲官掌賣儥之事也賈疏云賈師之下有羣賈亦二肆則一人者使之更互相代也李鍾倫云屬蓋卽肆長是也疏言賈師下有羣賈二肆則一人於經無之案李說是也司市以賈民禁僞而除詐賈彼疏謂賈民爲屬於賈師諸官者故此疏又謂賈師之屬別有羣賈蓋隱據彼賈民爲說實則兩疏皆非也

凡師役會同亦如之

疏 凡師役會同亦如之者謂道路之市及軍市所在亦從司市而治其市事也賈疏云此亦從行所在當直爲官賣買也

司虣掌憲市之禁令禁其鬬囂者與其虣亂者出入相陵犯者以屬遊飲食于市者

囂讙也鄭司農云以屬遊飲食羣飲食者

疏 掌憲市之禁令者此官掌市刑卽司市以刑罰禁虣之事也憲亦謂表縣之以示十肆之人也云禁其鬬囂者與其虣亂者出入相陵犯者者此掌市中亂民罷民之禁鬬囂謂爭鬬而囂讙調人注云鬬怒辯訟者也與此義略同虣古暴字說文本部云𣋡疾有所趣也引申爲暴戾字暴亂以暴作亂者禁暴氏云掌禁庶民之亂暴力正者此禁市民之暴亂與彼爲官聯也陵夌之叚字說文夊部云夌越也云以屬遊飲食于市者者禁市中惰遊之民也遊游之俗詳師氏疏 注云囂讙也者說文㗊部云囂聲也又言部云讙譁也一切經音義引三倉云讙言語諠譊也是囂讙同義銜枚氏云掌司囂禁嘂呼歎嗚于國中者行歌哭于國中之道者此禁市民之囂讙亦當通晐嘂呼歎嗚及行歌哭之等與彼爲官聯也鄭司農云以屬遊飲食羣飲食者者州長注云屬猶聚也聚羣義同謂羣聚遊於市而相共飲食也書酒誥云厥或誥曰羣飲汝勿佚盡執拘以歸於周予其殺又大戴禮記曾子立事篇盧注引尚書大傳云古者聖帝之治天下也五十以下非蒸社不敢遊飲唯六十以上遊飲也此卽古屬

遊飲食之禁賈疏云此屬遊飲食謂聚而羣遊飲食者禁之若不羣遊則得飲洪頤煊云管子立政篇圈屬羣徒不順於常者閭有司見之復無時屬遊與圈屬義同

若不可禁則搏而戮之 疏 若不可禁則搏而戮之者說文手部云搏索持也案搏猶今言捕也戮卽司市市刑憲徇扑胥云撻戮是也

司稽掌巡市而察其犯禁者與其不物者而搏之 不物衣服視占不與衆同及所操物不如品式 疏 掌巡市而察其犯禁者者卽犯司市質人胥師賈師司虣五官之禁者此官常巡行五肆之敘司察之也云與其不物者而搏之者此則在司市諸官市禁之外者故特舉之王應電云搏之、歸於胥師 注云不物衣服視占不與衆同及所操物不如品式者司門注同又野廬氏注云不物謂衣服操持非比常人也義亦同方言云占視也凡相竊視南楚或謂之占案占覘之叚字詳掌交疏物猶法也不物謂不如常法左隱五年傳云講事以度軌量謂之軌取材以章物采謂之物不軌不物謂之亂政與此不物文異而義略同此皆形迹詭異或爲姦衺故搏之

掌執市之盜賊以徇且刑之 疏 掌執市之盜賊以徇且刑之者此卽司市以刑罰去盜之事也賈疏云上司市市中之刑無過憲徇扑附於刑者歸於士此亦無過小盜徇扑而已故云以徇且刑之若直徇者不必有刑其刑者必徇故徇刑兩言之也

胥各掌其所治之政執鞭度而巡其前掌其坐作出入之禁令襲其不正者 作起也坐起禁令當市而不得空守之屬故書襲爲習杜子春云當爲襲謂掩捕其不正者 疏 各掌其所治之政者

此官所治之地蓋卽內宰司市之敘詳司市疏賈疏二云案序官胥二肆則一人故亦二云各掌其所治之政則一人掌二肆者也二云執鞭度

而巡其前者謂巡行肆前近市門之處司市二云凡市入則胥執鞭度守門是也鞭度亦詳彼疏二云掌其坐作出入之禁令者與司虣所憲

禁令同　注二云作起也者大司馬考工記總目梓人注並同說文人部二云作起也作卽作之隸變二云坐起禁令當市而不得空守之屬者

蓋謂無肆立持者索市不得乃空守其所賣之物荀子哀公篇二云好肆不守折卽空守之義野廬氏二云以幾禁行作不時者注二云不時不

夙則莫者也此經坐作出入猶彼二云行作二三市各有定時當亦兼有不時之禁矣二云故書襲為習杜子春二云當為襲者徐養原二云襲習古

字通掩襲與重襲義雖異而音則同故亦通作習左傳襄十二三年歲習其祥禮記表記注引傳習作襲二云謂掩捕其不正者者國語晉語

韋注二云襲掩也方言二云掩索取也謂司其不意而捕取之恐其逸失也　凡有罪者撻戮而罰之罰之使出布

疏凡有罪者撻戮而罰之者罪經例用古字當作辠詳甸師疏撻卽司市市刑之大刑扑罰也此謂市人有罪而未麗於刑者故戮而

罰之不歸於士　注二云罰之使出布者以經於撻戮之外別言罰之故知為罰布非市刑二三罰也賈疏二云卽上廛人職二云罰布一也故彼

注二云罰布者犯市令之布也

肆長各掌其肆之政令陳其貨賄名相近者相遠也實相近者相爾

也而平正之爾亦近也俱是物也使惡者遠善善自相近鄭司農二云謂若珠玉之屬俱名為珠俱名為玉而賈或百萬或數

萬恐農夫愚民見欺故別異令相遠使賈人不得雜亂以欺人疏各掌其肆之政令者賈疏二云此肆長謂一肆立一長使之檢校一肆

之事若今行頭者也云陳其貨賄名相近者相遠也實相近者相爾也而平正之者此卽司市以陳肆辨物而平市之事也　注云爾亦近也者爾卽邇之借字爾雅釋詁云邇近也燕禮特牲少牢饋食禮注並云爾近也云俱是物也使惡者遠善善自相近者謂物別爲肆同肆之中又辨其善惡使同實者相從也淮南子覽冥訓云若章之與華遠之則邇近之則遠卽此經名實遠近之義鄭司農云謂若珠玉之屬俱名爲珠俱名爲玉而賈或百萬或數萬恐農夫愚民見欺故別異令相遠使賈人不得雜亂以欺人者與後鄭義同斂其

總布掌其戒禁杜子春云總當爲儳【疏】斂其總布者江永云廛人有絘布總布廛布總布者貨賄之正稅三布中總布最多故使每肆一人之肆長隨時斂之以歸廛人而廛人以入泉府也案江說是也亦詳廛人疏　注杜子春云總當爲儳者廛人杜注同彼後鄭注不從子春說別釋爲守斗斛銓衡者之稅則此職義亦當與彼同今引杜說而不破者蓋以已詳於彼故不復出非於此轉從杜讀也賈疏謂此肆長各一肆故罰其無肆立持之布以爲後鄭從杜失之

泉府掌以市之征布斂市之不售貨之滯於民用者以其賈買之物楬而書之以待不時而買者買者各從其抵都鄙從其主國人郊人從其有司然後予之故書滯爲癉杜子春云癉當爲滯鄭司農云物楬而書之物物爲揃書書其賈楬著其物也不時買者謂急求者也抵故賈也主者別治大夫也然後予之爲封符信然後予之玄謂抵實柢字柢本也本謂所屬吏主有司是【疏】掌以市之征布者卽大宰九賦市賦之泉也賈疏云卽上廛人絘布已下之布並入泉府而藏之故㧾云征布也惠士奇云在國曰邦布

外府掌之在市曰征布泉府掌之云斂市之不售貨之滯於民用者
者於段玉裁校改于又云售者讎之俗字不當施於經文當改正案
段說是也於經例用古字皆作于售與調人仇讎字同而義異漢書
食貨志說王莽擬周官法並作讎字亦經本作讎之證此即司市以
泉府同貨而斂賒之事亦與廛人為官聯也謂若國語越語云賈人
夏則資皮冬則資絺旱則資舟水則資車夏皮冬絺旱舟水車即滯
於民用之物不能急售者也云都鄙從其主國人郊人從其有司者
賈疏云都鄙者可兼大小都及家邑國人者謂住在國城之內即六
鄉之民也郊人者即遠郊之外六遂之民也案國即國中謂城郭中
郊六鄉外之餘地經言國人以晐國外之六鄉言郊人以晐郊外之
六遂公邑秋官鄉士掌國中遂士掌四郊亦其比例也賈說未析
注云故書滯為癉杜子春云癉當為滯者故書滯誤為癉猶廛人故
書滯或作廛也詳彼疏杜意蓋謂經云斂市之不售貨之滯於民用
為民不急用之貨故沈滯而不售則官為斂之漢食貨志載王莽時
令眾民賣買五穀布帛絲緜之物周於民用而不讎者均官有以考
檢厥實用其本賈取之莽制正本此經審繹彼文疑劉歆所傳周官
經滯於民用滯亦作癉而讀為殫殫與周義相近杜氏之學受之於
歆而此讀與漢志異則杜君不盡墨守其師說矣鄭司農云物楬而
書之物物為揃書書其賈楬著其物也者楬嘉靖本誤揭今據岳本
正職幣云以書楬之注云楬之若今時為書以著其幣說文巾部云
⿱前巾幡幟也又竹部云箋表識書也案⿱前巾箋聲義亦略同揃即⿱前巾之俗
集韻二仙云⿱前巾箋識也或从手又說文木部云楬櫫也引春秋傳
曰楬而書之一切經音義引說文云楬櫫杙也又周禮云楬而書之
也蓋許君即引周禮此文今本作春秋傳者傳寫之誤此云物楬而
書之謂每物揃書其賈直於杙附著其物之側以表識之也亦詳職
金疏云不時買者謂急求者也者謂來買無定時急求待用若下祭

珍倣宋版印

祀喪紀是也漢食貨志載王莽時劉歆言周有泉府之官收不讎與欲得卽易所謂理財正辭禁民爲非者也先鄭二云急求卽劉歆所謂欲得者也二云抵故賈也者國策中山策高注二云抵當也謂依故買入時相當之賈直予買者凡貨滯不售而官取之其賈必賤民買之官仍依其故賈者不欲取其贏以病民若本賈貴而今賤則民不必從官買矣賈疏謂假令官前買時貴後或賤今依故賈與之卽損民故不得依故賈以解抵此不足以破先鄭之義也但此文二云各從其抵與下經從其主從其有司文例正同故後鄭不從先鄭而謂抵卽主有司耳二云主者別治大夫也者謂治三等采邑之官卽公羊定十一年傳所謂采宰天官釋文引鄭二云宰主也故邑宰亦謂之主大宰二云乃施則于都鄙而建其長立其兩設其伍謂采邑之君立兩卿五大夫此主則別治各邑之大夫與五大夫異故二云別治大夫也二云然後予之爲封符信然後予之者賈疏二云封符信謂有符信文書皆封題之計買者得主及有司然後賣不須封信文書但於理無害故後鄭不破之也案賈說非也此謂欲買官物者必從其所屬主有司爲封符信致之泉府泉府乃以物予之所以防檢猾商用賤直販官物而貴賣之以病民也後鄭亦同此義二云玄謂抵實柢字柢本也者段玉裁二云實柢字者猶媒氏二云純實紂字也才聲誤爲屯聲從木誤爲從手其理一也說文二云柢木根也韓非解老曰直根者書之所謂柢也木之所以建生也二云本謂所屬吏主有司是者賈疏二云鄭欲解柢與主有司爲一故二云主有司是也江永二云自比長鄰長以上皆可謂之主有司其爲公邑稍縣都做鄉遂之制各有其主不必公邑大夫與食采大夫然後謂之主也從泉府買一不時須之物必關白大夫恐難乎其爲買矣案江說是也

凡賒者祭祀無過旬日喪紀無過三月鄭司農二云賒貰也以祭祀喪紀故從官貰買物【疏】凡賒者者亦以所斂市之滯物轉貰與民

也　注鄭司農云賒貰也者說文貝部云賒貰買也貰貸也案此經以凡賒者與凡民之貸者並言賒即所謂貰買貸即所謂貰也賒者
先貰物而後償直是雖貰而仍買故許兼云貰買貰者先貰泉物而後仍償以泉物則是徒貰故許唯云貸也凡賒從官買物而約期以
付賈不得過旬日三月而不取息貸則從官借物而約期以償物得過旬日三月而有息此其事異而所以利民則一也云以祭祀喪紀
故從官貰買物者明惟此二事得從官貰買物它小事不得也漢書食貨志載王莽令民欲祭祀喪紀而無用者錢府以所入工商之貢
但賒之顏注云但空也徒也言空賒與之不取息利也莽制正本此經　凡民之貸者與其有司辨而授
之以國服為之息　有司其所屬吏也與之別其貸民之物定其賈以與之鄭司農云貸者謂從官借本賈也故有息使
民弗利以其所賈之國所出為息也假令其國出絲絮則以絲絮償其國出絺葛則以絺葛償玄謂以國服為之息以其於國服事之稅
為息也於國事受園廛之田而貸萬泉者則朞出息五百王莽時民貸以治產業者但計贏所得受息無過歲什一。【疏】凡民之貸者與
其有司辨而授之者此則以市之征布及所斂市之滯物貸民以治產業也左文十四年傳云齊公子商人驟施於國而多聚士盡其家
貸於公有司以繼之彼貸公財者公有司主之疑即此泉府之屬賈疏云貸者即今之舉物生利與上文不同辨而授之謂別其所授之
物以與之云以國服為之息者息即小宰注所謂貸子管子輕重丁篇云凡稱貸之家出泉參千萬出粟參千萬鍾受子息民參萬家史
記孟嘗君傳云使人出錢於薛歲餘不入貸錢者多不能與其息索隱云息猶利也　注云有司其所屬吏也者賈疏云此則上文有司
一也若然此經不言都鄙主者有司中兼之故上注亦云本所屬吏是抵本中兼二者惠士奇云有司鄉遂之吏也周書大匡云賦洒其

幣鄉正保貸洒謂散之貸者鄉正保焉案惠說是也云與之別其貸民之物定其賈以與之者天官敘官注云辨別也鄭意此貸者卽謂貸前所收市中不售之物故須別物定賈也辨卽所謂別其物與司市賈師辨物義同江永云辨者辨其人之可貸與否也如其人有生業不爲游惰是可貸者也否則貸不能償當不許其貸矣此所貸者是貸泉非貸滯於民用之物案江謂貸專爲貸泉亦得通後注云受園廛之田而貸萬泉則鄭亦謂兼貸泉矣但經云辨而授之固當辨其人然亦當泉府與其有司辨所貸泉物多寡以定出息之數慮償者或有抵冒也鄭江二義相兼乃備鄭司農云貸者謂從官借本賈也者廣雅釋詁云貸借也說文貝部云貸施也貣從人求物也依許說則從人求段字當作貣以物段予人字當作貸二字小異經典多通用廣韻二十五德云貣謂從官借本賈也義本此注字正作貣先鄭謂民欲行賈而無本則從官借泉爲本以賈也金榜云先鄭說是也泉府市官之屬以受市之征布爲職其以市之征布貸於賈人以賈與上經以征布斂市之滯貨同義二者皆恤商阜貨泉府之職也其言凡民之貸者對下有司言之謂之民泉府不得與國人爲貸旅師職云掌聚野之耡粟屋粟閒粟凡用粟春頒而秋斂之此貸於國人者不令出息爲其無所取贏也賈人貸官財以權子母之利則有息案金說是也此民卽賈人猶司市以賈師胥師之屬爲賈民也蓋二鄭說不同而謂從官貸則一漢志王莽法亦同此民對有司爲文金釋甚塙知非民閒自相稱責者民自貸一泉物其事猥細不必泉府與有司辨而授之也云故有息使民弗利者貸泉行賈與上供喪祭異法當內息使民勿專以此爲利也云以其所賈之國所出爲息者先鄭蓋釋國服與書酒誥肇牽車牛遠服賈義同必以所出爲息者取其易得且官不失利也云假令其國出絲絮則以絲絮償其國出絺葛則以絺葛償者謂以諸物償還所貸泉之外更入其贏爲息

也云玄謂以國服為之息以其於國服事之稅為息也者爾雅釋詁云服事也於國服事即九職農圃等事稅云服者若書禹貢三百里納秸服是也賈疏云先鄭以所賈之國所出為息已下後鄭不從者凡言服者服事為名此經以民之服事唯出稅是也則載師云二十而一已下是也金榜云後鄭說是也農民受田計所收者納稅賈人貸泉計所得者出息其息或以泉布或以貨物輕重皆視田稅為差是謂以國服為之息云於國事受園廛之田而貸萬泉者則朞出息五百者賈疏云萬泉出息五百計當二十而取一若然近郊十一者萬泉朞出息一千遠郊二十而三者萬泉朞出息一千五百甸稍縣都之民萬泉朞出息二千鄭直云園廛者略舉以言之也金榜云輕者二十而一重者無過二十而五也案金說是也後鄭據載師稅法等衰釋此經國服義自不可易但又牽傳受田為釋則非也儻如其說則同此稱責出息而甸稍縣都之民必重於郊里遠郊之民亦必重於近郊果何說乎且國宅無征則貸泉亦當無息更不可通矣蓋貸息輕重不能一率自當隨民閒所便但其等衰約區五等或二十而一或十一或二十而三或十二或二十而五以此為限明不得逾溢耳與分地差征之法固絕不相蒙也云王莽時民貸以治產業者但計贏所得受息無過歲什一者漢食貨志云王莽時民或乏絕欲貸以治產業者均授之除其費計所得受息毋過歲什一卽其事也又王莽傳云令市官收賤賣貴賒貸予民收息百月三似亦參用此經賒貸之法而責息則增一倍非古法也賈疏云此則與周少異周時不計其贏所得多少據本徵利王莽時雖計本多少為定及其後科唯據所贏多少假令萬泉歲還贏萬泉徵一千贏五千徵五百餘皆據利徵什一也

凡國事之財用取具焉

歲終則會其出入而納其餘會計也納入也入餘於職幣

【疏】凡國事之財用取具焉者此官為市征受

藏受用之府故有國事於此取財用與大府云凡邦之賦用取具焉義同賈疏云言事謂有司為國家之事與作用財物者皆來向泉府取財為具焉泉府財盡乃於餘府別取焉金榜云經言凡國事之財用取具焉指所受市之征布大府所云關市之賦以待王之膳服是也外府職之云歲終則會其出入而納其餘者此正市布之歲會亦市官之官成也王制云司會以歲之成質於天子冢宰齊戒受質大樂正大司寇市三官以其成從質於天子彼注以市為司市案此經司市無會計之文唯此職有歲終出入之會疑此官為司市之屬此歲會即上於司市以從司會而質於王者與賈疏云出謂出府會計用財入謂於廛人斂取絘布已下　注云會計也者大司徒注同云納入也者公羊莊九年傳云納者何入辭也說文冂部云內入也納內之借字凡此經通例內外字作內出內字則借納為之詳鍾師疏云入餘於職幣者以職幣掌式法以斂凡用邦財者之幣是掌幣餘之官故知入其餘即入於彼也賈疏云若國家來取財不盡而有餘則納與天官職幣職幣別出與與入也

司門掌授管鍵以啟閉國門鄭司農云鍵讀為蹇管謂籥也鍵謂牡

疏掌授管鍵以啟閉國門者謂晨則授管以啟門昏則授鍵以閉門也墨子號令篇云昏諸門亭皆閉之晨見掌文諸城門吏各入請籥開門已輒復上籥此即授管鍵啟閉門之法賈疏云謂用管籥以啟門用鍵牡以閉門國門則王城十二門者也　注鄭司農云鍵讀為蹇者段玉裁以讀為為讀如之譌近是鍵者楗之借字古書鍵字常見而先鄭以蹇擬其音者杜鄭注例習見之字亦閒有發讀也賈疏謂讀為蹇取蹇澀之意則緣誤本為說謬云管謂籥也者月令孟冬脩鍵閉慎管籥注云管籥搏鍵器也孔疏云管籥此物以鐵為之似樂器之管籥搢於鏁內以搏取其

鍵也又檀弓疏云管謂夾取鍵今謂之鑰匙案鄭孔以月令鍵閉爲二物管籥爲一物左僖三十二年傳秦杞子曰鄭人使我掌其北門之管杜注亦釋管爲籥鬼谷子內揵篇云以變求內者若管取揵揵與鍵通是管所以取鍵出之而管非即鍵檀弓注云管鍵也又以管鍵爲一者蓋鑠匙入牝以開鑠須入牝以閉其物雖異以同是牡之類故名亦得通若對文則異此經及月令是也云鍵謂牡者月令注云鍵牡閉牝也孔疏云凡鑠器入者謂之牡受者謂之牝若禽獸牝牡然而何胤云鍵是門扇之後樹兩木穿上端爲孔閉者謂將扃關門以內孔中按漢書五行志每云牡飛及牡亡謂失其鑠須須則牡也何胤云兩邊樹木非其義也又檀弓疏云鍵謂鎖之入內者俗謂之鎖須案依孔說則鍵即今銅鐵鎖之須依何說則鍵爲木鎖即今之門檂其字正作楗說文木部云楗歫門也淮南子繆稱訓云匠人斲戶無一尺之楗不可以閉藏顏氏家訓引月令章句云楗關牡也所以止扉或謂之剡移說文門部云關以木橫持門戶也闟關下牡也此闟與楗爲一物與古書凡言籥爲管者不同方言云戶鑰自關而東陳楚之閒謂之鍵自關而西謂之鑰此鑰鍵亦闟楗之叚字非謂鎖匙也金鎖與木鎖器異而其用以開閉則同此經注所云則皆金鎖與月令同也

幾出入不物者正其貨有賄凡財物犯禁者舉之不物衣服視占不與衆同及所操物不如品式者正讀爲征征稅也犯禁謂商所不資者舉之沒入官

疏幾出入不物者者幾謂苛察也詳宮正及司關疏　注云不物衣服視占不與衆同及所操物不如品式者者司稽注同賈疏云見王制云關執禁以幾禁異服識異言閽人云潛服賊器不入宮奇服怪民不入宮明此司門亦然故鄭以不物衣服之等解之云正讀爲征者正征聲類同詳小宰疏鄭知此正當爲征者以司關云司貨賄之出入者掌其治禁與其征廛門關職事略同明此

正卽征字與肆長陳其貨賄而平正之義不相涉也云征稅也者大司徒注同賈疏云下文云國凶札無關門之征明無凶札之時有征稅故讀從征稅之字也江永云司關明言凶札無門關之征而遺人以門關之委積養老孤則門關皆有征明矣文十一年左傳宋公以門賞耏班使食其征謂之耏門門征之見於傳者也云犯禁謂商所不資者者謂於法不合販鬻則商所不資操者卽司市所云僞飾之禁在商者十有二是也云舉之沒入官者司市注同 **以其財養死政之老與其孤** 財所謂門關之委積也死政之老死國事者之父母也孤其子 疏 注云財所謂門關之委積也者據遺人文彼注云門關以養老孤人所出入易以取饒廩也云死政之老死國事者之父母也者明與外饔酒正槁人諸職饗耆老兼養國老庶老者異也死國事謂凡勤勞王事而死者月令云立冬之日天子迎冬於北郊還反賞死事恤孤寡鄭彼注云死事謂以國事死者若公叔禺人顏涿聚者也孤寡其妻子也管子入國篇云士民死上事死戰事使其知識故人受資於上而祠之據此則凡勤勞上事而死者並得爲死事鄭月令注惟云死戰事者舉其重者言之耳老鄭謂其父母吳子勵士篇云有死事之家歲使使者勞賜其父母著不忘於心顧炎武云死國事者之父如史記平原君傳李同戰死封其父爲李侯是也案顧說是也此死政之老或兼有死事者之祖父母王制孔疏引皇侃云子孫爲國難而死王者養死者父祖是也云孤其子者外饔云邦饗耆老孤子注云孤子者死王事者之子也詳彼疏 **祭祀之牛牲繫焉監門養之** 監門門徒 疏 祭祀之牛牲繫焉者釋文繫作毄云本又作繫阮元云古繫字多作毄易繫辭本作毄詒讓案毄卽毄之隸變說文殳部云毄相擊中也糸部云繫繫𦃃也一曰惡絮又亻部云係絜束也凡繫縛字正字當作係毄繫並聲近叚借字此職及占人校人繫字釋

文並作毄疑經係東字本作毄與大宰繫聯瞽矇小史世繫字爲系之叚字異注則皆作繫字漢書景帝紀農桑毄畜顏注云毄謂食養之毄古繫字蓋漢以後繫字通行毄繫又爲古今字此經作毄注作繫亦經用古字注用今字之例也廬人弓人又以毄爲擊考工記字例與經不同也云監門養之者賈疏云牧人六牲至祭前三月則使充人繫而養之若天地宗廟則繫於牢芻之三月若其散祭祀之牲則不在牢遺此監門門徒養之不必三月也詒讓案穀梁哀元年傳說郊牛卜之不吉繫而待六月始庀牲然後左右之范注引此經謂未左右時監門者養之然則大祀之牲凡不繫於滌者亦於門養之與散祭祀同也　注云監門門徒者毛詩小雅節南山傳云監視也孟子萬章篇抱關擊柝趙注云監門之職也荀子榮辱篇云監門御旅抱關擊柝楊注云監門主門也抱關門卒也案史記信陵君傳云魏侯嬴爲大梁夷門監者又云嬴乃夷門抱關者也是抱關卽監門荀子重舉之楊倞遂分爲二非是凡門徒主守視國門故謂之監門敘官司門有徒四十人又每門徒四人卽所謂門徒也

凡歲時之門受其餘

鄭司農云受祭門之餘

疏 凡歲時之門者賈疏云若月令秋祭門者是祭廟門此門亦謂國門十二者除四時祭外仍有爲水祈禱故左氏莊公二十五年秋大水有用牲于門之事案賈引左傳大水用牲於門卽鬯人禜門用瓢齎是也此外尚有祭法王立七祀三曰國門是門之正祭又月令季春命國難九門磔攘據鄭彼注爲攘四方之神非祭國門月令孟冬又有大割祠于公社及門閭彼蓋秦法非周制也　注鄭司農云受祭門之餘者餘與大宰幣餘之賦職幣振掌事者之餘財義同謂祭門有餘財則此官受而儲之猶司書云受其幣泉府云納其餘也

凡四方之賓客造焉則以告

造猶至也告告於王而止客以俟逆

疏 注云造猶至也者大司寇注義同此引申之義

廣雅釋言云造詣也文選洞簫賦李注引蒼頡篇云詣至也蓋造訓爲詣詣則有所至故造亦訓至矣云告告於王而止客以俟逆者賈疏云謂四方諸侯來朝覲至關關人告王至郊郊人告王至國門門人告王王得告皆遣人往迎故云止客以俟逆也詒讓案止客者止客於館以待也凡門皆有客館與郊關同必止客俟逆者恐倉卒逆者不至於禮有闕又國語周語云敵國賓至門尹除門韋注云門尹司門也除門埽除門庭也此經不言除門者亦文不具

司關掌國貨之節以聯門市貨節謂商本所發司市之璽節也自外來者則案其節而書其貨之多少通之國門國門通之司市自內出者司市爲之璽節通之國門國門通之關門參相聯以檢猾商

疏注云貨節謂商本所發司市之璽節也者司市云凡通貨賄以璽節出入之是國貨之節卽司市之璽節也凡商之貨本出於市自內出者齎司市之璽節由門而達關由外入者齎邦國司市之璽節由關達門以至於王國之市其出入不越國畿者亦各齎璽節達於所至鄉邑之吏此司市通王國及邦國之司市言之賈疏謂鄭先從邦國司市解之誤云自外來者則案其節而書其貨之多少通之國門國門通之司市自內出者司市爲之璽節通之國門國門通之關門者賈疏云將送商人而執節者別有過所文書若下文節傳當載人年幾及物多少至關至門皆別寫一通入關家門家乃案勘而過其自內出者義亦然云參相聯以檢猾商者賈述注聯作連阮元云注當本用連此改聯非案阮校是也凡經例作聯注例作連經云聯門市者卽大宰之官聯小行人注云門關者與市聯事是也彼注聯亦當作連詳大宰疏後漢書周黃徐姜申屠傳李注云檢猶察也一切經音義引三蒼云猾黠惡也賈疏云司市與關及門三處相連恐姦猾商人或以多爲少或隱而不出而避

税故相連以檢括之也其遠郊近郊雖不置官掌之亦應有人幾問但無税法故不言耳惠士奇云管子問篇曰市者天地之財具也而萬人之所和而利也關者諸侯之陬隧也而外財之門戶也萬人之道行也征於關者勿征於市征於市者勿征於關虛車勿索徒負勿入以來遠人此司關聯門市之法也自外入者征於關關移之門門移之市所謂征於關者勿征於市也自內出者征於市市移之門門移之關所謂征於市者勿征於關也若自內而不由於市自外而不出於關然後舉而罰之

司貨賄之出入者掌其治禁與其征廛 征廛者貨賄之稅與所止邸舍也關下亦有邸客舍其出布如市之廛

疏 司貨賄之出入者者飾氏注云司猶察也謂凡民齎貨賄出入關門者皆察之賈疏云司主也主貨賄出入非經義云掌其治禁者治謂求請辭訟禁謂刑禁黃以周云王制所謂關執禁以譏禁者禁其非法之物也云與其征廛者惠士奇云管子幼官篇三會諸侯令曰市賦百取二關賦百取一此周官關市之征也詒讓案管子所言足證關市有賦但百取一二則與此經法未必合耳 注云征廛者貨賄之稅與所止邸舍也者大司徒注云征稅也凡商賈及平民之齎百物過關者皆有稅韓非子外儲說左上篇云兒說乘白馬而過關則顧白馬之賦是卽六畜之稅注唯云貨賄者文不具也廛猶廛人之廛布注云廛布者貨賄諸物邸舍之稅是也二者通爲大宰九賦之關賦互詳廛人疏江永云此征廛是二事征者貨賄之稅也廛者貨賄停閣邸舍之稅也若不停閣則無廛布矣案江說是也賈疏謂征卽稅廛卽邸舍一事雙言失之云關下亦有邸客舍其出布如市之廛者賈疏云案上文廛人有廛布鄭云廛邸舍此關旁亦有邸舍商人於關停止則有稅故云如市之廛也江永云關上宜無廛而亦有廛者謂貨賄物多暫有停閣以待有司之稽察也物少則不必停於廛詒讓案邸客舍者

明關上兼有客舍不徒商賈之舍也凡貨不出於關者舉其貨罰其人不出於關謂從私道出辟稅者則沒其財而撻其人【疏】凡貨不出於關者者於經例當作于石經及各本並誤注云不出於關謂從私道出辟稅者者辟與避同謂私從關旁它道而出越關以辟征稅也云則沒其財而撻其人者司市注云舉之沒入官是舉其貨謂沒其財入官撻卽司市市刑之大刑扑罰閭胥云掌其比觵撻罰之事是撻卽爲罰也案賈人云犯禁者舉而罰之廛人注以彼罰爲罰泉與此文同而義異者鄭以經云罰其人不云罰財故與彼注不同也賈疏云案上憲罰之等皆是撻但舉其貨已是罰物故知罰其人是撻之可知也

凡所達貨賄者則以節傳出之商或取貨於民閭無璽節者至關關爲之璽節及傳出之其有璽節亦爲之傳傳如今移過所文書【疏】凡所達貨賄者則以節傳出之者明不徒有璽節兼有傳也注云商或取貨於民閭無璽節者至關關爲之璽節及傳出之者賈疏云若本由王市而出則司市爲之璽節商或於民閭者或在郊內關內民閭買得物貨不得向司市取璽節故因向關外則便於關取節而出若在城內民閭資貨者司門爲璽節以出之授節者卽授傳與之云其有璽節亦爲之傳者謂其本由王市而出已有司市之璽節者司關仍爲之傳以出之若徒有璽節而無傳仍不得行也云傳如今移過所文書者後漢書陳蕃傳李注云傳謂符也漢書文帝紀云十二年三月除關無用傳注張晏云傳信也若今過所也古今注云程雅問曰凡傳者何也荅曰凡傳皆以木爲之長五寸書符信於上又以一版封之皆封以御史印章所以爲信也如今之過所也釋名釋書契云過所至關津以示之或曰傳傳轉也轉移所求執以爲信也案今本釋名舛互不可讀今依畢沅校正劉云過所卽此注所云移過所文書也唐六典李林甫注亦云古書帛爲繻

刻木為契二物通謂之傳傳如今過所則唐時尚有過所之稱蓋凡傳必有文書卽掌節注云說所齎操及所適是也西漢時用傳東漢時則為移過所文書凡所過關津必案驗文書乃得行因卽稱其文書為過所蓋當時相沿俗語如此韓非子說林上篇云田成子去齊走而之燕鴟夷子皮負傳而從則傳亦書於竹木與符節之制相近故可負而行矣

國凶札則無關門之征猶幾鄭司農云凶謂凶年饑荒也札謂疾疫死亡也越人謂死為札春秋傳曰札瘥夭昏無關門之征者出入關門無租稅猶幾謂無租稅猶苛察不得令姦人出入孟子曰關譏而不征則天下之行旅皆說而願出於其塗

【疏】國凶札則無關門之征者賈疏云此司關所掌兼言門者門關同類無征是同司門既不言故於關幷言門也注鄭司農云凶謂凶年饑荒也者饑宋本嘉靖本作飢非說文凶部云凶惡也此凶札卽大司徒之大荒大札凶荒義同墨子七患篇云一穀不收謂之饉二穀不收謂之旱三穀不收謂之凶四穀不收謂之餽五穀不收謂之饑此凶年通謂饑荒不必如墨子三穀不收之說也云札謂疾疫死亡也者膳夫注云大札疫癘也與此義同云越人謂死為札者段玉裁云舉方俗語言以證之也鄭君於大宗伯云札讀為截案札古文假借字呂忱字林乃有𣧚字從歺乚聲引春秋傳曰札瘥夭昏者左昭十九年傳鄭子產曰寡君之二三臣札瘥夭昏杜注云大死曰札小疫曰瘥短折曰夭未名曰昏孔疏引賈逵注同此引以證札為疾疫之義然彼札瘥對文故有大死小疫之異此札總為疾疫死亡不別大小散文通也云無關門之征者出入關門無租稅者此亦釋征為租稅也玉藻云年不順成關梁不租凶札弛出入關門之征所以矜其災也云猶幾謂無租稅猶苛察不得令姦人出入者姦釋文作姧卽姦之俗王制云關執禁以譏禁異服識異言注云譏苛察廣雅釋詁云何幾問也幾譏苛何字並通用苛詳

宮正疏儀禮經傳通解引尚書大傳云遂郊之門執禁以譏異服譏異言彼文與王制略同而云遂郊之門或即近關之禁與引孟子曰關幾而不征則天下之行旅皆說而願出於其塗者公孫丑篇文今本幾作譏行旅作旅塗作路案塗俗字當作涂趙注云言古之設關但譏禁異言識異服耳不征稅出入者也故王制曰古者關譏而不征周禮大宰曰九賦七曰關市之賦司關曰國凶札則無關門之征猶譏王制謂文王以前也文王治岐關譏而不征周禮有征者謂周公以來孟子欲令復古去征使天下行旅悅之也案孟子關幾而不征之說王制及大戴禮記王言篇國語齊語管子小匡篇荀子王制篇說並同依後鄭王制注說則彼爲殷制故王制與公田藉而不稅之文並舉趙岐亦以孟子所云非周公之制且彼以不征爲常法不關凶札先鄭引之者明無征爲恤行旅耳實則彼文與此經本不相應也

凡四方之賓客敂關則爲之告

謂朝聘者也叩關猶謁關人也鄭司農說以國語曰周之秩官有之曰敵國賓至關尹以告行理以節逆之

疏凡四方之賓客敂關則爲之告者賈疏云敂猶至也譏外諸侯來朝使卿大夫來大聘小聘但至關門皆先謁關人關人止客則奔告王王使小行人逆勞於畿也詒讓案大傳鄭注云古者郊關皆有館焉蓋賓客至關則止於館侯關人告王王遣勞而後入也　注云謂朝聘者也者朝者爲大賓小賓聘者爲大客小客賈疏云案小行人云凡諸侯入王則逆勞於畿聘禮使者至謁關人此經亦總云賓客敂關則爲之告是以鄭云謂朝聘者也云叩關猶謁關人也者叩敂之俗宋岳本董本及注疏本並作敂今從宋婺州本建本互注本嘉靖本與賈疏同典同注亦作叩疑漢時已有此字注例用今字不必與經同也說文攴部云敂擊也聘禮賓及竟乃謁關人鄭彼注云謁告也案此謂賓至關先告每關司關下士下士來告司關上士上士爲之告王關人即司關通

長屬言之故稱人周書大聚篇云遠旅來至關人易資亦與禮經同說文敂訓擊本與謁異以聘禮所云事與此同故用以況義云鄭司農說以國語曰周之秩官有之曰敵國賓至關尹以告行理以節逆之者周語云定王使單襄公聘於宋遂假道於陳以聘於楚火朝覿矣道茀不可行也候不在疆司空不視涂單子歸告王曰陳侯不有大咎國必亡矣王曰何故對曰周之秩官有之曰敵國賓至關尹以告行理以節逆之韋注云秩官周常官篇名關尹司關掌四方賓客叩關則爲之告理吏也逆迎也執瑞節爲信而迎之也行理小行人賈疏云引之者國語云關尹以告則此經司關爲之告一也行理以節逆之者證關尹告王王使小行人以節迎之也朝匡衷云關人之長天子謂之司關諸侯謂之關尹其職掌一也

有外內之送令則以節傳出內之有送令謂奉貢獻及文書以常事往來環人之職所送迎通賓客來至關則爲之節與傳以通之

疏有外內之送令則以節傳出內之者明非朝聘凡外內臣民以常事往來亦爲節傳出內之也此節謂旌節與上達貨賄用璽節異凡外內臣民至關無節者此官爲之旌節及傳出內之其有旌節者此官亦爲之傳以輔之與達貨賄節異而事同也賈疏云有外之送令者則以節傳內之謂從諸侯之國畿外而入者則關人以節及傳內之至王有內之送令則以節傳出之謂有王命從王國而出則亦以節傳出之送至畿上也　注云有送令謂奉貢獻及文書以常事往來者貢獻謂邦國所貢獻文書謂內外文報皆尋常往來之事云環人之職所送迎通賓客來至關則爲之節與傳以通之者賈疏云案秋官環人職云掌送迎邦國之通賓客以路節達諸四方注云路節旌節也四方圻上與此義同故引以言之

掌節掌守邦節而辨其用以輔王命邦節者珍圭牙璋穀圭琬圭琰圭也王有命則別其節之用以

授使者輔王命者執以行爲信【疏】掌節掌守邦節而辨其用者段玉裁云說文卩部曰卩瑞信也守邦國者用玉卩守都鄙者用角卩
使山邦者用虎卩土邦者用人卩澤邦者用龍卩門關者用符卩貨賄用璽卩道路用旌卩案許所據掌節小行人二職字作卩蓋故書
本爾詒讓案說文竹部云節竹約也符節字當作卩經典皆借節爲之許所據疑是故書或本用正字也賈疏云此一經論王國之節對
下文邦國是諸侯故此王國文單言邦也江永云此經爲下文諸節提綱玉角虎人龍固邦節而符璽旌通行於民者亦邦節也辨其用
下文所云是也案江謂邦節兼爲下諸節爲目得之但邦節自當有王所用瑞節珍圭之等經不言者以文已具典瑞此官與彼爲官聯
詳略足互相備也　注云邦節者珍圭牙璋穀圭琬圭琰圭也者賈疏云皆約典瑞言之案典瑞云珍圭以徵守以恤凶荒牙璋以起軍
旅以治兵守穀圭以和難以聘女琬圭以治德以結好琰圭以易行以除慝是其邦節也不數自外璧羨以起度之等以其彼是王國所
用非使者之節故不言之詒讓案珍圭以下四者天子所用之玉節也亦謂之瑞節調人云弗辟則與之瑞節而以執之注云瑞節玉節
之琰圭也是也凡節並掌於掌節而玉節又兼掌於典瑞經凡言瑞者不兼金竹之節言節者得兼玉節之瑞左文十二年傳秦伯使西
乞術來聘襄仲辭玉荅曰不腆先君之敝器使下臣致諸執事以爲瑞節此即圭璋亦得爲節之塙證鄭以經不見王使人所用之節故
補之云王有命則別其節之用以授使者者天官敘官注云辨別也賈疏云此釋經而辨其用故典瑞注亦皆云王使之瑞節也江永云
單子述周之秩官曰敵國賓至關尹以告行理以節逆之此謂行理以節爲信將其逆賓之命非謂以節授賓使其道路爲信也豈有王
使諸侯須侯國沿途授節而後可歷門關哉云輔王命者執以行爲信者廣雅釋詁云輔助也敘官注云節猶信也行者所執之信王使

傳命於四方慮人不信又各以其節
輔助之亦所以絕矯誣而昭明信也
守邦國者用玉節守都鄙者用角節

謂諸侯於其國中公卿大夫王子弟於其采邑有命者亦自有
節以輔之玉節之制如王爲之以命數爲小大角用犀角其制
未
聞

疏

守邦國者用玉節守都鄙者用角節者以下辨內外侯國及官
吏所用之節並掌節之官法也江永云此謂諸侯與都鄙大夫
遣使不出竟內者用之　注云謂諸侯於其國中者詛祝注云邦國
諸侯國也書舜典爲孔傳云諸侯爲天子守土故稱守云公卿大夫
王子弟於其采邑者大宰注云都鄙公卿大夫之采邑王子弟所食
邑是也賈疏云畿內公卿大夫亦是畿內之國但對畿外諸侯爲尊
故公卿已下言都鄙也此云都鄙用角節注謂公卿大夫王子弟於
其采邑是都鄙之主案小行人都鄙用管節注謂公之子弟及卿大
夫之采地之吏也故用管節與此不同彼諸侯采地亦同用管節亦
異外內也若天子公卿大夫采邑之吏下注約入道路用旌節黃以
周云掌節云掌守邦節言王官之節小行人云達天下之六節是侯
國之節其節異外內亦職有大小江永云小行人都鄙用管節管節
與角節異者角節都鄙大夫遣使之節管節都鄙之吏授民之節然
此經道路用旌節亦兼都鄙而小行人旌節管節別異之是侯國之
都鄙異於畿內之都鄙也案依鄭義則小行人都鄙用管節據邦國
之都鄙言之彼都鄙之主與吏同用一節王國都鄙則主與吏異節
二者不同然經無正文未知是否江說雖與鄭異而義可兩通云有
命者亦自有節以輔之者有命令施於其竟內亦執節以行爲信也
賈疏云亦如上文王有命有節以輔之云玉節之制如王爲之以命
數爲小大者王舊本譌玉今據宋本正此謂邦國玉節亦如王珍圭
五者之制但有大小耳賈疏云以邦國與王同稱玉節故知邦國亦
有數等之節亦皆以玉爲之以其諸侯國內亦有徵守好難起軍旅

之等故知與王同知以命數爲小大者以其命圭之等依命數故知亦以九以七以五爲節也其天子玉節自以大小爲數故琬圭琰圭俱同九寸穀圭牙璋俱七寸唯有珍圭無文鄭云大小當與琬琰相依惠士奇云公羊哀四年傳齊陳乞遣陽生與之玉節而走之秦安國君刻玉符約立子楚爲適嗣呂氏春秋上德篇孟勝善荆之陽城君陽城君令守於國毀璜以爲符哀十四年左傳司馬牛致邑與珪而適齊皆玉節也案惠說是也周書允文篇云執彼玉珪以居其守亦守邦國用玉節也此與公侯伯命圭不同云角用犀角者說文牛部云犀南徼外牛一角在鼻一角在頂似豕爾雅釋獸云犀似豕郭注云形似水牛豬頭大腹庳脚脚有三蹏黑色三角一在頂上一在額上一在鼻上鼻上者即食角也小而不橢好食棘亦有一角者案據漢舊儀說秦以前民以金玉銀銅犀象爲璽即後之璽節明此角節亦用犀也云其制未聞者賈疏云以其邦國之玉節可約以王之玉節都鄙之角節無可依約既無舊制故云其制未聞

**凡邦國之使節山國用虎節土國用人節澤國用龍節皆金也以英蕩輔之**使節使卿大夫聘於天子諸侯行道所執之信也土平地也山多虎平地多人澤多龍以金爲節鑄象焉必自以其國所多者於以相別爲信明也今漢有銅虎符杜子春云蕩當爲帑謂以函器盛此節或曰英蕩畫函

疏凡邦國之使節者此辨侯國使臣出竟之節也凡國使往來必有節乃得達孫子九地篇云夷關折符無通其使節符義同云山國用虎節土國用人節澤國用龍節者說文卩部引國並作邦義同云節蓋亦以命數爲小大如玉節而形制不同云皆金也者別於後符節旌節用竹也云以英蕩輔之者蕩乾隆石經作簜從干義也詳後嚴可均云朱申句解本蕩作簜通典卷五十七引作簜馮登府云釋文但作蕩古从竹从艸字通 注云使節使卿

大夫聘於天子諸侯行道所執之信也者使卽據邦國之君使臣聘
而言賈疏云大聘使卿小聘使大夫或於天子或於諸侯故竝言之
也江永云此卽小行人之虎人龍節鄭彼注謂使之四方亦皆齎法
式以齊等之是也列國之使各用其虎人龍節以爲行道之信觀其
用虎節知其自山國而來人龍亦然注所謂自其國象是也若王朝
遣使邦國則必用玉節豈因其所使之國而從彼國之象哉案江說
是也說文謂此三節爲使山邦等所用左傳文八年孔疏說三節亦
謂王使之使於土國之等並非鄭義也云土平地也者賈疏云對山
澤非平地也云山多虎平地多人澤多龍者釋三節取此爲象之意
山國澤國卽管子山至數篇所謂有山處之國有氾下多水之國是
也云以金爲節鑄象焉者謂鑄虎人龍之象於節也云必自以其國
所多者於以相別爲信明也者明三等之節各鑄國所多之物以象
之欲其視而可識信驗明白也云今漢有銅虎符者證三節用金爲
之金卽銅也續漢書百官志劉注引干注亦云漢之銅虎符則其制
也與鄭義同賈疏云案太史公本紀漢文帝二年九月初與郡國守
相爲銅虎符竹使符應劭曰銅虎符第一至第五國家當發兵遣使
者至郡國合符符合乃聽受之竹使符者皆以竹箭五枚長五寸鐫
刻篆書第一至第五張晏曰符以代古之圭璋從簡易也鄭引之者
欲明漢時銅虎符本出於此也杜子春云蕩當爲帑謂以函器盛此
節者段玉裁云說文巾部帑金幣所藏也從巾奴聲案此字乃都反
亦讀湯蕩湯反古音魚虞模部其入聲爲藥鐸陽唐部其入聲亦爲藥
鐸是以奴聲而以湯蕩湯反之也帑者藏金布之府引申爲函器吳越
春秋甘蜜九欓卽此字云或曰英蕩畫函者賈疏云其函猶是蕩但
以英華有畫義故更云畫函也經云輔之者以函輔此法使不壞損
也案昭二十九年公在鄆賜公衍羔裘使獻龍輔於齊侯注龍輔玉
名所以輔龍節與此別也段玉裁云帑言英者謂畫也櫱而不實謂

之英故凡華飾謂之英鄭風重英魯頌朱英皆是也丁晏云詩二矛重英傳謂有英飾鄭箋謂畫飾故又以英蕩爲畫函續漢百官志劉注引干注云英刻書也蕩竹箭也刻而書其所使之事以助三節之信則漢之竹使符者亦取則於故事也惠士奇云干說是英蕩者傳也凡達節皆有傳傳所以輔節節以金傳以竹康成謂傳若漢之移過所文書詒讓案干釋蕩爲竹箭者蓋讀蕩爲簜也爾雅釋艸云簜竹郭注云竹別名書禹貢孔疏引李巡云竹節相去一丈曰簜孫炎云竹闊節者曰簜說文竹部云簜大竹也陳祥道亦以蕩爲竹函卽本干說此以英蕩輔節下又云以傳輔節英蕩似與傳相近若如子春說爲函器函節相將非所以言輔干義長於杜至左傳昭二十九年之龍輔杜注本不謂卽龍節孔疏乃云謂鑄金爲龍以玉爲函門輔盛龍節謂之龍輔又引玄鄉云盛龍節之玉函耳其說殊謬

**門關用符節貨賄用璽節道路用旌節皆有期以反節**門關司門司關也貨賄者主通貨賄之官謂司市也道路者主治五涂之官謂鄉遂大夫也凡民遠出至於邦國邦國之民若來入由門者司門爲之節由關者司關爲之節其商則司市爲之節其以徵令及家徙則鄉遂大夫爲之節唯時事而行不出關不用節也變司市言貨賄者璽節主以通貨賄貨賄非必由市或資於民家焉變鄉遂言道路者容公邑及小都大都之吏皆主治五涂亦有民也符節者如今宮中諸官詔符也璽節者今之印章也旌節今使者所擁節是也將送者執此節以送行者皆以道里日時課如今郵行有程矣以防容姦擅有所通也凡節有法式藏於掌節

疏 門關用符節者以下辨王國人民通行畿內外之節也 注云門關司門司關也者賈疏云以其人之出入必由門由關而授節者非門關之官不可輒授故知主守門及關者故以司門司關解之也云貨賄者主通貨賄之官謂司市也者司市云凡通

貨賄以璽節出入之是也故璽節司關亦謂之國貨之節云云道路者
主治五涂之官謂鄉遂大夫也者小行人注義同賈疏云謂以其授
節非官不可言路即遂人徑畛涂道路之涂也鄉之田制與遂同故
知旌節是鄉遂大夫所授也案賈說非也依後注義則五涂之制通
於畿內不關田制異同鄭蓋據鄉大夫比長職皆用旌節故知用旌
節者是鄉遂大夫也又布憲云正月之吉執旌節以宣布於四方而
憲邦之刑禁行夫云凡其使也必以旌節是凡道路之事悉用旌節
故秋官環人又謂之路節據鄭說殆皆受節於鄉遂大夫與云凡民
遠出至於邦國邦國之民若來入由門者司門爲之節由關者司關
爲之節者賈疏云據此注凡民出至邦國若宅在國城中先由門則
司門授之節若宅在關內者則由關司關授之節也若邦國之民來
入則先由關司關授之節若然邦國之民入其節直由關不由門亦
云由門者因王國之民出由門故推言之於義無妨也云其商則司
市爲之節者賈疏云此王之掌節而言貨賄用璽節明是王之司市
非邦國之司市其實商徒從邦國來即邦國司市爲節故上司關注
云貨節謂商本所發司市之璽節自外來者即案其節是邦國之璽
節也詒讓案小行人有門關用符節而無貨賄用璽節彼注云其有
商者通之以符節如門關亦所以異於畿內也依彼注及司關注義
是凡商自侯國入王畿者則侯國之司市授璽節以達之其於己國
往來及從己國至它侯國者則侯國之司市授符節以達之蓋邦國
通貨賄雖同用符節然亦有璽節之法式存於其國故商自侯國入
王畿者仍得用璽節從王國之制也云其以徵令及家徙則鄉遂大
夫爲之節者小行人注義同賈疏云知徵令有節者見鄉大夫云國
有大故以旌節輔令則達之注云民雖以徵令行其將之者無節不
得通是徵令有節之事又知家徙有節者見比長云若徙於他則爲
之旌節而行之是家徙有節也云唯時事而行不出關不用節也者

時事謂歲時常事賈疏云時事行若比長云徙於郊徙於國當鄉徙及非徵令皆不須節兼言不出關者關內當都當邑當行不出關皆不須節也云變司市言貨賄者璽節主以通貨賄貨賄非必由市或資於民家焉者明璽節容有非司市所授者卽司關注云商或取貨於民間無璽節者至關關爲之璽節及傳出之是也賈疏云司市本出璽節授商今不言市而變言貨賄故鄭云璽節主以通貨賄貨賄非必由市或資於民家則由門者司門與之節由關者司關授之節故變言貨賄也云變鄉遂言道路者容公邑及小都大都之吏皆主治五涂亦有民也者明有地治之官皆得授旌節不徒鄉遂大夫也如凡徵令及家徙在公邑及都鄙則亦其吏授以旌節其小都大都之主則自用角節不用旌節也鄉遂爲溝洫法公邑采地爲井田法田制不同而皆有五涂賈疏謂公邑爲溝洫法非也詳匠人疏云符節者如今宮中諸官詔符也者說文竹部云符信也漢制以竹長六寸分而相合黃以周云漢宮中諸官詔符長尺二寸用鐵印文雀豹古今注云籍尺二竹牒記人之年名字物色縣之宮門案省相應乃得入司馬門續漢書百官志云凡居宮中者皆有口籍於門之所屬宮名兩字爲鐵印文符案省符乃內之是也詒讓案續漢志劉注引胡廣云符用木長尺二寸鐵印以符之與雀說用竹不同未知孰是鄭必舉宮中諸官詔符爲況者以其亦縣宮門爲符驗與此經門關所用略同也說文所說符則剖竹爲之近所謂竹使符者非宮中所用鄭小行人注云管節如今之竹使符也案鄭不以此符節爲竹使符而於管節乃援彼爲況者蓋以管節亦竹所爲故以竹使符況之實則符管兩節皆全竹不半分與漢竹使符咸不相似鄭釋兩節亦並不取析竹之義也陳祥道則謂析竹爲符節全竹爲管節此又隱據漢竹使符以釋符節與鄭義異荀子儒效篇云張法而度之則晻然若合符節楊注云周禮門關用符節蓋以全竹爲之剖之爲兩各

執其一合之以爲驗也案楊氏亦謂符節剖全竹爲之陳義疑卽本於彼但荀子符節似通舉瑞節言之非必專指門關之節楊說亦恐未允也云璽節者今之印章也者司市注義同秦以前官私印得通稱璽漢因秦制璽爲天子印之專稱私印稱印章不得稱璽詳司市疏惠士奇云古者刻符摹印皆曰璽書呂氏春秋執一篇吳起謂商文曰置質爲臣其主安重釋璽辭官其主安輕韓非子外儲說左下西門豹爲鄴令期年上計君收其璽是印爲璽也戰國策楚攻韓泠向求救于秦公孫昧曰其言收璽實猶有約注云璽軍符收之者言欲止楚之攻韓是符爲璽也江永云小行人不言璽節璽節非以竹爲鄭注今之印章是也案江說是也漢舊儀謂秦以前璽以金玉銀銅犀象爲之此璽節蓋亦以金銅爲之王制有金璋孔疏引皇侃以爲用金爲印章書康王之誥上宗奉同瑁三國志虞翻傳裴松之注引翻奏載或本同作銅訓爲天子副璽並以金銅爲璽印也云旌節今使者所擁節是也者玉藻注云今漢使者擁節孔疏云擁持也史記高祖紀索隱引韋昭云節使者所擁也後漢書光武紀李注云節所以爲信也以竹爲之柄長八尺以旄牛尾爲其眊三重蘇鶚演義引三禮義宗云節長一尺二寸秦漢以還易之旌幢之形其制漸長數尺餘案李崔所言皆秦漢節之制也古玉節爲圭璋金節符節爲符璽節爲印章形制不一亦不皆以竹爲之惟旌節與漢節形制相近而度較短司常云析羽爲旌旌節蓋卽以竹爲橦又析羽綴橦以爲節其異於九旗者無縿斿也漢節卽放古旌節爲之故鄭舉以相況古旌節綴羽蓋亦兼有旄若漢節之有眊孔廣森云桓十六年左傳衞侯使急子如齊壽子載其旌以先衞世家作盜其白旄而先明急子以白旄爲節所謂旌節也案孔說得之毛詩鄘風二子乘舟傳說壽子事云竊其節而先往孔疏亦謂以白旄爲旌節是也云將送者執此節以送行者皆以道里日時課如今郵行有程矣者釋文云

郵作郵誤漢書主父偃傳顏注云程課也王聘珍云漢舊儀云秦璽書使者乘馳傳其驛騎也三騎行晝夜千里爲程續漢書輿服志云驛馬三十里一置劉昭注云東晉猶有郵驛其置承受旁郡縣文書承驛吏皆條所受書每月吉至州郡此皆郵行有程之證云以防容姦擅有所通也者慮送行者或容姦人法不得通者擅以節通之故以其道里日時著爲程品使逾期則不得通易以檢察也云凡節有法式藏於掌節者法式謂玉角虎龍以下等差異同之式藏於掌節邦國都鄙及諸官府之授節者皆依法式自爲之大行人云十有一歲達瑞節亦齎掌節所藏之法式往至邦國齎等之也

凡通達於天下者必有節以傳輔之

必有節言遠行無有不得節而出者也輔之以傳者節爲信耳傳說所齎操及所適

【疏】凡通達於天下者必有節以傳輔之者於經例當作于石經及各本並誤賈疏云此經總解上經門關諸有節并有傳輔成信驗或有節無傳或有傳無節或節傳俱無則不得通達於天下也案賈知此節謂門關諸節者以司關云凡所達貨賄者則以節傳出之又上文虎人龍三節云以英蕩輔之則不必更以傳輔之明此節內無彼三節矣 注云必有節言遠行無有不得節而出者也者遠行謂郊畿以外達於都鄙邦國必有節乃得出也云輔之以傳者節爲信耳傳說所齎操及所適者傳即文書故得說所齎操及所適齎操謂貨幣車馬之屬所適謂所至國地節以爲信無此等文字故復以傳輔助之

無節者有幾則不達

圜土內之

【疏】無節者有幾則不達者此冢上爲文有幾謂門關及有地治之吏幾察得之也 注云圜土內之者賈疏云見比長云無授無節圜土內之故也

周禮正義卷二十八

# 周禮正義卷二十九

瑞安孫詒讓學

**遂人掌邦之野**郊外曰野此野謂甸稍縣都 疏 注云郊外曰野者甸師注同謂遠郊百里外也云此野謂甸稍縣都者縣師注義同謂甸距王城二百里於中制六遂自遂至都通稱野也賈疏云從二百里至五百里皆名野者此遂人不言掌遂又見下文云以達于畿明遂人掌野通至畿疆也但遂人雖專掌二百里之中乃兼掌三百里以外其有溝洫井田之法皆知之也案野詳甸師縣師疏

**以土地之圖經田野造縣鄙形體之灋五家爲鄰五鄰爲里四里爲酇五酇爲鄙五鄙爲縣五縣爲遂皆有地域溝樹之使各掌其政令刑禁以歲時稽其人民而授之田野簡其兵器教之稼穡**經形體皆謂制分界也鄰里酇鄙縣遂猶郊內比閭族黨州鄉也鄭司農云田野之居其比伍之名與國中異制故五家爲鄰玄謂異其名者示不相變耳遂之軍法追胥起徒役如六鄉 疏 以土地之圖經田野造縣鄙形體之灋者此六遂比伍之制也田野猶言田萊詳司書疏縣鄙卽遂之屬別與宰夫司常大司馬司士朝士諸職之縣鄙爲公邑者異賈疏云遂人以土地之圖據圖以經界其田野田野謂田在百里之外野中所經界者卽造縣鄙已下是也云皆有地域溝樹之者地域謂遂邑之疆界封人云凡封國封其四疆造都邑之封域者亦如之是也溝樹以爲阻固掌固云掌脩城郭溝池樹渠之固是也亦兼有田野之溝下文五溝是也云使各掌其政令刑禁者賈疏云五家

則鄰長施政令五鄰則里宰施政令已上皆施之云以歲時稽其人民而授之田野者謂四時小案比以任民授田也賈疏云稽計也人民猶言夫家夫家男女也以歲之四時計其所管男女多少而損益之云簡其兵器者兵謂五兵器謂車輦用器等下文有時器遂大夫此官掌遂則亦稽遂器矣凡經云兵器者兵與器皆爲二賈疏謂若有稼器皆是詳玉府疏鄉師二云稽其鄉器又二云鄉共吉凶禮樂之器族師旗鼓兵革義未晐 注二云經形體皆謂制分界也者天官敘官體國經野注二云體猶分也經謂爲之里數司市注二云經界也國語楚語二云且夫制邑若體性焉有首領股肱至於手拇毛脈蓋縣鄙畺界若形體之分列故天官注即釋體爲分矣二云鄰里酇鄙縣遂猶郊內比閭族黨州鄉也者此六遂之地在甸與郊內六鄉制同而名異鄉自五家爲比積至五州而爲鄉猶自鄰積而成遂也大小相包六遂亦通受地七萬五千家其數與鄉同鄭司農二云田野之居其比伍之名與國中異制故五家爲鄰者以六遂在遠郊外故二云田野之居比伍之名卽謂鄰里等五五相比之名先鄭亦止謂比伍名與國中六鄉異而云異制者設文偶不審耳實不謂制異也賈疏乃謂先鄭以六遂之內夫一廛田百畮及上地有萊五十畮并下劑致甿等爲制異不知廛及田萊等皆與比伍之名無涉先鄭意本不如此也二云玄謂異其名者示不相變耳者後鄭以先鄭二云比伍之名與國中異制嫌名異制亦異故更釋之明鄉遂但異名以示相變制實不異也二云遂之軍法追胥起徒役如六鄉者明六遂七萬五千家亦家出一人爲六軍之副是軍制遂與鄉亦不異不徒居之比伍也賈疏二云案小司徒二云乃會萬民之卒伍而用之五人爲伍五伍爲兩四兩爲卒五卒爲旅五旅爲師五師爲軍以起軍旅以作田役以比追胥以令貢賦但彼鄉中唯見出軍無田制此遂人唯見田制無出軍法故鄭彼注云鄉之田制與遂同此遂之軍法追胥起役如彼六鄉互見其義明

彼此皆有也但彼此雖相如據大較而言細論之仍有少異以其六鄉上劑致民六遂下劑致甿六鄉上地無萊六遂上地有萊是其稍異也案六鄉上地亦當有萊與六遂同賈說非詳後賈大司馬疏又謂公邑出軍之法亦與鄉遂同其說亦非詳彼疏

凡治野以下劑致甿以田里安甿以樂昏擾甿以土宜教甿稼穡以興耡利甿以時器勸甿以彊予任甿以土均平政

變民言甿異外內也甿猶懵懵無知貌也致猶會也民雖受上田中田下田及會之以下劑為率謂可任者家二人樂昏勸其昏姻如媒氏會男女也擾順也時器鑄作耒耜錢鎛之屬彊予謂民有餘力復予之田若餘夫然政讀為征土均掌均平其稅鄭大夫讀耡為藉杜子春讀耡為助謂起民人令相佐助

【疏】凡治野者以下八事皆治野民之法即遂官之官法也云以下劑致甿者宋本釋文出致氓則此章七甿字陸並作氓說文耒部耡字注引周禮曰㠯興耡利萌字又作萌段玉裁云白帖二十二二十三引致氓安氓任氓利氓旅師新氓字皆作氓不作甿開成石經皆作甿詩氓之蚩蚩石經亦作甿避氓為亡民也詩禮作甿自唐石經始所當更正又云甿字作萌說文為勝許君民部曰民衆萌也萌而無識也漢人謂民為萌如列女傳魯臧孫母傳斂小器投諸台言取郭外萌內之於城中也漢書霍去病傳及厥衆萌劉向傳民萌何以勸勉皆可證今周禮遂人甿字凡七遂大夫一旅師一宋本周禮音義詩衛風正義白帖所引周禮皆作氓然則唐初周禮本作氓後改為甿實則漢時周禮本作萌後改為氓丁晏云萌古字與民通管子揆度篇其人同力而宮室美者良萌也說文田部甿田民也从田亡聲廣雅釋詁云甿癡也古氓甿萌民聲近通用五經文字田部甿莫鄧反又音盲張參此書作於大曆十一年在開成石經之先已有甿字矣周頌侯彊

侯以箋引周禮以疆予任民民與甿古通用詒讓案此經之甿爲野民與說文甿訓田民正合說文民部又有氓字云民也讀若盲孟子公孫丑篇云則天下之民皆說而願爲之氓矣此與旅師新甿之義亦合則甿氓二字並可通但據宋本釋文則此經注諸甿字並當作氓今本作甿自是後人所改若說文引作萌則是叚借字疑漢時自有此別本鄭注之本未必與許同也云以田里安甿者賈疏云田則爲百晦之田里則五晦之宅民得業則安故云安甿也云以土宜教甿稼穡者大司徒云以土宜之灋辨十有二土之名物又云辨十有二壤之物而知其種以教稼穡樹埶凡草人所掌是也云以彊予任甿者者彊釋文作疆宋建陽本同並誤民有餘力以治田謂之彊予亦任民之餘法也云以土均平政者大司徒云以土均之灋辨五物九等制天下之地征此官掌六遂以外之地征亦以土均之法平之

注云變民言甿異外內也甿猶懵懵無知貌也者甿亦當作氓釋文云懵本又作懜賈疏云此案大司徒小司徒主六鄉皆云民不言甿此變民言甿者直是異外內而已無義例以其民者冥也甿者懵懵皆是無知之皃也案賈本亦作懵甿氓懵一聲之轉說文讀氓若盲蓋亦以聲兼義賈子大政下篇亦云民之爲言瞑也萌之爲言盲也賈子以盲詁萌與許以盲詁氓正同此注懵當從陸所載別本作懜爲正說文心部云懜不明也爾雅釋訓云儚儚洄洄惛也彼釋文亦云儚字或作懜鄭以懜釋氓而訓爲無知貌與說文爾雅訓義及廣雅甿癡賈子萌盲之詁並通又案民爲兆民四民之通名甿氓字通並爲田野農民之專稱故說文訓甿爲田民田必在野故國策秦策高注云野民曰氓孟子滕文公篇趙注云氓野人之稱田野必在國外故此經六遂以外之民稱氓史記三王世家索隱引三蒼云邊人曰甿墨子尚賢上篇云國中之衆四鄙之萌人四鄙卽邊邑在甸外者也又古制凡外來新民皆於六遂外之公邑受田故亦謂之氓

旅師新甿是也通言之氓亦謂之民故此經與旅師並氓民錯出旅師云以贊劑致民卽此經以下劑致氓也毛詩衞風氓傳及說文亦以民訓氓偶未別白言之耳云致猶會也者說文夂部云致送詣也廣雅釋詁云致會至也此會字釋文音古外反旅師以贊劑致民注亦釋致爲會賈彼疏以會計爲釋鄭意或當如是蓋致本有會聚之義會聚則可會計故又引申爲會計之會也云民雖受上田中田下田者賈疏云卽此下文夫一廛以下是也云及會之以下劑爲率謂可任者家二人者卽小司徒云下地家五人可任也者家二人是也遂地雖亦有家七人受上地家六人受中地其會計之時則皆以家二人任之是以下地爲率減於六鄉也賈疏云對六鄉之中其家一人爲正卒已下皆爲羨卒此六遂之中家一人爲正卒第二者爲羨卒自外並爲餘夫家取二人爲下劑致甿也惠士奇云六鄉役民以上劑六遂役民以下劑劑者州里之役要而司空之辟也案惠說是也劑卽徒役之凡要以所任之多少爲上下故鄉師謂之役要要劑名異而義同但鄭訓致爲會計於經義究似未協竊疑致甿當與大司徒致萬民小司徒致民義同彼致民先鄭注訓爲徵召會聚是也下劑致甿謂依下等役法徵聚遂徒輕其力役以惠遠也云樂昬勸其昬姻也者呂氏春秋爲欲篇高注云勸樂也是樂勸義同謂勸成其昬姻使之相愛樂也云如媒氏會男女者媒氏職中春之月令會男女遂官亦以是令民也云擾順也者大宰注云擾猶馴也馴順字通書臯陶謨擾而毅僞孔傳亦云擾順也民昬姻相樂則民和順故云擾民賈疏謂順民意失之云時器鑄作耒耜錢鎛之屬者詩周頌臣工篇庤乃錢鎛毛傳云錢銚鎛鎒此與耒耜皆田器鑄金爲之以供歲時之用故謂之時器遂大夫又謂之稼器考工記段氏爲鎛器亦卽此也云彊予謂民有餘力復予之田若餘夫然者詩周頌載芟篇侯彊侯以毛傳云彊彊力也以用也鄭箋云彊有餘力者引周禮曰

以疆予任民以謂閑民今時傭賃也春秋之義能東西之曰以孔疏云疆有餘力謂其人疆壯治一夫之田仍有餘力能佐助他事者也案據注及詩箋疏說蓋謂凡民一夫受百晦之田其疆有餘力者則不以百晦爲限當於百晦之外復予之田若餘夫受田之比也若然則授田有逾常制於經亦別無可徵未知塙否竊疑疆予當爲治田之人有餘力官勸其相佐助而耕者馬瑞辰謂此疆予卽遂師之巡其稼穡而移用其民其說近是馬氏又謂此予亦卽詩之侯以予以古通用予卽謂傭賃也莊有可說同此與鄭釋詩禮義並不同而亦可通若然疆謂農民自相助予殆卽閑民受庸治田若國語晉語所謂隸農者或亦任民之一耑與又案詩箋宋本疆作強疑此注例用今字亦當作強詳草人疏云政讀爲征者詳小宰疏云土均掌平其稅者土均云掌平土地之政以均地守以均地事以均地貢注云政讀爲征所平之稅邦國都鄙也案六遂及公邑之稅均人均之邦國都鄙之稅土均均之但均人與土均官異而同用大司徒土均之法故鄭通言之非謂土均得內掌六遂也云鄭大夫讀耡爲藉杜子春讀耡爲助謂起民人令相佐助者里宰云以歲時合耦于耡司農子春注義與此同孟子滕文公篇云助者藉也案大夫子春並據里宰合耦爲說耡藉助聲義並相近而耡从助得聲於義尤切故杜讀爲助後鄭亦從之也段玉裁云此可不易其字直云耡藉也助也合於詁訓之法說文耒部耡字下曰殷人七十而耡耡耤稅也從耒助聲引周禮曰與耡利萌耤字下曰古者使民如借故謂之耤然則耤藉一字也許君以耤訓耡勝於杜鄭之易字許先稱商人七十而耡釋之曰耤稅也者此發明孟子之義孟子言稅法也後引周禮者周禮之與耡不言稅但謂民人自相借力佐助故許君以爲引申之義詒讓案許蓋亦釋此耡爲藉與鄭大夫說同故引此文爲證官借民力以治田與民自相借以耦耕事異而義同也謂起民人令相佐助

亦杜說里宰注可證賈以爲後鄭說誤爾雅釋言云興起也又小爾雅廣詁云助佐也故杜釋爲起民人相佐助也江永云此卽旅師職興發耡粟頒之於民施其惠散其利至秋而斂之者也若里宰以歲時合耦于耡以治稼穡趨其耕耨此當在以時器勸甿之中農民最患無蓋藏秋斂之粟歷冬及春已欲盡東作方興室如懸磬數口之家嗷嗷苦饑將稱貸於兼并之家則有倍稱之息至秋而斂僅足以償負未幾時而又告匱矣耕三餘一耕九餘三安能比戶如此哉故令野有耡粟之法豫爲之儲旅師聚之又兼屋粟閒粟以益之其用之也春頒而秋斂并不令其出息於是農人無半歲之饑田功無荒廢之患而餘一餘三之積亦由此基之此大有利於田甿之事故此職特言以興耡利甿在時器勸甿之先正是旅師春頒出粟以散利之事若其春耕已不足雖欲以時器勸之亦不能枵腹而秉耒矣案依江說則此興當如旅師注縣官徵聚物曰興之義興耡利甿亦與彼職與積散利文相應於義似較長也互詳里宰旅師疏

辨其野之土上地中地下地以頒田里上地夫一廛田百晦萊五十晦餘夫亦如之中地夫一廛田百晦萊百晦餘夫亦如之下地夫一廛田百晦萊二百晦餘夫亦如之萊謂休不耕者鄭司農云戶計一夫一婦而賦之田其一戶有數口者餘夫亦受此田也廛居也楊子雲有田一廛謂百晦之居也玄謂廛城邑之居孟子所云五晦之宅樹之以桑麻者也六遂之民奇受一廛雖上地猶有萊皆所以饒遠也王莽時城郭中宅不樹者爲不毛出三夫之布

疏 辨其野之土上地中地下地以頒田里者此六遂受地之制也小司徒注云鄉之田制與遂同此言六鄉亦爲溝洫也實則二等田萊之制鄉亦當與遂同其大司徒都鄙井牧之法則以不易一

易再易爲三等而不易之田家百畮無萊與此少異載師縣師及此注又以三等田萊爲都鄙之制非也賈疏云此據在六遂之中爲野故以野言之此直言上中下地亦當如小司徒云上地家七人中地家六人下地家五人也云上地夫一廛田百畮萊五十畮者沈彤云大司徒之頒田於都鄙也不易之地家百畮一易之地家二百畮再易之地家三百畮遂人之頒田於野也中地田百畮而萊百畮卽一易之畮數也下地田百畮而萊二百畮卽再易之畮數也唯上地田百畮而萊五十畮乃與不易之畮數異而康成則謂其有所饒考諸大司馬之職上地食者參之二中地食者半下地食者參之一夫食者參之二謂三分百五十畮而歲種其二也食者半謂歲種二百畮者半也食者參之一謂歲種三百畮者一也歲種二百畮之半三百畮之一固皆百畮也三分百五十畮而歲種其二亦畧嘗饒於不易之畮數哉抑百五十畮而歲種其三之二則歲休其一也休其一而種其二則是不易者多而易者寡易止一歲而不易連二歲其地特稍遜於皆不易者耳此又上地與不易者之等所以異而同者也王鳴盛云載師疏鄭志荅張逸六遂之民上地家百畮萊五十畮中地田百畮萊百畮下地田百畮萊二百畮相通三夫六百五十畮又三分去一之法十八當餘十二遂地以有五十畮萊於三分去一乃得十三據此則甸地共十二同內六遂二同五十成二十二萬五千夫十八分而去五得十六萬二千五百夫六遂七萬五千家通率六家而受十三夫則受此十六萬二千五百夫之地也下劑致甿可得十五萬人　注云萊謂休不耕者者縣師注義同鄭司農云戶計一夫一婦而賦之田者戶以一夫一婦爲率所謂夫家也其所賦之田百畮卽謂之夫云其一戶有數口者餘夫亦受此田也者此據漢書食貨志云農民戶一人已受田其家衆男爲餘夫亦以口受田如比釋經餘夫亦如之謂一家之中正夫止一人正夫之外若有子弟任耕

種者口數羨淡多是爲餘夫凡餘夫一人亦受此一夫所賦百畮之田是餘夫與正夫等也後鄭亦同此義故戴鉶注亦引漢志爲釋孟子滕文公篇則云餘夫二十五畝不云亦受百畮公羊宣十五年何注及後漢書劉寵傳李注引春秋井田記並云一夫一婦受田百畝以養父母妻子五口爲一家多於五口名曰餘夫餘夫以率受田二十五畝與孟子說同賈載鉶疏謂彼餘夫是二十九以下未有妻故受二十五畝若三十有妻則受夫田百畝以調停孟子及二鄭之說今案孟子趙注云餘夫者一家一人受田其餘老小尚有餘力者受二十五畝受田者田萊多少有上中下周禮曰餘夫亦如之亦如上中下之制也趙說較二鄭及班志爲長陳祥道申趙說云餘夫之田不過二十五畮以其家既受田百畮而又以百畮予之則彼力有所不逮矣故其田四分農夫之一而已禮所謂如之者如田萊之多寡而已非謂餘夫亦受百畮之田如正農夫也王鳴盛云陳解甚確蓋上地田二十五畮萊十二畮半中地田二十五畮萊亦二十五畮下地田二十五畮萊五十畮也莊存與云餘夫亦如之者據餘夫應受之地而亦配以萊也若云別有田有廛則與正農無異何爲餘夫案陳王莊三說並足申趙義方苞姜兆錫金鶚說亦同但餘夫之名與正夫皆起於一夫一婦凡十五以上未授室者小司徒通謂之餘子而不得爲餘夫參校漢志及鄭何說餘夫皆專據已授室之子弟言之蓋一家五口除母妻外男子止有三人本身已受田父老既不任耕子少又未授室必子已長及有壯弟乃爲餘夫漢志衆男亦不外此趙氏兼舉老小說殊未審又此餘夫之田當與正夫同以率輸稅趙氏據王制夫圭田無征之文謂餘夫與圭田皆不出征賦則非王制義尤不足據國語魯語韋注又云三十者受田百畝二十者受五十畝此蓋以二十者爲餘夫與賈說同而受田之數復異亦非也又案小司徒計口授田之法上地家七人中地家六人下地家五人依漢

志及先鄭趙邠卿說則無論上中下地皆家一人受正田其餘男子
任耕者悉爲餘夫別受田是餘夫卽在七人六人五人之內而受田
則在正田之外也依何劭公說則以五口爲一家蓋舉下地爲率五
口之外衆男乃爲餘夫以是推之似上地家七口中地家六口其餘
夫亦必在七口六口之外二說少異金鶚云小司徒所謂家七人家
六人正合子弟計之蓋子弟助父兄以耕同食於百畝之田詩所謂
侯亞侯旅是也小司徒云凡起徒役毋過家一人以其餘爲羨唯田
與追胥竭作此羨卒卽餘夫也羨卒在家七人之中其不受百畝之
田可知矣案金謂餘夫卽羨卒在家七人之內是也但羨卒雖不受
百畮之正田而得受二十五畮之餘田蓋羨卒者別於正卒之言餘
夫者亦別於正夫而言也正卒必年三十受兵而家以一人爲斷正
夫亦然則所謂餘夫者亦必二十以上有室而後受餘田又必至三
十別爲戶而後得爲正夫受正田可知矣若然經餘夫當有二一爲
二十九以下有室而未任受兵者一爲家已有一人爲正卒年三十
以上不別爲戶者二者皆當從父兄之爲正卒者爲戶則必在五人
六人七人之內可知何說五口通父母妻子餘夫在其外亦謂子幼
不得爲餘夫耳若子長至二十已有室與羨卒竭作之列豈得因其
在五口之內而不授以二十五畮之田乎然則何說與先鄭說亦可
互通不容泥也互詳載師疏云廛居也者說文广部云廛二畝半也
一家之居方言云廛凥也東齊海岱之間或曰廛毛詩魏風伐檀傳
云一夫之居曰廛案先鄭所謂廛者謂夫受田百畮於中爲居所謂
二畮半爲廬舍者也依後鄭義則六遂無公田又不從廬舍二畮半
之說詳匠人疏云楊子雲有田一廛謂百畮之居也者漢書揚雄傳
述雄自序云揚氏漢元鼎間避仇遡江上處嶓山之陽曰郫有田一
壥有宅一區顏注引晉灼云周禮上地夫一廛一百畝也案壥卽廛
字先鄭蓋謂此經夫一廛謂田中之居揚雄有田一廛直謂田百畮

二者雖異然亦以古制田百畮而中有廛因謂百畮之田爲一廛義足相證故舉以爲況也二云玄謂廛城邑之居者破先鄭居在田中之說知廛在城邑者卽載師二云以廛里任國中之地是也但此廛里不在國城之中城邑者泛指六遂之城邑言之孟子滕文公篇許行曰願受一廛而爲氓蓋凡受宅者皆一廛矣互詳敘官及載師疏賈疏二云此經上中下地皆云夫一廛田百畮百畮與一廛別言之則此廛實廛人皆謂廛綿於其中則此乃是廛里任國中之地一也不得同爲百畝之田詩所云三百廛兮者自是三百家之稅故亦廛表稅也二云孟子所云五畮之宅樹之以桑麻者也者詳載師疏孟子桑下無麻字呂飛鵬二云此及載師閭師疏皆較孟子增一麻字梁書張充與王儉書有五畝之宅樹以桑麻句詒讓案載師注引亦無麻此疑後鄭所加引此者證廛卽五畮之宅破先鄭百畮之居之說也荀子大略篇亦二云故家五畝宅百畝田務其業而勿奪其時所以富之也與孟子義同後鄭意五畮之宅皆在城邑中孟子趙注則據二畮半在邑二畮半在田爲說後鄭所不取詳匠人疏二云六遂之民奇受一廛雖上地猶有萊皆所以饒遠也者賈疏二云經餘夫亦如之則餘夫皆有田有廛是餘夫奇別更受廛備後離居之法故奇受一廛也對六鄉不言餘夫之廛上地又無萊故二云皆所以饒遠也李鍾倫二云鄭以六鄉餘夫不別受廛又上地不復加萊據大司徒造都鄙法不易一易再易卽此上中下地彼不言餘夫亦如之又無萊五十畮此法見於司徒而司徒主六鄉故以爲鄉之田制如此然彼實都鄙法鄉當從遂鄭於田法軍法旣以鄉遂爲類矣而又以鄉與都鄙爲一法何也案李說是也鄭謂此上田有萊等爲甸稍縣都之通制故二云饒遠縣師注二云郊內謂之易郊外謂之萊善言近亦以郊外之遠對郊內之近言之然三等田萊之法鄉遂制實同而都鄙公邑則異此以有萊者爲郊外六遂及都鄙之制而以不易一易再易三等爲六鄉之

制與大司徒經文及小司徒注義並相戾詳載飾縣飾疏又案後鄭
以經云亦如之冢上廛田爲文故謂餘夫奇受一廛然春秋孟子漢
志及先鄭何趙諸儒說並止謂餘夫受田不云受廛大戴禮記曾子
制言篇云君子之爲弟也近市無賈在田無野廬注云田無廬也則
子弟不得與父兄同受廛明矣經云如者亦止謂田萊耳後鄭殆誤
會非經義也云王莽時城郭中宅不樹者爲不毛出三夫之布者亦
證廛在城邑也漢書食貨志云王莽以周官稅民城郭中宅不樹藝
者爲不毛出三夫之布案莽制卽放載師職宅不毛者有里布法爲
之

凡治野夫閒有遂遂上有徑十夫有溝溝上有畛百夫有洫洫上有涂千夫有澮澮上有道萬夫有川川上有路以達于畿

十夫二鄰之田百夫一酇之田千夫二鄙之田萬夫四縣之田遂溝洫澮皆所以通水於川也遂廣深各二尺溝倍之洫倍溝澮廣二尋深二仞徑畛涂道路皆所以通車徒於國都也徑容牛馬畛容大車涂容乘車一軌道容二軌路容三軌都之野涂與環涂同可也萬夫者方三十三里少半里九而方一同以南畮圖之則遂從溝橫洫從澮橫九澮而川周其外焉去山陵林麓川澤溝瀆城郭宮室涂巷三分之制其餘如此以至于畿則中雖有都鄙遂人盡主其地

疏 凡治野者王念孫云野下原有田字於田中設五溝五涂以治之故曰治野田凡治野三字已見上文此文自作凡治野田與上文不同自唐石經始脫田字而各本皆沿其誤周頌噫嘻箋及魯頌駉正義引此並作凡治野田噫嘻正義釋之云言凡治郊外野人之田案王說是也此記六遂治溝洫以制地之制也六鄉之制亦同惟都鄙公邑制井田與此異云夫閒有遂遂上有徑者賈疏云已下五溝所以通水入川五涂所以通道向都及國城也程瑤田云遂人之不爲井田確有可證周頌噫

嘻之詩曰駿發爾私終三十里亦服爾耕十千爲耦駿發曰私是不畫井無公田之證也耦曰十千是萬夫之證也里曰三十是萬夫之田方三十三里又少半里舉成數之證也 注云十夫二鄰之田者以下並以家授田一夫計之明授田與制邑夫家數必相應故王制云凡居民量地以制邑度地以居民地邑民居必參相得也上文一夫授田百畮是一夫卽一家所受六遂五家爲鄰二鄰爲聯則有十家論語所謂十室之邑是也居同邑耕同野故十夫爲二鄰之田凡十夫爲田千畮不成方其長十萬步云百夫一酇之田者百家爲酇其邑百室受田百夫故云一酇之田凡百夫爲田萬畮方十萬步云千夫二鄙之田者五百家爲鄙二鄙爲聯則有千家論語所謂千室之邑是也千室受田千夫故千夫爲二鄙之田凡千夫爲田十萬畮亦不成方其長千萬步云萬夫四縣之田者二千五百家爲縣其邑萬室受田萬夫故云四縣之田凡萬夫爲田百萬畮方千萬步此並據遂人治六遂而言若鄰之田制與遂同則十夫爲二比之田百夫爲一族之田千夫爲二黨之田萬夫爲四州之田故詩周頌良耜云以開百室鄭箋云百室一族也百室者出必共洫閒而耕入必共族中而居百室之田卽百夫故得共一洫也云遂溝洫澮皆所以通水於川也者卽司險所謂五溝也匠人注云遂者夫閒小溝說文水部云溝水瀆廣四尺深四尺洫十里爲成成閒廣八尺深八尺謂之洫又巜部云巜水流澮澮也方百里爲巜廣二尋深二仞又川部云川貫穿通流水也虞書曰濬く巜距川言深く巜之水會爲川也案澮卽巜之借字遂亦作術月令審端徑術注云術周禮作遂遂小溝也洫字又作淢毛詩文王有聲篇築城伊淢傳云淢成溝也此五者散文通謂之溝亦謂之洫左襄十年傳鄭子駟爲田洫又三十一年傳云田有封洫杜注云洫田畔溝也是也通水於川卽小司徒注云溝洫爲除水害是也論語學而皇疏云畝度六尺以一尺耕伐地爲溝

通水流水流畎畎然因名曰畎也遂取其水始遂也溝取其溝深有溝洫也釋名云田閒之水曰溝溝搆也縱橫相交搆也程瑤田云禹之治水也濬畎澮以入於川是故水之行於地中也小大之形三者而已故制字以象形一水爲く二く爲巜衆巜爲川及其盡力於溝洫也則以爲非多其廣狹淺深之等不足以盡疏瀹之理於是由川而澮又等而增之而洫而溝而遂乃以承夫百畝中之畎然後一旦雨集以大受小遞相承焉不崇朝而盡達於川矣其承畎者名之以遂何也慮其蓄而弗暢也故遂之曷爲承之以溝也一縱一橫乃見交暢之義溝搆也縱橫之說也名之曰溝所以象其形洫字從血以洫承溝謂是血脉之流通也澮會也會上衆水以達於川初分終合所以盡水之性情而不使有汎溢之害也云遂廣深各二尺溝倍之洫倍溝澮廣二尋深二仞者並依匠人文爲說澮廣深亦倍洫而依彼文云廣二尋深二仞不云倍者鄭說仞爲七尺則二仞爲丈有四尺與廣不相等其說非也詳彼疏賈疏云此雖溝洫法與井田異制其遂溝洫澮廣深亦與井田溝澮廣深同故鄭還約匠人井田之法而言也云徑畛涂道路皆所以通車徒於國都也者即司險所謂五涂也說文彳部云徑步道也田部云畛井田閒陌也辵部云道所行道也足部云路道也釋名釋道云徑經也人所經由也涂度也人所由得通度也道蹈也路露也言人所踐蹈而露見也詩周頌載芟千耦其耘徂隰徂畛毛傳云畛埸也鄭箋云畛謂舊田有徑路也鄭言此者欲見五涂向外則達於畿向內則通於國都也此徑畛等即所謂阡陌都鄙井田之涂亦同故說文以畛爲井田閒陌散文涂道路亦通稱孔廣森云楚國以畛記田故楚辭曰田邑千畛戰國策葉公子高食田六百畛殆因周十夫有溝其徑名畛遂謂十夫之地千畝爲畛歟云徑容牛馬畛容大車涂容乘車一軌道容二軌路容三軌者賈疏云此川上有路差之凡道皆有三塗川上之路則容三軌道

珍倣宋版印

容二軌塗容一軌軌皆廣八尺其畛差小可容大車一軌軌廣六尺自然徑不容車軌而容牛馬及人之步徑是以春秋有牽牛蹊蹊即
徑也詒讓案徑容牛馬故說文謂之步道鄭月令注亦云步道曰徑則本容徒行不容車也畛容大車者鄭依車人說大車徹廣六尺則
畛廣六尺後於溝二尺也說文田部云畷兩陌閒道也廣六尺許說畷與此畛廣正同涂容乘車一軌者依匠人注說乘車軌廣八尺則
涂廣一尋與洫正同廣於畛二尺也道廣二尋與澮正同倍於涂也路廣三尋廣於道三之一也惟徑之度無可考以次減之徑其廣四
尺後於遂二尺與知徑非廣二尺與遂廣同者周尺一尺校今尺不及八寸二尺止一尺六寸弱於度太狹不足以容牛馬以畛之廣後
於溝二尺例之則徑廣亦不必正與遂同也鄭釋五涂廣度於袤分不誤唯車人大車徹廣疑當作八尺則畛廣六尺尚未能容大車耳
詳彼疏又凡鄭所云容大車乘車幾軌者必容方軌並行若必適如每軌八尺之數則方軌並行不能無擊互之患蓋此注及匠人說道
涂之廣凡度以軌者皆主築治之地而言至道涂兩旁既臨溝田必非陗厓斗絕自當留不築治之餘地以爲隱固故二軌之道兩車往
來足相容讓但餘地之廣既不占正軌之度則當隨地勢爲之不可豫定尺寸故注不備論耳云都之野涂與環涂同可也者明此五涂
與五溝相並而匠人野涂則爲野之大路二者小異但都之野涂不過三軌此川上之路亦三軌與彼略同也其郊甸之野涂則五軌廣
於川路二軌賈疏云案匠人云環涂以爲諸侯經涂野涂以爲都經涂鄭注云經亦謂城中道諸侯環涂五軌其野涂及都環涂野涂皆
三軌彼注亦與此注同皆以爲都之野涂與環涂同依內則云道有三涂男子由右女子由左車從中央是以鄭解川上之路及都之野
涂皆容三軌也云萬夫者方三十三里少半里者詩周頌噫嘻箋義同孔疏云計此萬夫之地一夫百畝方百步積萬夫方之是廣長各

百夫以百百乘之是萬也既廣長皆百夫夫有百步三夫爲一里則百夫爲三十三里餘百步卽三分里之一爲少半里賈疏〻云此解經萬夫有川之意從西北隅北畔至東頭有十洫一洫百夫十洫千夫千夫萬步萬步有三十三里百步百步是少半里以九澮總而言之則萬夫矣故〻云萬夫者三十三里少半里矣〻云九而方一同者同方百里里有九夫一同有九萬夫此〻云萬夫有川以九乘之與一同夫里之數正相等但溝洫之體不同耳賈疏〻云案匠人〻云廣尺深尺謂之甽以至方百里爲同同閒廣二尋深二仞彼井田法溝澮稀少而云同此雖溝洫法溝澮稠多與彼井田相準擬而言也〻云以南畮圖之則遂從溝橫洫從澮橫九澮而川周其外焉者賈疏〻云案詩有今適南畝又〻云南東其畝故以南畝圖之其田南北縱分者是一行隔爲一夫十夫則於首爲橫溝十溝卽百夫於東畔爲南北之洫十洫則於南畔爲橫澮九澮則於四畔爲大川此川亦人造雖無丈尺之數蓋亦倍澮耳此川與匠人澮水所注川者異彼百里之閒一川謂大川也程瑤田〻云畝長畝也一夫之田析之百甽以爲百畝南畝者自北視之其畝橫陳於南也南畝故甽橫甽流於遂故遂縱遂在兩夫之閒故謂之夫閒夫閒東南之閒也其南北之閒則溝橫連十夫故曰十夫有溝不可謂二十夫之閒故變閒言夫也溝經十夫流入於洫洫之長如溝縱承十溝十溝之水皆入焉故曰百夫有洫也洫之水入澮澮長十倍於洫而橫承十洫之分布千夫中者故曰千夫有澮也澮十之橫貫萬夫之中十澮之水並入於川故曰萬夫有川澮橫川自縱也鄭謂九澮而川周其外恐不然矣川上有路以達於畿安得有縱路復有橫路耶其橫者則一萬夫閒之道也澮但言九亦考之不察矣案程說是也畮制南東各視其土宜爲之南畮則甽橫遂從溝橫洫從澮橫川從東畮則甽從遂橫溝從洫橫澮從川橫五涂之從橫與五溝同鄭止圖南畮者以東畮與南畮從橫正相反

可以類推也至萬夫有川鄭謂九澮而川周其四旁程則謂十澮而川亙其一面蓋鄭意萬夫之田縱橫皆有二川夾注其外故中止容九澮若爲十澮則當羨千夫之田於數不合也然如鄭說萬夫九澮則其一面近川千夫十洫遂無所入之澮若以十洫之水徑注於川則五溝皆由小注大由淺注深以次灌輸斷無十洫越澮而注川之理至萬夫之川一面爲之已足承十澮之水若四周爲川則占地遽增三倍而又無益於用其誤殆無疑也詩周頌噫嘻疏又謂遂溝洫皆以九積數蓋襲鄭九澮之說而誤益甚矣又案遂人之溝洫以十積數爲鄉遂不井之田溝洫之制匠人之溝洫以八積數爲都鄙井田溝洫之制其形體之異互詳匠人疏又案遂從在夫閒長竟一夫凡六十丈也溝橫承十遂其長十倍於遂竟十夫凡六百丈加以十遂二丈十徑四丈通六百零六丈爲一溝之長洫從與十溝爲方積百夫長亦竟十夫六百丈加以十溝四丈十畛六丈通六百一十丈爲一洫之長澮橫承十洫其長十倍於洫竟百夫六千丈加以十洫十涂共十六丈又加百遂百徑六十丈通六千零七十六丈爲一澮之長川從與十澮爲方積萬夫長亦竟百夫六千丈加以十澮十道共三十二丈又加百溝百畛共百丈通六千一百三十二丈爲一川之長川竟百夫六千丈即三十三里少半里也云去山陵林麓川澤溝瀆城郭宮室涂巷三分之制其餘如此者此言六遂授地之法亦據王制三分去一之率通計之也鄉遂皆爲不井之地故同用此法其都鄙制井田則所去不止三分之一詳小司徒載師疏云以至于畿則中雖有都鄙遂人盡主其地者于注例當作於各本並誤賈疏云遂人主六遂與司徒主六鄉同唯在二百里以內今經云以達于畿明畿以內之中雖有都鄙作井田之法遂人亦盡主其地公邑之中爲溝洫之法與鄉遂同遂人盡主之可知也案公邑亦當爲井田賈依鄭說謂公邑爲溝洫誤也經言以達于畿者明道路四達無阻

耳非謂遂人溝洫之制達於
五百里之畺地也詳匠人疏以歲時登其夫家之衆寡及其六畜車
輦辨其老幼廢疾與其施舍者以頒職作事以令貢賦以令師田以
起政役登成也猶定也夫家猶言男女也施讀爲弛職謂民九職也
分其農牧衡虞之職使民爲其事也載師職云以物地事授
地職互言矣貢九貢也賦
九賦也政役出士徒役疏以歲時登其夫家之衆寡及其六畜車
輦者謂四時小案比也蓋亦以國比之
法行之與六鄉同制云辨其老幼廢疾與其施舍者者猶小司徒云
以稽國中及四郊都鄙之夫家九比之數以辨其貴賤老幼廢疾凡
征役之施舍也六遂征役之法與六鄉略同據鄉大夫經舍征之法
老幼廢疾之外尚有貴者賢者能者服公事者之屬經不具言故更
以其施舍者通晐之鄉師國比之法又云辨其可任者與其施舍者
遂師亦然此及小司徒並不云可任者亦文不具也　注云登成也
猶定也夫家猶言男女也施讀爲弛者小司徒注義並同凡經云施
舍者注並讀爲弛舍詳小宰疏云職謂民九職也者九職見大宰此
即大司徒載師之地職是也賈疏云以其頒職而作事是民之九職
使之作事而遺出九貢也云分其農牧衡虞之職使民爲其事也者
說文攴部云攽分也頒即攽之借字象胥注云作使也鄭意經作事
即大司徒之土事小司徒之地事是也農牧衡虞亦約舉九職之三
與載師地職注義同云載師職云以物地事授地職互言矣者謂經
云職事即是分職使民爲其事職事相貫而載師則以地職與地事
分舉明是互文見義實無二事也賈疏謂彼云物地事不云貢此云
令貢賦不云物地事與貢賦相互非鄭指也云貢九貢也者據
閭師任民之貢有九亦即大司徒之地貢是也九貢即大宰九職所
出而彼職之九貢則與土均之地貢並爲邦國貢與此異也云賦九

賦者據大宰九賦三曰邦甸之賦即六遂及公邑所出其關市山澤幣餘之賦甸遂亦有之是則不備九賦鄭通言之耳云政役出士徒役者政亦當讀爲征與小司徒之征役及均人力政義同賈疏云即上注遂之軍法如六鄉者是也

**若起野役則令各帥其所治之民而至以遂之大旗致之其不用命者誅之**

役謂師田若有功作也遂之大旗熊虎

疏 若起野役者猶後云六遂之役不云六遂者容甸以外公邑之役亦治之賈疏云若小司徒凡起徒役毋過家一人之類也云則令各帥其所治之民而至者賈疏云謂令縣正已下縣正云若將用野民師田行役移執事則帥而至治其政令是縣正受遂人之令也沈彤云野公邑官亦包之詒讓案遂吏帥民而至亦致之於司空與鄉師大役帥民徒事同云以遂之大旗致之者依司常大閱云帥都建旗大司馬治兵云軍吏載旗故彼二經帥爲軍將都爲大小都之長軍吏爲六軍諸將帥咸與遂吏無涉唯鄭注司常帥都云六鄉六遂大夫也而大司馬云帥都載旜注又專舉遂大夫爲釋其說實不甚依經義遂大夫當在大司馬郊野載旐中又爵爲中大夫則尤不得建大旗之旜而此云遂之大旗者蓋義取期民以旗表事故不依遂吏建旗恆法敘官注云遂人主六遂若司徒之於六鄉也鄉師時田以司徒之大旗致衆庶六遂爲六鄉之副故起野役亦同用大旗也此與司常大司馬建旗敘爵不同詳大司徒疏賈疏云以其遂人雖是大夫合用鳥隼之旟致衆今遂人掌衆與大司徒同故致衆得用熊虎爲旗也案賈說本鄉師注義未塙詳彼疏

注云役謂師田若有功作也者小宰注云役謂發兵起徒役也又小司徒注云役功力之事閭胥注云役田役也是師田及他功作起徒役之事通謂之役遂師大喪亦云道野役是也賈疏云以其縣正所云用野民師田行役移執事爲此事致之明此役與彼同其云功

作則移執事之等是也云遂之大旗熊虎者據司常九旗熊虎爲旗案此遂之大旗蓋卽熊旗之旛畾崇義云四斿詳大司徒司常疏

凡國祭祀共野牲令野職共野牲入於牧人以待事也野職薪炭之屬疏凡國祭祀共野牲令野職者此

官掌令遂師共野牲令委人共野職也若然野牲言共亦令之野職言令亦共之皆互文見義　注云共野牲入於牧人以待事也者野

牲卽九職中藪牧所養之鳥獸其在遂地者則遂師共之遂師云凡國祭祀共其野牲是也賈疏云謂牛羊豕在六遂者故曰野牲牧人

云掌牧六牲以共祭祀故知此野牲亦入牧人以待事也云野職薪炭之屬者此野職唯據祭祀所用故知薪炭之屬與遂師云入野職

于玉府者爲貨賄異也賈疏云此官令之委人斂之故下委人云掌斂野之職又云斂薪芻凡疏材木材凡畜聚之物言之屬者兼此諸

物也凡賓客令脩野道而委積委積於廬宿市疏凡賓客令脩野道而委積者此贊大小司徒也賈疏云案

大司徒云令野脩道委積彼謂總令遺人此於百里外野道又令之是亦令遺人也案賈據大司徒注義方苞蔣載康謂脩道當令野廬

氏二說相兼乃備詳彼疏又案此野道卽遺人云國野之道蓋通畡匠人野涂五軌及甸以外公邑采邑野涂三軌凡賓客往來所出道

路此官並令脩之與上文野田五涂異也注云委積於廬宿市者並據遺人文　大喪帥六遂之役而致之

掌其政令及葬帥而屬六綍及窆陳役致役致於司徒給墓上事及窆也綍舉棺索也葬舉棺者

謂載與說時也用綍旁六執之者天子其千人與陳役者主陳列之耳匠師帥監之鄉師以斧涖焉大喪之正棺殯啓朝及引六鄉役之

載及窆六遂役之亦卽遠相終始也鄭司農云窆謂下棺時遂人主陳役也禮記謂之封春秋謂之堋皆葬下棺也聲相似疏大喪

帥六遂之役而致之者大喪亦謂王及后之喪知不關世子者世子
喪當用諸侯禮不得備六綍也云及葬帥而屬六綍者謂葬載及窆之
時以索舉柩亦帥遂役屬著舉下之也云及窆陳役者釋文作及竁
云劉昌絹反穿也本作窆之戚彼驗反與注相應阮元云陸從劉昌宗
作竁與注乖當從戚袞本作窆今本是也段玉裁云劉本大誤與注
不相應或云注有給墓上事及竁之文然竁爲穿地窆爲下棺事各
不同致役爲墓上事及竁陳役爲窆蓋六遂分任其役也案阮段說
是也此云及窆陳役猶遂師云及窆抱磨也劉陸本蓋涉注文而誤
注云致役致於司徒給墓上事及竁也者賈疏云以其殯及引皆
六鄉役之其墓上事及竁等六遂役之故知致役給墓上墓上則說
載下棺之等竁謂穿壙之等不言在廟載事亦六遂役之不言者略
也必致於司徒者司徒雖主六鄉以其地官之鄉掌徒庶之役亦兼
掌六遂之役故也云綍舉棺索也者綍與紼同白虎通義崩薨篇云
紼者所以牽持棺者也雜記注云綍引同耳廟中曰綍在塗曰引檀
弓弔於葬者必執引若從柩及壙皆執紼注云車曰引棺曰紼喪大
記君葬用輴四綍注云在棺曰綍行道曰引至壙將窆又曰綍既夕
禮注云引所以引柩車在軸輴曰紼左宣八年傳冬葬敬嬴旱無麻
始用葛茀杜注云茀所以引柩殯則有之以備火葬則以下柩孔疏
云禮茀字或作紼或作綍繩之別名也紼者所以引柩於殯則已有
之繫於輴車以備火災有災則引柩以避火及葬則用之以下柩也
案孔說是也統覈諸經注蓋綍與引同爲大索以麻爲之柩殯於廟
時則繫於輴車以備遷舉及將葬載柩於車時亦以綍舉而載之既
至壙又以綍繫於輴車舉而下窆也析言之則在廟在壙舉柩之索
謂之綍在道引車之索謂之引引屬於柩車之軸綍屬於輴車其用
不同故大司徒注詁引爲引喪車索與此綍訓舉棺索異通言之則
綍引同物故既夕及雜記並以綍引通稱先鄭大史注云引六紼曲

禮注孔本亦云紼引車索是也釋名釋喪制云從前引之曰紼紼發也發車使前也縣下壙曰繂繂捋也徐徐捋下之也案劉釋紼爲發車使前亦卽以引爲紼其所云縣下壙曰繂乃正是禮注之紼紼繂字通故喪大記注亦云紼或爲率率卽繂也云葬舉棺者謂載與說時也者載謂舉棺載於柩車既夕禮遷祖正柩後云乃載注云乃舉柩卻下而載之是也說謂說下棺於地既夕在廟載及至壙兩云屬引後引卽紼故注云於是說載除飾更屬引於緘耳是也二者一升一降並當舉棺故皆用紼詳喪祝疏云用紼旁六執之者天子其千人與者賈疏云案雜記諸侯執紼五百人大夫三百人以此約之天子千人無正文故云與以疑之案檀弓孔疏引何胤說與鄭賈同白虎通義崩薨篇說天子之制云臣子更執紼晝夜常百二十人御覽禮儀部引作千二百人義較今本爲長蓋鄭據倍諸侯數班據王禮之大數說雖異義並得通至呂氏春秋節喪篇云世俗之行喪引紼者左右萬人以行之此則戰國之後侈制不足以證禮也云陳役者主陳列之耳者司市注云陳猶列也賈疏云以其經云及窆窆謂下棺下棺之時千人執紼背碑負引須陳列其人故知謂陳列之也云匠師帥監之鄉師以斧涖焉者鄉師云大喪用役則帥其民而至遂治之及葬執纛以與匠師御匶而治役及窆執斧以涖匠師鄭言此者明三官相與爲官聯非遂人所專治也云大喪之正棺殯啟朝及引六鄉役之載及窆六遂役之亦卽遠相終始也者賈疏云知義然者案大司徒職云大喪帥六鄉之衆庶屬其六引此遂人云帥六遂之役屬六紼及窆陳役鄭據此二文言之以六鄉近使主殯及啟朝爲始在祖廟之中將行載棺於蜃車屬六紼則六遂爲終也至於在道言引則還使六鄉爲始至壙窆之下棺則還使六遂爲終以二處合自共爲終始故云卽遠相終始也是以大司徒注云六鄉主六引六遂主六紼也詒讓案檀弓云飯於牖下小斂於戶內大斂於阼殯

於客位祖於庭葬於墓所以卽遠也此注卽據彼文正棺謂正柩於兩楹之間詳小司徒疏啓謂啓殯朝謂朝祖並詳喪祝疏鄭司農云窆謂下棺時遂人主陳役也禮記謂之封春秋謂之傰皆葬下棺也聲相似者鄉師大僕注義並同聲相似者謂窆封傰三字聲類並相近傰舊本並作塴宋本作傰葉鈔釋文同今據改案正字當作堋借作倗塴傰皆譌並詳鄉師疏 凡事致野役而師田作野民帥而至掌其政治禁令

遂師各掌其遂之政令戒禁以時登其夫家之衆寡六畜車輦辨其施舍與其可任者經牧其田野辨其可食者周知其數而任之以徵財征作役事則聽其治訟施讀亦弛也經牧制田界與井也可食謂今年所當耕者也財征賦稅之事

【疏】各掌其遂之政令戒禁者賈疏云以遂師下大夫四人所掌六遂亦如鄉師主六鄉亦二人共主三遂故云各掌其遂之政令戒禁云以時登其夫家之衆寡六畜車輦辨其施舍與其可任者者卽四時小案比之事亦當以國比之法治之與鄉師同賈疏云已下皆如鄉師之職但鄉師云輦又云老幼貴賤癈疾此不言之此云經牧其田野之等彼不言之皆是互換爲義故設文不同也云周知其數而任之以徵財征者大宰九賦章注引此職文作以徵其財征疑此挩其字任之謂授職事作徒役凡任民之事皆是財征則兼九功民職之力征九賦田野之地征言之二者皆有財賄亦皆校計民數田數而爲徵令也賈疏謂任之據人民之數徵財征據田野之數未析云作役事則聽其治訟者唐石經作上有以字各本並無案疏述經無以字以文義校之亦不當有今從宋本賈疏云役事中可兼軍役田獵功

作之等皆聽其治訟也江永云遂師遂大夫縣正皆聽治訟其獄訟之大者遂士聽斷之　注云施讀亦弛也者大司徒注義同段玉裁云亦者亦遂人職而言阮元云亦下當脫為遂大夫士均注云施讀亦為弛也可證云經牧制田界與井也者經訓界與遂人經田野義同牧卽井牧詳小司徒疏賈疏云但六遂制溝洫法上文所云者是今以為制界與井也又為井田法者以其遂人兼掌采地故上云掌野鄙兼言稍縣都以采地有井田法故此經云經牧其田野與小司徒文同故鄭亦兼言井也案遂人兼掌甸以外公邑公邑亦制井田也鄭賈謂公邑用溝洫法非是詳匠人疏云可食謂今年所當耕者也者卽遂人上中下地三等田萊每年各有當耕之田也江永云衍沃隰皋可食者也京陵淳鹵之類不可食案江說是也爾雅釋地云可食者曰原郭注云可種穀給食是可食卽謂可耕之地通三等田萊言之非必當年所耕也惟磽埆不可耕者乃為不可食詳大司徒疏云財征賦稅之事者小宰注云政謂賦也字或作征又大司徒注云征稅也賈疏云征是賦稅財是地稅故云財征賦稅之事也雖以地稅為正其中亦兼有口率出泉也案此財征當通九賦九職而言賈分征屬賦稅財屬地稅固非又以賦稅為口泉亦沿大宰九賦注之誤周法無口泉詳大宰疏

**巡其稼穡而移用其民以救其時事**移用其民使轉相助救時急事也四時耕耨斂艾芟地之宜晚早不同而有天期地澤風雨之急

**疏**注云移用其民使轉相助救時急事也者移迻之叚字廣雅釋詁云移轉也漢書食貨志云力耕數耘收穫如寇盜之至所謂救時急事也農事急迫之時民力有不給者則移其力之有餘者使轉相佐助卽遂人所謂以彊予任甿與大司徒移民事異也管子山國軌篇云春十日不害耕事夏十日不害芸事秋十日不害斂實冬十日不害除田此之謂時作卽經所謂時事也云四時耕耨斂艾芟地之

宜晚早不同者賈疏云其地有宜早種早收有宜晚種晚收故云晚早不同云而有天期地澤風雨之急者天期有寒温地澤有枯潤風雨有緩驟皆須趣時以畢事也

凡國祭祀審其誓戒共其野牲審亦聽也疏凡國祭祀審其誓戒者賈疏云案冢宰職云大祭祀掌百官之誓戒大司寇涖誓百官弁戒百族此官主審其戒戒遂之民故不同也云共其野牲者謂受令於遂人而取六遂以外藪牧所養之牲而共之委人注說野賦云其牧則遂師以共野牲是也注云審亦聽也者亦上文聽其治訟而言說文亼部云寀悉也知寀諦也重文審篆文寀从番鄉師注云聽謂平察之爾雅釋詁云察審也是審聽同爲平察之義

入野職野賦于玉府民所入貨賄以當九職九賦中玉府之用者疏注云民所入貨賄以當九職九賦者賈疏云野職謂民九職之貢野賦謂民九賦自邦甸家稍縣都之等口率出泉以其在遠郊之外故皆以野言之也詒讓案野職者六遂中九職之民貢也野賦者九賦邦甸之賦也委人掌斂野之賦注謂野之工商嬪婦之賦遂師以入玉府彼經注雖云野賦實據九職之貢言之與此小異凡貢賦以泉穀財物爲正或不出正貢賦而以他物當之若角人羽人掌葛所征之物以當邦賦是也鄭以正貢賦穀物當入稟人泉布當入外府泉府鳥獸草木當入膳府等不必皆入玉府故兼當貢賦之物言之凡九賦皆地稅鄭賈以爲口率出泉則失之云中玉府之用者者明野職野賦不盡共玉府此官唯選其中用者入之也賈疏云亦是遂師自當徵其穀稅泉以入大府分之衆府也若然案大府職云式貢之餘財以共玩好之用入於玉府彼入於玉府者是式貢之餘財財之美者由大府乃入玉府此徑入玉府者非財之美不堪王之玩好者也案賈說非鄭意也職賦中泉穀等自入大府此官但擇中王服御器物之用者入玉府耳賈乃謂非財之美者誤矣 賓

客則巡其道脩庀其委積巡其道脩行治道路也故書庀爲比鄭司農云比讀爲庀庀具也疏賓客則巡
其道脩庀其委積者釋文出庀其二字云又作庀段玉裁云說文有
庀無庀疑庀庀一字也如妣籀作妃案段說近是此亦贊大小司徒
而與野廬氏遺人爲官聯也賈疏云大司徒云野脩道委積據國外
曰野在六鄉之中者此據六遂之中者　注云巡其道脩行治道路
也者掌固注云巡行也廣雅釋詁云脩治也道脩卽遂人之令脩野
道野廬氏之脩除道路蓋野廬氏脩之此官則巡行董趣之云故書
庀爲比鄭司農云比讀爲庀者本職後注及春官世婦大胥先鄭讀
並同徐養原云當以庀爲正庀俗體比則庀之省文云庀具也者小
爾雅廣詁文春官世婦及大胥大司馬注並同大喪使帥其屬以幄帟先道野役及窆抱磨共丘籠及蜃車之役使以幄帟先者大宰也其餘司徒也幄帟先所
以爲葬窆之閒先張神坐也道野役帥以至墓
也丘籠之役竁復土也其器曰籠蜃車柩路也柩路載柳四輪迫地
而行有似於蜃因取名焉行至壙乃說更復載以龍輴蜃禮記或作
槫或作輇役謂執紼者鄭司農云抱磨磨下車也玄謂磨
者適歷執紼者名也遂人主陳之而遂師以名行校之疏大喪使帥其屬
以幄帟先者宰夫注云大喪王后世子也以幄帟先者與幕人爲官
聯也先謂先柩行至墓豫張設之云及窆抱磨者抱卽褎之借字說
文衣部云褎褏也國策秦策高注云抱持也賈疏云及至也謂柩車
至壙窆下棺也下棺之時遂師帥其執紼者之人名歷適而校數之
也云共丘籠及蜃車之役者役卽上野役此冢丘籠蜃車二者爲文
丘籠以取土蜃車以載柩二者皆須徒役此官則於所作野役中簡
選以共之賈疏云土曰丘謂共爲丘之籠器以盛土也蜃車之役謂
在祖廟中將行共蜃車以載柩之役人也案賈意蓋謂共役并共籠

車之器今攷蜃車卽巾車柩路此王之柩路當亦巾車共之稍人注謂王柩路遂人共之非也又廟中將行載柩屬六引當用鄉役不當使遂官共之鄭雖謂遂出柩路而此注兩言執綍則自謂共蜃車說載之役非在道引行之役也又丘籠似亦非遂官所共賈疏說皆未塙詳後及稍人疏　注云使以幄帟先者大宰也者賈疏云以其天官幕人掌共帷幕幄帟綬屬大宰故知使幕人以幄帟先是大宰也詒讓案幄帟雖幕人所掌然但主共張其奉而致之墓者仍是六遂徒役之事然則帥其屬者卽遂師自帥其所屬官及徒役特聽大宰之使令耳賈謂大宰使幕人非經注意也云其餘司徒也者謂道野役以下諸事皆司徒使遂師爲之大司徒云大喪帥六鄉之衆庶而治其政令稍人云大喪帥屬車與其役以至掌其政令以聽于司徒是大喪之役事自鄉遂以至公邑司徒盡掌治之矣云幄帟先所以爲葬窆之閒先張神坐也者幕人注云帟在柩上此別爲神坐上亦有帟也幄則在旁賈疏云謂柩至壙脫載除飾柩則在地未葬窆之閒須有凶靈神坐之所故知大幕之下宜有幄之小帳小帳之內而有帟之承塵以爲神坐也云道野役帥以至墓也者賈疏云以其云導導是帥引之言故知從廟帥引往至墓所也云丘籠之役竁復土也者冢人云以爵等爲丘封之度又云及竁以度爲丘隧小宗伯注云竁謂葬穿壙也復土詳小司徒疏賈疏云竁謂穿地復土謂下棺之後以壙上土反復而爲丘壟皆須籠器以盛土也云其器曰籠者說文竹部云籠舉土器也淮南子精神訓云負籠土高注云籠受土籠也云蜃車柩路也者據巾車云小喪共匶路卽此蜃車也匶柩古今字互詳巾車疏雜記孔疏云凡在路載柩天子以下至士皆用蜃車與輲車同故周禮遂師共蜃車之役是天子也旣夕云遂匠納車于階閒注云車載柩車周禮謂之蜃車是士用蜃車也雜記云大夫載以輲車輲車則蜃車也是大夫用蜃車則諸侯不言亦可知云柩

路載柳四輪迫地而行有似於蜃因取名焉者賈疏云謂在祖廟中遂匠納車於階閒卻而上載之乃加帷荒帷荒卽柳也四輪迫地而行卽輇車以二軸而貫四輪卽許氏說文云無輻曰輇者也詒讓案蜃車之制既夕記注云其車之轝狀如牀中央有轅前後出設前後輅轝上有四周下則前後有軸以輇爲輪又雜記注云輇崇蓋半乘車之輪據此則凡蜃車皆四輇輪崇三尺三寸故云迫地而行以其載柳故亦謂之柳車聶氏三禮圖引阮諶圖云柳車四輪一轅車長丈二尺廣四尺高五尺柳詳縫人疏又案據雜記注則凡柩車輇輪皆無輻雜記疏謂但大夫輲車不用輻則似天子諸侯蜃車有輻說與鄭違非也云行至壙乃說更復載以龍輴者賈疏云以其天子諸侯殯時用輴車卽檀弓所云菆塗龍輴天子之禮是也諸侯不龍其轅而已殯既用輴明葬時用輴可知詒讓案謂行時載柩以蜃車既至壙說載乃更以龍輴載柩入隧檀弓注云天子殯以輴車畫轅爲龍鄭言此者欲見蜃車爲在道所用與輴車異亦見經云蜃車之役實爲輴車之役以其由蜃車說下載之故通云蜃車耳輴亦作軸說文車部云下棺車曰軸是也云蜃禮記或作槫或作輇者槫舊本誤槫今據余本岳本宋注疏本正雜記輲車注云輲讀爲輇或作槫許氏說文解字曰有輻曰輪無輻曰輇周禮又有蜃車天子以載柩蜃輇聲相近其制同乎又喪大記君葬用輴大夫葬用輴士葬用國車鄭注云大夫廢輴此言輴非也輴皆當爲載以輇車之輇聲之誤也輇字或作團是以文誤爲國輇車柩車也既夕注亦云車載柩車周禮謂之蜃車雜記謂之團或作輇或作槫聲讀皆相附耳未聞孰正會釗云說文輇字注云蕃車下庳輪也既夕記雜記注說正與說文庳車之說合則字實以輇爲正蜃團槫輲皆聲近通用之字耳云迫地而行有似於蜃因取名焉非也案曾說是也鄭雜記注依別本讀輲爲輇又引許書以證其義則亦以柩車之正字當作輇凡蜃輲槫

輤團諸字並輇之聲誤喪大記國車又團之形誤也然此注又不破蜃爲輇與雜記注異既夕注亦謂蜃團輇槫聲讀相附未聞孰正蓋鄭自有兩解要當以雜記注爲塙詁矣又莊子達生篇云死得於滕楯之上聚僂之中釋文引司馬彪云滕猶篆也案莊子之滕楯當即輇輤之異文呂氏春秋節喪篇云世俗之行喪載之以大輴輴亦即載柩之輇車與龍輴異也云役謂執綍者者明與鄉役執引異即遂人云帥六遂之役屬六綍注謂載與說時是也凡王柩在殯在廟並載以龍輴至葬將行時說輴而載於蜃車至壙將窆又說蜃車復載於龍輴以下竁其在輴載說之時並輓以六綍遂役執之其蜃車行在道六鄉役執六引非此官所共治也鄭司農云抱磿磿下車也者說文手部云捊引取也重文抱捊或从包又石部云磿石聲也磿下車義未詳攷方言云維車趙魏之間謂之轣轆車廣雅釋器云維車謂之厤鹿墨子備蛾傅篇有下磿車又備高臨篇說連弩車之法云以磿鹿卷收磿鹿即鹿盧語之轉耳檀弓公室視豐碑注云豐碑斲大木爲之形如石碑於槨前後四角樹之穿中於閒爲鹿盧下棺以綍繞天子六綍四碑前後各重鹿盧也先鄭此注疑即讀抱爲捊磿下車或即指抱引下棺之鹿盧矣云玄謂磿者適歷執綍者名也者此讀磿爲歷破先鄭義也賈疏云謂天子千人分布於六綍之上謂之適歷者分布稀疏得所名爲適歷也王應麟云史記樂毅書故鼎反乎磿室徐廣注磿歷也戰國策燕策新序雜事作歷室蓋古字通用惠士奇云磿當作厤說文秝稀疏適秝也從二禾讀若歷適者適均呂覽辨土篇曰稼疏而不適謂分布不均故二禾相比稀疏乃適也然則執綍者千人分布於六綍如禾稼有行勿使疏密正其行齊其力巡行校録遂師執書數之名曰抱秝秝借爲磿歷磿皆以秝得聲漢書議郎耿育疏曰太伯見歷知適逡循固讓王充謂太王亶父以王季當立故易名爲歷歷者適也太伯覺悟去而避之合觀衆說

則適秝之義明矣孔廣森云魏書蔣齊傳云船本歷適數百里中歷適猶適歷疏密均布之謂曆者執縛人名籍取適歷之義以爲稱也古者發大役必籍其名而稽數之鄉師則拱稽喪則抱曆案孔說是也此經云抱曆與大史大師抱天時大遷國抱法義同並謂抱持圖籍之書曆者卽校次執縛者之名籍周書世俘篇云馘曆億有十萬七千七百七十有九馘曆亦卽校數俘馘之籍可與此經互證又月令季冬命宰歷卿大夫至於庶民土田之數而賦犧牲以共山林名川之祀注云歷猶次也郊特牲云簡其車賦而歷其卒伍注云簡歷謂算具陳列之也此曆與彼歷聲義並同蓋因簡歷人役遂稱其簿書爲曆猶小宰八成聽師田以簡稽卽簡閱稽計士卒之簿書也云遂人主陳之者賈疏云案上遂人云及窆陳役是也云而遂師以名行校之者賈疏云但執綍之人背碑負引而退行遂師抱持版之名字巡行而校錄之以知在否故云抱曆也

軍旅田獵平野民掌其禁令比敘其事而賞罰平謂正其行列部伍也鄭司農云比讀爲庀 疏 軍旅田獵平野民者卽遂人云師田作野民此官帥而平之之云比敘其事而賞罰者賈疏云遂師校比次敘其行伍而行賞罰也 注云平謂正其行列部伍也者大司馬中冬教大閱云左右陳車徒有司平之卽田獵平民之事彼注亦訓平爲正蓋正其行列使不踰越正其部伍使不提淆亦以軍法部署之鄭司農云比讀爲庀者前注同此比爲校比之義不當爲庀故後鄭不從

遂大夫各掌其遂之政令以歲時稽其夫家之衆寡六畜田野辨其可任者與其可施舍者以教稼穡以稽功事掌其政令戒禁聽其治

訟施讀亦爲弛功事九職之事民所以爲功業疏各掌其遂之政令者賈疏云此一經與遂師職意同但互見其義耳詒讓案以下至鄰長皆六遂之吏與鄉吏鄉大夫至比長地治不同而職掌相等鄉吏職詳而此略者亦以其可互推文不具也注云施讀亦爲弛者亦冢遂人遂師而言詳小司徒疏云功事九職之事民所以爲功業者賈疏云大宰以九職任萬民彼云任卽此功事謂任之使有功者也詒讓案大宰九職大府謂之九功故知功事卽九職之事

令爲邑者歲終則會政致事不言其遂之吏而言爲邑者容公邑及鄉大夫王子弟之采邑政令戒禁遂大夫亦施焉疏令爲邑者歲終則會政致事者歲終謂夏之季冬詳宰夫疏此正遂吏之歲會亦卽此官之官成官計也注云不言其遂之吏而言爲邑者容公邑及鄉大夫王子弟之采邑政令戒禁遂大夫亦施焉者據鄉大夫云歲終則令六鄉之吏皆會政致事此官與彼職事同而文異故鄭意此邑兼含都鄙四井之邑而言公邑謂六遂以外甸稍縣畺四等公邑卽載師注所云二百里三百里其大夫如州長四百里五百里其大夫如縣正者是也采邑亦卽載師之家邑小都大都之吏是也賈疏云言之者若直言遂之吏則不容公邑與采邑今遂大夫不言遂之吏變云爲邑則遂中可以兼公邑采邑二者故云政令戒禁遂大夫亦施焉以其遂人云掌野又云以達于畿故知亦施政令戒禁案鄭意當如賈說但此官爲遂吏唯主當遂一萬二千五百家與遂人遂師通掌甸稍縣畺者異則其政令不得及於公邑采邑此經云爲邑當與里宰鄰長諸職凡言邑者同卽鄰里鄭鄙縣所治之邑里也鄭賈說未㮣詳里宰疏

正歲簡稼器脩稼政簡猶閱也稼器耒耜茲其之屬稼政孟春之月令所云皆脩封疆審端徑術善相丘陵阪險原隰土地所宜五穀所殖以教道民必躬親之疏注云簡猶閱也者小宰注同云

稼器耒耜茲其之屬者茲其宋婺州本作鎡其賈疏作鎡基案薙氏
注亦作茲其賈本及宋本似並非是月令季冬脩耒耜具田器鄭彼
注云田器鎡其之屬此脩稼器蓋通彼耒耜田器備脩之國語魯語
韋注云耨茲其也管子小匡篇尹注云耨鎡錤也廣雅釋器云鎡錤
鉏也一切經音義引倉頡篇云鉏茲其也說文木部云櫌斫也齊謂
之鎡錤孟子公孫丑篇雖有鎡基不如待時趙注云鎡基田器耒耜
之屬案茲鎡其基錤字並通依月令注茲其與耒耜異趙岐說非云
稼政孟春之月令所云皆脩封疆審端徑術善相丘陵阪險原隰土
地所宜五穀所殖以教道民必躬親之者鄭彼注云封疆田首之分
職術周禮作遂遂小溝也步道曰徑相視也案彼上文云王命布農
事命田舍東郊亦是命田官脩稼政之事故引以為證 三歲大比則帥其吏而興甿明其有功
者屬其地治者興甿舉民賢者能者如六鄉之為也興猶舉也屬猶聚也又因舉吏治有功者而聚勑其餘以職事 疏
三歲大比則帥其吏而興甿者亦謂每三年正月大案比而興遂民
詳小司徒鄉大夫疏賈疏云三歲大比已下若鄉大夫三歲大比與
賢者能者其義同變之耳吏則遂大夫已下縣正至鄰長云明其有
功者者此六遂之官計也大比與大計事相因故與甿之時兼察吏
也云屬其地治者者地治猶大司徒云有地治者蜡氏云有地之吏
即上為邑者是也 注云興甿舉民賢者能者如六鄉之為也者此
亦變民言甿也經注甿字亦並當作氓詳遂人疏此謂行鄉飲酒之
禮於遂序以興遂之賢能如鄉大夫賓興六鄉賢能之禮王制說大
司徒命鄉簡不帥教者移之郊移之遂注亦謂遂大夫掌之為習禮
於遂之學是也又案六遂與六鄉治教相儗此遂大夫興甿即用鄉
飲酒之禮其屬縣正如州長則縣亦當有春秋以禮會民射於縣學
鄙師如黨正則鄙亦當有國索鬼神屬民飲酒正齒位之禮經唯於

此職著與眦之典者文不具也凡遂學降於鄉學一等與州黨之學同爲無室之序詳州長疏賈疏云此文不具故鄭就鄉大夫解之彼以鄉飲酒與賢能者厥明獻賢能之書於王王拜而受之登於天府內史貳之此職亦然也云與猶舉也者大司徒注同云屬猶聚也者州長注同云又因舉吏治有功者而聚勑其餘以職事者國語周語云尊貴明賢韋注云明顯也此明其有功亦謂舉而顯異之與八統達吏義同勑亦敕之借字詳大宰疏呂氏春秋孟春紀田事既飭高注云飭讀作勑勑督田事是勑有戒督之義其餘謂所明之外凡無功無過者也賈疏云謂當與舉之時因舉治民之吏鄰長以上吏之有功者而升之又聚其地治鄰長以上勑之以職事使之不慢也

**凡爲邑者以四達戒其功事而誅賞廢興之**四達者治民之事大通者有四夫家衆寡也六畜車輦也稼穡耕耨也旗鼓兵革也

疏凡爲邑者以四達戒其功事者賈疏云謂將四通之事以戒勑其功事功事即上注九職之功業也云而誅賞廢興之者此六遂之官計官刑也賈疏云此亦如大宰注大有功不徒與又賞之大無功不徒廢又誅之　注云四達者治民之事大通者有四者廣雅釋詁云達通也云夫家衆寡也六畜車輦也稼穡耕耨也旗鼓兵革也者賈疏云此無正文唯約上下文而知義爾案遂師云夫家衆寡六畜車輦此遂大夫亦云夫家衆寡以教稼穡鄰長云以旗鼓兵革帥而至又云趨其耕耨鄭據而言故以四事當此四達黃度云四達謂達之於四疆案鄭訓達爲通是也而以夫家衆寡等充四達之數則未安四達之義似當以黃說爲長大戴禮記千乘篇云司徒典春以教民之不時不若不令成長幼老疾孤寡以時通於四疆有閭而不通有煩而不治則民不樂生不利衣食鶡冠子道端篇云近親遠附明達四通皆此經四達之塙詁也

縣正各掌其縣之政令徵比以頒田里以分職事掌其治訟趨其稼事而賞罰之徵徵召也比案比【疏】各掌其縣之政令徵比者賈疏云謂政教號令徵發校比之等也云以頒田里者亦依遂人上中下地三等之法頒授之也云以分職事者荀子王霸篇云農分田而耕賈分貨而販百工分事而勸所謂分其職事也賈疏云卽九職之功事也云趨其稼事而賞罰之者釋文趨作趣云本又作趨案陸本是也說文走部云趨走也趣疾也趣趨聲近經典亦多通用經例凡趨走字作趨催促字作趣與說文正同職喪云趣其事字亦作趣可證鄭長里宰並云趨其耕耨蓋皆傳寫譌捝稼事卽耕耨謂疾督其田事而課其勤惰以爲賞罰也 注云徵徵召也者司市注義同云比案比者謂案戶比民漢制以八月案比所謂小案比也詳小司徒疏

若將用野民師田行役移執事則帥而至治其政令移執事移用其民鄭司農云謂轉相佐助【疏】若將用野民師田行役從執事者賈疏云言將事未至之時預徵召野民也言師田謂出師征伐及田獵也言行役謂若巡狩及功役 注云移執事移用其民者王安石云若遂師所謂巡其稼穡而移用其民以救其時事也詒讓案此與大宰九職閭民無常職轉移執事事異而義同方苞云移執事謂掌固之移甲役其職云與國有司帥之卽縣正也若移用其民以救時事則遂師掌之帥之者則鄭長里宰耳案方說亦通鄭司農云謂轉相佐助者亦與遂師後鄭注義同

既役則稽功會事而誅賞【疏】既役則稽功會事而誅賞者此縣吏之官計官刑也賈疏云此經結上文功役之事事訖乃稽考其功多少當計會其事之可否而有功者賞無功者誅也

鄙師各掌其鄙之政令祭祀祭祀祭禜也疏注二云祭祀祭禜也者賈疏二云鄙與六鄉黨同黨祭禜故知此鄙所祭祀謂祭禜也凡作民則掌其戒令作民謂起役也疏注二云作民謂起役也者胥注二云作起也鄙師在遂與六鄉黨正相等黨正二云凡作民而師田行役則以其灋治其政事與此作民事同起役卽師田行役之事也賈疏二云案下酇長二云若作其民而用之則以旗鼓兵革帥而至又上文每二云野役故知此作民亦是起役事也以時數其衆庶而察其嬍惡而誅賞時四時也疏以時數其衆庶而察其嬍惡而誅賞者嬍古美字詳大司徒疏數其衆庶亦卽小案比猶黨正二云以歲時涖校比也王制孔疏二云六鄉州學主射黨學主正齒位遂則縣與州同鄙與黨同縣正主射鄙師主正齒位亦應與鄉不異但周禮不備耳　注二云時四時也者宮正注同蔣載康二云據黨正四孟讀法聚民也詒讓案鄭意周法一歲四時有小比詳小司徒疏歲終則會其鄙之政而致事疏歲終則會其鄙之政而致事者此正鄙之歲會亦鄙吏之官成官計也歲終謂夏之季冬詳宰夫疏

酇長各掌其酇之政令以時校登其夫家比其衆寡以治其喪紀祭祀之事校猶數也疏以時校登其夫家比其衆寡者亦謂四時小案比也二云以治其喪紀祭祀之事者賈疏二云謂民之喪紀若鄉師所二云族共喪器之類祭祀謂若族祭酺之類若然縣當祭社與州同縣正鄙師酇長皆不言所祭神者六遂與六鄉互見其義也注二云校猶數也者明與縣正數衆庶義同說文木部二云校木囚也段借爲校數史記平準書京師之錢累巨萬貫朽而不可校裴氏集解

引如淳云校數也又漢書嚴助傳顏注云校計也廪人注云數猶計也是校校數同訓計凡全經云校比者義並同夏官釋文謂比校字當從手旁非也詳夏官敘官疏

**若作其民而用之則以旗鼓兵革帥而至若歲時簡器與有司數之**簡器簡稼器也兵器亦存焉有司遂大夫

疏若作其民而用之則以旗鼓兵革帥而至者兵革猶兵甲國語齊語注云革韋注云甲胄盾也賈疏云謂師田及巡守之等直言以旗鼓兵革不言車輦文不具　注云簡器簡稼器也者賈疏云見遂大夫職云正歲簡稼器脩稼政則此官與遂大夫共簡之云兵器亦存焉者以酇長為遂人之屬其在遂又與六鄉族師職掌相等遂人族師並云簡其兵器則知此簡器亦當兼有兵器也但遂人族師兵器並當分為二鄭則謂即戎器義尚未塙耳兵器詳玉府疏惠士奇云酇長簡兵器以備追胥非以供軍旅會同之用也案惠說是也此簡兵器亦兼有時田以田事羨卒竭作兵器亦民閒自共與大師異也六遂副六鄉亦出軍而不出車馬兵甲詳小司徒疏云有司遂大夫者以酇長即遂大夫之屬明當佐彼同簡稼器等也

**凡歲時之戒令皆聽之趨其耕耨稽其女功**聽之受而行之也女功絲枲之事

疏趨其耕耨稽其女功者趨當作趣詳縣正疏賈疏云此酇長彌親民故趨其耕耨并稽考女功之等事詒讓案公羊宣十五年何注云五穀畢入民皆居宅里正趨緝績男女同巷相從夜績至於夜中故女功一月得四十五日彼說井田一里八十戸里正為之長蓋與酇長爵秩略相擬故稽女功之事亦略同也　注云聽之受而行之也者國策秦策高注云聽受也賈疏云知非聽斷之者以酇長中士官惟承受遂人已下之事不得專聽斷故知聽謂受聽而行之也云女功絲枲之事者即大宰九職嬪婦化治絲枲之事九嬪婦功義亦同六韜農器篇

云丈夫治田有畝數婦人織紝有尺度管子山國軌篇亦云某鄉女勝事者終歲績其功業若干卽稽女功之事

周禮正義卷二十九

瑞安孫詒讓學

里宰掌比其邑之衆寡與其六畜兵器治其政令邑猶里也疏掌比其邑之衆寡者此亦四時小案比也云與其六畜兵器者兵謂五兵器謂車輦用器之等詳玉府疏　注云邑猶里也者明此邑卽一里二十五家之邑也爾雅釋言云里邑也郭注云謂邑居金鶚云邑者民居之所聚也釋名云邑猶俋也邑人聚會之稱也說文云邑國也謂國都所在也邑爲民居所聚民居有多少故邑有大小極其大而言之則爲王都之邑極其小而言之則論語有十室之邑其閒大小不等未可校舉也邑之制在國中則始於一里二十五家在野則始於四井三十二家在國中者二十五家爲一里里有巷巷口有閭一里之人聚居於此故謂之邑也在野者四井之田凡三千六百畝其民居計三十二家聚於一處猶今之村落然如地狹勢偏不足四井則或三井或二井或一井皆可爲邑孟子云鄉田同井出入相友守望相助疾病相扶持則百姓親睦此可見一井亦可爲邑矣論語謂十室之邑卽一井之邑一井八室言十室舉大數也鄉遂之邑以二十五家爲制如有不足或四鄰或三鄰或二鄰皆可爲邑五五家爲鄰二鄰則十室也十室之邑此至小者下此不可以爲邑矣六鄉五家爲比五比爲閭四閭爲族五族爲黨五黨爲州五州爲鄉六遂五家爲鄰五鄰爲里四里爲酇五酇爲鄙五鄙爲縣五縣爲遂自閭以至鄉自里以至遂皆邑也每閭每里星羅棊布徧於百里之閒縣師職云掌邦國都鄙稍甸郊里之地域鄭注云郊里郊所里也賈疏言郊里據從遠郊至國中六鄉之民也郊而曰里明是以一里爲一邑里與閭亦通稱

案金說甚覈但依鄭說畿內井田不制公田則上地一井有九家四井之邑有三十六家中下地依率遞減金從賈稍人疏說謂一井八宅乃侯國制公田之法畿內無此也又案凡鄉遂公邑之民皆聚居於邑里而耕其邑外之田其邑里之大小則以夫家之數爲之雖視地形爲分合然大率一家如受廛宅五畮則二十五家之邑民宅占地百二十五畮也三十六家之邑民宅占地百八十畮也涂巷官府不在此數其地則固包於三分去一之內矣

以歲時合耦于耡以治稼穡趨其耕耨行其秩敘以待有司之政令而徵斂其財賦

考工記曰耜廣五寸二耜爲耦此言兩人相助耦而耕也鄭司農云耡讀爲藉杜子春云耡讀爲助謂相佐助也玄謂耡者里宰治處也若今街彈之室於此合耦使相佐助因放而爲名季冬之月令命農師計耦耕事脩耒耜具田器是其歲時與合人耦則牛耦亦可知也秩敘受耦相佐助之次第

疏以歲時合耦于耡者賈疏云歲時者亦謂歲之四時云趨其耕耨者趨亦當作趣詳縣正疏云以待有司之政令而徵斂其財賦者賈疏云以六遂之賦稅縣師徵之旅師斂之則此財賦言待有司徵斂者謂縣師旅師也方苞云遂之財賦遂師徵之疏誤案方說是也遂師云以徵財征則此官所待者卽遂師之徵令及司稼之斂法是也財賦者大司徒以土均之灋以斂財賦注云財謂泉穀賦謂九賦及軍賦此財賦義與彼同然亦當兼九職之力征言之縣師掌公邑旅師掌聚耡粟屋粟閒粟咸不掌六遂之賦稅賈說並非是詳縣師旅師疏　注云考工記曰耜廣五寸二耜爲耦此言兩人相助耦而耕也者彼注云古者耜一金兩人併發之此合耦卽謂兩人併發一尺之甽也惠士奇云古者二耜爲耦而輓犂以耕管子乘馬丈夫二犂童五尺一犂程瑤田云耜之長自本至末尺有一寸其本廣五寸本有銎以受耒者也用以耕一

人之力能任一耜而不能以一人勝一耜之耕何也無佐助之者力
不得出也故必二人並二耜而耦耕之合力同奮刺土得勢土乃迸
發以終長畝不難也故后稷之爲甽田亦必用二耜爲耦廣尺深尺
之法也里宰以歲時合耦於耡言農事最重必於先年季冬之月合
耦於里宰治處合耦者察其體材齊其年力比而選之使能彼此佐
助以耦耕也周頌曰亦服爾耕十千維耦又曰其耕澤澤千耦其耘
言耕者必言耦以非耦不能善其耕也耦之爲言並也共事並行不
可相無之謂耦鄭司農云耡讀爲藉杜子春云耡讀爲助謂相佐助
也者遂人云以興耡利甿注云鄭大夫讀耡爲藉杜子春讀耡爲助
謂起民人令相佐助義並與此同賈疏云藉借也非相佐助之義故
後鄭不從之也杜子春讀耡爲助謂相佐助也於義合但文令不足
故後鄭增其義也云玄謂耡者里宰治處也者卽里宰之官府治事
處也段玉裁云鄭君說與遂人異者以經文言于耡則耡必有其地
故訓爲里宰治處云若今街彈之室者賈疏云鄭以漢法況之漢時
在街置室檢彈一里之民王應麟云金石錄有漢都鄉正街彈碑水
經魯陽縣有南陽都鄉正衞彈碑平氏縣有南陽都鄉正衞彈碑隸
釋亦以爲衞彈勸碑蓋未攷此注也酸棗令劉熊碑云愍念烝民勞
苦不均爲作正彈造設門更惠士奇云周書大聚云五戸爲伍以首
爲長十夫爲什以年爲長合閭立教以威爲長合旅同親以敬爲長
飲食相約與彈相庸耦耕俱耘此里宰合耦之法也與彈相庸者與
起而檢彈之以佐助其功也漢於街立室名曰街彈蓋取之此云於
此合耦使相佐助因放而爲名者後鄭亦從杜讀謂里宰治處名耡
者亦兼取合耦相佐助之義以里宰爲親民之官合耦於民事尤重
故因以耡名其治處猶王侯親耕之田籍民力治之卽謂之藉也段
玉裁云遂人耡字其本義里宰耡字其引伸之義也放讀如公羊傳
放於此乎之放云季冬之月令命農師計耦耕事脩耒耜具田器是

其歲時與者鄭彼注云田器鎡其之屬彼文云命農此引作農師者鄭以意增之引彼文證合耦之時也云合人耦則牛耦亦可知也者賈疏云周時未有牛耕至漢時搜粟都尉趙過始教民牛耕今鄭云合牛耦可知者或周末兼有牛耦至漢趙過乃絕人耦專用牛耦故鄭兼云焉王應麟云山海經后稷之孫叔均始作牛耕月令季冬出土牛示農耕早晚賈誼新書劉向新序雜事俱載鄒穆公云百姓飽牛而耕何待趙過過特教人耦犂共二牛費省而功倍爾案王說是也云秩敘受耦相佐助之次第者秩敘即次第也詳宮伯疏左昭十六年傳云庸次比耦以艾殺此地杜注云庸用也用次更相從耦耕即此以次第受耦之義賈疏云或家有一夫二夫共耦若長沮桀溺耦而耕或先後次第相佐助為之也

鄰長掌相糾相受相糾相舉察【疏】掌相糾相受者鄰長在遂與鄉之比長職掌相等比長云各掌其比之治五家相受相和親有辠奇衺則相及此云相糾即糾其有辠奇衺者有不舉者則亦相及也大司徒注云受者宅舍有故相受寄託也　注云相糾相舉察者廣雅釋詁云糾舉也小宰注云糾猶察也是糾兼舉察二義

凡邑中之政相贊長短使相補助【疏】凡邑中之政相贊者賈疏云邑中者亦謂一里之內有上政令徵求凡則五鄰共相贊助案賈蓋以此邑即里宰之邑但邑亦大小通稱凡一鄰五家不能成邑二鄰則可為邑所謂十室之邑不必積五鄰而後為邑也詳里宰疏　注云長短使相補助者州長先鄭注云贊助也謂以長補短使無闕乏

徙于他邑則從而授之從猶隨也授猶付也【疏】徙于他邑則從而授之者或於本遂之邑或於他遂之邑要不出六遂之界則鄰長從而授之猶比長云徙于國中及郊則從而授之以國中及郊附於六鄉雖徙猶不出鄉

界也若由遂而徙於鄉郊及公邑都鄙者則當如比長所云若徙于他則爲之旌節而行之經文不具耳賈疏謂徙于他邑亦當以旌節行之則非也互詳比長疏　注云從猶隨也者公羊隱八年何注云隨者隨從也云授猶付也廣雅釋詁云授付與也此卽比長注云從而付所處之吏是也

**旅師掌聚野之耡粟屋粟閒粟**野謂遠郊之外也耡粟民相助作一井之中所出九夫之稅粟也屋粟民有田不耕所罰三夫之稅粟閒粟閒民無職事者所出一夫之征粟

疏 掌聚野之耡粟屋粟閒粟者說文㐺部云聚會也此官掌野民興積之事故主聚此三粟聚者對下散利爲文謂會合儲積之以待用也此三粟本非農賦之正法賈疏謂此旅師斂六遂之稅非是六遂之正稅非旅師所掌詳後疏　注云野謂遠郊之外也者委人注義同詳甸師疏案此野當通六遂及公邑言之鄭賈謂唯據六遂說未晐云耡粟民相助作一井之中所出九夫之稅粟也者此亦讀耡爲助與遂人里宰杜注同賈疏云六鄉六遂與公邑三處皆爲溝洫法三等采地乃爲井田今此六遂之中鄭云一井之中出九夫之稅粟以爲井田與例違者但鄉遂之中雖爲溝洫法及其出稅亦爲井田稅之是以小司徒職云考夫屋注云夫三爲屋屋三爲井出地貢者三三相任是出地稅亦取井有九夫三三相保而稅之故以井言之江永云旅師所掌卽遂人以興耡利甿之事耡粟者農民合出之因合耦于耡故名耡粟正猶隋唐社倉義倉每歲出粟少許貯之當社以待年饑之用者也旅師所聚以耡粟爲主耡粟無多恐不足以給又以載師之屋粟閒粟益之注謂耡粟民相助作近之謂一井之中九夫之稅粟非也稅粟當入縣師旅師惟聚此三粟非徵賦之官委人注言野之農賦旅師徵之亦誤案江說是也方苞曾釗說同六

遂之稅粟當入遂師公邑之稅粟當入縣師皆非此官所掌此三粟即下文所謂興積故言聚不言征明聚民之粟而仍散之民與賦民粟以共國用者異也鄭誤以為正稅之粟而以耡粟為一井之稅則與小司徒匠人注鄉遂不制井田之說自相戾矣賈知其不合而又援小司徒攷夫屋之文以曲證其說不知三三相任仍不可以言井況彼文本指六遂外公邑制井田之法並非謂鄉遂出地貢之法也云屋粟民有田不耕所罰三夫之稅粟閒粟閒民無職事者所出一夫之征粟者皆罰粟也賈疏云此並載師職文但彼云出夫家之征彼注云夫稅者百畮之稅家稅者出士徒車輦此經云粟無取於家征之義故略不言也案鄭賈並據載師為釋但彼經云民無職事者出夫家之征為惰民罰粟與大宰九職閒民無常職者唯出口泉異通而言之惰民亦得謂之閒民故罰粟亦稱閒粟管子乘馬篇說士農工商皆與功而云不可使而為工則視其貸離之實而出夫粟此足為閒粟即夫粟之證又案屋粟閒粟雖以屋夫為名其徵斂亦名有輕重之等不定以三夫一夫為率也互詳載師疏**而用之以質劑致民平頒其興積施其惠散其利而均其政令**而讀為若聲之誤也若用之謂恤民之艱阨委積於野如遺人於鄉里也以質劑致民案入稅者名會而貸之興積所興之積謂三者之粟也平頒之不得偏頗有多少縣官徵聚物曰興今云軍興是也是粟縣師徵之旅師斂之而用之以賙衣食曰惠以作事業曰利均其政令者皆以國服為之息【疏】而用之者此當屬上為句王安石云掌聚野之耡粟屋粟閒粟而用之者聚此三粟而用以頒以散也江永云此粟不必為凶年之用即不饑之歲當東作時皆用此粟頒之待秋而斂之　注云而讀為若聲之誤也者鄭以此云而用之為更端之語不當云而故破為若也段玉裁云而如若一聲之轉宋本作讀實若實蓋曰之誤曰譌

曰又譌實也讀曰與讀爲同王引之云而猶若也若與如古同聲故而訓爲如又訓爲若書康誥若有疾荀子富國篇若作而詩甫田篇突而弁兮猗嗟篇頎而長兮正義而並作若都人士篇垂帶而厲淮南氾論篇注而作若襄三十年左傳子產而死呂氏春秋樂成篇而作若江永云舊讀而用之而字爲若今詳文勢及經意當讀本音與上連爲一句此粟歲歲皆用非謂有時而用也案江說本王安石是也王昭禹王與之王應電姜兆錫方苞莊存與武億莊有可讀並同云若用之謂恤民之艱阨委積於野如遺人於鄉里也者賈疏云案遺人云鄉里之委積以恤民之艱阨此六遂卽鄉里也故鄭云委積於野如遺人之於鄉里也案賈說非也鄭意旅師以野積恤艱阨猶遺人以鄉里委積恤艱阨耳鄉里自是六鄉不關六遂不得并爲一也云以質劑致民案入稅者名會而貸之者遂人云以下劑致甿注云致猶會也賈疏云所聚之粟還擬凶年振恤所輸入之人欲與之粟還案入稅者之人名會計多少以貸之簿書若市券有長短故云質劑也案依賈說則鄭釋致爲會計之會與遂人注同此糶粟徵斂時蓋與民爲質劑以爲信故須予時亦案質劑以授之但致民當爲會聚之義鄭賈釋爲會計義恐未協互詳遂人疏質劑詳小宰疏江永云質劑猶今之契券所以爲授受之驗一半給民一半存官待其秋斂合符於官也民卽田野之民平日合出糶粟者案江說亦是也云與積所與之積謂三者之粟也者謂所與起之粟別爲儲積卽上糶粟屋粟閭粟是也管子權脩篇云凡牧民者以其所積者食之左襄九年傳云晉魏絳請施舍輸積聚以貸自公以下苟有積者盡出之國無滯積亦無困人是公私皆有積與遺人委積義同此旅師所須者自是當官所與之三粟故經特言與積凡粟米儲藏於倉庾通謂之積詳大司徒疏云平頒之不得偏頗有多少者舊本書洪範云無偏無頗爲孔傳云偏不平頗不正平頒則無不平不正之弊今書

頗作陂乃唐人所改非是江永云平頒者其數皆均無偏饒偏乏也必平頒者糴粟本均輸頒之有不平則人不肯出糴粟矣云縣官徵聚物曰興者縣官猶言公家鄭用漢時常語詳載師疏賈疏謂六遂已外縣師徵之故云縣官徵聚物曰興大誤云今云軍興是也者亦據漢時常語也孔廣森云漢言軍興猶今言軍需也司馬相如傳曰發軍興制趙廣漢傳曰乏軍興云是粟縣師徵之旅師斂之而用之者賈疏云案上縣師職云歲時徵野之賦貢故知也案縣師掌公邑之官不掌聚三粟三粟非九賦九貢之正稅亦旅師自徵之耳注疏說誤云以賙衣食曰惠以作事業曰利者司救注云施惠賙恤之又大司徒荒政十二一曰散利先鄭注云散利貸種食也貸種以資稼穡亦作事業之一端也賈疏云以衣食先當時用不生其利故云惠所爲事業後即有利故云利此對文惠利兩有故爲此釋若通而言之惠利爲一故論語孔子云因民所利而利之不亦惠而不費是惠利通也江永云此粟補民不足貸而無息是惠利也施之散之農民皆蒙惠利也云均其政令者皆以國服爲之息者鄭以此貸民粟與泉府貸民泉物同故亦以國服爲之息詳彼疏江永云均其政令者毋有貸而不償抵冒侵欺諸弊也曾釗云泉府以國服爲之息乃貸於賈者先鄭注彼經云從官借本賈故有息是也此旅師主惠民所用粟春頒秋斂不言息則不同泉府明矣竊謂平政令即平施惠散利之政令所以防侵漁察欺盜也案江曾說是也此貸粟不當使出息注說失之

**凡用粟春頒而秋斂之**困時施之饒時收之【疏】凡用粟春頒而秋斂之者江永云此申明用粟之時與斂粟之法粟不斂則無以繼歲歲又有合出之糴粟與增入之屋粟閒粟故此粟可不收息也案江說是也此與上平頒與積是一事賈疏謂上經所云是貸而生利此經是直給不生利失之注云困時施之饒時收之者春耕種之時粟少民困則施之秋收穫之

時粟多民饒則收之所以通盈朒而均斂散也管子均藏篇云當春三月貸無種與無賦所以勸弱民與此春頒義合

凡新甿之治皆聽之使無征役以地之媺惡爲之等新甿新徙來者也治謂有所求乞也使無征役復之也王制曰自諸侯來徙於家期不從政以地美惡爲之等七人以上授以上地六口授以中地五口以下授以下地與舊民同旅師掌斂地稅而又施惠散利是以屬用新民焉

疏凡新甿之治皆聽之者此兼掌野外新甿之治也云以地之媺惡爲之等者媺古美字詳大司徒疏　注云新甿新徙來者也者經注甿字亦並當作氓此亦變民言氓也孟子公孫丑篇云則天下之民皆說而願爲之氓矣又滕文公篇許行自楚之滕踵門而告文公曰願受一廛而爲氓彼氓即指新民也氓古文作萌呂氏春秋高義篇說墨子於越欲自比於賓萌賓萌猶言客民亦新民之謂蓋古者外來之民士工商皆於國邑受廛而農則受田於野鄉遂夫家有定不容增減四郊地又無多則客民受田宜於遂外之公邑可知周書大聚篇云乃令縣鄙商旅曰能來三室者與之一室之祿此即招外民以實縣鄙之意然則新氓之治旅師專掌之職是故耳新氓互詳遂人疏云治謂有所求乞也者墨子經上云治求得也賈疏云以其無征役可治又新來未有業次故知治是求乞也云使無征役復之也者鄉大夫注云舍者謂有復除舍不收役事也左宣十二年傳云旅有施舍復即所謂舍也引王制曰自諸侯來徙於家期不從政者以證新甿無征役亦有期限也彼文云將徙於諸侯三月不從政自諸侯來徙家期不從政注云自從也孔疏云自諸侯來徙於家者謂諸侯之民來徙於大夫之邑以大夫役多地狹欲令人貪之故期不從政按旅師云新甿之治皆聽之使無征役鄭注引此文以證之是據民之遷徙王肅及庾氏等以爲據仕者從大夫家出仕諸侯從諸侯退仕大夫非鄭義

也二云以地美惡爲之等七人以上授以上地六口授以中地五口以下授以下地與舊民同者此亦注用令字作美也賈疏二云此皆據小司徒職文此三等據中地而言故注二云有夫有婦乃成家自二人以至十人爲九等七六五者爲其中但彼六鄉上地無萊此據六遂上地有萊五十畮已外中地下地外內同皆三百畮耳案鄉遂田制同賈謂六鄉上地無萊非也詳遂人疏二云旅師掌斂地稅而又施惠散利是以屬用新民焉者明此官兼掌治新甿者以其新來徙須授以廛地并同其惠利也然旅師不掌地稅但掌三粟耳鄭誤以耡粟爲地稅故有此誤

稍人掌令丘乘之政令 丘乘四丘爲甸甸讀與惟禹敶之之敶同其訓曰乘由是改二云是掌令都鄙脩治井邑丘甸縣都之溝涂二云丘甸者舉中言之溝涂之人名井別邑異則民之家數存焉 【疏】 掌令丘乘之政令者此井田出車徒之法也稍人爲主公邑之官四等公邑制井田故亦爲丘甸出車之制卽小司徒注引司馬法文是也鄭匠人注謂公邑不制井田則無丘乘故以此官所令者爲令都鄙采邑溝涂之法敘官注亦二云稍人主爲縣師令都鄙丘甸之政也賈疏說亦同不知此職專掌公邑不掌都鄙也坊記孔疏謂公邑出軍與鄉遂同亦非稍人掌公邑詳縣師疏公邑制井田詳匠人疏　注二云丘乘四丘爲甸者據小司徒井田法讀乘爲甸也二云甸讀與惟禹敶之之敶同者詩小雅信南山篇維禹甸之鄭彼箋二云六十四井爲甸甸方八里居一成之中成方十里出兵車一乘以爲賦法此引甸作敶者賈疏二云鄭先通韓詩此據韓詩而言敶敶是軍陳故訓爲乘惠棟二云敶古文陳見義雲章小司徒注二云甸之言乘也讀如中甸之甸又甸祝注二云甸之言田也小宗伯注二云甸讀爲田古陳田字同陳又訓乘又與甸通丁晏二云說文田陳也𠂤部陳从

𠂤从木申聲攴部敶列也从攴陳聲玉篇𠂤部陳列也或作敕廣韻十七真陳敶古文爾雅郊外謂之田釋文引李巡注田敕也謂敕列種穀之處急就篇顏注陳完奔齊亦爲田氏蓋以陳田聲相近云其訓曰乘由是改云者謂甸之名本取與乘同義故丘甸改爲丘乘也甸訓乘小司徒注義同郊特牲唯社丘乘共粢盛注云甸或謂之乘乘者以其於車賦出長轂一乘亦以丘甸爲丘乘與此義同互詳小司徒疏鄭必破乘爲甸者以司馬法丘出戎馬一匹甸出長轂一乘乘非丘之所出況郊特牲以丘乘共粢盛彼共者爲丘甸之人無與車乘事經記互證則丘乘爲丘甸之借字明矣云是掌令都鄙脩治井邑丘甸縣都之溝涂者鄭意丘甸是都鄙制井田之法也賈疏云此據小司徒職云四井爲邑四邑爲丘四丘爲甸四甸爲縣四縣爲都而言也知直令爲溝涂者以下文云若有會同則以縣師之法作其同徒役是令軍法明此惟令治溝涂而已云云丘甸者舉中言之者以丘甸上有縣都下有井邑丘甸在其中故經舉之以晐上下也云溝涂之人名井別邑異則民之家數存焉者小司徒注云一成積百井其中六十四井出田稅三十六井治洫謂成中實地一甸六十四井受田者三百家甸外虛地三十六井爲溝涂之地仍使甸民三百家治之同包四都亦放此而遞增其家數是校計治溝涂之人而井邑丘甸縣都之家數已晐於其中也賈疏謂甸方八里其中六十四井使出田稅外加一里三十六井使治溝洫不出稅三十六井治溝涂人名在於一成之中非鄭恉也又說井邑家數謂假令上地一井地有九夫中央一夫助入公傍八夫各治一夫以自入則一井地有九夫家則有八四井爲邑三十二家今案依鄭匠人注義畿內不制公田與畿外侯國制異則上地一井九夫卽爲九家一邑凡三十六家賈以公田爲釋尤違鄭義互詳小司徒里宰匠人疏

若有會同師田行役之事則以縣師之

灋作其同徒輂輦帥而以至治其政令以聽於司馬有軍旅會同田役之戒縣師受法於司馬邦國都鄙稍甸郊里唯司馬所調以其法作其衆庶及馬牛車輦會其車人之卒伍使皆備旗鼓兵器以帥而至是以書令之耳其所調若在家邑小都大都則稍人用縣師所受司馬之法作之帥之以致於司馬也同徒司馬所調之同凡用役者不必一時皆徧以人數調之使勞逸遞焉

疏若有會同師田行役之事則以縣師之灋作其同徒輂輦者此掌公邑調發車徒之事與縣師縣士爲官聯也賈疏云若者此等或有或無故云若爲不定之辭也會同者謂時見曰會殷見曰同師田者謂出師征伐及田獵行役者謂巡守及興役稍人屬縣師縣師屬大司馬大司馬得王進止縣師即受法於司馬縣師既得法稍人又受法於縣師故云以縣師之法作其同徒也云以聽於司馬者於經例當作于石經及各本並誤都司馬注云聽者受行其所徵爲也此官非司馬之屬以大事作徒役爲司馬所專掌故以連事通職暫聽於司馬也賈疏云既作同徒乃致與大司馬注云有軍旅會同田役之戒縣師受法於司馬者據縣師文云邦國都鄙稍甸郊里唯司馬所調者欲見司馬調發周於天下縣師亦然賈疏云縣師注云郊里郊所居也謂六鄉之民布在國中外至遠郊故有居在郊者也金榜云公邑謂之縣縣師掌公邑之地域稍人治公邑丘甸之政故以縣師之法作其同徒輂輦以聽於司馬都家之戒令則都司馬家司馬掌之以聽於國司馬縣師之法不及於都家注以稍人主爲縣師令都鄙丘甸之政非也案金說是也縣師云掌邦國都鄙稍甸郊里之地域注謂縣師所主數周天下故此注亦以縣師之法爲統邦國都鄙稍甸郊里不知縣師惟掌公邑此外皆非其所掌也又郊里爲六鄉之餘地非即六鄉之民居國中及遠郊者賈疏亦誤並詳縣師疏云以其法作其衆庶及馬牛車輦會其

車人之卒伍使皆備旗鼓兵器以帥而至者亦據縣師文賈疏云欲見縣師受法於司馬稍人又受法於縣師之意也云是以書令之耳者此冡上引縣師職亦謂縣師以書令之賈疏謂稍人書而令之誤云其所謂若在家邑小都大都則稍人用縣師所受司馬之法作之帥之以致於司馬也者鄭意縣師所主周天下但稍人唯主都鄙所作所帥者卽三等采地之車徒其邦國公邑鄉遂之車徒則非稍人所作也今案此稍人專主公邑其所作所帥並專指公邑之車徒言之鄭謂令三等采地亦誤云同徒司馬所調之同者此釋同爲均同之義也鄭鍔謂同卽百里之同金榜云說文云周制王畿千里分爲百縣稍人以縣師之法作其同徒謂作其一縣之徒役其縣方一同數春秋傳蘧啓疆言晉之九縣長轂九百其餘四十縣遺守四千以司馬法同方百里革車百乘計之縣之里數與周官經符合案金據司馬法十終爲同釋此同徒是也沈夢蘭說同此稍人掌丘乘之政令同徒者丘乘所出之徒丘乘之法終於一同其徒卽所出革車百乘士千人徒二千人者也經曰同徒明公邑制軍不用鄉遂伍兩之制矣互詳敘官疏云凡用役者不必一時皆偏以人數調之使勢逸遞焉者釋文云遞本又作適賈疏云此釋其同徒同其勞逸遞等也案賈本亦作遞不誤遞又見掌固注說文辵部云遞更易也爾雅釋言云遞迭也謂更迭受役均其勞逸也鄭不知同徒之同卽十終之名而釋以均同故此又申其義

**大喪帥蚤車與其役以至掌其政令以聽於司徒**

蚤車及役遂人共之稍人者野監是以帥而致之既夕禮曰既正柩賓出遂匠納車于階閒則天子以至于士柩路皆從遂來

疏大喪帥蚤車與其役以至者宰夫注云大喪王后世子也賈疏云此經釋天子之喪將葬使稍人帥蚤車及役人使至之事云以聽於司徒者於亦當作于此以職事聽於本官之正乃大宰八法官屬之常例以冢上

文嫌亦聽於司馬故經特著之賈疏云以其司徒地官鄉掌徒庶之政令故稍人帥衆以聽於司徒也　注云蜃車及役遂人共之者賈疏云案遂人職云大喪帥六遂之役而致之又云及葬帥而屬六綍又遂師職亦共丘籠及蜃車之役故知遂人共之也曾釗云遂師云共蜃車之役則共其役非共其車也竊謂車受於巾車稍人則役其人將之以至遂師遂師又帥之至司徒也案曾說是也云稍人者野監是以帥而致之者賈疏云此欲釋得在稍人之意以其監三等采地是野監故得并監六遂蜃車之事也案縣師注云野謂甸稍縣都也三等采地自稍以出故鄭謂稍人爲野監也然稍人掌公邑不主采地蜃車亦非公邑采地所出蓋六遂之餘地即爲公邑故稍人以役助遂吏致之耳鄭說亦失之引既夕禮曰既正柩賓出遂匠納車于階閒者既夕記文鄭彼注云遂匠遂人匠人也遂人主引徒役匠人主載柩窆職相左右也車載柩車周禮謂之蜃車引之者欲證遂人共蜃車之事云則天子以至于士柩路皆從遂來者于注例當作於各本並誤賈疏云此經上舉天子既夕下舉士則其中有諸侯鄉大夫之喪蜃車柩路皆從遂人而來可知案鄭賈說亦非也巾車云小喪共匶路明大喪亦共之互文以見義也鄭謂天子至士柩路皆從遂來與巾車文不合既夕記遂匠納車亦謂共役不足證士喪遂出柩路也又鄉大夫士柩車不得稱路此冢天子爲文故通謂之柩路天子至士葬並用蜃車詳遂師疏

委人掌斂野之賦斂薪芻凡疏材木材凡畜聚之物野謂遠郊以外也所斂野之賦謂野之園圃山澤之賦也凡疏材草木有實者也凡畜聚之物瓜瓠葵芋禦冬之具也野之農賦旅師斂之工商嬪婦遂師以入玉府其牧則遂師又以共野牲　疏掌斂野之賦者此與下文爲目賦謂九賦之貢與遂師野賦爲九賦之地稅異釋文出賦斂二字云力豔

反岳珂云注疏以掌斂野之賦爲一句以斂薪芻屬之下句釋文則以掌野之賦斂薪芻爲一句案釋文惟稅斂賦斂之斂力豔反至斂弛斂市紋布斂其皮角斂總布斂市之不售春頒秋斂與此斂野之斂皆無音謂當如字讀從上聲也若照注疏則此斂皆當從上聲案岳說是也釋文音讀並誤云斂薪芻凡疏材木材者此並野賦也說文木部云材木挺也薪以共爨芻以共秣疏材木材以共食用此所斂蓋斂之於虞衡及掌荼諸官也月令云季夏命澤人納材葦仲冬山林藪澤有能取蔬食者野虞教道之蓋彼官以薪芻疏材木材等來入此官皆受而儲之也江永云委人惟斂薪芻疏材木材凡畜聚之物不掌粟米布帛泉貨諸物之賦也　注云野謂遠郊以外也者旅師注義同此亦通六遂及四等公邑言之故下文有甸稍縣都之聚而不及六鄉四郊蓋附郭場圃之疏材場人掌之遠郊以內之薪蒸疏材甸師掌之此官則專掌六遂以外與彼二官互相備也月令云季夏命四監大合百縣之秩芻以養犧牲又季冬乃命四監收秩薪柴以共郊廟及百祀之薪燎注云四監主山林川澤之官百縣鄉遂之屬今月令四爲田案彼四監官於經無所見而百縣共薪芻等則與此官斂野薪芻事同竊疑當從今月令爲田監田甸字通此官掌斂六遂及公邑之薪芻六遂在甸故亦謂之甸監百縣即公邑也賈疏云委人所斂皆據六遂已外至王畿故鄭總言之也云所斂野之賦謂野之園圃山澤之賦也者明此野賦內無農賦也賈疏云此則九職所出貢賦通言之九職之中有園圃毓草木又有虞衡作山澤之材故以園圃山澤言之也云凡疏材草木有實者也者賈疏云疏是草之實材是木之實故鄭並言之九職中有臣妾聚斂疏材鄭彼注云疏材百草根實不以木解材文略也彼臣妾聚斂雖無貢法要知此疏材亦是草木有根實者鄭不言根亦略言之也案賈說非鄭恉也木根不可以充疏故此注不言根大宰注不言木者文偶

不具凡草木之實通謂之疏疏材謂百疏之材材猶物也疏強爲分別失之云凡畜聚之物瓜瓠葵芋禦冬之具也者畜卽蓄之叚字說文艸部云蓄積也廣雅釋詁云蓄聚也大戴禮記夏小正云八月剝瓜畜瓜之時也月令云仲秋乃命有司趣民收斂務畜菜多積聚注云始爲禦冬之備呂氏春秋仲秋紀作務蓄菜高注云蓄菜乾苴之屬賈疏云七月詩八月斷壺壺瓠也有甘可食者信南山詩疆埸有瓜士喪禮又有葵菹芋故知畜聚物中有瓜瓠葵芋之等但士喪禮籩豆差之葵菹芋芋爲長菹不得爲芋子其南方有芋子堪食與士喪禮芋別也案諦審注意芋似卽指賈所謂芋子與士喪禮葵菹芋異說文艸部云芋大葉實根駭人故謂之芋也禦冬之具者詩邶風谷風云我有旨蓄可以御冬箋云蓄聚美菜者以禦冬月之無時也依鄭說凡畜聚之物亦卽疏材爲其可儲畜以共食故鄭特別出之也云野之農賦旅師斂之者亦明此委人不兼斂農賦也然此說非也旅師三粟非農賦野之農賦六遂當爲遂師斂之公邑當爲縣師斂之詳旅師疏云工商嬪婦遂師以入玉府者明委人亦不兼斂工商嬪婦之賦也賈疏云案遂師云入野職野賦於玉府雖不言工商嬪婦但遂師既入野之賦貢明嬪婦工商之賦也知者以其玉府掌玩好之物其工商嬪婦所作堪爲玩好故入玉府者工商嬪婦也云其牧則遂師又以共野牲者明委人又不兼斂藪牧之賦也賈疏云上遂師云凡國祭祀共其野牲是知九職之中藪牧養鳥獸者遂師共之也

以稍聚待賓客以甸聚待羇旅聚凡畜聚之物也故書羇作奇杜子春云當爲羇【疏】以稍聚待賓客以甸聚待羇旅者遺人云郊里之委積以待賓客野鄙之委積以待羇旅此官掌委積雖與遺人爲官聯而唯掌斂野賦則內不及郊里故自甸稍以外與彼不同江永云與遺人之待賓客羇旅者別異委人無遺人之粟米而遺人無委人所聚之物也案江說是

也距王國二百里爲甸三百里爲稍其地則六遂及公邑也詳載師疏 注云聚凡畜衆之物也者據上文亦謂疏材禦冬之具也今案當兼有薪芻等此聚與遺人委積義亦略同江永云聚者通薪芻疏材木材凡畜聚之物言之者皆隨地儲待主其地者守以待賓旅道路之用也云故書羇作奇杜子春云當爲羇者段玉裁云遺人職作寄古者奇寄羇同部徐養原云遺人羇作寄此作奇其寄之譌字邪抑寄之省文邪羈字俗從奇作羈其誤蓋有由也後漢書馬援傳援鑄銅馬式依儀氏䩭中䩭字又即羈之省文說文所無

凡其余聚以待頒賜 余當爲餘聲之誤也餘謂縣都畜聚之物 疏 凡其余聚以待頒賜者此亦與遺人職掌互相備頒爲當賜即遺人恤囏阨養老孤之等莊子人閒世篇支離疏曰上與病者粟則受三鍾與十束薪晏子諫上篇云無委積之氓與之薪橑使足以畢霖雨是凡疾病災荒受粟者必兼受薪蒸之證賜爲好賜則恩澤所加非由恆秩或亦有受薪蒸疏材之法矣頒賜義別詳膳夫疏 注云余當爲餘聲之誤也者段玉裁云此蓋亦古文假借字職方氏昭餘祁淮南子作昭余徐鍇說文亦作余云餘謂縣都畜聚之物者賈疏云以其委人掌斂野物從二百里至王畿上已云甸稍明此言餘聚是縣四百里都五百里中畜聚之物如上稍甸畜聚之物也

以式灋共祭祀之薪蒸木材賓客共其芻薪喪紀共其薪蒸木材軍旅共其委積薪芻凡疏材共野委兵器與其野囿財用 式法故事之多少也薪蒸給炊及燎麤者曰薪細者曰蒸木材給張事委積薪芻者委積之薪芻也軍旅又有疏材以助禾粟野委謂廬宿止之薪芻也其兵器謂守衛陳兵之器也野囿之財用者苑囿藩羅之材 疏 以式灋共祭祀之薪芻木材者謂依式法之等數共而致之所用之處也賈疏

云此一經以委人掌斂野賦故所有委積皆供之云賓客共其芻薪
者蓋通道路及致饔餼言之上云以稍聚待賓客亦當有芻薪此又
以給用故立文有異也江永云芻禾又見於舍人蓋委人共其物而
共之者凡云待者皆豫儲以俟求索此云共則臨時奉而致之客館
舍人載之於車猶舂人舍人各言共米也薪則委人自載之與注
云式法故事之多少也者此亦注用今字作法也式法即大宰九式
之法謂此祭祀以下五事所共多少之節度並依故事爲之不得有
羨缺也云薪蒸給炊及燎者薪以給內外饔及饎人之炊爨蒸以給
大宗伯及鬮人司烜氏之燎燭也云麤者曰薪細者曰蒸者甸師注
云木大曰薪小曰蒸與此義同云木材給張事者若帳幄之屬張事
詳掌次疏賈疏云以其祭祀而云木材等案掌次云張大次小次及
幕並須木材明據此所用故云給張事案賈專據祭祀言之經喪紀
亦共木材者掌次喪事有帷幕帟等亦以木材給張事又喪車飾亦
用木材縫人云衣翣柳之材是也云委積薪芻者委積之薪芻也者
此委積與遺人義同以軍旅車徒既衆所用薪芻尤多非平時道路
委積所能給故諸官特於所出道涂別爲委積書費誓云魯人三郊
三遂峙乃芻茭無敢不多僞孔傳云鄉遂多積芻茭供軍牛馬是其
事也若然有軍旅則此官共其薪芻其米穀則遺人與廩人倉人共
之亦與彼爲官聯也墨子旗幟篇云凡守城之法樵薪有積菅茅有
積萑葦有積木有積松柏有積蓬艾有積此亦軍事城守時薪芻之
委積其數尤多彼又有木材之積費誓亦云峙乃楨榦此經文不具
也賈疏謂大行人掌客委積中有牲牢米禾薪芻之屬委人惟共其
薪芻則非經注之恉大行人掌客之委積當在上文賓客共其薪芻
內不關軍旅之事也又案凡委積之處米穀與芻薪各別爲積漢書
天文志如淳注云芻槀積爲廥九章算術商功篇有芻甍芻童之積
皆是也云軍旅又有疏材以助禾粟者賈疏云以其疏材是百草根

實可得助禾粟以供馬牛故云助禾粟云野委謂廬宿止之薪芻也者謂廬宿人所止舍之處有薪芻之聚謂之野委也賈疏云案遺人云十里有廬廬有飲食三十里有宿宿有委五十里有市市有積委積之中有薪芻在野外故云野委也其六鄉之廬宿委積薪芻自六鄉供之案依賈說則此注兼廬宿市言之是也竊謂鄭意蓋以遺人宿有委市有積委少亦有米穀而以薪芻爲主積多亦有薪芻而以米穀爲主經云野委不云野積故注亦唯據廬宿而略市實則委積散文亦通野道既有市積則亦須有守器此官自當備共之矣然則此云野委乃是省文實當兼有積國語周語云野有庾積是也云其兵器謂守衞陳兵之器也者賈疏云其文承野委之下明與野委同爲賓客所用故知是守衞賓客陳兵之器也案賈說亦非經注恉也此野委兵器與下野囿財用文例正同注云其兵器其字即冡野委爲文明其爲野委所用兵器也掌戮云髡者使守積是凡委積皆須使人監守野委兵器鄭蓋謂廬宿市有委積之地平時陳之以爲守衞防盜賊竊略非以守衞賓客也但經例凡云兵器者兵與器並當爲二此兵謂五兵器則輂輦及任器之屬若然兵以資守衞器以供運載儲跱各有所用鄭誤以兵器爲一故專屬守衞耳詳玉府疏云野囿之財用者苑囿藩羅之材者釋文羅作蘿云本亦作羅案羅蘿字通宋建陽本岳本明注疏本並作蘿土方氏巡守則樹王舍注亦云爲之藩羅方言云羅謂之離離謂之羅郭注云謂行列也羅與離一聲之轉國語楚語云爲之關籥藩離韋注云藩籬壁落也廣雅釋宮云藩欏落杝也杝即籬字司險注云樹之林作藩落也蓋藩羅即藩欏藩離亦即藩落野外苑囿亦有守衞遮迾故須樹藩羅材亦謂木材也賈疏云委人所爲皆據二百里上經稍聚待賓客據三百里此囿故知在野故鄭以野囿言之古者田獵皆在囿故書傳云獵之取於囿是勇力取今之取於澤是揖讓取若然田在澤澤中有囿

田在山山中有苑其苑囿藩羅以遮禽獸故云野囿也案賈說是也六遂以外亦有苑囿爲田獵之所對囿人所掌郊內之囿言之謂之野囿此官則共其藩羅之財用也

凡軍旅之賓客館焉館舍也必舍此者就牛馬之用

疏凡軍旅之賓客館焉者賈疏云謂諸侯以軍旅助王征討者故謂之軍旅之賓客也　注云館舍也者司儀注同謂野之路室侯館之等左傳釋文引字林云館客舍也案秋官環人云舍則授館館者人所止舍故亦謂之舍館舍對文義異散文則通云必舍此者就牛馬之用者此官掌委積之薪芻軍旅之賓客牛馬須芻秣故就委人儲偫委積之處爲館舍取便飤養也

土均掌平土地之政以均地守以均地事以均地貢政讀爲征所平之稅邦國都鄙也地守虞衡之屬地事農圃之職地貢諸侯之九貢

疏注云政讀爲征者均人掌均地政注亦云政讀爲征地征謂地守地職之稅也詳小宰疏云所平之稅邦國都鄙也者賈疏云案下文云以和邦國都鄙者故知此平者亦據邦國都鄙若六鄉六遂及公邑征稅自均人平之詒讓案上地之征當爲九賦地稅均人注以爲卽地守地職之稅此注義亦當同非經義也詳彼疏云地守虞衡之屬者均人注同云地事農圃之職者小司徒云以任地事注云地事謂農牧衡虞也此止云農圃者以虞衡別入地守也又均人云均地職與此地事相當故知事卽職也彼注亦云地職農圃之屬又載師云以物地事授地職職事不同者對文則異散文則通云地貢諸侯之九貢者明與大司徒地貢爲九職之貢異也賈疏云此土均均邦國都鄙而云均地貢明據大宰九貢而言詒讓案大司徒五等邦國公食者半侯伯食者參之一子男食者四之一鄭亦據此官均地貢爲釋詳大宰大司徒疏

以和邦國都鄙之政令刑禁

與其施舍禮俗喪紀祭祀皆以地㜲惡爲輕重之灋而行之掌其禁令

施讀亦爲弛也禮俗邦國都鄙民之所行先王舊禮也君子行禮不求變俗隨其土地厚薄爲之制豐省之節耳禮器曰禮也者合於天時設於地財順於鬼神合於人心理萬物

疏以和邦國都鄙之政令刑禁者賈疏云土均主調卽是和義故土均以和畿外邦國畿內都鄙之政令案和與大宰正月之吉始和布治於邦國都鄙義同亦當讀爲宣謂宣布政令刑禁及以下諸事也賈說誤和宣字通詳大宰疏凡邦國諸侯都鄙采長其政令刑禁雖得自專主之然其典法則咸稟於王國故此官依六官治法參以邦國都鄙土地所宜宣布須示使遵行之也云與其施舍者小司徒云以辨其貴賤老幼廢疾凡征役之施舍是也謂賦役施舍之事亦依土地所宜制爲法令宣布之邦國都鄙使依行之若大宰八法治都鄙五曰賦貢以馭其用八曰田役以馭其衆皆有施舍之法是也云禮俗喪紀祭祀皆以地㜲惡爲輕重之灋而行之者㜲古美字詳大司徒疏此三事亦依王國之法宣布邦國都鄙使行之大宰八則治都鄙一曰祭祀以馭其神六曰禮俗以馭其民大宗伯云乃頒祀于邦國都家鄉邑小行人云其禮俗政事教治刑禁之逆順爲一書明邦國都鄙之禮俗喪紀祭祀咸攷於王官此官掌均地之㜲惡故治其輕重之法也賈疏云自禮俗喪紀祭祀三事皆以地之美惡輕重者地美則重行之地惡則輕行之以其禮許儉不非無故也案依賈說則以地美惡爲輕重之法唯此三事大司徒注說侯國地貢謂必足其國禮俗喪紀祭祀之用乃貢其餘卽據此經爲釋則鄭意當如賈說今審玩經著皆以之文似當通包上政令刑禁以下言之蓋此官職掌與均人略同唯大司徒土均之法是其專職本不掌政刑禮俗之等因以上諸事皆須以地美惡爲輕重之法則與土均法相通貫故兼使此官修

定等差宣布之則此章諸事咸依地制法明矣云掌其禁令者謂禮俗以下三者別有禁令以警敕其不如法與上刑禁異猶小司徒云祭祀飲食喪紀之禁令也　注云施讀亦為弛也者段玉裁云亦者亦遂人遂師而言岳本無亦字案遂大夫注亦同詳小司徒疏云禮俗邦國都鄙民之所行先王舊禮也者大宰注云禮俗昏姻喪紀舊所行也謂非當代所行之禮從其舊俗不變者也案此禮俗當分為二卽大司徒十二教之陽禮教讓陰禮教親及以俗教安也鄭并為一事未安詳大宰疏云君子行禮不求變俗者曲禮文鄭彼注云求猶務也不務變其故俗重本也謂去先祖之國居他國孔疏云此謂大夫出在他國不變己本國之俗案鄭荅趙商以為衞武公居殷墟故用殷禮卽引此云君子行禮不求變俗如鄭之意不變所往之國舊時風俗與此不同又引熊氏云王制云脩其教不易其俗又左傳定四年封魯公因商奄之人封康叔於殷虛啓以商政封康叔於夏虛啓以夏政皆因其舊俗也案據孔熊說則鄭釋曲禮本有兩解此注引證禮俗誦訓先鄭注引證地俗並與荅趙商義同又士昏禮云若不醴則醮用酒鄭彼注云若不醴謂國有舊俗可行聖人用焉不改者也亦引曲禮彼文為證與此注同云隨其土地厚薄為之制豐省之節耳者賈疏云以厚薄解經𡓳惡豐省解經為輕重之法也江永云以地𡓳惡為輕重之等如居沃土者當禁其奢侈示之以儉居瘠土者當救其鄙陋示之以禮引禮器曰禮也者合於天時設於地財順於鬼神合於人心理萬物者證此以地𡓳惡為輕重之法卽設於地財之義

草人掌土化之灋以物地相其宜而為之種土化之法化之使美若氾勝之術也以物地占其形色為之種黃白宜以種禾之屬　疏注云土化之法化之使美者此亦注用今字作法也土化之法卽草人之官法謂土地磽瘠則

察其土質所舍異同贏朒糞擁和齊而變其質化之使和美也云若氾勝之術也者漢書藝文志農家氾勝之十八篇本注云成帝時為議郎顏注引劉向別錄云使教田三輔有好田者師之徙為御史案氾書今佚賈思勰齊民要術引氾書云凡耕之本在於趣時和土務糞澤有強土弱土強之弱之說甚詳又有溲種法亦其一隅也云以物地占其形色為之種者載師物地事注云物物色之以知其所宜之事左成二年傳國佐曰先王疆理天下物土之宜而布其利杜注云播殖之物各從土宜此與彼義同占者廣雅釋詁云視也論也謂論視其土之形色以定其所宜之種種即職方氏豫州宜五種兗州宜四種之等是也詩小雅大田箋云將稼者必先相地之宜而擇其種為種與擇種義亦同云黃白宜以種禾之屬者賈疏謂依孝經緯援神契而言案文見載師疏禾者即九穀之粱也

凡糞種騂剛用牛赤緹用羊墳壤用麋渴澤用鹿鹹潟用貆勃壤用狐埴壚用豕彊檃用蕡輕爂用犬

凡所以糞種者皆謂煮取汁也赤緹縓色也渴澤故水處也潟鹵也貆貒也勃壤粉解者埴壚黏疏者彊檃強堅者輕爂輕脆者故書騂為挈墳作盆杜子春挈讀為騂謂地色赤而土剛強也鄭司農云用牛以牛骨汁漬其種也謂之糞種墳壤多盆鼠也壤白色蕡麻也玄謂墳壤潤解

疏凡糞種者糞釋文作𡋯云本亦作糞案說文華部云𡊺棄除也从収推華棄采也官溥說似米而非米者矢字嚴可均云𡊺作糞蓋隸變漢碑有糞字釋文作𡋯不體案嚴說是也糞種即土化之法月令季夏云可以糞田疇孔疏云糞壅苗之根也案依二鄭義則此為糞穀之子種或子種苗根兩壅之與云彊檃用蕡者彊檃釋文作疆檃云檃本又作墼俗注疏本疆亦作彊羣經音辨同嚴可均云釋文疆其兩反轉寫之誤疆不得音其兩也月令可以美土疆鄭彼注引

作強堅強與彊同蓋讀如倔強之強故此注爲彊堅者矣案嚴說亦
是也云輕爂用犬者爂不體釋文作爂阮元云釋文與篆體合孔廣
森云注於大司徒五物九等卽引此騂剛赤緹之屬當之管子地員
九州之土爲九十物則又因九等而區別之上土三十物中土三十
物下土三十物此經鹹潟次於潟澤赤緹次於騂剛皆從色狀相似
者類列之不以土物上下爲次案孔說是也地員之九十物與此九
土大致相同並詳後　注云凡所以糞種者皆謂煑取汁也者荀子
富國篇云多糞肥田廣雅釋詁云糞饒也謂煑取汁壅培諸穀種使
之肥饒漢書郊祀志載王莽種五粱禾於殿中鶴髓毒冒犀玉二十餘
物漬種齊民要術引氾勝之書有剉馬牛羊豬麋鹿骨煑取汁漬種
法云骨汁肥使稼耐旱是鄭所本也云赤緹縓色也者酒正緹齊注
云緹者成而紅赤說文糸部云緹帛丹黃色也縓帛赤黃色廣雅釋
器云縓謂之紅緹赤色也喪服記鄭注云縓淺絳也爾雅釋器云一
染謂之縓再染謂之竀三染謂之纁蓋赤爲竀纁之通語緹卽縓爲一
赤之淺者乃一染之專名故鄭直釋爲縓色釋名釋地云土赤曰鼠
肝似鼠肝色也孔廣森云地員五弘其色如鼠肝所謂赤緹者也云
潟澤故水處也者說文水部云潟盡也爾雅釋詁云涸渴也案潟今
通作竭字與訓欲飲之㵣別潟澤猶竭澤也澤故有水今涸竭則無
水而可耕種故云故水處禹貢揚荊二州厥土惟塗泥近此所謂潟
澤管子乘馬篇亦云涸澤百而當一是也云潟鹵也者說文鹵部云
鹵西方鹹地也安定有鹵縣東方謂之㡿西方謂之鹵此潟卽㡿之
俗禹貢海濱廣斥史記夏本紀漢書地理志斥並作潟史記集解引
徐廣云潟又作斥又引鄭書注云斥謂地鹹鹵史記河渠書云澤鹵
索隱云澤一作舄本或作斥又貨殖傳云潟鹵漢書溝洫志作舄鹵
顏注云舄卽斥鹵也謂鹹鹵之地也文選木華海賦云襄陵廣舄
李注云尚書廣斥史記斥爲舄古今字也案據說文則鹹潟正字當

作㡿㡿隸變爲斥或叚舄爲之或又加水爲潟實一字也左襄二十四年傳表淳鹵孔疏引賈逵云淳鹹也淳鹵卽此鹹潟惠士奇孔廣森呂飛鵬並以地員所云五粲之狀甚鹹以若爲鹹潟是也孔又以地員之五舄亦卽此鹹潟然則彼舄字或卽潟之譌與云貆貒也者讀貆爲貛也賈疏云案爾雅云貒子貒或曰貆故以貆貒爲一也案賈說非也釋獸云貈子貆貒子貗郭注云貒豚也一名貛說文豸部云貆貈之類貒獸也貛野豕也爾雅釋文引字林云貒似豕而肥據釋獸則貆貒非一獸郝懿行云方言云貛關西謂之貒郭注貛豚也廣雅貒貛也貒貛同故古通名草人注貆貒也淮南齊俗訓云貆貉得埵防弗去而緣高注貆貆豚也是皆借貆爲貛賈疏失之案郝說是也王念孫說同詩魏風伐檀箋云貉子曰貆不云貒則此注以貆爲貛之借字明矣云勃壤粉解者者說文邑部云地之起者曰郣一切經音義引通俗文云埻土曰坌勃郣埻聲類並同大司徒注云壤和緩之貌地勃發而和緩則解釋如粉故云粉解說苑復恩篇淳于髡曰蟹堁者宜禾蟹卽解之叚字蟹堁卽粉解也呂飛鵬以地員五沙之狀粟焉如屑塵厲爲勃壤是也云埴壚黏疏者者考工記總敘注云埴黏土也禹貢徐州厥土赤埴墳考工記賈疏引鄭書注說同又豫州下土墳壚僞孔傳云壚疏也此注蓋亦以黏訓埴以疏訓壚也釋名釋地云土黃而細密曰埴埴膱也黏胒如脂之膱也土黑曰盧盧然解散也案盧與壚通淮南子墜形訓亦云盧土劉以膱釋埴以解散釋盧亦與黏疏義相應但釋埴爲細密則與壚疏不合說文土部又云壚黑剛土也鄭許劉各偏舉一義不能強同也呂氏春秋辨土篇云凡耕之道必始於壚爲其寡澤而後枯又云壚埴冥色齊民要術引氾勝之書云春地氣通可耕堅硬強地黑壚土王燭寶典引崔寔四民月令云雨水中急菑強土黑壚之田是皆壚爲黑剛土之證六韜戰車篇云圮下漸澤黑土黏埴者車之勞地也黑土黏埴

殆所謂埴壚矣呂飛鵬二云地員五壚之狀彊力剛堅五殖之狀甚澤
以疏離坼以臞瘠纑壚殖埴同聲蓋言壚埴也案呂說是也惠孔說
同地員又有斥埴黑埴及五蘟黑土黑菭蓋亦埴壚之屬云彊檃強
堅者者宋本及注疏本彊作強宋婺州本強又作彊未知孰是惟嘉
靖本述經作彊釋義作強今姑從之釋文載經別本檃作壂廣韻四
十九敢二云壂土地之堅也檃同引周禮注云强檃地之堅者集韻四
十九敢二云檃堅土也或作壏亦書作壂案以字形考之檃當卽壏之
變體俗又作壏壂壏與堅亦一聲之轉故注訓爲堅廣韻引周禮注
疑馬干諸家佚義亦與鄭同說文臤部云堅剛也九章算術商功篇
二云穿地四爲壤五爲堅三蓋堅者謂之檃與解者謂之壤正相反也
月令季夏可以美土彊注云彊強檃之地孔疏云強是不軟檃是鏬
闞並謂磦礰磊磈之地也又左傳襄二十五年數疆潦孔疏云賈逵
以疆爲彊檃磽确之地蓋土強則磽确賈鄭義亦同惠氏孔氏呂氏
並引地員五壏之狀芬焉若糠以肥說此彊檃是也地員又云五杰
之狀麋焉如壏疑亦彊檃之類尹注云壏猶強也義卽本此經又案
此以強堅釋彊檃經注字異月令注強檃字同攷說文弓部云彊弓
有力也虫部云強蚚也力部云勥迫也今字並借作強通校全經六
篇遂人彊予字經注並作彊司諫強之道藝車人強不足弓人目也
者必強強者在內維幹強之經注並作強梓人強飲強食經同掌交
禁暴氏與人注亦並作強諸文錯出必有譌舛以意求之疑此及司
諫遂人皆當經作彊注作強卽經用古字注用今字之例惟考工記
字例與五官不甚同或自作強則未可定耳二云輕爂輕脃者爂亦當
作爂丁晏二云說文火部爂火飛也廣韻四宵爂今作票同引申之爲
輕票之意釋名釋地土白曰漂漂輕飛散也漂票聲相近案丁說是
也漢書五行志谷永言成帝崇聚輕票無誼之人與此義同爂漂聲
類同說文水部二云漂浮也土性輕浮則不韌黏故鄭以輕脃釋之玉

燭寶典引四民月令云三月可菑沙白輕土之田可證釋名土白曰漂之說惠士奇謂嬰與剽通引地員五剽爲釋孔呂說並同案地員說五剽云如芬以脹脹當卽肥字形近而誤云故書騂爲挈者段玉裁云說文馬部無騂字徐鉉新附字作騂云從馬觲省聲案土部曰垟赤剛土也從土觲省聲此周禮騂剛正字自牧人騂牲魯頌騂剛皆宜借用從土之垟今皆從馬則爲倒置徐養原云騂剛之騂本作垟垟觲音同故又借用觲說文角部觲角低仰便也引詩曰觲觲角弓又有觢字一角仰也从角㓞聲引易曰其牛觢今易作掣蓋觲與觢義類相近故觲字轉爲觢觢與挈俱从㓞挈與掣俱从手挈觢掣三字其音亦相近是其輾轉相變之因也云墳作坌者聲近叚借字徐養原云坌與墳古字通春秋左氏經叔弓帥師敗莒師於蚡泉穀梁作賁泉是賁與蚡同也蚡卽坌字凡古書多假借今書多用本字故書借坌爲墳坌壤猶曰墳壤當以後鄭之說爲長云杜子春挈讀爲騂謂地色赤而土剛強也者杜讀與說文垟字說解同依其義則騂剛土色與赤緹略同惟以剛強爲異呂飛鵬云地員篇赤壚歷強肥五種無不宜蓋言垟剛也案呂說是也地員又有五粟云剛而不觳孔氏以當此騂剛亦通鄭司農云用牛以牛骨汁漬其種也謂之糞種者此卽氾勝之法與後鄭前說同江永云種字當讀去聲凡糞種謂糞其地以種禾也後鄭謂煑取汁先鄭謂用汁漬其種是讀種爲上聲凡糞當施之土如用獸則以骨灰洒諸田用麻子則用擣過麻油之渣布諸田若土未化但以汁漬其種如何能使其土化惡爲美此物理之易明者今人糞田未見有煑汁漬種者農家歲歲糞田欲其肥美多穀也若騂剛諸土未經變化恐非一歲所能化況又惟漬其種乎案江說本項安世於義近是經說糞種而辨九等土宜之異則糞宜謂施之土者若然此糞種宜讀如黃白宜以種禾之種與上經爲之種之種不同但二鄭漬種之說自是古農家遺法今雖不

承用未敢輕破也云墳壤多蚡鼠也者段玉裁校改墳壤爲蚡壤云此依故書作蚡如其字解之今各本云墳壤多蚡鼠殊誤案段說是也蚡鼠者爾雅釋獸鼢鼠郭注云地中行者釋文云字亦作蚡說文鼠部云鼢地中行鼠伯勞所作也一曰偃鼠重文蚡或從虫分蚡與蚡同本艸名醫別錄云鼴鼠在土中行陶注云俗中一名隱鼠一名鼴鼠形如鼠大而無尾黑色長鼻甚強常穿地中行討掘即得方言云蚍蜉犂鼠之場謂之坻郭注云犂鼠蚡鼠也穀梁隱三年傳吐者外壤食者內壤楊疏云壤徐邈亦作場𧹞信云齊魯之閒謂鑿地出土鼠作穴出土皆曰場先鄭意蚡壤謂蚡鼠穴行地中起土上出浮解成壤即方言所謂犂鼠之場莊子天道篇亦云鼠壤有餘蔬是也此乃望文爲訓故後鄭不從云壤白色者禹貢冀州厥土惟白壤先鄭蓋據彼爲說賈疏云禹貢有黃壤則此壤不得專據色白解之故不從也云蕡麻也者廣雅釋艸云䵚麻也䵚正字蕡假借字籩人注云蕡枲實也云玄謂墳壤潤解者段玉裁云鄭君則依今書作墳釋墳壤爲潤解潤訓墳壤訓解別於勃壤爲粉解詒讓案禹貢兗州厥土黑墳僞孔傳云色黑而墳起釋文引馬融云墳有膏肥也冀州白壤僞孔傳云無塊曰壤說文土部云壤柔土也案馬云有膏肥即所謂潤孔云無塊即所謂解也呂飛鵬云地員五壤之狀芬然若澤若屯土注言其土得澤則墳起爲堆故曰屯土蓋言墳壤也案呂說是也孔氏說同

稻人掌稼下地以水澤之地種穀也謂之稼者有似嫁女相生【疏】掌稼下地者掌隰農稼穡之事下地即澤地亦即左襄二十五年傳之隰皋與小司徒遂人三等地之下地義異　注云以水澤之地種穀也者水澤謂澤地之有水者對草人瀉澤爲無水者也戴師賈疏引孝經援神契云洿泉宜種稻說苑辯物篇云高者黍中者稷下者秔又復恩篇云下田洿邪得穀百車下地即洿泉下

田凡稻皆種於水田內則有陸稻管子地員篇謂之陵稻齊民要術謂之旱稻則稻之別種也云謂之稼者有似嫁女相生者敘官注云種穀曰稼如嫁女以有所生與此義同

以豬畜水以防止水以溝蕩水以遂均水以列舍水以澮寫水以涉揚其芟作田

鄭司農說豬防以春秋傳曰町原防規偃豬以列舍水列者非一道以去水也以涉揚其芟以其水寫故得行其田中舉其芟鉤也杜子春讀蕩為和蕩謂以溝行水也玄謂偃豬者畜流水之陂也防豬旁隄也遂田首受水小溝也列田之畦埒也澮田尾去水大溝作猶治也開遂舍水於列中因涉之揚去前年所芟之草而治田種稻

疏以豬畜水者以下並掌下地治水之事云以澮寫水者說文宀部云寫置物也引申為輸寫之義廣雅釋詁云寫除也俗輸寫字作瀉非云以涉揚其芟作田者此於澤地芟草治田之事與上六者為禦水行水事異程瑤田云稻人掌稼下地卽所云稼澤也蓋水澤下隰之地一遇淫雨漫沒隨之內水難出外水易入無減水之法斯不得與水爭地於是豬以畜之使難出者有所歸防以止之使易入者不內況夫然後疆理其地為遂於是每夫之田首則水之偏鍾於最下之地者今皆以其遂分而受之所謂均水也其水之在百畝中者則為甽以居之甽必成列是謂以列舍水遂中之水受之以溝溝深於遂水乃流行無所滯是曰蕩水而澮又深於溝其承溝水也隨納隨消是曰寫水如此則以澮承溝以溝承遂以遂承列遞相受焉水乃不為田害而因以涉揚其芟以作田也此治溝澮亦專為除水害蓋芒種雖資於水而大浸亦必傷其稼故稻人之治之也既先有事於豬防以去其漫沒之大患而後為溝澮使水盡由地中行水由地中田乃可作涉揚其芟蓋治溝澮之餘事順而撫者也 注云鄭司農說豬防以春秋傳曰町原防規偃豬者左襄二十五年傳文杜注云偃

豬下濕之地規度其受水多少廣平曰原防隄也隄防閑地不得方正如井田別爲小頃町先鄭意此經之豬防二者與彼正同故引以爲說云以列舍水列者非一道以去水也者說文刀部云列分解也廣雅釋詁云列布也國語楚語韋注云舍去也先鄭意水道分布衆多泄之外出因謂之列也賈疏云先鄭以舍爲舍去之舍後鄭以爲止舍之舍以澮是寫去水以舍爲止水於其中故不從先鄭也云以涉揚其芟以其水寫故得行其田中舉其芟鉤也者說文沝部云𣻜徒行厲水也重文涉篆文从水艸部云芟刈草也詩鄘風載馳傳云水行曰涉小爾雅廣言云揚舉也肆師注云芟芟草除田也先鄭意涉爲行田中之稱冢澮寫水爲文以田水既寫去則泥淺可以徒行乃得舉芟鉤以去草也國語齊語韋注云芟大鎌所以芟草也芟鉤即謂鉤鎌所以迫地芟草詳薙氏疏江永云下地之田田中常有水足涉水揚舉除草之器以芟之若水盡寫不得謂之涉案江說是也云杜子春讀蕩爲和蕩蕩者段玉裁云和蕩如滌器之盪搖動而令之去也云謂以溝行水也者釋名釋言語云蕩盪也排盪去穢垢也以溝行水亦排盪使去故謂之蕩水也云玄謂偃豬者畜流水之陂也者後鄭從先鄭說以豬爲偃豬而申其義書禹貢滎波既豬孔傳釋爲遏豬遏偃一聲之轉書釋文又引馬融云水所停止深者曰豬水經涑水酈注云水澤所聚謂之都亦曰豬宮人注云匽豬謂霤下之池受畜水而流之者與此事異而義同凡五溝皆以通水此豬則以雍障停畜故云畜流水之陂也廣雅釋地云陂池也月令注云畜水曰陂偃詳宮人疏云防豬旁隄也者說文𨸏部云防隄也隄唐也月令季春脩利隄防鄭意隄防所以障止水使蓄於豬而不外泄故經云以防止水防字俗作坊經解云坊止水之所自來郊特牲蜡祭坊與水庸水庸即蕩水之溝也防詳匠人疏江永云後鄭解防字未確此職專掌稼下地凡下地常憂潦田閒之水欲其易出外流之水欲

其不入以豬畜水所以分減內水也以防止水所以堵截外水也匠人云凡行奠水磬折以參伍欲爲淵則句于矩此豬卽所謂淵也於溝中作之視其地勢句曲過於矩之處掘深之令水洄復畜聚於此而成淵溝中爲淵之處多則田中之水減矣下地常濱大川大澤必爲隄以闌之今江南之圍田是也後鄭解爲豬旁隄則是陂塘之隄畜水以備灌溉此平原憂旱之地非下澤憂潦之地矣案江說是也云遂田首受水小溝也者卽遂人云夫閒有遂是也匠人爲溝洫田首廣二尺深二尺謂之遂故云田首受水小溝五溝以遂爲最小也云列田之畦埒也者莊子天地篇釋文引李頤云埒中曰畦楚辭招魂王注云畦區也廣雅釋丘云埒厓也畇卽埒之俗田中爲區畛厓畔分列故謂之列說文土部云塍稻田畦也列蓋卽塍程瑤田謂卽畎亦是也沈夢蘭謂大戴禮主言篇云三井而句烈烈通作列水道也卽此以列舍水言三井而一溝也案沈說可備一解但井田之法三夫共一遂九夫共一溝此經溝遂列並出則列非卽溝遂也大戴所言與井田溝洫兩制並不相應所未詳也云澮田尾去水大溝者卽遂人云千夫有澮是也匠人云同閒廣二尋深二仞謂之澮溝洫之法始於遂終於澮澮則達川矣對遂爲田首小溝言之故云田尾大溝五溝自遂注溝自溝注洫自洫注澮自澮注川此經唯舉遂溝澮而無洫者洫亦晐於溝澮也云作猶治也者說文人部云作起也引申爲治作淮南子主術訓高注云治猶作也云開遂舍水於列中因涉之揚去前年所芟之草而治田種稻者此破先鄭說也司戈盾注云舍止也後鄭意此芟卽下文夏以水殄草而芟夷之之芟謂開遂放水使入止於田畦埒因涉水播揚前年夏所芟之宿草而後可以治田種稻也詩王風唐風並云揚之水箋云波流湍疾洗去垢濁此揚與詩義略同皆激揚播盪之意依先鄭說則田故有水寫之令出而後可以芟新生之草依後鄭說則田故無水放之令入而可以

播揚所已芟之宿草二說迥異凡稼澤夏以水殄草而芟夷之殄病也絕也鄭司農說芟夷以春秋傳曰
芟夷蘊崇之今時謂禾下麥爲夷下麥言芟刈其禾於下種麥也玄謂將以澤地爲稼者必於夏六月之時大雨時行以水病絕草之後
生者至秋水涸芟之明年乃稼疏凡稼澤者謂農民於澤地受田而耕稼即角人羽人掌葛之澤農是也云夏以水殄草而芟夷之者
夷唐石經及各刻本並作薙釋文同惟宋婺州本及明錢求赤所藏宋本宋注疏本作夷與注及薙氏文合今據正此亦謂澤地必先芟
草乃可種稻與薙氏爲官聯薙氏夏夷秋芟分屬二時此不分者通言之其義同也　注二云殄病也絕也者國語魯語二云固民之殄病是
待殄即病也又越語二云疾殄貧病詩大雅雲漢篇胡寧瘨我以旱箋云瘨病也釋文瘨韓詩作疹殄與疹瘨聲類並相近又爾雅釋詁云
殄絕也故鄭兼二義爲釋凡陸艸不耐濕故可以水病絕之毛詩曹風下泉傳云稂童粱非溉草得水而病亦其義也二云鄭司農說芟夷
以春秋傳曰芟夷蘊崇之者隱六年左傳二云鄭伯請成於陳陳侯不許五父諫曰周任有言曰爲國家者見惡如農夫之務去草焉芟夷
蘊崇之絕其本根勿使能殖杜注二云芟刈也夷殺也蘊積也崇聚也先鄭引彼證此經芟夷即刈草義與杜同說文艸部云𤼵以足蹋夷
艸春秋傳曰𤼵夷蘊崇之據說文則許所見左傳古文作𤼵夷據先鄭此注則所見左傳自作芟夷與此職及肆師薙氏諸文同許鄭本
自不同也芟夷互詳秋官敘官及薙氏疏二云今時謂禾下麥爲夷下麥言芟刈其禾於下種麥也者亦證夷爲刈草之義段玉裁云司農
於薙氏曰今俗閒謂麥下爲夷下言芟夷其麥以其下種禾豆也文互相足二云玄謂將以澤地爲稼者必於夏六月之時大雨時行以水
病絕草之後生者者據月令季夏二云大雨時行燒薙行水利以殺草如以熱湯明以水殄草必在六月也凡殺草蓋於夏初先芟夷之薙

氏所謂夏日至而夷之管子度地篇亦云大暑至利以疾耨殺草薉是也芟夷之後恐有復生者故於六月更行水以病絕之故云絕病草之後生者也江永云夏月草盛長乘其水熱殄草之時芟夷之則根易絕明年可稼也案此卽薙氏所謂以水火變之也詳彼疏云至秋水涸芟之明年乃稼者此謂夏以水殄草之後如尚有未殄之草則秋時水涸更芟之此第二次芟也既經水殄復有此二芟則無不殄之草則土亦肥故明年可稼也

澤草所生種之芒種鄭司農云澤草之所生其地可種芒種芒種稻麥也

疏注鄭司農云澤草之所生其地可種芒種者賈疏云但水鍾曰澤有水及鹹鹵皆不生草卽不得芒種故云草所生云芒種稻麥也者說文艸部云芒草耑而芒種謂有芒束之種也漢書東方朔傳顏注云稻有芒之穀總稱也說文麥部云麥芒穀秋種厚薶故謂之麥來部云來周所受瑞麥來麰一來二縫象芒束之形天所來也詩周頌思文孔疏引鄭書大誓注云禮說曰武王赤烏穀芒應穀蓋牟麥也案麥宜於陸地而亦有宜於澤地者故孝經敘邢疏引鄭孝經注云下田宜稻麥公羊定元年何注亦云隰宜麥九穀之苽亦宜澤地經不言者以苽非常用之穀所種較稻麥爲少文不具也

旱暵共其雩斂稻人共雩斂稻急水者也鄭司農云雩事所發斂

疏旱暵共其雩斂者舞師注云暵熱氣也司巫注云雩旱祭也案禮有正雩有旱雩經云旱暵則謂夏五月六月七月遇旱而雩非四月之正雩正雩之財用取之官不斂於民賈疏謂旱雩及四月龍見而雩二種雩皆供雩斂非也二雩禮詳司巫疏 注云稻人共雩斂稻急水者也者月令孔疏引服虔左傳注云雩遠也遠爲百穀祈膏雨是雩之爲祭兼爲百穀而稻爲水穀待水尤急故此官特共旱雩之斂也鄭司農云雩事所發斂者修雩所需財用官不能盡共則斂之民故曰雩斂晏子春秋諫上篇云齊大旱逾時景公召羣臣問曰

天不雨久矣吾使人卜之云祟在高山廣水寡人欲少賦斂以祠靈山可乎殆即所謂雩斂矣

喪紀共其葦事 葦以闉壙禦濕之物

疏 喪紀共其葦事者此因掌稼澤并使共澤艸與澤虞爲官聯也 注云葦以闉壙禦濕之物者說文艸部云葦大葭也大戴禮記夏小正傳云葦未莠爲蘆案葦即今之蘆互詳司几筵疏掌蜃共闉壙之蜃注云闉猶塞也將井椁先塞下以禦濕也賈疏云鄭言禦水之物則在棺下用之或以抗席即是禦土與禦水義乖恐非也案據澤虞注則抗席蓋用蒲不用葦賈駁或說是也然司几筵云凡喪事設葦席注云喪事謂凡奠也則喪奠自有葦席但非入壙之抗席耳又既夕記有葦苞以苞牲體此共葦事當亦兼共席苞之材鄭不備舉耳

土訓掌道地圖以詔地事 道說也說地圖九州形勢山川所宜告王以施其事也若云荊揚地宜稻幽并地宜麻

疏 掌道地圖者地圖即司書大司徒土地之圖職方氏天下之圖彼藏其書此官則爲王道之與彼爲官聯也 注云道說也者廣雅釋詁同毛詩鄘風定之方中傳說大夫九能云山川能說即其義云說地圖九州形勢山川所宜告王以施其事也者九州形勢山川所宜若職方氏所述各州山鎮澤藪川浸及畜穀所宜之屬大宰注云詔告也施其事謂施職貢之事與小司徒載師均人諸職地事義異賈疏云其九州地圖乃是諸國所獻以入職方今土訓乃於職方取九州地圖依而說向王使依而責其貢獻之物云若云荊揚地宜稻幽并地宜麻者釋文云麻一本作糜李及聶氏亡皮反劉沈皆作麇音紀倫反案注辨土所宜荊揚皆言穀幽并不應論獸紀倫之音恐非段玉裁云以李聶之反語訂之則當云一本作𪏮也𪏮從黍麻聲或省作糜是以誤麇程瑤田云此麇字必𪏮字之譌蓋注所謂

若云者實據職方氏職方荆揚但云宜稻與此注合而幽州宜三種并州宜五種注皆有黍無麻是麻當作麋說文黍禾屬而黏者也麋穄也禾屬而黏者黍禾屬而不黏者麋對文異散文則通稱黍麋卽謂黍二字可互通也案段程說是也

**道地慝以辨地物而原其生以詔地求**地慝若障蠱然也辨其物者別其所有所無原其生生有時也以此二者告王之求也地所無及物未生則不求也鄭司農云地慝地所生惡物害人者若虺蝮之屬

疏注云地慝若障蠱然也者賈疏云謂土地所生惡物障卽障氣出於地也蠱卽蠱毒人所爲也詒讓案玉篇疒部云瘴瘴癘也古止作障三國志公孫瓚傳全琮傳日南蒼梧南海並有障氣是也蠱詳庶氏疏云辨其物者別其所有所無者謂辨地所有害物也天官敘官注云辨別也害物此有彼無若職方九州之利皆當別而志之尚書大傳云太子十八曰孟侯於四方諸侯來朝迎於郊問其土地所生美珍怪異人民之所好惡山川之所有無與此辨地物原其生之事略同云原其生生有時也者原猶察度也墨子非命上篇云原察百姓耳目之實賈疏云雖是當州所有而生有時也云以此二者告王之求也者淮南子俶真訓高注云求索也國語周語云阜其財求此謂王於九貢之外特有所求若春秋王使求金求車之屬必依地所有時所生也云地所無及物未生則不求也者謂其地所不產及非其時則王不得妄求禮器云天時有生也地理有宜也故天不生地不養君子不以爲禮亦其義鄭司農云地慝地所生惡物害人者若虺蝮之屬者胥師注云慝惡也爾雅釋魚云蝮虺博三寸首大如擘說文虫部云虫一名蝮博三寸首大如擘指虺卽虫之借字蝮虺與障蠱同爲地所生惡物二鄭義足互相備

**王巡守則夾王車**巡守行視所守也天子以四海爲守

疏王巡守則夾王車者此與誦訓爲官聯也夾王車者從行備顧問旣夕禮

注云在左右曰夾巡守王行在道此官則左右夾王車而行猶旅賁
氏掌執戈盾夾王車而趨也　注云巡守行視所守也天子以四海
爲守者說文辵部云巡視行皃儀禮經傳通解續引尚書大傳鄭注
云巡行也視所守也天子以天下爲守與此注同守字或作狩孟子
梁惠王篇云晏子曰天子適諸侯曰巡狩巡狩者巡所守也公羊隱
八年何注云巡猶循也守猶守也循行守視之辭風俗通義山澤篇
云巡者循也狩者守也道德大平恐遠不同化幽隱有不得所者故
自親行之也白虎通義巡狩篇云王者所以巡狩者何巡者循也狩
者牧也爲天下循行守牧民也文選東都賦李注引禮記逸禮說同
此並以巡爲循又以守爲牧皆別爲一義鄭謂所守者即指四海爲
王官所守之地言之書舜典僞孔傳云諸侯爲天子守土故稱守巡
行之左莊二十一年傳云王巡虢守並以守據諸侯守土言之此與
鄭訓同而義小異賈疏謂巡守中含諸侯爲天子守土
天子自守天下二義非鄭意也巡守年歲詳大行人疏

**誦訓掌道方志以詔觀事**說四方所識久遠之事以告王觀博古所識若魯有大庭氏之庫殽之二陵

疏 注云說四方所識久遠之事以告王觀博古者亦訓道爲說詔爲告
也方志即外史四方之志所以識記久遠掌故外史掌其書此官則
爲王說之告王使博觀古事二官爲聯事也志識字同詳小史及保
章氏疏云所識若魯有大庭氏之庫殽之二陵者賈疏云左氏傳昭
十八年宋衞陳鄭皆火梓慎登大庭氏之庫以望之注云大庭氏古
亡國之君在黃帝前其處高顯案賈引左傳注據服義也杜注云大
庭氏古國名在魯城內魯於其處作庫孔疏云先儒舊說皆言炎帝
號神農氏一曰大庭氏服虔云在黃帝前鄭玄詩譜云大庭氏在軒
轅之前亦以大庭爲炎帝也又僖三十二年傳蹇叔曰殽有二陵
焉其南陵夏后皐之墓也其北陵文王之所辟風雨也杜注云殽在

弘農澠池縣西大阜曰陵皐夏桀之祖父此並四方所識久遠之事若後世地志所謂古蹟誦訓所道亦其類也　掌道方慝以詔辟忌以知地俗方慝四方言語所惡也不辟其忌則其方以爲苟於言語也知地俗博事也鄭司農云以詔辟忌不違其俗也曲禮曰君子行禮不求變俗　疏　掌道方慝以詔辟忌者此亦詔王也國語楚語左史倚相述衞武公曰倚几有誦訓之諫卽此官也韋注以誦訓爲工師之諫書之於几失之　注云方慝四方言語所惡也者亦訓慝爲惡也四方各有鄙惡之語爲人所惡故謂之方慝也惠士奇云王制大史典禮執簡記奉諱惡蓋四方所諱所惡謂之方慝云不辟其忌則其方以爲苟於言語也者辟與避同韓詩外傳云指緣謬辭謂之苟謂王言若不辟其方之忌則聞者將竊議其言之苟謬若大戴禮記保傅篇云天子荅遠方諸侯不知文雅之辭是也云知地俗博事也者上詔觀事是博古事此知地俗是博今事也鄭司農云以詔辟忌不違其俗也者曲禮云入竟而問禁入國而問俗入門而問諱注云俗謂常所行與所惡也此辟忌卽謂方俗所惡故告之使不違引曲禮曰君子行禮不求變俗者證不違其俗之事詳土均疏　王巡守則夾王車　疏　王巡守則夾王車者與土訓爲官聯也

周禮正義卷三十

西元二〇二四年三月一日重製一版

周禮正義 冊二（清孫詒讓撰）

平裝六冊基本定價肆仟柒佰元正

（郵運匯費另加）

發行人 張 敏 君

發行處 中 華 書 局

臺北市內湖區舊宗路二段一八一巷八號五樓（5FL., No. 8, Lane 181, JIOU-TZUNG Rd., Sec 2, NEI HU, TAIPEI, 11494, TAIWAN）

客服電話：886-8797-8396

公司傳真：886-8797-8909

匯款帳戶：華南商業銀行西湖分行 179100026931

印 刷：維中科技有限公司 海瑞印刷品有限公司

No. N0027-2

國家圖書館出版品預行編目(CIP)資料

周禮正義/(清)孫詒讓撰. -- 重製一版. -- 臺北市 : 中華書局, 2024.03

冊 ; 公分

ISBN 978-626-7349-08-3(全套 : 平裝)

1.CST: 周禮 2.CST: 研究考訂

573.1177 113001478